W0040448

8031o Foto: ml

Martin Lutterjohann
Tokyo mit Yokohama

„*Feuer und Streit sind die Blumen von Edo.*"
(Japanisches Sprichwort)

Impressum

Martin Lutterjohann
Tokyo mit Yokohama

erschienen im
Reise Know-How Verlag
Osnabrücker Str. 79
33649 Bielefeld

© Peter Rump 1998, 2000, 2002, 2004, 2007
6., neu bearbeitete und komplett aktualisierte Auflage 2010

Gestaltung
Umschlag: M. Schömann, P. Rump (Layout)
   André Pentzien (Realisierung)
Inhalt: Günter Pawlak (Layout)
   Kordula Röckenhaus (Realisierung)
Fotos: der Autor
Titelfoto: www.fotolia.de © KR
   (Motiv: Asakusa-Pagode)
Karten: Catherine Raisin, der Verlag

Lektorat (Aktualisierung): André Pentzien

Druck und Bindung: Media Print, Paderborn

ISBN 978-3-8317-1883-2
Printed in Germany

Dieses Buch ist erhältlich in jeder
Buchhandlung Deutschlands, der Schweiz,
Österreichs, Belgiens und der Niederlande.
Bitte informieren Sie Ihren Buchhändler
über folgende Bezugsadressen:
Deutschland
   Prolit GmbH, Postfach 9,
   D–35461 Fernwald (Annerod)
   sowie alle Barsortimente
Schweiz
   AVA-buch 2000
   Postfach, CH–8910 Affoltern
Österreich
   Mohr-Morawa Buchvertrieb GmbH
   Sulzengasse 2, A–1230 Wien
Niederlande, Belgien
   Willems Adventure
   www.willemsadventure.nl

Wer im Buchhandel trotzdem kein Glück hat,
bekommt unsere Bücher auch direkt über
unseren **Büchershop im Internet:**
www.reise-know-how.de

*Wir freuen uns über Kritik, Kommentare
und Verbesserungsvorschläge, gern auch
per E-Mail an info@reise-know-how.de.*

*Alle Informationen in diesem Buch sind vom
Autor mit größter Sorgfalt gesammelt
und vom Lektorat des Verlages gewissenhaft
bearbeitet und überprüft worden.*

*Da inhaltliche und sachliche Fehler nicht aus-
geschlossen werden können, erklärt der Verlag,
dass alle Angaben im Sinne der Produkthaftung
ohne Garantie erfolgen und dass Verlag
wie Autor keinerlei Verantwortung und
Haftung für inhaltliche und sachliche Fehler
übernehmen.*

*Die Nennung von Firmen und ihren Produkten
und ihre Reihenfolge sind als Beispiel ohne
Wertung gegenüber anderen anzusehen. Qualitäts-
und Quantitätsangaben sind rein subjektive
Einschätzungen des Autors und dienen keinesfalls
der Bewerbung von Firmen und Produkten.*

Martin Lutterjohann

Tokyo
mit Yokohama

REISE KNOW-HOW im Internet

Vorwort

Tokyo ist keine schöne Stadt. Aber das politische, wirtschaftliche und kulturelle Zentrum Japans, das 2003 seinen 400. Geburtstag feierte, ist doch eine der faszinierendsten der ganz großen Metropolen.

Obgleich eine der weniger bekannten unter den Weltstädten, ist Tokyo alles andere als langweilig – seine Dynamik ist ansteckend. Jede neue Generation schafft sich ihr eigenes Tokyo, und doch bleiben die Wurzeln der Vergangenheit überall sichtbar. Schreine, die vor über 1000 Jahren gegründet wurden und immer noch täglichen Zulauf haben, stehen neben futuristisch anmutenden Gebäuden der Postmoderne. Die lebenslustigen, fleißigen Bewohner waren immer schon dem Neuen gegenüber aufgeschlossen, ohne dabei ihre Traditionen aufzugeben. Dieses Nebeneinander von Alt und Neu, von glitzernden Einkaufs- und Vergnügungszentren und stillen Wohnvierteln macht den besonderen Reiz der Stadt aus, der sich dem Besucher freilich nicht so unmittelbar offenbart, wie dies in den vertrauten europäischen Metropolen der Fall ist.

Dem Besucher, der zum ersten Mal japanischen Boden betritt, müssen die Städte und ihre Bewohner fremdartig, ja mitunter sogar rätselhaft erscheinen: die Schrift, die kaum ein Tourist zu entziffern vermag, die eigentümliche Kultur, das seltsame Essen ... Die westliche Zivilisation hat vor über 100 Jahren hier Einzug gehalten, aber nichts ist so wie zu Hause.

Japan öffnet sich nicht auf bequeme Weise dem Besucher. So werden fast alle Neuankömmlinge erst einmal zu Analphabeten. Doch es ist keineswegs unmöglich, die verborgenen Reize Tokyos und Yokohamas aufzuspüren und manche ihrer Geheimnisse zu lüften. Sowohl dem kurzzeitigen Besucher wie auch dem, der länger in Tokyo oder seiner Umgebung zu leben gedenkt, sei mit diesem Stadtführer ein Mittel an die Hand gegeben, alle praktischen Fragen des Aufenthalts von der ersten Minute an zu klären und einen tieferen Einblick hinter die verwirrende Oberfläche zu erhalten. Den Reiz dieser lebensbejahenden, vorwärts strebenden Stadt und der interessanten Orte der Umgebung möchte ich aufspüren und erlebbar machen und dabei mit Anregungen und Geschichten, mit Tipps, Informationen und Adressen behilflich sein.

Wer sich darauf einlässt, wird es erfahren: Tokyo lebt durch seine Menschen und ihre Lust am Ausprobieren, es ist wie ein Labor der Zukunft. Hier wird das Leben quasi immer wieder neu definiert. Viel Spaß bei dem Abenteuer, diese Stadt und das Land zu entdecken!

Martin Lutterjohann, März 2010

Internetadressen im Buch

Bei Internetadressen, die über mehr als eine Zeile verlaufen, steht nur dort ein Trennstrich, wo er zur Adresse gehört.

Inhalt

004to Foto: ml

Die japanische Küche –
ein kulinarisches Abenteuer

Die Stadt und ihre Bewohner

Die interessantesten Stadtteile

Yokohama und Kawasaki

Ausflüge in die Umgebung

Anhang

Exkurse

Kartenverzeichnis

529to Foto: ml

Vor der Reise

Informationsstellen

Japanische Fremdenverkehrszentrale

● Kaiserstr. 11, 60311 **Frankfurt/M.**
(auch für Österreich und Schweiz zuständig),
Tel. (069) 20353, Fax (069) 284281,
www.jnto.de

Japanisches Informations- und Kulturzentrum

● Schottenring 8, 1010 Wien,
Tel. (533) 8586464, wi464@embjp.at

Japan Travel Bureau in Deutschland

Das größte japanische Reisebüro mit Verkauf von Flügen, Bahnkarten, JR-Pass, Hotel- und Ryokan-Buchungen etc.

● **JTB Germany GmbH Büro Frankfurt,**
Weißfrauenstraße 12–16,
60311 Frankfurt am Main,
Tel. (069) 299878-22/23,
Fax 295854,
http://jtbgermany.com,
FRA_info@jtb-europe.com.
● **JTB Germany GmbH Büro München,**
Schwanthalerstr. 22,
80336 München,
Tel. (089) 54 88 77-25,
Fax 59 75 80,
http://jtbgermany.com,
FRA_info@jtb-europe.com,
 Öffnungszeiten der Büros:
Mo–Do 9–17.45 Uhr, Fr 9–17.30 Uhr.

Japan Travel Bureau in der Schweiz

● 45–47 rue de Lausanne, 1201 **Genf,**
Tel. (022) 716-3400,
Fax (022) 732-6504.

Net Travel Service (Österreich)

● Operngasse 6-2-2 1010, **Wien,**
Tel. (01) 71609,
Fax (01) 7180605.

Deutsch-Japanische Gesellschaften

Über ganz Deutschland verteilt findet man gut drei Dutzend Deutsch-Japanische Gesellschaften. Sie bieten kulturelle Veranstaltungen wie z.B. Vorträge und unterhalten Bibliotheken.

● **Deutsch-Japanische Gesellschaft Bonn e.V.,** 53343 Wachtberg,
Auf dem Köllenhof 47, Tel. (0228) 348365,
www.djg-bonn.de
● **Deutsch-Japanische Gesellschaft in Bayern e.V.,**
Marienplatz 1, 80331 München,
Tel. (089) 221863, www.djg-muenchen.de
● **Deutsch-Japanische Gesellschaft am Niederrhein e.V.,**
Graf-Adolf-Str. 49, 40210 Düsseldorf,
Tel. (0211) 4747242,
Fax (0211) 4747241,
www.djg-duesseldorf.de.
● **Deutsch-Japanische Gesellschaft Bielefeld,** Schatenstraße 14, 33604 Bielefeld,
Tel. (0521) 297910, Fax (0521) 297910,
www.djg-bielefeld.de/djg_bielefeld.htm,
● **Deutsch-Japanische Gesellschaft Berlin,** Schillerstr. 4, 10625 Berlin,
Tel. (030) 31991888,
www.djg-berlin.de.

Weitere Adressen

● **Kintetsu International Express,**
Carl-Theodor-Reiffenstein-Platz 6,
60313 Frankfurt/M.,
Tel. (069) 1381050.
● **Japanisch-Deutsches Zentrum**
www.jdzb.de
● **Deutsch-Japanisches Center**
Tel. (0211) 3671360
● **Japanisches Kulturinstitut**
www.jki.de

Wirtschaftsinformationen

● **JETRO**
www.jetro.de
● **Japanische Industrie- und Handelskammer zu Düsseldorf e.V.**
www.jihk.de

● **Japanische Industrie- und Handels-
vereinigung in Berlin e.V.,**
Charlottenstr. 10, 14109 Berlin
Tel. (030) 8036070,
Fax (030) 8038905,
www.de.emb-japan.go.jp.
● **Deutsch-Japanisches Wirtschaftsförderungsbüro,** Oststr. 110,
40210 Düsseldorf, Tel. (0211) 358048.

Zeitschriften

● **Japan-Magazin,** Verlag Dieter Born,
Tel. (0228) 55925-0,
Fax (0228) 55925-55,
www.japan-magazin.de

Radio

● **Radio Japan,** deutschsprachige Sendungen
auf 15355 kHz via Sendeanlage in Moyabi
(Gabun) von 8–8.30 Uhr MESZ sowie auf
9660 und 11710 kHz via Sendeanlage in
Skelton (Großbritannien) von 13–13.30 Uhr.

Informationen
aus dem Internet

Wer sich im Netz über Japan im Allgemeinen
und Tokyo im Besonderen informieren
möchte, hat die Wahl zwischen zahllosen
Websites. Einige der interessantesten:

● **www.jnto.go.jp** (Infos des jap. Fremden-
verkehrsverbandes)
● jnto.de/table/nach-japan/reisevorberei
tungen
● jnto.de/nach-japan/reisevorbereitungen/
japan-knigge.html
● **www.japan-link.de** (interkulturelle
Verbindung zwischen Japan und Europa)
    Internetadressen zu Tokyo:
● **www.pricechecktokyo.com** (Preisliste von
Dingen des täglichen Gebrauchs)
● **www.bento.com** (jap. Essen)
● **www.tokyo.to** (engl., Tokyo Journal
online, siehe auch Kapitel „Medien")
● **www.tokyoessentials.com** (engl.,
nützliche Infos zu Tokyo)

● **www.tcvb.or.jp/en** (engl., Tokyo Convention & Visitors Bureau, mit Stadtteilinfos)
● **www.bento.com** (japanische Küche,
inkl. Restaurantführer für einzelne Stadtteile,
Yokohama, Kawasaki u.a. Orte in der
Umgebung von Tokyo)

Zu Yokohama:
● **www.city.yokohama.jp/en/** (engl.,
Infos zum Leben in Yokohama)
● **www.paperlantern.net/** (engl.,
Tokyo- und Yokohama-Infos),
● **gojapan.about.com** (engl., Infos für
Japan-Neulinge)
● **www.japan-guide.com** (engl., alles zum
Thema Japan)
● **www.iudicium.de/index_j.asp**
(Verlag für Japan- und Ostasien-Literatur)

Tipp: Japanische Webseiten können online
mit folgender japanischen Webseite übersetzt werden: www.excite.co.jp/world/url.
Man kann mehrere Zielsprachen auswählen:
u.a. Englisch, Deutsch, Französisch, Italienisch, Spanisch. Voraussetzung ist, dass der
eigene Computer **japanische Schriftzeichen**
darstellen kann. Dann braucht man nur die
Webadresse in das Fenster zu kopieren und
die Zielsprache auszuwählen. Wenn Sie Japanisch nicht lesen können, wählen sie auf
der Titelleiste die 5. Möglichkeit von links
(Deutsch) und rechts unterhalb des Eingabe-
fensters die zweite Wahlmöglichkeit: Japanisch / Deutsch.

Japanische Web-Adressen

Die im Buch genannten Web-Adressen
wurden bis Redaktionsschluss gewissenhaft auf ihre Aktualität hin überprüft. Da
Internet-Adressen in Japan einer hohen
Fluktuation unterliegen, kann es zu Adres-
senänderungen kommen, bevor die tur-
nusmäßige Aktualisierung dieses Reise-
führers erfolgt.

Ein- und Ausreisebestimmungen

Visum und Aufenthaltsgenehmigung

Touristen aus Deutschland, Österreich und der Schweiz können **ohne Visum bis zu sechs Monaten** im Land bleiben, der Reisepass genügt für die Einreise. Bei einem Aufenthalt von **mehr als drei Monaten** müssen sie sich jedoch in Tokyo bei einem der Bezirksämter **registrieren lassen.**

Reisende u.a. aus den Benelux-Ländern und Skandinavien können ohne Visum drei Monate in Japan bleiben.

Wer **nicht als Tourist** einreist, benötigt für einen Aufenthalt bis zu sechs Monaten ebenfalls kein Visum, muss aber die **Aufenthaltsgenehmigung** nach 90 Tagen verlängern lassen (siehe „Praktische Reisetipps, Information").

Wer einen **Aufenthalt von mehr als sechs Monaten** plant, muss vorher ein **Visum** bei der japanischen Botschaft beantragen (Antragsformular und zwei Passfotos, 5x5 cm). Dazu muss er bestimmte Dokumente aus Japan (je nach Aufenthaltsgrund) vorlegen, z.B. Bestätigung der in Japan ansässigen Firma oder die Garantieerklärung eines japanischen Bürgers, für den Antragsteller ggf. finanziell aufzukommen

Einreisebestimmungen können sich **kurzfristig ändern,** daher raten wir, sich grundsätzlich kurz vor Abreise beim Auswärtigen Amt (www.auswaertiges-amt.de, bzw. www.bmaa.gv.at oder www.dfae.admin.ch) zu informieren.

und den Rückflug zu bezahlen. Einzelheiten sind über die jeweilige japanische Botschaft zu erfahren.

In Deutschland

- ●**Botschaft:** Hiroshimastraße 6, 10785 **Berlin,** Tel. (030) 210940, Fax 21094222, www.de.emb-japan.go.jp/.
- ●**Generalkonsulate:**
- Immermannstr. 45, 40210 **Düsseldorf,** Tel. (0211) 164820, Fax 357650.
- Messeturm, 34. OG, Friedrich-Ebert-Anlage 49, 60308 **Frankfurt a. Main,** Tel. (069) 2385730, Fax 230531.
- Rathausmarkt 5, 20095 **Hamburg,** Tel. (040) 3330170, Fax 30399915.
- Karl-Scharnagl-Ring 7, 80539 **München,** Tel. (089) 4176040, Fax 4705710.

In Österreich

- ●**Botschaft:** Heßgasse 6, 1010 Wien, Tel. (01) 531920, Fax 5320590, www.at.emb-japan.go.jp

In der Schweiz

- ●**Botschaft:** Engstr. 53,Postfach, 3000 Bern 9, Tel. (031) 3002222, Fax 3002255, www.ch.emb-japan.go.jp.
- ●**Generalkonsulate:**
- Rue de Lausanne 80-82, 1202 Genf, Tel. (022) 7169900, Fax 7169901
- Utoquai 55, 8008 Zürich, Tel. (044) 2694046, Fax 2694044.

Zollbestimmungen

Grundsätzlich wird das Gepäck bei der Einreise nach Japan so gut wie gar nicht kontrolliert, dennoch gibt es natürlich Bestimmungen. Wer unbegleitetes Gepäck aufgegeben hat, muss eine schriftliche Erklärung abgeben.

! Die Einfuhr von Produkten **bedrohter Arten** (Elfenbein, Schildpatt, Korallen, Muscheln etc.) nach dem Washingtoner Artenschutzgesetz wird bestraft!

Japan

RUSSLAND

CHINA

HOKKAIDŌ · Kushiro
· Saporo

JAPANISCHES · Aomori

40° NORDKOREA · Morioka
· Pyongyang MEER · Akita

· Sendai
Sado · Niigata

· Seoul HONSHŪ
Kanazawa ·
SÜDKOREA Oki · Tokyo
35° Nagoya
Matsue · Kyōto · · Yokohama
Hiroshima Kōbe ·
· Ōsaka · Nara
Kita-Kyūshū SHIKOKU Izu Shotō
Fukuoka ·
Nagasaki · Kumamoto Hachijō-jima
KYŪSHŪ
Kagoshima

PAZIFISCHER

30° · Tanega-shima Tori-shima
Yaku-shima

OZEAN

Amami-Ōshima
Ogasawara Shotō
0 500 km
Okinawa 130° 135° 140°

Zollfreie Einfuhr

Folgendes darf zollfrei eingeführt werden (wer in Japan wohnt, darf bei Tabak und Alkohol nur die Hälfte der angegebenen Mengen einführen):

● **Persönliche und beruflich benötigte tragbare Gegenstände,** falls nicht der Eindruck entsteht, dass diese verkauft werden sollen.

● **Tabak:** 100 Zigarren, 400 Zigaretten oder 500 g Tabak.
● **Alkoholische Getränke:** 3 Flaschen (0,75 l).
● **Parfüm:** 2 Unzen.
● **Andere Waren** im Wert bis zu 200.000 ¥, wobei nur Waren mit einem Wert von über 10.000 ¥ pro Gegenstand gezählt werden.
● **Gebrauchte Haushaltsgegenstände**
● **Autos und Boote** müssen wenigstens ein Jahr lang gebraucht worden sein.

Verboten oder genehmigungspflichtig

Verboten ist die Einfuhr von Opiaten und anderen illegalen Drogen sowie dazugehörigen Utensilien, von pornografischen Büchern, Zeichnungen, Videos o.Ä., von Gegenständen, die Patente, geschützte Warenzeichen etc. verletzen, von Pistolen, Revolvern und Munition. Für Schwerter, Jagdgewehre und andere Waffen müssen Genehmigungen vorliegen.

Pflanzen und Tiere

Für die Einfuhr von Pflanzen und Tieren gelten **Quarantänebestimmungen**. Pflanzen werden untersucht, für Tiere braucht man bestimmte Bescheinigungen.

Devisen

Bargeld kann beliebig eingeführt werden, bis zu 5 Millionen ¥ dürfen ausgeführt werden.

Bei Einkäufen in **Tax Free Shops** muss keine Verbrauchsteuer gezahlt werden. Die Einkäufe werden auf einer Karte, dem *Record of Purchase of Consumption Tax Exempt for Export*, eingetragen, und diese wird an den Pass geheftet. Die Karte wird bei der Ausreise entnommen, die gekauften Gegenstände vom Zoll überprüft.

Europäische Zollbestimmungen

Bei der Rückreise gibt es auch auf europäischer Seite Freigrenzen, Verbote und Einschränkungen. Nachstehend aufgeführte **Freimengen** darf man zollfrei in die EU und die Schweiz einführen:

- **Tabakwaren** (für Personen ab 17 Jahren): 200 Zigaretten oder 100 Zigarillos oder 50 Zigarren oder 250 g Tabak oder eine anteilige Zusammenstellung dieser Waren.
- **Alkohol** (für Personen ab 17 Jahren) **in die EU:** 1 l Spirituosen (über 22 Vol.-%) oder 2 l Spirituosen (unter 22 Vol.-%) oder eine anteilige Zusammenstellung dieser Waren, und 4 l nicht-schäumende Weine, und 16 l Bier; **in die Schweiz:** 2 l bis 15 Vol.-% und 1 l über 15 Vol.-%.
- **Andere Waren** (in die EU): 10 Liter Kraftstoff im Benzinkanister; für See- und Flugreisende bis zu einem Warenwert von insgesamt 430 €, über Land Reisende 300 €, alle Reisende über 15 Jahren 175 € (bzw. 150 € in Österreich); (in die Schweiz): neuangeschaffte Waren für den Privatgebrauch bis zu einem Gesamtwert von 300 SFr. Bei Nahrungsmitteln gibt es innerhalb dieser Wertfreigrenze auch Mengenbeschränkungen.

Wird die Wertfreigrenze überschritten, sind **Einfuhrabgaben** auf den Gesamtwert der Ware zu zahlen und nicht nur auf den die Freigrenze übersteigenden Anteil. Die Berechnung erfolgt entweder pauschal oder nach dem Tarif jeder einzelnen Ware zuzüglich sonstiger Steuern.

Einfuhrbeschränkungen bestehen u.a. für Tiere, Pflanzen, Arzneimittel, Betäubungsmittel, Feuerwerkskörper, Lebensmittel, Raubkopien, verfassungswidrige Schriften, Pornografie, Waffen und Munition; in Österreich auch für Rohgold und in der Schweiz auch für CB-Funkgeräte.

Nähere Informationen

- **Deutschland:** www.zoll.de oder beim Zoll-Infocenter Tel. (069) 46997600
- **Österreich:** www.bmf.gv.at oder beim Zollamt Klagenfurt Villach Tel. (01) 51433 564053
- **Schweiz:** www.ezv.admin.ch oder bei der Zollkreisdirektion in Basel Tel. (061) 2871111

Vor der Reise

Impfpflicht

Bei der Einreise nach Japan besteht **keine Impfpflicht.** Wie bei allen Reisen üblich, wird empfohlen, gegebenenfalls den Tetanus- und Diphterieschutz aufzufrischen.

Haustiere

Wer länger in Tokyo bleiben möchte und beabsichtigt, mit einem **Hund** einzureisen, muss die Quarantänebestimmungen beachten: 14 Tage bei Vorliegen von Gesundheits- und Impfzeugnis gegen Tollwut, Staupe, Hepatitis, das nicht jünger als 30 und nicht älter als 150 Tage ist, ansonsten 180 Tage Quarantäne, die rund 2500 ¥ pro Tag kostet. Hunde müssen beim *hôken-jo* (Gesundheitsamt) nach drei Monaten angemeldet werden. Bei Einfuhr von **Katzen** muss lediglich ein Gesundheitszeugnis vorgelegt werden, Quarantäne ist hier nicht nötig. **Wilde Tiere** dürfen nicht eingeführt werden.

und asiatische Großstädte, z.B. mit Air France (über Paris), KLM (über Amsterdam), Scandinavian Airlines (SAS) (über Kopenhagen), Thai Airways (über Bangkok) und Cathay Pacific Airways (über Hongkong). Diese können zwar billiger sein als die Nonstop-Flüge, aber man muss hier auch eine längere Flugdauer einkalkulieren.

Die Dauer eines Nonstop-Fluges von Deutschland, Österreich und der Schweiz nach Tokyo liegt bei **etwa 11 Stunden,** mit Zwischenlandung bei etwa 2–3 Stunden mehr.

Flugpreise

Je nach Fluggesellschaft, Jahreszeit und Aufenthaltsdauer in Japan bekommt man ein Economy-Ticket von Deutschland, Österreich und der Schweiz hin und zurück nach Tokyo **ab 700 Euro** (inkl. aller Steuern, Gebühren und Entgelte).

Preiswertere Flüge sind mit **Jugend- und Studententickets** (je nach Airline alle jungen Leute bis 29 Jahre und Studenten bis 34 Jahre) möglich.

Hin- und Rückflug

Flugverbindungen

Nonstop-Linienflugverbindungen aus dem deutschsprachigen Raum nach Tokyo bestehen von Frankfurt mit All Nippon Airways (ANA), Japan Airlines und Lufthansa, von München mit All Nippon Airways (ab Juli 2010) und Lufthansa, von Zürich mit Swiss sowie von Wien mit Austrian Airlines.

Daneben gibt es unzählige **Umsteigeverbindungen** über europäische

Stopover-Tipp

Cathay Pacific Airways, Malaysia Airlines, Singapore Airlines und Thai Airways bieten für ihre Heimatflughäfen interessante Stopover-Programme, Transport vom und zum Flughafen, günstige Übernachtungen in guten Hotels, Stadtrundfahrten usw. an. Dies gilt aber nur dann, wenn man über Hongkong, Kuala Lumpur, Singapur bzw. Bangkok zu einem anderen Ziel weiterfliegt (beispielsweise nach Tokyo).

Jetlag – Probleme mit der Zeitverschiebung

Ärzte definieren Jetlag als „die Summe sämtlicher subjektiven **Befindlichkeitsstörungen,** die durch Zeitverschiebung eintreten", stellen aber auch fest, dass es keine Krankheit ist. Gestört wird vor allem das Schlaf- und Essverhalten.

Die **Umstellung der inneren Uhr** dauert einige Tage, und es ist dementsprechend ganz normal, wenn man nach einem langen Flug nicht oder nur schlecht schlafen kann. Ähnlich steht es mit dem Appetit: Es dauert eine Weile, bis er sich dem neuen Rhythmus angepasst hat. Als Faustregel gilt, dass pro Stunde Zeitverschiebung der Körper einen Tag der Anpassung benötigt.

Zahlreiche Vielflieger schwören auf das in einigen Ländern erhältliche Mittel **Melatonin,** ein Schlafhormon, das der menschliche Körper zur Schlafenszeit produziert. Durch Einnahme von Melatonin werden die vom Jetlag hervorgerufenen Schlafstörungen gemildert, der Körper findet schneller seinen normalen Schlafrhythmus. Die Langzeitwirkung des Mittels ist aber noch unerforscht, und in Deutschland, wie auch Thailand, ist es legal nicht erhältlich (aber z.B. in den USA und Singapur).

Um den Jetlag anderweitig abzumildern, empfiehlt sich schon vom Tag des Fluges an, nur **leicht** zu **essen,** aber **viel Flüssigkeit** zu sich zu nehmen. Das ist auch in den ersten Tagen am Zielort weiter zu verfolgen. Außerdem sollte man den Körper, der sich zudem noch an ein völlig anderes Klima und ungewohnte Kost gewöhnen muss, ganz allgemein nicht überfordern.

Bei der Beachtung einiger Regeln treten die Symptome des Jetlags nicht so stark auf:

So früh wie möglich an die **Zeit im Zielland** anpassen. Die **Schlafzeiten** in den ersten drei Nächten nach der Zeitumstellung auf etwa acht Stunden beschränken. Sonst besteht die Gefahr, dass man nach einem „erholsamen" Schlaf von vielleicht 10 oder 12 Stunden in der nächsten Nacht partout nicht einschlafen kann.

Nach der Zeitumstellung in der ersten Woche tagsüber nicht schlafen und möglichst viel im Freien aufhalten, denn **Sonnenlicht** erleichtert das Wachbleiben und die Zeit-Kompensation.

Im Flugzeug besser keinen **Alkohol** trinken. **Schlaf- und Aufputschmittel** meiden.

Oftmals kommt die **Verdauung** nach einer großen Zeitverschiebung nicht so recht in Gang. Wer im Flugzeug vegetarisches Essen bestellt und im Zielland ballaststoffreiche Kost zu sich nimmt, tut sich da erheblich leichter ...

Kinder unter zwei Jahren fliegen ohne Sitzplatzanspruch für 10 % des Erwachsenenpreises, ansonsten werden für ältere Kinder die regulären Preise je nach Airline um 25–50 % ermäßigt. Ab dem 12. Lebensjahr gilt der Erwachsenentarif oder ein besonderer Jugendtarif (s.o.).

Von Zeit zu Zeit offerieren die Fluggesellschaften **befristete Sonderangebote.** Dann kann man z.B. mit Air France für rund 600 Euro von vielen Flughäfen in Deutschland, Österreich und der Schweiz über Paris nach Tokyo und zurück fliegen. Diese Tickets haben in der Regel eine befristete Gültigkeitsdauer und eignen sich nicht für Langzeitreisende. Ob für die gewünschte Reisezeit gerade Sonderangebote für Flüge nach Tokyo auf dem Markt sind, lässt sich im Internet z.B. auf der Website von Jet-Travel (www.

jet-travel.de) unter „Flüge" entnehmen, wo sie als **Schnäppchenflüge** nach Asien mit aufgeführt sind.

In Deutschland gibt es von Frankfurt aus die häufigsten (und meist günstigsten) Verbindungen nach Tokyo. Da kann es attraktiver sein, mit einem **Rail-and-Fly-Ticket** per Bahn nach Frankfurt zu reisen (entweder bereits im Flugpreis enthalten oder nur 30 bis 60 € extra). Man kann je nach Fluglinie auch einen preiswerten **Zubringerflug** der gleichen Airline von einem kleineren Flughafen in Deutschland buchen. Außerdem gibt es **Fly-and-Drive-Angebote,** wobei die Fahrt zum/vom Flughafen mit einem Mietwagen im Ticketpreis inbegriffen ist.

Reist man viel mit dem Flugzeug, kann man als Mitglied eines **Vielflieger-Programms** auch indirekt sparen, z.B. im Verbund der www.star-alliance.com (Mitglieder u.a. *ANA All Nippon Airlines, Austrian Airlines, Lufthansa, Swiss*). Vielleicht reichen die gesammelten Flugmeilen dann ja vielleicht schon für einen Freiflug bei einer der Partnergesellschaften beim nächsten Flugurlaub. Bei Einlösung eines Gratisfluges ist langfristige Vorausplanung nötig.

Buchung

Folgende **zuverlässige Reisebüros** haben meistens günstigere Preise als viele andere:

● **Jet-Travel,** Buchholzstr. 35, 53127 Bonn, Tel. (0228) 284315, Fax 284086, www.jet-travel. de. Auch für Jugend- und Studententickets. Sonderangebote auf der Website unter „Schnäppchenflüge".

**Für Geduldige –
Anreise per Schiff**

Wer sehr viel Zeit für die Reise hat, mindestens einen Monat, kann mit einem Frachter für – je nach Kabine – 2250 bis 3300 € von Hamburg über Suez, Jeddah, Malaysia, Singapur und Hongkong nach Hakata schippern.
● **Frachtschiff-Touristik,** *Kapitän Peter Zylman,* Exhöft 12, 24404 Maasholm/Ostsee, Tel. (04642) 96550, Fax 6767, www.zylmann.de.

● **Globetrotter Travel Service,** Löwenstr. 61, 8023 Zürich, Tel. (044) 2286666, www.globetrotter.ch. Weitere Filialen, siehe Website.

Die vergünstigten Spezialtarife und befristeten Sonderangebote kann man nur bei wenigen Fluggesellschaften in ihren Büros oder direkt auf ihren Websites buchen; diese sind jedoch immer auch bei den oben genannten Reisebüros erhältlich. Im Übrigen sollte man wissen, dass die günstigsten Flüge keineswegs immer online im Internet buchbar sind. Häufig haben Jet-Travel und der Globetrotter Travel Service auf Anfrage preiswertere Angebote.

Last Minute

Wer sich erst im letzten Augenblick für eine Reise nach Tokyo entscheidet oder gern pokert, kann Ausschau nach Last-Minute-Flügen halten, die von einigen Airlines mit deutlicher Ermäßi-

---

Buchtipps

● *Littek, Frank:* **Fliegen ohne Angst,** REISE KNOW-HOW Verlag.
● *Witschi, Erich:* **Clever buchen – besser fliegen,** REISE KNOW-HOW Verlag.

Mini „Flug-Know-how"

Check-in

Nicht vergessen: Ohne einen gültigen **Reisepass** kommt man nicht an Bord eines Flugzeuges nach Tokyo.

Bei den meisten internationalen Flügen muss man **zwei bis drei Stunden vor Abflug** am Schalter der Airline eingecheckt haben. Viele Airlines neigen zum Überbuchen, und wer zuletzt kommt, hat dann möglicherweise das Nachsehen.

Wenn eine **vorherige Sitzplatzreservierung** nicht möglich war, kann man beim Einchecken einen Wunsch diesbezüglich äußern.

Das Gepäck

In der **Economy Class** darf man in der Regel nur Gepäck bis zu 20 kg pro Person einchecken (vgl. Flugticket) und zusätzlich ein Handgepäck von 7 kg in die Kabine mitnehmen, welches eine Größe von 55 x 40 x 23 cm nicht überschreiten darf.

In der **Business Class** sind es in der Regel 30 kg pro Person und zwei Handgepäckstücke, die insgesamt nicht mehr als 12 kg wiegen dürfen. Man sollte sich beim Kauf des Tickets über die Bestimmungen der Airline informieren.

Aus **Sicherheitsgründen** dürfen Nagelscheren, Taschenmesser u.Ä. nicht mehr im Handgepäck untergebracht werden. Diese Gegenstände sollte man unbedingt im aufzugebenden Gepäck verstauen, sonst werden sie bei der Sicherheitskontrolle einfach weggeworfen. Darüber hinaus gilt, dass Feuerwerke, leicht entzündliche Gase (in

Sprühdosen, Campinggas), entflammbare Stoffe (in Benzinfeuerzeugen, Feuerzeugfüllung) etc. nichts im Passagiergepäck zu suchen haben.

Flüssigkeiten oder vergleichbare Gegenstände in ähnlicher Konsistenz (z.B. Getränke, Gels, Sprays, Shampoos, Cremes, Zahnpasta, Suppen) dürfen nur in der Höchstmenge von jeweils 0,1 Liter als Handgepäck mit ins Flugzeug genommen werden. Die Flüssigkeiten müssen in einem durchsichtigen, wiederverschließbaren Plastikbeutel transportiert werden, der maximal einen Liter Fassungsvermögen hat.

Rückbestätigung

Bei den meisten Airlines ist heutzutage die **Bestätigung des Rückfluges** nicht mehr notwendig. Dennoch sollte man sich telefonisch erkundigen, ob sich an der Flugzeit nichts geändert hat, denn kurzfristige Änderungen kommen beim immer dichter werdenden Luftverkehr heute häufig vor.

Wenn die Airline allerdings eine Rückbestätigung *(reconfirmation)* **bis 72 oder 48 Stunden vor dem Rückflug** verlangt, sollte man auf keinen Fall versäumen, die Airline kurz anzurufen, sonst kann es passieren, dass die Buchung im Computer der Airline gestrichen wird; der Flugtermin ist dahin. Das Ticket verfällt aber nicht dadurch, es sei denn, die Gültigkeitsdauer wird überschritten, aber unter Umständen ist in der Hochsaison nicht sofort ein Platz auf einem anderen Flieger frei.

Die **Rufnummer** kann man von Mitarbeitern der Airline bei der Ankunft, im Hotel, dem Telefonbuch oder auf der Website der Airline erfahren.

gung **ab etwa 14 Tage vor Abflug** angeboten werden, wenn noch Plätze zu füllen sind. Diese Flüge lassen sich nur bei Spezialisten buchen:

● **L'Tur,** www.ltur.com, Tel. (00800) 21212100 (gebührenfrei für Anrufer aus Europa); 165 Niederlassungen europaweit.

● **Lastminute.com,** www.lastminute.de, (D)-Tel. (01805) 284366 (0,14 €/Min. aus dem Festnetz), für Anrufer aus dem Ausland Tel. (0049) 89 4446900.

● **5 vor Flug,** www.5vorflug.de, (D)-Tel. (01805) 105105 (0,14 €/Min.), (A)-Tel. (0820) 203085 (0,145 €/Min.).

● **Restplatzbörse,** www.restplatzboerse.at, (A)-Tel. (01) 580850.

Vor der Reise

Versicherungen

Für alle abgeschlossenen Versicherungen sollte man die **Notfallnummern** notieren und mit der **Policenummer** gut aufheben! Bei Eintreten eines Notfalles sollte die Versicherungsgesellschaft sofort telefonisch verständigt werden!

Der Abschluss einer **Jahresversicherung** ist in der Regel kostengünstiger als mehrere Einzelversicherungen. Günstiger ist auch die **Versicherung als Familie** statt als Einzelpersonen. Hier sollte man nur die Definition von „Familie" genau prüfen.

Auslandskrankenversicherung

Die Kosten für eine ärztliche Behandlung in Japan werden von den gesetzlichen Krankenversicherungen in Deutschland und Österreich nicht übernommen, daher ist der Abschluss einer privaten **Auslandskrankenversicherung unverzichtbar.**

Bei Abschluss der Versicherung – die es mit bis zu einem Jahr Gültigkeit gibt – sollte auf einige Punkte geachtet werden. Zunächst sollte ein **Vollschutz ohne Summenbeschränkung** bestehen, im Falle einer schweren Erkrankung oder eines Unfalls sollte auch der **Rücktransport** übernommen werden. Diese Zusatzversicherung bietet sich auch über einen **Automobilclub** an, insbesondere wenn man bereits Mitglied ist. Diese Versicherung bietet den Vorteil billiger Rückholleistungen (Helikopter, Flugzeug) in extremen Notfällen.

Wichtig ist auch, dass im Krankheitsfall der **Versicherungsschutz über die vorher festgelegte Zeit hinaus** automatisch verlängert wird, wenn die Rückreise nicht möglich ist.

Schweizer sollten bei ihrer Krankenversicherungsgesellschaft nachfragen, ob die Auslandsdeckung auch für Japan inbegriffen ist. Sofern man keine Auslandsdeckung hat, kann man sich kostenlos bei Soliswiss (Gutenbergstr. 6, Postfach, 3001 Bern, Tel. (031) 3807030, health@soliswiss.ch, www. soliswiss.ch) über mögliche Krankenversicherer informieren.

Zur Erstattung der Kosten benötigt man zur Vorlage beim jeweiligen Versicherungsunternehmen ausführliche **Quittungen** (mit Datum, Namen, Bericht über Art und Umfang der Behandlung, Kosten der Behandlung und Medikamente).

Wer als Ausländer **länger in Japan lebt** und das *Certificate of Alien Registration* besitzt, kann beim Bezirksamt *(ward office)* ebenfalls eine Versicherung abschließen. Diese übernimmt immerhin 70 % der Behandlungskosten (einschließlich Laboruntersuchungen und Medikamente). Der Versicherungsbetrag richtet sich nach dem jährlichen Einkommen. Für Patienten, die älter als 70 Jahre sind, ist die Behandlung kostenlos.

Weitere Versicherungen

Die **Reiserücktrittsversicherung** für 35–80 € lohnt sich nur für teure Reisen und für den Fall, dass man vor der Abreise einen schweren Unfall hat, ernsthaft erkrankt, schwanger wird, gekündigt wird oder nach Arbeitslosigkeit einen neuen Arbeitsplatz bekommt, die Wohnung abgebrannt ist oder Ähnliches. Nicht gelten hingegen: Terroranschlag, Streik, Naturkatastrophe etc.

Auch die **Reisegepäckversicherung** lohnt sich seltener, da z.B. bei Flugreisen verlorenes Gepäck oft nur nach Kilopreis und auch sonst nur der Zeitwert nach Vorlage der Rechnung ersetzt wird. Wurde eine Wertsache nicht im Safe aufbewahrt, gibt es bei Diebstahl auch keinen Ersatz. Kameraausrüstung und Laptop dürfen beim Flug nicht als Gepäck aufgegeben worden sein. Gepäck im unbeaufsichtigt abgestellten Fahrzeug ist ebenfalls nicht versichert. Die Liste der Ausschlussgründe ist endlos ... Überdies deckt häufig die Hausratsversicherung schon Einbruch, Raub und Beschädigung von Eigentum auch im Ausland. Für den Fall, dass etwas passiert ist, muss der Versicherung als Schadensnachweis ein Polizeiprotokoll vorgelegt werden.

Eine **Privathaftpflichtversicherung** hat man in der Regel schon. Verfügt man über eine **Unfallversicherung,** sollte man prüfen, ob diese im Falle plötzlicher Arbeitsunfähigkeit aufgrund eines Unfalls im Urlaub zahlt. Auch durch verschiedene (Gold-) **Kreditkarten** oder eine **Automobilclubmitgliedschaft** ist man für bestimmte Fälle schon versichert. Die Versicherung über die Kreditkarte gilt jedoch meist nur für den Karteninhaber!

Rund ums Geld

Währung

Die japanische Währung ist der **Yen** (japanisch: *en,* Zeichen: ¥). Vor dem letzten Weltkrieg war ein Yen noch in 100 Sen unterteilt, diese Münzen gibt es heute nur noch beim Münzhändler.

- **Münzen:** 1 ¥ (Aluminium), 5 ¥ (Messing, mit Loch), 10 ¥ (Kupfer), 50 ¥ (Silber, mit Loch), 100 ¥ (Silber), 500 ¥ (Silber)
- **Banknoten:** 1000 ¥, 5000 ¥, 10.000 ¥

Zahlungsmittel

Japaner zahlen gern bar. Der Geldautomat ist der ideale Ort zur Bargeldbeschaffung. Sowohl mit der Maestro-(EC-)Karte als auch der Kreditkarte muss man dazu den jeweiligen **PIN-Code** eingeben.

Ob und wie hoch die **Kosten für die Barabhebung** sind, ist abhängig von der kartenaustellenden Bank und von der Bank, bei der die Abhebung erfolgt. Man sollte sich daher vor der Reise bei seiner Hausbank informieren, mit welcher Partner-Bank sie zusammenarbeitet. Im ungünstigsten Fall wird pro Abhebung eine Gebühr von bis zu 1 % des Abhebungsbetrags per Maestro-(EC-)Karte oder gar 5,5 %

Wechselkurse	
1 Euro	125 ¥
1 Schweizer Franken	87 ¥
1 Britisches Pfund	142 ¥
1 US-Dollar	93 ¥
Stand: April 2010	

des Abhebungsbetrags per Kreditkarte berrechnet.

Für das **bargeldlose Zahlen per Kreditkarte** werden ca. 1–2 % für den Auslandseinsatz berechnet.

Alternativ kann man sich mit **Reiseschecks** eindecken. Üblicherweise bringen Reisende US$-Reiseschecks mit; am besten lässt man sie jedoch gleich in Yen ausstellen, weil das Geld dann nicht ein zweites Mal gewechselt werden muss. Nur die bedeutenden Währungen werden akzeptiert. **Wechseln** kann man in Banken, Kaufhäusern und größeren Hotels. In Banken, vor allem außerhalb der Touristenzentren (häufig im 1. Stock), nimmt der Vorgang schon mal eine halbe Stunde in Anspruch (der Pass muss vorgezeigt werden).

Wer eine Karte einer auch in Japan vertretenen Bank (z.B. Targobank) hat, kann dort gebührenfrei Geld abheben.

Sparkonto

Wer bei einem längeren Aufenthalt in Japan ein Sparkonto (mit *cash card* zum Geldabheben) eröffnen möchte, kann das bei jeder Bank tun; günstig sind die **Postämter.** In diesem Fall geht man zum Hauptpostamt und sagt „Yûbin chokin (Post-Sparkonto) no kôza o tsukutte kudasai" = „Bitte richten Sie ein Post-Sparkonto für mich ein." Das geht normalerweise in einer Viertelstunde. Auf ein Sparkonto kann man dann **Geld überweisen lassen,** am schnellsten telegrafisch, man muss dabei der Heimatbank aber genaue Angaben machen: Bank, Filiale, Ort.

Geldinstitute in Tokyo

Kreditkarteninstitute

- **American Express,** Ogikubo Head Office, 4-30-16 Ogikubo, Suginami-ku, Tel. 3220-6000, 0120-020-120 (gebührenfrei, rund um die Uhr); bei Verlust: Tel. 0120-376-100; Filiale Ginza: Tel. 3564-4381; Shinjuku: Tel. 3352-1555
- **Diners Club,** Senshu Bldg., 1-13-7 Shibuya, Shibuya-ku, Tokyo, Tel. 3499-1311, Notfall-Tel. 3797-7311, außerhalb der Bürozeiten: Tel. 3499-1181
- **Master Card,** Union Credit Co., 1-10-7 Kaji-chô, Chiyoda-ku, Tokyo, Tel. 5728-5200
- **Visa,** Sumitomo Credit Co., Taihei Bldg., 5-2-10, Shimbashi, Minato-ku, Tokyo, Tel. 00531-44-0022, Notfall Tel. 3459-4700

Verlust von Kreditkarten

Siehe Kapitel „Notfälle".

Deutsche und schweizerische Banken

- **Commerzbank,** Atago Green Hills, Mori Tower, F40, 2-5-1 Atago, Minato-ku, Tel. 5400 4989, Fax 5400 4987
- **Deutsche Bank,** Sanno Park Tower, 2-11-1 Nagatacho, Chiyoda-ku, Tel. 5156-4000
- **Westdeutsche Landesbank,** F3, Fukoku Seimei Bldg., 2-2 Uchisaiwai-cho 2-chome, Tel. 5510 6200, Fax 5510 6299.
- **Credit Suisse,** F27, Izumi Garden Tower, 1-6-1 Roppongi, Minato-ku, Tel. 4550-9000, Fax 4550-9800.
- **Swiss Bank Corporation,** 1-8, Toranomon 4-chome, Minato-ku, Tel. 5473-5000, Fax 5473-5175.
- **Union Bank of Switzerland,** Shinmarunouchi Building, 1-5-1 Marunouchi, Chiyoda-ku, Tel. 5293-3880.

Für die Eröffnung eines Sparkontos (Bank/Post) benötigt man eine sog. **Gaijin Card,** genaue Bezeichnung: *Certificate of Alien Registration,* d.h. man muss registriert sein als zeitweiser Bewohner Japans.

Inflationsrate und Preissteigerungen

Die Inflationsrate ist in Japan meist geringer als in Deutschland. Derzeit ist wieder einmal, wie in den Jahren nach dem Platzen der „bubble", **Deflation** angesagt, d.h. die Preise sanken im April um 0,1%.

Reisekosten und wie man sie spart

Wer heute nach Japan fährt, weiß, dass der Aufenthalt dort erheblich mehr kostet als in den asiatischen Nachbarländern und sogar in den reichen westlichen Industrieländern. Aber es gibt Wege, die Kosten in erträglichen Grenzen zu halten.

Transport

In Tokyo gibt es preiswerte Tagespässe für die **öffentlichen Verkehrsmittel** U-Bahn, Straßenbahn und Busse. Taxis sind sehr teuer, aber selbst zur Verbindung zwischen Flughafen und Hotel braucht man grundsätzlich kein Taxi. Wer sein Gepäck nicht mitschleppen mag oder kann, hat die Möglichkeit, es in Narita oder Haneda, um von den Tokyoter Flughäfen auszugehen, bei Expresslieferfirmen

(takkyubin) wie **Kuro-neko-yamato** für ca. 2000 ¥ pro Koffer aufzugeben und an die Zieladresse schicken zu lassen.

Der **Japan Rail Pass** ist für alle, die nicht nur Tokyo bereisen wollen, sondern auch im Land herumzufahren planen, eine ideale Investition, welche die unbestreitbar hohen Transportkosten senken hilft. Zusätzlich gibt es für jede Region günstige **Netzkarten** mit unterschiedlicher Geltungsdauer. In den Reisecentern *(view)* der großen Bahnhöfe oder, mit Einschränkungen auch beim TIC in Marunouchi, kann man sich nach gerade günstigen Angeboten erkundigen.

Im Übrigen sind **Nachtbusse** für Langstrecken am günstigsten, weil damit das Thema Übernachtung gleich mitgelöst ist. Schlafwagen in Zügen sind bequemer, jedoch deutlich teurer.

Übernachtung

Hotels sind teuer, selbst Businesshotels mit kleinen, aber gut ausgestatteten Zimmern sind in den Großstädten selten unter 8000 ¥ pro Person zu haben. Aber für 3500 bis 5000 ¥ gibt es *minshuku* mit Frühstück, z.T. auch mit Halbpension, einfache *ryokans, kokumin-shukusha,* Pensionen etc. Nochmals preiswerter sind die altersmäßig unbegrenzten Jugendherbergen für 2000 bis 2500 ¥ und Wohnungen, die man auf Zeit mietet (siehe „Praktische Reisetipps, Unterkunft").

Essen

Für 250 ¥ gibt es an den **Bahnhöfen** Nudelsuppen; Curryreis gibt es ab

350 ¥, Frühstückssets für das gleiche Geld in vielen Cafés. **Mittagsmenüs** werden ab 500 ¥ angeboten. Sehr preisgünstig isst man in den **Cafeterias der Universitäten;** auch abends muss es nicht teurer werden.

Eintrittspreise

Wer **Tempel und Schreine** besichtigt, muss die Ausgaben im Budget berücksichtigen, in Kyôto und Nara sind das zwischen 200 und 500 ¥ für die bedeutenden Tempel oder Schreine, in Kamakura sind es ca. 100–200 ¥. In Tokyo ist der Besuch der meisten Tempel kostenlos, aber **Gärten, Museen und Galerien** kosten oft Eintritt. Bei bestimmten Veranstaltungsorten und Museen kann man Rabatt bekommen, wenn man im Besitz eines internationalen **Studentenausweises** (ISIC) ist. Den Ausweis muss man allerdings schon zu Hause bei STA Travel oder beim Studentenwerk erworben haben (12 € (D), 10 € (A), 20 SFr (CH)). Man muss Immatrikulationsbescheinigung, Personalausweis und Passbild vorlegen. Infos unter www.isic.de.

Klima und Reisezeit

Tokyo liegt ziemlich genau in der Mitte zwischen dem subarktischen Klima Hokkaidos im Norden und dem subtropischen Klima Okinawas. Es liegt in der **warmen gemäßigten Zone,** kennt aber ebenso wie unser Klima vier klar getrennte Jahreszeiten – nur ist es in der Regel etwas milder und im Sommer heißer als bei uns.

Allerdings ist es in Tokyo kühler, als es nach seiner Lage sein müsste. Immerhin liegt die Stadt auf derselben geografischen Breite wie Teheran, Zypern, Kreta, Tunis, ein wenig nördlich von Los Angeles. Aber durch die kalten sibirischen Luftmassen kann (außer in den Sommermonaten) nicht so viel Hitze wie in den vergleichbaren genannten Orten aufkommen.

Der **Frühling** beginnt im März milde mit leichten Niederschlägen und einer Durchschnitttemperatur von rund 13 °C. Ende März, Anfang April ist die Zeit der Kirschblüte, deren Voranschreiten nach Norden täglich im Fernsehen aufgezeigt wird. Ende April tauchen schon Erdbeeren (aus dem Süden des Landes) auf.

Der nächste Abschnitt ist die rund sechswöchige **Regenzeit** *(tsuyu)*, die zwischen Juni und Mitte Juli liegt. Sie ist aber nicht sehr regenreich: Es ist warm, etwas schwül, und ein fast täglicher Schauer bringt Erfrischung. Danach, im eigentlichen **Sommer** (Mitte Juli bis Ende August), regnet es dann manchmal wochenlang nicht, und es wird anhaltend heiß mit hoher Luftfeuchtigkeit.

Die Temperaturen erreichen in diesen sechs Wochen täglich meist über 30 °C, und es kühlt auch nachts nicht unter 20 °C ab, da wird es dann nicht selten heißer als in den Tropen. In manchen Jahren ist der August allerdings etwas verregnet und entsprechend kühler. Sehr leichte Sommerkleidung ist für die Stadt angesagt (nur auf den hohen Bergen wie dem Fujisan wird es nachts kühl). Die Durch-

Mittlere tägliche Maximum- und Minimumtemperaturen in °C

Luftfeuchtigkeit in Prozent ■ Vormittags □ Nachmittags

Mittlere Niederschlagsmenge pro Monat in l/m² *im Jahr 1.562 l/m²*

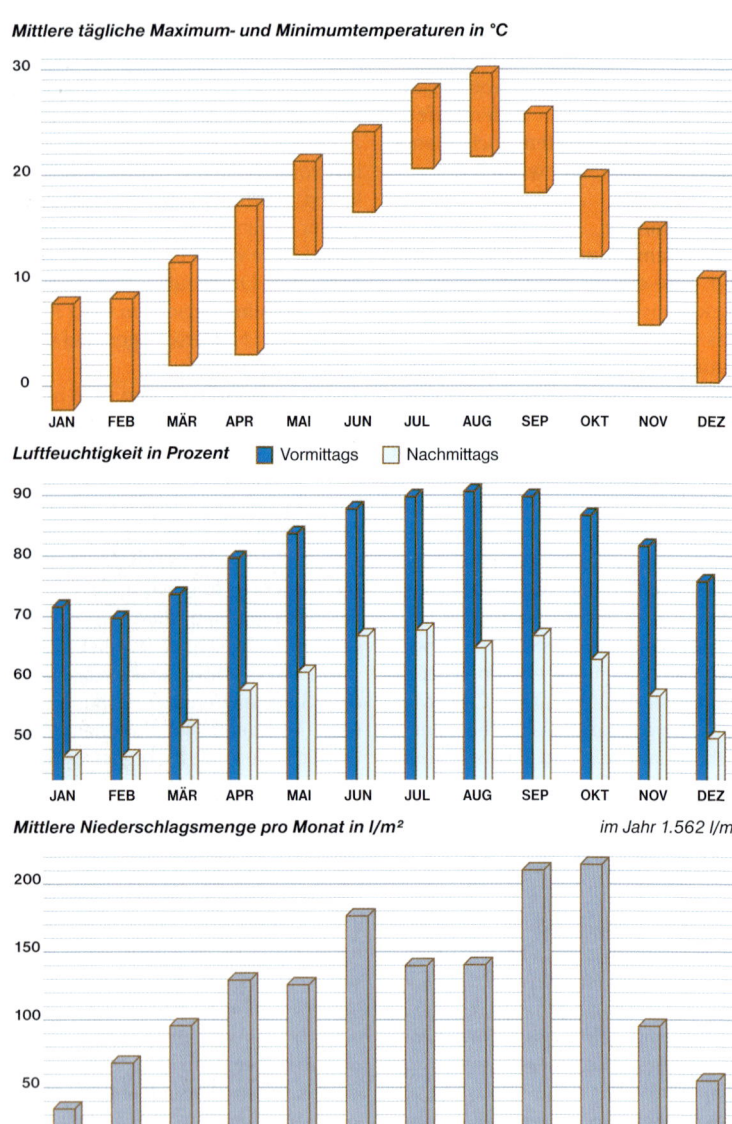

schnittstemperatur beträgt etwas über 25 °C.

Ab September endet offiziell die heiße Jahreszeit, aber das Wetter richtet sich nicht unbedingt danach. Allerdings muss mit **Taifunausläufern** gerechnet werden. Direkt wird Tokyo von Taifunen nur selten getroffen (Shikoku und Kyûshû müssen die Hauptlast aufnehmen), aber es kommt in dem Zusammenhang dann oft zu heftigen Regenfällen mit starken Winden.

Der **Herbst** gilt als die günstigste, aber auch **beliebteste Reisezeit** – wegen des milden klaren Wetters ähnlich unseren Spätsommern, es ist aber doch wärmer. Die Laubfärbung ist auch innerhalb Tokyos in den Parks und Tempelgärten reizvoll, am schönsten jedoch in den nahen Bergen. Der Herbst bringt Durchschnittstemperaturen von knapp 17 °C.

Im **Winter** gibt es in Tokyo kaum Niederschläge, aber die Temperaturen liegen oft nahe Null. Ab und zu schneit es, aber der Schnee bleibt nicht lange liegen – anders als im „Schneeland", den Gebirgsgegenden, die den Wintermonsun vom Japanischen Meer her voll abbekommen.

Die beste Reisezeit

Das **Frühjahr** bis Mitte Mai ist zur Reise besonders zu empfehlen: wegen der milden Temperaturen und dem recht stabilen Wetter und natürlich wegen der **Kirschblüte** – in Tokyo Anfang April. Der Zauber dauert manchmal aber nur eine Woche. Der Frühling ist unter den Japanern als Reisezeit allerdings ebenfalls sehr beliebt. Absolut zu vermeiden ist die *Golden Week* (29.4.–5.5.) für Ausflüge ins Umland, in Tokyo selbst ist es dann jedoch vergleichsweise leer.

Wer es gern heiß mag, wird sich im **Sommer** wohlfühlen, zumal es dann gleichmäßig warm bleibt. Reisende sollten im Sommer daran denken, dass

Klimaanlagen nicht selten sehr kalt gestellt werden. Ansonsten ist für Tokyo im Sommer **leichte Baumwollkleidung** angebracht.

Spaziergang zur Kirschblütenzeit

Zu Beginn des Sommers, während der rund sechswöchigen **Regenzeit,** sind Schauer und Gewitter häufig. Aber deswegen muss man noch lange nicht wie die Londoner täglich mit dem Schirm herumlaufen. Danach wird es richtig heiß, und es regnet weit seltener.

In den Bon-Ferien Mitte August ergießt sich die zweite **große Reisewelle** über das Land. Die Schulferien dauern von Ende Juni bis Ende August.

Wem es im Sommer zu heiß und schwül ist, der kann ins Gebirge oder nach Norden, Richtung Tohoku und Hokkaidô, ausweichen. Dort sind die Sommer zwar kürzer, aber die Temperaturen sehr angenehm. Ab Mitte August muss mit **Taifunausläufern** und zum Teil heftigen Niederschlägen gerechnet werden.

Offiziell endet die **Badesaison** am Meer Ende August, aber der September ist immer noch heiß für mitteleuropäische Begriffe.

Der **Herbst** ist wegen der Laubfärbung, und des **stabilen, ruhigen Wetters** ebenfalls als Reisezeit zu empfehlen; besonders schön ist es dann in den Bergen und den Tempelgärten. Das Klima ist bis Mitte November angenehm. Anfang November gibt es in der *Silver Week* nochmals großes Gedränge in den Feriengebieten, in denen der Herbst besonders attraktiv ist.

Der **Winter** ist in Tokyo meist trocken; manchmal liegen bis zu 10 cm Schnee. Gegen **Ende des Jahres** und zu Beginn des neuen verreisen viele Bewohner der Stadt, in Tokyo ist es dann ruhiger, auch ist die Luft sauberer (eine gute Chance, den Fuji-san zu sehen). Viele Geschäfte sind zu Jahresbeginn für drei Tage geschlossen.

Hotelbuchungen

Hotelzimmer und Jugendherbergen sollten während der Hauptreisezeiten lange im Voraus gebucht werden (siehe „Unterkunft"). Bei vielen Hotels kann das heute online erfolgen. Da die Japaner nur wenige Tage Urlaub haben, wird viel an den durch Feiertage verlängerten Wochenenden verreist (Feiertage, die auf einen Sonntag fallen, werden am Montag nachgeholt bzw. gleich auf Montag gelegt).

Außerhalb der Saison gibt es genug Angebote an Quartieren. Im Februar, in der Zeit der Eintrittsexamen zu den Universitäten, von denen sich die meisten in Tokyo befinden, sind die Hotels der Stadt fast völlig ausgebucht.

Ausrüstung und Reisegepäck

Stadtplan

Einen brauchbaren Stadtplan gibt es kostenlos in der Touristeninformation:

●**Tourist Information Center (TIC),**
Tokyokotsukaikan, 2-10-1 Yurakucho,
Tokyo 100-0006, F10,
Tel. 3201-3331, www.tictokyo.jp/,
geöffnet Mo–Fr 9–17 Uhr, Sa 9–12 Uhr,
So u. F geschlossen.

Für gesteigerte Ansprüche empfehlenswert ist der fast jährlich neu aufgelegte Städteatlas „Tokyo – A Bilingual Atlas" (Kodansha), für 2000 ¥.

Hygieneartikel

Alles ist in Japan erhältlich, aber es empfiehlt sich, gewohnte Kosmetika mitzubringen, da in Japan andere Marken populär sind.

Eine preiswerte Drogeriediscountkette ist Matsumoto Kiyoshi; sie führt auch Medikamente.

500to Foto: ml

Medikamente

Desinfektionsmittel zur Wund-behandlung, einfachere Medikamen-te gegen **Verdauungsstörungen** oder **Sodbrennen,** gegen **Kopfschmerzen, Erkältung** oder Ähnliches sind eben-falls in Drogerien sowie in vielen Su-permärkten erhältlich. Mitbringen soll-te man nur Medikamente, die ggf. we-gen einer chronischen Erkrankung benötigt werden. Die in Japan erhältli-chen stammen in der Regel von ein-heimischen Herstellern und werden Ihnen vermutlich unbekannt sein.

Vor der Reise

Praktische Kleinigkeiten

Taschenlampen, Batterien und Ähnliches sind preiswert erhältlich. Die Spannung beträgt in Japan 110 Volt, Adapter kosten je nach Wattzahl 3500 bis 30.000 ¥, heute verfügen jedoch viele Geräte bereits über eingebaute Adapter.

Kleidung

Bedingt durch das etwas mildere Klima kann die Kleidung **etwas leichter** sein als zur selben Jahreszeit bei uns. Japaner kleiden sich gern **korrekt,** insbesondere in der Stadt. In der Freizeit, beispielsweise am Meer, tragen sie zwar auch Shorts, aber „Gammellook" ist nirgendwo *in*.

Für **Tempel und Schreine** muss man keine besonderen Kleidervorschriften beachten. In der wärmeren Jahreszeit tragen auch **Geschäftsleute** draußen meist kurzärmelige Hemden, in den klimatisierten Büros hingegen leichte Sommerjacketts. Seit einigen Jahren sind aber selbst im Sommer keine Jacketts mehr vorgeschrieben. Es empfehlen sich **Schuhe** ohne Schnürsenkel, falls man häufiger Privatwohnungen, Tempel, Lokale mit Tatami-Matten und andere Gebäude, in denen die Schuhe ausgezogen werden, betritt.

Alles ist in Japan erhältlich, nur mit den **Größen** kann es hier und da Probleme geben: Bei Schuhen (Damen ab Größe 39, Herren ab 44) und Kleidung (Damen ab Größe 38, Herren ab 5) ist die Auswahl spürbar eingeschränkt, und die Waren sind auch teurer.

Mobiltelefon

Das eigene Handy lässt sich in Japan nur dann problemlos nutzen, wenn man schon ein **3G-Telefon** betreibt. In Japan wird statt GSM 900 MHz nämlich 3G verwendet. Die meisten deutschen, schweizerischen und österreichischen Mobilfunkgesellschaften haben jedoch **Roamingverträge** mit z.B. Vodafone in Japan.

Abgesehen von den Roamingkosten solle man jedoch die **passiven Kosten** nicht vergessen, wenn man von zu Hause angerufen wird (Mailbox abstellen!). Der Anrufer zahlt nur die Gebühr ins heimische Mobilnetz, die teure Rufweiterleitung ins Ausland zahlt der Empfänger.

Wesentlich preiswerter ist es sich von vornherein auf **SMS** zu beschränken, der Empfang ist dabei in der Regel kostenfrei.

Praktische Reisetipps A–Z

Adressenangaben

Die **Straßen** in Tokyo haben grundsätzlich **keine Namen.** Es gibt zwar die alten Ausfallstraßen mit ihren geografischen Bezeichnungen wie „Tôkaidô" oder „Nakasendô". Und seit den Olympischen Spielen 1964 hat man großen Verbindungsstraßen Namen gegeben. Aber auch dort gibt es **keine Hausnummern** nach unserem Muster.

Da das japanische Adressensystem wirklich kompliziert ist, rufen die meisten, auch Japaner, vor einer Verabredung an und erkundigen sich nach **charakteristischen Details.** Mit welcher Linie kommt man in die Nähe, an welchem Bahnhof steigt man bei welchem Ausgang aus, an welchen Geschäften und anderen markanten Gebäuden geht man vorbei? Eine Wegbeschreibung geht dann etwa so: „Du gehst beim Südausgang heraus, dann nach links bis zum Gemüsehändler, dort biegst du rechts ab, gehst bis zum Buchladen, dort wieder nach links zum Getränkeautomaten ...".

Visitenkarten haben auf der Rückseite manchmal eine **Lageskizze.** Die hilft – unter Mitwirkung von Ortskundigen – mit Sicherheit beim Auffinden. Wenn es kompliziert erscheint, verabredet man sich beim ersten Mal oft direkt am Bahnhof (aber vorher ausmachen, an welchem Ausgang!).

Japanische Adressen geben erst das Große, dann das Kleine an: Präfektur (-ken), Bezirk (-gun), Stadt (-shi) bzw. Gemeinde (-mura), Viertel (-chô). In Tokyo ist die Reihenfolge: Stadtbezirk (-ku), Stadtviertel (-chô bzw. -machi),

hierauf folgt der Block (-chôme), die Hausnummer (-ban), gegebenenfalls das Gebäude (-biru) und schließlich der Name. Die westliche Schreibweise, auch die in diesem Buch, ist aber genau **umgekehrt;** ein Beispiel:

● 402, Hamano-Fudôsan-Building,
6-4-3 Minami-Oi, Shinagawa-ku, Tokyo 140.

Um diese Adresse zu finden, geht man so vor: Man nimmt einen Stadtplan und sieht, dass Minami-Oi im Süden des **Bezirks** (-ku) Shinagawa liegt. Der nächstgelegene **Bahnhof der S-Bahn** ist Omori, das bereits zum Bezirk Ôtaku gehört. Im Bahnhof gibt es einen Umgebungsplan, dort sucht man sich den Bereich 6 (-chôme) heraus und darin den Block 4 (-banchi). Das **Haus** Nummer 3 (-go) ist das gesuchte Gebäude, die Nr. 402 die Nummer des **Apartments** im 4. **Stock.** (Der 1. Stock beginnt in Japan im Erdgeschoss, bei Adressen mit Stockwerksangaben steht B für Tiefgeschoss, F1 für Erdgeschoss, F2 für den 1. Stock usw.)

Bei den Adressenangaben in diesem Buch steht oft hinter dem Namen des nächstgelegenen Bahnhofs eine **Zeitangabe** (z.B. „10 Min."): Damit ist die ungefähre Dauer des Fußweges vom Bahnhof bis zum Ziel gemeint.

Ein anderes Beispiel: Die Deutsche Botschaft befindet sich in 4-5-10, Minami-Azabu, Minato-ku, also im Bezirk Minato in Süd-(Minami-)Azabu. Der U-Bahnhof Hiroo der Hibiya-Linie liegt diesem Viertel am nächsten. Auf der Umgebungskarte sucht man den Bereich 4 (-chôme) und dort den Block 5. Haus Nummer 10 ist die Botschaft.

Die **Anordnung der Viertel und Blocks** folgt gelegentlich eigenwilligen Mustern. Bei den **Hausnummern** entscheidet grundsätzlich das Baujahr, nicht die Lage. Sicherer Tipp: Die Polizisten in ihrer Police-Box *(kôban)*, Briefträger, Reis- oder Sakehändler fragen oder nochmals anrufen. Wozu gibt es schließlich an jeder Ecke immer noch die öffentlichen Telefone? Nicht zuletzt genau aus diesem Grund.

Ankunft am Flughafen

Flughafen Narita

Bereits im Flugzeug wird die *Dis-/embarcation Card* gemeinsam mit der *Customs Declaration* (Zollerklärung) und einem gelben Fragebogen zum Gesundheitszustand ausgeteilt (die Japaner als Inselbewohner haben Angst vor eingeschleppten Krankheiten).

Erste Orientierung

Die Orientierung auf dem Gelände des **internationalen Flughafens Narita** ist problemlos, alle Hinweise findet man auch in englischer Sprache. Nach der obligatorischen Quarantäne- und Passkontrolle (samt Zeigefingercheck und Foto) geht es zur **Gepäckhalle** *(Baggage claim)*, wo auf dem Band mit der eigenen Flugnummer das Gepäck hoffentlich vollständig und heil eintrifft, dann geht es durch die **Zollkontrolle** (grün = nichts zu verzollen) in die **Ankunftshalle** *(Arrival lobby)* des älteren, kleineren Terminal 1 oder des größeren Terminal 2.

Es empfiehlt sich, einige Dinge **vor dem Verlassen der Lobby** zu erledigen: Geld wechseln bzw. abheben, ggf. telefonieren, Hotel reservieren, Gepäck aufgeben, Informationsmaterial mitnehmen (z.B. am Tourist Information Stand), **den *Japan Rail Pass* beim JR-Schalter gegen Abgabe des im Ausland erworbenen** *Exchange Voucher* **im Tiefgeschoss abholen** (geöffnet täglich 7–23 Uhr) bzw. die Busfahrkarte in der Lobby kaufen.

Für Fahrten zwischen den Terminals gibt es einen kostenlosen **Shuttlebus** von 6.30 bis 22 Uhr (alle 7–20 Min.), Fahrzeit 10 Min., Terminal 1: Haltestelle Nr. 5, Terminal 2: Nr. 8 und 18.

Der Check-in für **Inlandsflüge** ist im Erdgeschoss der Ankunftshalle von Terminal 2, der Terminal für Inlandsflüge *(Domestic Flight Terminal)* im 1. Stock.

● **Information:** Tel. 0476-32-2802, www.narita-airport.or.jp/airport.

Fahrt in die Stadt

Busse:

Narita ist etwa 60 km von der Innenstadt Tokyos entfernt. Wer nicht abgeholt wird und aus Kostengründen auf die Taxifahrt verzichten muss, kann für 2500 bis 3500 ¥ bequem eine Reihe von Hotels in den angegebenen Stadtteilen per Bus erreichen. Falls sich die Zieladresse in der Nähe eines der angesteuerten großen Hotels befindet und das Gepäck nicht zu schwer ist, ist einer der Airport-Limousine-Busse (Tel. 3370-1156) bzw. Airport-Shuttle-Busse zu empfehlen. Vorher klären, welcher Bus das gewünschte Hotel ansteuert. Wenn das Gepäck unhandlich ist, lässt es sich in der Ankunftshalle aufgeben (s. „Gepäckservice").

Wer zum **Tokyo Disney Resort** oder nahe gelegenen Hotels will, kann direkt dorthin fahren: täglich fünf Abfahrten von 8.35 bis 18.35 Uhr, Rückfahrt zwischen 8 und 18.15 Uhr, 2400 ¥ (Limousine Bus, Tel. 3665-7220).

Züge:

Ab der **JR Narita Airport Station,** Terminal 1 oder 2 gibt es den Narita Express (N'EX) nach Tokyo (2940 ¥, 60 Min. Fahrzeit), Shinjuku/Ikebukuro (3110 ¥, 80/85 Min.), Yokohama (4150 ¥, 90 Min.).

Wer eine *Exchange Order* für den Japan Rail Pass hat, kann ihn sofort ausnutzen und ab der JR Narita Airport Station z.B. zu den Bahnhöfen Ueno, Tokyo und Yokohama fahren. Der Schalter ist von 7–23 Uhr geöffnet.

Der Airport Narita Rapid Train *(Sobu-Yokosuka Line)* braucht 80 Min. zum Bahnhof Tokyo und kostet 1280 ¥. Info: Tel. 33-1630 (View Plaza, Term. 1).

Mit den Zügen der Keisei-Linie kann man von der **Keisei Narita Airport Station** mit dem Keisei Limited Express (1000 ¥, 75 Min., alle 20 Min.) oder dem *Skyliner* (1920 ¥, 60 Min., alle 40 Min.) zur Keisei Ueno Station neben dem großen Ueno-Bahnhof fahren. Info: Tel. 32-8501, Term.1, www.keisei.co.jp.

Taxi:

Die Fahrt mit dem Taxi in die Innenstadt von Tokyo kostet rund 22.000 ¥, zzgl. 2350 ¥ Autobahngebühr.

Hubschrauber-Service:

Wer schnell **zum Haneda Airport** muss, kann sich mit dem Hubschrauber der City Airlink Co. in 30 Min. für 18.000 ¥ hinüberfliegen lassen.

Gepäckservice (takkyu-bin)

Gepäck kann man von verschiedenen **Firmen in den Ankunftshallen** an die Zieladresse in Tokyo schicken lassen. Die Lieferung erfolgt am Tag nach der Ankunft. Pro Stück kostet der Service 1500 ¥ (bis 30 kg), für weitere Gepäckstücke 1000 ¥, falls beide nicht mehr als 30 kg zusammen wiegen, ansonsten je 10 kg 1000 ¥.

● **Airport Baggage Service (ABC),** Tel. 3545-1131.
  Weitere Firmen: **GPA, Kamataki, NPS Skyporter, Kuroneko-Yamato.**

Hotels nahe dem Flughafen

● **ANA Hotel Narita:** Reasort-Hotel, ab 15.000 ¥ (New Tokyo International Airport, NTIA, Airport Terminal 2) 68 Horinouchi, Tel. 33-1311, -3993.
● **Nikko Winds Narita:** ab 13.000 ¥, große Zimmer, 5 Min. zum Flughafen per kostenlosem Pendelbus vom Hotel, Tel. 33-1111, Fax -1108.
● **Rihga Royal Hotel Narita:** ab 24.000 ¥ (10 Min. ab Flughafen mit Bus), 456 Kosuge, Tel. 33-1121, Fax -0700.
● **Kirinoya Ryokan:** preisgünstig, 15 Min. vom Bhf., 58 Tamachi, Tel. 22-0724.

Flughafen Haneda

Wer von einem Inlandsflughafen oder mit **China Airlines** aus **Taipeh** kommend Tokyo anfliegt, landet in **Haneda,** im Süden der Stadt. Bei einem Inlandsflug steigt man direkt im modernen Hauptterminal aus, vom Ausland kommend im abseits gelegenen kleinen internationalen Terminal. Von dort sind es 5–10 Min. zu Fuß oder 250 ¥ mit dem Shuttlebus zum Hauptterminal. Es ist in diesem Fall günstig, eine entsprechende Menge an Yen bereitzuhaben, da im internationalen Terminal die Möglichkeit zum Geldwechseln stark eingeschränkt ist. Im Hauptterminal gibt es jedoch Geldautomaten.

Vom Terminal geht es im Tiefgeschoss mit der **Monorail-Bahn** in ca. 20 Min. für 470 ¥ zum S-Bahnhof **Hamamatsuchô** an der **Yamanote-Ringlinie.** Mit dem Kombiticket für Monorail und S-Bahn entlang der Ringlinie kosten die meisten Ziele nicht mehr als 720 ¥. Busse kosten 1000 ¥, Taxis ca. 5000 ¥. **Transfer** per Zug von/nach **Narita:** 1560 ¥, 110 Min.

Autofahren

Verkehrssituation

Der Verkehr verläuft in Tokyo in geordneten Bahnen, und im Allgemeinen fahren die Japaner diszipliniert. Doch herrscht auf den Stadtautobahnen stets dichter Verkehr, die Fahrer wechseln ständig die Spur, und Staus entstehen häufig. Hinzu kommen hohe Maut- und Parkgebühren. Anstatt einen Mietwagen selbst zu fahren, sollten Geschäftsleute besser einen solchen mit Chauffeur oder ein Taxi nehmen. Touristen sind mit den öffentlichen Verkehrsmitteln bestens bedient. Aber wer beabsichtigt, länger in Tokyo zu leben, wird sich vielleicht einen Pkw zulegen wollen.

Führerschein

Wer länger als ein Jahr in Japan lebt (bis dahin genügen der internationale plus der Führerschein des Heimatlandes), braucht einen **japanischen Führerschein** (unten menkyo) und kann sich den eigenen umschreiben lassen.

Mitzubringen bei der Umschreibung des Führerscheins sind:

●**Alien Registration Certificate** (beim zuständigen Bezirksamt), **Pass, Führerschein** inkl. Übersetzung der Botschaft, **Foto** (Farbe oder s/w, 3x2,4 cm), **3900 ¥.**

Wer erst in Japan den Führerschein macht, kann die Prüfung auch auf Englisch ablegen. Den Führerschein gibt es u.a. bei folgenden Stellen in Tokyo bzw. Yokohama:

●**Samezu Unten Menkyo Shiken-jô,** 1-12-5 Higashi-Oi, Shinagawa-ku, Tel. 3474-1374, Keihin Kyûko Line, Bhf. Samezu.
●**Yokohama Shiken-jô/Kanagawa-ken Drivers Licence Office,** Nakao-chô 55, Asahi-ku, Yokohama, Tel. 045-365-3111.

Mietfahrzeuge

Buchung ab Deutschland:
●**Avis:** 2-3-2 Akasaka, Tel. 0120-311-911
●**Hertz:** Tel. 0120-489-882 (gebührenfrei).

Japanische Firmen:
●**Nippon Rent-A-Car Service Center Tokyo:** 55 Kamiya-chô, Nippon-Rent-A-Car Bldg., Tel. 3469-0919, in **Yokohama:** 2-11-5 Tsuraya-chô, Tel. 045-311-0921.
●**Nissan Yoyaku Center Tokyo:** 1-5-7 Azabu-dai, Tel. 3587-4123.
●**Toyota Rent-A-Lease:** 2-3-18 Kudan-Minami, Tel. 3263-6321.
●**Flughafen Narita: Hertz/Toyota Rent-a-car,** Terminal 1 & 2, Tel./Fax 0476-32-1020, tägl. 7–22 Uhr.

Reisetipps A–Z

● **Japan Railways** bietet Zug- und Mietauto-pakete: **JR East Infoline,** Tel. 3423-0111.

Motorräder:
● **GoGo Miles, Daita:** 3-27-22, Setagaya-ku, Tel. 3487-9655.
● **S.C.S.:** 2-36-10 Mukôgaoka, Bunkyô-ku, Tel. 3827-5432.

> **Notrufnummern**
> ● **Polizei:** 110 (kostenlos)
> ● **Krankenwagen:** 119 (kostenlos)
> ● **Informationen** und Rat bei Unfällen (auf Japanisch): Traffic Accident Counseling Service, Tel. 5320-7733.

Verkehrsregeln

Außer, dass in Japan **Linksverkehr** herrscht, gelten fast dieselben Verkehrsregeln und -schilder wie bei uns. Wer sichergehen will, besorgt sich das Büchlein „Rules of the Road" der Japan Auto Federation (JAF), die dem ADAC oder ähnlichen Institutionen entspricht. Gegen Gebühr schicken sie die Schrift zu (2070 ¥ inkl. Porto, Adresse siehe unten). Die **Beschilderung** ist in Tokyo auf den Stadtautobahnen und den großen Straßen **zweisprachig** japanisch/englisch, ansonsten jedoch nur japanisch.

Abweichend zu uns gilt die **Null-Promille-Regel.** Wer mit Alkohol im Blut erwischt wird, verliert den Führerschein, ebenso, wer **Geschwindigkeitsbeschränkungen** um mehr als 30 km/h überschreitet.

Randsteinparken gibt es in Tokyo nicht. Falsch geparkte Autos werden schnell abgeschleppt. Das kostet ca. 20.000 ¥. In Kaufhäusern u.Ä. kann man kostenlos parken, wenn man für eine Mindestsumme einkauft.

Polizei

Die Polizei *(keisatsu)* in Japan gilt als freundlich, hilfsbereit und unbestechlich; bei Verständigungsschwierigkeiten wird ein Kollege angefordert, der Englisch kann.

Verkehrsunfälle und Pannen

Bei Unfällen einigt man sich meist im Beisein der Polizei auf die Schuld, tauscht Versicherungsnummern und Adressen bzw. Telefonnummern aus. Japaner vermeiden gerichtliche Verfahren allgemein. Unfälle mit **Verletzten** müssen gemeldet werden, auch im Falle leichter Verletzungen, ansonsten besteht Verdacht auf Fahrerflucht.

Automobilclubs

● **JAF,** 3-5-8 Shiba-Kôen, Minato-ku, Tel. 3436-2811; bei Pannen: Tel. 3463-0111.
● **JAF Yokohama,** Kônan Chuo-dôri 14-13, Kônan-ku, Tel. 045-843-7110.

Karte der Stadtautobahnen

Eine Karte der Stadtautobahnen (engl.) verschickt: **Metropolitan Expressway Public Corporation** (Tel. 3502-7311).

Einkaufen

Tokyo ist mit seinen rund 200 Kaufhäusern und fast 200.000 Läden ein Schlaraffenland für Konsumfreaks, ein

Bunter Mix aus westlichen und östlichen Konsumfreuden

unerschöpfliches Einkaufsparadies in einem Land, in dem Konsumieren fast die erste Bürgerpflicht ist. Für jeden Geldbeutel hat es jede Menge zu bieten. Das mit dem Geldbeutel gilt allerdings nur mit Einschränkung.

Wer nach Japan fliegt, denkt an die vielen Produkte *made in Japan,* die unsere Märkte zu überschwemmen drohen. Im Herkunftsland sind sie jedoch nur selten billiger: Das Inselreich ist isoliert, internationale Konkurrenz hat es immer noch schwer. Die meisten Einheimischen kennen trotz anhaltender Reiselust und unzähliger im Ausland für japanische Firmen tätiger Angestellter die international üblichen Preise nicht, außerdem werden die eigenen Produkte im Ausland häufig billiger angeboten als daheim, geht es dort doch um Schaffung und Sicherung von Marktanteilen. Das heimische Vertriebssystem mit teilweise vielen Zwischenhändlern, denen feste Preise garantiert werden, sorgt für ein einheitlich **hohes Niveau der Endverbraucherpreise.** Hinzu kommt der seit Jahren hochgetriebene Yen *(en-daka),* der gegenüber dem starken Euro zeitweise um 50 % zugelegt hat.

Andererseits ist den Japanern alles lieb, was teuer ist – wenn die Qualität mithält. Sich teure Markenware leisten zu können, hebt das eigene **Prestige,** auch wenn alle anderen dieselben Vorlieben für bestimmte Produkte haben: Mehr als drei Viertel der Bevölkerung rechnen sich zum Mittelstand.

Mithalten wollen und können fordert hohe Ausgaben. Angesichts der Weltwirtschaftskrise haben bereits seit einigen Jahren auch in Japan die **Discountläden,** die gute Ware, z.T. No-Name-, aber auch Markenprodukte anbieten,

507o Foto: ml

wachsenden Zulauf. Vieles ist dadurch – selbst angesichts des immer noch ungünstigen Wechselkurses – inzwischen ausgesprochen preiswert geworden. Geradezu populär sind die 100-¥-Shops geworden, z.B. *Daiso*.

Einkaufstipps

Handeln

In Japan gelten Fixpreise, Handeln ist nicht üblich. Ansatzweise gelingt dies allenfalls in Akihabara (Elektronik) oder entlang der Bahngleise zwischen Ueno und Okachimachi in der **Einkaufsstraße Ameya Yokochô** (Ameyoko), besonders im Handel mit Koreanern (von denen es mehr als eine halbe Million in Japan gibt). Auf manchen **Märkten,** z.B. anlässlich von Tempelfesten und überall da, wo es bunt und laut zugeht, auf **Flohmärkten,** selten genug auch beim Kauf von Antiquitäten, ist die Frage nach einem Discount durchaus statthaft. Erwartungsgemäß chancenlos ist Handeln in Kaufhäusern *(depâto)* und normalen Läden.

Steuerfrei

Einige Luxusprodukte wie Perlen, Kameras, Elektronik gibt es **tax-free/ duty-free.** In den Läden, die von Touristen häufig besucht werden, weisen entsprechende Schilder darauf hin, allerdings sind diese Geschäfte häufig überteuert.

Bargeldlos zahlen

Electronic-Cash-Karten der Sorte „zahle jetzt, kaufe später" *(puripeido kâdo – prepaid cards)* sind in Japan weit beliebter als **Kreditkarten.** So gibt es Magnetkarten für Telefon, Bahnfahrten, Taxis, Videotheken, Tanken, Fast-Food, Skilifte, Pachinko-Hallen, Discos usw. Durchgesetzt haben sich die Karten von *Suica* und *Pasmo,* mit denen man neben Fahrkarten vor allem in Geschäften rund um die Bahnhöfe auch viele andere Artikel bargeldlos bezahlen kann. Man kauft sie an besonderen Fahrkartenautomaten (Pfand 500 ¥), lädt sie mit dem gewünschten Betrag auf (z.B. 2000 ¥, 5000 ¥ oder 10.000 ¥, wenn gewünscht, mit Beleg) und nutzt sie äußerst bequem und zeitsparend. Die Menüführung an den Verkaufs- und Nachladeautomaten ist auch auf Englisch möglich. Viele Geschäfte, Lokale und Hotels **akzeptieren jedoch nur Bargeld!**

Geschäfte suchen

Adressen zu finden ist in Tokyo nicht leicht. Im Kapitel „Adressenangaben" wird beschrieben, wie es funktioniert. Auch wenn die Suche manchmal vergebens ist – angesichts der Vielzahl der Läden kann man andere, unerwartete Geschäfte oder Lokale entdecken.

Kaufhäuser

Ein Besuch in einem Kaufhaus *(department store/depâto)* gehört ebenso zum Japanerlebnis wie der Besuch von Tempeln und Gärten, wie Fernsehen oder die Fahrt mit der U-Bahn. Wer in Tokyo etwas zu kaufen beabsichtigt, findet in den großen Kaufhäusern **nahezu alles** Gesuchte unter ei-

Die Stadtteile und ihre Kaufhäuser

●**Nihombashi:** hier stehen die beiden ältesten Kaufhäuser, Mitsukoshi und Takashimaya, dazwischen Tôkyû.
●**Tokyo Station:** Daimaru, an der Yaesu-Seite des Bahnhofs, Tel. 3212-8011, www. daimaru.co.jp.
●**Yûrakuchô:** Seibu und Hankyû (2-5-1 Yûrakuchô, Tel. 3575-2233) teilen sich das Mullion (gesprochen „Marion"), daneben gibt es noch das kleinere Sôgô.
●**Ginza:** Matsuya und Matsuzakaya wetteifern mit Mitsukoshi im Zentrum um die Gunst der Kunden. Am elegantesten ist jedoch Wakô an der Ginza-Hauptkreuzung (10–17.30 Uhr, Tel. 3562-2111).
●**Shibuya:** Seibu und Tôkyû sind die Hauptkonkurrenten mit Marui als drittem im Bunde.

●**Shinjuku:** Auf der Westseite konkurrieren Keiô und Odakyû miteinander, auf der Ostseite Isetan und Mitsukoshi mit Marui und der riesigen Takashimaya-Filiale.
●**Ikebukuro:** Seibu und Tôbu kontrollieren Ost- bzw. Westseite und stehen im ständigen Wettstreit, wer das größte Haus im Land hat. Das große Einkaufszentrum Sunshine City befindet sich auch hier.
●**Ueno:** Matsuzakaya steht fast allein da, doch Marui bedeutet Konkurrenz, zumal es näher am Bahnhof liegt.
●**Asakusa:** Hier steht Matsuya noch allein.

In Yokohama

●Sôgô
●Takashima (1-5-1 Minami-Saiwai, Nishi-ku, Tel. 045-319-2438).
●Mitsukoshi (2-7 Kita-Saiwai, Tel. 312-1111).

Alle Kaufhäuser sind Mo–Mi bis 20, Do–So bis 21 Uhr geöffnet.

---

nem Dach. Kaufhäuser versuchen in Japan noch vollständiger in ihrem Angebot zu sein als bei uns. Sie sind auch größer. Jemand sagte einmal, Archäologen der Zukunft bräuchten eigentlich nur ein japanisches Kaufhaus auszugraben und hätten ein annähernd genaues Bild unserer Zivilisation.

Da gibt es für jeden Bereich die traditionell japanischen und die modernen westlichen Varianten, ganz gleich, ob es sich um Nahrungsmittel, alkoholische Getränke, Bekleidung und Accessoires, Küchengeräte und Geschirr, Möbel, Spielzeug oder Kunsthandwerk handelt. In den Kaufhäusern kann man Reisen buchen oder Häuser kaufen, man findet Restaurants, vielfach gibt es Museen, Kunstgalerien und in manchen sogar Theater, dazu noch einen Spielplatz für Kinder.

Im Tiefgeschoss der Kaufhäuser gibt es Abteilungen mit **Lebensmitteln,** Fertiggerichten und häufig auch kleinen Lokalen zum Imbiss. Viele Lebensmittelstände bieten **Kostproben** an, die Leute mit kleinen Mägen schon satt machen können. So oder so ist es jedenfalls lohnend, etwas Appetit und Zeit zum Ausprobieren mitzubringen, weil man auf diese Weise viele japanische Essgewohnheiten im Vorübergehen kennen lernen kann. Als Ausländer sollte man aber nicht allzu hemmungslos kosten, sondern auch ab und zu etwas kaufen. Am preiswertesten sind verderbliche Lebensmittel übrigens in der letzten Stunde vor Ladenschluss um 20 oder 21 Uhr.

Die einzelnen Etagen bieten die Waren in ähnlicher Anordnung wie bei uns – nur mit dem Unterschied, dass es immer ein **getrenntes Angebot für traditionell japanische und westliche Produkte** gibt. Ganze Abteilungen bieten nur Sonderangebote, und ganz oben haben viele Kaufhäuser ihre Galerien, Museen oder Theater und die **Restaurant-Etagen** mit Dachterrasse, auf der es neben dem Kinderspielplatz im Sommer auch häufig einen Biergarten gibt. Nahe dem Eingang gibt es einen **Infostand,** an dem man (bei großen Kaufhäusern) einen Stockwerkplan auf Englisch erhält.

Ein besonderes Erlebnis ist es, sich kurz vor der Öffnung um 10 Uhr am Eingang einzufinden und das **Begrüßungsritual** für die ersten Kunden des Tages zu genießen.

Es gibt zwei **Kategorien** von Kaufhäusern: die großen namhaften Ketten mit ihren riesigen Häusern und die kleineren, weniger renommierten, aber dafür preisgünstigeren, die oft in der Nähe der Bahnhöfe zu finden sind.

Mitsukoshi

Das zweitälteste Kaufhaus der Welt steht seit 1673 in Nihombashi, schon deshalb ist es einen Besuch wert. Es begann einst als Kimono-Geschäft, und die Kimono-Abteilung im Mutterhaus ist immer noch beeindruckend, ebenso die für Kunsthandwerk. Das 1935 errichtete gegenwärtige Gebäude steht unter Denkmalschutz. Berühmt sind der Bronzelöwe am Haupteingang (Original am Trafalgar Square in London), die überreich verzierte Statue der Magokoro (Göttin der Aufrichtigkeit) in der Haupthalle, das Art-Déco-Theater in F6 und die Wurlitzer-Orgel von 1930 auf dem Balkon in F2.

●U: Mitsukoshi-mae, 10–20 Uhr, 1-4-1 Nihombashi-Muromachi, Tel. 3241-3111. Filialen in: Ginza (U: Ginza), Shinjuku (JR Shinjuku Ostseite), Ikebukuro (JR Ikebukuro Ostseite).

Takashimaya

Obwohl älter als Mitsukoshi, steht Takashimaya meist in dessen Schatten, auch wenn es Hoflieferant des Kaiserpalastes ist. Als erstes Kaufhaus stellte es Verkäuferinnen ein, früher bedienten nur Männer. Takashimaya gilt als etwas vornehmer und konservativer als der Hauptkonkurrent; einen guten Ruf hat die Antiquitätenabteilung im Tiefgeschoss.

●U: Nihombashi, 10–20 Uhr, 2-4-1 Nihombashi, Tel. 3211-4111. Sehr attraktiv ist die große, moderne Filiale im Süden des Bahnhofs Shinjuku (S-Ausgang), Takashimaya Times Square.

Seibu

Das Hauptgeschäft in Ikebukuro war lange das größte Kaufhaus Japans und der Welt. Eines der besten ist es immer noch. Es hat ausgezeichnete Lebensmittelabteilungen und Designer-Boutiquen; berühmt sind das Sportskan in Ikebukuro und die Modehäuser A-kan, B-kan und Seed in Shibuya, Wave in Roppongi und die Parco Ikebukuro und Shibuya. In Ikebukuro gibt es das Studio 200 für Performances, eine Kunstgalerie und das Seibu-Museum. Außerdem besitzt Seibu auch eine der besten Baseballmannschaften, die Seibu-Lions. Die Filialen in Shibuya (JR Shibuya) und Yûrakuchô (Mullion, JR Yûrakuchô) haben wie das Haupthaus ein Foreign Customers Liaison Office mit kostenlosem Service für ausländische Kunden (Seibu Shibuya, Tel. 3462-3848, Yûrakuchô, Tel. 3286-5482/3).

●JR/U: Ikebukuro, 10–20 Uhr, 1-28-1 Minami-Ikebukuro, Tel. 3981-0111.

Tôkyû

Ein gutes Kaufhaus mit vernünftigem Angebot und vernünftigen Preisen, sehenswert ist das „Kulturdorf" Tôkyû Bunka-mura in Shibuya. Eine Filiale gibt es in Nihombashi.

●JR Shibuya: 10–20 Uhr, 2-23/24-1 Dogenzaka, Tel. 3477-3111.

Tôbu

Tôbu galt zeitweilig als das größte Kaufhaus Japans und damit wohl der Welt; nun gebührt Sôgô in Chiba der Spitzenplatz.

- JR/U: Ikebukuro, 10–20 Uhr, Tel. 3981-2211.

Sôgô

Das größte Kaufhaus in **Yokohama** befindet sich am dortigen Bahnhof, größtes Kaufhaus Japans ist nunmehr die Filiale in Chiba.
- JR Yokohama, 2-18-1 Takashima, Tel. 045-456-2111.

Bücher (hon)

Es gibt mehrere Läden, die sich auf **fremdsprachige Literatur** spezialisieren, auch deutsche Bücher gibt es dort, z.B. bei Maruzen in Nihombashi oder Kinokuniya in Shinjuku. Lohnend ist ein Blick auf – zumeist englischsprachige – **Literatur über Japan.** Es gibt viele Romane (meist beim Verlag Tuttles) und Literatur zu fast jedem Aspekt der Kultur und Lebensweise, zu Kunst, Gärten, Wirtschaft und Sprache.

Das „literarische Zentrum" Tokyos befindet sich in der „Bücherstadt" von Kanda, nahe der U-Bahn-Station Jimbôchô.

Buchläden mit fremdsprachiger Literatur
- **Foreign Bookstore Biblos,** Ikebukuro;
- **Kinokuniya,** Shinjuku;
- **Kitazawa Shoten,** Kanda;
- **Maruzen,** Nihombashi;
- **Sanseidô Bookshop,** Kanda;
- **Tokodô Shôten,** Nihombashi;
- **Tuttle Kanda Store,** Kanda;
- **Wonderland,** Kanda;
- **Yaesu Book Center,** gegenüber Tokyo Station;
- **Enderle Book Co. Ltd.,** Akasaka.

Lehr- und Lernmaterial für Japanisch
- **Bonjinsha,** Akasaka, Yûrakuchô, www.bonjinsha.com.

Antiquarische Bücher

Für Sammler interessant sind Bücher der **Edo-Periode** (1600–1867), die noch im **Holzschnittverfahren** gedruckt wurden und heute entsprechend wertvoll sind. In Kanda, bei Ohya Shobo, wo es auch jede Menge weiterer Holzschnitte gibt, kann man mit viel Glück für gerade 1000 ¥ solche alten, allerdings leicht beschädigten Exemplare erstehen.

- **(E-zôshi) Hara Shobô,** Kanda;
- **O (h)ya Shobô,** Kanda.

Kameras (kamera)

In den **Foto-Discountläden** von Bic Camera, Doi Camera, Sakura-ya, Yodobashi Camera ist die Auswahl riesig, aber die Preise zu Hause oder in Städten wie Hongkong sind doch meist um einiges günstiger.

Die Discountläden konzentrieren sich in Nishi (West)-Shinjuku. Dank ihres Erfolges gibt es Filialen auch in Shibuya, Ikebukuro und Akihabara.

- **Bic Camera,** Ikebukuro;
- **Camera-no-Doi,** Shinjuku;
- **Camera-no-Sakuraya,** Shinjuku;
- **Yodobashi Camera,** Shinjuku;
- **Yurakucho,** Shinjuku u.a.

Unterhaltungselektronik

Als Paradies für Elektronikfans gelten **Kanda** bzw. **Akihabara.** Wenn auch die Preise nicht oder nur geringfügig günstiger sind als bei uns, lohnt sich der Besuch angesichts der Riesenauswahl, von der es bei uns nur einen Bruchteil zu sehen und zu kaufen gibt, dennoch. Zu beachten ist bei eventuellem Kauf, dass die Geräte auf **110 Volt** eingerichtet sind, also in Europa nur mit (je nach Wattzahl u.U. teurem und schwerem) Umwandler funktionieren. Video- und Fernsehgeräte haben die NTSC-Norm (wie USA und Philippinen). Exportgeräte sind recht teuer.

Zu bedenken ist weiterhin, dass auf in die EU eingeführte Elektronikartikel u.U. 50 % Einfuhrzoll gezahlt werden muss.

Spielzeug (omocha)

● **Sanrio Gallery:** Iwasaki Bldg., sehr beliebt bei Kleinkindern; 2-7-17 Ginza, 11–20 Uhr, Di geschl. (außer 4. Di im Monat), Tel. 3563-2731; U: Ginza.
● **Hakuhinkan Toy Park:** das größte Spielzeuggeschäft der Stadt, berühmte Puppenabteilung, Stofftierverkaufsautomaten; 11–20 Uhr, 8-8-11 Ginza, Tel. 3571-8008; U: Shimbashi.
● **Itôya Ginza:** Modellschiffe und -flugzeuge, F8; Tel. 3561-8311; U: Ginza-Itchôme.
● **Disney Store:** Shibuya Humax Pavillion, nahe SEED Bldg.; Tel. 3461-3932.
● **Kiddy Land:** sieben Etagen voller Spielzeug für alle Altersgruppen, Dauerbrenner unter den Spielzeugparadiesen; 6-1-9 Jingumae, Harajuku; 10–20 Uhr, 3. Di geschl., Tel. 3409-3431; U: Meiji Jingû-mae, Chiyoda Line.
● **Fujita Venté:** Computer und Computer-Spielzeug für Kinder, Fujita Bldg. F1 u. 2, Yoyogi, Tel. 3796-7781.
● **Froebel-kan:** Holzspielzeug, Ochanomizu, Tel. 3292-7781.
● **Disney Store:** Asty-kan, MYCAL Honmoku, Negishi, Yokohama, Tel. 045-625-3932.

Kleidung (yôfuku)

Tokyo ist eines der Modezentren der Welt, gleichrangig mit Paris, Mailand, London oder New York. Hier werden regelmäßig neue Trends geboren. Wer sich für Mode interessiert, findet in Tokyo mehr Auswahl als sonstwo auf der Welt. Alle großen internationalen Namen sind vertreten, jedoch sündhaft teuer, bei uns sind sie allemal preiswerter. Aber wer sich für die großen und neuen japanischen Namen interessiert, ist hier direkt an der Quelle. Japanische Mode in Tokyo zu kaufen, ist mit Sicherheit eine gute Idee, vorausgesetzt, die Kleidergrößen und das Design passen.

Die meisten **Boutiquen** finden sich im Modezentrum um Harajuku, Omotesandô, Aoyama und in den Kaufhäusern von Shibuya, Shinjuku und Ikebukuro. In den Stadtteilbeschreibungen von Aoyama, Harajuku und Shibuya stehen die Adressen von beliebten und bekannten Einkaufszentren.

Kinderkleidung

● **Ginza Familiar:** 6-10-16 Ginza, 11–19 Uhr, Mi geschl., Tel. 3574-7111.
● **Kids Farm Pao:** Kaufhaus mit Designermode für Kinder, u.a. von Kenzo, Moschino, Ralph Lauren, mit Stofftier-Safaripark; Tel. 5458-0111; Shibuya.
● **Kids Park:** Kinderkleidung und Spielzeug; Meiji-dôri, Tel. 3499-7789; Shibuya.
● **Laforet Dear Kids:** Designermode für Kinder; 1-11-6 Jingu-mae, Shibuya-ku, 11–20 Uhr, Tel. 3475-0411; JR Harajuku
● **Miki House:** Kleidung, Spielzeug, Bücher, Eis, Hauptgeschäft: Harjuku Miki House Bldg., Takeshita-dôri; 1-8-2 Jingu-mae, Shibuya-ku, Tel. 3475-4465; zahlreiche Filialen u.a. in Kaufhäusern; JR Harajuku, U: Meiji Jingû-mae, Chiyoda Line.
● **Kids Crimson:** Oshkosh-Kleidung, Spielzeug, gegenüber Red Cross Hospital (Nisseki Iryô Center); Tel. 5485-1533; U: Hiroo, Hiroo 4-chôme.

Festkleidung

Wer ausgefallene Kleidung für den Karneval oder die Gartenparty sucht, kann sich in Geschäften für **Matsuri-Kleidung** eindecken, z.B. mit *hanten, shirushi-banten* (kimonoartige, bunte Baumwolljacke), *shita-shatsu* (langärmeliges Unterhemd, das auch Arbeiter tragen), *momohiki* (enge Hose aus dunkelblauem Baumwollstoff), *haragake* (Schürze), *sanjaku* (Gürtel), *tabi* (Socken), *waraji* (Strohsandalen), *tenugui* (Stirn- oder Halstuch).

● **Adachiya,** Asakusa.

Schuhe (kutsu)

Günstig zum Schuhkauf ist **Asakusa,** vor allem für sehr preiswerte Schuhe. Aber vielleicht gibt es Probleme mit den **Größen** (siehe „Maße und Gewichte"). Ab Damengröße 38 und Herrengröße 43 sind Geschäfte zu empfehlen, die Übergrößen führen. Einige solcher Geschäfte:

● **Diana** (Damenschuhe, Ginza), **Washington** (Ginza), **Ten/Big Shoes Collection** (Shinjuku), **Ameyoko** (Okachimachi).

Lederwaren (kawa seihin)

Tokyo ist ein guter Ort zum Kauf von Handtaschen (mit ausgezeichneten Lederimitaten, sehr modisch und durchaus preisgünstig). In der Einkaufsstraße **Ameyoko** gibt es Waren der unteren Preisklasse, ansonsten sind **Kaufhäuser** wie Isetan, Marui, Takano, Odakyû in Shinjuku, Takashimaya in Nihombashi, Au Printemps und Wakô in der Ginza gut für modische Ware.

Kosmetik (keshô-hin)

Die Qualität einheimischer Marken ist Spitze, doch die Preise sind in Tokyo, wenn überhaupt, nur unwesentlich niedriger als anderswo. Shiseidô hat in der Ginza ein attraktives Geschäft und ist ansonsten wie der Konkurrent Kanebô in den Kaufhäusern vertreten; Shu Uemura hat eigene Boutiquen, z.B. in der Ginza, in Roppongi, in der Omotesandô und in Aoyama.

Traditionelle Kosmetik (dento no keshô-hin)

Schminke, die die Kabuki-Darsteller und Geishas verwenden, und andere traditionelle Hautpflegemittel wie die Gesichtsmaske aus Nachtigallenkot *(uguisu no fun),* Haarschmuck und Pinsel bekommt man hier:

● **Hyakusuke,** Asakusa.

Kimonos

Eines der schönsten Kleidungsstücke, das die Menschheit hervorgebracht hat, ist sicherlich der Kimono. Die heutige Form wurde in der Tokugawa (Edo)-Zeit entwickelt. Sie schränkt allerdings die Bewegungsfreiheit der Trägerinnen stark ein, einer der Gründe, weshalb junge Frauen nur noch zu besonderen Anlässen Kimonos tragen, die sie sich zudem in der Regel allein nicht mehr anziehen können. Dazu gehen sie in einen Schönheitssalon, oder sie lernen es in besonderen Schulen.

Neue Kimono-Trends erlauben den jungen Trägerinnen mehr Freiheiten bei den Frisuren, den Sandalen, den *Obi,* die es auch schon fertig gebunden gibt, und tragen dazu bei, dass man Kimonos heute häufiger im Straßenbild begegnet; auch die Verarbeitung alter Kimonos zu neuen Kleidungsstücken sieht man z.B. auf Flohmärkten.

Es gibt Kimonos für **unterschiedliche Anlässe.** Unverheiratete, junge Frauen tragen farbenprächtige Exemplare mit langen Ärmeln *(furi-sode);* Kimonos verheirateter Frauen haben kürzere Ärmel *(tome-sode).* Mit dem Alter bevorzugen Frauen schlichtere Muster und gedecktere Farben, auch die Kimonos für die Teezeremonie *(tsuke-age)* haben unaufdringliche Muster und Farben. Formelle Kimonos sind schwarz, die für freudige Anlässe *(hô-mon-gi)* haben vorn prächtige Stickereien, die oft jahreszeitlichen Bezug haben; für Trauerfeiern sind sie schlicht schwarz *(mofuku).* Formelle Kimonos zeigen immer das Familienwappen *(mon).* Im Alltag tragen vor allem ältere Frauen auch heute noch schlichte Baumwollkimonos und zu besonderen Anlässen die formellen Kimonos.

Die **Kimonos der Männer** sind schlicht. Zu formellen Anlässen gibt es einen Überrock *(hakama)* und eine Überjacke *(mon-tsuki).*

Kimonos sind heute **sehr teuer,** selbst die massenproduzierten kosten über 50.000 ¥ (komplett mit Obi und Zubehör 150.000 ¥), formelle sowie handgefärbte Seidenkimonos 300.000 bis über eine Million ¥. Einen Hochzeitskimono nur für einen Tag auszuleihen, kostet auch schon 100.000 ¥.

Weitaus billiger zu haben sind **gebrauchte** Stücke. Ausrangierte Hochzeitskimonos *(uchi-kake)* beispielsweise gibt es – speziell für Ausländer – teilweise sehr günstig zu kaufen.

Die **leichten Kimonos,** die im Sommer, nach dem Bad oder in *onsen,* den traditionellen Thermalbädern, getragen werden, heißen *yukata.* Für Frauen sind sie bunt, für Männer wie üblich einfarbig bedruckt. Es gibt sie ab ca. 3000 ¥. Die einfachen Yukatas zum Schlafen heißen *ne-maki.*

- **Ayahata,** Akasaka;
- **Bushoan,** Shibuya, Ginza, Nihombashi;
- **Hayashi Kimono,** Hibiya;
- **Vintage Kimono,** Ningyôchô;
- **Yuya,** Roppongi.
- In allen **Kaufhäusern** gibt es gute Kimonoabteilungen. Im *Takashimaya* werden einmal im Jahr gut erhaltene **gebrauchte Leihkimonos** günstig verkauft; bei der Information zu erfragen, Tel. 3211-4111 (Mi geschlossen).

Kimonozubehör

Das Zubehör ist recht umfangreich; da ist der **Obi,** der teurer sein kann als der Kimono selbst, dazu Bänder zum Binden des Obi *(obi-age, obi-jime).* Auch eine eigene Art von Unterwäsche *(naga-juban)* gibt es.

- **Dômyô,** Geschäft für *obi-jime* und andere Schmuckkordeln, Ueno.

Sandalen (geta, zôri)

Zum formellen Kimono trägt man *tabi* (Socken) und *zôri,* zum täglichen Kimono kann man auch die hölzerne *geta* tragen.

- **Hasegawa Hakimono-ten,** *geta, zôri,* auch Schirme, Ueno.
- **Hasetoku,** spezialisiert auf *zôri* aus Stroh, Asakusa.

Perlen (shinju)

Die besten Perlen der Welt gibt es immer noch in Japan, aber gute Perlen haben ihren Preis. Weniger gute Qualitäten bekommt man z.B. in Hongkong weitaus preisgünstiger. Selbst bei uns gibt es mittlere Qualität zu günstigen Preisen.

Die **Qualität** von Perlen bestimmt neben der Größe der Schimmer *(luster)*, die Dicke der natürlichen Perlschicht *(nacre)* und die Oberfläche (glatter ist besser). Die Farbe ist Geschmackssache.

Das **Gewicht** der Perlen wird in *momme* (3,75 g) angegeben. Ketten werden je nach **Länge** unterschiedlich bezeichnet: *Choker,* 38 cm; *Princess,* 46 cm; *Matinée,* 56 cm; *Opera,* 76 cm. Die **Größe** wird in Millimetern Durchmesser angegeben.

- **Mikimoto,** Ginza;
- **Tasaki Pearl,** Akasaka;
- **Yonamine Pearl Gallery,** Roppongi.

Die gängigen Perlentypen

- **Akoya:** die typischen japanischen Perlen, 2–10 mm, meist rund, beige bis rosa, seltener blau.
- **Biwa:** Süßwasserperle, klein, länglich, verschiedene Farbtönungen, stammen aus dem Biwa-See (bei Kyôto) und China.
- **Mabe:** nicht ganz rund, silbrig-bläulicher Ton, manchmal mit Regenbogenschimmer, werden hauptsächlich in die USA exportiert, wo sie sehr beliebt sind.
- **Kuro** (schwarz): selten und teuer, stammen aus Tahiti oder Okinawa, 8–15 mm, blau bis blau-grüner Farbton.
- **Südsee:** große, silbrig oder golden schimmernde Perlen aus Australien, Burma, Indonesien, Philippinen.

Traditionelle Kunst und Handwerk (dentô kôgei-hin)

Trotz der Glitzerwelt der modernen Riesenkaufhäuser und Einkaufszentren existieren noch immer Hunderte von kleinen und kleinsten Läden, zum Teil seit der Edo-Zeit, in denen japanisches Handwerk und Kunsthandwerk mit der gleichen Perfektion hergestellt wird wie vor Jahrhunderten. Japanische Handwerker sind stolz auf ihr Können, aber sie werden normalerweise nicht reich davon. Manche machen einfach deshalb weiter, weil sie befürchten, dass ihr Handwerk vielleicht mit ihnen stirbt. Manches Handwerk wird jedoch auch in der heutigen Zeit überleben, weil es einfach zu Japan gehört. Die Menschen wenden sich gerade auch heute immer wieder gern ihren Wurzeln zu, weil sie in der modernen Zivilisation das Besondere ihrer Kultur und ihrer Traditionen zu verlieren fürchten.

Kunsthandwerk allgemein

- **Blue & White,** Roppongi;
- **Japan Traditional Crafts Center,** Ikebukuro;
- **Kyôto Center,** Kunst und Handwerk aus Kyôto, Shimbashi;
- **The Prefectural Shopping Arcade,** Volkskunst aus einem Dutzend Präfekturen im Kaufhaus Daimaru (JR Tokyo).

Volkskunst (mingei)

Traditionelle Alltagsgegenstände gewinnen heute als Sammlerobjekte an Beliebtheit. Den besten Überblick bietet das Nihon Mingei-kan, das Japanese Folk Art Museum (s. „Museen").

- **Bingo-ya,** Waseda/Ikebukuro;
- **Ishizuka,** Nihombashi;
- **Takumi,** Shimbashi;
- **Tsukamoto,** Shibuya.

Abakus (soroban)

Diese praktischen **Rechengeräte,** die es in abgewandelter Form auch in Russland und China gibt, sind in Japan am formschönsten. Die Perlen haben eine Kante, die sie griffig macht, und die Geräte selbst sind wesentlich kleiner als auf dem Festland (nichts für dicke Finger). Die japanische Besonderheit ist, dass sich nur eine Perlenreihe über dem Steg befindet (die 5er-Reihe). Soroban werden aus unterschiedlichen Materialien gefertigt, früher aus Elfenbein, der Rahmen aus Ebenholz, die Perlen meist aus Birke. Ein Abakus gehört auch im Zeitalter der Taschenrechner noch in jedes Geschäft. Wer geübt ist, kann mit ihm genauso schnell rechnen. Es gibt Soroban für den Normalgebrauch in jedem Kaufhaus in der **Schreibwarenabteilung** etwa ab 2000 ¥.

- **Yamamoto Soroban-ten,** Asakusa.

Antiquitäten (kottô-hin)

Viele Gegenstände der Kunst und des Handwerks gibt es natürlich, wenn sie alt sind, in Antiquitätengeschäften. In Tokyo gibt es zwei Straßen, wo sich die Geschäfte mehr oder weniger darauf spezialisiert haben: die **Kottô-dôri,** auch „Minami-Aoyama Antique Street" genannt (sie hat nämlich keinen offiziellen Namen), die rund 30 Antiquitätengeschäfte aufweist und südlich des U-Bahnhofs Gaienmae in südöstlicher Richtung abzweigt (vor

der Aoyama-Gakuin-Universität links), sowie die Straße zwischen Ikura-Kreuzung und dem **U-Bahnhof Kamiyachô** nicht weit vom Tokyo-Tower. Weitere Geschäfte für Sammler gibt es in Nihombashi. Hier eine Auswahl:

- **Art Plaza Magatani,** Shimbashi;
- **Fuso,** Hiroo;
- **Gallery Meguro,** Meguro;
- **Harumi Antiques,** Roppongi;
- **Heisandô,** Shimbashi;
- **Kammon Antiques,** Shibuya;
- **Kurofune,** Roppongi;
- **Takashimaya,** Nihombashi;
- **The Gallery,** Akasaka;
- **Tokyo Old Folk Craft & Antique Center,** Ochanomizu.

Antiquitätenflohmärkte: Wie bei uns sind Trödelmärkte keine Garantie für bessere Preise als im Laden, schon gar nicht gegenüber Touristen. Für teure Dinge sind Antiquitätenläden der bessere Platz, aber preiswertere Keramik, Kitsch, Kimonos und Ähnliches kann man auf Flohmärkten günstig erhandeln. Die besten Stücke gehen natürlich oft schon im Morgengrauen weg, wenn gerade ausgepackt wird.

- **Arai Yakushi Tempel,** Arai-Yakushi-mae, Seibu Shinjuku Line, erster So im Monat, ganztags.
- **Iidabashi Antique Market,** Iidabashi, erster Sa im Monat von Sonnenauf- bis -untergang.
- **Nogi-Schrein-Flohmarkt** (*nomi-no-ichi, flea market*), Roppongi, U: Nogizaka, 2. So im Monat, ganztags.
- **Roppongi Flohmarkt,** letzter Do und Fr im Monat, vor dem Roi Bldg. (5-5-1 Roppongi), Info-Tel. 3583-2081.
- **Sunshine City,** (U: Higashi-Ikebukuro), dritter Sa/So, genannt: Komingu Kottô-Ichi.
- **Shinjuku Hanazono-Jinja Flohmarkt** (U: Shinjuku-sanchôme).

● **Tôgô Schrein** (JR Harajuku), erster und vierter So., Tel. 3403-3591.

● **Salvation Army Bazaar** (Kyuseiugun Danshi Shakai Hoshi Centre), äußerst beliebt, Haushaltswaren, Computer, CDs, Möbel u.a. zu sehr günstigen Preisen, entsprechendes Gedränge, Sa 9–13 Uhr, 2-21-2 Wada (Tel. 3384-3769), von Bhf. Shinjuku W-Ausg. mit Bus 19 bis Boshibyo-mae.

● **Kokusai Forum** (Internationales Forum), Yurakucho, 1. So im Monat.

Bambusbehälter (zaru)

Für Soba-Gerichte gibt es besondere viereckige Bambusbehälter. Solche und andere Bambusprodukte erhält man hier:

● **Kondô Shoten,** Asakusa.

„Landschaft in der Schale": Bonsai

Bambusjalousien (sudare)

Diese waren früher in den heißen Sommermonaten sehr beliebt, heute sind sie seltener geworden. Sie sind in Kaufhäusern erhältlich.

● **Kamiyama Sudare-ten,** Nihombashi.

Bonsai

Auch Zwergbäumchen sind Produkte japanischen Handwerkergeistes. Jedes Kaufhaus und jede Gärtnerei bietet sie zu weit günstigeren Preisen als bei uns an. In Ōmiya (30 km nördlich vom Stadtzentrum Tokyos) gibt es ein **Bonsai-no-mura,** ein **Bonsai-Viertel** (nahe Bhf. Omiya-kôen, N-Ausgang, bis Kreuzung (1 Min.), rechts, dann links, acht Gärtnereien, Fotografieren meist nicht gestattet). Günstige Angebote finden sich häufig in ländlichen Bezirken außerhalb der Ballungsgebiete. Als Handgepäck lässt sich ein Bonsai nach Hause bringen. Aber wer sich mit der Pflege dieser Bäumchen nicht auskennt, sollte sich beraten lassen.

Drachen (tako)

Japan ist berühmt für Drachen, die es in vielen Formen gibt. Meist sind sie rechteckig und handbemalt.

● **Hashimoto,** Ueno.

Fächer (sensu)

Fächer sind eines der charakteristischen Produkte des Landes und eine **japanische Erfindung.** Sie entwickelten sich aus den Szeptern (shaku) der Kaiser über die runden Fächer (hi-ogi, uchiwa), die es als Souvenirs und (Werbe-)Geschenke anlässlich der heißen Jahreszeit (Juli/August) heute noch gibt und die sich sogar als Postkarte versenden lassen, zu den gefalteten (ôgi). Gute Fächer (mai-ôgi = Tanzfächer) sind handbemalt und kleine Kunstwerke; sie sind entsprechend teuer (ab 5000 ¥) und in erster Linie Dekoration (mit Ständern aus Bambus).

Fächer dienen ursprünglich dem Ausdruck von Gefühlen, unterstreichen eine erzählte Geschichte (etwa im raku-go), vervollständigen die Kleidung, gehören zu jedem Fest. Es gibt unterschiedliche Fächer für Nô (Noh) und Kabuki, für Teezeremonien, in Miniaturform als Sammelstücke und als Gebetsfächer (mit buddhistischen Sutren, die gold auf blauen Untergrund gedruckt wurden).

● **Bunsendô,** Asakusa;
● **Hosendô-Kyuami,** Asakusa;
● **Kyôsendô,** Nihombashi;
● **Wanya Shoten,** spezialisiert auf Noh, Kanda.

Gürtelkästen (inro)

Solche alten, früher am Gürtel (obi) getragenen **Holzbehälter,** oft mit dem Familienwapppen verziert, enthielten einst Medizin u.Ä. und sind begehrte Sammlerstücke, teilweise auch wegen ihrer erotischen Darstellungen im Innern. Sie sind in Antiquitätengeschäften erhältlich.

Holzschnitte (ukiyo-e)

Eine der bedeutendsten Kunstformen Japans sind die Holzschnitte. Selbst große Impressionisten wie Vincent van Gogh haben sich davon beeinflussen lassen, obwohl Holzschnitte wie viele andere japanische Künste in erster Linie als eine Form des Kunsthandwerks, das heißt als Gebrauchsgrafik, galten. Ursprünglich dienten sie als Buchillustrationen.

Ukiyo-e bedeutet eigentlich „Bilder (e) aus der fließenden Welt (ukiyo)": Das war die Welt von Yoshiwara, dem Vergnügungsviertel der Edo-Zeit bei Asakusa, mit den Kurtisanen, Geishahäusern, Lokalen und Theatern.

Die Auswahl an Fächern
für alle Gelegenheiten ist riesig

Die ursprünglichen Bilder zeigen denn auch gern schöne Frauen, vor allem Kurtisanen und Schauspielerinnen in ihrer alltäglichen Umgebung; folglich heißen sie *bijin-ga* („Bilder schöner Frauen"). *Eisen, Harunobu, Kiyonaga, Utamaro* sind berühmte Namen von Künstlern dieses Genres. Eine andere beliebte Form der ursprünglichen Holzschnitte sind die Darstellungen beliebter Kabuki-Schauspieler (*shibai-e* = Theater-Bilder); mit diesen verbindet man vor allem die Namen *Kiyonobu* und *Sharaku*. Eine berühmte Holzschnitt-Schule ist die von *Utagawa*. Beliebte, aber schwer zu entdeckende Motive sind die von Sumo-Ringern (*sumo-e*).

Die Holzschnitte, die man vor allem mit Japan in Verbindung bringt, sind die wunderbaren Landschaften von *Katsushika Hokusai* und *Ando Hiroshige*. Diese Landschaftsholzschnitte (*fukei-ga* = Landschaftsbilder) wurden erst im 19. Jh. richtig beliebt.

- **Hara Shobô,** Kanda;
- **Matsushita Associates,** Aoyama;
- **O(h)ya Shobô,** Kanda;
- **Oriental Bazar,** Aoyama;
- **Sakai Kokodô Gallery,** Yûrakuchô.
- Ukiyo-e sind auch in **Kaufhäusern** wie Takashimaya und großen Buchläden wie Maruzen erhältlich.

Holzschnitzereien (chô-koku)

Es gibt Reste alter Schnitzereien an Tempeln und Schlössern, die begehrte

502to Foto: ml

Sammlerstücke sind. Manche mögen, wie die ältesten Tempel der Asuka- und Nara-Zeit, noch aus dem 6. oder dem 7. Jh. stammen.

Auch im Bereich religiöser Kunst gibt es eine große Vielfalt an Holzschnitzereien, die aber kaum auf dem freien Markt landen dürften und sollten. Ein Blick in Antiquitätenläden wird das zeigen.

Kämme und Haarschmuck (kushi, kanzashi)

Ältere Schmuckkämme werden gern gesammelt, vor allem *sashi-kushi*. Sie sind meist aus Holz und lackiert.

Neue Holzkämme *(hon-tsuge)* sind schlicht. Zusammen mit einem Behälter aus farbenprächtigem Brokat sind sie ab 2000 ¥ in jedem Kaufhaus zu bekommen. Haarschmuck, der vor allem zur Frisur der Geisha, *maiko,* und der ehemaligen Kurtisanen, *oiran,* gehörte, ist heute vor allem in Geschäften der Naka-mise-Straße beim Asakusa-Kannon-Tempel zu finden.

Kämme werden in Japan übrigens nicht verschenkt, es sei denn zum endgültigen Abschied; man glaubt, es bringt Unglück, wenn ein Kamm zerbricht. Nach dem Ende einer Liebesbeziehung pflegte man geschenkte Kämme fortzuwerfen.

● **Jusanya-Kushi-ten,** Ueno;
● **Yono-ya,** Asakusa.

Karpfenbanner (koi-nobori)

Die am „Jungentag" (5. Mai) an Masten aufgehängten Karpfenbanner, die im Wind flattern sollen, symbolisieren Karpfen, die kraftvoll und ausdauernd gegen die Strömung anschwimmen: So sollen die Jungen im Leben werden. Es gibt sie hauptsächlich dort zu kaufen, wo es Puppen gibt.

● **Oriental Bazar,** Aoyama;
● **Musashiya Shoten,** Asakusabashi.

Keramik und Porzellan (yaki-mono/tôjiki)

Seit den Anfängen seiner Kultur und Geschichte hat Japan eine besondere Beziehung zur **Keramik,** aber erst ab der Kamakura-Zeit (1185–1333) entwickelte sie sich zu einer Kunstform.

Mit der Entwicklung der Teezeremonie in der Nambokucho- und Muromachi-Zeit (1333–1573) wurden **Teeschalen** und anderes Zubehör noch kunstvoller und in der Folgezeit begehrte Sammlerstücke. Koreanische Handwerker, die nach der Invasion Koreas während der Momoyama-Zeit nach Japan geholt wurden, brachten neue Formen und Techniken mit.

Im Jahre 1616 entdeckte ein Koreaner in Kyushu Erde, die für die **Porzellanherstellung** geeignet war. Obwohl die Japaner selbst Keramik bevorzugten, stellten sie doch in der Folgezeit Porzellan mit kräftigen Mustern für den Export her. Beispiele für bekanntes Porzellan sind *Arita-yaki,* früher *Imari* genannt, *Kiyomizu* und *Kutani.*

Unter Keramikkünstlern hat jedoch die japanische Keramik einen besonderen Ruf, so sind manche europäischen Keramikmeister nach Japan gegangen, um dort ihre Fertigkeiten zu erweitern.

Folgende Namen, die für Herkunftsorte stehen, sind traditionell die führenden **Keramikzentren:** Arita-yaki (Kyûshû); Bizen-yaki (Okayama), natürliche Farben sind ihr Kennzeichen; Echizen-yaki, wird nicht mehr hergestellt, entsprechend begehrte Sammlerstücke; Hagi-yaki (Yamaguchi), rustikal, schlicht; Karatsu-yaki (Kyûshû); Kiyomizi-yaki (Kyôto); Kutani-yaki (Ishikawa); Kyo-yaki (Kyôto); Mashiko-yaki (Tochigi); Mino-yaki (Gifu); Raku-yaki (Kyôto), Lieblingskeramik des berühmtesten aller Teemeister, *Sen-no-Rikyu;* Satsuma-yaki (Kyûshû); Seto-yaki, liefert einige der ältesten Stücke und produziert immer noch; Shigaraki-yaki, charakteristisch sind die kleinen weißen Flecken, war vor allem in der Edo-Zeit begehrt; Tamba-yaki, wie Shigaraki ein Ort in den Bergen mit ungewöhnlicher Erde, ein Brennofen ist noch immer in Betrieb; Tokoname-yaki, produziert ebenfalls noch, am Ort gibt es auch ein interessantes Museum.

Neue Keramik gibt es in allen Kaufhäusern, alte in Antiquitätenläden zu kaufen.

- **Iseryu Shoten,** Nihombashi;
- **Kisso,** Roppongi;
- **Nishiura-Honpo,** Ningyôchô;
- **Saga Tôen,** Roppongi;
- **Tachikichi,** Ginza.

Kisten (tsuzura)

Diese lackierten Kisten aus geflochtenem Bambus wurden früher je nach Größe zum Aufbewahren von Kimonos, Unterwäsche oder Schreibmaterial verwendet; sie wurden und werden auch heute noch maßangefertigt und mit dem Familienwappen der Auftraggeber versehen.

- **Iwai Shoten,** Ningyôchô;
- **Kyûkyudô,** Ginza, s. Papier.

Küchenmesser (hôchô) und Scheren (hasami)

Als die Schwertmacher mit Beginn der Meiji-Zeit nichts mehr zu tun hatten, verlegten sie sich auf die Herstellung von Messern und Scheren, und zwar mit denselben Techniken wie früher beim Schmieden von Schwertern. Das Zentrum der Herstellung ist in Seki in der Präfektur Gifu; es ist seit über 700 Jahren berühmt für die Herstellung von Klingen.

Ostasiatische Küchenmesser sind anders geformt als unsere; es gibt sie auch in den Haushaltsabteilungen der Kaufhäuser.

- **Kiya,** Nihombashi;
- **Ubukeya,** Ningyôchô.

Lackwaren (nuri-mono, shikki)

Die aus China übernommene Lacktechnik diente einst dazu, Gegenstände des täglichen Gebrauchs haltbarer zu machen. Daraus entwickelte sich eine Kunstform.

Der **Herstellungsprozess** ist sehr zeitaufwendig. Der *urushi* genannte Naturlack wird in mehreren Lagen aufgetragen und jeweils poliert. Vor der letzten Lage kommt die Dekoration hinzu: Gold, Silber, Farben. Lackwaren werden heute noch so wie früher hergestellt, zusätzlich zu den klassischen Materialien Holz, Leder, Papier, Porzellan oder Metall wird auch Plastik verwendet.

Sehr beliebt als Sammelobjekte sind **Schachteln,** z.B. *ju-bako,* die zum Auf-

- **Heiandô,** Nihombashi;
- **Inachu Japan,** Akasaka;
- **Kuroeya,** Nihombashi.

Lampen (denki sutando)

Zimmerlampen aus weißem Papier, das auf Holz- oder Bambus-Rahmen gespannt ist und in denen früher Kerzen brannten, gibt es auch in moderner Ausfertigung.

- **Ishizuka Shoten,** Ochanomizu;
- **Liwina Yamagiwa,** Akihabara;
- **Washi Kobo,** Roppongi.

Laternen (chôchin)

Laternen wurden früher in erster Linie für religiöse Zwecke angefertigt, anlässlich von Schreinfesten kann man sie immer noch in diesem Zusammenhang sehen. Ansonsten begegnet man Laternen meist an den kleinen Aka-chôchin-Lokalen. Interessante Souvenirs sind Laternen mit dem eigenen Namen, dieser wird dann mit japanisch-chinesischen Schriftzeichen entsprechend dem Laut der einzelnen Silben geschrieben.

- **Hanato,** Asakusa;
- **Kashiwa-ya,** Nihombashi;
- **Ishikatsu** (Steinlaternen), Aoyama.

Malerei (e)

Tuschemalerei (*sumi-e*) wurde aus China übernommen; beliebte Motive sind Berge, Blumen und Vögel, in **chinesischer Maltechnik** farbig gemalt (*nan*-ga).

Die älteste Art volkstümlicher Malerei nennt sich *otsu,* das ist braunes, bemaltes **Papier,** das es in Antiquitätengeschäften manchmal noch zu entdecken gibt.

bewahren von Speisen benutzt wurden. Die schönen, mit Gold und Perlmutt verzierten alten Kästchen sind heute selten und kostbar.

Serviertabletts kamen in der Edo-Zeit in Mode und werden je nach Form und Größe als *o-bon, sanbo* oder *zen* bezeichnet. Lackwaren sind jedoch nicht für ausgesprochen trockenes Klima geeignet und müssen dann besonders behandelt werden.

Neue Lackwaren gibt es in den Kaufhäusern, alte in Antiquitätenläden.

Straßenmusiker „Chin-don-don"

Schöne Malereien finden sich auf **Schiebetüren** (fusuma) der Azuchi-Momoyama-Zeit (1573–1600) sowie auf **Wandschirmen** (byôbu) und **Rollbildern** (kake-mono) der Edo-Zeit. Sie werden auch heute noch hergestellt.

Masken (men)

Alte **Noh-Masken** sind nur sehr schwer zu finden. Die Ältesten stammen aus dem Beginn der Muromachi-Zeit (14. Jh.). Es gibt aber auch gute und preiswerte Nachbildungen (wobei nur Gipsmasken preiswert sind, ab 2000–3000 ¥, die aus Holz sind sehr teuer). Billig sind die Festmasken aus Pappmaschee, die Tiere oder Karikaturen dummer Bauern u.Ä. darstellen.

- **Ishizuka**, JR Tokyo;
- **Bingo-ya**, Volkskunst, nahe Ikebukuro;
- **Wanya Shoten**, Kanda.

Möbel (sashimono)

Japanische Häuser haben bekanntlich wenig Möbel außer den Kommoden für die Aufbewahrung von Kimonos. Diese tansu sind heute beliebte und teure Sammlerstücke, wobei die vornehmen lackiert und reich verziert und die einfachen aus schlichtem Holz, z.B. Kirsche oder Paulownia, sind. Kyôdai sind lackierte Kosmetikkästchen mit Spiegeln; kyôsoku gepolsterte Armstützen, normalerweise reich mit Blumenmustern verziert. Hibachis, die alten Holzkohlebehälter, sind zwar keine Möbel, können aber als kleine Tischchen verwendet werden. Früher waren sie aus Holz, erst seit 100 Jahren sind sie aus Keramik. Einige Geschäfte fertigen noch tansu

nach alter Methode ohne die Verwendung von Nägeln an. Sie sind sehr kostspielig.

- **Hitatsuka**, Shimbashi;
- **Kyoya**, Ueno.

Musikinstrumente (gakki)

Eine Reihe typisch japanischer Instrumente sind in Kaufhäusern erhältlich. Billig sind sie aber auch dort nicht.

Biwa: Diese viersaitige, birnenförmige Laute mit vier Bünden stammt aus China. Der Korpus wird aus einem Stück Holz gefertigt. Früher spielten blinde Priester sie als Begleitung zum Geschichtenerzählen. (Ishida Biwaten, nahe Shimbashi)

Koto: Auch heute noch lernen Mädchen „aus gutem Haus" häufig die Koto, die ostasiatische Zither. Sie besteht aus dem Holz der Paulowniakirsche (kiri), hat 13 oder 17 Saiten, bewegliche Stege und ist über 1,80 m lang. (Tsurukawa Gakki Honten, Nihombashi)

Shamisen: Begleitinstrument für Lieder und Dramen, stammt ursprünglich von den Ryûkyû-Inseln. Verwendet wird rotes Sandelholz oder Maulbeere, der Korpus wird mit Katzen- oder (billigerer) Hundehaut bespannt, in Okinawa bei der Jamisen mit Schlangenhaut. Gespielt wird mit einem breiten Plektrum (bachi). (Kikuya Shamisen-ten, Ochanomizu, Bachiei Gakkiten, Ningyôchô)

Shakuhachi: Entwickelt wurden sie in der Edo-Zeit von ehemaligen Samurai, die sich damit als Bettelmönche ihren Lebensunterhalt verdienten. Sie konnten die Flöten auch als Waffen verwenden. Heute sind die Instrumente rund 55 cm lang, mit vier Löchern oben und einem unten. Shakuhachi werden solo oder mit Koto oder Shamisen gespielt. Sie kosten selten unter 10.000 ¥. (Chikuyusha, mit Shakuhachi-Schule, nahe Shinjuku)

Trommeln (taiko, tsutsumi): Die großen, fassähnlichen Trommeln heißen taiko, die kleineren, sanduhrglasförmigen tsutsumi. Sie werden beim Kabuki, bei Festen u.a. verwendet. (Miyamoto Unosuke Shoten, mit Trommelmuseum, Asakusa).

Netsuke

Früher dienten diese kleinen **Verschlüsse** lediglich zum Befestigen von Beuteln u.Ä. – wie die heutigen „Tankas". Heute sind sie teure Sammelstücke, aus Elfenbein, Holz, Metall, Porzellan – kleine Figuren aus Alltag, Geschichte, Legende. Antikes Elfenbein darf mit entsprechendem Zertifikat eingeführt werden.

- **Oriental Bazar,** Omotesandô und in Antiquitätengeschäften.

Papier (kami, washi)

Traditionell hergestelltes Japan-Papier *(washi)* hat Weltruf. Es wird für Briefpapier, Drachen, Laternen, Puppen, Schirme und Spielzeug verwendet. Viele Kaufhäuser haben gute Abteilungen dafür, aber es gibt auch eigene Geschäfte.

- **Haibara,** Nihombashi;
- **Isetatsu-ya,** Buntpapier aus Reispapier, Yanaka;
- **Kuroda-ya,** Asakusa;
- **Origami-Kaikan,** Yushima;
- **Washi-kôbô,** Roppongi.

Pinsel (fude)

Die japanischen Pinsel sind Weltspitze. Es gibt sie aus allen möglichen Tierhaaren, z.B. Hund, Katze, Pferd oder

Viel mehr als ein Spielzeug

Wiesel. Um die Herstellung des *mizu-fude* zu beherrschen, bedarf es 15-jährigen Trainings. Ursprünglich wurden Pinsel im 6. Jh. aus China übernommen und in erster Linie zum Malen *(sumi-e* = Tuschemalerei) oder für Kalligrafie *(shodô)* verwendet. Es gibt sie in Papier- und Schreibwarenläden und in besonderen Geschäften:

- **Gyokusendô,** Kanda;
- **Koundô,** Asakusabashi;
- **Tanabe Bunkaidô,** Yanaka.

Puppen (ningyô)

Es gibt viele unterschiedliche Arten von „Zierpuppen": handgemachte für das **Mädchenfest** (Hina-Matsuri am 3. März), die **Hina-Puppen,** die den kaiserlichen Hofstaat repräsentieren, handgemachte Puppen für das **Jungenfest** (Kodomo-no-hi am 5. Mai), die **Gogatsu-Puppen,** die Samurai bzw. deren Rüstungen darstellen, **Kokeshi-Puppen** aus Holz (sie symbolisierten einst verstorbene Familienmitglieder und sind heute beliebte Souvenirs), **Hakata-Puppen,** preiswerte bemalte Keramikpuppen, **Ichimatsu/Kyô-Puppen,** meist ca. 50 cm große Puppen von Mädchen im Kimono, schön und teuer (früher haben reiche Leute gern ein Abbild ihres Kindes als Puppe anfertigen lassen). **Pappmaschee-Puppen** *(hariku* = Pappmaschee) gibt es in unterschiedlicher Art für verschiedene Zwecke, sie dienen z.B. zur Abwehr von Krankheiten *(hoko-san).* Solche **Daruma-Puppen** gehören fast in jeden Haushalt: Man wünscht sich etwas und besorgt sich dazu eine passende einäugige Puppe in Form eines Stehaufmännchens. Erfüllt sich der Wunsch, malt man das fehlende Auge dazu.

Puppenhersteller konzentrieren sich in Asakusabashi entlang der Edo-dôri.

- **Kuramae Ningyô-sha,** Asakusabashi;
- **Kyugetsu,** Asakusabashi;
- **Yoshitoku,** Asakusabashi;
- **Galerie Konohana,** Aoyama.

Schirme (kasa)

Im Kabuki symbolisieren Bambusschirme Männlichkeit, ansonsten symbolisieren sie Liebe: gemeinsam unter einem Schirm gehen. Mit Ölpapier bespannte Schirme dienen dem Regenschutz *(ban-gasa),* mit Baumwolle oder Seide bespannte schützen gegen die Sonne *(hi-gasa).*

- **Ida-ya,** *ban-gasa,* Fächer, Asakusa;
- **Hasegawa Hakimono-ten,** Ueno.

Schwerter (katana)

Samurai-Schwerter werden gern gesammelt; alte sind allerdings fast nicht zu finden, denn im Krieg wurden sie für die Rüstungsindustrie eingezogen. All jene, die ihre Schwerter zu behalten vermochten, bewahren sie als stolzen Familienschatz. Die Herstellung der Samurai-Schwerter – Seele des Samurai – war ein langwieriger Prozess, begleitet von fast religiösen Reinigungszeremonien. Schwerter waren ein erfolgreicher Exportartikel, Zigtausende wurden Ende des 15. Jh. jährlich nach China exportiert.

- Nachbildungen alter und neue Schwerter, *tsuba* (Stichblätter) und *menuki* (Metallverzierungen am Schwertgriff) sowie ganze Samurairüstungen gibt es u.a. bei **Japan Sword,** nahe Shimbashi, Toranomon.

Spielzeug der Edozeit (Edo gangu)

Diese preiswerten Figuren, beispielsweise Hunde, Tiger oder Puppen, werden aus einfachem Material wie Pappmaschee, Ton oder Holz hergestellt und heute als Souvenirs in Volkskunstläden verkauft.

● **Sukeroku,** Asakusa.

Stempel (hanko)

Ein beliebtes Souvenir sind individuell angefertigte Namensstempel. Westliche Namen werden in Silben zerlegt und durch *kanji*-Schriftzeichen ersetzt. „Schmidt" schreibt sich z. B. *shu-mi-to,* „Müller" *miu-ra.*

● In **Stempelläden,** Kaufhäusern oder **Papierläden,** wie z.B. **Itôya,** Kyûkyodô.

Stoffe (ori-mono)

Antike Stoffe (Seide, Brokat) sind beliebte Sammlerstücke; natürlich gibt es auch heute wertvolle Stoffe (s. Kimono). Die Webkunst wurde durch chinesische und koreanische Einflüsse verfeinert.

● **Ikeda,** Shinagawa;
● **Oriental Bazar,** Aoyama.

Tee-Utensilien (cha-dôgu)

Wer einmal eine traditionelle Teezeremonie miterlebt hat, weiß, wieviel Zubehör es gibt: Holzkohleofen, Wasserbehälter, Teebehälter, Bambusteelöffel, eine Art Schneebesen aus Bambus zum Verrühren, die Teeschalen selbst, Vasen, Rollbilder, Gongs, Matten ...

● **Ryûzendô,** Ginza.

Tücher (tenugui)

Eigentlich dienten die 30 x 30 cm großen *tenegui* früher auch als Handtücher, heute aber fast ausschließlich als **Stirn- oder Halstücher.** Sie sind preiswerte Souvenirs.

● Das bekannteste Geschäft befindet sich unweit vom Asakusa-Kannon-Tempel. Die *tenugui* hier werden vom Besitzer selbst entworfen: **Fujiya,** Asakusa.

Weihrauch (kô)

Weihrauch kam mit dem Buddhismus im 6. Jahrhundert nach Japan. Dort entwickelte sich eine Zeremonie nach Art der Teezeremonie, *kôdô* genannt, bei der erlesene Düfte durch **rauchloses Verbrennen von Holzspänen** genossen und zu erraten versucht werden. Es gibt diese in der Form von *koboku* (natürlich) und *neriko* (kombiniert). Sie sind sehr teuer. Die normalen **Räucherstäbchen** heißen *senkô.* Beliebt sind die **Brokadebeutelchen** (*nioi-bukuro*), die mit duftenden Holzspänen gefüllt sind.

● **Kyûkyodô,** Ginza, s. Papier.

Elektrizität

Die Stromspannung beträgt **110 Volt.** Die Stecker haben flache Pole, Adapter sind in Japan erhältlich.

Fabrikbesuche

Wer sich für japanisches Business interessiert, hat sicher Interesse daran, sich einmal eine der berühmten japanischen Fabriken von innen anzusehen. In die meisten kommen Außenstehende nicht hinein. Hier sind einige, die sich Besuchern öffnen.

● **NEC Showroom C&C Plaza,** Tel. 3595-0511, U: Uchisaiwaichô, Tôei Mita Line, JR Shimbashi 8 Min.

Computer und Heim-Elektronik; 10–18 Uhr, 1–3 Tage pro Monat geschl., Führung auf Englisch bei Voranmeldung möglich.

● **Kirin Brewery Corporated,** Tel. 045-503-8250, 1-17-1 Namamugi, Keihin Kyûko Line, 5 Min.

Brauerei: Juni bis Setember, tgl. 10–17 Uhr außer Mo, Führungen auf Japanisch, engl. Faltblatt vorhanden.

● **Suntory Ltd.,** Musashino Brewery, PR Dept. 3-1 Yazaki-chô, Fuchu-shi, Tel. 0423-60-9591, JR Fuchu-Honmachi 10 Min., Fuchu, Keio Line 10 Min. mit Taxi.

Brauerei; Mo–Fr 9.40–15 Uhr, tel. Anmeldung mehrere Tage im Voraus, Mo und Do Führung auf Englisch.

● **The Asahi Shimbun:** 5-3-2 Tsukiji, Tel. 5540-7724, U: Tsukiji, Hibiya Line 10 Min.

Zeitungen; telefonische Anmeldung mehr als drei Tage vorher, Führung auf Englisch möglich; 11, 13, 14.30 Uhr außer Sa, So und F (Fotografieren im Bereich Redaktion und Produktion nicht gestattet).

● **Tokyo Stock Exchange:** Office of Public Relations (Visitor's Section), 2-1 Kabuto-chô, Nihombashi, Tel. 3665-1881 (engl.), Kayab-achô, Hibiya oder Tozai Line, Ausgang 10, 5 Min.

Börse: Mo–Fr 9–11 und 12.30–15 Uhr, Führung auf Englisch 13.30–14.30 Uhr, keine Anmeldung notwendig.

● **NHK Broadcasting Center:** 2-2-1 Jinnan, Shibuya, Tel. 3485-8034/5, Shibuya, Harajuku 10 Min.

Radio/Fernsehen; tgl. 10–18, Einlass bis 17 Uhr, 200 ¥, keine Anmeldung notwendig (3. Mo im Monat geschlossen).

● **Koyama Shuzo,** Sake-Brauerei, Anmeldung eine Woche vorher, Tel. 3902-3451 (jap.), Gruppen ab 5 Personen Mo–Fr 11, 13, 14, 15 Uhr, 300 ¥, 26-10 Iwabuchi-cho, Kita-ku, Tokyo, U: Akabane-Iwabuchi (Namboku Line)

● **Nissan Motor Oppama Plant,** Führungen auf Englisch 2. u. 4. Di 10–12 Uhr, Reservierung Tel. 5565-2132, Zufahrt: Keihin-Kyuko Line, Oppama, 10 Min. (alternativ: *Global Communications and Investor Relations,* 6-17-1 Ginza, Mo–Fr 8.30–17.30 Uhr).

● **Toshiba Science Institute,** Mo–Fr 9–17 Uhr, telefonische Anmeldung erbeten: Tel. 044-549-2200, Komukai-Toshiba-cho, Saiwai-ku, Kawasaki: JR Kawasaki O-Ausg., Bus Stop 27, Tokyu Bus bis *Komukai-koban,* 10 Min.

Im **T.I.C.** gibt es das Faltblatt *Japan's Industries* mit genauen Informationen.

Feste und Feiertage

Die für eine naturverbundene Gesellschaft von Reisbauern charakteristischen traditionellen Feste *(matsuri)* sind einerseits geprägt von Ritualen zum Beschwören der Fruchtbarkeit, andererseits von Feiern über die eingebrachten Ernten, denn ihr Jahr folgte dem Rhythmus des Pflanzens und Erntens. Manche dieser archaischen Feste haben auch in den Städten überlebt, wie die Neujahrsrituale oder die in lauen Sommernächten getanzten Bon-

Reisetipps A–Z

0570 Foto: ml

für Besucher wie Einheimische gleichermaßen attraktiv macht. Japaner betrachten heute manch traditionelles Fest aus beinahe dem gleichen touristischen Blickwinkel wie wir.

Besonders lebhaft geht es bei den **Schreinfesten** zu, wenn die tragbaren, bis zu einer Tonne schweren Schreine (*o-mikoshi*) von Dutzenden Freiwilliger im Rhythmus der „wasshoi-wasshoi"-Rufe und im wilden Zick-zack durch die Nachbarschaft getragen werden.

Die wöchentlich aufgelegten und in Hotels sowie in manchen Supermärkten ausliegenden **Touristenzeitungen** (z.B. „Tokyo Tour Guide" oder „Tokyo Weekender") geben **Auskunft,** wo wann welches Fest gefeiert wird und welcher Markt stattfindet. Aber da jeder Tempel und Schrein im Prinzip eigene Feste feiert, kann man nie alles mitbekommen. Mit etwas Glück erlebt man auch kleine Feierlichkeiten, die irgendwo in der Nachbarschaft oder in einem kleinen Viertel stattfinden.

Tänze, andere wurden an die städtische Umgebung angepasst, und wieder andere sind neu entstanden.

Alle Feste folgen dem **alljährlichen Kreislauf der Erneuerung.** Jeder Monat hat seinen besonderen natürlichen Reiz, seine eigene Stimmung. Selbst die Plastikdekoration in den Einkaufsstraßen wechselt mit den Jahreszeiten.

Viele Feste haben einen **religiösen Hintergrund,** der sie nicht zuletzt durch den unterschiedlichen Charakter von Schintoismus und Buddhismus

Fällt ein **nationaler Feiertag** auf einen Sonntag, ist am darauf folgenden Montag frei. Genaue Angaben zu den Festen kann man beim TIC in Yûrakuchô (Tel. 3201-3331) erhalten (siehe auch Festkalender von Yokohama und Umgebung).

Der 1. April ist der Beginn eines neuen **Geschäfts- und Schuljahres:** an diesem Tag sind keine Termine möglich; der letzte Arbeitstag des Jahres ist der 28. Dezember.

An jedem Schrein wird an bestimmten Tagen des Jahres gefeiert

Januar

● **1. Jan.,** *Shogatsu:* **Neujahr,** das wichtigste Fest im Jahresverlauf, an Bedeutung vergleichbar mit Weihnachten bei uns, ist vor allem ein Familienfest mit Geschenken für Leute, denen man irgendwie verpflichtet ist (was noch im alten Jahr geschieht), traditionellen Festessen und symbolhaft geschmückten Straßen und Häusern. Das neue Jahr wird um Mitternacht eingeläutet durch 108 dumpfe Glockenschläge in den Tempeln: In vielen Tempeln kann jeder, der rechtzeitig kommt, einen der 108 Schläge, mit denen die 108 menschlichen Sünden ausgetrieben werden, ausführen. Diese Zeremonie heißt *joya-no-kane* und beginnt in der letzten Stunde am letzten Tag (*Omisoka*) des alten Jahres.

Die ersten drei Tage des neuen Jahres sind **offizielle Feiertage**, aber die Kaufhäuser öffnen teilweise schon wieder am 2. Januar. Die Neujahrstage sind für Japaner auch eine Zeit für Kurzurlaube: in die heimatlichen Berge zum Skifahren oder an die Strände von Hawaii, nach Südostasien, z.B. Thailand, zum Baden. Viele (unverheiratete) Frauen tragen am ersten Arbeitstag des Jahres (*shigoto hajime*) ihre schönsten Kimonos.

● **1.–7. Jan.,** **Hatsumode:** erster Besuch im Schrein oder Tempel, in Tokyo vor allem im Meiji-Schrein, wo für Gesundheit und Glück im kommenden Jahr gebetet wird. Zehntausende sind um Mitternacht schon zum Meiji-Schrein unterwegs. Beliebt auch: Asakusa-Tempel, Yasukuni-Schrein (mit Nô, Koto-Musik, Tänzen).

● **2. Jan.:** Die **Kaiserfamilie** zeigt sich im Kaiserpalast dem Volk. Der Palastgarten ist von 9 bis 15 Uhr geöffnet.

● **1.–5./7. Jan.,** *Shichifuku-jin:* Besuch der **7 Glücksgötter**, z.B. in Fukagawa, Ningyô-chô, Mukôjima, Yanaka.

In der **Golden Week** vom 29.4. bis 5.5. liegen vier offizielle Feiertage hintereinander, meist noch ergänzt durch ein Wochenende. Die Woche wird vielfach für **Kurzreisen** genutzt (Urlaub ist in Japan sehr, sehr knapp). Überfüllte Züge, Bahnhöfe, Flughallen, Autobahnen und Hotels sind die Folge, eine halbe Million Japaner fliegt dann in die Welt hinaus.

● **6. Jan.,** *Shôbô Dezomeshiki:* Neujahrsparade der **Feuerwehr** am Harumi-Pier; spektakulär die Demonstrationen an Bambusleitern in Kostümen der Edo-Zeit; Beginn ca. 10 Uhr.

● **Zweiter Montag,** *Seijin-no-hi:* offizieller Feiertag, an dem die **Volljährigkeit** der 20-jährigen gefeiert wird. In den Stadthallen der Bezirke versammeln sie sich zu offiziellen Zeremonien. Dabei tragen vor allem die jungen Frauen ihre schönsten und farbenprächtigsten Kimonos (lange Ärmel = unverheiratet; kurze Ärmel = verheiratet; bunte Kimonos werden aber vor allem von den unverheirateten Mädchen getragen). Überall sieht man an diesem Tag die jungen Erwachsenen im Stadtbild.

Februar

● **3. oder 4. Feb.,** *Setsubun:* Die nach dem chinesischen astrologischen Kalender an diesem Tag geborenen Frauen und Männer, aber auch z.B. prominente Sumo-Kämpfer, werfen mit gerösteten Sojabohnen gegen mögliche Dämonen innerhalb oder außerhalb des Hauses mit den Worten: „Oni wa soto, fuku wa uchi" (Dämonen hinaus, Glück hinein; auch *mame-maki* = Bohnen werfen genannt); anschließend essen alle so viele Bohnen, wie sie alt sind. Das Fest wird in allen Tempeln, Schreinen, den meisten Familien gefeiert, v.a.: Asakusa-Sensoji-Tempel; Zôjôji-Tempel, Shiba; Akasaka-Hie-Schrein. Ursprünglich war das Fest ein **Exorzismusritual** zur Vorbereitung der Reisfelder für das Pflanzen.

Traditionell galt der Tag auch als **Frühlingsanfang** (nach dem Mondkalender; bei den Chinesen ist es das Frühjahrsfest, bzw. Chinesische Neujahr, für sie das wichtigste Fest des Jahres). Vor allem in Yokohama wird in Chinatown das **chinesische Neujahrsfest** gefeiert (nach dem Mondkalender bestimmt), auf Japanisch heißt es *Shunsetsusai*. Es gibt Löwen- und Drachentänze.

● **11. Feb.,** *Kenkoku Kinenbi:* **Staatsgründungstag,** offizieller Feiertag. An diesem Tag wurde 660 v. Chr. der erste Kaiser gekrönt.

● **14. Feb.,** *Valentine:* Unverheiratete Frauen schenken am **Valentinstag** den (jungen) Männern, die ihnen in Schule oder Firma sympathisch sind oder denen sie Respekt zol-

509lo Foto: ml

len müssen, Schokolade (giri choko), im Durchschnitt sind es rund ein Dutzend Kollegen. Wehe dem Mann, bei dem nichts auf dem Tisch steht. Aber: Am White Day, einen Monat später, müssen die Beschenkten sich in doppelter Höhe revanchieren. Die Sitte wurde in den 1960er Jahren von cleveren Händlern eingeführt.

● **25.2.–15.3.,** Ume Matsuri: **Pflaumenblütenfest** mit Teezeremonien im Freien (no-date) an den Wochenenden. Am Yushima-Tenjin-Schrein, Bunkyô-ku (Station Yushima der U-Bahn Chioda).

März

● **3. März,** Momo-no-Sekku bzw. Hina Matsuri: **Mädchen- oder Puppenfest.** In den Häusern, in denen Mädchen aufwachsen, werden treppenartige, mit rotem Tuch drapierte Gestelle mit Puppen, die den kaiserlichen Hofstaat repräsentieren, aufgestellt. Die Puppen sind die hina ningyô, sie sind meist sehr teuer (oft Erbstücke) und symbolisieren häusliches Glück für die Töchter. Häufig erhalten sie bei der Geburt ihre ersten Puppen. Die Mädchen feiern Parties, bei denen weißer Reiswein (shiro-zake) und rhombenförmige Reiskuchen (hishi-mochi) angeboten werden.

● **3./4. März,** Daruma-ichi: Tausende von Daruma-Figuren, **Tänze, Musik.** Am Jindaiji-Tempel, Chôfu, (10 Min. von der Station Chôfu der Keiô-Line).

● **2. Sonntag im März,** Hiwatari: **Yamabushi-Zeremonie,** Durchschreiten des Feuers. Takao-San.

● **14. März,** White Day (s. 14. Februar)

● **18. März,** Kinryû-no-mai: **Drachentanz** mit Parade um 14 und 16 Uhr, auch Jigen-e genannt. Am Asakusa-Kannon-Tempel.

Der „Tanz des weißen Kranichs"

● **21. März,** *Shunbun-no-hi:* **Frühjahrs-Tag-und-Nacht-Gleiche,** offizieller Feiertag, Besuch der Familiengräber.

● **26.3.–15.4.,** *Sakura Matsuri:* **Kirschblütenfest,** auch *Hanami* (Blüten sehen) genannt. Picknick und Trinkgelage zu Füßen der Sakura-Bäume, am intensivsten gefeiert im Ueno-Park (rund 250.000 Menschen pro Tag), sehenswert auch in Chidorigafuchi am Palastgraben sowie auf dem Aoyama Friedhof. Kirschblüten sind die Boten des Frühlings und Symbol für vergängliche Schönheit.

April

● **8. Apr.,** *Hana Matsuri:* **Buddhas Geburtstag, Blumenfest;** kleine Buddhastatuen werden in Tempeln mit süßem Tee *(ama-cha)* begossen; Paraden mit weißen Pappmaschee-Elefanten, besonders beliebt im Asakusa-Sensoji-Tempel, Tsukiji- Honganji, Gokokuji.

● **9. Apr.,** *Shirasagi-no-mai:* **Tanz des weißen Reihers,** Asakusa-Kannon-Tempel, mit Parade, 11 und 13 Uhr.

● **9.–19. Apr.,** *Kamakura Matsuri:* **historische Parade,** Prozession von *mikoshi* (tragbare Schreine), *yabusame* (Bogenschießen vom galoppierenden Pferd aus). Am Hachiman-Schrein, Kamakura.

● **29.4.–3.5., Frühlingsfest:** Meiji-Schrein, u.a. *Bugaku, Nô, Kyûdô* (Bogenschießen), klassische Musik, Tänze.

● **29. Apr.,** *Shôwa-no-hi:* **Showa-Tag, Tag der Umwelt.** Bis zum Tod von *Kaiser Hirohito (Shôwa Tennô)* dessen Geburtstag *(Tennô-no-tanjôbi)*; wegen der „Goldenen Woche" wurde der Feiertag beibehalten, aber umbenannt.

Mai

● **3. Mai,** *Kempô-kinembi:* **Tag der Verfassung** (nach dem Zweiten Weltkrieg), offizieller Feiertag.

● **4. Mai,** *Kokumin-no-kyujitsu:* Verbindungsfeiertag (zwischen dem 3. und 5. Mai)

● **5. Mai,** *Tango-no-Sekku* bzw. *Kodomo-no-hi:* **Jungen- bzw. Kindertag.** Stoffkarpfen werden an Fahnenstangen gehisst, um – hoffentlich – im Wind zu flattern. Der **Karpfen** gilt als Symbol für „männliche Tugenden" wie Ausdauer, Energie, Ehrgeiz, Kraft und starken Willen. Karpfen schwimmen kraftvoll gegen den Strom, ebenso sollen Jungen Schwierigkeiten meistern und Hindernisse im Leben überwinden. Die Karpfen werden in folgender Reihenfolge (von oben) gehisst: schwarz (Vater), rot (Mutter), ein Karpfen für jeden Sohn. Drinnen im Haus wird eine Samurai-Puppe *(gogatsu-ningyô)* aufgestellt: Mögen die Söhne stark und furchtlos werden wie Krieger.

● **Zweites Wochenende im Mai,** *Torigoe-jinja:* **Schreinfest** mit vier Tonnen schwerem *mikoshi.* Kuramae.

● **Mitte Mai: Schreinfest,** bei dem zwei riesige Sänften durch die Straßen der Umgebung getragen werden, alle zwei Jahre in großem Stil. Myôjin-Schrein in Kanda.

● **19./20. Mai,** *Sanja-Matsuri:* eines der drei **großen Feste** in Tokyo, mit Geisha-Parade, Prozession mit hundert *mikoshi*, Tänzen usw. Im Asakusa-Jinja.

● **25. Mai,** *Yushima-Tenjin:* **Schreinfest,** Ochanomizu.

Juni

● **9./10. Juni,** *Hôzuki-ichi:* **Blasenkirschenmarkt** im Sensoji-Tempel in Asakusa; Blasenkirschensträucher und Windrädchen werden verkauft; Zugleich heißt dieser Tag *shi-man roku-sen-nichi* = 46.000 Tage: Ein Besuch an diesem Tag ist so viel wert wie 46.000 Besuche an normalen Tagen.

● **10.–16. Juni,** *Sannô-Matsuri:* Tänze, Teezeremonien, Vorführungen. Am Hie-Schrein, nahe *Capitol Tokyu Hotel.*

● *Chûgen:* halbjährliche **Geschenkesaison;** hier macht man Pflichtgeschenke für Personen, denen man Respekt oder Dank schuldet; typisch: alkoholische Getränke, Konserven (z.B. Käse, Butter, Schinken und Obst), Handtücher, heute auch gern Gutscheine für Kaufhäuser oder Taxis. Die Sitte hat sich aus den Ahnenopfern zum Bon-Fest abgeleitet.

Juli

● **7. Juli,** *Tanabata:* **Sternenfest.**

● **13.–15. Juli,** *Bon-odori:* **Bon-Tänze** in Tsukuda-jima.

● **13.–16. Juli,** *Mitama-Matsuri:* Die **Seelen der Ahnen** kommen zu dieser Zeit in die

Welt der Lebenden, für sie werden Lichter und Laternen angezündet (6000 am Yasukuni-Schrein); überall werden **Bon-Tänze** (*Bon-Odori*) veranstaltet, an denen alle – auch ausländische Besucher – teilnehmen können, schöne Atmosphäre, die Tänze ziehen sich teilweise bis Anfang September hin.

● **17.7.–15.8.,** *Edo Shumi Nôryô Takai:* **Sommerabendfest** nach Edo-Art im Ueno-Park (Pagode, Shinobazu-Teich).

● **Dritter Montag,** *Umi-no-hi,* **Tag des Meeres:** erinnert an die Seereise des *Meiji Tenno* im Jahre 1876 von Hokkaido nach Tokyo.

● **28. Juli,** *Hanabi-Takai:* Feuerwerk (*hana-bi* = Blumenfeuer) von 19 bis 21 Uhr am Edo-Fluss, nahe Shibamata.

● **Letzter Samstag im Juli:** große **Feuerwerke** am Sumida-Fluss, Asakusa, Menschenmassen am Flussufer und Parties auf Hausdächern.

August

● **6. Aug.,** *Sumiyoshi-jinja:* **Schreinfest,** Tsukudajima.

● **15. Aug.,** *Bon-Sutren* im Sensôji: **Laternen** auf dem Sumida-Fluss, Asakusa. *O-bon* ist das **Fest der Toten** (Mitte Juli oder Mitte August, vergleichbar mit Allerheiligen. Familien besuchen die Familiengräber, um die anlässlich des Festes zurückgekehrten Geister (*kami*) der Verstorbenen zu grüßen und sie nach Hause zu geleiten. Die Laternen symbolisieren die Heimkehr der *kami* über das Meer ins Jenseits. Es ist auch für die Lebenden die Zeit der kurzzeitigen Rückkehr in die Heimat oder hinaus in die Welt zu einem weiteren Kurzurlaub.

● **15. Aug.,** *Tomioka Hachiman:* **Schreinfest,** Fukagawa, alle drei Jahre in großem Stil.

● **15.–17. Aug.,** *Fukagawa Shin-meigu:* **Sommerfest,** Fukagawa.

● **24. Aug.:** **Feuerwerk** in Ryôgoku am Sumidafluss.

● **26.–28. Aug.,** *Awa-odori:* Alle machen bei den **Tänzen** mit, am Bahnhof Kôenji (Chûo Line ab Shinjuku).

● **Letzter Samstag:** **Sambafest** in Asakusa mit einheimischen und brasilianischen Samba-Gruppen.

● **31.8.–3.11.,** **Herbstfest:** Meiji-Schrein, großes Festprogramm zum **Dank für gute Ernte**

mit *Nô, Bugaku, Aikidô, Yabusame,* Bogenschießen, Tänzen, klassischer Musik.

September

● **Dritter Montag,** *Keiro-no-hi:* Tag der Alten, offizieller Feiertag.

● **20./21. Sept.,** *Nezu-jinja:* **Schreinfest,** Kagura.

● **21.–23. oder 24. Sept.,** *Shu-bun-no-hi:* (Herbst-Tag-und-Nacht-Gleiche), offizieller Feiertag, Besuch der Familiengräber.

● **25. Sept.:** **Ritual für Puppen,** Kiyomizu Kannon, Ueno-Park.

Oktober

● **Anfang des Monats, Tokyo-Fest:** zum Gedenken an den Bau der ersten Burg von Edo an der Stelle des Kaiserpalastes im Jahre 1457 ; u. a. Hafenfest, Parade von blumengeschmückten Festwagen, Laternenprozession.

● **Zweiter Montag,** *Tai-iku-no-hi:* **Tag des Sports,** Massensportveranstaltungen Golfturniere, offizieller Feiertag.

● **17.–19. Okt.,** **Herbstfest:** Nô-Aufführungen, Tänze, Bogenschießen. Im Yasukuni-Schrein.

● **31. 10.–3. 11.,** **Herbstfest** im Meiji-Schrein: eine Art Erntedankfest; klassische Tänze, Kyûdô, Aikidô.

● **Ab Monatsende: Chrysanthemenmarkt** im Asakusa-Kannon-Tempel und im Jindai Botanical Garden, Chôfu (Keiô Line).

November

● **3. Nov.,** *shirasaki no mai:* **Tanz des weißen Kranichs,** Sensôji, Asakusa-Tempel, Tôkyo Jidai Matsuri (13.30–15.30 Uhr).

● **3. Nov.,** *Tori-no-ichi:* **Hahnenmarkt,** Otori-Schrein, Asakusa. An den Tagen des Hahns (nach asiatischem Tierkreis) werden die Glücksbringer *kumade* (Bärentatzen), reich geschmückte Bambusharken, verkauft. Otori-jinja, Tomioka-Hachiman, Ebara-jinja.

● **3. Nov.,** *Bunka-no-hi:* **Tag der Kultur;** offizieller Feiertag, Verleihung des Kulturordens an verdienstvolle Persönlichkeiten aus Kunst und Wissenschaft; Universitäten veranstalten Musikfestivals.

● **15. Nov.,** *Shichi-go-san:* 3-, 5- und 7-jährige Kinder gehen in hübschen bunten Kimonos bzw. Anzügen gemeinsam mit ihren Eltern zu Schreinen, vor allem zum Meiji-Schrein (auch am darauf folgenden Wochenende), Asakusa-jinja u.a. Die Eltern danken für das **Heranwachsen der Kinder,** Priester bitten in ihrem Auftrag um Gesundheit und Erfolg. Anschließend gibt es Zuckerstangen (chitose-ame), und die Kinder läuten die Schreinglocke.

● **23. Nov.,** Kinro-kansha-no-hi: Tag des Dankes an die **Arbeiter,** offizieller Feiertag.

Dezember

● **14. Dez.,** Gishi-sai: Fest zu Ehren der **47 Ronin.** Sengakuji-Tempel, Minato-ku.

● **17.–19. Dez.,** Hagoita-ichi: Verkauf der reich geschmückten traditionellen Federballschläger (hagoita) und von anderem **Neujahrsschmuck.** Asakusa-Kannon-Tempel.

● **23. Dez., Geburtstag des Heisei-Tennô** (Kaiser Akihito), offizieller Feiertag.

● **24. Dez., Weihnachten:** spielt als christliches Fest kaum eine Rolle. Kinder feiern Parties, und junge Paare mieten sich für den romantischen Abend ein Hotelzimmer, z.B. in einem der Luxushotels an der Tokyo Bay nahe Disneyland, ein teurer Spaß. Im Dezember gibt es einen Gehaltsbonus und eine **zweite Geschenksaison** (seibo) zum Begleichen sozialer Schulden und Beibehalten guter Beziehungen.

● **27.–29. Dez.,** Toshi-no-ichi: Yagenbori-Fudô-Tempel, **Markt zum Jahresende,** auch im Sensôji, Asakusa.

● **28. Dez.,** en-nichi: Letzter **Tempelmarkt** des Jahres, Fukagawa-Fudô.

● **30. Dez.:** Großreinemachen im Hause, Anbringen der **Neujahrsdekorationen** kadomatsu (Bambus mit Kiefer).

● **31. Dez.,** Omisoka: Letzter großer Tag; vor und nach Mitternacht 108 Glockenschläge (joya-no-kane) für die 107 Sünden des alten, einer für die des neuen Jahres, in allen Tempeln. In vielen Familien werden die Reiskugeln (o-mochi) aus gestampftem Reis geformt; vor Mitternacht werden die langen Nudeln toshi-koshi-soba (Symbol für langes Leben) verzehrt. In Tokyo um oder nach Mitternacht Besuche vor allem im Meiji-Schrein, Zôjôji-Tempel in Shiba, Honmonji-Tempel nahe Ikegami, Ota-ku; Asakusa-Kannon-Tempel (siehe auch 1. Januar).

Film und Foto

Wo könnte man sich wohl besser mit Kameras, Filmen und Zubehör eindecken als in Japan? Man sollte aber bedenken, dass die Produkte auch nicht unbedingt preiswerter als hierzulande sind. Einfuhrbeschränkungen bestehen nicht.

Japaner fotografieren bekanntlich sehr gern und lassen sich auch auf Anfrage bereitwillig fotografieren. In Kaufhäusern und Firmen darf **nicht ohne Erlaubnis** fotografiert werden. (Tipps für Ausrüstungskauf siehe „Einkaufen".)

> **Buchtipps**
> ● Hermann, Helmut: **Reisefotografie,** Praxis-Reihe, REISE KNOW-HOW Verlag.
> ● Heinrich, Volker: **Reisefotografie digital,** Praxis-Reihe, REISE KNOW-HOW Verlag.

Hygiene

Die **traditionellen Toiletten** sind Hocktoiletten, bei denen man sich mit dem Gesicht zur halbkugelförmigen Erhöhung hinhockt. In vielen Wohnvierteln Tokyos und der Vororte gibt es noch Plumpsklos, die regelmäßig von den „Honigwagen" entleert werden.

In **Hotels und Kaufhäusern** dagegen gibt es überwiegend die gewohnten Toiletten zum Hinsetzen. Zum Teil sind sie sehr modern: die Spülung erfolgt dort automatisch und Reinigung mit Wasserstrahl per Knopfdruck („washlet"). Noch eine Besonderheit gibt es vor allem auf Damentoiletten:

Reisetipps A–Z

einen Knopf, der **simuliertes Wassergeräusch** auslöst. Den Damen ist es nämlich peinlich, wenn andere ihre Toilettengeräusche hören könnten, deshalb drücken sie während ihres „Geschäftes" den Knopf. Früher drückten sie auf die Spülung, aber angesichts des wachsenden Ökobewusstseins wird dieses Geräusch heute nur simuliert – eine typisch japanische Lösung.

Öffentliche Toiletten, z.B. in Lokalen, sind manchmal nicht nach Geschlechtern getrennt. Wenn eine Frau eine solche betritt und einen Mann am Pissoir stehen sieht, tut sie so, als sehe sie ihn nicht, und geht in die Toilette. Nicht immer gibt es Toilettenpapier, allerdings werden überall z.B. außerhalb der Bahnhöfe kleine Päckchen Tissuepapier zu Reklamezwecken verteilt.

In Privathäusern, Ryokans und anderen **traditionellen Herbergen** schlüpft man übrigens beim Betreten des Toilettenraumes in besondere Plastikpantoffeln, die nur dort getragen werden.

Das **Leitungswasser** in Tokyo ist genießbar, der Chloranteil jedoch recht hoch. Es schmeckt nicht besonders gut. Die Einheimischen kaufen gern abgefülltes, gereinigtes Wasser aus Gebirgsbächen.

Information

Touristeninformation

Nach der Ankunft in Tokyo sollte man bald das ausgezeichnete und mit Informationsmaterial reich bestückte **Tourist Information Center (TIC)** der Japan National Tourist Organization (JNTO) aufsuchen. Es ist im Tokyo-kotsukaikan direkt neben der Yurakucho Station (Ausgang Ginza) untergebracht.

● **TIC,** Tokyo-kotsukaikan, 2-10-1 Yurakucho, Tokyo 100-0006, Tel. 3201-3331, F10, tägl. 9–17 Uhr, http://jnto.de/ueberjapan/reiseziel/tic-liste.html

● **TIC TOKYO,** Marunouchi Trust Tower North 1F, 1-8-1 Marunouchi, Tel. 03-5220-7055 , täglich von 9–18 Uhr (außer Neujahr und an Feiertagen), private Initiative der Firma Laforet, www.tictokyo.jp/en

Im Erdgeschoss der Stadtverwaltung (Tokyo Metropolitan Government) gibt es im **Tokyo Tourist Information Office** reichlich Infomaterial, u.a. gute (Stadtteil-) Karten.

Für Touristen und ausländische Bewohner gibt die JNTO die monatlich erscheinende, **kostenlose Zeitschrift** „Tokyo Tour Guide/Tour Companion" heraus. Sie liegt im TIC, in Hotels und in manchen Supermärkten aus.

● **Internet:** www.jnto.go.jp. Informiert über die aktuellen Ereignisse, gute Links.
● **Teletourist-Service:** Tel. 3201-2911, 3505-2911; engl. Band, Infos über Veranstaltungen in Tokyo.

Infos bei Langzeitaufenthalt

● Viele Adressen, die bei einem längeren Japan-Aufenthalt nützlich sind, finden sich im „Tokyo Journal".
● **Foreign Residents' Advisory Center,** Tokyo Metropolitan Government, No. 1 Building (F3), 2-8-1 Nishi-Shinjuku; Auskunft auf Englisch: Mo–Fr, Tel. 5320-7744; Französisch: Do, Tel. 5320-7755.

Bei jedem Bezirksamt (ward office/jap. kuyakusho) gibt es kostenlos die sehr brauchbare Broschüre „**Living in Tokyo.** Information for Foreign Residents" inkl. Plan der

Fluchtplätze im Falle eines Erdbebens. Im PR Department oder der Foreign Residents' Information Section nachfragen, was es sonst noch an Angeboten für Ausländer gibt; es lohnt sich! Viele Infos gibt es auch im Internet: www.metro.tokyo.jp/ENGLISH/RESIDENT/LIVINGIN/index.htm.

- Ein anderes kostenloses, nützliches Büchlein ist **„Everything you need to know to survive and thrive"** (International Telecom Japan, ITJ-0041), telefonisch zu bestellen unter: 0120-440-041.
- **How to survive in Japan,** CD-ROM, 5900 ¥, www.shc.co.jp.
- **Japan Travel-Phone:** Tokyo: 3201-3331, Kyôto: 075-371-5649, anderswo in Japan: 0088-22-4800; Touristeninformationen, tägl. 9–17 Uhr.
- Im neuen Rathaus gibt es für diejenigen, die länger in Tokyo zu bleiben gedenken, **Auskünfte und Beratung** zu folgenden Themen: Ärztliche Behandlung, Erziehung, Wohlfahrtsangelegenheiten, Arbeit, Alltagsprobleme, japanische Sitten, Kultur, das japanische Gesellschaftssystem, Schadensregelungen bei Verkehrsunfällen sowie Ehe- und Rechtsprobleme.
- **Tokyo Immigration Information Center:** Telefonauskunft Mo–Fr 9.30–12 Uhr und 13–16 Uhr, Tel. 3213-8523/7.
- **Japan Travel-Phones:** Leistet Hilfestellung bei Sprachschwierigkeiten. Mo–Fr 9–17 Uhr, Sa 9–12 Uhr, Tel. 03-32013331 (Tokyo), 075-371-5649 (Kyôto), 0120-444800 (im Rest Japans).
- **Yokohama Regional Immigration Bureau:** Tel. 045-651-2851/2.
- **Tokyo Metropolitan Government** (Stadtverwaltung), Shinjuku, Tel. 5321-1111.
- **Yokohama Shi-Yakusho** (Stadtverwaltung), 1-1 Minato-Chô, Tel. 045-671-2121.
- **Goethe-Institut** (Doitsu Bunka Kaikan): 7-5-56, Akasaka, Minato-ku, Tokyo 107, Tel. 3584-3201/4; Fax 3586-3069, www.goethe.de/os/tok/deindex.htm. Bibliothek mit Ausleihmöglichkeit, Zeitschriftenleseraum, Mediothek (Musik und Literatur vom Band, Filminfos), Veranstaltungen.
- Im selben Haus: **Deutsche Gesellschaft für Natur- und Völkerkunde Ostasiens (OAG),** Tel. 3582-7743, Fax 3587-0030.

Herausgabe wissenschaftlicher Publikationen über das moderne Japan, Vorträge, Seminare, gesellige Veranstaltungen, Filme, Hobby-Kurse, Konzerte, etc.; deutsches Restaurant Kreisel, umfangreiche Bibliothek. Mitgliedsbeitrag, Ermäßigung für Studenten.

- **Deutsche Industrie- und Handelskammer in Japan (DIHKJ):** Mo–Fr 9–12.30 Uhr, 13.30–17 Uhr, Büroanschrift: Sanbancho KS Building, 5F, 2 Banchi, Sanbancho, Chiyoda-ku, Tokyo 102-0075, Tel. 5276-9811, Fax 5276-8733, info@dihkj.or.jp, Postanschrift: Zainichi Doitsu Shoko Kaigisho, C.P.O. Box 588, Tokyo 100-8692.

Für alle praktischen Fragen, die den Japanaufenthalt betreffen:

- **Japan Hotline:** Tel. 3586-0110, Mo–Fr 10–16 Uhr
- **OAK Associates:** Tel. 3354-9502 (für Geschäftsleute)
- **Welcome Furoshiki:** Tel. 5472-7074, Fax -7076 (kostenlose Besuche ins Hotel/Haus)
- **Yokohama Information Corner:** Tel. 045-671-7209
- **Accessible Tokyo:** Infos für Behinderte, Red Cross Language Service Volunteers, c/o Volunteers Division, Japanese Red Cross Society, 1-1-3 Shiba Daimon, Minato-ku, Tokyo 105 (Tel. 3438 1311/Fax 3432 5507)
- **Japan Help Line:** 24 Std., Tel. 0120-461-997, Tel. 0990-54-0953/813-3435-8017, Fax 0990-54-0954, www.jhelp.com
- **Tokyo English Lifeline (TELL):** Telefonische Beratung, auch HIV/AIDS, Tel. 5721-4347, 5774-0992, Fax 5721-4341, Tokyo Community Counseling Service (TCCS), engl. 3498-0231, 9–16 und 19–23 Uhr.

Auf der Homepage von **Tell Net** (www.telljp.com) gibt es u.a. Informationen und Tipps zum Alltag in Tokyo, aber auch über Verhalten in Notsituationen, z.B. bei Erdbeben; wer Lust hat, sich für gemeinnützige Organisationen zu engagieren, findet unter Volunteering auch jede Menge Adressen.

- **Tokyo Women's Information Center:** Central Plaza 15F 1-1 Kagurashi, Tel. 3235-1186, JR Iidabashi
- Kontakte zu Japaner/innen: **Am Brunnen, Verein zur Förderung deutsch-japanischer Beziehungen,** 6-1-A201 Ichiban-chô, Chiyoda-ku, Tel. 3261-2943.

Reisetipps A–Z

●**International Adventures Club** (IAC): Bergtouren u.a. IAC Info Line 3439-5557, www.iac-tokyo.org.

●**Rechtsberatung:** Beratungen aller Art auf Englisch, 5150 ¥/30 Min., Tel. 3581-1511, kostenlos für Mittellose, Do. 13–15 Uhr, Bar Association Bldg., 1-1-3 Kasumigaseki (Tel. 3580-2851) U: Kasumigaseki.

●**Human Rights Counseling Center for Foreigners,** Service des Tokyo Regional Legal Affairs Bureau im Bezirk Chiyoda-ku, auch auf Deutsch; 1-1-15 Kudan Minami, Tel. 5213-1370.

●**Tokyo Metropolitan Police Dept. Foreigners' Hotline,** Beratung für Opfer von Gewalt, Tel. 3503-8484 (Englisch), 3501-0110 (andere Sprachen).

●**Metropolitan Medical and Health Information Center,** Mo–Fr 9–20 Uhr, Tel. 5285-8181, Übersetzung bei Notfällen: Tel. 5285-8185.

Mit Kindern unterwegs

Für Kinder bieten sich in Tokyo viele Möglichkeiten der Beschäftigung. Viele Tempel und selbst kleine Nachbarschaftsparks haben Kinderspielplätze. Auf jedem Kaufhausdach gibt es kleine Vergnügungsparks. Große Abenteuerparcours sind bei Kindern wie Erwachsenen beliebt. Es gibt die großen Vergnügungsparks wie Kôrakuen, Toshimaen und allen voran Tokyo Disneyresort, aber auch eine Reihe sehr interessanter Museen. In den Spielzeugabteilungen der Kaufhäuser dürfen Spielzeuge ausprobiert werden.

Gute Tipps für Tagesaktivitäten mit Kindern gibt das Buch **Kids' Trips in Tokyo:** A Family Guide to One-Day Outings sowie die Websites: www.travelforkids.com/Funtodo/Japan/tokyo.htm und www.tokyowithkids.com.

Einrichtungen für Kinder

●**(Asakusa) Hanayashiki:** Tokyos ältester Vergnügungspark (über 130 Jahre alt) stammt noch aus der Edo-Zeit und liegt gleich neben dem Asakusa-Sensôji-Tempel. Es gibt dort einige der ältesten Karussells der Stadt und moderne Attraktionen.

2-28-1 Asakusa, Tel. 3842-8780; 0–18 Uhr, Eintritt: 400 ¥/200 ¥, die Fahrten kosten extra; U: Asakusa.

●**Dr. Jeekan's:** Futuristisches Casino, u.a. Schießspiel mit Aliens.

2-4 Maruyamachô, Shibuya-ku, Tel. 3476-7811; 11–23 Uhr, 1000 ¥ pro Spiel, IR: Shibuya.

●**Geopolis:** Ozeanerforschungssimulator, Achterbahn.

1-3 Kôraku, Tel. 5800-9999; 10–22 Uhr, Eintritt (Erw.) 1400 ¥, U: Kôrakuen, Marunouchi Line.

●**Heiwa-no-Mori Kôen:** Hindernisparcours, Angelteich.

2-1 Heiwa-no-Mori-Kôen, Ôta-ku, Tel. 3766-1607; 9.30–16.30 Uhr, Mo und bei Regen geschl., Eintritt 100/330 ¥; Heiwajima, Keihin-Kyûkô Line.

●**Kodomo-no-Shiro:** offiziell *National Children's Center,* mit Theater, audiovisueller Bücherei, Video- und Computerspielen, Schwimmbad und Veranstaltungen für Kinder, z.B. Malen, Schwimmen, Spielen. Eintritt 500 ¥, Kinder 400 ¥.

An der Straße von Shibuya nach Aoyama in: 5-53-1 Jingu-mae, Shibuya-ku, Tel. 3797-5666; Di–Fr 13–18 Uhr, Sa/So/F 10–18 Uhr.

●**Kôrakuen (Yû-en-chi):** Der klassische der größeren Vergnügungsparks in Tokyo, jetzt „Tokyo Dome City" genannt.

1-8 Kôraku; meist 10–19 Uhr, Eintritt: 1100 ¥, Kinder 650 ¥, Fahrten extra; direkt neben der U-Bahn-Station Kôrakuen bzw. JR-Station Suidobashi gelegen.

●**Namco Namja Town:** Computerspielarkade im Sunshine Center, Ikebukuro.

●**Sanrio Pyuroland:** Japans erster Themenpark unter Dach, mit Hightech-Fahrgeschäften, Theater, alles dreht sich hier um Kitty.

1-31 Ochiai, Tama-shi; Tel. 042-339-1111, tägl. 10–20 Uhr, 3000 ¥ (Erw.), 2700 ¥ (12–17 J.), 2000 ¥ (4–11 J.), Spielpass 4400 ¥; Tama Center, Keiô- bzw. Odakyû Line.

Reisetipps A–Z

504to Foto: ml

•**Tokyo Disney Resort:** Neuer Name für den Themenpark, der aus folgenden Teilen besteht:

Tokyo Disneyland: Das dritte seiner Art, eine für japanische Familien bedeutende Touristenattraktion mit ständig wechselnden Angeboten; etwas außerhalb Tokyos an der Tokyo-Bucht gelegen. Der Park ist knapp 83 ha groß und in fünf Themengebiete gegliedert: World Bazar, Adventureland, Westernland, Fantasyland, Tomorrowland. Es gibt tägliche Paraden, außerdem sind rund 30.000 Souvenirs zu kaufen.

Nach Disneyland kam **Ikspiari,** ein Disney-Einkaufszentrum im Basarstil.

Dann öffnete der **Tokyo Disney Sea Park** seine Tore, er ist den Geschichten und Legenden der Meere und der Seefahrt gewidmet und gruppiert sich um sieben thematisch unterschiedliche Häfen.

1-1 Maihama, Urayasu-shi, Chiba-ken, Tel. 3366-5600, außerhalb Tokyos: 0473-54-0001, www.mouseplanet.com/tokyo; geöffnet: wochentags 9–22 Uhr, am Wochenende 8–22 Uhr (jahreszeitliche Schwankungen), Passport 5800 ¥ (Erwachsene); 3900 ¥ (Kinder); Starlight Passport und After 6 Passport kosten weniger. Zu erreichen mit U-Bahn bis Urayasu und von dort mit Shuttle-Bus oder ab Tokyo Station mit direktem Shuttle-Bus (ab Ausgang Yaesu, hinter dem Tekka Bldg., Fahrtdauer 35 Min., 600 ¥, Kinder 300 ¥). Busse verkehren auch ab Ueno, Yokohama und Narita-Flughafen.

•**Tokyo Sesame Place:** Im Westen der Stadt auf dem Akikawa Hügel errichtete Nachbildung der Sesamstraße mit zusätzlichen Attraktionen.

403 Ajiro, Itsukaichi-machi, Tel. 042-558-6511, Sa–Mi 10–17 Uhr, Eintritt: 2000 ¥,

In Japan äußerst beliebt: Koi

3–12 J. 1000 ¥, Bhf. Akikawa (Itsukaichi Line), dann mit Sesame Place Bus.

● **Seibu-en:** Großer Vergnügungspark im Westen Tokyos mit verschiedenen Schwimmbädern (Wellenbad, Fluss, Rutschen); Eintritt: 1800 ¥; Grundschulkinder 900 ¥; 4–6 J. 700 ¥.

2964 Yamaguchi, Tokorozawa-shi, Saitama-ken, Tel. 042-922-1371, So–Fr 10–17; Sa 10–20 Uhr, Seibu-en Station (Seibu-en Line).

● **Tokyo Summerland:** Wasserspaß im Sommer, Eintritt: 2000 ¥; Kinder 1000 ¥.

600 Kamiyotsugi, Akiruno-shi, Tel. 0425-58-6511), Sa–Mi 10–17 Uhr, Hachioji, von dort mit Shuttlebus.

● **Crayon House**: Im Zentrum der Omotesandô gelegene Laden mit Kinderbüchern, -spielen, Spielzeug, Bäckerei, Öko-Restaurant mit Buffet. Tägl. 11–20 Uhr.

3-8-15 Kita-Aoyama, Tel. 3406-6492, U: Omotesando.

● **Hakuhinkan Toy Park**: Spielzeugparadies im Herzen der Ginza.

8-8-11 Ginza, Tel. 3571-8008, U: Ginza.

● **Toshimaen:** Großer Vergnügungspark mit vielen Attraktionen, z.B. Achterbahnen, Karussells, Geisterbahnen, Schwimmbädern, Wasserrutschen, Abenteuerparcours, Park, im Sommer jeden Samstagabend Feuerwerk.

3-24-1 Mukaiyama, Nerima-ku, Tel. 3990-3131; 9–17 Uhr, Mitte Juli bis Ende August 9–21 Uhr, Mi geschl., Erwachsene 1600 ¥, Kinder (4–11 J.) 800 ¥, Tagespass 3400 ¥, Kinder (4–11 J.) 2800 ¥; Toshimaen, Seibu-Ikebukuro-Line, 7. Station ab Ikebukuro, nicht Expresszüge benutzen.

● **Yomiuri Land:** Großer Vergnügungspark westlich von Shinjuku.

Yanokuchi, Inagi-shi, Tel. 044-966-1111; Yomiuri Land-mae, Odakyû Line.

● Der neue Stadtteil **Odaiba** bietet viele Attraktionen, gerade auch für Kinder, siehe „An der Tokyo-Bucht".

● **Kidzania:** Neu geschaffener Themenpark, in dem Kinder von 2–12 Jahren in 70 anspruchsvolle Berufe hineinschnuppern können, Urban Dock Lala Port Toyosu, 2-4-9, Toyosu, Tel. 0570-01-4192, www.kidzania. jp/tokyo/about/e_info.html, tgl. 10–15 und 16–21, 8 Min. zu Fuß von U: Toyosu/Yurakucho Line/Yurikamome Line.

Zoos, Tierparks, Safariparks

● **Ueno Zoo** (Ueno Dôbutsu-En): Siehe Stadtteilbeschreibung Ueno.

● **Tama Zoological Park** (Tama Dôbutsu-Kôen): Der in den Tama-Hügeln im Westen Tokyos in reizvoller Umgebung gelegene, 530 ha große Park bietet weitläufige Freigehege, durch die man hindurchgehen oder -fahren kann. Hauptattraktion sind neben den Löwen die Koalas, die man selten außerhalb Australiens findet, und das Insektenhaus.

7-1-1 Hodokubo, Hino-shi, Tel. 0425-91-1611; 9.30–17 Uhr, Mo geschlossen, Eintritt: 500 ¥, 12–18 J.: 200¥, 0–11 und 65+ J. kostenlos. Tama Dôbutsu-kôen, Keiô Dobutsu Line.

Angeschlossen ist der Vergnügungspark **Tama Tech Yûenchi.**

5-22-1 Hodokubo, Hinô-shi, Tel. 0425-91-0820; Eintritt 3800/4400 ¥.

● **Edogawa-ku Shizen Dôbutsu-en:** Ein „Natur"- oder Streichelzoo.

31 Kita-Kasai, Edogawa-ku, Tel. 3680-0777; 10–16 Uhr, Mo geschlossen, Eintritt frei; U: Nishi-Kasai, Tôzai Line.

● **Hamura-shi Dôbutsu Kôen:** Zoo, Spielen mit Enten, geeignet für Picknicks. In der Nähe gibt es den Naturpark **Hamura-Kusahana Hills Natural Park.**

4122 Hamura, Hamura-shi, Tel. 0425-55-2581; Hamura, Ôme Line, ab Shinjuku.

Aquarien

● **Sunshine International Aquarium:** Dieses große Aquarium liegt im 10. und 11. Stock des World Import Center, ist 40 m hoch und enthält rund 20.000 Meerestiere (fast 600 Arten), darunter auch Otter und Pinguine.

3-1-3 Higashi-Ikebukuro, Tel. 3989-3466; 10–18 Uhr, Erw. 1440 ¥, Kinder 720 ¥; U: Ikebukuro.

● Am **Tokyo-Tower** gibt es ein großes **Aquarium,** das wenig bekannt, aber mit 50.000 Fischen (800 Arten) reichhaltig besetzt ist.

4-2-8 Shiba-kôen, Tel. 3434-8833, 10–19 Uhr, Eintritt: 1000 ¥. Gleich nebenan gibt es ein **Wachsfigurenkabinett** mit rund 120 Nachbildungen berühmter Persönlichkeiten;

Tel. 3436-6661, Eintritt 750 ¥. U: Kamiyachô, Hibiya Line; Onari-mon, Toei Mita Line.
● **Tokyo Sea Life Park:** Die Hauptattraktion dieses 1989 an der Tokyo-Bucht angelegten Parks ist ein großes Aquarium in einem gläsernen Kuppelgebäude; dazu gibt es einen Vortragssaal mit 3-D-Vorführungen.

Kasai Rinkai Kôen, 6-2-3 Rinkaichô, Edogawa-ku; Tel. 3869-5151/2; 9–16 Uhr, Mo geschl.; Erw. 600 ¥, 13–15 J. 200 ¥, bis 12 und über 60 J. frei; JR Rinkai-Kôen, Keiyô Line.

Ponyreiten

● **Arakawa Yûen:** Kleiner Vergnügungspark, Zoo, 3 x täglich Ponyreiten für 4–10-Jährige.
6-35-11 Nishi-Ogu, Arakawa-ku, Tel. 3893-6003; 100 ¥; 9–17 Uhr, Mo geschl.; Toden: Arakawa Yûenchi-mae.
● **Edogawa-ku Ponyland:** Für Kinder unter 12 Jahren, Kutschenreiten für jedes Alter.
Am Ufer des Edogawa, 3-12-17 Shinozaki, Edogawa, Tel. 3678-7520; 9.30–11.30, 13.30–15.30 Uhr, Mo geschl., kostenlos; U: Shinozaki, Toei-Shinjuku Line, ab da Busverbindung bzw. Chûô-Line bis Koiwa, dann mit Bus 72 Ri. Ichinoe oder Mizue.
● **Pony School Katsushika:** Für Kleinkinder kostenlos, für Schulkinder Unterricht gegen Gebühr, Reservierung notwendig.
1-19 Mizumoto, Katsushika-ku, Tel. 3627-0745; 10–11.30 und 13.30–14.30 Uhr, Mo geschl.; Bahnhof Kanamachi (Jôban Line) Nordausgang, Bus nach Mizumoto Koko, Mizumoto Chûô Kôen.
● **Higashi Itabashi Park:** kostenloses Reiten für Kinder von 3–12 Jahren; Kapazität für 30 Kinder unter der Woche, 50 am Wochenende, Ausgabe der Tickets 10.10–10.25 Uhr, Reitbeginn: 10.30 Uhr. Zu diesem für Kinder attraktiven Park gehört auch ein Zoo, inkl. Streichelzoo und Aquarium; 10–16.30 Uhr, Mo geschl., 30-50-1 Itabashi, Tel. 3963-8003 (Park), 3962-8419 (Zoo), U-Bahnhof: Itabashi Kuyakusho-mae, Ausg. A1, 8 Min. zu Fuß.

Museen

● **Tokyo Metropolitan Children's Museum,** ein Museum in dem Kinder nach Herzenslust in mehreren Stockwerken spielen können, täglich 9–17 Uhr, zweiter Mo im Monat geschlossen, nach Feierabend treffen sich die älteren zu Hip Hop und House.
1-18-24 Shibuya, Tel. 3409-6361, Bahnhof Shibuya.
● **Schifffahrtsmuseum** (Fune-no-Kagakukan, Museum of Maritime Science): Schiffe und Schiffsteile in einem schiffartigen Gebäude.
3-1 Higashi-Yashio, Tel. 3528-1111; Bus ab JR Shinagawa, Ostausgang.
● **Verkehrsmuseum** (Kôtsu Hakubutsukan, Transportation Museum). Lokomotiven, Modelleisenbahnen, Flugzeuge, Oldtimer.
1-25 Kanda Sudachô, Tel. 3251-8481; 150/260 ¥; U: Akihabara.
● **Rundfunkmuseum** (NHK Hôsô Hakubutsukan, NHK Broadcasting Museum): Geschichte des Rundfunks in Japan.
Auf dem Atagoyama-Hügel, 2-1-1 Atago, Tel. 3433-5211; kostenlos; U: Kamiyachô, Hibiya Line.
● **Feuerwehrmuseum** (Shôbô Hakubutsukan): Erstes Feuerwehrmuseum in einem 10-stöckigen Gebäude in Yotsuya, Hubschrauber vor dem Eingang.
3-10 Yotsuya, Tel. 3353-9119; U: Yotsuyasanchôme, Marunouchi Line.
● **Drachenmuseum** (Take-no-Hakubutsukan): Drachen aus Japan, Brasilien, Indonesien, Malaysia.
Hinter Kaufhaus Tôkyû-Nihombashi, 1-12-10 Nihombashi, Tel. 3275-2704; 100/200 ¥; U: Nihombashi.
● **Railway Museum** in Saitama-shi (s. Kanda Vekehrsmuseum, www.railway-museum.jp/en/index.html).

Spielzeugmuseen

● **Nihon Gangu Shiryôkan:** Sammlung einheimischer und ausländischer Spielzeuge.
Tel. 3874-5133; 100/200 ¥; Bus von Asakusa nach Kiyokawa-Itchome (Richtung Minami-Senju).
● **Omocha Bijutsukan:** Kleines Spielzeugmuseum, aus dem an jedem Samstag Spielzeug für 2 Wochen ausgeliehen werden kann.
Tel. 3387-5461; 300 ¥, Bahnhof Nakano (Chûô Line) Nordausgang.
● **Sekiguchi Doll House:** Sammlung von Zelluloidpuppen und -spielzeug.

5-2-11 Nishi Shin-Koiwa, Katsushika-ku, Tel. 3692-3111; kostenlos (nach Voranmeldung); Bus ab Bahnhof Shin-Koiwa (Sôbu Main Line) nach Kami-Hiraichô, Sekiguchi Company.

In Yokohama

● **Honmoku Shimin Kôen:** Park mit vielen Sportmöglichkeiten und Spielplätzen, u.a. Radeln, Rollschuhlauf, Schwimmen, Tennis.
Honmoku O-satô, Naka-ku, Tel. 045-623-8747.

● **Joypolis:** Interaktive Sega-Computerspiele.
1-1-10 Shin-Yamashita, Naka-ku, Tel. 045-623-1311; 10–24 Uhr, 500 ¥; 15 Min. von JR Ishikawachô.

● **Kodomo-no-Kuni Yokohama:** Musterbauernhof, Zoo, Spielplätze, Bootfahren, Ponies.
700 Nara-chô, Midori-ku, Tel. 045-961-2111; Bahnhof Tsurukawa (Odakyû Line), Bus nach Kodomo-no-kuni bzw. Nagatsuda (Shin Tamagawa Line), dann von Bahnsteig 7 mit Shuttlezug zum Park.

● **Wild Blue Yokohama:** Badepark mit Südseeatmosphäre.
2-28-2 Heianchô, Tsurumi-ku, Tel. 045-511-2323.

● **Yokohama Dreamland:** Vergnügungspark, Schwimmbad im Sommer, Eisbahn im Winter.
700 Matanochô, Totsuka-ku, Tel. 045-851-1411.

● **Yokohama Hakkeijima Sea Paradise:** Vergnügungspark mit fünf Zonen, Aqua Museum; Hakkeijima, Kanazawa-ku.
Tel. 045-788-8888; erreichbar mit Kanazawa Seaside Line zwischen Hakkeishima Station (Keihin Kyûko Line) und Sugita Station (JR Negishi Line).

● **Yokohama Shiritsu Kanagawa Dôbutsu-en:** Grasfressende Tiere aus vier Kontinenten.
Im Kanazawa Shizen Kôen (Kanazawa-Naturpark), 2800-1 Kamariya, Kanazawa-ku, Yokohama-shi, Tel. 045-783-9101; Mo geschl., 300 ¥.

● **Yokohama-shi Nogeyama Dôbutsu-en:** Giraffen und seltene Vögel.
63-10 Oimatsuchô, Nishi-ku, Yokohama-shi, Tel. 045-231-1696; 9.30–16.30 Uhr, Mo geschl., Eintritt frei.

● **Isogo Umi-zuriba:** Meeresangeln.
388 Shin-Isogochô, Isogo-ku, Yokohama-shi, Tel. 045-761-1931; 200/300 ¥ pro Tag, Mo geschl.

● **Buriki-no-Omocha Hakubutsukan:** Private Zinnspielzeugsammlung, 3000 Stück.
Bus ab Bahnhof Ishikawacho nach Minatono-Mieru-oka-kôen, 239 Yamatechô, Naka-ku, Yokohama-shi, Tel. 045-621-8710.

● **Yokohama Ningyô-no-Ie:** Puppenmuseum, siehe Yokohama.

Babysitter-Service

Wer einen zuverlässigen Babysitter braucht, kann sich im Hotel danach erkundigen oder an eine der u.a. Organisationen wenden. Kosten ca. 1500–2200 ¥ pro Std., meist müssen mindestens 3 Std. gebucht werden, unterschiedliche Kosten für Dienste in der Nacht und am frühen Morgen. Besondere Sprachkenntnisse dürfen nicht erwartet werden.

● **Japan Baby-Sitter Service,** Tel. 3423-1251, Mo–Fr 9–18 Uhr, seit langem im Geschäft, beschäftigen bevorzugt Omas, 24 Std. im Voraus reservieren.

● **Little Mate,** Keio Plaza Hotel (Tel. 3345-1439) tägl. 24 Std., Hotel Okura (Tel. 3582-0111, ext. 3838), tägl. 10–20 Uhr, eine Art Kinderkrippe, Anmeldung bis 19 Uhr des Vortages.

● **Poppins Service,** Tel. 3447-2100, Mo–Sa 9.30–17.30 Uhr, recht teuer, da sie ausgebildete Kindergartenerzieherinnen oder Lehrerinnen im Ruhestand einsetzen.

● **Tom Sawyer Agency,** Tel. 3770 9530, Mo–Fr 9–22.30 Uhr; Sa, So 12.30–21.30 Uhr, 24-Std.-Reservierung möglich, Agentur mit gutem Ruf, in ganz Japan vertreten, Buchung bis 20 Uhr des Vortages.

Kinos

Ausländische Filme laufen gewöhnlich unsynchronisiert in der Originalsprache mit japanischen Untertiteln, was für uns recht günstig ist.

Die Kino-Zentren in Tokyo sind Shinjuku, Shibuya und vor allem die Umgebung von Hibiya/Yûrakuchô und Ginza; erwähnenswert ist auch noch Ikebukuro. Yokohama hat natürlich ebenfalls einiges zu bieten. Die modernen Kinos sind recht bequem, während die alten meist zu kleine Sitze hatten. Die großen Erstaufführungskinos kosten ca. 1800 ¥ Eintritt, Programmkinos sind erheblich preiswerter und bieten mehrere Filme hintereinander an.

- **Namikiza:** herrlich altmodisch, 2-3-5 Ginza, Tel. 3561-3034.
- **Cine Vivant:** gute europäische u.a. Filme, auch Spätvorstellungen, B1 Wave Bldg., 6-2-27 Roppongi, Tel. 3403-6061.
- **Haiyu-za Cinema 10:** gute internationale Filme, Spätvorstellungen, 4-9-2 Roppongi, Tel. 3470-2880.
- **Haiyu-za Talkie Night**, Avantgarde-Filme, 4-9-2 Roppongi, Tel. 3401-4073.
- **Ciné Saison Shibuya**, Revivals, Unabhängige, Mini-Festivals, 109 Prime Bldg 6F, 2-29-5 Dogenzaka, Tel. 3770-1721, JR Shibuya.
- **Ebisu Garden Cinema**, bekannte und weniger bekannte ausländische Filme, 4-20-2 Ebisu Garden Place, Tel. 5420-6161, JR Ebisu.
- **Cinema Rise Shibuya:** interessantes Design, Spain-zaka, Rise Bldg., 13-17 Udagawa-chô, Tel. 3464-0052; Shibuya, Hachiko-Ausgang.
- **Cinema Square Tôkyû:** gutes Programmkino; 1-29-1 Kabukichô, Tel. 3232-9274; Shinjuku, Ostausgang.
- **ACT Cinema:** kleines Kino für Cineasten, keine Stühle, nur Kissen; gezeigt werden japanische Klassiker und Kultfilme, zwei Filme meist 1500/1700 ¥, Waseda-dôri, links hinter dem Café Chez Nous, Tel. 3208-4733; JR Takadanobaba.

Lernen und Arbeiten

Japanisch lernen

Angesichts der wirtschaftlichen Bedeutung Japans ist auch das Interesse an der Sprache enorm gewachsen. Früher haben sich nur ein paar Idealisten dafür interessiert. Heute sind die etablierten Schulen dem Andrang kaum noch gewachsen, was zur Gründung vieler kleiner, nicht immer qualifizierter Schulen geführt hat.

Wer sicher gehen will, kann sich an die in der TIC-Broschüre „Japanese & Japanese Studies" aufgeführten Schulen mit staatlicher Anerkennung wenden; diese gehören zur Association of International Education (Tel. 3485-6827). Sprachschulen können teuer sein, da zu den jährlichen Studiengebühren von 300.000 bis 600.000 ¥ noch die Einschreibungs- und Verwaltungskosten in Höhe von 50.000 bis 130.000 ¥ hinzukommen – eine gängige Praxis in einigen asiatischen Ländern. Die Nachfrage hat die Preise sicher zusätzlich in die Höhe getrieben.

Empfehlenswert ist die **Monatszeitschrift** „Nihongo Journal", die sich an Sprachstudenten wendet, aber auch

Reisetipps A–Z

Buch/CD-Tipp:
- *Lutterjohann, Martin:* **Japanisch – Wort für Wort,** Kauderwelsch-Reihe, REISE KNOW-HOW Verlag.
- Ergänzend zum Buch gibt es den **AusspracheTrainer Japanisch** auf Audio-CD.
- Buch und Audiomaterial sind kombiniert auf der CD-ROM für den heimischen PC **Kauderwelsch digital Japanisch.**

für Anfänger von Interesse ist. Eine andere ist die „Hiragana Times" (Tel. 3341-8989). In Yokohama wird alle zwei Monate von der Yokohama Information Corner die Zeitung „Kawaraban" (Tel. 045-671-7209) herausgegeben. In diesen Zeitschriften kann man auch Hinweise auf Unterricht finden oder per Annonce Sprachunterricht im Austausch geben bzw. erhalten.

Wenn die Möglichkeit besteht, mit Einheimischen das Gelernte zu trainieren, dann lässt sich in drei bis sechs Monaten schon viel erreichen. Die unter „Information" erwähnten Adressen bieten die Möglichkeit zu Kontakten.

Sprachschulen

Das Justizministerium hat eine **Liste anerkannter Sprachschulen** herausgegeben: „Nihongo Gakkô Binran" (Japanisch-Schulen-Führer), erhältlich im Buchladen Bonjinsha in Kôjimachi für 2500 ¥ (Tel. 3239-8673). Ein anderes Verzeichnis ist der **Führer für Japanische Sprachinstitutionen,** „Nihongo Kyoiku Shisetsu Yoran", der in Büchereien ausliegt.

Infos zu Sprachschulen:
● **Association for the Promotion of Japanese Language Education,** Tel. 5386-0080
● **Japan Hotline,** Tel. 3586-0110
● **Japanese Language School Guide,** http://jls-guide.com/english/school_list/index.html

Folgende Schulen bieten Unterricht für Sprachschüler aus dem europäisch-amerikanischen Raum (meist auf Englisch):

● **Asahi Culture Center,** Tel. 3348-4041; Shinjuku W-Ausgang

● **Azabu Japanese Language Institute,** gut der Basic Japanese Course & Business Japanese Course. 1F Azabu East Court, 2-22-5 Higashi-Azabu, Tel./Fax 3586-9773, www.hbjls.com, U: Azabu-Juban.
● **Azabudai Japanese Language School,** sehr preiswerte Kurse: 40.000 ¥ für 24 zweistündige Lektionen inkl. aller Gebühren und Bücher, 1-9-8 Azabudai, Tel./Fax 5563-2537, www.itf.or.jp/azabudai, U: Kamiyachô.
● **Ell Japanese Language Center,** lehrt nach der „Image Lesson Method", kostenlose Probelektion.
● **GABA,** Tel. 3725-7220, etabliert, kommen auch ins Haus.
● **Hiroo Japanese Center,** Tel. 3444-3481; U: Hiroo.
● **Kai Japanese,** gilt als innovativ und kreativ, zielt ab auf praxisorientierte, effektive Kommunikationsfertigkeiten; 3F Miyuki Bldg., 1-15-18 Okubo, Tel. 3205-1356, Fax 3207-4651, www.kaij.jp, Bhf. Shin-Okubo.
● **Kichijoji Language School,** internationale, familiäre Atmosphäre, Studenten aus 30 Ländern, aber es wird nur Japanisch gesprochen, 2-3-15-701 Kichijoji, Minami-chô, Musashino-shi, Tel. 0442-47-7390, Fax 0442-41-5897, www.klschool.com, JR Kichijôji.
● **Labochi Cyber Language Laboratory,** vermittelt freiberufliche Lehrer in Tokyo, Saitama, Kanagawa und Chiba, ab 2000 ¥ pro Std., www.labochi.com.
● **Meros Language School,** Fokus auf lebendigem Japanisch, Privat- und Halbprivatunterricht, Gruppen- und Klassenunterricht, 2-45-7 Higashi Ikebukuro, Tel. 3980-0068, Fax 03-3987-5231, www.meros.jp/en/index.html, JR Ikebukuro, Otsuka.
● **Murasaki Juku,** nachmittags und abends manchmal geführte Touren mit jungen Japanern, die Fremdsprachen lernen, machmal gibt es Parties, Filme, Manga-Lesungen, Unterricht auch auf Deutsch, 5F Shinyo Bldg., 1-6-1 Nihombashi Muromachi, Tel. 3516-2502, Fax -2508, www.nihongo-school. com.
● **Progress Japanese Academy,** Lehrmaterial sind Zeitungsartikel, Finanzblätter, Romane, kulturelle und historische Texte; Online-Unterstützung, kostenlose Zeit zum Plaudern beim Lunch oder Tee, 2-1-8-201 Komaba, Tel./Fax 3467-0148, www.pja.co.jp.

● **Sony Language Laboratory,** Tel. 3504-1356; U: Toranomon Ausg. 9, Kasumigaseki C3.

● **Tokyo Language School** (Shinjuku-sancho-me), Tel. 3207-5281; Okubo-Filiale Tel. 3366-446; Ikebukuro Tel. 3980-6320 bzw. 3980-2558; Ueno Tel. 3802-8035.

● **Temple University,** Tel. 0120-861-026, preiswerte Klassen am Abend, auch Unterricht in Wirtschafts-Japanisch.

Kostenloser Unterricht

(Fast) kostenlosen Unterricht gibt es in den Stadtbezirken, organisiert von den Bezirksämtern oder von Freiwilligengruppen. Kurse der Bezirksämter kosten 100 ¥ im Monat oder 500 ¥ für zwei Monate.

● **Women's Center** (Josei Sogo Center), Tel. 3880-5222, Adachi-ku.

● **Culture Promotion Section** (Bunka Shinko-ka Bunka-gakari), Tel. 3579-2255, Itabashi.

● **Association for Itabashi International Communications,** Tel. 3579-2015; Koko-no-kai, Tel. 3936-9107, Itabashi.

● **VOICE,** Tel. 3957-5147, Itabashi.

● **UNESCO Nihongo Kyoshitsu Association,** Tel. 3717-3931, Meguro-ku.

● **Deutsche Gesellschaft für Natur- und Völkerkunde Ostasiens (OAG),** Tel. 3582-7743, Fax 3587-0030.

Jobben in Japan

Der Yen ist stark, und die Wirtschaft boomte bis vor kurzem; das hat Hunderttausende von **Arbeitskräften** ins Land gelockt. Viele von ihnen, vor allem aus Bangladesh, Pakistan und aus dem Iran, aber auch aus Südostasien, kamen illegal.

Die äußerst homogene japanische Gesellschaft tut sich schwer mit dem Zustrom von „Gastarbeitern": Sie sind ungeliebt und werden für den Anstieg der Kriminalität verantwortlich gemacht, vor allem Chinesen vom Festland, aber die Wirtschaft braucht sie dringend.

● **Infos zu Jobs:** www.jobsinjapan.com; www.workinjapan.com; www.escapeartist.com/japan/japan5.htm, jobfinder@metropolis.co.jp.
   Tokyo Notice Board (wöchentl. Anzeigenblatt, auch mit Job-Anzeigen), www.tokyonoticeboard.co.jp

Arbeitsvisum

Wer legal in Japan arbeiten will, muss sich vor der Einreise ein Arbeitsvisum bei der japanischen Botschaft besorgen (siehe „Einreisebestimmungen"). Unproblematisch ist dessen Beschaffung für qualifizierte Fachleute.

Wer **als Tourist** aus Deutschland, Österreich oder der Schweiz ins Land kommt, kann sechs Monate bleiben, bevor eine Verlängerung der Aufenthaltserlaubnis fällig wird. Leider gibt es für Touristen aus diesen Ländern nicht die Gelegenheit zu legalen Working Holiday Visas.

Sprachlehrer

Für westliche Ausländer ist eine Sprachlehrer-Tätigkeit noch immer der Job Nr. 1, wobei heute der Bedarf an Deutschlehrern weitgehend gedeckt ist. **Englischlehrer** sind weitaus mehr gefragt, jedoch werden hier Muttersprachler bevorzugt. Aber nicht nur das, es kommen immer mehr qualifizierte Sprachlehrer ins Land, und die Nachfrage nach Amateuren sinkt ständig. Für illegal arbeitende Sprachlehrer sind die Arbeitsbedingungen in Tokyo bisweilen auch ausbeuterisch.

Die vielen **Privatschulen** in Tokyo haben nach wie vor einen großen Bedarf an Sprachlehrern; in der Montagsausgabe der „Japan Times" stehen die meisten diesbezüglichen Annoncen. Neben Tokyo bieten sich auch in Ôsaka recht gute Chancen.

Die **internationalen Schulen,** z.B. in Tokyo und Yokohama (dort gibt es auch eine Deutsche Schule), benötigen oft qualifizierte Lehrkräfte.

Selbst die **staatlichen Schulen** bieten ausländischen Sprachlehrern Jahresverträge an; auch dort sind deutsche Sprachlehrer eine Minderheit.

Manche Englischlehrer müssen nicht wirklich unterrichten, sondern werden von Schulen angestellt, um mit Schülern, Hausfrauen oder *salary men* Konversation zu betreiben. Der Bedarf an solchen *conversation teachers* ist groß, weil in der Schule praktisch nur Grammatik gelehrt wird und heute viele Japaner für ihre Tätigkeit im Ausland gute Englischkenntnisse haben sollten.

Textkorrektur

Ein weiterer sprachbezogener Job ist das Verbessern von Texten wie Gebrauchsanweisungen, Handbüchern und Dokumenten. Technische Kenntnisse sind ratsam. Solche Tätigkeiten werden mit ca. 2500 ¥/Std. bezahlt.

Sonstige Jobs

In den Modellagenturen in Aoyama, z.B. Omotesandô, werden immer wieder westliche **Fotomodelle** gesucht, gelegentlich auch Amateure. Wer sich dafür interessiert, sollte einen Satz geeigneter Fotos als Referenz dabeiha-

ben. Es werden neben Frauen auch Männer und Kinder gesucht.

Als **Hostess in einer Bar** lässt sich mit Servieren und Plaudern Geld verdienen (Prostitution ist hierbei nicht inbegriffen). Bringt die westliche Hostess dann noch Kunden in die Bar, erhält sie dafür Provision.

Es werden immer mal wieder Westler für **Filmproduktionen** gebraucht, aber solche Jobs sind selten.

Weitere Tätigkeiten, die für westliche Ausländer in Frage kommen, sind z.B. Übersetzen, Texten, Redaktion, Arbeit an Computern oder Jobs im Bereich Architektur, Fotografie und Werbung.

Stellenvermittlungen

- **Borgman:** HDI, Tel. 3989-8153. Uni-Abschluss, Japanischkenntnisse vorteilhaft.
- **Kimi Information Center:** Tel. 3986-1604. Apartment- und Jobvermittlung, vor allem Englischlehrer.
- **JAC Japan:** Tel. 3262-8171. Uni-Abschluss, Japanischkenntnisse, Berufserfahrung, insbesondere: Systemingenieure, Programmierer.
- **Just Service:** Tel. 045-321-4111, Yokohama. Japanischkenntnisse und mehr als zwei Jahre Berufserfahrung Voraussetzung, ab 22 Jahre, Dolmetschen, Übersetzen, Handel.
- **Persona Japan:** Tel. 3475-8081. Nur für Frauen, vor allem ausländische Firmen.
- **Selnate:** Tel. 3234-5071. Uni-Abschluss, vor allem für Personal-, PR-Verkaufsabteilungen.
- **Sun Flower:** Tel. 3777-8041. Vor allem Englischlehrer.
- **YAC Staff Service:** Tel. 3341-8989. Models, Komparsen, Synchronisieren, Straßenarbeitungen u.a.

Buchtipp

- *Robert Baum:* **Japan: Reisen, Jobben, Sprache lernen,** Praxis-Reihe, REISE KNOW-HOW Verlag.

Konfektionsgrößen

Schuhgrößen Damen

Europa	Japan
36	23
37	23,5
38	24,5
39	25,5
40	26

Schuhgrößen Herren

Europa	Japan
39	25
40	25,5
41	26
42	26,5
43	27
44	28
45	29

Damenkleidung

Europa	Japan
36	7
38	9
40	11
42	13
44	15
46	17
48	19
50	21

Herrenkleidung

Europa	Japan
44/46	S
48/50	M
52/54	L
56	LL

Oberhemden: wie in Europa.

● **Yujo Kikai:** Tel. 3477-1687. Nur Teilzeitjobs, körperliche Arbeiten.
● **Kokyo Shokugyo Anteijo** (Hello Work), bei guten Japanischkenntnissen: Shinjuku, Tel. 3200-8609, 2-42-10 Kabuki-chô; Shibuya, Tel. 3476-8609, 1-3-5 Jinnan; Ikebukuro, Tel. 3987-8609, 3-5-13 Higashi-Ikebukuro; Ueno, Tel. 3847-8609, 4-1-2 Higashi-Ueno.
● **Center for domestic & foreign students:** Tel. 3359-5997. Jobs für Studenten.
● Hilfe bei Ferienjobs bietet die **Japan Association for Working Holiday Makers,** www.jawhm.or.jp Tokyo: 4-1-1 Nakano, Sunplaza F7, Tel.3389-0181.

Maße und Gewichte

In Japan gelten grundsätzlich die gleichen Maße wie bei uns. Früher gab es viele traditionelle Maßeinheiten, von denen jedoch nur noch die folgenden im täglichen Gebrauch vorkommen:

● **ichi-go (-bin):** 0,18 l (kl. Reisweinflasche).
● **is-shô (-bin):** 1,8 l (große Reisweinflasche).
● **ichi-jô:** Fläche einer Tatamimatte.
● **hito-tsubo:** Fläche von 2 Tatamimatten.

Medien

Presse

Deutschsprachige Zeitungen und Zeitschriften sind in manchen Buchläden und großen Hotels erhältlich, ein **Abonnement** ist durch den Oversea Courier Service (OCS) möglich, Tel. 5476-8101.

Stadtblätter

● Kostenlose Wochenblätter: **Metropolis,** www.metropolis.co.jp, **att.japan,** www.att-japan.net, **Tokyo Notice Board,** www.tokyo noticenoard.co.jp.

- **Tokyo Journal,** *Your City Magazine* (gute englischsprachige Monatszeitschrift) 600 ¥, Tel. 5561-9090, Fax -9721, tj@iac.co.jp; www.japan.co.jp/tj.
- **City Life News Tokyo,** kostenloses Monatsblatt für Ausländer in Tokyo, Tel. 3457-7541, Fax 3547-7544.
- **The Nippon View,** kostenloses Monatsblatt für Ausländer in Japan, Tel. 3442-0211, Fax 3442-0217.
- **Tokyo Metropolitan News,** kostenloses vierteljährliches Blättchen der Stadtverwaltung auf Englisch.
- **Joyful Tokyo,** kostenlose vierteljährliche Informationen für Touristen, Tel. 3263-4566.

Andere Zeitschriften

- **Japan International Journal,** monatlich, über Japan, 600 ¥, Tel. 3449-1321.
- **Hiragana Times,** Zeitschrift für Japanisch-Lernende, monatlich, 250 ¥, in Buchläden.

Englischsprachige Tageszeitungen

- **The Japan Times,** 160 ¥, Asahi Shinbun, Tel. 3453-4350/3545-0131, www.japantimes.co.jp (seriös, offiziös).
- **International Herald Tribune/Asahi Shimbun,** 3900 ¥/Monat.
- **Mainichi Daily News,** 120 ¥, Mainichi Shinbun, Tel. 3212-4350/3212-0321, http://mdn.mainichi.jp/.
- **Daily Yomiuri,** 100 ¥, Yomiuri Shinbun, Tel. 3217-8231, www.yomiuri.co.jp/dy/.
- **Nihon Keizai Shinbun,** erhältlich an Ständen in Bahnhöfen.
- **Nikkei Weekly,** Wochenzeitschrift für Wirtschaft, 400 ¥.

Fernsehen

Die staatlichen und privaten Fernsehkanäle bringen nur Sendungen auf Japanisch, bei den Fernsehgeräten mit Umschaltknopf für **zweisprachige Sendungen** (heute fast Standard bei Geräten ab 50.000 ¥) können jedoch bestimmte Programme wie nichtjapanische Spielfilme oder manche Nachrichten im Originalton gehört werden. Ansonsten gibt es die Möglichkeit, den **Originalton über Radio** (TV/FM) zu empfangen. Ein englischsprachiger Radiosender ist FEN (810 kHz, auch InterFM 76.1).

Große **Hotels** bieten in der Regel CNN, Star TV und Ähnliches an.

Medizinische Versorgung

Japaner haben weltweit die höchste Lebenserwartung (86 Jahre für Frauen) und mit die geringste Säuglingssterblichkeit (6 auf 1000 Geburten). Die **sehr gute medizinische Versorgung** trägt mit Sicherheit auch dazu bei. Allerdings ist sie auch schon lange nicht mehr preiswert zu nennen. Besonders Zahnbehandlungen sind sehr teuer. Die staatliche Krankenversicherung *(kokumin kenkô hoken)* hält den Eigenanteil an den Behandlungskosten zwar in vertretbaren Grenzen, aber viele ausländische **Ärzte** bzw. solche, die im Ausland studiert haben und Ausländer behandeln, rechnen nur privat ab. Bei solchen Ärzten darf aber vorausgesetzt werden, dass sie Englisch oder gar Deutsch verstehen (vor dem Zweiten Weltkrieg war Deutsch die Sprache der Medizin, wie bei uns Latein).

Buchtipp

- *Dr. Dürfeld, Dr. Rickels:* **Selbstdiagnose und -behandlung unterwegs,** REISE KNOW-HOW Verlag.

Übliche **Sprechstunden** (*shinsatsu-ji-kan, shinryo-jikan*) sind Mo–Fr 9–12 und 18.30–21 Uhr, samstags 9–13 Uhr. In der Regel werden **keine Termine** vergeben. Wer eine Versicherung abgeschlossen hat, zeigt seinen **Ausweis** (*kenkô hoken-sho*) vor und wartet dann im Wartezimmer bis zur Konsultation. Hinterher überreicht die Assistentin gegebenenfalls gleich die **Medikamente** und kassiert die Gebühr. Die Dosierung ist auf den Tütchen vermerkt.

Nicht selten verabreichen Ärzte **Medikamente in Pulverform.** Man nimmt in diesem Fall einen Schluck Wasser in den Mund, schüttet das Pulver hinein und schluckt alles zusammen herunter. Kindern, die damit Schwierigkeiten haben, gibt man das Pulver in Oblaten eingerollt. Diese sind in der Apotheke erhältlich. Bei Kassenpatienten werden automatisch Medikamente vergeben, die von der Versicherung übernommen werden.

Die Botschaften haben in der Regel eine **Liste empfohlener Ärzte,** Kliniken und Krankenhäuser parat.

Die Tokyo English Lifeline (TELL, Tel. 3264-4347, 9–16 und 19–23 Uhr), das International Medical Information Center, Tel. 3706-4243, -7574) und das Metropolitan Health and Medical Information Centre, „Himawari" Service (Tel. 5285-8181, Mo–Fr 9–20 Uhr, u.a. auf Englisch) kann ebenfalls **Auskunft** geben.

Empfehlungen für **Gynäkologen** sind insbesondere Vertrauenssache. Die Vereinigungen International Feminists und Foreign Wives of Japanese können weiterhelfen. In manchen Kliniken und Krankenhäusern bekommen die Ärzte die Gesichter ihrer Patientinnen übrigens nicht zu sehen: Ein Vorhang bis in Höhe der Hüfte verdeckt den gegenseitigen Blick.

Spezialisten haben meist wie bei uns Belegbetten in bestimmten Krankenhäusern und halten dort auch ihre Sprechstunden ab, doch in der Regel nur vormittags an manchen Tagen.

Wie anderswo in Asien, wird bei **stationärer Behandlung im Krankenhaus** die Mithilfe der Familie, soweit vorhanden, gestattet und geradezu erwartet. Daher steht im Krankenzimmer auch ein Bett für das helfende Familienmitglied bereit. Es wird erwartet, dass diese beim Saubermachen und Füttern helfen; in manchen Krankenhäusern bringt die Familie sogar das Essen mit. Bei der Visite stehen die Besucher auf. Die Ärzte werden wie Lehrer und andere Respektpersonen mit *sensei* angeredet. Sie erhalten gern Whisky o.Ä. als Geschenk, während die Schwestern z.B. Kuchen bekommen, und zwar nicht selten am Beginn der Behandlung und bei der Entlassung. Besuchszeiten (*men-kai jikan*) sind in der Regel vom Nachmittag bis 20 Uhr. Geeignete Mitbringsel sind Säfte, Obst oder Kekse und Knabberzeug.

Bei **Notfällen** kann man über die Nummer **119** eine Ambulanz rufen (lassen). Der kostenlose **Krankentransport** wird von der Feuerwehr organisiert; er erfolgt in der Regel ins nächstgelegene Krankenhaus und nicht in das bevorzugte.

Wer z.B. wegen bestimmter Fachärzte in ein **bestimmtes Krankenhaus** eingeliefert werden will, sollte das vorher selbst arrangieren. Wird erst der Krankenwagen gerufen, ist das nicht gewährleistet, und ein Transfer ist nach der Aufnahme nur noch schwierig zu bewerkstelligen.

Kostenlose anonyme HIV-Tests bei: **Tokyo Metropolitan Testing & Counseling Office**, Tel. 3377-0811, Mo–Fr 16–18 Uhr, Tests: 15–20 Uhr.

Krankenhäuser

Wer kein Japanisch kann, sollte beim Anruf Folgendes sagen: „Eigo de hanashite yoroshi desu ka?" („Können wir Englisch sprechen?")

In Tokyo

- **Hospital Information:** Tel. 3212-2323
- **International Catholic Hospital** (Seibo Byôin), 2-5-1 Naka-Ochiai, Shinjuku-ku, Tokyo 161, Tel. 3951-1111, Seibu-Shinjuku Line: Shimo-Ochiai.
- **Keiô-University Hospital** (Keiô Daigaku Byôin), 35 Shinano-machi, Shinjuku-ku, Tel. 3353-1211. Gutes modernes Krankenhaus, sehr beliebt.
- **Juntendo Daigaku Byôin,** 3-1-3 Hongô, Bunkyô-ku, Tel. 3831-3111 (Ochanomizu). Uni-Klinik.
- **St. Luke's International Hospital** (Sei Roka Kokusai Byôin), 10-1 Asashichô, Chûô-ku, Tokyo 104, Tel. 3541-5151. Ein sehr prestigereiches Krankenhaus mit allen Fachrichtungen, ambulante und stationäre Behandlung, auch Notfallklinik. U: Tsukiji.
- **Tokyo Daigaku Byôin,** 7-3-1 Hongô, Bunkyô-ku, Tokyo 113, Tel. 3815-5411.
- **Tokyo Sanitarium Byôin/Adventist Hospital** (Tokyo Eisei Byôin), 3-17-3 Amanuma, Suginami-ku, Tokyo 167, Tel. 3392-6151, U, JR Ogikubo.
- **Nisseki Hospital Iryô Center,** 4-1 Hiroo, Shibuya-ku, Tokyo 150, Tel. 3400-1311. Rotkreuzkrankenhaus, U: Hiroo.
- **Tokyo Women's Medical College Hospital,** 8-8-1 Kawadachô, U: Waseda, Akebonobashi.
- **Tokyo Medical Clinic,** 32 Mori Bldg, 3-4-30 Shiba Kôen, Tel. 3436-3028, U: Kamiyachô, englischsprachige Ärzte aus USA, GB, Japan, mit eigener Apotheke.
- **Tokyo Dental Clinic,** 32 Mori Bldg., 3-4-30 Shiba-koen, Tel. 3436-3028, U: Kamiyachô.
- **Kokuritsu Shônin Byôin,** 3-35-31 Taishido, Setagaya-ku, Tokyo 154, Tel. 3414-8121. Staatliches Kinderkrankenhaus.
- **Jikei Daigaku Byôin,** 3-19-18 Nishi-Shimbashi, Minato-ku, Tokyo 105, Tel. 3433-1111. Uni-Klinik, gute Gynäkologie, JR Shimbashi.

In Yokohama

- **Hospital Information:** Tel. 045-212-3535.
- **Isogo Chûo Byôin,** 1-16-26 Mori, Isogo-ku, Tel. (045) 752-1212.
- **Yokohama Municipal Port and Harbour Hospital** (Kôwan Byôin), 3-2-3 Shin-Yamashita, Naka-ku, Tel. (045) 621-3388.
- **Washinzaka Hospital,** Yamate-chô 169, Naka-ku, Tel. (045) 623-7688.

Medikamente und Apotheken

Medikamente sind in Apotheken erhältlich; bei ärztlichen Behandlungen erhält man jedoch die verschriebenen Medikamente wie in anderen asiatischen Ländern **direkt vom Arzt** (was diesem eine nette Zusatzeinnahme verschafft, weshalb auch oft teure Medikamente verschrieben werden). Die Arzneimittel werden oft in Pulverform mit Oblaten verabreicht.

Da japanische und auch amerikanisch orientierte **Apotheken** Medikamente mit anderen Namen als hierzulande verwenden, sollte man den **generischen Namen** (also den Namen des Inhaltsstoffes) angeben.

Wer bestimmte Medikamente benötigt, sollte sich ohnehin schon **vor der Reise** zu Hause damit eindecken.

Apotheken mit Englisch sprechendem Personal

- **American Pharmacy,** Hibiya Park Bldg., 1-8-1 Yûrakuchô, Chiyoda-ku, Tel. 3271-4034, schräg gegenüber dem Tourist Information Center; U: Hibiya.
- **Azabu Drugs** (im National Azabu Supermarket), 3-24-22, Nishi-Azabu, Minato-ku, Tel. 3405-4362/3442-3495; U-Bahn: Hiroo.

Traditionelle Medizin

In Japan besteht reichlich Gelegenheit, sich auf traditionelle ostasiatische Weise behandeln zu lassen.

Chiropraktik (seitai)

Judo-Trainer verstehen sich auf die Kunst der Chiropraktik. Chiropraktische Behandlungen abseits von Judo gibt es im Tokyo Chiropraktic Center, 3-5-9 Kita Aoyama, Minato-ku, Tokyo 107, Tel. 3478-2713 (es wird Englisch gesprochen).

Akupunktur (hari) und Moxibustion (kyu)

- **Choan Acupuncture Clinic** (Shinkyu-in), chin. Arzt, orth. Chirurg, Akupunktur, Chiropraktik, Massage, Moxibustion.
  9–13 und 15–19 Uhr, Mi geschlossen; 1. Behandlung 4000 ¥, danach 3500 ¥; Ichinoe Bldg., 3. St., 4-2 Harue-chô, Edogawa-ku, Tel. 3654-5592, U: Higashi-Ojima.
- **Yoshida Acupuncture Clinic** (Onshin-in), Behandlung mit erhitzten Nadeln, gut für Sportverletzungen, Sehnenentzündungen; Reservierung notwendig.
  10–12 und 14–18 Uhr, So geschl.; 1. Besuch 6000 ¥, danach 4000 ¥; 4-7-3 Todoroki, Setagaya-ku, Tel. 3702-8989, Todoroki, Tôkyû-Oimachi Line.

- **Toyo Igaku Kenkyu-Jo** (Oriental Medical Research Center)
  An Rezeption Nr. 1 nach „hari" fragen. Mo–Sa 8–10 Uhr bei Erstbesuch, später nach Vereinbarung. Kitazato Daigaku Byôin, 5-9-1 Shirogane, Minato-ku, Tel. 3444-6161; U: Hiroo.
- **Shiawase Kenko Club,** Klinik des bekannten Aoyagi Shudo.
  Ab 8 Uhr, Di/Fr/F geschl.; Noguchi Bldg. F5, 3-2 Sakuragaoka, Shibuya-ku, Tel. 3496-6422; JR/U: Shibuya.
- **Tokyo Chiropractic Center**
  9–12.30 und 13.30–18 Uhr; 3-5-9 Kita-Aoyama, Tel. 3478-2713; U: Omotesando.

Museen und Galerien

Die staatlichen Museen in Japan können nicht mit den großen westlichen Museen mithalten; die Privatmuseen in Tokyo sind größtenteils deutlich sehenswerter als vergleichbare staatliche. Die bedeutendsten Ausstellungen werden von den großen Zeitungen in den Galerien großer Kaufhäuser gezeigt.

Grundsätzlich sind Museen **montags geschlossen** bzw. dienstags, falls der Montag ein Feiertag war. Die Kaufhäuser sind täglich geöffnet, kleinere Galerien sind in der Regel an Sonn- und Feiertagen geschlossen.

Kunstgalerien gibt es in Tokyo vor allem in der **Ginza.** Die über 300 Galerien, für die dieses Viertel berühmt ist, befinden sich zumeist zwischen der Chûô-dôri mit den großen Kaufhäusern und der Sotobori-dôri an der Grenze zu Yûrakuchô. Vertreten sind Antiquitäten (u.a. Yayoi), Klassiker, Impressionisten (u.a. Yoshii), Holzschnitte (u.a. *Bancho;* im nahe gelegenen Riccar Art Museum werden 5000 Drucke gezeigt), moderne Künstler (u.a. *Fuji, Nichido).*

Informationen zu den **aktuellen Ausstellungen** findet man im „Tokyo Tour Guide" und im „Tokyo Journal".

Die wichtigen Museen und Galerien werden in den jeweiligen **Stadtteilbeschreibungen** aufgeführt.

Musikszene

Konzertkultur

Die Liebe der Japaner zu westlicher **klassischer Musik** ist bekannt. Es gibt als Folge des großen Interesses und der massenhaften Beschäftigung mit westlicher Musik viele inzwischen weltberühmte Interpretinnen und Interpreten. In europäischen Spitzenorchestern sind zahlreiche Japaner/innen vertreten. Wer in der Welt der Musik einen Namen hat, kommt auch nach Tokyo und spielt dann meist vor ausverkauften Konzertsälen.

Konzertsäle

- **Budôkan,** Kaiserpalast.
- **Casals Hall,** Ochanomizu/Kanda.
- **Daiichi Seimei Hall,** Yûrakuchô.
- **NHK Hall,** Shibuya.
- **Orchard Hall,** Tôkyû Bunkamura, Shibuya.
- **Suntory Hall,** Akasaka.
- **Tokyo Bunka Kaikan,** Ueno (s. dort).
- **Sogetsu Hall,** angenehmer kleiner Saal der Ikebana-Schule, 7-2-21 Akasaka, Tel. 3408-9113, U: Aoyama-Itchome.
- **Sumida Triphony,** neuer, freundlicher Saal, v.a. Neue Japanische Philharmoniker und ausländische Künstler, 1-2-3 Kinshi, Tel. 5608-1212, U: Kinshichô.

- **Tokyo Metropolitan Art Space (Tokyo Geijutsu Gekijo),** neu, gute Akustik, 1-8-1 Nishi-Ikebukuro, Tel. 5391-2111.
- **Tokyo Opera City,** moderner Saal mit guter Akustik und unkonventionellem Programm, integriert in Kulturzentrum mit Restaurants und Läden, 3-2-2 Nishi-Shinjuku, Tel. 5353-0770, Hatsudai (Keiô Line).

Ticketreservierung

- **Ticket Saison:** Tel. 3286-5482 (für ausländische Kunden), 10–18 Uhr, Tel. 5990-9999 (alle Veranstaltungen).
- **Online-Ticketkauf für Großveranstaltungen:** www.metropolis.co.jp/tickets.

Rock, Pop und Jazz

Jazz ist neben der klassischen Musik die beliebteste westliche Musikform in Japan. Seit den 20er Jahren des 20. Jh. gehört Jazz zur japanischen Musikszene. Da gab es die Big Bands bis in die 50er Jahre, als die Zeit der Tanzpaläste ihrem Ende entgegenging. In den 60ern fanden die einheimischen Musiker Anschluss an den modernen Jazz. Eine große Zahl von Jazzclubs entstand. Jazz wurde zum Medium der Jungen und der liberalen Intellektuellen. Danach, parallel zur gesellschaftlichen Entwicklung, wurden die Clubs luxuriöser und für junge Leute auf Dauer zu teuer.

Jazz-Clubs finden sich vor allem in Roppongi und Aoyama.

Rock und **Pop** folgen ebenfalls dem internationalen Trend. Die japanische Popmusik wird oft von den umliegenden asiatischen Ländern, wo man die weicheren, romantischeren Lieder des Asia-Pop bevorzugt, kopiert. Sehr beliebt sind Teenager-Sängerinnen (*idols* = *aidoru*) oder Gruppen, bei denen es weniger um Stimmqualität als um das durch Medien angeheizte Gesamtspektakel geht. Die Rockmusik ist in der Regel etwas weniger hart als bei uns, aber vertreten sind alle möglichen Stilarten (einen guten Einblick in Japans aktuelle Pop-Szene vermittelt die Website www.japaneselifestyle.com.au/culture/j-pop.html sowie www.reiseknow-how.de, Stichwort „soundtrip").

Beliebt sind außerdem Folk, Reggae, Salsa und Samba – Stilrichtungen, die in vielen Clubs gespielt werden.

Aber auch in der Technomusik mischen japanische DJs heute international voll mit. Kein Trend, keine Mode bleibt unbemerkt. Die Kultur der jungen Leute ist universell, dank MTV, Internet und anderer Medien des weltumspannenden Kulturtransfers.

Der **einheimische Musikmarkt** wird zu 80 % von einheimischen Interpreten abgedeckt.

Exporte japanischer Musik in die westliche Musik finden kaum statt. Ab und zu haben Interpreten oder Gruppen wie zum Beispiel Kitarô oder Shônen Knife auch international Erfolg. Man erwartet von japanischen Popmusikern einen exotischen, orientalischen Touch, sonst haben sie kaum eine Chance.

Veranstaltungssäle

● **Aoyama Round Theatre,** einer der wenigen Rundsäle, 5-53-1 Jingumae, Tel. 3797-5678, U: Omotesando.
● **Art Sphere,** Theater für junge Anhänger des Modern Dance, 2-3-16 Higashi-Shinagawa, Tel. 5460-9999, Tennozu-Insel (Tokyo Monorail).
● **Bunkamura Theatre Cocoon,** Saal mit 750 Plätzen, für Musicals und Tanztheater, tel. Re-

servierungen 10–17.30 Uhr, Tel. 3477-3244, 2-24-1 Dogenzaka, JR Shibuya.
● **Hibiya Outdoor Theatre (Hibiya Yagai Ongaku-do),** Open-Air-Theater für Konzerte im Sommer, 1-5 Hibiya Kôen, Tel. 3591-6388, U: Hibiya.
● **New National Theatre,** hauptsächlich Tanztheater, gelegentlich Ballett in drei Sälen (Opera House, Playhouse, Pit), 1-1-1 Honmachi, Tel. 5351-3011, Hatsudai (Keiô Shinsen Line).
● **Session House,** *Naoko Itohs* moderner Tanz, 158 Yaraicho, Tel. 3266-0461, U: Kagurazaka.
● **Setagaya Public Theatre,** beliebte Säle für Tanz(-theater), 4-1-1 Taishido, Tel. 5432-1526, Sangenjaya (Shin-Tamagawa Line).
● **Space Zero,** hauptsächlich Jazz Dance, 2-12-10 Yoyogi, Tel. 3375-8741, JR Shinjuku.

Traditionelle Musik

Neben der Popmusik hat jedoch auch die traditionelle Musik ihren Platz behaupten können, etwa die „enka" genannten **Volkslieder,** die in keiner Karaoke-Bar fehlen dürfen. Schließlich ist der Kontakt zu den Traditionen nie ganz abgerissen. Bei Shintô-Festen wird immer noch die über 1000 Jahre alte **Gagaku-Musik** gespielt und dazu getanzt. Auch die Musik des **Nô** und **Kabuki** hat sich nie geändert.

Es haben sich überhaupt in allen traditionellen Handwerks- und Kunstformen bisher immer noch Menschen gefunden, die das Überlieferte annehmen und irgendwann weitergeben werden, auch wenn in einzelnen Bereichen deren Zahl immer kleiner wird und die Traditionen bedroht scheinen. Die **„lebenden Nationalschätze"** beziehen vom Staat ein bescheidenes Gehalt dafür, dass sie ihre Fähigkeiten weitergeben.

Nachleben

Wenn die Dämmerung hereinbricht über die Megalopolis und die vielfarbigen Neonlichter zu pulsieren beginnen, ist dies der Auftakt für ein an Facetten und Nuancen überreiches Spektrum an nächtlichen Betätigungsmöglichkeiten und Vergnügen. Eine Weltstadt bietet per se jedes **Amüsement für jeden Geschmack,** sonst ist sie keine. Nur, nicht jede Spielart ist dem Abenteuer oder Zerstreuung suchenden Touristen zugänglich, selbst für viel Geld nicht. Die wohl teuerste Stadt der Welt macht gerade da keine Ausnahme, wenngleich in einer Stadt mit mehr als einer Million Studenten auch genug für den schmaleren Geldbeutel angeboten wird.

Die Vergnügungsindustrie ist ein riesiger Erwerbszweig. In der Umgebung eines beliebigen Bahnhofs lockt ein unüberschaubares Angebot an **Lokalen** und Lokälchen, entweder für exquisite Abendessen oder für kleine Snacks und ein paar Getränke.

Einkaufen kann man in vielen der *station buildings* oder benachbarten *shopping centres* bis 22 Uhr; immer häufiger werden die „convenience store" genannten kleinen Supermärkte, die 24 Stunden geöffnet sind. Dazwischen stehen **Pachinko-Salons** und **Computerspielhallen** oder die **Karaoke-Bars,** in denen sich die sangesfreudigen Japaner mit perfekter Technik ihr Selbstbewusstsein aufpäppeln, wenn sie zum Applaus der anderen Gäste mit meist in der Tat wohlklingender Stimmen populäre Lieder

zum besten geben. Das alles sind harmlose Vergnügen, die für Tokyo und ganz Japan charakteristisch sind. Aber natürlich ist das nur eine Seite des Nachtlebens.

Vergnügungsviertel

Seit langem haben sich einzelne Stadtteile auf ein bestimmtes Publikum eingerichtet. **Shinjuku** und **Shibuya** gelten als volkstümlicher und damit preiswerter; also verkehren hier viele Studenten (*gaku-sei*), Schüler der Oberstufe und andere junge Leute, die nicht das große Geld haben. Sie gehen gern in Grüppchen aus und bleiben in den Bars und Discos unter sich. Fremden gegenüber sind vor allem die Mädchen schüchterner als in **Aoyama** und der **Omotesandô.** Hier verkehren die Studenten und *OL (office ladies)*, die etwas mehr Taschengeld zur Verfügung haben. Mode wird hier ernster genommen und demonstriert. Man sitzt in Straßencafés à la Paris oder Schwabing (z.B. Viebenhaus, Bamboo, Central Garden Café). Manche schwitzen hinter Glas in Fitnessstudios und tun etwas für ihre Figur nach dem Motto: sehen und gesehen werden.

Der nächste Teil des nächtlichen Austobens findet dann möglicherweise in den Discos von **Roppongi** und **Azabu** statt. Ausländer und Tokyoter, die auf *gaijin* stehen, finden sich in Bars wie dem Gas Panic 2 und dem Déjàvu in Roppongi oder dem Sunset-Strip in Nishi-Azabu ein bzw. tanzen in den Discos Lexington Queen oder Queue. Generell wird in Japan die

Auffassung vertreten, dass die Besucher von Diskotheken nicht über 30 Jahre alt sein sollten.

Wen die Welt des Hip-Hop oder verwandter Szenen, in denen Japaner meist unter sich sind, mehr interessiert, der sollte etwa mit der Kino-Kneipe Oh God! in der Omotesandô beginnen und dann die Discos Picasso und 328 in Nishi-Azabu aufsuchen. Wie bei uns sind viele Discos auf Techno spezialisiert, z.B. die Liquid Sky Dance Hall in Shinjuku oder das Yellow in Roppongi.

Bisher war nur die Rede von Shinjuku, Aoyama und Roppongi. Wo aber bleibt die berühmte **Ginza?** Auch dort gibt es fast alles: Varietés, Nachtclubs, überhaupt jede Menge Clubs, unzählige Bars und Lokale, erstklassige Restaurants. Aber die Ginza zieht abends vor allem Firmenangestellte *(sararimen)* an, von denen viele in den Clubs ihr Spesenkonto belasten dürfen (das in der anhaltenden Rezession freilich stark geschrumpft ist). Da, wo sie nicht selbst „bluten" müssen, spielen die Preise keine Rolle. Man lädt in den eigenen Club ein oder wird eingeladen. Ausländer und sogar Einheimische, die nicht persönlich in einen solchen Club eingeführt werden, müssen mit extrem teurem Lehrgeld rechnen, wenn sie überhaupt eingelassen werden: In solche Clubs gehe man wohlweislich nur mit einem Stammgast. Überhaupt ist es typisch für japanische Bars und Clubs, dass sie von der Beziehung zwischen *Mamasan* (Club- oder Barchefin) bzw. deren Hostessen und den zumeist männlichen Kunden leben, während unsere Bars mehr von der Interaktion zwischen den Gästen gekennzeichnet sind.

Weitere Zentren des Nachtlebens sind **Shimbashi, Ebisu, Ikebukuro, Ueno, Asakusa** und in den Vororten vor allem **Shimo-Kitazawa.**

Am Ende der jeweiligen Stadtteilbeschreibungen finden sich Tipps für Bars, Clubs, Discos und andere Lokale für wohl fast jeden Geschmack.

510ho Foto: ml

Bunte Glitzerwelt: Tokyo bei Nacht

Bevorzugte Lokale der Tokyoter

Im Mittelpunkt abendlicher Unterhaltung stehen zweifellos Essen und Trinken. **Männliche Angestellte** und zunehmend auch weibliche, die nach der Arbeit mit ihren Kollegen vor der Heimfahrt noch gemeinsam einige Snacks und Getränke zu sich nehmen wollen und selbst dafür zahlen müssen, gehen gern in kleine, preiswerte Lokale, die allgemein „aka-chôchin" (= „roter Lampion", so benannt nach den außen hängenden Lampions; hat aber nichts mit Sex-Business zu tun) oder „izaka-ya" genannt werden. Das Äußere spielt keine Rolle, wenn nur die Stimmung gut ist. Eine etwas raue Atmosphäre herrscht vor.

Anders die meisten **weiblichen Angestellten:** Auch wenn sie kein Spesenkonto haben, bevorzugen sie eine gepflegte Umgebung und gehen z.B. gern in französische Gourmetrestaurants (*resutoran*), Snacks *(sunakku)* und andere Lokale, die chic sind.

Wenn hochrangige Politiker oder Geschäftsleute **wichtige Gespräche** hinter geschlossenen Türen führen wollen, tun sie das in Japan oft in der eleganten Atmosphäre der Ryôtei.

Revuen, Shows und Clubs

Nach Pariser Vorbild gibt es **Varieté-Theater mit Nacktrevuen,** z.B. die bekannte Nichigeki Music Hall. **Night-clubs** und **Dinner Shows,** nach amerikanischem Vorbild, sind zahlreich und teuer. Japaner, die es pikanter mögen, gehen in **Nopankissa** (*no-pants-kissa-ten),* Cafés, in denen die Bedienung „unten ohne" ist, *Pink Cabarets* oder *Peep Theaters,* Video-Boxen oder *Image Clubs.*

Kabukichô in Shinjuku und in geringerem Maße **Ikebukuro** haben in dieser Hinsicht wohl das größte Angebot. Solche Stätten aufzusuchen, ist riskant, wenn man nicht von „Kennern" eingeführt wird, Ausländer haben generell keinen Zutritt. Wie in unseren Nepp-Vierteln kann es peinlich werden, wenn es ans Bezahlen geht.

Karaoke

Ursprünglich wurden in Karaoke-Bars, einer japanischen Erfindung, Tonbänder gespielt, die nur die Instrumental-version der Musik enthielten. Die Solomelodie wurde zu der Hintergrundmusik ins Mikrofon gehaucht (*Karaoke* heißt wörtlich „leeres Orchester").

Heute wird mit technischen Tricks zur Verschönerung der Stimme nachgeholfen, und auf einem Bildschirm sieht der/die Singende den Song als Video-Clip. Unten läuft der Text vorbei, das jeweils zu singende Wort wird rot hervorgehoben. Wer die Melodie kennt, braucht beim Singen also nur den Text abzulesen.

Es werden stets auch ein paar englische Evergreens zum Besten gegeben, am beliebtesten sind die gefühlvollen „My way" *(Sinatra)* und „Yesterday" *(Beatles),* wie überhaupt sentimental-romantische Lieder bevorzugt werden.

Dienerinnen der Unterhaltung – Geishas und Hostessen

Untrennbar mit traditioneller Abendunterhaltung verbunden sind die **Geishas** (wörtlich: „Kunst-Person"), welche bei Banketts zur Unterhaltung der Gäste bestellt werden – freilich eine Unterhaltung im klassischen Sinn: Sie singen alte Lieder, begleitet von der dreisaitigen *shamisen,* oder tanzen traditionelle Tänze. Zu ihrer **langen Ausbildung,** die meist schon in der Kindheit begonnen hat, zählt neben vielen Fertigkeiten der klassischen Kultur auch die **Kunst der Plauderei,** die heikle Themen vermeidet, aber auf schickliche Weise anzüglich sein darf und die Stimmung der „Party" hebt oder dämpft, sollte sie aus den Fugen zu geraten drohen.

Geishas werden unterstützt von Geisha-Lehrlingen, den *hangyoku.* Wenn sie von ihren Stammhäusern, den **Okiya** in Akasaka (wo die Top-Geishas residieren), Shimbashi, Kagurazaka, Nihombashi, Asakusa, Itabashi oder anderswo, abgeholt werden, geschieht dies auch heute bisweilen noch mit der *jinrikisha,* der guten alten Rikscha, die ansonsten völlig aus dem Straßenbild verschwunden ist.

Die **Gebühr** für den Auftritt einer Geisha heißt je nach *Ryôtei* „Blumen-", „Taschen-" oder „Weihrauchgeld". Unter umgerechnet etwa 500 Euro geht nichts. Mit den Kunden zu schlafen, gehört bekanntlich nicht zu den geforderten Dienstleistungen.

Unter den 60.000–70.000 Geishas in Japan gibt es aber auch die *makura-geishas,* die **„Kissen-Geishas",** die vor allem in Badeorten anzutreffen sind. Wer mit ihnen das Kopfkissen teilt, zahlt das „Kopfkissengeld". Hochklassige Geishas haben nur wenige ausgewählte Liebhaber, die für ihren Unterhalt angemessen sorgen, aber auch über sie stolpern können, wie vor einigen Jahren der kurzzeitige Premierminister *Uno.*

Diese klassische Form der Unterhaltung durch Geishas ist für jüngere Männer heute, vom Preis ganz abgesehen, nicht mehr zeitgemäß. Damen, die Männer in unserer Zeit zu unterhalten pflegen, brauchen keine lange Ausbildung mehr: Die **Hostessen** *(hosutesu),* wie sie genannt werden, lächeln freundlich, betreiben Smalltalk, geben Feuer, schenken Drinks ein, flirten (zumeist) unverfänglich und schmeicheln so dem Selbstbewusstsein ihrer Gäste. In Nachtclubs wird ihre Anwesenheit am Tisch in der Regel nach der Zeitdauer berechnet.

Auch Hostessen sind **keine Prostituierten,** die es in Japan, wie in Thailand, ja offiziell nicht gibt. Viele unter ihnen sind verheiratet, und viele haben nichts gegen einen Flirt, der sich zu einem Verhältnis auswachsen kann. Es gibt unterschiedliche Arten von Hostessen: die professionellen mit Berufsstolz, die halbprofessionellen, die mit ihrem Job dennoch ihre Haupteinkünfte beziehen, und die Gelegenheits-Hostessen, Teenager und Studentinnen.

Die **Bars,** in denen sie bevorzugt arbeiten, hießen lange Zeit *arusaro* – ein typisch japanisches Kunstwort, eine Verschmelzung der Begriffe *arubaito* (Arbeit, Job) und *saron* (Salon). Es gibt zwar neben den Fastfood-Läden und Snackbars noch, aber der Begriff *arusaro* ist nicht mehr up to date. In solchen Bars trifft sich viel junges Volk, man wird nicht geneppt.

Pachinko-Spielhallen

Pachinko, eine japanische Nachkriegs-erfindung, ist ein schwer verständliches Phänomen, über das schon Abhandlungen geschrieben wurden: Was ist die Faszination dieser stumpfsinnigen Freizeitbetätigung zwischen klappernden Kugeln in Hunderten von gleichartigen Automaten?

Früher wurden Stahlkugeln per Hand einzeln auf die kurze Reise zwischen Nägeln hindurch geschickt, heute geht es automatisch, wobei die Geschwindigkeit mittels Drehknopf geregelt wird. Fallen Kugeln in die geöffneten *tulips,* quillt unten Nachschub – weitere Kugeln – heraus. Bleibt nach dem Spiel eine Schale voller Kugeln übrig, werden sie vorn an der Kasse im Zählautomaten gezählt, und dieser „Gewinn" wird dann gegen billige Konserven, Getränke etc. „verrechnet". Auf den Boden gefallene Kugeln aufzuheben, gilt als unfein.

Die zahlreichen Pachinko-Hallen sind neben den Hallen mit Computerspielen auch tagsüber beliebte Unterhaltungsstätten.

Notfälle

Verlust von „Plastikkarten"

Bei Verlust oder Diebstahl der der Kredit- oder Maestro-(EC-)Karten sollte man diese umgehend sperren lassen. Für deutsche Karten gibt es die einheitliche **Sperrnummer 0049-116116** und im Ausland zusätzlich (0049)

30405 04050. Für österreicherische und schweizerische Karten gelten folgende Nummern:

- **Maestro-(EC-)Karte,** (A-)Tel. (0043) 1 204 8800; (CH-)Tel. (0041) 44 2712230, UBS: (0041) 848 888601, Credit Suisse: (0041) 800 800488.
- **MasterCard,** internationale Tel. (001) 636 7227111 (R-Gespräch).
- **VISA,** internationale Tel. (001) 410 581 9994.
- **American Express,** (A-)Tel. (0049) 69 9797 2000; (CH-)Tel. (0041)-44 6596333.
- **Diners Club,** (A-)Tel. (0043) 1 501350; (CH-)Tel. (0041) 58 7508080.

Geldnot

Wer dringend eine größere Summe ins Ausland überweisen lassen muss wegen eines Unfalles oder Ähnlichem, kann sich auch nach Japan über **Western Union** Geld schicken lassen. Für den Transfer muss man die Person, die das Geld schicken soll, vorab benachrichtigen. Diese kann es via www.westernunion.de online über sein Bankkonto versenden oder muss bei einer Western Union Vertretung (beispielsweise in Deutschland bei der Postbank) ein entsprechendes Formular ausfüllen und den Code der Transaktion telefonisch oder anderweitig übermitteln. Mit dem Code und dem Reisepass geht man zu einer beliebigen Vertretung von Western Union in Japan (siehe Telefonbuch oder unter www.westernunion.de „Vertriebsstandort suchen"), wo das Geld nach Ausfüllen eines Formulares binnen einiger Minuten ausgezahlt wird. Je nach Höhe der angeforderten Summe muss der Absender eine Gebühr ab 10,50 € zahlen.

Reisetipps A–Z

Verlust von Reiseschecks

Nur, wenn man den Kaufbeleg mit den Seriennummern der Reiseschecks sowie den Polizeibericht vorlegen kann, wird der Geldbetrag von einer größeren Bank vor Ort binnen 24 Stunden zurückerstattet. Also muss der Verlust oder Diebstahl umgehend bei der örtlichen Polizei und auch bei American Express bzw. Travelex/Thomas Cook gemeldet werden. Die Rufnummer für das Reiseland steht auf der Notrufkarte, die man mit den Reiseschecks erhalten hat.

Ausweisverlust/ dringender Notfall

Wird der Reisepass oder Personalausweis im Ausland gestohlen, muss man dies bei der örtlichen Polizei melden. Darüber hinaus sollte man sich an die nächste diplomatische Auslandsvertretung seines Landes wenden, damit einem ein Ersatz-Reiseausweis zur Rückkehr ausgestellt wird (ohne ihn kommt man nicht an Bord eines Flugzeuges!).

Auch in **dringenden Notfällen,** z.B. medizinischer oder rechtlicher Art, Vermisstensuche, Hilfe bei Todesfällen, Häftlingsbetreuung o.Ä. sind die Auslandsvertretungen bemüht, vermittelnd zu helfen:

Auslandsvertretungen in Tokyo
- **Deutschland:** 4-5-10, Minami Azabu, Minato-ku, Tel. 5791-7700.
- **Österreich:** 1-1-20, Moto Azabu, Minato-ku, Tel. 3451-8281.
- **Schweiz:** 5-9-12, Minami Azabu, Minato-ku, Tel. 5449 8400.

Öffnungszeiten

- **Post:** Bezirkspostämter Mo–Fr 8–19 Uhr, Sa 8–15 Uhr, So u. F 9–12.30 Uhr, große Postämter z.T. 24 Std., kleine Postämter 9–17 Uhr, So u. F 9–13 Uhr.
- **Banken:** 9–15 Uhr.
- **Lokale:** 11.30–14 Uhr und 17–21/22 Uhr (die meisten Lokale außerhalb von Roppongi schließen vor Mitternacht).
- **Geschäfte, Kaufhäuser:** etwa 10–20 Uhr, Convenience Stores *(kombini)* sind 24 Std. geöffnet, bekannteste Ketten: AM-PM, 7-Eleven, Family Mart, Lawson.
- **Museen:** von 9/10 bis 16/17 Uhr, Mo bzw. nach Feiertagen Di geschlossen.
- **Firmen:** Mo–Fr 9–17 Uhr, manche auch Sa vormittag.
- **Behörden:** Mo–Fr 8.30/9–16/17 Uhr, 1. und 3. Sa 9–12 Uhr.

Post

Das **Zeichen** der Post ist ein rotes „T" mit einem doppelten Querbalken. Wie bei uns kann man auf der Post auch **Geld** abheben und **überweisen;** Geldüberweisungen ins Ausland sind

Porto

Inland
Postkarten:	50 ¥
Briefe bis 25 g:	80 ¥
Briefe 25 bis 50 g:	90 ¥
über 50 g:	140 ¥
Expresssendung:	270 ¥,
(bis 250 g)	mit roter Linie rechts oben markieren

Ausland
Postkarten:	70 ¥
Briefe bis 25 g nach Europa:	110 ¥
Aerogramme:	90 ¥

sogar günstiger von der Post aus zu tätigen als von der Bank.

Die lokalen **kleinen Postämter,** z.T. in Tabakläden, unterstehen Verteilerpostämtern, wo u.a. nicht zustellbare Eilbriefe gelagert werden und Nachsendeanträge gestellt werden können.

In vielen Postämtern kann man die englischsprachige Broschüre „How to use the Post Office" finden.

Postlagernde Sendungen

Postlagernde Sendungen sollten am besten zu unten stehender Adresse geschickt werden, in jedem Fall jedoch an ein Bezirkspostamt, da die kleineren Zweigstellen mit dieser Gepflogenheit häufig nicht vertraut sind. Üblicherweise wird Post 30 Tage gelagert und dann zurückgeschickt.

●**Tokyo International Post Office** (Tokyo Kokusai Yûbin-kyoku), 2-3-3 Ôtemachi, Chiyoda-ku, Tel. 3241-4891, U: Otemachi, Ausgang A4.

Briefkästen

Der rechte Schlitz an den roten Briefkästen ist für Post innerhalb Tokyos (Tokyo to-nai) bestimmt; alle anderen Sendungen kommen in den anderen Schlitz (sono ta no chiiki). Briefe ins Ausland bringt man am besten direkt zum Postamt, dann geht es schneller.

Pakete und Päckchen

Pakete bis zu 20 kg kann man per Seepost, See-Landpost (SAL) oder Luftpost (airmail) schicken. Innerhalb Tokyos kann man Pakete bis 10 kg per „Superexpress" innerhalb einer Stunde beim Empfänger eintreffen lassen.

●**Super Express Mail Center,** Mo–Sa 8.30–19 Uhr, Tel. 3546-1123.

Hauptpostamt

●**Tokyo Chûo Yubin-kyoku:** Tokyo 100, hiyoda-ku, Marunouchi, 2-7-2, Tel. 3201-1561; rund um die Uhr für Eilpost, sonst 9–19 Uhr.

Kurierdienste

●**City Service:** 2-5-5 Kyobashi, Tel. 562-5665 (innerhalb Tokyos).
●**DHL:** Kowa Bldg., 4-12-24 Nishi-Azabu, Tel. 3454-0501/5479-2580.
●**Federal Express:** 1-15-1 Kaigan, Tel. 3432-3200/0120-003-200 (kostenlos).
●**World Courier:** Kawashima Hoshin Bldg., 2-2-2 Shimbashi, Tel. 3508-9281.
●**Takyubin:** preiswerter Service von Tür zu Tür am selben Tag, Abgabe im nächstgelegenen 24-Std.-Laden, auch z.B. Koffer zum Flughafen, ca. 1500 ¥, Tel. 3789-5131.

Radfahren

Es gibt meist **keine Radwege,** oft nicht einmal Bürgersteige. Radfahrer dürfen auf schmalen Bürgersteigen fahren.

An vielen S-Bahnhöfen der Vorstädte gibt es große **Fahrrad-Parkplätze,** neuerdings auch unterirdisch mit nummerierten Stellplätzen. Da Räder in Japan, wie so vieles, fast genormt sind und einander sehr ähnlich sehen (wie etwas größere Klappräder mit Korb vorn), sollte man sich sein eigenes Fahrrad charakteristisch kennzeichnen. Die Fahrräder bleiben nämlich nicht unbedingt am selben Platz stehen, sondern werden ggf. umgeräumt. Wer sein Fahrrad nicht genau kennt, hat dann Schwierigkeiten, es wiederzufinden. Hat man es falsch geparkt, ist es wahrscheinlich nicht gestohlen,

Reisetipps A–Z

sondern in einem Lager des zuständigen Bezirksamtes *(ward office)* gelandet. Das Auslösen kostet rund 2000 ¥. Auf manchen Parkplätzen muss man eine tägliche oder monatliche Gebühr zahlen (in Shinjuku-Westausgang z.B. 100 bzw. 1800 ¥).

Fahrradrundwege sind im Abschnitt „Sport" aufgeführt.

Wer sich allgemein für Fahrräder interessiert, sollte einmal in das **Bicycle Culture Center** (Jiten-shakai-kan) gehen. Es ist zugleich eine Art Museum.

● **Jitenshakaikan** Nr. 3 Building, 1-9-3 Akasaka, Tel. 3584-4530

Sicherheit

Kriminalität

Tokyo ist die **sicherste Metropole** der Welt, aber natürlich ist auch sie nicht ohne Verbrechen, wie z.B. die Terroranschläge mit tödlichem Giftgas im Frühjahr 1995 drastisch gezeigt haben. Sie haben Japan ein Stück Unschuld genommen, was das Gefühl der Sicherheit vor Verbrechen betrifft. Anders als in den USA waren religiöse Sekten in Japan bisher nie mit Gewalt in Verbindung gebracht worden.

Die **Yakuza,** traditionelle Gangsterorganisationen, sind illegal geworden. Ihre Organisationen werden verfolgt, wenn sie sich solchen Betätigungen wie illegalem Glücksspiel, Prostitution, Erpressung oder dem „Hinausekeln" von Mietern widmen. Doch Touristen bekommen Yakuza-Mitglieder nur selten zu sehen; erkennbar

sind sie zuweilen am fehlenden Glied des kleinen Fingers oder im öffentlichen Bad an den kunstvollen Tätowierungen am ganzen Körper.

Es dürfte sehr selten vorkommen, dass Touristen Opfer krimineller Handlungen werden. **Frauen** können auch heute noch mitten in der Nacht durch einsame Gassen gehen, ohne belästigt zu werden. Unwohl fühlen sie sich im Dunkeln wohl nur dort, wo viele Ausländer aus asiatischen Entwicklungsländern wie Bangladesh oder Iran (Ueno- bzw. Yoyogi-Park) beisammen sind. Es wird sich zeigen, inwieweit die vielen Ausländer aus Dritte-Welt-Ländern, von denen viele in Tokyo leben, die bisher beinahe garantierte Sicherheit von Einheimischen wie Touristen allmählich aushöhlen.

Die fortbestehende Rezession könnte ebenfalls auf Dauer die öffentliche Moral aushöhlen. **Taschendiebe** haben ihr Revier auf den Flughäfen und in vollen Zügen, aufpassen sollte man in Vergnügungsvierteln wie Roppongi und Shinjuku-Kabuki-chô.

Notrufnummern

● **Polizeinotruf:** 110 (kostenlos)
● **Feuerwehr/Ambulanz:** 119 (kostenlos)
● **Polizei** (Informationen auf Englisch): 3501-0110
● **Konsularischer Schutz:** 3473-0151
● **Hospital Information:** 3212-2323, Yokohama: 045-212-3535
● **Tokyo Electric Power Company:** 3501-8111
● **Tokyo Gas:** 3433-2111
● **Tokyo Waterworks:** 5320-6327

Zu erwähnen ist auch ein Anstieg von **Gewalttaten,** die von männlichen Jugendlichen meist gegen Mitschüler oder Lehrer begangen werden und vermutlich mit dem auf Paukdrill ausgerichteten Schulsystem zusammenhängen. Es gab auch schon mal Hatz gegen Ausländer, aber in keinem Verhältnis zur Zahl der Übergriffe bei uns.

Die Polizei

Was das öffentliche Leben in Tokyo zusätzlich sicher macht, sind die in je-

Yakuza – Japans Mafia

Über die Yakuza reden Japaner nicht viel, doch ihre Macht und ihr Einfluss sind noch allgegenwärtig. Knapp 100.000 Mitglieder sind in rund 3300 Banden (gumi) organisiert.

Die größten Gangs in Tokyo sind die Inagawa-Kai und die Sumiyoshi-Rengo. Japans Verbrechersyndikate operieren heute weltweit; in Japan kontrollieren sie erwartungsgemäß Drogenhandel und Prostitution. In dieser Funktion sind sie z.B. auch auf den Philippinen und in Thailand aktiv. Andere lukrative Erwerbszweige sind legales wie illegales Glücksspiel (damit begannen sie einst), Profi-Sport (z.B. Radsprints, Pferde- und Motorbootrennen) oder Pachinko-Hallen – eben alles, was mit Wetten zu tun hat. Überhaupt kontrollieren die Yakuza im Wesentlichen die gewaltige **Unterhaltungsindustrie.**

Sie sind in Waffengeschäfte verwickelt und vor allem im **Drogenhandel** aktiv: Rund 500.000 Japaner sind süchtig nach dem Aufputschmittel Amphetamin und dem moderneren Metamphetamin (shabu), das aus Taiwan und Korea eingeführt wird; auch Kokain aus Südamerika hat den Weg nach Japan gefunden.

Die Yakuza sorgen dafür, dass Aktionärsversammlungen glatt über die Bühne gehen. Am Baugeschäft sind sie stark beteiligt, und im **Immobiliengeschäft** beherrschen sie die Hälfte des Marktes. Das Kreditgeschäft wird aufgrund der japanischen Mentalität noch deutlicher von den Yakuza dominiert: Man leiht ungern von seiner Hausbank Geld, weil man gern sein Gesicht verliert, also zahlt man lieber 60 % Zinsen und holt sich's von den Gangstern.

Wer nicht zahlen kann und Immobilien hat, wird diese schnell an die Yakuza los. Soll ein Wohnblock luxussaniert werden oder einem lukrativen Neubau weichen, vertreibt ein Feuer schon mal die Mieter. Feuer und Yakuza werden schicksalsergeben hingenommen. Doch meist werden die Bürger nicht direkt belästigt oder gefährdet. Tote gibt es fast nur bei den Bandenkämpfen um Marktanteile.

Wenn Japaner sich als eine große Familie empfinden, so erst recht die Yakuza-Mitglieder. Das schließt Bruderkämpfe nicht aus. Absolute **Treue und Gehorsam** gelten gegenüber dem Boss (oyabun) einer Bande und dem eigenen Syndikat, zu dem weit über 100 Banden gehören können. Bei der Aufnahme in die streng hierarchisch gegliederte Gesellschaft schwören die Neuen: „Ich folge dir, Vater (Boss), durch Feuer und Flut, auch wenn meine leiblichen Eltern verhungern oder es mein eigenes Leben kostet." Sie morden auf Befehl und gehen für den Boss ins Gefängnis, im Durchschnitt zehn Jahre lang. Als Zeichen der Unterwerfung opfern sie ein **Glied des kleinen Fingers** (yubitsume), wenn sie mal einen Fehler begangen haben. Doch sie fühlen sich geborgen in der straff organisierten Gemeinschaft, in der die **japanischen Ur-Tugenden** Pflichterfüllung (giri), Respekt (kei), Ergebenheit, Loyalität (chûgi), Ausdauer (nin) und Wahrheit (shin) gelten. Diesen Tugenden verdanken die Yakuza nicht zuletzt, dass sie von der Bevölkerung geduldet werden, ja, man hegt bisweilen romantische Gefühle für die Angehörigen dieser „Subkultur".

dem Viertel zu findenden **Polizeihäuschen** *(kôban)*. In der Ginza mag die Hauptaufgabe der Polizisten zwar in Orientierungshilfe für Ortsfremde bestehen, und das gilt in gewisser Weise auch für *kôban* in Wohngegenden. Dort kommt den Polizisten *(keisan)* aber auch noch Nachbarschaftshilfe zu, etwa sich telefonisch bei alten Leuten zu erkundigen, wie es ihnen geht. Umgangssprachlich werden die Polizisten daher auch *o-mawari-san* („Herr Nachbar") genannt. Sie sollten alles wissen, was in ihrer Umgebung vor

Yakuza fühlen sich als Hüter von Sitte und Anstand, Ordnung und Harmonie, Nationalismus und Kaiserverehrung; folglich unterstehen ihnen auch alle **rechtsextremen Parteien** und Gruppierungen. Deren Präsenz dürfte auch der kurzzeitige Tokyo-Besucher mehr als einmal erleben: wenn die Konvois grauer Busse und Lastwagen mit lauter Marschmusik und Parolen durch die Straßen fahren. An der Ginza-Hauptkreuzung sind häufig welche zu sehen. Die meisten Japaner nehmen jedoch keine Notiz von ihnen. Die Aufmärsche sollen auch lediglich anzeigen: Wir sind da, allzeit bereit. Sollte jedoch irgendwann noch einmal der Militarismus in Japan die Oberhand gewinnen, werden ihm die Yakuza wohl sofort unbedingte Gefolgschaft leisten.

Die langjährige **Regierungspartei LDP** gilt als eng mit diesen Gruppen und den Yakuza im Allgemeinen verwoben. Hier ist insbesondere *Shin Kanemaru* zu nennen, einstiger Königsmacher in der Partei. Die LDP wurde durch die Yakuza ebenso korrumpiert wie durch die Industrie. Dieses für Japan charakteristische Machtkartell hat mit Sicherheit zum Erfolg des Wirtschaftsgiganten beigetragen, aber auch zu den Skandalen, die letztlich die LDP 1993 erstmals in die Opposition gezwungen haben.

Andererseits, so paradox es auch klingen mag, sorgt die Macht der Yakuza dafür, dass Kleinkriminalität sich in Grenzen hält, was die Polizei und die Bürger durchaus schätzen. Im übrigen hält man jedoch lieber auf Distanz. Früher erkannte man die Yakuza oft an den amerikanischen Straßenkreuzern, heute sind es eher deutsche Nobelkarossen, hinter deren getönten Scheiben man auch Gangster

vermuten darf und nicht bloß Freiberufler, wie es bislang der Fall war.

Seit 1992 ist es schwieriger geworden für die Yakuza, die damals jährliche Einnahmen von 10 Milliarden Dollar verzeichnen konnten. Jede Organisation, die einen bestimmten Prozentsatz an kriminellen Mitgliedern hat und Geld mit Gewalt eintreibt, gilt seither als **kriminelle Vereinigung** *(boryokudan)*. Wer auf frischer Tat bei typischen Yakuza-Beschäftigungen ertappt wird, muss mit einem Jahr Gefängnis rechnen. Zehn Organisationen, die 70 % aller Gangstersyndikate ausmachen, wurden bereits als *borykudan* klassifiziert.

Nun wünschen sich viele Yakuza ihre kleinen Finger wieder komplett und können ihre kunstvollen Körpertätowierungen nicht länger stolz präsentieren. Aber bisher kam es kaum zu Verhaftungen. Wer mit dem Gangsterleben aufhören will, kann mit staatlicher Hilfe und Arbeitsvermittlung rechnen. Aber es ist nie leicht, eine Bande zu verlassen, und der Druck von oben auf die Syndikate ist noch nicht stark genug. Aber immerhin, die frühere Selbstherrlichkeit ist wohl vorbei.

Da die Yakuza bisher **von der Bevölkerung geduldet** werden, ist deren Fortbestand jedoch kaum gefährdet. Immerhin bieten sie denen eine Chance zu beruflicher „Karriere", die ansonsten wenig Möglichkeiten für sich sehen, beispielsweise jugendlichen Straftätern, Arbeitslosen, Angehörigen benachteiligter Minderheiten wie die Eta und Koreaner. Immerhin liefern die Yakuza den Japanern etwas, was verboten ist, aber wonach offensichtlich Bedarf besteht.

sich geht. So dienen sie auf subtile Weise auch der Überwachung, aber den angepassten Bürgern Japans sind sie weniger Bedrohung als mögliche Hilfe. Im Notfall kann man hier gegen Vorlage des Ausweises sogar etwas Geld leihen!

●**Zentrales Fundbüro der Polizei:** Bunkyo-ku, Koraku, 1-9-1, Tel. 3814-4151, oder die nächste Police-Box.

Drogen

Im Gegensatz zu anderen Ländern der Region war das Drogenproblem in Japan **nie ein öffentliches Thema.** Es gibt fast kein Heroin, und auch Haschisch bzw. Marihuana gehören nicht zum Alltag experimentierfreudiger Jugendlicher. In Vergnügungsvierteln wie Roppongi und überall dort, wo GIs verkehren, ist *weed* natürlich zu haben, aber die Behörden dulden es nicht. Selbst *Paul McCartney* hat das einmal am eigenen Leib verspüren müssen: einige Tage Knast und Landesverweis waren die Folgen.

Die einzige Droge, die recht häufig konsumiert wird, ist **Amphetamin** *(speed)* und seit einigen Jahren auch Metamphetamin *(shabu).* In einer Leistungsgesellschaft wie Japan ist der Missbrauch von Aufputschmitteln nur logisch. Die Vorbereitungen für die oft brutalen Eintrittsexamen an den prestigereichen Universitäten sind für viele vielleicht auch nur mit chemischer Hilfe zu bewältigen. Die Zahl der Süchtigen wird auf 500.000 geschätzt.

Der Straßenhandel in Roppongi wird überwiegend von nigerianischen und iranischen Pushern betrieben, die u.a. Heroin, Kokain, Ecstasy und Ketamin anbieten.

Derart grimmige Gesellen hat man in Tokyo nicht zu fürchten ...

Buchtipp

●*Matthias Faermann:* **Schutz vor Gewalt und Kriminalität unterwegs,** Praxis-Reihe, REISE KNOW-HOW Verlag.

Prostitution

Offiziell verboten, gibt es Prostitution doch in jeder Variante. Das Sex-Business (*mizu-shobai*, wörtlich „Wasser-Business", weil traditionell an Thermalbäder u.Ä. gekoppelt) ist weitgehend noch in der Hand der Yakuza, obwohl deren Einfluss zurückgeht. Mädchen aus Thailand und den Philippinen, zunehmend auch aus China, werden von ihnen mit Hilfe lokaler Organisationen nach Japan gelockt und landen ohne Pass in Bordellen, wo sie imaginäre Geldschulden abzuarbeiten haben. Natürlich kommen viele Mädchen freiwillig des Geldes wegen. Der starke Yen zieht die *japa-yuki-san* (wörtlich „Fräulein-Japan-gehen") an. Unter den Hostessen und in Sex-Etablissements sind Tausende von ihnen zu finden. Aber es wird immer schwieriger, Touristen- oder „Künstler"-Visa zu bekommen, und so geraten viele in die Fänge von Gangsterorganisationen.

Sport, Spiel und Erholung

Traditionelle Künste und Spiele

Bonsai

●**Nippon Bonsai Kyôkai:** 2-8-1 Ikenohata, Taitô-ku, Tel. 3821-3059. Möglichkeit, die Pflege und Zucht von Bonsai zu erlernen.

Ikebana

Es gibt mehrere Schulen, die die Kunst des Blumenbindens lehren. Die drei Hauptrichtungen sind *Ikenobo*, *Ohara* und *Sôgetsu*.

●**Ikebana International:** 1-6 Kanda-Surugadai, Tel. 3297-8188. Vermittlung von Lehrern und Kursen.
●**Ikenobo Kaikan:** 2-3 Kanda-Surugadai, Tel. 3292-3071.
●**Ohara Ikebana Center:** 5-1-26 Minami-Aoyama, Tel. 3400-6835. Vermittlung von Lehrern und Kursen.
●**Sôgetsu Kaikan:** 7-2-21 Akasaka, Tel. 3408-1126. Ikebana-Eintageskurse auf Englisch:
●**Ikenobu Ochanomizu Gakuen:** 2-3 Kanda Surugadai, Tel. 3292-3071; JR Ochanomizu, Chûô Line. Mi 11–17.30 Uhr; drei Lektionen, 3700 ¥ pro Lektion.
●**Ohara:** 5-7-17 Minami Aoyama, Tel. 3499-1200; U-Bahn Omotesandô, Ginza Line. Mo–Fr 9.30–12 Uhr, 1500 ¥ pro Lektion plus 2000 ¥ für die Blumen, Zuschauen für Besucher: 800 ¥.
●**Sôgetsu:** 7-2-21 Akasaka, Tel. 3408-1126, U-Bahn Aoyama-itchome, Ginza Line. Mo–Fr 10–12 Uhr, Probelektion 3670 ¥, dann 2060 ¥ pro Lektion plus 1400 ¥ für Blumen.

Go/Igo

Das traditionsreiche, strategische Brettspiel mit schwarzen und weißen Steinen.
●Go-Abende einmal monatlich im **OAG-Haus:** 7-5-56, Akasaka, Tel. 3582-7743, Fax 3587-0030.
●**Takadanobaba I-Go:** F.I.Bldg. F7, gegenüber Big Box, Tel. 3208-0279; JR/U: Takadanobaba. Spielmöglichkeit 12–22 Uhr, Mo Unterricht durch *Jonathan Wood*, 2000 ¥;
●**Yokohama Igo Kaikan:** 4-43 Masago-chô, Tel. 045-662-4552.

Shodô (Kalligrafie)

Die Kunst des Schönschreibens von Gedichten und Ähnlichem.
●**Ijima Takuma:** (Mitglied der Japan Calligraphy Association), 4-5-7 Roppongi; Tel. 3401-7983. Klassen (auf Japanisch, Kommunikation non-verbal) Di und Do.
●**Asahi Culture Center:** Shinjuku Sumitomo Bldg., 2-6-1 Nishi-Shinjuku, Tel. 3344-1941.
●**Kôyô Calligraphy Art School:** 16-26 Nanpeidai-Machi, Tel. 3463-7261.

Kôdô

Kôdô ist die klassische Zeremonie des Riechens und Erratens seltener Weihrauchdüfte, ein Vorläufer der Teezeremonie.

- **Kôju (Nippon Kôdô)**, 3-5-8 Ginza, Core Bldg. F4, an der Ginza-4-chôme-Kreuzung; Tel. 3567-3286 bzw. 3567-2104. Seit 1580 Hersteller von Weihrauch *(kô)*. Wer einmal an einer Übungssitzung teilnehmen möchte, kann sich hier anmelden. *Herr Sanjônishi* unterrichtet in aristokratischer Tradition (Gebühr 5000 ¥); *Frau Misuno* gibt jeden Sa Einführungsklassen (Tel. 3663-4880).

Chadô (Teezeremonie)

- **Dai-Nihon Sadô Gakkai:** 20-10 Samonchô, Tel. 5379-0751/3.
- **Sakura-kai:** Shimo-Ochiai, Tel. 3951-9043 (Tee und Ikebana).
- **Chadô Kaikan:** 3-39-17 Takadanobaba, 15 Min. von Takadanobaba, Tel. 3361-2446. Mo-Do 10.30–14.30 Uhr, Fr. geschl., 2000 ¥ für eine Stunde.
- **Kenkyûsha Nihongo Center:** 1-2 Kagurazaka, U-Bahn Iidabashi, Yûrakuchô oder Tozai Line. Mo 18–20 Uhr, Fr. 14–16 Uhr oder 18–20 Uhr, 5150 ¥ für 2 Std.

In den folgenden Hotels gibt es **Einführungskurse auf Englisch:**
- **Imperial Hotel** *(Toko-an):* 10–16 Uhr, 1500 ¥, (20 Min.) Tel. 3504-1111.
- **Hotel New Otani** *(Seisei-an):* 11–12 Uhr, 13–16 Uhr, 1030 ¥, 15–20 Min. pro Runde.
- **Hotel Okura** *(Chosho-an):* 11–17 Uhr, 1030 ¥, 20–30 Min. pro Runde, Tel. 3582-0111.

Shôgi (japanisches Schach)

Shôgi ist ein Brettspiel mit 40 flachen, mit Schriftzeichen gekennzeichneten Steinen, das unserem Schach ähnlich ist. Wer eine Figur schlägt, kann sie selbst weiterbenutzen.
- **Nihon Shôgi Renmei Kaikan:** 2-39-9 Sendagaya, Tel. 3408-616.

Sumi-e (Tuschemalerei)

- **OAG-Haus:** Tel. 3582-7743.
- **Tôkyû Seminar BE:** 1-2-2 Dôgenzaka, Tel. 3477-6277.

Za-Zen (Zen-Meditation)

- **Chôsenji:** Tel.3407-2331.
- **Dai-honzan Eiheiji Tokyo Betsu-in:** Tel. 3400-5232.
- **Dôgen Sanga:** Tel. 3235-0701.
- **Komazawa Daigaku** (Universität): Setagaya-ku, ab Shibuya Shin-Tamagawa Line bis Komazawa Daigaku.

Kampfsport

Aikidô

Aikido ist wie Bogenschießen halb Sport, halb Religion, gewissermaßen eine spirituelle Kampfsportart. Bei dieser Form der Selbstverteidigung, die Prinzipien von Judo, Karate und Kendo in sich vereint, kommt es zu keinem eigentlichen Körperkontakt mit Ausnahme der Hände und Arme. Die Techniken umfassen Würfe, Haltegriffe oder *atemi* genannte Stöße, mit denen die Kraft des Gegners in Schach gehalten und sein *ki* (Lebenskraft) umgelenkt wird.

● **Aikidô Hombû Dôjo** (auch: International Aikido Federation): 17-18 Wakamatsu-chô, Shinjuku-ku, Tel. 3203-9236, www.aikikai.or.jp/eng/index.htm. Zu erreichen in 10 Min. per Bus 76 vom Shinjuku W-Ausgang bzw. U-Bhf. Shinjuku 3-chôme oder Waseda.

Unter Leitung des Sohns von *Morihei Ueshiba* (1883–1970), Begründer des Aikidô; mehr als 100 Ausländer trainieren hier jeweils; Einschreibegebühr 6000 ¥, monatliche Unterrichtsgebühr 10.000 bis 40.000 ¥, je nach Niveau und Intensität.

● **Ki-no-Kenkyu-kai Headquarters:** Ushi-gome Home Nr. 101, 2-30, Hara-machi, Shinjuku-ku, Tel. 3353-3461. Zu erreichen in etwa 15 Min. per Bus vom Shinjuku-Westausgang. Einschreibegebühr 8000 ¥, Jahresbeitrag 5000 ¥, monatliche Unterrichtsgebühr: morgens 20.000 ¥, abends 8500 ¥.

● **Sobukan Hombu Dôjo:** 1-36-2, Uehara, Shibuya-ku, Tel. 3468-3944; Odakyu-Line, Bahnhof Yoyogi-Uehara. Einschreibegebühr 5000 ¥, Unterrichtsgebühr für 1–3 Tage/Woche 7500 ¥, 4 Tage/Woche 10.000 ¥.

● **Yoshinkan Aikidô Foundation (AYF):** F2 Toto Bldg. 4-17-15, Takadanobaba, Tel. 3368-5556, JR Takadanobaba, 5 Min. Waseda-dôri nach Westen (Südseite), Kosten: s. www.yoshinkan.net/indexE.html.

Unterricht auf Englisch; Einschreibegebühr 11.000 ¥, monatliche Gebühr 8000 ¥ für regulären, 16.000 ¥ für intensiven Unterricht; Ein-Jahres-Kurs für ausländische Lehrer.

Judo

Dr. Jigoro Kano (1860–1938) ist der Begründer des modernen Judo, das er aus dem in der Edo-Zeit gebräuchlichen Kampfsport Jujitsu entwickelte. Im Judo, das auch eine olympische Disziplin ist, geht es darum, die Kraft des Gegners zum eigenen Vorteil zu nutzen. Anfänger lernen zunächst ein-

mal das richtige Fallen, dann Wurftechniken, Würge- und Haltegriffe.

● **Kôdôkan** (Sitz der All Japan Judo Association): 1-16-30 Kasuga, Bunkyo-ku (U: Korakuen), Tel. 3818-4199, 3811-4199/-4172/-7151, Fax 3812-3995, www.kodokan.org; Zu erreichen mit U-Bahn, Bahnhof Korakuen oder Kasuga. Die Einschreibegebühr beträgt 8000 ¥, die monatliche Unterrichtsgebühr 5000 ¥, die Schließfachmiete 2000 ¥/Monat. Zuschauen von der Galerie aus ist kostenlos, Mo-Fr 18–19.30, Sa 16–17.30 Uhr; Kurse für Ausländer werden auf Englisch und Französisch angeboten. Im Kôdôkan befindet sich eine Möglichkeit zur Unterkunft: Kôdôkan Hostel im 2. Stock, 3500 ¥ pro Nacht, 1800 ¥ im Schlafsaal. Bedingungen für den Aufenthalt sind eine Garantieerklärung durch einen Japaner sowie ein Empfehlungsschreiben durch eigenen Judoverband.

● **Budô Gakuen:** Nippon Budôkan, 2-3 Kitanomaru-kôen (U: Kudanshita, nahe Kaiserpalast), Tel. 3216-0781/-5143. Die berühmte Halle für japanische Kampfsportarten; Einschreibegebühr 3150 ¥, jährliche Unterrichtsgebühr 48.000 ¥, Schließfachmiete 3150 ¥, Versicherung 2000 ¥. Auch für Nippon Budokan ist eine Garantiererklärung durch eine/n Japaner/in erforderlich.

● **Kofukan Jûdô-jo:** 4-1-6, Kami-Shakuji, Nerima-ku, Tel. 3920-7007, nur Japanisch. Einschreibegebühr 5000 ¥, Monatsbeitrag für Personen unter 30 Jahren 4000 ¥, ansonsten 5000 ¥.

● **Jukendôi** All-Japan Jukendô Federation, 2-3 Kitanomaru Kôen, Chiyoda-ku, Tel. 3201-1020.

Karate

Karate hat, wie Kung Fu, seinen Ursprung im alten China, wurde dann in Okinawa zur waffenlosen Kampfsportart entwickelt und gelangte erst 1922 ins eigentliche Japan. Wie andere fernöstlichen Kampfsportarten vereint *Karate-dô* körperliche, geistige und spirituelle Disziplin. Die Techniken umfassen Schläge, Hiebe und Tritte. Trainiert werden die Grundformen *(kata)* sowie einfaches und freies Sparring *(kumite)*.

● **Nihon Karate Kyokai** (Jap. Karate Association): Tokyo JKA HQ, 2-23-15 Koraku, Bunkyo-ku, Tokyo 112-0004, Tel. +81-3-5800-3091 (Mo–Fr 10–17 Uhr) Fax +81-3-5800-3100, sohonbu@jka.or.jp, www.jka.or.jp. Trainingskapazität für 100 Personen. Einschreibegebühr 10.000 ¥, monatliche Unterrichtsgebühr 10.000 ¥. Mehr als die Hälfte der Trainierenden sind Ausländer, etwas Englisch wird verstanden.

● **World Union of Karate-Do Organization:** Sempaku Shin-Kokai Bldg. 4. St., 1-15-16 Toranomon, Minato-ku, Tel. 3503-6637/-6640, U-Bahn: Toranomon (nur Information/Organisation, kein Training)

● **Shotokan Karate International:** 2-1-20, Kugahara, Ota-ku, Tel. 3754-5481, www.yama.co.uk/pages/skihq.htm; Chuo Line, Bahnhof Yotsuya. Einschreibegebühr 20.000 ¥, monatliche Unterrichtsgebühr 8000 ¥, Jahresbeitrag 3000 ¥.

● **Shotokan:** Kashiwagi Bldg., 1-4-2, Shibaura, Tel. 3452-7983. Einschreibgebühr 8000 ¥, Monatsbeitrag 7000 ¥. Shotokan legt Wert auf korrekte Haltung und Form.

● **Karate-dô Goju-kan:** 1-16-23, Zempukuji, Suginami-ku, Tel. 3395-2311/3390-2929; nahe Bahnhof Nishi-Ogikubo,Tozai Line. Einschreibgebühr 15.000 ¥, Jahresbeitrag 3000 ¥.

● **Goju-ryu Yoyogi Karate-dô Kyokai Hombu Ryu-shin-kai:** 4-30-3, Sendagaya, Shibuya-ku, Tel. 3402-0123; nahe Yamanote-Bahnhof Yoyogi. Einschreibegebühr 15.000 ¥, monatliche Unterrichtsgebühr 9000 ¥.

● **Kyokushin-kai Hombu Dôjô** (zugl.: International Karate League): Kyokushin-Kaikan, 3-3-9, Nishi-Ikebukuro, Toshima-ku, Tel. 3984-7421; nahe Yamanote-Bahnhof Ikebukuro. Einschreibegebühr 16.500 ¥, monatliche Unterrichtsgebühr 10.000 ¥.

● **Kyokushin-Kaikan:** Sangen Building, B2 und 2-kan, 2-14-12, Sangenjaya, Tel. 3421-5534. Einschreibegebühr 12.000 ¥, Monatsbeitrag 8000 ¥; viele Ausländer. Kyokushin duldet ähnlich wie Kickboxen keine Angriffe auf das Gesicht.

Shintaidô

Diese neue Kampfsportart leitet sich vor allem vom Karate ab, ist jedoch weniger streng. Eine Mischung aus Kampfsport, Meditationsklassen, Heilseminaren und *takigyô* (Meditieren unter einem Wasserfall).

● **Info:** Nishijima Building 2-12-2 Nishiogikita Suginami-ku Tokyo, Tel. 03-6915-0071, Fax 03-6915-0072, www.shintaido.com, mail@shintaido.com. Einschreibegebühr 15.000 ¥, Jahresbeitrag 15.000 ¥, monatliche Unterrichtsgebühr 4000–10.000 ¥, Discount für Ausländer, kostenloses Ausprobieren.

Shorinji Kempô

1947 entwickelte Kampfsportart (eine Art Boxen) mit starkem Zen-Einfluss:

● **World Shorinji Kempo Organization** (Tokyo Office), 1-3-5 Uehara, Shibuya-ku (U: Yoyogi-kôen, Chiyoda Line), Tel. 3481-5191. Hauptquartier in Tadotsu, Kagawa Pref., Kontakt: www.shorinjikempo.or.jp/en/index.html; wsko@shorinjikempo.or.jp.

Kendô

Die uralte japanische Schwertkampfkunst *(kenjutsu/gekken)* wird seit 1952 als Sport praktiziert und ist auch heute noch vor allem in den Mittelschulen Teil des Sportunterrichts. Die Kämpfer tragen zum Schutz eine Maske *(men)*, eine Brustplatte *(do)* und Handschuhe *(kote)*. Gekämpft wird mit Bambusschwertern *(shinai)*. Sieger ist, wer die drei geschützten Körperteile und die Kehle *(tsuki)* des Gegners trifft. Trainiert werden in Angriffs- und Abwehrbewegungsabläufen Körperhaltung, Fußarbeit, Hiebe, Täuschungsmanöver und Paraden. Kendô hat zehn Grade und drei Lehrgrade.

●**All-Japan Kendô Federation** (Zen Nippon Kendô Renmei): Tel. 3211-5804, 3234-6271, www.kendo-fik.org.
●**Kyûmeikan Dôjô:** 2-1-7, Akatsuka-Shinmachi, Itabashi-ku, Tel. 3930-4636; Zugang: U-Bahnhof Eidan-Akatsuka bzw. Shimo-Akatsuka (Tobu-Tojo Line). Unterricht auf Englisch, Einschreibegebühr 10.000 ¥, monatliche Unterrichtsgebühr 4000 ¥, Unterkunft vorhanden: 1000 ¥/Tag.
●**Tokyo Budôkan:** 3-20-1, Ayase, Adachi-ku, Tel. 5697-2111. 300 ¥ pro Übungseinheit; im Winterhalbjahr Kendô-Unterricht für Frauen, 20 Unterrichtseinheiten 6000 ¥. Auch Judo.
●**Kobuto:** Nippon Kobuto Association, 2-3 Kitanomaru Koen, Chiyoda-ku, Tel. 3216-5114.

Kyûdô

„Zen oder die Kunst des Bogenschießens" lautet ein Buchtitel. Von allen traditionellen Sportarten ist Kyûdô am meisten mit Zen verbunden – und mit Shintô-Schreinen.

Der Bogen misst 2,25 m. Er ist aus Streifen von Bambus und Maulbeerbaum gefertigt und lackiert. Wie in der Teezeremonie ist jede Bewegung vorgeschrieben. Getragen wird Kimono mit Überrock (hakama).

Kyûdô ist wegen seiner Eleganz bei Frauen ebenso beliebt wie bei Männern. An fast allen Senior Highschools und Universitäten gibt es Kyûdô-Clubs. Die beiden wichtigsten Kyûdô-Schulen sind Heki und Ogasawara, sie wurden um 1380 gegründet.

Die Variante des **Bogenschießens zu Pferde** (yabusame) stammt bereits aus dem 7. Jh. und wurde besonders während des Kamakura-Shogunats im 12. Jh. gefördert. Heute ist sie Teil bestimmter **Shinto-Feste.** Das wichtigste dieser Yabusame findet jedes Jahr am dritten Sonntag im April im Tsurugaoka Hachimangu in Kamakura statt. Das Yabusame im Asakusa-Park, das während der Kirschblüte stattfindet, ist auch sehr bekannt.

●**Amateur Archery Federation of Japan:** Kishi Memorial Hall, 4 st., 1-1-1 Jinnan, Shibuya-ku, Tel. 3481-2402, Bahnhof: Harajuku.
●**Meiji Jingu Kyûdôjô:** Meiji-Schrein, Tel. 3379-5511. Einschreibegebühr 2000 ¥, Monatsbeitrag 3000 ¥.
●**Shinjuku-ku Taiiku-kan, Cosmic Sports Center:** 3-1-2, Okubo, Shinjuku-ku, Tel. 3232-7701. 10 Min. vom Yamanote-Bahnhof Takadanobaba. Gebühr 300 ¥, nur für Bewohner oder Berufstätige in Shinjuku-ku.
●**Minato-ku Sports Center,** 3-1-19, Shibaura: Minato-ku, Tel. 3452-4151. 3 Min. zu Fuß vom Yamanote-Bahnhof Tamachi. 200 ¥ für „Bewohner", 400 ¥ für Auswärtige.
●Der angesehenste und älteste Dôjô Tokyos befindet sich nahe dem Yamanote-Bahnhof Ôtsuka in Toshima-ku: **Toshima Sôgô Taiiku-kan,** Anmeldung für ernsthaft Interessierte im Toshima Physical Education Dept. (Toshima-ku Taiiku-ka, Tel. 3981-1111)
●In der Nähe befindet sich auch ein Laden für **Kyûdô-Zubehör:** Asahi Kyûgu, Tel. 3971-2046, Adresse: 1931 Nishi-Sugamo 2-chôme; dort gibt es auch das zum Einstieg empfehlenswerte Buch von Meister Onuma: „Japanese Archery –The 8 Rules".
●**Naginata:** All-Japan Naginata Federation (Tokyo Office), Kishi Kinen Taiikukaikan, 1-1-1 Jinnan, Shibuya-ku, Tel. 3481-2411.
●**Japanese Archery,** 3-25-6 Kamata, Ota-ku, Tel. 3731-3015.

Sumo

Die **Turniere** des japanischen Ringkampfes in Tokyo finden im Januar (Neujahrsturnier), Mai und Herbst statt, im März in Osaka, im Juli in Nagoya, im November in Fukuoka. Im Fernsehen werden die Kämpfe während der Turniere von 16 bis 18 Uhr übertragen. Die untersten Kampfklassen beginnen bereits morgens um 10 Uhr, richtig interessant wird es allerdings erst gegen 15 Uhr (erster und letzter Tag) bzw. 15.30 Uhr.

Unreservierte Sitzplätze kosten 1500 ¥, reservierte 2300–7000 ¥. Die Boxen nahe dem Ring sind in der Regel lange im Voraus ausgebucht und ohnehin nicht sehr bequem. Stehplätze (ca. 700 ¥) sind am leichtesten kurzfristig zu bekommen, die besten Plätze sind nahe den Zu- bzw. Abgangswegen der Ringer an der Nord-(shomen) und Südseite (muko-jomen).

Bequemes **Zuschauen beim Turnier** in Tokyo kann man sich über das Reisebüro Hato Bus organisieren lassen: 22.060–27.030 ¥, Tel. 3455-8101.

Zuschauen kann man manchmal auch beim **Training** (ca. ab 8 Uhr) vor den Turnieren in den Sumo-Ställen, sollte sich jedoch unbedingt telefonisch vorher (möglichst auf Japanisch) erkundigen, ob die Kämpfer anwesend sind und ab wann sie trainieren, und sollte sich anmelden. Fotografieren ohne Blitz (!) ist in der Regel gestattet. Wegen des allzu großen Zuschauerandrangs in den letzten Jahren – nicht zuletzt wegen der wachsenden Zahl ausländischer Ringer – haben viele Ställe inzwischen grundsätzlich wieder davon Abstand genommen, Besucher zuzulassen.

Einige der 15 Ställe (mit Tel.-Nr.) in **Sumida-ku:** Azumazeki (3625-0033), Dewanoumi (3632-4920), Kasugano (3634-9828), Kokonoe (5608-0404), Tatsunami (3631-2424).
Taito-ku: Takasago (3876-7770).

Koto-ku: Kitanoumi (3630-9900), Taiho (3820-8340).
Edogawa-ku: Isenoumi (3677-6860), Asahiyama (3686-4950), Takashima (5607-5488).

Sumo-Schulen:
● **Nihon Sumo Kyôkai:** c/o Kokugikan Sumo Hall, 1-3-28, Yokoami, Sumida-ku, Tel. 3623-5111; Mo–Sa 9.30–17 Uhr, JR Bahnhof Ryôgoku.
● **Japan Amateur Sumo Federation:** c/o Kishi Memorial Hall, 1-1-1, Jinnan, Shibuya-ku, Tel. 3481-23.

Sumo-Museen:
● **Museum of Sumo:** 1-3-28, Yokoami, Suminda-ku, Tel. 3622-0366, Mo–Fr 9.30–16.30 Uhr, Eintritt frei. JR Bahnhof Ryôgoku.
● **Sumo Photograph Museum** (Sumo Shashin Shiryokan), Kudi Photo Shop, 3-13-2 Ryogoku, Tel. 3631-2150, kostenlos.
● Interessant ist auch das kleine Tabi-Museum/Geschäft, wo berühmte rikishi ihre tabi (Socken) fertigen lassen: **Tabi Shiryokan, Kikuya Tabi Shop,** 1-9-3 Midori, Tel. 3631-0092, ca. 9–18 Uhr, So/F geschl., 8 Min. zu Fuß von Bahnhof Ryogoku, Ost-Ausg. (Sobu Line), im Viertel rechts hinter der Kreuzung Keiyô/Kiyosumi-dôri.

● **Internet zu Sumo allg.:** iac.co.jp/sumowrld.

Andere Sportmöglichkeiten

Badminton
● **Nippon Badminton Association:** Kishi Memorial Hall, 1-1-1 Jinnan, Shibuya, Tel. 3481-2382.

Baseball
● **Shibuya Batting Center:** 1-16-9 Shibuya, Tel. 3400-7663. Tgl. 9–24 Uhr, Schlägerschwingen gegen Roboter-Pitcher: 300 ¥ für 24 Bälle, Geschwindigkeit bis 130 km/h.
● **Korakuen-kyujo:** 1-3 Koraku , Tel. 3811-2111, U: Kôrakuen; JR Suidobashi.
● **Meiji-jingu-kyujo:** 13 Kasumigaoka, Tel. 3478-6800, U: Gaien-mae, Shinanomachi, tägl. 8–20.30 Uhr, 400 ¥ für 20 Bälle.

●**Oslo Batting Centre:** 300 ¥ für 20 Bälle, 2-34-5 Kabuki-chô, Tel. 3208-8130, JR Shinju-ku, 10–18 Uhr.
●**Seibu kyujo:** 2135 Kami-yamaguchi, To-korozawa-shi, Tel. 0429-25-1151; Seibu Ike-bukuro Line: Kyujo-mae.

Radfahren

Rundwege:
●Rund um den **Kaiserpalast** (3 km); 500 Fahrräder können täglich kostenlos ausgelie-hen werden; neben der Babasakimon-Polizei-box (U: Nijubashi-mae, Chiyoda Line), täglich 10–15 Uhr, Tel. 3211-5020 (nur So), 5572-6412 (wochentags).
●Rund um den **Akasaka Detached Palace,** 3 km.
●**Meiji Memorial Picture Gallery Oval:** 400 Fahrräder zum kostenlosen Verleih (9–16 Uhr) vorhanden, sonntags kein Autover-kehr, aber viele übende Kinder, 1,2 km (Chuo-Line: Sendagaya; U:Gaienmae, Ginza Line).
●**Tamagawa Seishonen Cycling Course:** Fahrradverleih auf der anderen Seite der Brücke Tamagawa-Ohashi, ca. 18 km; Tokyu Mekama Line: Yaguchi-no-watashi, bzw. Kei-hin Kyuko Line: Rokugodote.

Fahrradverleih:
●**Eight Rent**, 1000 ¥/Tag, 5000 ¥ Kaution, Mo–Sa 10–19 Uhr, Pass vorzeigen, Koshin Bldg. 1F, 31-16 Sakuragaoka-chô, Tel. 3462-2383, JR Shibuya.

Fahrradtouren in Japan:
●Zahlreiche Informationen rund um den Fahrradsport findet man auf der Website **www.japancycling.org/v2/inter/links.shtml.**
●**Japan Bicycle Promotion Institute,** 1-9-3 Akasaka, Tel. 5572-6410, Fax -6407.
●**Japan Mountainbike Association,** Seia Mansion F1, 3-57 Haramachi, Shinjuku-ku, Tel. 3203-8479.

Schwimmen

●**Jingu Pool:** 5 Kasumigaoka, Shinjuku-ku, Tel. 3403-3458, JR Sendagaya. 1500 ¥; im Winter Schlittschuhlaufen.
●**Yoyogi National Stadium** (Kokuritsu Yoyo-gi Kyogijo): 2-1-1 Junnan, Shibuya-ku, Tel. 3468-1171. JR Harajuku; U: Meiji-jingu-mae. Erw. 460 ¥, Kinder 360 ¥.
●**Nakano Sun Plaza:** 4-1-1 Nakano, Tel. 3388-1151, JR/U: Nakano. Beheiztes 25-Me-ter-Becken; 2 Std. 750 ¥, Kinder 500 ¥.

●**Tokyo Swimming Center:** 5-4-21 Komagome, Toshima-ku, Tel. 3915-1012; JR Sugamo. Außenbecken nur Sommer, Halle ganzjährig, Mo. geschl., Erw. 1340 ¥, Kinder 720 ¥.
●**Chiyoda-ku Gymnasium:** 2-1-8 Uchi-Kanda, Tel. 3256-8444; JR Tokyo.
●**Minato-ku:** 3-1-19 Shibaura, Tel. 3452-4151; JR Tamachi, U: Mita.
●**Shibuya-ku Sports Center:** 1-40-18 Nishihara, Tel. 3468-9051; JR Harajuku, U: Meiji-jingu-mae.
●**Shinjuku-ku Sports Center:** 3-5-1 Okubo, Tel. 3232-7701; U: Shinjuku-san-chôme.

Golf

●**Shiba Golf**, 4-8-2 Shiba-Kôen, Tel. 5470-1111, 6–23 Uhr, Eintritt 500 bis 900 ¥.

Klettern

Allgemeine Informationen über Klettern und Bergsteigen in Japan:
●**Japanese Alpine Club,** vor mehr als 100 Jahren nach dem Vorbild des British Alpine Club gegründet, Fokus auf japanische Expeditionen, bietet auf seiner Webseite jedoch gute Links zum Bergsteigen in Japan inkl. Tipps, wie man japanische Seiten online übersetzen kann: www.jac.or.jp/english/jac_e.htm
●**Outdoor-Aktivitäten inkl. Klettern:** www.outoorjapan.com/contents/home?language=english (Activity Guides links anklicken und gewünschte Aktivität auswählen).
●**Klettern in der Natur:** Einer der nächsten Kletterfelsen von Tokyo aus befindet sich im Buttress Camp-Jô. Von Yokohama aus: s. Kapitel „Yokohama", Ausflug zur Miura-Halbinsel: Takatoriyama-Steinbruch.
●Eine vom Designer *Nendo* entworfene und inzwischen preisgekrönte Kletterwand im **Illoiha-Fitness-Club** an der Omotesando (Harajuku) wartet statt mit felsähnlichen Strukturen und Haltepunkten mit Bilderrahmen, Vogelkäfigen, Geweihen u.a. auf (Tel. 57861618/54231618).

Kletterhallen in Tokyo:
●**7a,** NS Building B1, 3-17-11 Sanda-machi Hachioji-shi, Tokyo 193-0832, Tel. 81-426-69-5330.

●**B-pump,** 2-20-10 Kokubunji-shi Tokyo Japan, www.pump-climbing.com. Größter Kletterfelsen Japans, mit Zubehör-Shop.
●**Climbing wall Runout,** Tokyo Building, 2-10-19 Nishi-koigakubo Kokubunji-shi, Tokyo 185-0013, Tel. 81-42-322-8133, www.interq.or.jp.
●**Fukagawa Sport Center,** 1-2-18 Ecchujima Koto-ku, Tokyo 135-0044, Tel. 81-3-3820-5881/5882/5883.
●**Nippin Main Branch,** 3-11-1 Soto-kanda Chiyoda-ku, Tokyo 101-0021, Tel. 81-3-3253-1431.
●**T-Wall Kinshi-cho Branch,** 2-10-12 Mouri Koto-ku, Tokyo 135-0001, Tel. 81-3-3634-0730, www.nona.dti.ne.jp.
●**T-Wall Tokyo,** 2-5-23 Suidou Bunkyo-ku, Tokyo 112-0005, Tel. 81-3-5802-2273, www.nona.dti.ne.jp.

Klettern ist ein beliebter Outdoorsport

● **Ishii Sports:** Towa Bldg., 210 Okubo, Tel. 3200-7219.
● **International Adventure Club:** Dave Parry, Tel. 3261-1740, www.iac-tokyo.org
● **T-Wall:** u.a. große Boulderanlage, tägl. außer Mo 13–22 Uhr, Sa/So/F 10–20 Uhr, 2100 ¥, Mitgliedsbeitrag 525 ¥, JR (Sôbu) Kinchichô, S-Ausg. Richtung Marui, www. nona.dti.ne.jp/~t-wall/.
● **Japan Alpine Club:** F1 Sun View Haitsu, 5-4 Yonban-chô, Tel. 3261-4433.
● Einer der nächsten Kletterfelsen von Tokyo aus ist der **Koizawa Buttress** nahe dem Bahnhof Hatonosu (2 Stationen vor Okutama mit der JR Okutama Line, 20–30 Min., in einem Seitental auf der anderen Seite des Tama-Flusses, zahlreiche Routen ab III/IV–XI, bis 3 SL, Übernachtung möglich im Buttress Camp-Jô).

Kletterhallen in Saitama:
● **Pump:** 4-11-8 Toda, Saitama, Tel./Fax (048)-444-4436; JR Toda-kôen, Saikyô Line, 20 Min. von Shinjuku.
● **Wall (1):** Mitgliedsbeitrag 2000 ¥, pro Tag 2000 ¥, nach 18 Uhr 1500 ¥, vielfältige Anlage, keine Duschen, Mo, Fr geschl.

Kletterhalle in Chiba:
● **Funabashi Rocky:** 2-225-1 Umigamichô, Funabashi, Chiba, 048-444-0216; Keisei-Umigami, 10 Min.; JR Funabashi, 13 Min.

Kletterhallen in Kanagawa:
● **Pump:** 2: 2-13-1 Nakanoshima, Tama-ku, Kawasakl, Tel. 044-933 2591.
● **Big Rock:** 2-35-5 Shishi-ga-dani, Tsurumi-ku, Yokohama, Tel. 045-585-91199.

Geführte Outdoor-Aktivitäten

● **Evergreen Outdoor Center of Hakuba Japan,** 4 Season Guiding Service, www.ever green-hakuba.com, tours@evergreen-outdo ors.com, Tel. 0261-72-5150.

Hiking

Japan ist ein Paradies für Bergwanderer; der Westen Tokyos bietet unzählige Möglichkeiten, Broschüren gibt es oft an Bahnhöfen. Wer **geführte Tagestouren** vorzieht, kann in kleinen Gruppen am 1. Sa im Monat mit Racer X (Brad Bennet) gegen eine Gebühr losziehen, Kontakt: racerx@outdoorjapan.com.

Joggen

● Rund um den **Kaiserpalast,** 5 km, mit Kitanomaru-Park 6 km; günstiger Ausgangspunkt: Sakurada-mon (U: Sakurada-mon), Toilette, Uhr, Wasser; 1. Sonntag im Monat: „Global Imperial Palace Marathon", 5 km (1500 ¥) bis 42 km (2000 ¥), Tel. 3295-8460.
● Rund um **NHK Broadcast Center** und olympische Sporthallen, Shibuya, ca. 2,4 km.
● Nördlich des **Yoyogi-Parks:** 1750 m Rundkurs.
● Rund um **Akasaka Detached/Omiya Palace,** 3 km.
● **Meiji Memorial Picture Gallery Oval:** 1325 m, beliebt bei Spitzenläufern.
● **Yotsuya Mitsuke Promenade:** etwa ab Hotel New Otani bis Iidabashi, hin und zurück ca. 5 km.
● Rund um den **Hibiya-Park:** ca. 1,5 km.
● Rund um den **Shiba-Park:** ca. 3 km.

Hash House Harriers:
● Alles über die HHH-Clubs in und um Tokyo: www.tokyohash.org.

Darts

● **The Japan Darts Association:** 2-26-22 Denenchofu, Ota-ku, Tel. 3721-5967.
● **Hus & Wife:** 17-12 Sakura-gaoka, Shibuya-ku, Tel. 3463-0858.
● **C'est moi:** 2-9-2 Shimo-Kitazawa, Tel. 3468-7366.
● **The Japan Darts Organization** (JDO): Ichikawa Bldg. 2F, 1-28-3 Higashi-Ikebukuro, Tel. 3985-0995.
● **Bully Bullseye:** Tamagawa Building, 2-30-8 Naka-machi, Meguro-ku, Tel. 3710-9953.
● **The Japan Darts Federation:** 3-18-7 Morishita, Koto-ku, Tel. 3663-6540.

Fitnessclubs

Es gibt zahlreiche (teure) Clubs in allen Stadtteilen, hier einige weniger teure.
● **Bio:** Shojikiya Bldg. 5. St., 4-10-10 Roppongi (nahe Roppongi-Kreuzung), Tel. 3404-0202, keine Mitgliedschaft nötig.

●**Tipness:** 16-4 Udagawa-chô, Shibuya-ku, Tel. 3770-3531, Einschreibung 20.000 ¥, Monatsbeitrag 11.000 ¥.

Tennis

●**Ariake Tennis Forest Park:** 2-5-1 Ariake, Koto-ku, Tel. 3529-3301; U: Toyosu. 9–21 Uhr (Nov.–März bis 16 Uhr); größtes Tenniszentrum Tokyos, 48 Plätze; 1500 ¥ pro Platz und Std., schriftl. Reservierung mit Rückantwortkarte (*ofuku hagaki*) 2–3 Monate vorher erwünscht.

●**Showa-no-mori Tennis Courts:** 600 Tanaka-chô, Tel. 0425-43-2103; JR Akishima. 8–21 Uhr, werktags 2 Std. 1250 ¥, Wochenende 1850 ¥.

●**Mainichi Sports Plaza Tokyo:** TBR Kioicho Bldg., 2. St., 5-7 Koji-machi, Tel. 3234-1180; U: Kojimachi. Hier wird nicht nur Tennis geboten, sonder auch Schwimmen u.a.

Paragliding-Schule

●**Megur:** 3-22-1 Higashiyama, Tel. 3714-3431. Besonders freundlich.

Kajakfahren

●**Tokyo Ecomarine:** Tel. 5696-6131, Fax 3804-1143; U: Nishi-Kasai, Tozai Line, 10 Min. 11–19 Uhr, Mi geschlossen.

Go-Kart

●**Itabashi Tokyo Circuit:** 1-22-10 Sakashita, Tel. 3965-0880. Drei Min. 600 ¥; 12–22.30, Sa bis 23 Uhr, So ab 10 Uhr.

●**Chiba-Präfektur:** Tagesrennkurs 20.000 ¥, Tel. 043-423-9130.

Reiten

●**Tokyo Horse Riding Club:** 4-8 Kamizonochô, Tel. 3370-0984, Fax 3370-2714, Sangubashi (Odakyu Line), Di–So 9–17.45, 7550 ¥, Sa, So 8550 ¥, ältester Reitclub in Japan, 45 Pferde stehen zur Verfügung, sechs Lehrer, Anmeldung einen Tag vorher.

Skifahren

Skifahren war lange in Hallen nahe der Stadt ganzjährig möglich, nach deren Schließung bleiben jetzt nur noch die von Tokyo per Zug oder Auto in wenigen Stunden erreichbaren Wintersportorte.

Thermalbäder und Badehäuser

●**Asakusa Kannon Onsen:** 2-7-26, Asakusa, Tel. 3844-4141, 6.30–18 Uhr; JR/U: Asakusa. Klassisches Badehaus, natriumbicarbonathaltiges, 45 Grad heißes Wasser, 600 ¥.

●**Azabu Jûban Hotspring:** 1-5-22 Azabu-jûban, Tel. 3404-2610; U: Roppongi, 10 Min. 11–21 Uhr, Di geschl., Erw. 1200 ¥, Kinder 500 ¥; Handtuch mitbringen.

●**Daikokuya:** 32-6 Senju Kotobukichô, Tel. 3881-3001; U: Kita-Senju, Hibiya Line, 15 Min. Gilt als Tokyos schönstes klassisches Badehaus, sieht von außen aus wie ein Palast oder Tempel, überdachter *rotemburo* (nicht nach Geschlechtern getrenntes Bad) im Garten, Sauna 400 ¥ extra, Do geschl.

●**Fuji-no-yu:** 2-1-16 Tamagawa-dai, Shin-Tamagawa Line, ab Shibuya, 8 Min. Gestaltet in schlichter japanischer Ästhetik; am 2., 12. und 22. des Monats geschlossen.

●**Heiwajima Kurhaus:** 1-1-1 Heiwajima, Ôta-ku, Tel. 3768-9121; Heiwajima, Omorikaigan, Keihin-Kyûkô Line. 13 Bäder inkl. Natur-Thermalbad, Fitnessstudio, Mo–Fr 11–22 Uhr, Sa/So 10–22 Uhr, 2200 ¥.

●**Imado Onsen:** 2-8-3 Imado, Tel. 3873-3609; U: Asakusa, 20 Min. Beliebtes Nachbarschaftsbad in „downtown" Asakusa, Bäder mit Gartenblick, inkl. kleiner Sauna; Fr geschlossen.

●**New Ebisu:** 4-17-9 Higashi-Ogu, Arakawaku, Tel. 3894-7602; JR Tabata. Mehrere Bäder, sicherlich am schönsten ist das Außenbad im japanischen Garten; 15.30–1 Uhr, am 1. u. 3. Mo im Monat geschl., Erw. 310 ¥, Kinder 150 ¥.

●**Ô-Edo Onsen Monogatari:** Odaiba Thermalbad im Stil der Edozeit, 2 Min. zu Fuß von der Telecom Center Station der Yurikamome Line, alle 5 Min. kostenloser Shuttlebus von der Tokyo Teleport Station der Rinkai Line, geöffnet 11–9 Uhr am nächsten Morgen (letzter Einlass 2 Uhr morgens!) An 365 Tagen geöffnet (schließt einmal monatlich während der Nacht für Reparaturen),

Erw. ab 2900 ¥, ab 18 Uhr 2000 ¥, ab 2 Uhr 1700 ¥ für die Übernachtung in Schlafsesseln mit TV und Radio. Tel. 5500-1126, www.ooe doonsen.jp.
● **Ô-Edo Higashiyama Onsen:** 3-1-6 Higashiyama, Meguro-ku, Tel. 3712-0356; Ikejiri-Ôhashi, Shin-Tamagawa Line. Beliebtes Badevergnügen in vier Stockwerken inkl. *rotemburo* im Freien, am besten mitten am Tage wochentags; Akupunktur-Behandlung 5000 ¥, Massage 4000 ¥, 3. Di im Monat geschl.
● **Rakutenchi Sauna:** 4-27 Koto-bashi, Sumida-ku, Tel. 3631-4126; JR Kinshichô, Sôbu Main Line. Größtes Badehaus Tokyos, gute Aussicht vom obersten Stockwerk, 10–23.30 Uhr, Männer 2400 ¥, Frauen 1800 ¥, Kinder 1050 ¥.
● **Sawa-no-yu:** 2-26-18 Komamezawa, Itabashi-ku, Tel. 3966-4497; U: Shimura-Sakaue, Toei Mita Line. Mehrere Bäder, inkl. Fitnessstudio; 15.30–23.30 Uhr, Mo geschl., 310 ¥.
● **Soshigaya Hot Spring:** 3-36-21 Soshigaya, Setagaya-ku, Tel. 3483-2611; Soshigaya-Okura, Odakyû-Line. Sehr attraktiver Onsen, neun Becken, inkl. Sauna, Schwimmbad u.a. Badespaß 1000 ¥; 14–23 Uhr, nur Bad: Erw. 360 ¥, Kinder 150 ¥.
● **Tokyo Kenkô Land:** Funabori, Tel. 3878-4126; Toei Shinjuku Line; kostenlose Shuttle-Busse ab JR-Bhf. Shin-Koiwa, Südausgang oder Bhf. Nishi-Kasai, Tozai Line. Sehr große Auswahl an unterschiedlichen Bädern, ideal für einen kühlen Regentag, 2300 ¥, 5–2 Uhr.
● **Tokyo Station:** Tel. 3212-2681; selbst im Bahnhof gibt es ein leider nur für Männer geöffnetes Onsen. B1, gegenüber Daimaru, 6–23 Uhr, inkl. Sauna 2100–2300 ¥, Massage extra.
● **Tsubame-yu:** Tel. 3831-7305; JR Okachimachi. Bad mit künstlicher Grotte.

In Yokohama
● **Yokohama Higashi Totsuka Kenkô Land:** Shinanochô, Tel. 045-825-1126. Bäder u.a. Wasserspaß auf mehreren Stockwerken.

Saunen
Es gibt zahlreiche Saunen in der Stadt, die durchweg respektabel und etwas eleganter als öffentliche Bäder sind; die meisten bieten auch Massagen an. Viele befinden sich in Shinjuku. Es gibt getrennte Saunen für Frauen und Männer.
● **Korakuen Sauna:** Tel. 3352-2443; U: Shinjuku-3-chôme.
● **Green Plaza Shinjuku:** im größten Capsule Hotel Tokyos, Tel. 3207-5411, 3207-4921, 1-29-2 Kabuki-chô, inkl. Fitness-Studio. JR/U: Shinjuku.
● **Tôsen:** 2-14-26 Ueno, Tel. 3831-1322. Schön gelegene Sauna mit Blick auf Benten-Tempel und Shinobazu-Teich, 24 Std. geöffnet, tagsüber 1800 ¥, nachts (18–10 Uhr) 2800 ¥.

Stadtverkehr

Tokyo hat ein **ausgezeichnetes System** öffentlicher Verkehrsmittel, das es ermöglicht, praktisch jeden Punkt im riesigen Stadtgebiet ohne lange Fußmärsche zu erreichen. Zur Verfügung stehen die vier das Stadtgebiet versorgenden Eisenbahnlinien der Japan Railway (JR), 13 U-Bahn-Linien, zahlreiche private Eisenbahnlinien in die Vororte und städtische Busse. Die kostenlosen, beim TIC erhältlichen englischsprachigen **Stadtpläne** der JNTO zeigen das **Netz der Verkehrsmittel** mit Ausnahme der Buslinien. Dafür gibt es ebenfalls einen kostenlosen Plan (TOEI Bus Route Guide), herausgegeben vom Tokyo Metropolitan Government, aber Busfahren ist eher etwas für Fortgeschrittene.

Fahrkarten
Fahrkarten müssen vor Antritt der Fahrt an den jeweiligen Automaten der Linien gekauft werden. Alle Automaten geben Wechselgeld, die meisten akzeptieren auch Geldscheine

Reisetipps A–Z

Tokyo – Verkehrsnetz

G		Ginza-Linie
M		Marunouchi-Linie
H		Hibiya-Linie
T		Tōzai-Linie
C		Chiyoda-Linie
Y		Yūrakuchō-Linie
Z		Hanzōmon-Linie
N		Namboku-Linie
A		Asakusa-Linie
I		Mita-Linie
S		Shinjuku-Linie
E		Ōedo-Linie
		JR (Japan Railways-Linie)

(manche jedoch nur 1000 ¥). Der Fahrpreis richtet sich nach der Entfernung vom Bahnhof. Immer beliebter wird das Bezahlen mittels Plastikkarte. JR hat schon vor einigen Jahren die „Suica"-(Wassermelone-)Karte eingeführt: Sie kostet 500 ¥ Einsatz und kann unbegrenzt aufgeladen werden. Mit ihr muss man keine Karten mehr kaufen und braucht sich keine Gedanken über den Fahrpreis zu machen: Am Eingang hält man sie an das Magnetfeld vorn an der Sperre, ebenso am Ausgang. Reicht der Restbetrag der Karte nicht mehr, kann man sie vor der Sperre entsprechend aufladen. Dasselbe gilt für die *Pasmo*-Karten. Mit beiden kann man auch Getränke, Essen, Zeitungen u.a. vor allem in Bahnhofsnähe kaufen.

Fast überall sind inzwischen die Bahnhofsnamen auf Englisch angegeben. Im Zweifelsfall braucht man sich nur die billigste Karte (zum nächsten Stopp vom zumeist rot gekennzeichneten Bahnhof aus, bzw. zum niedrigsten erkennbaren Fahrpreis, JR ab 130 ¥, U-Bahn ab 160 ¥), zu besorgen und zahlt im Zielbahnhof am **Fare-Adjustment-Automat** oder **Schalter** die Differenz. Dies ist gängige Praxis auch unter Einheimischen. Die Karte wird je nach Linie am Eingang magnetisch entwertet oder – nur noch selten in der Provinz – gelocht. Wird am Ausgang dann festgestellt, dass der gezahlte Preis zu niedrig war oder öffnet sich die automatische Sperre nicht, geht man zum Nachlöseschalter.

Kinder bis 12 Jahre zahlen die Hälfte, Kinder unter 6 fahren kostenlos.

Dazu muss man vorher die mit dem Kindersymbol gekennzeichnete Taste und dann erst den Fahrpreis drücken (Kinderfahrpreis ist rot angegeben). Bei den U-Bahnen drückt man die roten Tasten unterhalb der weißen für die Erwachsenen.

Tageskarten

Wer viel herumfährt, kann sich folgende Tageskarten an jedem beliebigen Bahnhof der betreffenden Linien kaufen. Kinder zahlen generell den halben Preis.

- **JR One Day Train Pass in Tokyo** (*To-ku-nai Free Kippu*): 730 ¥ (Kinder 365 ¥), gültig auf allen JR-Linien in Tokyo (innerhalb der 23 Stadtbezirke (*-ku*).
- **Tokyo Metro One Day Open Ticket,** gültig für alle Metrolinien am Tag der Entwertung, 710 ¥, Kinder 360 ¥.
- **Tokyo Free Kippu**: 1580 ¥ (Kinder 790 ¥), gültig in allen öffentlichen Verkehrsmitteln: JR, U-Bahn, Straßenbahn, City Bus innerhalb der 23 Stadtbezirke (*-ku*).

Orientierung

Die Bahnsteige bzw. die Richtung der Züge ist in den großen Bahnhöfen **auf Englisch** angegeben, ansonsten fragt man am besten, indem man nur den Zielbahnhof nennt. Dann hat man am ehesten Chancen, verstanden zu werden.

Die **Bahnhofsnamen** sind in Tokyo bis auf einige kleine Nebenhaltestellen prinzipiell auch auf Englisch angegeben; oben bzw. in der Mitte steht der Stationsname, unten links und rechts die Namen des vorhergehenden bzw. nachfolgenden Bahnhofs. Die Fahrtrichtung ist durch einen Pfeil gekennzeichnet.

O99to Foto.nl

Rush Hour

Die Rush Hours von Tokyo sind berüchtigt. Ohne die Hilfe von Bediensteten, die die Massen in die Abteile
drücken, kommt man in den großen
Bahnhöfen dann kaum in die Züge.
Folgende Zeiten sind an Werktagen zu
meiden: 7.30–9.30 Uhr und 17–19 Uhr;
auch die letzte Bahn des Tages dürfte
voll sein. Aber eine kurze Fahrt während der Rush Hour ist andererseits
ein typisches Tokyo-Erlebnis, freilich
nicht für jedermanns Geschmack.

Während der Rush Hour gibt es bei
vielen Linien extra Wagen für Frauen
im vorderen und hinteren Bereich des
Zuges.

Nachts

Tokyo geht recht früh schlafen. Die
öffentlichen Verkehrsmittel stellen
ihren Betrieb kurz nach Mitternacht
ein, danach fahren nur noch Taxis und
wenige Busse (s.u.). Wenn man freie
Taxis bekommt, was nicht einfach ist,
zahlt man nach 23 Uhr 30 % Auf-
schlag. In den Vergnügungszentren ist
die Nachfrage nach Taxis bisweilen so
groß, dass Kunden sie mit zwei ausge-
streckten Fingern heranwinken, was
bedeutet: Zahle doppelten Preis. In
Krisenzeiten geht es jedoch auch
abends zu den normalen Tagesprei-
sen, da es mehr Taxis als Kunden gibt.

Yamanote-Linie

Japan-Rail-Züge

Linien

● **Yamanote-Linie:** silberfarben mit hellgrünem Streifen; eine in beiden Richtungen fahrende **Ringlinie.** Nach rund 90 Min. kommt man auf jeden Fall wieder am Ausgangspunkt an. Wer Zeit hat für diese grobe Orientierungsfahrt um das Stadtzentrum herum, braucht sich nur die billigste Karte (130 ¥) zu kaufen.

● Die orangefarbene **Chûô-Linie** durchschneidet den Yamanote-Kreis wie eine Diagonale zwischen **Shinjuku** und **Akihabara** bzw. **Kanda.**

● Die blaue **Keihin-Linie** kommt von Norden (etwa aus Ômiya) und fährt am Yamanote-Abschnitt zwischen Nippori und Shinagawa vorbei nach **Yokohama.**

● Die gelbe **Shôbu-Linie** fährt nach **Chiba.**

JR-Spezialfahrkarten

● Wer oft fährt, besorgt sich an einem *Green Ticket Window* einen **Student-, Commuter-** **oder Yamanote-Monatspass** *(teiki-ken).*

● Es gibt auch **Mehrfahrtenkarten** *(kaisuken),* man zahlt zehn Fahrten und erhält elf: im Bereich Yamanote 1600 ¥, innerhalb der 24 Stadtbezirke Tokyos 2900 ¥.

● **Information:** JR East Infoline, Mo–Fr (außer F) 10–18 Uhr, Tel. 3423-0111 (Englisch).

Etwas im JR-Zug vergessen?

● **JR-Zentrale:** Tel. 3231-1880, auf Englisch: JR East Infoline 3423-0111, 050-2016-1603.

● Im **Bereich der Bahnhöfe:** Shibuya Tel. 5489-6891, Shinjuku Tel. 3354-4019, Tokyo Tel. 3231-1880, Ueno Tel. 3841-8069.

Fahrtzeit des Zuges notieren und dem Stationsvorsteher melden.

U-Bahn

Auf den 12 Linien, die farblich unterschiedlich gekennzeichnet sind, fahren 10 bis 20 Züge in der Stunde.

Es gibt zwei U-Bahnnetze: **Tokyo Metro** (C, F, G, H, M, N, T, Y, Z) und

Toei (A, E, I, S) mit unterschiedlichen Kennzeichnungen und Logos. Jeder Bahnhof hat eine eigene Nummer, bzw. Nummern bei mehreren Linien, beispielsweise Asakusa A18/G19. Manche Linien haben bereits durchsichtige Schutzwände vor den Bahnsteigen mit Schiebetüren, die mit denen der Wagen abgestimmt sind.

Fahrpreise und Fahrkarten

Die Fahrpreise zu den angesteuerten Zielbahnhöfen sind auf der Tafel über den Automaten erkenntlich (Minimum: 160 ¥.) Für die U-Bahnen gibt es ebenfalls **Monatskarten** (teiki-ken). **Tokyo Metro Guide-Faltblätter** sind an den Schaltern erhältlich.

Etwas in der U-Bahn vergessen?

- **T.R.T.A. Lost & Found Center:** Tel. 3834-5577 (Ueno, Chûô-Ausgang), werktags 10–17 Uhr.
- **TOEI Subway:** Tel. 3815-7229.

Busse

Dies ist etwas für Kenner. Die City-Busse in Tokyo (To-Bus) fahren zwar in jedes Viertel, aber man braucht u.U. die Hilfe von Einheimischen, um zu erfahren, mit welchem Bus man von irgendeinem Bahnhof zur gewünschten Bushaltestelle fahren kann. Die kostenlose Karte (TOEI Bus Route Guide) des Tokyo Metropolitan Government gibt über das zentrale **Busnetz** genaue Auskunft: Nummern, Routenverlauf, Zielort. Es gibt sie z.B. bei der Information am Bus Terminal, Shinjuku-Westausgang B1 neben der police box. Sie heißt „TOEI kôtsu-no-go-annai".

Der **Fahrpreis** in der Stadt beträgt meist 200 ¥. Man steigt vorn ein, zahlt den genauen Betrag (Wechselautomat vorhanden) und steigt hinten aus. In den Vororten, die z.B. zur Präfektur Saitama gehören, zieht man eine Karte mit einer Zonennummer. Beim Aussteigen zahlt man an den Automaten den für die Zonennummer über dem Fahrer angegebenen Preis (der Preis, der unter der Nummer auf der Karte angegeben ist). Die Haltestellen werden vom Tonband angesagt.

Etwas im Bus vergessen?

- **Tokyo-to Kôtsu-Kyoku Service Corner:** Tel. 5600-2020.
- **TOEI Bus/Subway:** Tel. 3815-7229.
- **Toei-Mita Line:** Tel. 3818-5760.

Busse nach Mitternacht

- **Midnight 25** (innerhalb Tokyos): 320 ¥ pro Fahrt, Info: Tel. 5600-2020.

Taxis

Taxis gibt es in großer Zahl. Interessanterweise gibt ein **rotes Licht** unten rechts an der Windschutzscheibe an, dass es **frei** ist. Bei grünem Licht ist das Taxi besetzt. Man kann die Wagen von der Straße aus heranwinken, außer an Werktagen nachts in der Ginza (22–1 Uhr).

Die Grundgebühr beträgt 710 ¥, nach 2 km erhöht sich der Preis alle 355 m um 80 ¥ plus Zeitzuschlag, falls sich das Taxi langsamer als mit 10 km/h bewegt. Zwischen 23 und 5 Uhr kommt ein 30%iger Nachtzuschlag hinzu, der automatisch berechnet wird. Bei Benutzung gebührenpflichtiger Stadtautobahnen wird diese Gebühr aufgeschlagen. **Trinkgelder** sind in Japan unüblich, das gilt auch für Taxifahrer.

Die linke Hintertür wird vom Fahrer geöffnet, also nicht zu nah an der Tür stehen. Da viele Taxifahrer kein Englisch können, empfiehlt sich bei mangelnden Sprachkenntnissen, das Fahrtziel auf einen Zettel schreiben zu lassen, bzw. eine Visitenkarte oder Annonce o.Ä. mit japanischer Angabe der Adresse zu übergeben. Bei Privatadressen muss man dem Fahrer oft mit der Orientierung nachhelfen; notfalls muss er öfters stehenbleiben und Passanten nach dem Weg fragen. Zum Taxifahren sollte man möglichst etwas Japanisch können. Manche Fahrer nehmen keine Ausländer mit, weil sie Verständigungsprobleme befürchten.

Miet-Taxis (nur japanisch)

- **Checker Radio Taxi Co-op:** Tel. 3573-3751.
- **Green Cab:** Tel. 3201-8181.
- **Nihon Kôtsu:** Tel. 3586-2151.
- **Hinomaru Transportation:** Tel. 3814-1111, 3212-0505, www.hinomaru.co.jp.

Etwas im Taxi vergessen?

- **Tokyo Taxi Kindaika Center:** Tel. 3648-0300 (nur japanisch).

Telefon, Fax und Internet

Öffentliche Telefone

Man wird kaum ein Land finden, das mehr öffentliche Telefone hat als Japan. Nach Telefonzellen muss man oft etwas suchen, aber die selten gewordenen rosafarbenen, gelben, grünen und grauen **Münzapparate** entdeckt man noch gelegentlich, etwa beim Tabakhändler oder im Supermarkt und in genügender Zahl an allen Bahnhöfen. Von manchen Telefonen kann man heutzutage sogar faxen.

Die **rosafarbenen Telefone** schlucken nur 10-, alle anderen auch 100-¥-Münzen (bis zu 6). Grüne und graue Telefone akzeptieren außerdem Telefonkarten und sind für **Auslandsgespräche** eingerichtet. Dabei werden nur 100-¥-Münzen akzeptiert, angebrochene 100-¥-Beträge werden jedoch nicht zurückgegeben, daher sollte man besser Telefonkarten benutzen. Von den grauen ISDN-Telefonen lassen sich per Laptop Faxe schicken. Die Menüführung ist bei diesen Telefonen auch auf Englisch möglich.

Anrufe unter Telefonnummern, die mit 0120 beginnen, sind **kostenlos.**

Telefonkarten

Telefonkarten sind üblicherweise für **500 ¥** (50 Einheiten) und **1000 ¥** (100 Einheiten) in Automaten und vielerlei Geschäften erhältlich. Man kann für einen Aufpreis ein x-beliebiges Foto auf Telefonkarten kopieren lassen. Die Karten sind in Japan beliebte Sammlerstücke.

Ortsgespräche

Ein Ortsgespräch kostet 10 ¥ für die ersten drei Minuten, danach 10 ¥ pro Minute. Nach drei Minuten ertönt ein Summer, und wenn man nicht schnell nachwirft (oder den Speicher vorher nicht genügend gefüllt hat), wird das Gespräch unterbrochen. Bei Telefon-

Reisetipps A–Z

Nützliche Telefonnummern

- **Auskunft auf Englisch:** 0120-364-463
  Tokyo: 5295-1010
  Yokohama: 045-322-1010
  (Mo–Fr 9–16 Uhr)
- **Auskunft** (Mo–Fr 9–17 Uhr,
  Sa 9–12 Uhr): Tokyo: 3277-1010
  Narita: 0476-28-1010
- **Auskunft Tokyo** (japanisch): 104,
  nach englischsprachigem Gesprächs-
  partner fragen
- **Auskunft allgemein:** 105
- **Auskunft international:** 0057
- **Telefonvermittlung:**
  Ferngespräche: 100
  R-Gespräche Inland (collect call): 106
- **Störungsannahme:** 113
- **Inland-Telegramme:** Katakana 115
  Alfabet 3270-4918
- **Internationale Telegramme:** 3344-5151
- **Zeitansage** (japanisch): 117
- **Wetter:** 045-319-8100 und 0425-52-
  2511 Ext. 4181 (englisch)
- **Flugauskunft:** Narita: 0476-32-2800
  Haneda: 3747-8010
- **Tourist Information Center Tokyo:**
  3201-3331, Mo–Fr 9–17 Uhr,
  Sa 9–12 Uhr
- **Teletourist Service vom Band:**
  503-2911 (englisch), 503-2926 (frz.)
- **Tokyo Immigration Office:** 3213-8523
- **Telefonbuch mit Firmennummern**
  (keine Privatpersonen) auf englisch:
  http://english.itp.ne.jp/

karten muss beim Ertönen des Sum-
mers entweder eine neue Karte einge-
schoben oder eine Münze eingewor-
fen werden.

Notrufe

Für Notrufe braucht man bei den
neuen Telefonen **keine Münzen,** sondern drückt den roten Knopf vorn am
Telefon und wählt dann. Die älteren
roten Telefone verlangen eine 10-¥-
Münze, geben sie jedoch nach dem
Gespräch wieder zurück.

- **Polizei:** 110;
- **Feuerwehr** (Feuer = *kaji*) und **Ambulanz**
  (*kyukyu-sha*): 119;
- Hat man etwas **verloren,** kann man es
  (auch auf Englisch) unter folgender Nummer
  versuchen: 3501-0110, oder bei der nächsten
  Police-Box nachfragen.

Auslandsgespräche

Selbstwählgespräche

Es gibt mindestens vier **Firmen,** die
Auslandsgespräche anbieten, KDD,
IDC, ITJ und als jüngste und günstigste
für Gespräche z.B. nach Deutschland
AT&T, mit deren Telefonkarten man für
65 ¥/Min. telefonieren kann, eine Folge des auch in Japan durch die wach-
sende Konkurrenz entbrannten Preis-
kampfes. Die **günstige Zeit** zum Telefonieren ist 23–8 Uhr (40 % billiger).

Es geht so: Zuerst wählt man den
Zugangscode der jeweiligen Firma
zur Auslandsleitung (s.u.). Danach folgen der Landescode (für Deutschland
49), die Vorwahl ohne Null und die
Teilnehmernummer.

- **KDD** (001);
- **IDC** (0061), von öffentlichen Telefonen;
- **ITJ** (0041).

Buchtipp

- *Heinrich, Volker:* **Handy global,** Praxis-Reihe, REISE KNOW-HOW Verlag.

Vorwahl (Gespräche aus Europa):
- **Tokyo:** 0081-3
- **Yokohama:** 0081-45
- **Kyoto:** 0081-75

Vermittelte Gespräche

KDD ist die vielseitigste Firma, weil sie auch Auslandsgespräche (Anwählen von 0051) über Vermittlung (operator) gestattet, was bei Gesprächen in Länder, die die Möglichkeit zu collect call oder reverse charge call bieten, interessant ist: Dann zahlt nämlich der angerufene Teilnehmer für das Gespräch.

Beim Person-to-person Call kostet das Gespräch nichts, falls die gewünschte Person nicht da ist; günstig ist dies z.B. beim Anruf in Firmen, wo es einige Zeit dauern kann, bis der gewünschte Teilnehmer am Apparat ist oder als abwesend gemeldet wird.

Beim **Credit Card Call** kann mit Kreditkarte bezahlt werden, falls diese im Ausland ausgestellt wurde. **Station-to-station Calls** sind deuttlich preiswerter als Person-to-person Calls. Mindestgebühr für station-to-station: 2160 ¥.

Auskunft über Person-to-person calls, Collect calls, Kreditkarten-Bezahlung etc. erhält man bei KDD unter Tel. 0057, von außerhalb Tokyos Tel. 3211-5522. KDD bietet eigene Telefonkarten für Auslandsgespräche („Super World") an zu Werten von 1000/3000/5000 ¥.

Telefonkarten für internationale Gespräche
- **Brastel Smart Phone Card** (aufladbar), 0120-659-534 (kostenlos), www.brastel.com, erhältlich in Convenience Stores wie Mini Stop, Coco Store, Circle K, Save On.
- **Primus PhoneBank Card,** erhältlich in Convenience Stores (Lawson, Sunkus, Family Mart).
- **Quick Phone,** erhältlich zu 2000, 3000, 5000 ¥, www.quick-phone.com.

Telefontarife

Standardgespräche nach Europa
1. Min. nach Deutschland: 390 ¥, nach Österreich/Schweiz: 410 ¥. Jede weitere Min. 260 ¥.

Inlandsgespräche
- **Ortsgespräche** kosten 10 ¥ f. drei Minuten.
- **Ferngespräche bis 20 km** kosten 10 ¥ für 90 Sekunden.
- **Ferngespräche über 60 km** werden nach 19 Uhr und an Wochenenden/Feiertagen um 40 % ermäßigt; bei Gesprächen über 320 km beträgt die Ermäßigung bei Nachtgesprächen (23–8 Uhr) 50 %, Standardferngespräche über mehr als 320 km kosten 240 ¥, Nachtgespräche 130 ¥ pro Minute.

Mobiltelefon

In Japan kann man nur dann problemlos mobil telefonieren, wenn man über ein **3G-Telefon** verfügt. Dort wird statt GSM 900 MHz nämlich 3G (1700 und 2100 MHz) verwendet. Die meisten deutschen, schweizerischen und österreichischen Mobilfunkgesellschaften haben jedoch **Roamingverträge** mit z.B. SoftBank, NTT DoCoMo und eAccess in Japan.

Abgesehen von den Roamingkosten solle man jedoch die **passiven Kosten** nicht vergessen, wenn man von zu Hause angerufen wird (Mailbox abstellen!). Der Anrufer zahlt nur die Gebühr ins heimische Mobilnetz, die teure Rufweiterleitung ins Ausland zahlt der Empfänger.

Wesentlich preiswerter ist es sich von vornherein auf **SMS** zu beschränken, der Empfang ist dabei in der Regel kostenfrei.

Leih-Handys

Wer kein eigenes 3G-Mobiltelefon besitzt, kann mit seiner persönlichen SIM-Karte eine Servicestelle von **SoftBank Mobile** oder **DoCoMo's 3G** aufsuchen und sich dort ein Gerät für die Dauer seines Aufenthaltes mieten. So ist man auch in Japan unter seiner persönlichen Telefonnummer erreichbar. Es gibt auch die Möglichkeit, sich ein Handy mit lokaler Rufnummer zu leihen. Verleihstationen befinden sich am Narita Airport und Kansai Airport.

Folgende Firmen bieten Leihhandys *(rental mobile phones)* an:

- **NTT DoCoMo:** roaming.nttdocomo.co.jp
- **SoftBank Global Rental:** www.softbank-rental.jp/en/
- **SoftBank Mobile:** www.softbankmobile.co.jp/en/
- **PuPuro** (Japanese Mobile Phone Rentals): www.pupuru.com/en/
- **G-Call:** www.g-call.com/e/

Telefonieren im Bus/Zug

Manâ-Môdu (= Verhaltenskodex): das Telefon leise stellen, keine Gespräche, **nur SMS;** neben so genannten „Silver Seats" ganz ausschalten (dort sitzen vielleicht Personen mit Herzschrittmachern).

Fax

Öffentliche Faxgeräte gibt es an vielen Bahnhöfen sowie in den Büros der Telefongesellschaft KDD:

- **Shinjuku** (vom Südausgang 10 Min.), Tel. 3347-5000.
- **Ôtemachi** (Ausgang C1), Tel. 3275-4343, je Mo–Fr 9–18 Uhr, Sa/So/Feiertag 9–17 Uhr.

Internetcafés

Internetcafés sind **nicht so häufig** anzutreffen wie in anderen Ländern, die meisten Japaner scheinen ihren Internetanschluss zu Hause zu haben. Viele (Business-)Hotels haben in der Lobby einen Terminal zur kostenlosen Benutzung; im großen Apple Shop in der Ginza (gegenüber Kaufhaus Matsuya) kann man **kostenlos surfen** (jedoch nicht herunterladen); im Yebisu Garden Place Tower (nahe Bhf. Ebisu) kann man im Erdgeschoss ebenfalls kostenlos gegen Vorlage eines Beleges aus dem Convenience Store Famima nebenan in der Excite Broadband Station surfen (10–19 Uhr), T-Next Toshiba Showroom im F9 Park Bldg. (Westseite, nahe Washington Hotel, 1 Std. kostenlos).

Japanische Internetcafés sind häufig eine Welt für sich: dämmriges Licht, Getränkeautomaten, lange Regale mit Filmen und Computerspielen, jeder Platz eine eigene Kabine mit dreiviertelhohen Wänden, darin bequeme Sessel, in denen man auch schlafen könnte. Und genau das tun viele Gäste – sie verbringen ihre Nächte in der totalen Anonymität und Vereinzelung der Zellen für 450 ¥/Std. Nicht wenige haben keine Wohnung (mehr). Ein Paradies für sogenannte *„otaku"* (Langzeitsurfer/-spieler mit Suchtgefährdung).

Reisetipps A–Z

Wer lieber von Cafés unabhängig sein möchte, kann sich bei Japan Airlines (JAL) auch einen allerdings recht teuren **USB-Stick** mieten (ab 10.000 ¥, Mindestmietdauer: 5 Tage). Nähere Infos unter: www.jalabc.com/rental/index_date_eng1.html

●**Weitere Internetcafés** gibt es bei **Kinkos,** mehrere Filialen, z.B. im Odakyu Southern Tower (250 ¥/15 Min, 24 Std. geöffnet), nahe Shinjuku Südausgang; **Planet 3rd/Shibuya Underpass Society,** 3-23-3 Shibuya, Tel. 5778-4103, Mo–Sa 10.30–5 Uhr, So 11.30–24 Uhr, Benutzung kostenlos bei Verzehr im Café; nahe Shibuya Südausgang; **Marunouchi Café,** Bücher und Lounge mit Computern und kostenloser Internetbenutzung, LAN-Karten für Laptops, Shin Tokyo Bldg., 3-3-1 Marunouchi, Mo–Fr 8–21 Uhr, Sa, So, F 11–20 Uhr, Tel. 3212-5025, U/JR Yurakuchô. Häufig kann man kostenlos in den 24 Std. geöffneten **Manga Kissa** (Comic-Cafés) in Bahnhofsnähe surfen.

ständlich. Zur Erholung gibt es zwischen den Akten komische Darstellungen in der Alltagssprache, die *Kyôgen.*

Die archaischste Form von Nô ist *Takigi-Nô,* das im Freien bei Fackelschein aufgeführt wird, im Sommer im Hie-Schrein in Akasaka, im Zôjôji-Tempel in Shiba und im Koganei-Park.

●**Ginza Nô Theater:** 6-5-15 Ginza, Tel. 3571-0197; U: Ginza.
●**Hôshô Nô Theater:** 1-5-14 Hongô, Tel. 3811-4843; U: Suidobashi.
●**Kanze Nô Theater:** 1-16-4 Shoto, Tel. 3469-5241; U: Shibuya, Ausgang Hachikoguchi 13 Min.
●**Kita Nô Theater:** 4-6 Kami-Osaki, Tel. 3491-7773.
●**National Nô Theater** (Kokuritsu Nô-gakudô): 4-18-1 Sendagaya, Tel. 3423-1331; U: Sendagaya
●**Umewaka Nô Theater:** 2-6-14 Higashi-Nakano, Tel. 3363-7748.
●**National Theater of Japan** (Kokuritsu Gekijô): 4-1 Hayabusa-chô, Tel. 3265-7411.

Theater

Nô

Nô ist aristokratisches, hochstilisiertes Theater, das sich seit dem **Mittelalter** nicht verändert hat. Die Bewegungen sind sehr zurückhaltend und ähneln getragenen Tänzen, die Handlung erscheint uns fremdartig, die Emotionen werden durch Gesten ausgedrückt, dazu spielen Flöte und Uhrglastrommel. Die Hauptdarsteller tragen **Masken,** die Frauen darstellen, Dämonen, Männer oder Geister. Die Nebendarsteller ohne Masken vertreten die reale Welt. Die Sprache ist altertümlich und heutigen Japanern kaum ver-

Bunraku

Das **japanische Puppentheater** ist kein Kindertheater, sondern Theater für Erwachsene. Es ist in gewisser Weise der Vorläufer des Kabuki – viele Bunraku-Stücke wurden zu Kabuki-Stücken umgearbeitet – und entstammt ebenfalls der städtischen Kultur der Edo-Zeit. Die Puppen sind ca. 60 cm groß und werden so meisterhaft bewegt, dass man vergessen könnte, dass es Puppen sind.

Drei Spieler bewegen eine Puppe: einer die Füße, einer den linken Arm und der Meister den rechten Arm und den Kopf. Der Meister trägt einen formellen Kimono, und die Assistenten sind von Kopf bis Fuß schwarz gekleidet und gelten als unsichtbar. Der Erzähler liefert sämtliche Stimmen.

Die Ausbildung zum Puppenspieler dauert je Rolle 10–15 Jahre, da man alle drei erlernen muss, sind es also über 30 Jahre bis zur Meisterschaft.

● Im **National Theater of Japan** (s. Nô) wird viermal im Jahr für zwei Wochen gespielt.

Kabuki

Kabuki entstand im 17. Jh. und basierte zunächst auf Bunraku-Stücken. Es wurde anfänglich nur von Frauen, dann auch von Jünglingen gespielt, letztendlich durften aber nur noch Männer auftreten, weil sowohl die Frauen wie auch die Jünglinge in den Augen der prüden und gestrengen Tokugawa-Shogune allzu verführerisch wirkten. Bestimmte Rollen werden von einer Generation zur nächsten weitergegeben und bleiben ausschließlich in der Familie. Ganz besonders eindrucksvoll sind die Frauendarsteller (onna-gata): Selbst Geishas lernten schon von ihnen die perfekten Bewegungen einer anmutigen Frau.

Ka-bu-ki bedeutet übersetzt „Gesang-Tanz-Schauspiel" und ist damit so etwas wie das japanische Gegenstück zur klassischen Oper. Nur der Gesang ist natürlich anders. Es gibt keine Arien, Duette oder Chöre. Die Begleitmusiker liefern auch eine Art Gesang.

Kabuki verwendete als erstes Theater die **Drehbühne,** mit der Szenenwechsel blitzschnell bewerkstelligt werden konnten. Charakteristisch ist auch der Blumensteg, hanamichi, auf dem die Akteure bisweilen durch den Zuschauerraum gehen.

In der **Handlung** geht es um Helden-, Liebes- und Familiengeschichten. Die **Sprache** ist altertümlich und für ungeschulte Einheimische schwer zu verstehen, in einigen Theatern kann man aber mittels Kopfhörern der Handlung auf Englisch folgen. Am eindrucksvollsten sind die **Tänze.** Die Darsteller verharren oft in besonders eindrucksvollen Posen. Kabuki ist höchst theatralisch, und das trägt zur anhaltenden Beliebtheit bei. Komplette Stücke dauern mit Pausen rund fünf Stunden.

Wer nur einmal hineinschnuppern möchte, kann sich im **Kabukiza** (Kabuki-za, za bedeutet „Theater") in der Harumi-dôri der Ginza auch einzelne Akte ansehen; dort werden vor allem populäre und spektakuläre Akte und Szenen geboten (etwa 30–60 Min., 500–1000 ¥). Am besten wählt man Akte mit Tänzen, sie sind am spektakulärsten – und auf keinen Fall das Opern- oder Fernglas vergessen!

● **Kabukiza:** Chûô-ku, Higashi Ginza, 4-3; Tel. 3541-3131. Größtes Kabuki Theater in Japan; Empfänger zum Mithören englischer Texte und Erläuterungen können ausgeliehen werden.
● **National Theater:** siehe Nô.

Westliches Theater

Shingeki

Hierbei handelt es sich um ins Japanische übersetzte westliche Stücke.
● **Haiyuza:** 4-9-2 Roppongi, Tel. 3470-2880.
● **Seibu Theater:** 15-1 Udagawachô, Shibuya; Tel. 3477-5860.

Angura – japanisches Avantgarde-Theater

Ein exotischer Reiz geht – wie beim japanischen Theater insgesamt – auch von den verschiedenen Formen des japanischen Underground- (*angura-*) Theaters aus, das sich wie bei uns in den **1960er Jahren** unter amerikanischem Einfluss entwickelt hat. Es wirkt jedoch radikaler und mutet trotz vertrauter moderner Ausdrucksformen fremdartig an. Kein Wunder, denn die Kultur eines Landes definiert sich immer wieder neu aus der Tradition. So entstand und entsteht das moderne japanische Theater aus der **Auseinandersetzung mit dem klassischen Theater,** insbesondere Nô und Kabuki. Deren Charakteristika sind die pathetische Gestik, maskenhafte Gesichter, die extreme Verlangsamung von Bewegungen und die Sparsamkeit der Kulissen. Hinzu kommt durch die modernen Einflüsse die spezifische Auflehnung gegen ein Establishment, das im Grunde keinerlei Veränderung zulässt: Rituale, Zeremonien, Etikette bestimmen auch heute noch weitgehend das Leben in Japan.

Gerade Tokyo, das sein Gesicht wechselt wie die Bewohner ihre Kleidung, liefert täglich Anregungen für **neue Formen der Performance;** die Stadt stellt sich selbst pausenlos dar. Werbelust darf sich hier hemmungslos austoben, anything goes – *kanzenna-jiyu*. Fantasie genießt Narrenfreiheit. Aus dieser Haltung heraus entsteht im Rückgriff auf Traditionen immer wieder Überraschendes, nicht nur im Theater, sondern auch im Kino, der Mode usw.

Einen Einblick in die Performance-Szene der jungen Leute bietet der sonntägliche Aufmarsch von Pop- und Rockgruppen, Pantomimen und Rock'n'Roll-Tänzern am Rande des Yoyogi-Parks nahe Harajuku. Aber neben den spontanen Wochenendaufführungen der *take-no-ko-zoku*, der „Bambussprösslinge", wie die Teenager auch genannt werden, gibt es natürlich feste Ensembles.

Es gibt in Tokyo rund **2000 Amateur-Theatergruppen,** die sich häufig während der Studentenzeit bilden. Meist werden deren Aufführungen in kleinen Theatern (*shogekijô*) wie Kinokuniya Hall oder Space Den in Shinjuku aufgeführt.

Tokyoter Ensembles

Butô (= „Tanz"; auch *ankoku butô*: „Tanz der Dunkelheit" bzw. „Tanz der Grausamkeit") ist die bei uns wohl bekannteste Form **modernen japanischen Tanzes.** Die Körper der Tänzer sind weiß, in der Farbe des Todes, geschminkt. „Wenn ich Butô tanze, bringe ich mich um, aber ich bin unsterblich, werde wiederauferstehen", sagt einer der Hauptver-

● **Sunshine Theater:** 3-1-4 Higashi Ikebukuro, Tel. 3987-5281.
● **Panasonic Globeza:** Skakespeare-Theater je 10 Tage Juni & Oktober, Info in Englisch Tel. 3360-3540, 3-1-2 Hyakuninchô, Shin-Okubo.
● **Tokyo International Players:** ambitioniertes Amateurtheater, Winterhalbjahr, Vorstellungen meist im Tokyo American Club, c/o The Asia Foundation, 32 Kowa Building 2F, 5-2 Minami Azabu, Tel. 3447-1981, Fax 3447-3842, U: Hiroo.

Shimpa

Japanisierte melodramatische Neuschöpfungen.

● **Shimbashi Embujô:** 6-18-2 Ginza, Tel. 3541-2211.

Experimentelles Theater

● **Jiyû Gekijô:** Freies Theater, 1-8-4 Nishi Azabu, Tel. 3404-3891.

Angura-Underground-Theater

Es gibt eine Vielzahl von Avantgarde-Theatern, beispielsweise Kinokuniya Hall und Space Den in Shinjuku, Akatento (Rotes Zelt), Tokyo Kid Brothers und Za Suzunari in Shimo-Kitazawa.

treter, *Ko Murobushi.* Es geht um die Rückkehr zu den Urformen des Seins. *Goro Namerikawa* tanzt mit seinem Ensemble an ungewöhnlichen Orten, z.B. in einem aufgelassenen Steinbruch bei Tokyo, vor Bauern in der Provinz, aber auch mit Geisteskranken.

Saburo Teshigawara tanzt, häufig mit einem bekannten Mannequin, auf Dächern von Hochhäusern, in Bahnhöfen, Stadien und an anderen ungewohnten Orten. Anregungen nimmt er von Modern Dance, Butô, Tai Chi und Wu Shu. Mit der Tanztruppe Karas entwickelt er moderne Tanzformen.

Banyu Inryoku, „Magnetismus", war die ursprüngliche Underground-Bewegung der 1960er Jahre.

Yume no Yuminsha (jetzt Nodamap)ist ein bei den jungen Leuten beliebtes Ensemble, das quasi jeden Wunsch nach Abwechslung erfüllt, von überallher Anregungen aufgreift und in hohem Tempo knallbunt agiert.

Dai San Erotica ist das vielleicht radikalste Theater der Auflehnung gegen eine erstarrte Gesellschaft. Das Ensemble spielt z.T. in einem Tokyoter Bahnhof. Der Name („3. Erotica") hat Bezug zum Filmtitel „Der dritte Mann", das Ensemble zitiert viel aus Filmen.

Die **Suzuki Company of Toga, SCOT,** unter Leitung von *Tadashi Suzuki,* ist bekannt für ihre Kollektivarbeit, die sich auf die Freisetzung verschütteter animalischer Energie konzentriert.

Tenjô Zaseki („Galerie-Sitzplätze") ist ein weiteres Kollektiv, das geprägt ist vom gemeinsamen Leben, vom täglichen harten Training und von Meditationsübungen. Kennzeichnend sind ein hohes Maß an Fitness und eine ausgefeilte Atemtechnik. Körpersprache spielt in diesem Theater eine besondere Rolle.

Arutai (Altai) beruft sich auf schamanistische Traditionen und uralte Stammestänze. Diese Gruppe steht wie die meisten, die um der Seelenheilung willen tanzen (u.a. Maro Akaji's Dai Rakudakan, Amagatsu Ushio's Sankaijuku, Ittos GooSayTen), in der Tradition von *Hijakata Tatsumi* (1928–86), dem Gründer des Butô.

Tenkei Geki-jô („Formen in der Bewegung") hat sich in den frühen 1970er Jahren aus dem Underground-Theater entwickelt und zählt heute zu den wichtigsten und einflussreichsten modernen Ensembles. Inhalt ist häufig die Flüchtigkeit der modernen menschlichen Existenz, eine Anspielung auf die Ukiyo-e („Bilder aus der fließenden Welt"), die Holzschnitte aus dem Vergnügungsviertel Yoshiwara. Dieses Theater hat im Gegensatz zu den anderen Kammerspielcharakter und ist gekennzeichnet durch spärliche Ausstattung, Musik und vor allem Pantomime.

Aufführungen der genannten Gruppen siehe z.B. www.tokyoclassified.com.

Touren

Dieser CityGuide soll helfen, die Stadt auf eigene Faust zu Fuß und/oder mit Hilfe öffentlicher Verkehrsmittel zu erkunden. Wer sich jedoch gern von Kennern einführen lassen möchte, hat dazu natürlich genug Möglichkeiten:

Zu Fuß

● **Mr. Oka's Walking Tours:** besonders interessant für Geschichtsinteressierte. Die Führungen des Historikers und Geschichtenerzählers dauern einen halben oder ganzen Tag und kosten ab 2000 ¥ (auch Privatführungen); www.homestead.com/mroka.

● **Marktbummel für Gourmets:** Einkaufen auf örtlichen Märkten mit *Elizabeth Andoh,* 5500 ¥, sie leitet auch Workshops (Taste of Culture) zur japanischen Küche und Lebensart; www.tasteofculture.com.

● **Kostenlose Führungen** (Tokyo Free Walking Tours) für Ausländer bietet der Tokyo City Guide Club, eine gemeinnützige Organisation an, Termine und Führungen: http://tcgc.5.pro.tok2.com/english.

Per Rikscha

● **Rickshaw Tour Guides** aus Asakusa bieten zwischen 9 Uhr und Sonnenuntergang eine

Reihe von Rundfahrten durch das Viertel an, Kosten: 10 Min. 2000 ¥ (1 Person), 3000 ¥ (2 Personen); 30 Min. 5000 ¥ (1 Person), 8000 ¥ (2 Personen); 60 Min. 9000 ¥ (1 Person), 15.000 ¥ (2 Personen). 1-13-10 Kaminarimon, Tel. 5806-8881, Fax 5806-8883. U: Tobu Asakusa, www.ebisuya.com.

Per Bus

● Am bekanntesten ist die Firma **Hato Bus,** die ihre Kunden in großen Hotels abholt und unterschiedliche Halb-, Ganztages- und Abendtouren anbietet (4000–9800 ¥), Tel. 3435-6081 (9–19 Uhr), www.hatobus.com.
● Bekannt ist auch die **Gray Line,** die Gruppen- und Kinderermäßigungen bietet, Tel. 3433-5745, www.jgl.co.jp/inbound/traveler/traveler.htm.

Uhrzeit

Japan liegt **8 Stunden** vor der Mitteleuropäischen Zeit: wenn es in Japan 12 Uhr mittags ist, ist es bei uns erst 4 Uhr. Während der mitteleuropäischen Sommerzeit sind es nur 7 Stunden: Japan hat keine Sommerzeit.

Unterkunft

Es hat sich längst herumgesprochen, dass Japan leider kein Land für den schmalen Geldbeutel mehr ist – unabhängig vom immer noch zu hoch eingestuften Yen. Aber zum Glück gibt es in Tokyo ein sehr breit gefächertes Angebot an Übernachtungsmöglichkeiten, von den Palästen der Luxushotels über Business-Hotels, Ryokans, Love Hotels bis zu Minshuku, Capsule Hotels und Jugendherbergen.

In den jeweiligen Stadtteilbeschreibungen finden sich Vorschläge für Hotels unterschiedlicher Kategorien.

Zahlreiche Hotels bieten **Rabatte** unterschiedlichster Art an. Nachfragen lohnt sich!

Eine Buchung über das **Internet** ist außerdem oft günstiger als vor Ort, hier einige Adressen:

● www.japanhotel; www.j-hotel.or.jp
● www. e-hoteljapan.com.
● www.hotelreservierung.de (mit Hotelvorschlägen)
● www.holidaycheck.de (mit Bewertungen)

Luxushotels

Ost- und südostasiatische Spitzenhotels genießen wegen des ungewöhnlich zuvorkommenden Servicepersonals Weltruf. Der Wille zu Perfektion, die traditionelle Höflichkeit und Gastfreundschaft gehen gerade in den Hotels der gehobenen Klasse eine außerordentlich angenehme Verbindung ein. Nur sind Übernachtungen in Luxushotels im teuersten Reiseland der Welt nicht für jeden erschwinglich.

Hotelkategorien

In den Stadtteilbeschreibungen sind die aufgeführten Hotels mit den folgenden Symbolen versehen. Sie kennzeichnen die Preiskategorie (nicht den Qualitätsstandard).

¥	bis 8000 ¥
¥/¥¥	8000–10.000 ¥
¥¥	10.000–20.000 ¥
¥¥¥	20.000–30.000 ¥
¥¥¥¥	über 30.000 ¥

Japaner, die nur wenig Urlaub haben und zu Hause oft beengt leben, sind bereit, die wenigen Tage Urlaub dann auch wirklich in Luxus zu leben, um einmal verschwenderisch mit Platz umgehen zu können. Das Geld spielt da nur eine untergeordnete Rolle.

Große Hotels haben natürlich alle die erwartete **Ausstattung,** z.B. Ballsäle, Shintô-Schreine für die Hochzeitszeremonie, Restaurants, Bars, Zimmer im japanischen Stil, Tennisplätze, Schwimmbäder, Fitness-Center

Luxushotel

und Saunen, Einkaufspassagen, Reisebüros, Dolmetscher, Arzt, Babysitter und Leihwagen-Service.

Selbst, wenn eine Übernachtung nicht drin ist: Einen Besuch sind die luxuriösen Bleiben allemal wert. In der Freizeit bummeln auch Einheimische gern in den Arkaden oder in den oftmals sehenswerten japanischen Gärten umher.

Übernachtungen in solchen Hotels kosten pro Person **ab 20.000 ¥ aufwärts** (liegt der Übernachtungspreis über 10.000 ¥, werden noch 10–15 % Bedienungszuschlag und 3–6 % Steuer aufgeschlagen; Trinkgeld wird aber auch in Luxushotels nicht erwartet).

Mittelklasse- und Business Hotels

Gute, selbst normale Mittelklassehotels haben immer standardmäßig Bad, Fernsehen, Telefon, Kühlschrank, bereitliegende *yukatas* (leichte Baumwollkimonos). Auf den Gängen gibt es oft einen Automatenraum, wo Getränke billiger sind als im Zimmerkühlschrank. Frühstück gibt es nicht oder gegen Aufpreis (man erhält Coupons)

Die bei einheimischen Geschäftsleuten sehr beliebten Business Hotels haben durchweg diese Ausstattung, aber sie haben sehr kleine Zimmer. Ein extra Kleiderschrank erübrigt sich auch, da Geschäftsleute wie zu Hause ihre Kleidung an Wandhaken hängen. Typischerweise haben Japaner auf Dienstreisen nur wenig Gepäck dabei.

Business Hotels befinden sich meist in der Nähe von großen Bahnhöfen,

Zu Gast im Ryokan

Für das „korrekte" **Verhalten** in der klassischen japanischen Herberge gelten ähnliche Regeln wie in einem **traditionellen Haus**: Am Eingang entledigt man sich der Schuhe; mit den bereitgestellten Pantoffeln schlurft man im Haus herum, z.B. zum Speisesaal (wenn das Essen nicht auf dem Zimmer serviert wird) oder ins Bad und lässt auch sie schließlich vor dem mit Tatami-Matten ausgelegten Gastzimmer stehen.

Das **Zimmer** dient abwechselnd als Wohn-, Ess- und Schlafzimmer. Es ist fast leer, bis auf den niedrigen Tisch und die Sitzkissen bzw. beinlosen Stühle und die Frisierkommode mit Spiegel. Auf dem Tisch steht fast immer ein Teeservice mit grünem Tee. Die Betten werden im Wandschrank aufbewahrt. Einziger Schmuck ist die Nische (*tokonoma*) mit einem Rollbild (*kakemono*) oder einem anderem Bild und einem Blumenarrangement, z.B. Ikebana. Sie darf nie zum Gepäckabstellen missbraucht werden. Auch setzt sich niemand auf die Stufe oder stellt sich hinein. Der Ehrengast bzw. Ranghöchste sitzt stets mit dem Rücken zur *tokonoma*. Ein mit Reispapier bespanntes Schiebefenster öffnet den Blick auf den Garten. So sollte es jedenfalls sein. Hinter dem Papierfenster befindet sich heute meist noch ein Glasfenster, das bei trockenem Wetter offenbleiben kann.

Ein **Zimmermädchen** steht für vielerlei Dienstleistungen zur Verfügung: Sie führt zum Zimmer und serviert Tee und Essen. Während des Bades oder vor dem Schlafengehen macht sie die Betten (*futon*), die auf dem Boden ausgebreitet werden.

Sobald man sein Zimmer betritt, wechselt man in der Regel die Straßenkleidung gegen die hoteleigenen baumwollenen *yukatas* (Hauskimonos), die zum Entspannen und Schlafen benutzt werden. Man kann darin auch draußen spazierengehen. Wenn es kalt ist, zieht man jedoch Überjacken (*haori*) oder wattierte Überkimonos (*tanzen*) an. Geht man so aus, trägt man keine Schuhe, sondern *getas* oder *zôri* (Sandalen), die ebenfalls vom Ryokan gestellt werden.

Ganz wesentlich tragen zum Genuss eines Aufenthaltes im Ryokan die Besuche im **Gemeinschaftsbad** bei. Auch wenn teure Ryokan private Bäder haben, gehen die meisten Japaner doch gern in das gemeinsame Bad. Man geht nicht nur einmal, sondern mehrmals am Tag ins Bad. Die Becken sind im Idealfall so groß, dass sich mehrere Personen gleichzeitig wohlig darin ausstrecken können. Wenn dann noch der Blick in – möglichst – unverbaute Natur durch eine große Glastür, die in der warmen Jahreszeit aufgeschoben wird, genossen werden kann, ist das Badeglück perfekt. In Thermalbadeorten wird das gesundheitsfördernde Wasser allen Ryokans zugänglich gemacht.

Nach dem vorabendlichen Bad im Ryokan folgt in der Regel das im Preis inbegriffene **Abendessen**, entweder im eigenen Zimmer oder im Speiseraum genossen. Es wird auf einem Lacktablett serviert und enthält in dekorativem Geschirr (Keramik oder Porzellan, Lackschälchen) typischerweise mehrere Scheiben rohen Fisch, frittiertes Essen, z.B. Tempura, eine klare Suppe, gedünstetes

recht preiswert sind sie z.B. in Ueno oder Ikebukuro. Die Übernachtung kostet **zwischen 5000 und 10.000 ¥** pro Person, kleine Doppelzimmer (*semi double*) gibt es ab etwa 8000 ¥.

Günstige Business Hotels bietet die Kette **Toyoko Inn**: www.toyoko-inn.com/eng/.

Capsule Hotels

Grundsätzlich in Bahnhofsnähe liegen die berüchtigten Capsule Hotels: Sie bieten vor allem Männern Übernachtung, die nach dem Lokalbummel mit den Kollegen den letzten Zug nach Hause verpasst haben oder sich den

Gemüse, gegrillten Fisch, Reis, in Essig eingelegtes Gemüse und Obst.

Die zweite Mahlzeit, die in der Regel in einem Ryokan eingenommen wird, ist das **Frühstück** am nächsten Tag. Wer mit dem traditionellen Frühstück Schwierigkeiten hat, kann evtl. vorher auch ein westliches Frühstück bestellen. Typischerweise enthält ein Ryokan-Frühstück Reis, eingelegtes Gemüse, Bohnenpastensuppe, Ei, das oft roh mit dem Reis verrührt wird, Meerlattich und z.B. ein Omelett, Salat und getrockneten und gegrillten Fisch. Getränke werden generell extra berechnet.

Beim Betreten von Toiletten tauscht man in Ryokan, wie auch in Privathäusern und in Jugendherbergen, die Pantoffeln gegen spezielle Toilettenpantoffeln. Die typischen Hocktoiletten sind für die meisten Westler unbequem, aber sie sind hygienisch und effektiv. Man platziert sich mit dem Gesicht zur viertelkugelförmigen Schale.

Verhalten in öffentlichen Bädern

● Die **Schuhe** oder Pantoffeln werden am Eingang abgestellt, wenn vorhanden, in ein Schuhfach.

● Man zieht sich im nach Geschlechtern getrennten **Vorraum** aus und legt die Kleidung in einen Korb bzw. in ein dafür vorgesehenes Fach, also – bei aller Ehrlichkeit der meisten JapanerInnen – lieber keine Wertgegenstände ins Bad mitnehmen. Manchmal gibt es Schließfächer, vor allem in öffentlichen Bädern, seltener in Ryokans.

● Ins ebenfalls nach Geschlechtern getrennte eigentliche Bad nimmt man eine Plastikschüssel mit Seife, Shampoo, Rasierzeug u.Ä. mit

und das **Handtuch,** das drei Funktionen zu erfüllen hat: Es dient als Waschlappen, zum Abtrocknen und beim Herumgehen außerhalb des Beckens zum Verhüllen der Scham. In öffentlichen Bädern ist die Wand zwischen Frauen- und Männerbad nur zwei Drittel hoch, so dass man sich verständigen kann.

● Zunächst hockt man sich vor einen **Waschplatz** mit Hähnen für heißes und kaltes Wasser (moderne Bäder haben Mischhähne) und übergießt sich mit warmem Wasser; dann wäscht man sich gründlich und spült dann auch die letzten Seifenreste sorgfältig ab. Es ist verpönt, sich im Stehen zu waschen.

● Dann steigt man ins **40–45 Grad** heiße Bad; wenn es zu heiß ist, darf etwas kaltes Wasser um die Fußgegend zugegossen werden, aber nicht zu viel, da die anderen die Temperatur wahrscheinlich gerade mögen. Ist das Wasser sehr heiß, sollte man ganz langsam ins Becken steigen und sich möglichst wenig bewegen. Nach ein paar Minuten steigt man dann wohlig entspannt aus dem Becken, übergießt sich an seinem Waschplatz mit kaltem Wasser und beginnt dann einen neuen Reinigungszyklus. Die meisten gehen dreimal ins Becken.

● Manchmal gibt es unterschiedlich heiße Becken zur Auswahl: Je heißer, desto größer ist die Entspannung, aber erträglich muss es sein. In privaten Bädern zieht man **nach dem Bad** nicht den Stöpsel heraus. Das saubere Wasser kann mehrere Tage in der Wanne bleiben, es wird nur täglich neu erhitzt. Um es warm zu halten, wird das Becken mit einer Rollmatte zugedeckt.

Weg angesichts des Alkoholpegels nicht mehr zumuten wollen. Die „Kapseln" – in Shinjuku hat das Green Plaza allein 600 davon – sind in zweigeschossigen Reihen angeordnete **Miniräume** von 1,20 m x 2,10 m Grundfläche und etwa 1,10 m Höhe (!), so dass gerade das Bett und zusätzlich

Fernseher, Radio und Klimaanlage Platz haben. Wie üblich, werden hoteleigene *yukatas* gestellt. So ist man (selten frau) stets anständig gekleidet. Zum Einstieg hin sind die Kapseln offen, lassen sich jedoch mittels Jalousie oder Vorhang „verschließen". Allzu leise geht es da natürlich nicht zu. Aber

ka, Akihabara, Shinjuku und Asakusa (z.B. Riverside, 2900 ¥).

Eine neuere Variante sind **Saunahotels** mit Betten in offenen „Kästen" im Schlafsaal für 3000 ¥, z.B. Hotel Oizumi in Ueno (5 Min. vom Bahnhof nach Osten, U-Bahn, Inari-chô, Ginza Line), bisher wohl nur für Männer. Backpacker können sie buchen unter www.hostelworld.com.

Traditionelle Unterkünfte

Dies sind die **klassischen japanischen Herbergen.** Ryokan sind ein bis zwei Stufen eleganter und teurer als Minshuku. Aber zwischen einfacheren Ryokan und guten Minshuku besteht kein echter Unterschied.

Minshuku

Der Hauptunterschied liegt darin, dass Minshuku im Gegensatz zu Ryokan Familienherbergen sind: Die Gäste übernachten in den geräumigen privaten Häusern, auch Bauernhäusern, und werden so vorübergehend quasi Teil der Familie. Minshuku haben dementsprechend oft eine geringere Ausstattung und bieten nicht den Service und die exquisiten Mahlzeiten der Ryokan. Viele Minshuku haben nur ein kleines Bad, wenige Toiletten, in manchen findet man keine *yukata* vor und muss das Bett selbst machen und wegräumen – wie bei sich daheim. Andere bieten jedoch nicht nur die beliebten leichten Kimonos und Zimmerservice, sondern auch ausgezeichnete Mahlzeiten, wobei vor allem das Abendessen von hervorragender Qualität ist.

wer nur seinen Rausch ausschläft, merkt sowieso nichts mehr. In den Kapseln selbst ist es jedoch erstaunlich bequem.

Der Spaß kostet **ab 4000 ¥,** gelegentlich darunter. Für 500–1000 ¥ kann man nachmittags in einigen Kapselhotels auch für eine halbe bis zwei Stunden ein Nickerchen machen.

Für **Frauen** gibt es bisher noch keine speziellen Hotels, sondern nur Etagen in einigen Kapselhotels z.B. in Akasa-

Capsule Hotel

Die Preise inklusive Abendessen und Frühstück liegen in Minshuku meist **zwischen 6000 und 8000 ¥.** Nur ein Teil der Minshuku ist auf ausländische Gäste eingerichtet.

Die Japan Minshuku Association oder die Touristeninformationen können über geeignete Minshuku Auskunft geben.

●**Japan Minshuku Association,** 29-5-505, Takadanobaba 1-chome, Shinjuku-ku, Tokyo 160, Tel. 3232-6561.

Kokumin Shukusha

In den staatlichen Minshuku, den Kokumin Shukusha (Volksherbergen) kostet die Übernachtung mit zwei Mahlzeiten meist **unter 6000 ¥.** Ausländer können dort übernachten, aber eine langfristige Reservierung ist wegen der günstigen Preise unerlässlich.

●**Japan Minshuku Center,** Tokyo Kôtsu Kaikan B1, 2-10-1 Yûrakuchô, Tel. 3216-6556, (Kokumin-Shukusha, Informationen auch durch TIC und JNTO).

Kokumin Kyûka Mura

Neben den Kokumin Shukusha gibt es Kokumin Kyûka Mura (Volks-Feriendörfer) in National- oder Quasi-Nationalparks; sie kosten etwa **7000 ¥** pro Person, ebenfalls mit zwei Mahlzeiten.

●**Kokumin Kyûka Mura Kyôkai,** 10-1, Yûrakuchô 2-chome, Chiyoda-ku, Tokyo 100, Tel. 3216-2085 (erteilt Auskunft über die staatlichen Feriendörfer).

Ryokan

Die Ryokan sind in ihrer Qualität nicht gleich. Die „echten" bieten durchweg ausgezeichnete Qualität und guten Service und haben einen eleganten japanischen Garten, große Gemeinschaftsbäder, Zimmerservice und exquisite Mahlzeiten, die üblicherweise im Preis inbegriffen sind.

Am unteren Ende der Preis- und Qualitätsskala rangieren oft Ryokan, die diesen Namen eigentlich nicht verdienen. Die preiswerten Ryokan, die im Verzeichnis der Japanese Inn Group aufgeführt werden, sind akzeptabel; sie werben vielleicht deshalb gezielt um Ausländer, weil die anspruchsvollen Japaner sie nicht aufsuchen würden.

Die Übernachtungspreise liegen für die günstigsten Ryokan noch **unter 5000 ¥,** gute Ryokan verlangen **mehr als 10.000 ¥** p/P. In den Ryokan der Japanese Inn Group darf man wählen, ob man Mahlzeiten will oder nicht, in echten Ryokan sind immer zwei Mahlzeiten im Preis enthalten.

●**Japanese Inn Group,** c/o Hiraiwa Ryô, 314 Hayao-chô, Kamino-guchi-agaru, Ninomiya-chôô, Kyôto, Tel. (075) 351-6748, www.jpinn.com.
●**Welcome Inn Reservation Center,** c/o International Tourism Center of Japan, Kotani Bldg., 6-6, Yûrakuchô 1-chome, Chiyoda-ku, Tokyo 100, Tel. (03) 3580-8353 (ebenfalls für preiswerte Ryokan).

Pensionen

Auch Pensionen (penshon) sind Familienunternehmen wie bei uns und besonders für junge Familien attraktiv. Sie bieten oft Sportanlagen wie Tennisplätze oder die Möglichkeit zum Angeln, Wandern oder Skifahren. Die Unterbringung erfolgt in westlich oder japanisch eingerichteten Zimmern, das Essen ist eher westlich, die Preise liegen etwas höher als in Minshuku, um die **8000 ¥** pro Person, inklusive zweier Mahlzeiten.

Jugendherbergen

Wer Jugendherbergsmitglied ist, kann für rund **3150 ¥** (Frühstück ca. 600 ¥, Abendessen meist 1000 ¥) in einer der über 350 Jugendherbergen Japans übernachten – ohne Altersbeschränkung, allerdings meist nach Geschlechtern getrennt.

Es gibt u.a. in Tokyo einige Jugendherbergen, die dem internationalen Jugendherbergsverband (www.hihostels.com) angeschlossen sind. Dort kann man im Übrigen unabhängig von seinem Alter absteigen! Verfügt man über einen **internationalen Jugendherbergsausweis** aus dem Heimatland, schläft man auch bei diesen Jugendherbergen zum günstigeren Tarif, sonst muss man eine Tagesmitgliedschaft erwerben. Hat man noch keine Jahresmitgliedschaft bei den Jugendherbergsverbänden daheim, kostet diese 12,50–21 € in Deutschland (www.jugendherberge.de), 10–20 € in Österreich (www.oejhv.or.at) und 22–55 SFr in der Schweiz (www.youthostel.ch).

Dem Japanischen Jugendherbergsverband gehören jedoch nur zehn Prozent aller Herbergen an, die meisten sind privat oder städtisch geführt. Manche sind in ehemaligen Minshuku, Ryokan oder sogar Tempeln untergebracht.

Vorherige Buchung wird erwünscht und ist auch telefonisch möglich, z.B. vom T.I.C. aus oder über die Internationale Jugendherbergswebsite www.hihostels.com. Selbst wenn man schon am Ort, wo man übernachten möchte, eingetroffen ist, sollte man vorher kurz anrufen. Nicht wenige Herbergen haben Familienzimmer, in denen auch Ehepaare gemeinsam übernachten können. In einigen Herbergen gibt es gar gemütliche Tatamizimmer mit Futonbetten und Fernseher, wie in einem Hotel. Normal sind aber nach Geschlechtern getrennte Mehrbettzimmer mit Etagenbetten.

Jugendherbergen akzeptieren heute vielfach auch Kreditkarten (meist Visa, Amex, teils auch Master). In den meisten wird jedoch, wie in Hotels der untersten Preiskategorie, auf Barzahlung bestanden. Wer plant, in Jugendherbergen zu übernachten, sollte vielleicht von zu Hause einen JH-Schlafsack mitbringen, sonst muss dieser jedes Mal gegen Gebühr ausgeliehen werden.

Wie allgemein in Japan, ist es üblich, erst am Nachmittag einzuchecken. Bei telefonischer Anmeldung muss man stets angeben, ob das erste Abendessen gewünscht wird. Es gibt neben den Herbergen noch Jugendgästehäuser.

Radlerherbergen und -zeltplätze

Für Fahrrad-Reisende soll es in Zukunft in 100-km-Abständen Radlerherbergen und Zeltplätze geben. Ihre Adressen vergibt das Japan Bicycle Promotion Institute in Tokyo. Zelten darf man mit Ausnahme mancher Nationalparks in Japan fast überall; will man das Zelt in der Nähe von Bauernhöfen aufschlagen, sollte man jedoch vorher um Erlaubnis fragen.

● **Japan Bicycle Promotion Institute,** Nihon Jitensha Kaikan Bld., 9-3, Akasaka 1-chome, Minato-ku, Tokyo 107, Tel. 3583-5444.

Tempel

Neben den zu Jugendherbergen umgewandelten Tempeln gibt es auch solche, die noch „in Betrieb" sind und Übernachtungen mit zwei vegetarischen Mahlzeiten *(shôjin ryôri)* bieten. Sie werden *shuku-bô* genannt. Die Preise liegen oft **zwischen 4000 und 5000 ¥.** In vielen kann man, muss aber nicht, an den morgendlichen Meditationssitzungen teilnehmen. Informationen geben die Touristeninformationszentren in Tokyo.

Love Hotels

Eine Nacht in Love Hotels zu verbringen, die aussehen wie Märchenschlösser, Luxusdampfer oder Raumschiffe, mag für manche zu den Höhepunkten eines Japan-Aufenthalts zählen.

Die Zimmer sind ganz auf die **Lustbefriedigung** der Gäste eingerichtet und waren früher vor allem mit Videokameras, drehbaren Massagebetten und Spiegeln ausgestattet, manche, wie das A&N in Shibuya, haben sogar kleine Schwimmbecken im Zimmer.

Heute ist geräumiges, elegantes Dekor mit Karaoke, Videospielen und anderem Spielzeug beliebter. Jedes Zimmer erfüllt andere Wünsche oder Träume. Die Einrichtung von Zimmern in guten Love Hotels ist doppelt so teuer wie die von großen Luxushotels.

Love Hotels sind **keineswegs anrüchig,** sondern dienen vor allem Ehepaaren als Fluchtburg aus den engen, hellhörigen Wohnungen, die keine Intimitäten zulassen. Auch junge Paare ohne sturmfreie Bude vergnügen sich dort stundenweise (ab 3500 ¥ pro Stunde, genannt *short rest),* am liebsten zwischen 20 Uhr und Mitternacht.

Tagsüber machen die *Leisure Hotels,* wie viele heute moderner heißen, gegen 11 Uhr auf. Dann bedienen sie „reifere" Kundschaft, z.B. Hausfrauen auf Seitensprung. Nachts dagegen, etwa ab 22 Uhr, lässt sich dort preiswerter schlafen als in guten Hotels – für **7000–8000 ¥ –,** bei unvergleichlicher Ausstattung.

Die einfachen Love Hotels bieten in dieser Hinsicht jedoch keine Besonderheiten. Wie die Zimmer aussehen, ist auf der beleuchteten Tafel bei der Rezeption abgebildet (die aus einem winzigen Fenster besteht, hinter dem typischerweise eine alte Frau jenseits von gut und böse sitzt). Die beleuchteten Felder zeigen die freien Zimmer mit deren Ausstattung und Preis. Wer in Love Hotels übernachtet, muss üblicherweise am nächsten Tag bis 10 Uhr auschecken. Die Zimmer für mehrere Tage zu mieten, ist nicht üblich, schließlich werden sie im Schnitt dreimal pro Tag vermietet.

Es gibt in Japan etwa 40.000 solcher Hotels; sie haben im Schnitt 15 Zimmer. Die größte Konzentration gibt es auf dem **Daikanyama-Hügel in Shibuya.** Dort herrscht am Wochenende großer Andrang, und die Paare warten manchmal Stunden auf ein frei werdendes Zimmer. Zahlreiche Love Hotels gibt es auch in Shin-Okubo und Uguisudani an der Yamanote Line.

Love Hotel am Meguro-gawa

Neue Namen für Love Hotels sind **Amusement Hotels,** dagegen sind **Boutique Hotels** kleinere, speziell gestaltete Hotels, die Grenzen verwischen sich allerdings.

Vermietungen

Apartments

Wer länger in Tokyo leben möchte, braucht ein Apartment oder ein Haus. Die meisten **Makler** vermieten ungern an Ausländer, entweder weil es ihnen zu umständlich ist, weil sie Verständigungsprobleme befürchten oder weil sie einfach keine Ausländer wollen.

Bei der **Miete** von Apartments und Häusern muss man in Japan in der Regel zusätzlich zu Maklergebühr (eine Miete) und Kaution (*shiki-kin*, 1–2 Mieten) noch die für Ausländer ungewohnte Schlüsselgebühr (*rei-kin*, 1–2 Mieten) zahlen. Viele Makler verlangen die Garantieerklärung einer japanischen Person. Angesichts der teuren Mieten in Tokyo ist also allein der Bezug des Apartments bereits mit großen Anfangskosten verbunden. Hinzu kommt, dass die Apartments üblicherweise ohne Einrichtung sind, also selbst Gaskocher, Lampen usw. angeschafft werden müssen.

Angebote stehen u.a. im „Tokyo Journal" und an Schwarzen Brettern von Sprachschulen; preiswerte Apartments gibt es über Makler nahe den Universitäten. Mit Japanischkenntnissen kann man der Wochenzeitschrift „Shûkan Jûtaku Jôhô" entsprechende Angebote entnehmen.

Im folgenden einige Makler, die auf Ausländer eingerichtet sind:

● Das **Kimi Information Center,** das dem bekannten Kimi-Ryokan in Ikebukuro (7 Min. vom Westausgang) angeschlossen ist, vermittelt sowohl relativ preiswerte Apartments (Monatsmieten 30.000 bis 90.000 ¥ für Ein-Zimmer-Apartments und bis zu 250.000 ¥ für Mehrzimmerwohnungen) wie auch Luxusapartments (auch Jobvermittlung), insbesondere für Ausländer.
Oscar Bld. F8, 2-42-2, Ikebukuro, Toshima-ku, Tokyo 171, Tel. 3986-1604, Fax 3986-3037, kimiinfo@kimiwillbe.com.
● **Hoyo Trust:** Tel. 3362-0658, Higashi-Nakano. Apartments ab 80.000 ¥ im Monat.
● **Ogura Real Estate:** Tel. 3586-8017, Roppongi. Preiswerte Apartments ab 50.000 ¥.
● **SIHM:** Tel. 3470-4737. Agent kommt nach Vereinbarung ins Haus, v.a. für Firmen, aber auch günstige Wohnungen für Privatpersonen.
● **KK Family Home:** Tel. 045-201-9165, Kannai, Yokohama. Möblierte Apartments mit Telefon im Raum Yokohama, Kawasaki.
● **Enplus:** kurz- und langfristige Apartmentvermietungen, Minimum zwei Wochen, www.tokyoapartments.jp.
● **Fontana:** Tel. 3382-0151, www.fontana-apt.co.jp. Etwa 800 möblierte Gästehäuser und Apartments in ganz Tokyo.
● **Oakwood:** Service-Apartments für gehobene Ansprüche an verschiedenen Orten in Tokyo, www.oakwood.com.
● **The Mansions:** Service-Apartments in Roppongi, nahe dem Tokyo American Club.
● **AMMS International:** 1-15-12 Ikebukuro, Tel. 5958-0099, Fax 5958-0086, U/JR Ikebukuro, www.roomguide.jp. Einer der größten Makler der Stadt, mehrsprachige Mitarbeiter/innen.
● **Create Shared House:** Tel. 3368-0007, www.create-souken.com. Möblierte Gästehäuser, WGs (auch nur für Frauen), Wohnungen für Familien, ab 48.000 ¥/Monat, kostenloser Internetzugang.

Gaijin Houses

Für die so genannten Gaijin Houses („Ausländerhäuser") gelten nicht die Bedingungen von Apartments, leider haben sie in der Regel aber nur Gemeinschafts-Toiletten und -Bäder. In kleineren Häusern geht es ruhiger zu. Dafür trifft man in den größeren viele Leute, die sicher jede Menge Tipps für das (Über-)Leben in Tokyo auf Lager haben. Die meisten alleinstehenden Ausländer, die sich in Tokyo niederlassen, fangen mit einem Gaijin House an und ziehen später ggf. in ein Apartment um.

Folgende Organisationen verlangen weder Schlüsselgeld noch Kaution, die Zimmer kosten um die 50.000 bis 60.000 ¥, bei gemeinsamer Belegung eines Zimmers 30.000 bis 40.000 ¥ pro Person und Monat. Die genannten Organisationen haben mehrere Häuser in unterschiedlichen Stadtteilen, zum Teil in Vororten.

Hostels

Hostels und Guest Houses sind nun auch seit einigen Jahren in Tokyo zu finden. Sie können gemeinsam mit Business Hotels, Apartments und Kapselhotels bequem über www.hostelworld.com gebucht werden. Besonders zahlreich sind sie in Asakusa vertreten.

● **Aardvark:** Tel. 3881-4057.
● **Bilingual House:** Tel. 3200-7082.
● **Tokyo English Center:** Tel. 5370-8440, auch tage-/wochenweise Vermietung von Zimmern, z.B. 2000 ¥ pro Tag, 13.000 ¥ pro Woche.
● www.gaijinhouse.net, Tel. 5272-7238.
● **Apple House Co.,** JR Higashi-Koganei, Nord-Ausg., Tel. 0422-51-2277.
● **Sakura House,** F2 K-1 Bldg., 7-2-6 Nishi-Shinjuku, Tel. 5330-5250, www.sakura-

house.com, JR Shinjuku. Monatsweise vermietete Apartments und Gästehäuser mit mehr als 1100 Zimmern an 108 Orten in Tokyo, Zimmer im Gästehaus ab 48.000 ¥/Monat inkl. Nebenkosten, Apartments ab 80.000 ¥/Monat, keine Zusatzkosten, jederzeit mietbar.

Zimmervermittlung für Studenten

- **Center for Domestic & Foreign Students,** Yotsuya, Tel. 3359-5997.
- **Foreign Students' Advisory Center,** Sengoku, Tel. 3946-7565.

Verhaltenstipps

Etikette

Im alltäglichen Verhalten sind die Regeln der Etikette verbindlich und drängen Fragen der Moral in den Hintergrund. Wichtig ist die **Bewahrung der sozialen Harmonie.** Die normalen Umgangsformen sind von folgenden Verhaltensweisen geprägt:

- **Verbeugungen** sagen etwas über den Status einer Person aus; wer sich tiefer und länger verbeugt, zeigt dem Gegenüber Respekt, ob er diesen nun empfindet oder nicht.
- Harmonische Beziehungen haben Vorrang vor persönlichen **Empfindungen,** die notfalls schon einmal unterdrückt werden müssen. Emotionen sollen vom Gegenüber erfühlt werden, es gilt als unfein, sie mit Worten auszudrücken.
- In der hierarchisch strukturierten Gesellschaft zollen Jüngere den Älteren **Respekt.** Von Frauen wird traditionell immer noch erwartet, dass sie gegenüber Männern Respekt zeigen.
- Die **Sprache** hat klare Regeln, wie man sich selbst bescheiden ausdrückt und die Respektsperson sprachlich emporhebt. Man lobt Haus oder Kleidung des anderen, man schmeichelt ihm „über die Wahrheit hinaus",

um mit solchen Komplimenten den Kontakt möglichst reibungsfrei zu machen.
- Das **ästhetische Empfinden** spielt eine große Rolle: im Umgang miteinander, im Präsentieren von Essen, wie man sich bewegt. Man sollte es z.B. unbedingt vermeiden, sich in Gegenwart anderer zu schnäuzen; wenn es sich (wie Niesen) nicht vermeiden lässt, sollte man es abgewandt so diskret wie möglich tun.
- Im Übrigen: wie die Japaner immer sehr **höflich** sein, sich immer wieder verbeugen, *arigatô* (danke) und *domo* (Allzweckwort, etwa: sehr) sagen; **Tatami-Matten** niemals mit Schuhen betreten; nie **im Gehen essen** (siehe auch „Ess- und Trinksitten").

Geschenke

Das **System gegenseitiger Verpflichtungen** ist in der japanischen Gesellschaft stark ausgeprägt. Geschenke sind eine Form von sozialem Austausch, der fein abgestimmten Regeln folgt. Hier sind einige charakteristische Arten von Geschenken bzw. von Situationen, die Geschenke erfordern:

- **Shûgi:** Besondere Feiern und Anlässe wie Hochzeit, 60. oder 77. Geburtstag, wichtige Beförderung. Gäste bei solchen Feiern erhalten ein Souvenir (hier: *hikidemono*). Formelle Geschenke werden zusammen mit einem besonderen, dekorativen Papier (*noshi*) als Glücksbringer verschenkt.

Mit den japanischen Tischsitten sollte man sich möglichst schon vor der Reise vertraut machen

●**Kaeshi:** Rückgeschenk bei Gefälligkeiten zwischen Personen mit gleichem Status oder bei Trauerfeiern (wo das Rückgeschenk ein Drittel bis die Hälfte des Wertes der Spende anlässlich einer Beerdigung ausmachen soll).

●**Miyage:** Wer auf Reisen geht, bringt kleine Geschenke von unterwegs mit, vor allem für die, denen man verpflichtet ist bzw. von denen man auch Mitbringsel erhalten hat; eine ganze Industrie lebt davon.

●**Chûgen/seibo:** Geschenksaison im Sommer bzw. am Ende des Jahres. *Chû* war früher das Verteilen der Opfergaben für die Seelen der Verstorbenen unter den Verwandten während der Bon-Zeit, heute beschenkt man Vorgesetzte, Lehrer oder andere Höherstehende. Am Jahresende gab man früher ebenfalls Opfer für die Ahnen, heute gibt man Geschenke an diejenigen, denen man Dankbarkeit für erwiesene Gefälligkeiten im abgelaufenen Jahr schuldet. Die Geschenke werden heute vielfach durch Lieferdienste geschickt.

Jedes Kaufhaus hat große Abteilungen für die üblichen Geschenke wie Käse oder Butter aus Hokkaido in Dosen, Kekse, Sojasauce und andere nützliche Dinge. Es geht nicht um fantasievolle, persönliche Geschenke, sondern um die Etikette. Die Verpackung ist wichtiger als der Inhalt, Geschenke lassen sich so auch unausgepackt günstig wieder weiterschenken!

Ess- und Trinksitten

Die Höflichkeit verbietet es Japanern, Ausländer auf in ihren Augen unkorrektes Verhalten beim Essen oder Trinken aufmerksam zu machen. Also soll-

517to Foto: ml

te man sich mit einigen Regeln vertraut machen. Im Zweifelsfall macht man es eben den Einheimischen nach.

- Mit den **Stäbchen** (o-hashi) sollte man Essen nicht vom gemeinsamen Teller in der Mitte aufnehmen, wenn dort eigene Servierstäbchen bereitliegen, z.B. beim eingelegten Gemüse, auch sollte man Bissen nicht aufspießen.
- Einwegstäbchen, die in einfachen Lokalen üblich sind, werden in der Mitte auseinandergebrochen, sollen aber nicht aneinandergerieben werden (als deren Qualität noch schlechter war, hat man so Splitter entfernt).
- Mit Stäbchen sollte man weder in der Luft noch im Essen herumfahren.
- Mit der Hand, mit der man die Stäbchen hält, sollte man keine Schale aufheben.
- Tabu ist, Stäbchen während einer Essenspause senkrecht in den Reis zu stecken: so wird er den Ahnen am Hausaltar als Speiseopfer serviert.
- Beim Essen von Suppe halten Japaner die Schale nah an den Mund und schlürfen die Brühe hörbar ein – die beste Art, die heiße Suppe zu genießen. Mit den Stäbchen werden dann die festen Bestandteile in den Mund geschoben.
- Mit Stäbchen lässt sich z.B. gebratener Fisch zerteilen.
- Um Respekt vor dem „täglich Brot" der Japaner, dem **Reis,** zu bezeugen, sollte dieser bis auf einen kleinen Anstandsrest ganz aufgegessen werden; wenn es geht, sollte man mehr als eine Schale essen.
- „Einsame Trinker" sind in Japan verpönt. Stattdessen schenkt man sich gegenseitig ein, d.h. man beobachtet immer auch die Gläser oder Schalen der anderen am Tisch und schenkt den anderen nach, da sich niemand selbst einschenken sollte. In Bars und guten Lokalen übernimmt die Bedienung diese Aufgabe. Sakeschalen werden vor dem **Nachschenken** immer ausgetrunken. Bei Bier und Whisky genügt es, vor dem Nachschenken ein klein wenig wegzutrinken. Das empfiehlt sich besonders für Partys, wo üblicherweise jeder mit jedem anstößt, einander nachschenkt und ein paar Worte wechselt. Die „Profis" nippen jeweils nur ein klein wenig am Glas.
- Manchmal kommt es zu einer Art Verbrüderung beim **Saketrinken,** wenn jeder aus der Schale des andern trinkt. Bei größeren Parties stehen Schalen mit Wasser zum vorherigen Auswaschen schon bereit. Es heißt dann z.B. „Ippai dôzo", wobei jemand die eigene Schale dem Gegenüber reicht.

Verständigung

Englisch

Alle Japaner lernen Englisch in der Schule, aber nur wenige können es sprechen, weil sie die Sprache etwa so lebensnah erlernen wie wir Latein oder Altgriechisch. Die **Aussprache** des Englischen folgt sehr stark dem Katakana-Silbensystem, mit dessen Hilfe sie gelernt wird.

Wenn man mit **wenig sprachgeübten Japanern** Englisch spricht, wird man von diesen besser verstanden, wenn man die englischen Wörter gewissermaßen nach dem Katakana-System, also in Silben zerlegt, ausspricht.

Englisch wird überall dort verstanden und gesprochen, wo man auf **Touristen** eingestellt ist.

Bei **Behörden** darf man nicht erwarten, dass Englisch gesprochen wird, mit Ausnahme der Immigration Offices und der Informationsstellen.

Buchtipps:
- *Friedl, Harald A.:* **Respektvoll reisen,** Praxis-Reihe, REISE KNOW-HOW Verlag.
- *Lutterjohann, Martin:* **KulturSchock Japan,** REISE KNOW-HOW Verlag.

Hilfe

- **Japan Travel Phone:** Hilfe bei Sprachschwierigkeiten. Mo–Fr 9–17 Uhr, Sa 9–12 Uhr, Tel. 3201-3331 (Tokyo), Tel. 075-371-5649 (Kyôto), Tel. 0120-444800 (Rest Japans).
- **Emergency Translation Service:** Telefonischer Dolmetscherservice bei Kommunikationsproblemen für Englisch, Spanisch, Thai, Chinesisch, Koreanisch, Tel. 5285-8185, Mo–Fr 5–22 Uhr; Sa, So 9–22 Uhr.

Dolmetscherservice

(alle Mo–Fr 9/9.30–17.30/18 Uhr)
- **Alpha Corporation:** Tel. 3343-2575.
- **Communicators:** Tel. 3263-0630.
- **ITC:** Tel. 3561-1057.
- **ISS:** Tel. 3265-7101.
- **Inter Language Service System,** F7 Nihon Seimei Ichibanchô Bldg, 23-3, Ichibanchô, Tel. 3230-4731.
- **Planetworks Telephone Interpretation and Travel Guide Services,** Tel. 044-850-2730.

Übersetzungsbüros

Kosten: Englisch-Japanisch 2000–5000 ¥ pro A4-Seite, Japanisch-Englisch ab 4000–7500 ¥ pro 400 Zeichen.
- **Foreign Bookstore Biblos:** Tel. 3200-4531, Takadanobaba.
- **Book Center Libro:** Reference Salon, Tel. 5992-6996, Ikebukuro.
- **DHC Corporation:** Tel. 3478-2061, Roppongi.
- **Japan Translation Center:** Tel. 3291-0655, Otemachi.

Weiterreise von Tokyo

Zug

Zugverbindungen zu den in diesem Buch beschriebenen Orten finden sich in den jeweiligen Kapiteln unter dem Stichwort „Anreise".

Japan Rail Pass

Angesichts des ausgedehnten Eisenbahnsystems, das fast jeden Winkel Japans erschließt, lohnt sich für die Reisenden, die planen, ohne Auto (Leihwagen) in Japan umherzureisen, auf jeden Fall die Anschaffung eines Japan Rail Pass, mit dem man 7, 14 oder 21 Tage lang alle JR-Strecken (außer dem neuen „Nozomi"-Superexpress und JR-Linien in Tokyo) befahren kann.

Er muss jedoch wie unser Eurail-Pass außerhalb des Landes gekauft werden. Nur Touristen oder Geschäftsleute mit dem Status „Temporary Visitor" dürfen den Pass kaufen.

Verkaufsstellen sind z.B. Japan Airlines, das Japan Travel Bureau und die Japanische Fremdenverkehrszentrale (siehe „Vor der Reise, Informationsstellen"). Dort erhält man eine *exchange order*, die Auskunft gibt über die Anzahl der Tage, die der Pass benutzt werden soll, und die Klasse (1. Klasse: Green Card, 2. Klasse: Ordinary).

Bei Ankunft in Narita tauscht man die *exchange order* am Schalter der JR im Bahnhof des Flughafens (7–23 Uhr) in den Japan Rail Pass um oder – falls der Pass erst später genutzt werden soll – bei einem Travel Service Center an den großen Bahnhöfen Tokyos.

Preise JR-Pass (Erw./Kind)		
	1. Klasse	**2. Klasse**
7 Tage	37.800/18.900 ¥	28.300/14.150 ¥
14 Tage	61.200/30.600 ¥	45.100/22.550 ¥
21 Tage	79.600/39.800 ¥	57.700/28.850 ¥

Regionale Pässe

Neben dem Japan Rail Pass gibt es regionale Pässe, die im Land gekauft werden können und unter Umständen preiswerter sind.

- **JR East:** 5-Tage-Pass für 20.000 ¥, 10 Tage 32.000 ¥, 4 Tage flexibel innerhalb von 1 Monat 20.000 ¥, Superangebot im Herbst: 3 Tage für 10.000 ¥; JR East Infoline Tel. 3423-0111, www.jreast.co.jp.
- **Free Kippu:** Tokyo, Kamakura, Izu, Ise, Nara
- **Shûyû-ken** *(excursion ticket):* 7–21 Tage, Hokkaidô, Kyôto-Osaka, Kobe.
- **Seishun** (18 Kippu): alle normalen Züge, Jugendliche bis 18 Jahre.

Eine nicht immer teure Art zu reisen – kurz vor der Landung auf dem Narita International Airport

Shinkansen

Die Shinkansen-Expresszüge befahren ein eigenes Schienennetz. Es gibt verschiedene Arten von Zügen: Nozomi u. Hikari halten nur an den Hauptbahnhöfen, Kodama hält dagegen an allen Shinkansen-Bahnhöfen und hat mehr Abteile ohne Reservierung. JR Tours bietet verbilligte Fahr-ten mit dem Kodama an, z.B. Tokio – Kyoto 9800 ¥, Tokyo – Shin-Osaka 10.000 ¥.

Preisbeispiele:
- **Tokyo – Kyôto:** 12.970 ¥ (Nozomi, Hikari, Kodama);
- **Tokyo – Shin-Osaka:** 13.480 ¥ (Hikari, Kodama);
- **Tokyo – Hakata:** 21.300 ¥ (Hikari, Kodama);
- **Tokyo – Sendai:** 10.390 ¥ (Aoba);
- **Reservierung:** JR East Travel Service Centers.

Überlandbusse

Information
- **JR East Infoline:** Tel. 3423-0111.
- **JR Bus Kantô:** Tel. 3215-0489 (ab Tokyo Station).
- **JR Bus Kantô:** Tel. 5379-0874 (ab Shinjuku Station).
- **Kantô Bus Reservation Center:** Tel. 3928-6011 (Kyôto, Nara).
- **Keiô Bus Reservation Center:** Tel. 5376-2222 (Osaka, Takamatsu, Hakata).
- **Tôkyû Highway Bus Reservation Center:** Tel. 3410-0211 (West-Japan).
- **Seibu Bus:** Tel. 3981-2525 (Ikebukuro), Mo–Fr 9.30–18 Uhr, an Feiertagen geschl.

Nachtbusse
Abfahrt zwischen 20 und 23 Uhr, meist ab Shinagawa, Shinjuku, Ikebukuro; vorherige Reservierung unter oben genannter Adressen. Es gibt auch Fernbusse nach Norden bis Aomori. Rückfahrkarten sind bei Rückfahrt innerhalb von 6 Tagen billiger.

Discounttickets (Restkarten) gibt es z.B. an den Vorverkaufsständen, Ticket Discount Shops (TDS), nahe den Bahnhöfen. Kansai Bus bietet zu bestimmten Zeiten Discounttickets, z.B. Tokyo – Osaka 4300 ¥, Tokyo – Nagoya 3700 ¥.

Strecke	Kosten	Fahrtdauer
Tokyo – Nagoya	6420 ¥	6 ½ Std.
Tokyo – Kyôto	8180 ¥	7–8 Std.
Tokyo – Osaka	8610 ¥	7 ½–8 ½ Std.
Tokyo – Kobe	8680 ¥	8 ½ Std.
Tokyo – Nara	8400 ¥	9 ½ Std.

Inlandsflüge

Der Inlandflughafen Tokyos ist **Haneda Airport.** Flüge innerhalb Japans sind teuer, es gibt jedoch Discounts: Hin-und Rückflug: 10 %, Mehrfachkarten: 12,5 %, Frauengruppe (ab 3): 20 %, Weekday Silver (2 Personen über 65 J. unter der Woche): 20 %, Romance 88 (Paare, zusammen älter als 88 J.): 25 %, Skymate (12–22 J.): 35 %.

Die Preise der drei größten Inlandfluglinien JAL, ANA und JAS sind praktisch identisch.

- **Japan Airlines:** Tel. 5489-2111.
- **All Nippon Airways:** Tel. 5489-8800.
- **Japan Air System:** Tel. 3432-6111.
- **Haneda Fluginformation:** Tel. 3747-8010, 5757-8111.
- **Gepäcktransport:** Meitetsu Takusô Porter Service, Tel. 3803-5701 (nur japanisch).
- **Monorail zum Flughafen:** Hamamatsuchô – Haneda Airport, 15 Min., 300 ¥.
- **Tokyo City Air Terminal (T-CAT):** Hier kann man sein Gepäck mitten in Tokyo bereits einchecken und mit dem Bus zum Flughafen Narita oder Haneda fahren (alle 10 Min., 2900 ¥); unbedingt vorher klären, ob die gewählte Fluglinie den Service anbietet, 42-1 Nihombashi-Hakozaki-chô, Tel. 3665-7111, Ū: Suitengu-mae.

Agenturen für Discount Tickets
- **A'cross Traveler's Bureau:** Shibuya, Tel. 03-5467-0077; Yokohama, 045-322-7522.
- **Air & Sea:** Shimbashi, Ausgang Hibiya, Tel. 3501-3955.
- **Air Voyages:** Harajuku, Ausg. Takeshita, Tel. 3470-3795.
- **NTS Travel Box:** Ikebukuro, Nordausgang, Tel. 3988-9507.

Reisetipps A–Z

120tio Foto: ml

Die japanische Küche –
ein kulinarisches
Abenteuer

Japanische Esskultur

Essen und Trinken in Japan gehören zu den anregendsten Abenteuern, auf die sich ein Reisender einlassen kann. Aus einer Küche, die ursprünglich nur das wenige verwenden konnte, was die Umgebung hergab – Reis, regionales Gemüse und Meeresfrüchte aller Art einschließlich Algen und Seetang – hat sich dank japanischer Experimentierfreude, Neugier, Anpassungsfähigkeit, Streben nach Vollkommenheit, riesiger Konkurrenz sowie technischer und wirtschaftlicher Möglichkeiten innerhalb eines Menschenalters ein **Universum an Gaumenfreuden** entwickelt, das allein in Tokyo schon unerschöpflich ist. Man müsste ein sehr langes Leben und einen enormen Magen haben, um die rund **160.000 Lokale** der Stadt (dazu die mit den meisten Michelinsternen) durchzutesten. Dabei empfinden Japaner die Hauptstadt noch nicht einmal als das einzig lohnende Schlemmerparadies. Manche – da spielen natürlich regionale Vorlieben eine Rolle – ziehen Ôsaka oder Kyôto auf kulinarischem Gebiet vor.

Prinzipien der japanischen Küche sind ursprüngliche Schlichtheit und unaufdringliche Eleganz – was für die gesamte Kultur gilt. So ist die Verwendung hochwertiger, frischer Zutaten ein absoluter Grundsatz, wobei regionale und jahreszeitlich typische Produkte bevorzugt werden. Der Eigengeschmack der Speisen soll voll zur Geltung kommen. Die französische Nouvelle Cuisine war eine an Europa angepasste Variante der japanischen Küche – Imitation einmal andersherum.

Da diese Küche **leicht bekömmlich und gesund** ist, erfreut sie sich inzwischen auch im Ausland größter Beliebtheit. Spezialitäten wie **Sushi** waren für Japan-Reisende einst fast ein Horror. Der Gedanke an roh gegessenen Fisch hatte etwas Abschreckendes, selbst für Leute, die sich nichts beim Verzehr von Tartar und Mettbrötchen denken oder genussvoll Austern zu schlürfen vermögen. Nun gilt Sushi auch bei uns als Delikatesse, und Sushi-Bars sind ausgesprochen trendy.

Aber die Japaner wären nicht, was sie sind, wenn sie nicht stets auch offen für **kulinarische Einflüsse von außen** gewesen wären. Ein flüchtiger Bummel durch die Bahnhofsviertel jeder japanischen Großstadt zeigt, wie populär die amerikanischen Fast-Food-lokale und daraus entstandene Mischformen mit japanischem Fast Food geworden sind. Auch die kleinen, rund um die Uhr geöffneten Supermärkte (*convenience stores),* die es mittlerweile tausendfach gibt, bieten westliche und japanische Fertiggerichte vor al-

---

Preiskategorien

In den Stadtteilbeschreibungen sind die aufgeführten Lokale mit den folgenden Symbolen zur Kennzeichnung der Preiskategorie versehen (Angaben gelten als Richtwert für ein komplettes Mahl für eine Person).

¥	bis 1000 ¥
¥/¥¥	1000–2000 ¥
¥¥	2000–5000 ¥
¥¥¥	5000–10.000 ¥
¥¥¥¥	über 10.000 ¥

lem für berufstätige Frauen und Singles beiderlei Geschlechts. Die typische Hausfrau geht jedoch ohne Speisezettel in ihrem Viertel einkaufen und hält Ausschau nach günstigen und frischen Zutaten, die dann zu einem mehrgängigen Abendessen zubereitet werden.

Essen im Restaurant – einige Tipps

In Japan gibt es die hübsche Sitte, dass in vielen Lokalen im Schaufenster **Wachsmodelle** der angebotenen Gerichte mit Preisangabe stehen. Die Wirtsleute legen sich damit fest und richten ihr Produkt nach dem künstlichen Modell aus. Die Auswahl geschieht sehr häufig nach der Attraktivität der Modelle, die es übrigens in Kappabashi (s. Stadtteil Asakusa) zu kaufen gibt. Wer kein Japanisch kann, braucht bei der Bestellung nur noch auf das Modell zu zeigen und ggf. einen der im Exkurs „Kleine Sprachhilfe rund ums Essen" (einige Seiten weiter) angegebenen Beispielsätze zu sagen. Manche Lokale begnügen sich leider mittlerweile mit der Darstellung der Speisen auf Fotos.

Wer bei der Auswahl im Lokal sicher sein will, bestellt einfach das **Standardmenü** (teishoku), das es oft in drei **Qualitätsabstufungen** standard, deluxe und spezial (nami, jô, tokujô) gibt, wobei tokujô mehr Beilagen beinhaltet. Poetischer heißt es matsu, take, ume (Kiefer, Bambus, Pflaume) oder tsuru, kame (Kranich, Schildkröte).

In den meisten Lokalen bezahlt man an der **Kasse am Ausgang**, manchmal muss man jedoch vorher zahlen und den **Bon** beim Bestellen abgeben. Das ist etwas schwierig, weil man vorher wissen muss, was man essen möchte.

Trinkgeld ist in Japan unüblich.

In Restaurants sollte man am Eingang warten, bis einem ein **Platz zugewiesen** wird. Manchmal gibt es Wartebänke.

Um ein **bestimmtes Lokal zu finden**, ist es ratsam, sich z.B. im Hotel die Adresse auf Japanisch aufschreiben zu lassen. In den englischen Zeitungsanzeigen erscheinen die Adressen ebenfalls auf Japanisch.

Günstige Lokale findet man grundsätzlich in Tiefgeschossen von Bürogebäuden und Behörden, in Kaufhäusern, Einkaufszentren und unterirdischen Einkaufspassagen großer Bahnhöfe. Viele solche Lokale benutzen den kurzen, meist blauen **Vorhang**, den noren, um anzuzeigen, dass sie geöffnet sind.

Sehr preiswert oder umsonst essen

Die meisten Lokale bieten mittags **günstige Menüs** (teishoku) an. Wer davon Gebrauch macht, kann sich trotz begrenzten Geldbeutels auch in gute Lokale, in denen das Abendessen ein Mehrfaches kosten würde, wagen. So kosten Mittagsmenüs häufig nicht mehr als 500 ¥. Allerdings ist es während der Mittagspause der Angestellten, also zwischen 12 und 13 Uhr, meist sehr voll. Abends kann man Menüs aber auch für etwa 1000 ¥ bekommen. Lunch-Buffets (jap. baiking bzw. tabehôdai) gelten als gut und sind zugleich preiswert.

Auch Außenstehende haben bisweilen Zugang zu **Kantinen.** In den **Uni-Mensen** und den Kantinen der großen Firmen und Behörden kann man nicht nur preiswert essen, man bekommt auch Einblick in das Leben von Studenten, Angestellten und Beamten.

Aber selbst in Tokyo gibt es Essen appetithäppchenweise **umsonst:** in den **Lebensmittelabteilungen der Kaufhäuser.** Ein Rundgang durch zwei bis drei solcher Abteilungen kann kleine Mägen schon sättigen. Anders als bei uns, wo es nur gelegentlich mal Kostproben gibt, ist es im servicebewussten Japan selbstverständlich, dass das Angebotene probiert werden kann. Manche Spezialität lässt sich so unverbindlich vorkosten. Allerdings sind wir Ausländer in dieser Hinsicht schon fast berüchtigt. Man sollte nicht ausschließlich und hemmungslos kosten, sondern auch das eine oder andere kaufen.

Japanische Küche

Ein anhaltender Trend ist das Interesse an *ethnic food*: exotische Küche aus Asien, dazu die beliebte französische und italienische Küche. Solche Lokale werden gern von Paaren besucht, was in Japan eher ungewöhnlich ist.

In den Stadtteilbeschreibungen finden sich empfehlenswerte Adressen aller Arten von Restaurants. In diesem Kapitel wird nur mit der Angabe einiger Restaurant-Namen und des Stadtviertels darauf verwiesen. Die Namen stehen für gute Qualität oder Originalität, aber nicht unbedingt für niedrige Preise.

Leider ist es nicht immer einfach, bestimmte Lokale zu finden (s. „Praktische Reisetipps, Adressenangaben"); aber es bleibt ja der Trost, gleich nebenan die Auswahl zwischen Dutzenden anderer zu haben.

Die vielfältigen Zubereitungsarten und Lokaltypen

Die meisten Lokaltypen kann man nur in Japan kennen lernen. Zudem sind japanische Restaurants bei uns durchweg recht teuer und mit Ausnahme der hier und da entstehenden japanischen Imbissstuben für viele kaum erschwinglich. In einem erstklassigen Ryôtei in Japan wird das Kaiseki-Menü zwar noch deutlich teurer sein, aber es gibt daneben eine Unzahl von teilweise winzigen Lokalen, in denen man auch für wenig Geld essen kann. Dabei bekommt man dann meist noch

das kleine Abenteuer mitserviert, ein Stück des zeitlosen Japan mitzuerleben und mehr oder weniger hilflos, aber mit viel Lächeln und gegenseitigen Verbeugungen, die Sprachlosigkeit zu überwinden zu versuchen. Allerdings wünsche ich jedem Gast wenigstens einmal die nicht minder exotische Erfahrung, mit einheimischer Begleitung die ungemein kultivierte Atmosphäre eines traditionellen Gourmet-Tempels genießen zu dürfen.

International so bekannte Gerichte wie Sushi, Sukiyaki oder Tempura (die beiden letzteren sind übrigens japanisierte Gerichte westlichen Ursprungs) sind nur ein winziger Ausschnitt aus der Vielfalt, die in japanischen Spezialitätenrestaurants serviert wird. Es gibt nach allgemeiner Auffassung **18 Typen von Spezialitätenrestaurants,** die hier – versehen mit nützlichen Hinweisen – vorgestellt werden sollen. Auch auf Mischtypen wird eingegan-

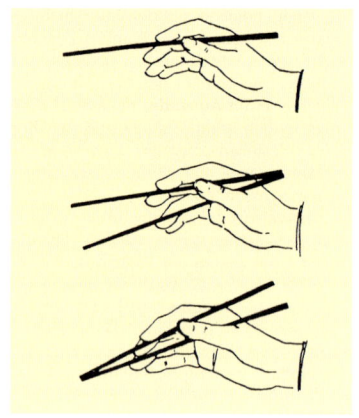

gen. Wer nicht nur Lokale besuchen will, die auf Ausländer eingestellt sind und über eine englischsprachige Speisekarte verfügen, muss wissen, was es in bestimmten Lokalen zu essen gibt. Nicht überall geben die Wachsmodelle genügend Aufschluss darüber.

Regionale Spezialitäten: Kyôdo-ryôri

Spezialitäten der unterschiedlichen Regionen finden sich in Tokyo in großer Anzahl. Gerichte aus Hokkaidô schmecken anders als solche aus Kyûshû; die Küche Kyôtos ist feiner als die kräftigere Tokyoter Küche. Eine kulinarische Entdeckungsreise durch die Regionen ist ein köstliches Gaumen-Abenteuer.

Erkennbar sind regionale Lokale am Namen, an einem Symbol (Bär mit Lachs im Maul steht z.B. für Hokkaidô) oder einfach an der rustikalen Ausstattung, die ihnen den Charakter eines *inaka-ya,* eines ländlichen Gasthauses, geben sollen.

Charakteristisch sind die vor allem in der kühlen und kalten Jahreszeit genossenen **Eintopfgerichte** (*nabe-mono*), die aus regionalen Zutaten, z.B. bestimmten Fischsorten oder Gemüse aus den Bergen, bestehen. Die Grundlage aller *nabe* ist die Suppe (*shiru*) aus Sojabohnenpaste (*miso*). Ansonsten gibt es die unterschiedlichsten Variationen von Fisch und Reis. Am besten fährt man als Unkundiger, wenn man einfach eine Spezialität des Hauses wählt und z.B. mit „hi-gawari o kuda-

sai" („bitte die Spezialität des Tages")
seine Bestellung aufgibt.

Die Regionen und ihre typischen Gerichte

● **Hokkaidô:** *kawari-kani-nabe* (Krebs) oder *sake-no-kasu-nabe* (Lachs), *ishikari-zushi* (Fisch in Bambus).
Lokale: Isaribi, Ginza; Rera Chise, Ikebukuro.
● **Tôhoku:** *imoko-nabe* (Süßkartoffel), Spezialität in Yamagata.
Lokale: Akita-kan, Ginza; Hokuhan, Ueno.
● **Kantô:** *sakura-nabe* (Pferd), Spezialität in Tokyo; *tanzawa-botan-nabe* (Wildschwein), Spezialität in Kanagawa.
● **Chûbu:** *shishi-* bzw. *inobuta-nabe* (Wildschwein), Spezialität in Shizuoka; *hoto-nabe* (Udon-Nudeln), Spezialität in Yamanashi; *masu-zushi* (Forelle), Spezialität in Toyama.
Lokal: Nanaki, Ebisu.
● **Kinki:** *kamo-nabe* (Ente), Spezialität in Shiga; *uo-suki* (Fisch), Spezialität in Ôsaka; *funa-zushi* (marinierter Fisch), Spezialität in Kyôto; *tsuya-zushi* (Reis-Fisch-Doppeldecker), Spezialität in Mie; *saba-no-sugata-zushi* (Makrele), Spezialität in Wakayama.
Lokale: Daigo Shôjin, Shimbashi; Torijaya, Shinjuku.
● **Chûgoku:** *kaki-no-miso-nabe* (Austern), Spezialität in Hiroshima; *matsuri-zushi* (Meeresfrüchte), Spezialität in Okayama.
● **Shikoku:** *chinu-meshi* (gedünsteter Fisch auf Reis), Spezialität in Kagawa.
● **Kyûshû:** *mizutaki* (Huhn), *ishihama-yaki* (gegrillter Fisch), Spezialität in Fukuoka; *omura-zushi* (Omelette und Reis), Spezialität in Nagasaki.
Lokale: Nagasaki-ro, Nihombashi; Shimazu-tei, Ginza.

Japanische Haute Cuisine: Kaiseki-Ryôri

Die Kaiseki-Ryôri entwickelte sich ursprünglich aus leichten Zwischenmahlzeiten im Rahmen der Teezeremonie. Der Name leitet sich von den warmen Steinen (*seki*) her, die sich Mönche während des Meditierens auf den leeren Magen (*kai*) legten.

Das Prinzip der Küche ist die Verwendung von absolut frischen, möglichst naturbelassenen, der jeweiligen Jahreszeit entsprechenden Zutaten höchster Qualität. Die ästhetische Anordnung der Speisen folgt den Kriterien von *wabi* (Einfachheit, Stille) und *sabi* (unaufdringliche Eleganz), die für die japanische Kultur insgesamt gelten und durch Zen noch akzentuiert wurden. Die Arrangements reflektieren die Natur, für Japaner der größte aller Künstler. Jeden Monat wechseln Menüs, Zutaten, Garnierungen und das Geschirr entsprechend dem jahreszeitlichen Charakter.

Die Lokale, in denen Kaiseki-Ryôri bevorzugt gegessen werden sollte, sind Ryôtei, **elegante Restaurants** im Stil traditioneller Wohnhäuser. Ein klassisch gestalteter Garten gehört immer dazu. Das Innere erfüllt die höchsten Ansprüche japanischer Ästhetik. Die Bedienung (*anakai-san*) ist in schlichte, elegante Kimonos gekleidet. Koto- und ähnliche traditionelle Musik trägt zur besonderen Atmosphäre der kultivierten Ruhe in diesen Inseln fernab der Großstadthektik bei.

Reservierung ist in den guten Restaurants unumgänglich, in der Regel sogar die Einführung durch Stammgäste. Das gilt vor allem für Ausländer. Wegen der **besonderen Etikette** beim Genuss der Kaiseki-Ryôri ist es ohnehin empfehlenswert, das erste Mal in Begleitung eines einheimischen Kenners zu kommen. Billig ist das Vergnügen selbstverständlich nicht. Die ein Dutzend oder mehr Gerichte sind sehr arbeitsintensiv zubereitet.

Ausgezeichnete Kaiseki-Ryôri gibt es weitaus erschwinglicher auch in guten Hotels, obwohl ein Ryôtei wegen des Gesamterlebnisses zu bevorzugen ist. Wer die Küche kennen lernen will, aber auf den Geldbeutel achten muss, bestellt am besten ein Kaiseki-Menü (*kaiseki-teishoku*) als Mittagessen.

● **Lokale:** Jisaku, Munakata, Ginza; Tsujitome, Yusan, Akasaka; Kisso, Roppongi; Kaki-den, Shinjuku; Kawamatsu, Asakusa.

Neue Japanische Cuisine

Experimentelle jap. Küche, ähnlich wie einst die **Nouvelle Cuisine** Frankreichs, ist ebenfalls in Tokyo vertreten.

● **Lokale:** Hashimoto, Ichioku, Roppongi; Hishinuma, Shimbashi.

Gourmet-Lokale: Kappô

Kappô steht für *katsu* (schneiden) und *pô* (kochen). In den Küchen der oft gemütlichen, kleinen Lokale (*ko-ryôri*) stehen in der Regel Meisterköche, die alle Feinheiten der japanischen Küche beherrschen. Auch Kappô-Lokale bevorzugen jahreszeitliche Spezialitäten. Zu erkennen sind sie im Allgemeinen am kurzen, blauen Vorhang.

● **Lokale,** in denen à la carte bestellt wird: *Tatsumiya*, Asakusa; *Uemura*, Ueno

Kleine Spezialitätenlokale: Ko-ryôri-ya

In den exquisiten Lokalen, deren Räume oft mit Tatami-Matten ausgelegt sind, werden **kleine Gerichte** aus frischen, der Jahreszeit entsprechenden **Meeresfrüchten und Gemüse** serviert. Dieser Lokaltyp ähnelt den vornehmeren Kappô-Restaurants.

Noch kleiner als die Ko-ryôri-ya sind die **Shokujo-Dokoro,** in denen es oft nur drei bis vier Tische gibt und ebenso wenig japanische Gerichte.

Es gibt eine Reihe von weiteren kleinen **Spezialitätenlokalen,** die sich oft nur auf eine Art von Gerichten mit kleinen Beilagen spezialisieren, z.B. *O-cha-zuke-ya* (Tee-Reissuppe), *O-nigiri-ya* (Reiskugeln mit Nori), *Kujira-ya* (Walfleisch), *Tori-ya* (Huhn).

● **Lokale:** Hachimaki Okada, Ginza; Kogetsu, Aoyama.

Ko-ryôri-ya-Gerichte

● **Aji tataki:** schön garnierter roher Blaufisch.
● **Chawan mushi:** gestocktes Ei mit Fischbrühe, Huhn, Krabben, Pilzen, Ginkgonüssen, Erbsenschoten, oben Blätter des jap. Sellerie, sehr lecker.
● **O-hitashi:** gekochter Spinat oder anderes grünes Gemüse, gewürzt mit Sojasoße und geraspeltem getrockneten Bonito.
● **Sakana teri-yaki:** Fischfilet (Thunfisch oder Makrele) mit Sojasoße, Sake, Zucker, *mirin*, frisch eingelegter Ingwerstängel.
● **Yu-dôfu:** kleine Tofu-Würfel im Tontopf gekocht, getunkt in Sojasoße mit Lauch, Ingwer, geraspeltem getrockneten Bonito.

Izaka-ya

Unter die Kategorie der meist kleinen Rote-Laterne-Lokale (*aka-chô-chin*), in denen man gemütlich isst und trinkt, fallen auch die beliebten *Izakaya*, die heute großenteils als **Ketten** operieren und stets in der Nähe der größeren Bahnhöfe zu finden sind.

● **Lokale:** Tamakyû, Shibuya; Chirinbo, Totoya, Shinjuku.

Japanische Küche

Buddhistisch-vegetarische Kost: Shojin-Ryôri

Aus der Verpflichtung der Buddhisten, nur vegetarisch zu essen, die freilich praktisch nur von Mönchen und Nonnen eingehalten wird, hat sich eine eigene Küche entwickelt, die in ihrer Ästhetik der Kaiseki-Ryôri sehr ähnelt. Tofu bildet die Grundlage dieser sehr vielfältigen Kochkunst. In **Tempeln**, in denen man übernachten kann, gibt es Shojin-Ryôri. *Shojin* heißt „geistig voranschreiten".

Es gibt einige Varianten, z.B. die **Sansai-Ryôri**, bei der vor allem Wildpflanzen aus den Bergen verwendet werden, und **Fucha-Ryôri**, die sich in chinesischen Tempeln entwickelte und deren Essen etwas ölreicher ist. Von einem Gericht bedienen sich nach chinesischer Tradition immer mehrere Personen. Am elegantesten ist die in Zen-Tempeln entwickelte Küche.

● **Lokale** befinden sich mehr am Rand bzw. außerhalb der Hauptzentren von Tokyo, bekannt und empfehlenswert sind: Goemon (Tôfu), Ochanomizu; Bon, Asakusa; Sasa-no-yuki, Ueno.

Japanisch-chinesische Küche: Chûka-Ryôri

Es gibt in Tokyo Restaurants mit authentischer chinesischer Küche, in denen ausgezeichnet gegessen werden kann. Bekannte und gute Lokale befinden sich vor allem in der Chinatown von Yokohama.

Hier ist jedoch die Rede von der volkstümlichen und ebenso preiswerten Variante, wie man sie in den *shoku-dô* findet. Chûka-Ryôri ist an den **japanischen Geschmack voll angepasst,** aber sowohl die Namen wie die Zusammensetzung der Grundgerichte verraten die Herkunft. Manche Gerichte, wie etwa *Gyôza*-Maultaschen – schmecken in Japan besser als im Ursprungsland. Erkennbar sind diese Lokaltypen an den chinesischen Mustern der Wachsmodellschalen.

● **Lokal:** Shodoten, Nihombashi.

Japanisch-chinesische Gerichte

● **Buta piiman itame:** gebratenes Schweinefleisch mit Paprika, manchmal Karotten und Zwiebeln in dicker Soße.

● **Chahan:** gemischter gebratener Reis, mit Schweine- und/oder Krabbenfleisch, Ei, Erbsen, Zwiebeln; meist mit klarer Suppe serviert.

● **Chanpon:** Nudeln in Brühe, mit Schweinefleisch, Qualle, gekochtem Ei, Bambussprossen, Chinakohl, Sojabohnensprossen.

● **Chashû-men:** Nudeln in mit Sojasoße gewürzter Schweinefleischbouillon, Schweinefleischscheiben, Erbsen, Spinat, manchmal Bambussprossen und Lauch.

● **Chûka-donburi:** Reis mit Schweinefleisch, Bambussprossen, Chinakohl, Erbsenschoten, Karotten, Zwiebeln, Wachteleiern in dicker klarer Soße.

● **Ebi karashi itame:** Krabben mit dicker, süßer Soße aus rotem Paprika, Ingwer, Zwiebeln, Knoblauch, Sake, Sojasoße, manchmal Erbsen als Farbkontrast, pikant gewürzt.

● **Gyôza:** halbmondförmige Maultaschen, gefüllt mit Schweinehack, Chinakohl und Schnittlauch; getunkt in eine Soße aus Sesamöl und Essig; gebraten oder gedämpft.

● **Haru maki:** knusprig in Öl gebackene Frühlingsrollen, gefüllt mit Gemüse und Schweinehack oder Krabben, getunkt in Soße aus Öl, Sojasoße, Essig, Senf.

● **Kani-tama:** Omelette mit Krebsfleisch, Bambussprossen-, Lauch- und Pilzscheiben.

● **Mabu dôfu:** Tofu mit Soße aus Schweinehack, Lauch, Ingwer, Sesamöl, Sojasoße.

●**Mantô:** Dampfnudel gefüllt mit Schweinehack und Gemüse.

●**Miso-râmen:** Eiernudeln in mit Sojasoße und Miso gewürzter Brühe, mit Schweinefleisch, Bambus- und Sojabohnensprossen.

●**Niku-dango:** Kugeln mit Schweinehackfleisch, Ingwer, Lauch, manchmal mit süßsaurer Soße.

●**Niku kara-age:** mit Sojasoße und Sake gewürztes Fleisch, in Kartoffelstärke gewälzt und frittiert, mit Petersilie und Lauch garniert.

●**Shûmai:** gedämpfte Hackfleischbällchen in Teigmantel mit Erbsen.

●**Subuta:** sieht aus wie Schweinefleisch süßsauer, aber die Soße besteht aus Sojasoße mit Essig, Bambussprossen, Karotten, Zwiebeln, manchmal Ananas.

●**Wantan-men:** Nudeln in Brühe, mit Schweinehack und Lauchzwiebeln gefüllte breite Teigtaschen, Bambussprossen, Spinat.

Japanisch-westliche Küche: Resutoran

Wie die chinesische Küche wurde auch die westliche an den japanischen Geschmack angepasst. Erkennbar sind die Restaurants an den Wachsmodellen, in denen die Gerichte auf Tellern statt in Schalen u.Ä. dargestellt werden. Es mag interessant sein, in den für die ganze Familie gedachten *family restaurants* einmal **westliche Gerichte à la Japan** zu kosten, sie schmecken oft gar nicht schlecht, wenn auch manchmal anders als bei uns. Die Zusammenstellung der Gerichte ist für unseren Geschmack bisweilen etwas eigenartig: Spaghetti mit Tomatensoße und Frikadelle, Kartoffelsalat und Würstchen im Hot-dog-Brot, Schnitzel-Burger, Hayashi- und Curry-Reis. **Yoshoku-ya** ist ein anderer Ausdruck für *resutoran* (Restaurant), bedeutet aber dasselbe.

Eine kleinere Ausgabe sind die **Sunakku** (Snacks), in denen **kleine Gerichte** wie Spaghetti, Hot Dogs, Hamburger, Sandwiches und Desserts angeboten werden. Mütter besuchen sie gern mit Kindern während des Einkaufsbummels. Nacht-Snacks sind in Wirklichkeit Bars, die mit diesem Begriff die Sperrstunde umgehen.

Typische japanische Speisen

Fondue: Sukiyaki

Sukiyaki, ein **Rindfleischgericht,** ist unter Ausländern neben Sushi das vielleicht bekannteste Gericht. Der Name leitet sich von Pflugschar (*suki*) braten (*yaki*) ab, weil es möglicherweise früher, als der Verzehr von Rindfleisch aus religiösen Gründen verboten war, heimlich auf diese Weise von den Bauern zubereitet wurde. Vielleicht erinnert der Name auch nur an die entfernte Ähnlichkeit des flachen Topfes mit einer Pflugschar. Mit der Öffnung Japans nach außen unter *Kaiser Meiji* wurde der Verzehr von Rindfleisch als Symbol für Fortschritt propagiert. Aber relativ teuer ist es trotz aller Beliebtheit, ab 2000 bis 3000 ¥ pro Person, in Speziallokalen sogar noch teurer. Wer das Gericht nur einmal kennen lernen will, bekommt in *family restaurants* für weit weniger Geld einen guten Einblick. Das gilt aber nur für die normale Qualität.

Es gibt gerade in den Spezialitätenlokalen mehrere **Kategorien:** *rôsu sukiyaki* (*roast*, normales Rindfleisch), *hire sukiyaki* (*filet*) und *shimofuri sukiyaki* (marmoriertes Kobe- oder Matsuzaka Beef, das ist vielleicht das berühmteste Fleisch der Welt, für das die Kühe massiert, mit Bier gefüttert und von Mücken ferngehalten werden). Eine andere sehr gute Fleischsorte ist *omi-niku* (aus Ôtsu).

Man bestellt in der Regel **Menüs.** Die rohen **Zutaten** sind: hauchdünne Rindfleischscheiben, Bambussprossen, Chrysanthemenblätter, Glasnudeln, Karotten, schräg geschnittener Lauch, eine Petersilienart, Pilze, vor allem Shii-take, Spinat, Tofu u.a. Wer von einer Zutat Nachschlag möchte, sagt, auf diese zeigend: „o-kawari o kudasai".

Im Topf wird zunächst etwas vom Fleisch angebraten, dann wird er mit der Spezialsoße *warishita* (hergestellt aus Sojasoße, süßem Reiswein, Seetang) aufgefüllt und das Essen kann beginnen: Entweder die Bedienung oder aber die Gäste geben die Zutaten nach Belieben in den Topf. Nach dem Garen werden sie mit den Stäbchen herausgenommen, in eine Schale mit verquirltem Ei getunkt und mit Reis gegessen.

Auf Wunsch wird das Fleisch zu Beginn kurz in Butter angebraten oder in eine Marinade, die Weißwein enthält, gelegt. Überhaupt wird von Ausländern zu Sukiyaki gern Weißwein getrunken.

Varianten sind **Jingisukan-yaki** (benannt nach *Dschingis Khan*), mit Lammfleisch, Paprika und Pilzen – besonders beliebt in Hokkaidô – und **Udonsuki,** mit Udon-Nudeln, Krebs, Kammmuscheln und Gemüse.

Eine nicht minder beliebte Variante des Sukiyaki ist **Shabu-shabu,** das erst nach dem Krieg von einem Koch in Kyôto erfunden wurde. Es wird im „Mongolischen Feuertopf" (hoko-nabe) zubereitet. Die Flüssigkeit im Topf ist eine Art Brühe, in der die Zutaten kurz gegart werden. Danach tunkt man sie in Sesamsoße mit Zwiebelwürfeln oder in eine Soße aus Bitterorangen (ponzu). Das Fleisch ist so dünn geschnitten, dass es nur einige Male in der Brühe hin- und hergewedelt wird, was ein leicht zischendes Geräusch macht: shabu-shabu. Das Gemüse braucht zum Garen natürlich etwas länger. Zum Abschluss kommen oft flache Nudeln (kiri-men) in die Brühe, die dann als Nudelsuppe serviert wird. Als Getränke eignen sich Bier, Reiswein, grüner Tee und trockener Rotwein. Viele Ausländer essen anschließend gern Eis aus grünem Tee (matcha ais kuriimu). Zu erkennen sind Sukiyaki-Lokale manchmal an einem Kuhsymbol.

● **Lokale:** Zakuro, Ginza/Akasaka; Shabu-Zen, Hiroo; Botan, Ochanomizu; Takeya, Ueno; Imahan, Tamahide, Ningyôchô.

Fleisch von der Eisenplatte: Teppanyaki

Das **Grillen** (yaki) von Fleisch **auf einer heißen Eisenplatte** (teppan) wurde erst nach dem Krieg unter amerikanischem Einfluss eingeführt; davor wurde nur okonomi-yaki (s.u.) so zubereitet. Schließlich ist teppanyaki Teil der japanischen Küche geworden. Entscheidend für den Chef (itamae) ist das Küchenmesser (hôchô), und damit geht er meisterhaft um, wie jeder der rund sechs bis zehn Gäste, die vor ihm an der Theke sitzen, bestätigen wird. Auch darin liegt der Reiz von Teppanyaki und anderen Zubereitungsarten: Man verfolgt die gesamte Zubereitungsprozedur von Steak, Fisch oder anderen Gerichten und bekommt das Essen sofort nach Fertigstellung auf den Teller.

Typischerweise wählt man die gewünschte (wohl vom Geldbeutel abhängige), meist in Gramm angegebene Menge sirloin (sâroin sutêki, der obere Teil der Rinderlende) oder tenderloin (tendaroin sutêki, der mittlere Teil der Schweinelende), und gibt dann die Art der Zubereitung an: rare (rea), medium (midiamu) oder well done (uerudan). Als Soßen stehen u.a. Soja- und Sesamsoße und geriebener Meerrettich zur Verfügung. Außer der üblichen Zubereitungsart (regular = futsû) kann man die Zutaten auch in Butter (batâ-yaki), Sherry (sherii-yaki) oder auf dem Drahtgrill (ami-yaki) garen lassen.

Außer Rind- oder Schweinesteak gibt es auch Huhn, Leber, Tintenfisch, Krabben, Krebs, Hummer, Seeohr oder Kammmuschel.

Dazu werden Nudeln und verschiedene Gemüse serviert, beispielsweise Gemüse der Jahreszeit (kisetsu no yasai) oder grüne, flache Erbsen (saya-endo). Auch Pilze, z.B. dünne champignonähnliche shimeji, sind im Angebot.

Als **Getränk** passen sowohl Wein als auch Bier vom Fass.

Japanische Küche

Die Lokale sind bisweilen – wie Sukiyaki-Lokale – an einem Kuhsymbol zu erkennen. Ihr Äußeres ist „westernhaft" bzw. rustikal westlich.

Happen aus rohem Fisch und Reis: Sushi

Sushi-ya, die meist kleinen, blitzsauberen Lokale mit aus dem hellen Holz der japanischen Zypresse gefertigten Theken und Mobiliar, sind für Liebhaber **frischester Meeresfrüchte** wohl das Paradies schlechthin, allerdings kein sehr preisgünstiges: Ein Kanapée kostet in der Regel ab 100 ¥ aufwärts.

Ob ein Lokal geöffnet ist, erkennt man – wie bei vielen anderen traditionellen Lokalen – am blauen Türvorhang mit den Schriftzeichen für „Sushi" oder einfach mit schlangenförmig langgezogenem „-shi". Drinnen bedient dann der *sushi-ya-san* mit seinem weißen Kittel und dem um den Kopf gebundenen und zusammengerollten Handtuch *(hachi-maki)* seine meist an der Theke sitzende Kundschaft mit der Routine einer langen Ausbildung. Die Früchte des Meeres liegen unter der als Kühlschrank dienenden Glasvitrine zur Auswahl bereit. Der Fisch in Tokyo kommt täglich frisch vom größten Fischmarkt der Welt in Tsukiji. Über 600 Sorten Fisch werden dort Tag für Tag angeboten.

Auf den Tisch sollte kommen, was die Jahreszeit an Spezialitäten bietet. Wer sich nicht auskennt, kann sagen „shun no sakana o kudasai", „den Fisch der Jahreszeit, bitte". Es gibt dabei einen **jahreszeitlichen Rhythmus:**

- **Frühling:** Meerbrasse, Scholle, als Sashimi eignet sich Bonito.
- **Sommer:** Barsch, Karpfen, Meeraal.
- **Herbst:** Makrele, Brasse, Muscheln.
- **Winter:** Flunder, Austern, Weißfisch.
- **Das ganze Jahr über** gibt es Thunfisch, von dem die fette Bauchseite am liebsten gegessen wird.

Zu Beginn werden gern **Sashimi als Vorspeise** genossen, ein ästhetisch genussvolles Arrangement aus dünnen Scheiben oder Streifen von **rohem Fisch,** beispielsweise Thunfisch, Brasse, Tintenfisch, die mit verschiedenen Beilagen wie in feine Streifen geschnittenem oder geraspeltem Rettich *(daikon-oroshi), wasabi,* Sojasoße mit geraspeltem Ingwer *(gari),* Chrysanthemenblüten, Gurken oder Karotten serviert werden. Es gibt auch die Varianten *arai* (Scheiben von Brasse oder Karpfen werden mit heißem Wasser übergossen), *tataki* (leicht über Holzkohlefeuer angegrillt und gehackt) und *ikizukuri:* noch lebend servierte Krabben *(ebi-odori,* „tanzende Krabben") oder Fisch auf Seetang, wobei nur auf einer Seite Sashimi-Scheiben herausgetrennt wurden.

Nach der Vorspeise bestellt man nach und nach kleine Portionen, meist paarweise, und der Appetit verlangt immer nach mehr: noch ein Happen und noch einer. Kenner gehen nach der **Sechs-Schritt-Folge** vor: rot (Thunfisch, Brasse), weiß (Flunder, Tintenfisch), blau (Makrele, *saba),* gekocht (Meeraal), weich (Lachskaviar, *ikura;* Seeigeleier, *uni),* fest (Krabbe), knackig (Seeohr). Die andere Möglichkeit ist, **Sets** zu bestellen. Das Standardset kann man einfach mit „ichi/ni-

520b0 Foto: ml

nin-mae" (Bestellung für eine/zwei Personen) ordern.

Korrekterweise sollte der Gast die nur beim Sushi üblichen Begriffe nennen, so schwer ist das Bestellen nicht. Üblicherweise werden die Menüs gern prosaisch als *nami* (Standard), *chû* (mittel), *jô* (besser) oder vornehmer als *matsu* (Kiefer), *take* (Bambus), *ume* (Pflaume) bestellt.

Es gibt heute auch moderne Sushi-Lokale, in denen die vorbereiteten Happen nach Preisklassen geordnet zur **Selbstbedienung** bereitliegen oder z.B. auch auf Schiffchen vorbeischwimmen oder auf Tellerchen auf

Sushi

dem Fließband vorbeiziehen *(kaitenzushi)*. Da gilt dann eine Preisklasse (z.B. 200 ¥), und am Schluss werden die Teller zusammengezählt.

Zum Sashimi wird gern Sake getrunken, ansonsten passt Bier. Grüner Tee, der im Sushi-ya *agari* heißt, wird zusammen mit Scheiben aus eingelegtem Ingwer mehrfach zwischendurch, gewissermaßen zur Neutralisierung der Geschmackssinne, gereicht.

● **Lokale:** Jiro, Nakata, Sushisei, Ginza; Fukuzushi, Uo Kame, Roppongi; Genroku-zushi, Aoyama; Yotsuya Matoizushi, Shinjuku/Yotsuya; Kizushi, Ochanomizu/Ningyôchô; Kibun-zushi, Kintarô, Asakusa.

Die preiswerten Ketten Kozo-zushi und Kozeni-zushi bieten auch Packungen **zum Mitnehmen** an.

Sushi-Gerichte

● **Nigiri-zushi:** das typische, aus Tokyo selbst stammende Sushi, bei dem in der Regel Thunfisch, Meerbrasse, Tintenfisch, Aschenmuschel *(aka-gai)*, Oktopus, Krabbe oder Omelette auf Happen gelegt werden, die aus Reis bestehen, der etwas härter gekocht und mit Essig, Salz und Zucker gemischt wurde, mit etwas *wasabi* darauf. Man tunkt die Happen mit der Fischseite nach unten in die Sojasoße, in die je nach Geschmack noch mehr oder weniger *wasabi* verrührt wurde, und schiebt sie ebenso in den Mund.

Im Sushi-Lokal gibt es **Spezialbegriffe,** mit denen man Könnerschaft beweisen kann (in Klammern stehen die „normalen" japanischen Bezeichnungen):

● **Meerrettichsenf** *(wasabi):* „namida" (Tränen)
● **Salz** *(o-shio):* „nami no hana" (Wellenblüten)
● **Sojasoße** *(o-shôyu):* „murasaki" (Purpur)
● **eingelegter Ingwer** *(shoga):* „gari" (Futter)
● **Stäbchen** *(o-hashi):* „o-te-moto" (Fingerspitzen)
● **Grüner Tee** *(o-cha):* „agari"

● **Chirashi-zushi:** Reizvolles Arrangement von verschiedenen Stücken auf Reis in einem Lackkästchen. Varianten davon sind **Gomoku-zushi**, mit fünf Fischarten und **Tekka-don**, wo nur Thunfisch auf Reis liegt.

● **Maki-zushi:** schmale Streifen Fisch, Gemüse, eingelegtes Gemüse und Reis werden von einem gerösteten Meerlattichblatt (nori) umwickelt. Als **Te-maki** (Handrolle) wird es gern zu Hause, aber auch zunehmend in Lokalen gegessen. Wohl nicht in japanischen Sushi-Lokalen zu finden ist die Variante des kalifornischen te-maki, z.B. mit Avocado, geräuchertem Lachs und anderen Zutaten, gewürzt mit Mayonnaise.

Sushi-Gerichte ohne Meeresfrüchte:

● **Kappa-maki:** von nori umwickelte Reisrollen mit Gurkenstreifen in der Mitte.

● **Inari-zushi:** Reis und Gemüse in einem Mantel aus Tofu, das in Öl gebacken wurde (abura-age).

Giftiger Kugelfisch: Fugu

Im Fugu-Lokal zu essen ist nicht eine Form von russischem Roulette, wie manchmal behauptet wird, sondern ein Ereignis für Feinschmecker. Nur **Köche mit Sonderlizenz** dürfen den Kugelfisch zubereiten, weil bereits winzige Mengen seines in der Leber und einigen anderen Eingeweiden vorkommenden **Giftes Tetrahydrotoxin** tödlich wirken. Der im Fugu-ya (erkenntlich an Laternen in der Form des Fisches, der getrockneten Haut bzw. Abbildungen des Kugelfisches auf dem Türvorhang) servierte Fisch stammt in der Regel vom kaum giftigen Toso-Fugu, der zudem nur im Winter (der sichersten Zeit) gefangen und zubereitet wird. In der Saison kommt er direkt von Shimonoseki, am Westzipfel Honshus, per Superexpress

nach Tokyo. Gern wird Fugu gemeinsam mit Eintopfgerichten (nabe) gegessen. Es gibt über 30 spezialisierte Fugu-ya, aber über 2000 Lokale servieren in Tokyo den kostbaren Fisch.

● **Lokale:** Fugu-Kaikan, Miusaya, Asakusa; Hyôtan, Ryôgoku

Fugu-Gerichte

● **Fugu-Sashimi:** hauchdünn geschnittener, rosettenförmig auf dem Teller angeordneter Fisch, unter dem das Muster des Tellers durchscheint. Gegessen wird er mit **Ponzu-Soße** (wie beim Shabu-shabu).

● **Fugu-Chiri:** Fugu- und Gemüseeintopf, **Mizutaki** enthält nur den Fisch.

● **Fugu-Zosui:** Reisporridge, der mit Fugu-Sud gewürzt ist.

● **Hire-zake:** geröstete Flossen, die in Reiswein getaucht werden.

● Außerdem mag es **Tempura, Fischkäse** (kamaboko), und andere Leckerbissen, auch **weniger übliche Meeresfrüchte** wie Kreiselschnecke, Schmerle oder Seeteufel geben.

Spieße vom Holzkohlegrill: Yakitori

In der Nähe der Bahnhöfe, besonders in Yûrakuchô, gibt es die kleinen Yakitori-ya, die am leckeren Geruch und den roten Laternen leicht erkennbar sind, in großer Zahl. Der Holzkohlegrill steht oft draußen, drinnen ist dann mitunter nur Platz für eine Handvoll Kunden – zumeist Angestellte benachbarter Firmen, die sich vor der Heimfahrt noch einen kleinen Snack mit ein paar Gläsern Bier gemeinsam mit ihren Kollegen gönnen: zur Entspannung und Vertiefung der Freundschaft. Entsprechend lebhaft geht es in diesen preiswerten Lokalen zu.

Gegrillt wird eine reiche Auswahl an **Fleisch und Gemüse.** Üblich sind schaschlikähnliche **Spießchen** (kushi), wo neben dem Fleisch noch Lauch, Ginkgo-Nüsse, Paprika, Pilze oder Wachteleier gegrillt werden. Vor dem Grillen (am besten über der Glut der Steineiche, die acht Stunden hält) werden die Spieße in eine Würzsoße oder Salz und Pfeffer (shio-zaki) getaucht. Hinterher tunkt man sie in eine süße Sojasoße (deren genaue Zusammensetzung Lokalgeheimnis ist).

Die etwas vornehmere Variante der Yakitori-ya sind die **Okariba-yaki,** in denen **Geflügel und Wild** (während der Jagdsaison) in traditionellen Räumen mit Tatami-Matten serviert werden.

● **Lokalempfehlungen** sind eigentlich überflüssig. Wer sichergehen will, sei mit dieser Auswahl bedient: Lokal unter der Eisenbahnbrücke in Yûrakuchô; Hayashi, Ginza; Ton-Ton, Yûrakuchô; Monsen, Nanbantei, Roppongi; Torifuku, Shibuya; Totoya, Shinjuku.

Yakitori-Gerichte

● Als **Vorspeise** (o-tsumami) gibt es u. a.
– Tofu mit geriebenem Lauch, Ingwer, getrocknetem Bonito (hiyayakko)
– frittiertes Huhn (kara-age)
– geriebene Yams-Wurzel mit rohem Thunfisch (yama-kake)
– Gurken-Miso-Salat (morokyu)
– Eintopf aus Kutteln und Kartoffeln (nikomi).
● **Hühnerspießchen** bestehen u. a. aus:
– Brustfleisch (yaki-tori, sasami)
– Shiitake-Pilze, Zwiebeln, Paprika (shii-take, negi, piiman tori-yaki)
– Innereien, Herz, Leber, Schenkel (motsu-, hatsu-, rebaa-, momo-yaki)
– Fleischbällchen (tsukune-yaki)
– Haut (kawa-yaki)
– Flügel (tabasaki-yaki)

● Auberginen, grüne Paprika, Lauch, geröstete Ginkgonüsse, Shiitake-Pilze und verschiedenes Gemüse, ebenfalls gegrillt, lassen sich auch allein bestellen.

Grillen am Herd: Robata-yaki

Die Sehnsucht nach dem einfachen ländlichen Leben ergreift die Menschen in jeder Metropole von Zeit zu Zeit. Was liegt da näher, als sich mitten in der Stadt dorthin zu begeben, wo man in **rustikaler Atmosphäre** ungezwungen mit Freunden deftige Kost vom Grill essen und dazu ein schäumendes Bier genießen kann? Die zahlreichen Robata-yaki-Lokale erfreuen sich jedenfalls beständiger Beliebtheit.

Der Grillherd (robata), an dem der oder die Chefs werkeln, ist umgeben von bunt arrangierten appetitlichen, rohen Zutaten. Er erinnert an die Feuerstelle in alten Bauernhäusern, an denen gekocht wurde und um die herum man an kalten Winterabenden saß. In den Bergen gibt es sie noch gelegentlich. An den Wänden der Lokale hängen rustikale Utensilien: getrocknete Feldfrüchte, Reisstrohumhänge und -sandalen sowie allerlei Gerätschatten. Von außen sind sie sowohl an Dekorationen, die an ein Bauernhaus erinnern, erkenntlich als auch an den roten Laternen mit einem kleinen Dach. Die Bediensteten tragen Happi-coat (Festkleidung) und/oder yukata. Sie wiederholen, teilweise im Chor (!), jede Bestellung der Gäste und reichen sie ihnen an langen Schiebern hinüber, was zu einer lauten, lustigen Atmosphäre nach Art eines Schreinfests führt – kein Ort der Stille. Vom Charakter her sind diese Lokale eher **Kneipen** (izaka-ya).

Die Zutaten umfassen fast alles, was in Japan auf den Tisch kommen kann. Man beginnt am besten mit ein paar Gemüsespießen oder einer kleinen Portion Fleisch-Kartoffel-Eintopf (niku-jaga), gefolgt von köstlichem, gegrilltem Fisch. Kartoffel mit Butter (jaga-batâ) schmeckt gut dazu.

Japaner beenden auch das opulenteste Mahl mit Reis, eingelegtem Gemüse und Tee. Den Reis gibt es u.a. in den Variationen gegrillte Reiskugeln (yaki-onigiri) und Reissuppe (o-cha-zu-ke) aus Reis, grünem Tee, saurer Pflaume und ggf. Lachs. Wer noch viel Appetit hat, kann **gomoku-kamameshi** bestellen: Reistopf garniert mit fünf Zutaten, z.B. Huhn, Krebs, Krabben, Pilze, Gemüse.

- **Lokale:** Robata Honten, Yûrakuchô; Musashi, Shimbashi; Inakaya, Roppongi.

Robata-Zubereitungsarten

- **Gimpu-yaki:** gewürzte Zutaten werden in Alufolie gebacken.
- **Horoku-yaki:** Zutaten werden im Keramiktopf auf einem Salzbett gegart.
- **Kara-yaki:** Muscheln in der Schale gegrillt; tsubo-yaki: Grillen im eigenen Gehäuse.
- **Kimi-yaki:** Zutaten werden nach dem Grillen in gesüßtes verquirltes Eigelb getunkt.
- **Miso-yaki:** Zutaten werden mit Miso bestrichen.
- **Namban-yaki:** Fisch gebeizt mit einer Schalotten-Eiweiß-Mischung.
- **O-kariba-yaki:** pfannengebratenes Wild.
- **Shio-yaki:** mit grobem Salz gesprenkelter, gegrillter Fisch.
- **Teri-yaki:** Spieße werden mit einer süßen Soja-Reiswein-Soße mehrfach gebeizt, bis sie glänzen.

Gegrillter Aal: Unagi

Wie die Yakitori-ya sind auch die Unagi-ya meist kleine Lokale (der Vorhang zeigt meist das Hiragana-Zeichen für „u" in Form eines Aals), die hauptsächlich von Männern besucht werden. Kenner bevorzugen wilden gegenüber dem gezüchteten Aal, dessen Fleisch weniger zart und fettreicher ist.

Die Grillprozedur ist besonders in Tokyo recht aufwendig: Nach dem ersten Grillen wird der Aal gedünstet und abgewaschen, daraufhin nochmal in die süßliche Marinade tare getaucht und erneut gegrillt. Dadurch wird der Geschmack verfeinert und der Fettgehalt verringert. Die Filets sind aufgespießt und etwa 10 x 12 cm groß. Auch die gegrillte, knusprige Rückengräte und die feste Leber kann man mit Genuss essen. Die Gäste würzen sich das Fleisch noch mit japanischem Pfeffer (sansho).

Da Aal sowohl schwer zu fangen als auch zu züchten ist (die Larven müssen auf dem Rückweg von den Brutplätzen eingefangen werden), ist er nicht billig. Er wird auch immer frisch angeliefert.

Es gibt für einen kleineren, dem Aal verwandten Fisch, die **Schmerle,** eigene Lokale, in denen vor allem die Spezialität **Yanagawa-nabe,** Eintopf aus Schmerle, mit Ei und Gemüse im Keramiktopf gebacken, serviert wird. Ein Gericht besonderer Art ist **Jigoku-**(Höllen-)**nabe,** wobei die noch lebenden Schmerlen in kochend heißes Wasser mit Tofu geworfen werden: Sie flüchten in den Tofu und werden mit diesem gekocht – kompromisslos in der Suche nach vollkommener Frische, so ist die japanische Küche – sicher nicht im Sinne des Tierschutzes.

● **Lokale:** Chikuyotei, Ginza; Tentake, Tsukiji; Nodaiwa, Shimbashi; Yama-no-Chaya, Akasaka; Iidaya, Komagata Dojô, Asakusa.

Unagi-Gerichte
● **Unagi teishoku:** Aal mit Reis, Misosuppe, Salat, eingelegtem Gemüse.
● **Unaju:** Aal auf Reis in der Lackschachtel, wie beim Sushi.
● **Unazukushi:** ganzer Aal, mit Lebersuppe und Gräten.
● **Kaba-yaki:** Aalspieße.
● **Ikada-yaki:** Aal in Floßform gegrillt.
● **Kimo-yaki:** gebeizte Leber mit Ingwer.
● **Shira-yaki:** gegrillt, bis der Aal weiß ist.
● **Uma-yaki:** Aal im Omelettemantel.
● **Unagi-nabe:** Aal-Gemüseeintopf.
● **Unagi-zushi:** Aal auf Reiskannapé.
● **Yawata-maki:** Aalfilet um Klettenwurzel gewickelt.

137ło Foto: rn

Reis aus der Kasserole: Kamameshi

Im gusseisernen Topf (*kama*), der als Erkennungszeichen dieses Lokaltyps dient, wird Reis seit über 1000 Jahren gekocht, wobei der Topf in die Öffnung eines kleinen Ofens gesetzt wird. Allerdings sind die mit dem charakteristischen Holzdeckel bedeckten Töpfe heute eher aus Keramik als aus Gusseisen. Durch Hinzufügen verschiedener Zutaten lässt sich ein sättigendes, leckeres Mahl zubereiten. Es gibt spezielle Kamameshi-Lokale, aber die Kasserolen werden bevorzugt auch in Yakitori-ya angeboten, da mit Spießchen und Häppchen allein der Hunger kaum gestillt wird.

Beliebte Zutaten sind: Bambussprossen, *gomoku* (fünf Zutaten, z.B. Austern, Erbsen, Karotten, getrocknete Kürbisscheiben, Pilze), Huhn, Kastanien, Krabben, Krebs, Lachs, *matsutake* (Kiefernpilz, Japans kostbarster Pilz), Seeohr, Shiitake-Pilze und Venusmuschelfleisch.

Eintopf: Nabe-mono

Diese Art zu kochen entstammt ebenfalls den traditionellen Bauernhäusern, in denen ein Topf über der Feuerstelle an einem Haken (oft mit einem Holzfisch verziert) hing. Darin kochte man dann Eintopf aus den vorhandenen Zutaten. In den *Nabe-mono-ya*, die an großen Kesseln oder Wachsmodellen mit arrangierten Zutaten im Keramiktopf oder einfach am rustikalen Äußeren erkennbar sind, ist noch etwas von

Japanische Küche

der ländlichen Atmosphäre erhalten, wenn auch heute die Zutaten reichhaltiger und vermutlich ästhetischer angeordnet sind.

Eine der Hauptzutaten ist in der Regel Fisch (Kabeljau, Meerbrasse, selten Thunfisch), aber auch Huhn, seltener Rindfleisch; dazu gibt es frisches Gemüse, z.B. Chinakohl, Chrysanthemenblätter, Kartoffeln, weiße Rüben, Rettich, Spinat, Waldpilze oder Tofu.

So kommt die Schale auf den Tisch, dazu der Topf mit köstlicher Brühe, in der am Tisch das Gericht gegart wird. Die Bedienung kommt nur zum Servieren der Zutaten und am Ende, wenn der Tischherd ausgeschaltet wird („Hi o keshite/sagete kudasai", „Bitte löschen Sie das Feuer").

Wer Huhn bevorzugt, bestellt *tori no mizutaki*, Kabeljau heißt *tara-nabe*. Austern sind *dote-nabe*, Meerbrasse ohne Gräten ist *suki-nabe*, mit Gräten *chiri-nabe*, Lachs mit Kartoffeln *ishikari-nabe*, Fisch mit Udon bestellt man als *udon-suki*, Gemüse mit Huhn oder Fisch als *yose-nabe*. Am Ende wird die nun noch köstlichere Brühe als Reisporridge *(zôsui)* oder mit Udon-Nudeln gegessen.

● **Lokale:** Toriei, Ochanomizu; Isegen, Kanda.

Der Eintopf der Sumo-Ringer: Sumo Chanko-Nabe

Von nichts kommt nichts, auch **Sumo-Kämpfer** sind anfangs schlank. Da es aber beim Sumo keine Gewichtsklassen gibt, hilft außer jahrelangem hartem Training im „Stall", dem sich der „Lehrling" anschließt, vor allem

kräftige Kost, die schnell ansetzt, um so zur nötigen Muskelmasse zu kommen. Zu den täglichen 10.000 Kalorien trägt vor allem der Eintopf der Chanko-nabe, aber auch Bier bei. Die Zutaten im Stall sind nicht so reichhaltig wie im Lokal. Im Stall essen erst der Meister und der Boss *(oya-kata)*, dann die nächsten im Rang. Die Lehrlinge bekommen, was übrig bleibt: Wollen sie an die besseren Bissen ran, müssen sie hart trainieren und sich hocharbeiten.

Chanko-nabe-Lokale haben eindeutig **Sumo-Charakter;** hinter der Theke steht denn auch meist ein ehemaliger Ringer. Als Folge ihres langen Gemeinschaftslebens gelten Ringer als gute Unterhalter, sie können gut kochen und singen, und viele machen nach der aktiven Zeit ein Lokal auf.

Die **Brühe** des Eintopfs besteht aus Essig, Sojasoße und Zucker; die wichtigsten Zutaten sind Karotten, Kohl, Tofu und Zwiebeln. Bestellt wird nach der Hauptzutat: Fisch *(sakana)*, Huhn *(tori-niku)*, Krabben *(ebi)*, Rind- oder Schweinefleisch *(gyu-/buta-niku)*. Daran wird dann einfach „-chanko" angehängt. Abergläubische Sumo-Ringer essen allerdings kein Fleisch von Vierbeinern, denn wenn sie im Kampf den Boden mit einem anderen Körperteil als ihren Fußsohlen berühren, haben sie schon verloren.

● **Lokal:** *Tomoegata*, Rôgoku

Brühe mit Einlage: O-den

Auf den ersten Blick hat O-den wenig Attraktives: In einer trüben, braunen

Brühe schwimmen weißlich-bräunliche Zutaten wie Tofu, mehrere Sorten Fischkäse, braune gekochte Eier, Rettich und Kartoffeln. Auch an Geruch und Geschmack wird man vielleicht beim ersten Versuch wenig Ansprechendes finden. Wenn man jedoch erst einmal auf den Geschmack gekommen ist, wird man O-den mit Genuss verzehren.

Wer in ein O-den-Lokal geht, bekommt freilich weit mehr, als nur die Brühe selbst. Ein komplettes **Menü**, tei-shoku, umfasst neben dem eigentlich O-den auch noch Miso-Suppe (akadashi), Appetithappen, z.B. eingelegtes Gemüse (o-shinko), und gekochtes Gemüse (o-hitashi). O-den lässt sich für Anfänger am besten als Standardzusammenstellung, moriawase, bestellen. Dazu gehören z.B. Tofu, Fischkäse, Kartoffel und Rettich.

Spezielle O-den-ya sind eher selten, am häufigsten sind wohl die **Essensstände** (yatai) in der Nähe der Bahnhöfe, wo man für wenig Geld zwischendurch einen Teller isst und dazu vielleicht noch warmen Sake trinkt. O-den gibt es in **Supermärkten** für die Zubereitung zu Hause und in den vielen 24-Stunden-Läden.

● **Lokale:** Otako Honten, Ginza; Otafuku, Ueno

Frittierte Meeresfrüchte und Gemüse: Tempura

Tempura gehört zu den berühmtesten japanischen Gerichten, der Name stammt jedoch von **portugiesischen** Missionaren, die Ende des 16. Jh. eine Vorform dieses köstlichen Gerichts mitbrachten. Es soll dem ersten Shôgun, Tokugawa Ieyasu, so gut geschmeckt haben, dass er gegen den Rat der Ärzte zuviel davon gegessen und wenige Tage später an den Folgen gestorben sein soll (nach einer anderen Version waren es jedoch Kampfwunden). Die Japaner haben das Gericht jedenfalls gern angenommen und mit der ihnen eigenen Hingabe vervollkommnet.

Es gibt viele kleine, einfache, aber auch elegante Lokale. Die Holzfassade mit Schiebetür und der blaue Vorhang mit dem Zeichen für Himmel (ten) sind typische äußere Kennzeichen für gehobene Gastronomie. Am besten ist, wie so oft, der Lokaltyp, wo die Gäste an der Theke sitzen, dem Koch zusehen und die fertigen Stücke noch brutzelnd auf dem mit Reispapier belegten Bambusrost serviert bekommen. Je kürzer der Weg vom Öl zum Teller, desto besser.

Der **Ausbackteig** (koromo), der so unnachahmlich locker wird, besteht lediglich aus Ei, Wasser und Mehl. Aber wie er hergestellt und die Stücke darin eingetaucht werden, daran erkennt man den Meister. Kenner behaupten, sie könnten allein am fertigen Teigmantel sehen, ob jemand ein Anfänger mit gerade drei bis fünf Jahren Erfahrung oder ein Meister ist.

Auch das **Öl** muss die richtige Temperatur haben, was der Koch mit seinen Kochstäbchen prüft. Die Zutaten werden so geschnitten, dass sie am besten zur Geltung kommen, Auberginen z.B. fächerförmig. Die fertigen

—Japanische Küche

Kleine Sprachhilfe rund ums Essen

Nützliche Vokabeln

Abendessen	yoru-gohan
Aschenbecher	haizara
durstig sein	nodo ga kawaku/ kawakimashita
Essen	tabe-mono
Essensbon	shokken
(großes) Esslokal	(dai-)shokudô
fleischlos	niku-nashi
Frühstück	asa-gohan
Gabel	fôku
geöffnet/geschlossen	kai-ten/hei-ten
Glas	koppu, gurasu
(feuchtes) Handtuch	o-shibori
Hunger haben	onaka ga suku/ sukimashita
Kassierer/in	kaikei, reji
Koch	itamae
köstlich	oishii
(unter Männern)	umai
japanische/chines./ westl. Küche	nihon/chûka/seiyô ryôri
Löffel	supûn
Lunchmenü	ranchi sabisu
Mahlzeit	gohan
Menüqualität: standard/deluxe/ spezial	nami/jô/tokujô
Messer	naifu
Mittagessen	hiru-gohan
Nachschlag	(o-)kawari
Rechnung	(o-)kanjô
reserviert	yoyakuzumi
Schale	cha-wan
schmeckt gut	oishii
Sortiment	moriawase
Stäbchen	o-háshi
Tasse	kappu
Teller	sara
vegetarisch	saishoku-shugi
Vorspeisen	o-tsumami
Zahnstocher	yôji

Geschmacksrichtungen

bitter	nigai
heiß	atsui
kalt	tsumetai
salzig	shoppai
sauer	suppai
scharf gewürzt	karai
süß	amai

Zubereitungsarten

Frittiertes/ in Öl Gebratenes	age-mono
gegrillt	yaki
gegrillt, auf heißer Platte	teppan-yaki
gegrillt, salzbestreut	shio-yaki
gehackt	tataki
gekocht	yude

Grundnahrungsmittel

Reis, gekocht	gohan
Reis, gebraten	chahan
Tofu	tôfu
chines. Weizennudeln	râmen
Buchweizennudeln	soba
Weizennudeln	udon

Fisch und Meeresfrüchte kaisen-ryôri

Aal	unagi
Austern	kaki
Bachforellenart	ayu
Barsch	aodai
Bonito	katsuo
Flunder	hirame
Hering	nishin
Kammmuschel	hotate-gai
Karpfen	koi
Krabben	ebi
Krake, Oktopus	tako
Krebs	kani
Kreiselmuschel	sazae
Kugelfisch	fugu
Lachs	sake/shake
Lachseier	ikura
Makrelenarten	aji, hokke, saba, sawara
Makrelenhecht	samma

Meeraal	anago, hamo
Meerbrasse	tai
Schmerle	dojô
Scholle	karei
Seeohr	awabi
Seeteufel	ankô
Stint	shishamo
Teichstint	wakasagi
Thunfisch	maguro
Tintenfisch	ika
Venusmuschel	hamaguri
Weißfisch	shira-uo

Fleisch — niku

Geflügel	tori-niku
Rindfleisch	gyû-niku
Schweinefleisch	buta-niku

Eier

Ei	tamago
Rührei	iri-tamago
rohes Ei	nama tamago
Spiegelei(er)	medama-yaki
gekochtes Ei	yude tamago
Omelett	omuretsu

Gemüse — yasai

Algen, Meerlattich	o-nori
Aubergine	nasu
Bambussprosse	take-no-ko
Champignon	shimeji
Chinakohl	hakusai
eingelegtes Gemüse	tsukidashi
Grüne Sojabohnen	eda-mame
Huflattich	fuki
Ingwerwurzel	shôga
Karotte	ninjin
Kiefernpilz	matsutake
Kürbis	kabocha
Lauch	negi
Lotuswurzel	renkon
Paprika, klein	shishito
Pilzart	shiitake
Pilze	kinoko
Rettich (gerieben)	daikon (-oroshi)
Seetang	kombu, wakame
Süßkartoffel	satsuma-imo
Zitronenminze/Perilla	shiso
Zwiebel	tama-negi

Soßen und Gewürze

Bonitoflocken	katsuo-bushi
Essig	su
Gewürzmischung	shichimi
Glutamat	kagaku chômiryo (ajinomoto)
Ingwer	shôga
Knoblauch	nin-niku
Meerrettichsenf, grün	wasabi
Perillablatt	shiso
Pfeffer, jap.	sanshô
Pfeffer, schwarz	koshô
Pflaume, sauer	umeboshi
Salatdressing	sarada doressingu
Salz	(o-)shio
Sesam	goma
jap. scharfer Senf	karashi
Sojabohnenpaste	miso
Sojasoße	(o-)shoyu
Suppe aus Sojabohnenpaste	miso-shiru
Suppe, klar	sui-mono
Tempurasoße	tentsuyu
(Worcester-) Soße	(o-)sôsu
Zucker	(o-)sato

Getränke — nomi-mono

(Eis-) Kaffee	(aisu-)kôhii
Eiskrem	aisu-kuriimu
grüner Tee	o-cha
schwarzer Tee	kô-cha
Joghurt	yoguruto
Kakao	kokoa
Milch	gyûnyû/miruku
Pflaumenweln	ume-shu
Reiswein, Sake	(o-)sake/nihon-shu
heiß/lauwarm servieren	atsu-/nuru-kan
Saft	jûsu
Schnaps	shô-chû
Wasser	(o)mizu
Wein	budô-shu/wain
Whisky	uisukii
Whisky mit (Soda-)Wasser	mizu-wari
Bier	biiru

Gebräuchliche Redewendungen

sumi-masen
(damit erregt man die Aufmerksamkeit von
Ladenbesitzern, Bedienung u.Ä.)

... o kudasai
bitte gib/geben Sie mir ...

are/sore
dies/das

menyu o misete kudasai
Bitte bringen Sie die Speisekarte

kyô no teishoku wa nan desu ka
Welches Menü gibt es heute?

higawari
Tagesspezialität

A/B/C-ranchi o kudasai
Bitte Lunchset A/B/C

o-makase shi-masu
ich überlasse Ihnen die Zusammenstellung

o-mizu kudasai
kaltes Wasser bitte

onegai-shi-masu/sumi-masen
Bitte!/Entschuldigung! (hier: Bedienung!)

o-kawari
Nachschlag, noch etwas

s (u)koshi
etwas

o-susume wa
sinngemäß: was empfehlen Sie mir?

onaji mono
dasselbe (auf den Nachbarn zeigend)

kore wa nan desu ka
Was ist dies?

kore wa ari-masu ka
Gibt es dies?

shun no mono wa nan desu ka
Welche jahreszeitliche Spezialität haben Sie?

jikan ga kakari-masu ka
Dauert es lange?

jikan wa dono gurai kakari-masu ka
Wie lange wird es etwa dauern?

kekkô desu
Danke, es genügt.

kono mise no namae wa nan desu ka
Wie heißt dieses Lokal?

shokken o kau no desu ka
Muss man vorher Bons kaufen?

toire wa doko des (u) ka
Wo ist die Toilette?

o-kanjô onegai-shi-masu
die Rechnung bitte

kore wa ikura des (u) ka
Was kostet dies?

o-ikura des (u) ka
Was kostet (alles zusammen)?

ryo-shu-sho
Quittung

kureditto kâdo wa tsukaemas (u) ka
Akzeptieren Sie Kreditkarten?

itadaki-mas (u)
Ich fange an zu essen (für „Guten Appetit")

oishii/totemo oishii (desu)
(es schmeckt) lecker/köstlich

gochisô-sama (deshita)
es hat köstlich geschmeckt

kampai
Zum Wohl, Prosit

(siehe auch „Mini-Sprachführer Japanisch"
im Anhang)

Stücke werden dann in die **Spezial-soße** (*tentsuyu*, aus Fisch- und Sojaso-ße mit *mirin*, süßem Reiswein) getaucht, in die noch geraspelter Rettich und Ingwer kommen.

Zum Menü gehört ein Salat aus Seetang oder Berggemüse, Misosuppe, Reis und natürlich die nach und nach servierten Tempurastücke: Krabben-schwänze, Meeraal, Stint, Aubergine, Karotte, Pilze und Perillablatt, das nur auf einer Seite in Teig getaucht wird. Erst werden die kleineren, dann die größeren Stücke serviert, damit der Appetit erhalten bleibt.

Kleinere Menüs sind **Tendon,** zwei Krabben-Tempura auf Reis mit Soße, und **Bentô,** Krabben- und Gemüse-Tempura auf Reis in Lackschachtel.

●**Lokale:** Takeno, Ginza; Hashizen, Shimba-shi; Tsunahachi, Shinjuku; Tenmasa, Imoya, Kanda; Daikokuya, Asakusa-bashi; Tenmo, Nihombashi.

Panierte Schweinekoteletts: Tonkatsu

Seit der bis dahin aus religiösen Gründen verbotene Verzehr von Fleisch 1868 von **Kaiser** *Meiji* zugelassen wurde, gibt es panierte Schweinekoteletts (*ton-katsu*). Sie werden neben anderen panierten Zutaten in eigenen Lokalen, Tonkatsu-ya, oder – etwas vornehmer – **an Spießen paniert** in **Kus-hiage-ya** angeboten. Ein Hinweis zum Auffinden der Restaurants ist ein Schwein als Dekoration oder das Zeichen für Schwein (*ton*). Angestellte gehen gern mittags in diese beliebten und recht preisgünstigen Lokale, Fami-

lien abends. Mancherorts dienen die Gerichte nur als Beigabe zum Trinken.

Bestellt wird ein Menü (*teishoku*), das aus in Streifen geschnittenem, paniertem Kotelett auf einem Bett aus Weißkohlschnipseln besteht, dazu die Triade (Miso-)Suppe, Reis und eingelegtes Gemüse. Auf das Kotelett wird etwas von der dick-süßlichen Worcestersoße gegeben. Statt des oft fetthaltigen *ton-katsu* kann man auch Filetschnitzel (*hire-katsu*), Lende (*rôsu katsu*) oder paniertes Hacksteak (*menchi-katsu*) bestellen. Hängt man an den Namen für das Fleisch „-don" an, erhält man dieses auf einer Schale Reis, garniert mit Ei, Erbsen und Zwiebeln.

Wird Schweinefleisch in Streifen geschnitten und mit Ingwer (ohne Panade) gebraten, heißt das *shôga-yaki.* Beliebt sind auch **Kartoffelkroketten** (*korokke*), die gern mit Maiscremeso-ße serviert werden. Das heißt dann „-furai" (von engl. *fried*), z.B. *kaki-furai* (panierte Austern) oder *ebi-furai* (panierte Krevetten).

●**Lokale:** Maisen, Aoyama; Katsukichi, Shi-buya; Tonki, Meguro; Tonkatsu Imoya, Kanda; Honke Ponta, Hantei, Ueno.

Pfannkuchen: Okonomi-yaki

Am häufigsten findet man Okonomi-yaki als Imbiss (*yatai*), in Einkaufsvierteln gibt es jedoch auch spezielle Pfannkuchen-Lokale, erkenntlich an den oft orangefarbenen Plastikbuchstaben, die *o-ko-no-mi-yaki* („Grillen wie es beliebt") bedeuten. Sie sind besonders beliebt bei jungen Leuten, zumal sie recht preiswert sind.

Japanische Küche

Man sitzt dort entweder an einer langen Bar, hinter der die Grillplatte steht, und lässt sich bedienen, oder man **bereitet die Okonomiyaki am Tisch selbst zu,** eine ungezwungene und zuweilen recht lustige Angelegenheit.

Bei der Selbstbedienung wird wie bei unseren Pfannkuchen etwas Teig auf der Platte ausgebreitet, auf den man nach Belieben Zutaten gibt, so dass dann ein Zwischending zwischen Pfannkuchen und Pizza entsteht. Man bestellt sich die Hauptzutat, z.B. Austern, Krabben, Krabben mit Ei, Schweinefleisch oder Tintenfisch, und bekommt dazu im Alutopf den Teig, Kohl, Zwiebeln, Ingwer u.Ä. Das Gas unter der Platte wird angezündet, die Platte mit dem Ölpinsel bestrichen und los geht's. Auf die Zutaten kann man beim Zubereiten schon die dicke Worcestersoße (o-sôsu) oder Sojasoße (o-shôyu) geben, zum Schluss kommen gehackte Nori-Blätter und geraspelter, getrockneter Bonito (katsuobushi) darauf. Mit dem Spatel wird der Teig festgedrückt und am Schluss der Pfannkuchen zerteilt. Darüber gibt man wieder Soße oder Mayonnaise.

Im Sommer, wenn es an der Platte heiß wird, sollte man eher die **Theke** bevorzugen, wo es moderne Formen der Pfannkuchen gibt (modan-yaki), wie üblich spektakulär zubereitet: Beispielsweise werden zwei ganze Eier auf die Platte geschlagen, die Schalen entfernt, dann kommt Teig drauf und das Ganze wird um 180 Grad gedreht.

●**Lokale:** Hanabishi, Ginza; Taruya, Shibuya; Sometarô, Asakusa.

Nudeln

Soba und Udon

Die Leidenschaft der Japaner für Nudeln ist kaum geringer als die für Reis. Sie übernahmen das Rezept dafür wie wir von den Chinesen, allerdings geraume Zeit früher. Hier ist die Rede von den als japanisch geltenden **Buchweizennudeln** (soba), die grau bis graubraun sind und sehr rustikal aussehen, sowie den dicken, weicheren **Weizennudeln** (udon), die ursprünglich aus Ôsaka stammen. Die auf „-men" endenden Nudeln, z.B. Râmen, werden als **chinesische Nudeln** bezeichnet. Sie werden weiter unten beschrieben. Es gibt auch grüne Buchweizennudeln, die ihre Farbe vom grünen Tee haben, sie werden „cha-soba" genannt. Das Aussehen der soba kam der Ästhetik des Zen-Buddhismus seit jeher sehr entgegen und entspricht überhaupt dem japanischen Bedürfnis nach sabi, schlichter Eleganz.

Nudeln werden gern als leichte **Zwischenmahlzeit im Stehen** (tachi-gui = stehend essen), als japanisches Fast-Food, vor allem in Bahnhöfen gegessen. Der Vorhang im Eingang der Lokale (oft mit dem Hiragamna-Zeichen für so) lässt nur den Blick auf die Beine frei. Dort kostet die Schale voll Soba oder Udon oft noch unter 300 ¥.

Es gibt aber auch die rustikal-elegante Variante, wo in eigenen Lokalen, z.T. auf Tatami-Matten sitzend, am liebsten handgemachte Nudeln (teuchi) verspeist werden. Die Herstellung geschieht oft vor den Augen der Passanten wie in einem Schaufenster.

In der **kühlen Jahreszeit** gibt es Schüsseln voller dampfender Soba oder Udon in köstlich-heißer Brühe. Obendrauf kommt je nach Wunsch eine bestimmte Garnierung. **Im Sommer** werden die *mori-soba/udon* auf einem Bambusrost *(zaru)* serviert, zusammen mit der kalten Brühe *(tsukejiru)*, der Garnierung und dem heißen Nudelwasser. Geriebener Meerrettich und fein geschnitzelte grüne Lauchzwiebelringe werden in die Brühe gegeben. Da hinein taucht man die Nudeln, über die man vorher noch die gehackten Nori-Blätter gestreut hat.

Es gibt eine lustige Variante, die **Wanko-Soba** aus der nördlichen Provinz Iwate, bei der die Bedienung hinter dem Essenden sitzt und so lange kleine Nudelbällchen in die Schale mit der Brühe wirft, bis er sie mit dem Deckel verschließt.

Lange, dünne Nudeln werden **am letzten Tag des Jahres** wohl in jedem Haushalt kurz vor Mitternacht gegessen, als Symbol für langes Leben. Sie heißen *toshi-koshi-soba*.

Wie andere Gerichte, z.B. Sushi, werden vor allem Nudeln gern an den Arbeitsplatz oder **ins Haus geliefert.** *De-mae* heißt der Service, der sich früher Fahrrädern bediente und heute auf Motorrädern mit hinten federnd aufgehängten Tabletts anliefert.

- **Lokale:** Usagiya, Roppongi; Chôtoku, Shibuya; Issa-an, Meguro; Izumo Soba-Honke, Matsuya, Yabu-soba, Kanda; Muromachi-Sunaba, Nihombashi.

Gerichte mit heißen Nudeln

(angegeben ist die besondere Garnierung, man bestellt Soba oder Udon)

- **Asari:** Venusmuscheln
- **Chikara:** knusprige *o-mochi* (Reiskuchen)
- **Kamo namban:** Huhn-/Entenscheiben
- **Kare namban:** Currybrühe
- **Kitsune:** gebratenes Tofu, benannt nach *kitsune* (Fuchs), der sich nach japanischer Auffassung gern verwandelt
- **Mochi:** klebrige Reiskuchen, die an Silvester oft zu Hause hergestellt werden
- **Moyashi:** Sojabohnensprossen
- **Nameko:** kleine braune Pilze, mit geriebenem Rettich und Spinat
- **Niku namban:** Schweinefleischscheiben in süß-saurer Sauce
- **O-kame:** benannt nach der weiblichen No-Maske: Fischkäse für den Mund, Pilze für die Augen, Bambussprosse für die Nase, dazu Spinat u.a.
- **Oya-ko namban:** „Mutter und Kind", Huhn und Ei
- **Sansai:** Gebirgsgemüse
- **Shippoku:** verschiedenes Gemüse
- **Tamago Toji:** Omelette
- **Tanuki:** Tempura-Brocken; *tanuki* = Dachs, der Kumpan des Fuchses in der Legende
- **Tororo:** geriebene, schaumige Yamsknolle
- **Tsuki-mi:** Ei (*tsuki-mi* = Mond betrachten, Eigelb = Mond; Eiweiß = Wolken)

Kalte Nudeln (Mori und Zaru Soba)

- **San-shoku:** „Drei Farben", drei Sorten Soba: weiß, grau, grün
- **Ten-zaru:** Soba auf lackiertem Tablett mit Krabben- und Gemüse-Tempura
- **Yama-kake:** geriebene Yamsknolle *(tororo)*

Andere Nudelarten

- Ein anderes beliebtes Sommergericht sind die **hiyamugi/sô-men,** dünne, weiße Reisnudeln in Wasser, mit Gurken, Tomaten, Ei, Krabben o.Ä., die in eine köstliche Brühe getunkt werden.
- **Kishi-men,** eine breitere Variante der Udon, die es in den Nabe-Lokalen zum Schluss gibt, aber auch als eigene Gerichte, z.B. **himo-kawa,** mit Spinat, geraspeltem getrockneten Bonito, gebratenen Tofuscheiben, Fischkäsescheiben oder **tori kishi-men,** mit Huhn.

Japanische Küche

Râmen

Eine sehr beliebte Nudelart sind Râmen, gelbe chinesische Eiernudeln, für die es eigene Lokale gibt. Hier bekommt man Riesenschüsseln mit köstlicher Brühe und passenden Zutaten, neben Schweinebratenscheiben (*châshûmen*) z.B. auch Maiskörner, Knoblauch und etwas Butter – ausgezeichnete Wärmespender im Winter. Es gibt auch die Varianten *miso*- oder *shôyurâmen,* häufig aber auch *kare*- (Curry-) *râmen.* Gebratene *gyôza* (s.u.) werden gern als Beigericht gegessen.

●**Lokale:** Sankichi, Shimbashi; Koya, Yotsuya; Taishoken, Ikebukuro.

Reis

In den **volkstümlichen Esslokalen** (*Shoku-dô*), die in jedem Viertel zu finden sind und in denen man einfach und preiswert isst, kann man neben Nudelgerichten meist auch ebenso einfache Reisgerichte bestellen. Dabei deuten die auf -*don* oder -*domburi* endenden Gerichte auf japanischen Ursprung und die auf -*raisu* (von engl. *rice*) endenden auf meist westlichen Ursprung hin. Auch die zur japanisch-chinesischen Küche gehörenden Gerichte sind dort oft zu finden. Alle diese Speisen sind ein guter, preiswerter Einstieg in die japanische Küche und erfordern wenig Risikobereitschaft. Grundlage ist immer Reis, darauf kommt die Garnierung.

Reisgerichte

●**Gyû-don:** dünne Rindfleischscheiben mit Zwiebeln
●**Katsu-don:** Schweineschnitzel

●**Kitsune domburi:** gebratener Tofu
●**Konoha domburi:** Pilz
●**Oya-ko-don:** Huhn, Zwiebeln, Ei
●**Sukiyaki domburi:** Sukiyaki, Rindfleisch
●**Tamago-don:** Omelette
●**Ten-don:** Krabben-Tempura
●**Tororo-don:** geriebene Yams-Knolle
●**Una-don:** Aal
●**Yaki-tori-don:** Yaki-tor
●**Hayashi-raisu:** Reis mit einer Art Gulaschsoße
●**Kare-raisu:** Curry-Reis mit süßlicher Currysoße, Rindfleisch, rotem eingelegten Ingwer, manchmal mit Ei, sehr beliebt (dafür gibt es häufig eigene Lokale)
●**Omu-raisu:** Pilav mit Huhn, Erbsen, darüber Omelette, dazu Ketchup

Imbiss und Snacks

Yatai

In Tempel- und Schreinbezirken, vor allem anlässlich von Festen, in Parks wie dem Ueno-Park und anderswo begegnet man immer wieder den **überdachten Imbiss-Ständen,** aus denen es für Japaner so verführerisch duftet wie für uns aus Würstchenbuden. Heute tauchen sie immer häufiger in der Nähe von Bahnhöfen auf und nennen sich *yatai-mura* (*yatai*-Dorf).

Yatai-Speisen

●**Ishi-yaki-imo:** auf heißen Steinen gebackene **Süßkartoffeln** (*satsuma-imo*); die Verkäufer ziehen die Wagen durch die Straßen und rufen langgezogen: „ishi-yaki-imo".
●**Râmen:** chinesische Eiernudeln
●**Tako-yaki:** kleine, mit Krakenstücken gefüllte Teigkugeln, die mit einer Art Worcestersoße bestrichen und in kleinen Packungen verkauft werden
●**Tomorokoshi:** gegrillte, mit Sojasoße bestrichene Maiskolben
●**O-den:** Brühe mit Fischkäse, Ei, Rettich u.a.

●**Yaki-soba** gibt es auch in den Lokalen mit Chuka-Ryôri, aber vor allem als Imbiss: chinesische Nudeln, die zusammen mit *o-sosu*, Chinakohl, Krabben, Schweinefleisch oder Tintenfisch gebraten und mit getrocknetem Meerlattich bestreut werden; dazu gibt es eingelegten Ingwer.

Lunchpakete: O-Bentô

Möglicherweise sind die Japaner die eigentlichen Erfinder des Fast-Food: **verpackte Essenspakete** (*o-bentô*) gibt es seit Jahrhunderten, auch wenn sie ursprünglich, vor allem unter armen Leuten, hauptsächlich aus Reiskugeln mit einer eingelegten sauren Pflaume und außen herum Salz oder *o-nori* bestanden. Heute sind die Lunchpakete, die es seit 100 Jahren in Bahnhöfen zu kaufen gibt, **regionale Spezialitäten** (*eki-ben* = Bahnhof-Bento), die in jedem Kursbuch der Eisenbahnen aufgeführt sind.

Es gibt eigene Läden, **Bentô-ya,** z.B. im Bahnhof von Ueno oder Shinjuku, wo man nicht nur die örtliche Spezialität, sondern auch alle möglichen anderen kaufen kann, ohne verreisen zu müssen. Meist bestehen sie aus Reis, Gemüse und Fisch, aber in jeweils anderer Zusammenstellung und oft in attraktiver Verpackung.

●Bekannte *eki-ben* heißen Chikin-Bentô (Huhn), Maku-no-uchi, Oshi-zushi.

Nomi-ya

Bars, in denen in erster Linie getrunken, aber auch Appetithappen gegessen werden können, heißen Nomi-ya bzw. **Izaka-ya.** Das Symbol, an dem man sie oft erkennt, sind dickbauchige, stehende Dachse mit Hut und Reisweinfläschchen (*tokkuri*) in der Hand.

Westliches Fast Food

Natürlich gibt es auch in Tokyo all die **Fast-Food-Ketten,** mit denen Kinder heute aufwachsen und die auch in Japan von Familien unter dem Druck der Kleinen oder Teenager viel besucht werden. Dort schmeckt dann alles so wie zu Hause, ein Trost für Besucher, die sich nur ungern auf kulinarische Abenteuer einlassen.

Internationale Küche

Spezialitätenlokale mit mehr oder weniger authentischer ausländischer Küche gibt es jede Menge. Hier kann der Gast wie zu Hause wählen; die Speisekarten sind in der Regel neben Japanisch und der Sprache des Herkunftslandes auch in Englisch gedruckt. Es gibt natürlich viele **chinesische Restaurants.**

Sehr empfehlenswert sind die zahlreichen, unter Japanern beliebten **koreanischen** Lokale. Schließlich leben ja rund eine halbe Million Koreaner im Land. Es gibt sowohl sehr preiswerte, volkstümliche Lokale, in denen auch kräftig Bier und *shô-chu* getrunken wird, als auch hochklassige Restaurants, wie etwa das *Kusa-no-ya* in Azabu nahe der südkoreanischen Botschaft.

Sehr beliebt sind **französische Restaurants,** von denen es angeblich über 2000 geben soll. Nicht wenige von ihnen – auch das ist typisch japa-

Japanische Küche

nisch – sind besser als vergleichbare in Frankreich. Viele französische Spitzenköche stehen in Tokyo am Herd. Hier gibt es z.B. acht Restaurants mit drei Michelinsternen – doppelt so viele wie in Paris.

Auch **italienische** Restaurants sind immer häufiger vertreten und seit einigen Jahren „in".

Und es gibt mehr als 18 **deutsche Lokale:** Japaner und Japanerinnen lieben die romantische Bier- oder Weinkelleratmosphäre, da wird gesungen und geschunkelt. Eine Kette mit 5 Lokalen ist Alte Liebe (u.a. Ginza, Yokohama), andere sind Germania, Ketel's, Lohmeyer's, Loreley, Weinkeller Sawa (Ginza), Rheingau (Shibuya), Bayern, Essen, Rheingold (Shinjuku), Ex (Roppongi), Bei Rudi, OAG-Club „Kreisel" (Akasaka) und Pauke (Yonban-chô). Soweit die Hinweise für Leute mit heimwehkrankem Magen.

In einer Stadt wie Tokyo gibt es natürlich auch all die anderen ausländischen Spezialitäten: aus Indien, Südostasien, Lateinamerika ...

Cafés

Westliche Cafés: Kissa-ten

Cafés im westlichen Stil heißen *Kissaten, Kohi-Shoppu* (Coffee-shop), *Kohiten* oder *Tea Room*. Dort kann man westliche Gerichte, Süßspeisen wie Kuchen, Pudding und Eiscreme bestellen.

Echte Cafés konzentrieren sich wie bei uns auf Kaffee, Tee und Schokolade. Die Portionen sind recht teuer, aber meist von guter Qualität, und die

Gäste dürfen so lange bleiben, wie sie wollen: lesen, einander kennen lernen, geschäftliche Besprechungen durchführen – und Musik hören. Unter den mehr als 120.000 Cafés haben sich viele auf Musik (Pop, Jazz, Klassik) spezialisiert. Manche Jazz- oder Pop-Kissa bieten sogar Live-Musik. Immer beliebter werden heute die preiswerten Cafés bekannter Ketten wie **Doutor, San Marco und Pronto,** wo Kaffee und kleine Snacks wie Sandwiches oder Kuchenteile nur geringfügig mehr als 200 ¥ kosten.

Bizarrere Varianten warten mit Videospielen an den Tischen auf oder mit Bedienung, die „oben ohne " oder „unten ohne" *(no-pan-kissa)* trägt. Letztere haben jedoch an Beliebtheit wieder verloren. Neu hinzu gekommen sind **Katzencafés,** in denen rund 20 Katzen darauf warten (oder auch nicht), von Kunden gestreichelt zu werden, für etwa 1000 ¥/Std. Wie dem auch sei, auch die ausgefallensten Kundenwünsche werden in Japan erfüllt.

Japanische Cafés: Kanmi-kissa

Die Cafés im japanischen Stil haben einen eher traditionellen Charakter. Hier sind Frauen meist unter sich. Männer gehen höchstens in Begleitung von Frauen hinein. Es gibt viele **traditionelle Süßigkeiten** wie beispielsweise *Anmitsu* (Gelatinewürfel aus Seetang, süße Sojabohnenpaste, Früchte), *Kôri* (Raspeleis mit Sirup, im Sommer zu empfehlen) oder *O-shiruko* (Bohnenpastensuppe mit Reiskuchen-Stücken).

Getränke

Wasser (Mizu)

Dort, wo es angeboten wird, ist das generell weiche Wasser überall genießbar, der **Chlorgeschmack** kann allerdings den Geschmack beeinträchtigen. Wasser wird stets kostenlos serviert, heute meist von gutem Geschmack und nicht aus der Leitung.

Tee (O-Cha/Kô-Cha)

Tee, der einst als Medizin aus China eingeführt worden war, spielt bekanntlich in der japanischen Kultur eine große Rolle. Er wird stets dem Gast – zu Hause wie im Lokal – gleich nach seiner Ankunft, immer wieder zwischendurch und vor dem Aufbruch eingeschenkt und ist immer im Service inbegriffen. Tee ist wie die Grundlage japanischen Essens: einfach, nahrhaft, ästhetisch. Er neutralisiert den Geschmack, ist erfrischend und durststillend, allerdings leicht bitter.

Der charakteristische, allgegenwärtige **Grüne Tee** (o-cha) wird nicht wie der Schwarze Tee (kô-cha, wörtlich: roter Tee) fermentiert, sondern gedämpft und erhitzt. Dadurch oxydiert er nicht. Die Hauptanbaugebiete liegen bei Shimizu hinter dem Fuji-san und bei Uji, nahe Kyôto. Anders als der schwarze Tee darf der Grüne Tee nicht so heiß (80 °C) überbrüht werden. O-cha wird **nie mit Milch, Zucker oder Zitrone,** sondern nur pur genossen. Man trinkt ihn aus henkellosen Tassen oder Bechern (manchmal mit Deckel), indem man das Gefäß (chawan) mit der freien Hand unten abstützt und ihn in kleinen Schlucken zu sich nimmt. Diese Regel der Etikette gilt besonders für Frauen.

Reiswein (Sake)

Dieses aus Reis mit gemalzter Reishefe und Wasser fermentierte Getränk mit einem **Alkoholgehalt von 15–16 %** soll den Japanern um 300 A. D. von den Göttern verraten worden sein. Sake, auch Nihon-Shu (Japan-Wein) genannt, ist trotz der Konkurrenz immer noch eines der beliebtesten Getränke. Es wird zu religiösen Zeremonien, zu Neujahr, bei der Eheschließung (dreimal drei Schalen Sake beschließen den Ehebund), überhaupt zu Festen und zu so beliebten Gerichten wie Yaki-tori und Robata-yaki reichlich genossen.

Seine **Herstellung** dauert fast zwei Monate und war früher auf den Winter beschränkt. Heute geht das mit Kühlanlagen das ganze Jahr über. Aus 60 kg Reis lassen sich 100 1,8-Liter-Flaschen Sake herstellen. Es gibt kleine Landbrauereien, deren Sake überall begehrt ist. Insgesamt gibt es etwa 4000 Sorten. Das beste Wasser soll aus der Gegend von Hyôgo bei Kobe und Fushimi bei Kyôto stammen, der beste Reis aus Niigata; auch der Sake von dort gilt als herausragend.

Die **Geschmacksrichtungen** sind bei weitem nicht so vielfältig wie beim Traubenwein, auch wird er nur jung getrunken: Sake wird nicht besser durchs Altern. Allgemein unterscheidet man zwischen ama-kuchi (süßmundig), chuo-kuchi (mittel) und kara-kuchi (trocken-mundig). Reiswein wird in **drei Klassen** angeboten, die in ers-

Japanische Küche

ter Linie durch den Alkoholgehalt bestimmt sind, je mehr Alkohol desto besser: *tok-kyû* (spezial), *ik-kyû* (1. Klasse), *ni-kyû* (2. Klasse).

Sake wird im Allgemeinen **körperwarm** (*nuru-kan*, 40 °C) oder **heiß** (*atsu-kan*, 60 °C) getrunken. Kochen darf er natürlich nicht. Das vasenähnliche Gefäß (*tokkuri*), in das 180 ml Reiswein hineinpassen (ein Zehntel der großen Flasche), wird im Wasserbad erhitzt. Man trinkt aus kleinen, oft flachen Schälchen.

Im Sommer schmeckt er auch **kalt,** z.B. „on the rocks" oder mit einer Gurkenscheibe. Traditionell wird Sake kalt aus einem Zedernholzkästchen (mit etwas Salz) getrunken. Die bunten strohumwickelten Fässer in Tempeln und Schreinen sind übrigens von Firmen gestiftet und werden bei passender Gelegenheit geleert.

Es gibt einen **süßen Reiswein,** *mirin,* der normalerweise nicht getrunken, sondern zum Kochen verwendet wird. Nur an Neujahr trinkt man ihn, allerdings verdünnt mit Sake und mit Gewürzen, von denen man annimmt, dass sie böse Geister von der Familie fernzuhalten vermögen. Diese Mischung heißt *o-toso.*

Bier (biiru)

Dieses im 19. Jh. von deutschen Bierbrauern in Japan eingeführte Getränk hat längst Sake als **beliebtestes alkoholisches Getränk** überflügelt. Es ist geschmacklich mit unserem Pils vergleichbar, also eher herb. Die bekanntesten Marken entstammen großen Brauereikonzernen: *Asahi, Kirin, Sapporo.* In den letzten Jahren sind neue Biervarianten sehr beliebt geworden, „dry beer" oder „ice", die etwas mehr Alkohol haben. Beliebt ist Bier mit geringerem Malzgehalt, es wird weniger hoch besteuert und ist deshalb etwas billiger; es darf aber nicht Bier (*biiru*) genannt werden, sondern heißt *happôshu.* Beide zusammen halten 70 % Anteil am Markt für alkoholische Getränke (zum Vergleich: Sake 10 %, Shôchû 8 %, Wein 3 %).

Bier wird auch – bis 22 Uhr – an Automaten in Dosen verkauft. Flaschen enthalten 0,6 l Bier und kosten ab 200 ¥, in Lokalen ist ein Bier nicht unter 350 ¥ zu haben. Bier wird bestellt vom Fass (*nama*) und kommt dann in Krügen (*jokki*) verschiedener Größe (*sho* = klein, *chû* = mittel, *dai* = groß) oder in der Flasche (*bin*).

Whisky (uiskii)

Neben Bier ist Whisky das **Standardgetränk der Angestellten.** Sie trinken Whisky am liebsten mit Wasser verdünnt (*mizu-wari*). Im Winter recht beliebt ist die heiße Variante (*oyu-wari*).

In ihren Stamm-Bars (einschließlich Karaoke-Bars) haben die Gäste ihre eigenen, mit Namen versehenen Flaschen im Regal stehen.

Sakefässer

Es heißt, dass die ersten von Suntory hergestellten japanischen Whiskysorten nur verdünnt genießbar waren. Aber als Perfektionisten, die Japaner sind, haben sie diesen Makel längst ausgeglichen. Die besten japanischen Whiskies können sich heute mit den besten Scotch messen, das gilt selbst für Single Malt Whiskies. Besonders beliebt sind die einheimischen Produkte Suntory Old und Old Parr. Die Preise für einen einheimischen Whisky liegen zwischen 500 und 700 ¥, für importierte um 100 ¥ höher (pro Glas).

Japanische Küche

Schnaps (Shôchû)

Schnaps wird in Japan wie bei uns aus Getreide oder Kartoffeln destilliert, ist trocken und farblos, hat aber nur etwas über 20 % Alkohol. Lange Zeit galt er als Arme-Leute-Getränk, heute ist er „in". Schnaps wird sowohl pur als auch als *high-ball (chû-hai = shôchû-high-ball)* mit Sirup, Soda und Eis getrunken, was recht erfrischend schmeckt. Auch halb und halb mit heißem Wasser mögen ihn viele.

Aus *shôchû* wird übrigens der köstliche, süß-saure **Pflaumenwein** *(ume-shu)* ähnlich wie unser Rumtopf hergestellt: eine Lage saure Japan-Pflaumen *(ume)*, darüber eine Lage Zuckerbrocken, darauf *shôchû* usw.

Wein (budô-shu)

Wein hat eine sehr junge Tradition in Japan, ist aber inzwischen sowohl beliebt als auch von recht guter Qualität. Die bekanntesten einheimischen Weine kommen aus der Gegend von Kôfu (westlich des Fuji-san), beispielsweise aus Katsunuma oder aus Tokachi (Hokkaidô). Dort trinken ihn die Leute – nach Sakeart – gern aus 1,8-Liter-Flaschen. Deutsche Weine sind erwartungsgemäß unverhältnismäßig teuer. Fern der Heimat muss man ja nicht unbedingt Liebfrauenmilch trinken.

Calpis

Calpis ist ein sehr beliebtes nicht-alkoholisches Getränk aus **fermentierter Milch;** es schmeckt angenehm süßsauer und wird in verschiedenen Geschmacksrichtungen angeboten. Man trinkt es sowohl mit heißem als auch mit eiskaltem Wasser.

Getränkeautomaten

Wohl in keinem Land sind Getränkeautomaten so allgegenwärtig wie in Japan: an fast jeder Ecke, in Zügen und auf manchen Berggipfeln stehen sie. Bisher kosteten kalte und warme Getränke meist 100 ¥, nun sind es in der Regel 110 ¥, Bier etwas über 200 ¥.

Die Stadt und ihre Bewohner

Geografie des Großraums Tokyo

Aus dem Flugzeug gesehen ist Tokyo ein unübersehbares Häusermeer, das sich fast lückenlos über die Kantô-Ebene, die größte des Landes, ausdehnt. Das gesamte **Ballungsgebiet** ist die Heimat von über **30 Millionen Menschen,** einem Viertel der Gesamtbevölkerung Japans. Damit dürfte diese Megalopolis in einer Zeit rasend schnell wachsender Dritte-Welt-Metropolen wie Mexico City und Sao Paulo auch heute noch Weltspitze sein. Tokyo als Verwaltungseinheit hat jedoch „nur" **12 Millionen Einwohner** – und das seit Jahren mehr oder weniger unverändert. Aber die Tagesbevölkerung schwillt auf das Doppelte an, was „Doughnut-" oder „Pfannkucheneffekt" genannt wird.

Die Gestalt der Provinz Tokyo ist recht eigenartig: Als langgezogener Schlauch erstreckt sie sich vom nördlichen Ende der Tokyo-Bucht in nordwestlicher Richtung bis zu den Bergen des **Chichibu-Tama-Nationalparks.** Dort, am Schnittpunkt der drei Präfekturen Tokyo, Yamanashi und Saitama, liegt die höchste Erhebung der Präfektur Tokyo: der **2018 m hohe Kumotori-Yama** („Wolkenzieher-Berg").

Zur Verwaltungseinheit Tokyo gehören auch die **Izu-Inseln,** bestehend u.a. aus den der Izu-Halbinsel vorgelagerten Inseln Ôshima (mit dem aktiven Mihara-Vulkan), Niijima, Kôzu, Miyake und Hachijô sowie die bis zu 1300 km (!) entfernten **Ogasawara-Inseln** (Ogasawara Shotô), auch „Nan-po" („Südliche Inseln") bzw. „Bonin-Inseln" genannt, die den Ogasawara-Nationalpark bilden und weit draußen im Pazifik liegen.

Der Stadtkern liegt knapp westlich des 140. östlichen Längengrades und südlich des 36. nördlichen Breitengrades. Seine Lage – nicht sein Klima – entspricht der von Tunis.

Mehrere **Flüsse** durchziehen das Häusermeer, drei bilden Stadtgrenzen: der Tama-gawa im Südwesten nach Kanagawa, der Edo-gawa im Osten nach Chiba, der Ara-kawa bildet im Norden auf einem kurzen Abschnitt die Grenze zu Saitama. Der eigentliche Tokyoter Fluss ist der kleinste im Bunde, der **Sumida-gawa,** der sehr kurz ist und stets parallel zum Arakawa verläuft.

In der Tokyo-Bucht wird ständig künstlich Land hinzugewonnen. Irgendwann soll dort ein 1500 Meter hoher Wolkenkratzer gebaut werden.

Die Fläche der Präfektur beträgt 2410 km², die des eigentlichen Stadtgebietes 581 km². Dieses ist in 23 Bezirke *(-ku)* aufgeteilt. Außerhalb gehören noch 26 größere *(-shi)* und sieben kleinere *(-machi)* Städte sowie neun Dörfer bzw. Gemeinden *(-mura)* dazu, wobei dies nicht wörtlich zu nehmen ist: Es handelt sich um große, aber dünn besiedelte Gebiete der Gebirgsregionen und die kleinen Pazifikinseln.

Die Stadtviertel

Die eigentliche **Stadtmitte** Tokyos ist das 40 ha große Parkgelände des Kaiserpalastes (Kô-kyo). Zwischen

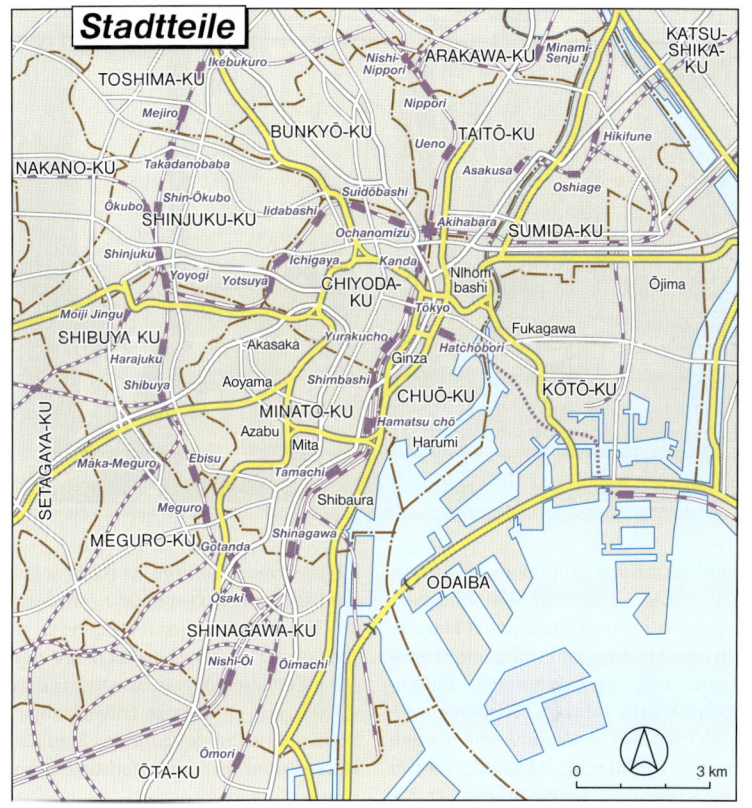

Stadtteile

(Karte des Großraums Tokyo mit den Stadtteilen: KATSU-SHIKA-KU, Ikebukuro, Nishi-Nippori, ARAKAWA-KU, Minami-Senju, TOSHIMA-KU, Mejiro, Nippori, BUNKYŌ-KU, TAITŌ-KU, Hikifune, NAKANO-KU, Takadanobaba, Ueno, Asakusa, Oshiage, Ōkubo, Shin-Ōkubo, Iidabashi, Suidōbashi, Akihabara, SUMIDA-KU, SHINJUKU-KU, Ochanomizu, Shinjuku, Ichigaya, Kanda, Nihonbashi, Ōjima, Yoyogi, Yotsuya, CHIYODA-KU, Tōkyō, Meiji Jingu, Fukagawa, SHIBUYA KU, Akasaka, Yurakucho, Hatchōbori, Harajuku, Ginza, Shibuya, Aoyama, Shimbashi, CHUŌ-KU, KŌTŌ-KU, MINATO-KU, Hamatsu chô, Azabu, Mita, Harumi, Maka-Meguro, Ebisu, Tamachi, SETAGAYA-KU, Meguro, Shibaura, MEGURO-KU, Gotanda, Shinagawa, Osaki, ODAIBA, SHINAGAWA-KU, Nishi-Ōi, Ōimachi, Ōmori, ŌTA-KU; Maßstab 0 – 3 km)

dem Wassergraben, in dem sich die einstige Festung bzw. der heutige Palast befindet, und dem heute nur noch teilweise erhaltenen äußeren Grabenring lagen in der Feudalzeit die Wohnsitze der Lehnsherren und Samurai. Außerhalb hatten sich die Handwerker und Kaufleute angesiedelt.

Heute haben sich um die fast leere Mitte herum die verschiedenen Zentren entwickelt, jedes mit eigenem Charakter. In **Kasumigaseki** und **Nagata-chô** liegen das Parlament und ein Großteil der Regierungs- und Verwaltungsgebäude. In **Roppongi** treffen sich meist junge, amüsierfreudige Nachtschwärmer. Das „Big Business" hat seine Heimat in **Marunouchi** und **Ôtemachi.** Die großen Einkaufsviertel sind die elegante **Ginza** mit **Shimbashi**

und die an den Knotenpunkten von Bahnlinien entstandenen neueren, quirligen Zentren **Shibuya** mit **Harajuku** und **Aoyama, Shinjuku** und **Ikebukuro** sowie das traditionelle „Downtown"-Viertel **Ueno** mit **Asakusa.**

Hochklassige Wohnviertel liegen u.a. in **Kôjimachi, Akasaka, Azabu** (wo viele Botschaften ihren Sitz haben) und in **Den'en-chôfu** (südwestlich des Zentrums). Überhaupt besteht Tokyo auch heute noch aus Hunderten, wenn nicht Tausenden von „Dörfern": den ruhigen Wohnvierteln, die oft unmittelbar neben den lauten Geschäftsvierteln liegen und zur erstaunlich hohen Lebensqualität der Stadt beitragen.

Souvenir-Shop

Das innere Zentrum ist flach, während die Yamanote-Viertel nach Westen hin höher liegen (*Yama-no-te* = „bergseitig"). Tokyo hat sich seit der Meiji-Zeit überwiegend westwärts entwickelt, nun sind starke Entwicklungsimpulse entlang der Ufer des Sumida-Flusses und in den Stadtteilen im Osten unübersehbar.

Architektur

Anders als in den großen europäischen Metropolen gibt es in den meisten asiatischen Großstädten heute keine erhaltenen architektonisch bedeutsamen Ensembles mehr. Das gilt vor allem für diejenigen Städte, in denen die traditionellen Wohnhäuser überwiegend aus Holz gebaut waren. Feuer und Erdbeben haben Edo, das alte Tokyo, immer wieder zerstört. Zum letzten Mal fiel die Stadt gegen Ende des Zweiten Weltkrieges den Bombenangriffen der Alliierten zum Opfer.

Immer wieder wurde die Stadt wiederaufgebaut, doch der **Wiederaufbau nach dem Krieg** war wie ein Wildwuchs, nicht gesteuert durch detaillierte Stadtplanung. Erst anlässlich der Olympischen Spiele 1964 wurden die **Stadtautobahnen** angelegt (bis heute sind es 330 km im Stadtgebiet) und große Verbindungsstraßen ausgebaut. Das ursprünglich zur Abwehr von Angreifern angelegte, verwirrende Straßen- und Gassensystem wurde jedoch nie grundlegend verändert. In den ersten Jahrzehnten nach Kriegsende nahm man wenig Rücksicht auf die Umwelt und die Bürger der Stadt. Es ging vorrangig darum, die Industrialisierung voranzutreiben und neuen Wohnraum zu schaffen.

Seit den 1980er Jahren wurde jedoch die Umweltverschmutzung deutlich verringert, und die Bürger erhielten viele kleinere und gelegentlich auch größere Grünanlagen, Fußgängerpromenaden und andere Verbesserungen ihrer Wohnumgebung (es gibt heute immerhin mehr als 7000 Parks im Stadtgebiet). Wie in Hongkong gibt es auch in Tokyo die Tendenz der ständigen Erneuerung der Fassaden. Alles wird anspruchsvoller, dem gegenwärtigen Stilempfinden angepasster und mit mehr Hightech ausgestattet.

Traditionelle Bauweise

Beispiele traditioneller Architektur findet man noch überall in den **Tempel- und Schreinbezirken.** Besonders in Stadtteilen der früheren *shita-machi* (Unterstadt, Downtown) wie Asakusa, Ningyô-chô, aber auch oberhalb davon z.B. in Yanaka findet man noch Reste alter **Laden- und Wohnhäuser.** Ihr Fortbestand ist allerdings auf Dauer bedroht. Alte Häuserensembles in großer Zahl kann man z.B. in Kawagoe in der benachbarten Präfektur Saitama sehen oder auch in den Randbezirken von Kyôto.

Die **traditionellen Wohnhäuser** stehen in Bezug zur umgebenden Natur und sind hervorragend an das Klima

48foto Foto: ml

Am Tokyo International Forum

Stadt und Bewohner

angepasst konstruiert. Die langen feucht-heißen Sommer Japans verlangen nach Häusern, durch deren Räume die Luft zirkulieren und somit eine leichte Kühlung schaffen kann. Genau das ist der Fall bei japanischen Wohnhäusern: Sie lassen die Luft unter dem leicht erhöhten Fußboden hindurchstreichen und, da die Wände mittels Schiebetüren beliebig geöffnet werden können, auch überall durch die Räume zirkulieren.

Gegen die Sonne und den häufigen Regen schützt das große, an allen Seiten heruntergezogene Dach. **Holz** als Baumaterial ist angenehm im Sommer und wärmend im kurzen, trockenen Winter, wie er für Tokyo und den größten Teil Japans typisch ist. Auch widersteht die elastische Holzbauweise in Verbindung mit den verputzten Bambuswänden den häufigen Erdbeben besser als Stein- oder Ziegelhäuser. Gebaut werden Wohnhäuser auch heute noch von Zimmerleuten.

Moderne Wohnviertel

Ein klassisches Wohnhaus kennt keinen echten Gegensatz zwischen innen und außen, zwischen Haus und Garten. Die **heutigen Wohnhäuser** Tokyos und der Vorstädte sind in der Regel jedoch so klein und stehen so eng beieinander, dass nur **wenig Platz für Gärten** bleibt. Topfpflanzen wie die berühmten Bonsai vor den Häusern sind vielfach Ersatz für nicht oder kaum vorhandene Gärten. Die durchschnittliche Wohnfläche beträgt 60 m².

Die Wohn- und Geschäftsviertel der Stadt sind nicht schön. Und doch wird das Auge immer wieder überrascht und belohnt, denn Schönheit offenbart sich in Tokyo nicht in monumentaler Stadtplanung, sondern vielfach im Kleinen.

Meilensteine moderner Architektur

Die moderne Architektur hielt Einzug mit Beginn der Meiji-Restauration (1868), als **westliche Architekten** und Ingenieure ins Land gerufen wurden, um den Anschluss an die westliche Welt auch baulich einleiten zu helfen. Anfangs wurde westliches Design mit japanischer Holzbauweise kombiniert. Um die Wende vom 19. zum 20. Jh. entstanden größere Steingebäude in westlichem Stil. Beispiele in Tokyo sind die **Bank von Japan** (1896), der **Akasaka Detached Palace** (1909), der **Bahnhof Tokyo** (1914), die von *Katayama Tôkuma* bzw. *Tatsuno Kingo* geschaffen wurden. Beide waren Schüler des englischen Architekten und Stadtplaners *Josiah Conder*, der ab 1877 in Japan wirkte.

Gleichzeitig entstand eine Gegenbewegung, die **asiatischere Formen** verlangte. Die amerikanischen Architekten *Antonin Raymond* und *Frank Lloyd Wright* sowie ihr deutscher Kollege *Bruno Taut* kamen nach dem Ersten Weltkrieg nach Japan und trugen sehr stark zur Wertschätzung der traditionellen Architektur in Japan wie im Westen bei. Seit dem Ende des Zweiten Weltkrieges finden die großen japanischen Architekten bis heute auch international weite Beachtung, weil sie traditionelle und moderne Elemente harmonisch zu vereinigen vermögen.

159to Foto: ml

Stadt und Bewohner

Die Burg von Matsumoto

Insbesondere *Tange Kenzô* (im Westen: *Kenzo Tange*) schuf durch diese Verbindung traditioneller Elemente mit den technischen Möglichkeiten moderner Architektur einmalige Bauwerke wie das **Yoyogi National Stadium** für die Olympischen Spiele 1964 oder die **St. Maria-Kathedrale.**

Mit dem Bauboom der 1980er Jahre ergab sich die Chance, funktionale Gebäude mit künstlerischer Formgestaltung durchzusetzen (während die Masse der Gebäude in Tokyo und anderswo rein funktional ist). Beispiele dafür sind neben der monumentalen „Kathedrale" (das Rathaus) des **Tokyo Metropolitan Government** in Shinjuku (*Tange,* 1991), das Hauptgebäude der **NEC Corporation** in Shiba (1990), das **Tokyo Institute of Technology Ishikawa-chô,** Ota-ku (1987), das **Tokyo International Forum,** die klare meditative Form der **Christ Church** von *Fumihiko Maki,* die funktionale und doch ästhetisch ansprechende Halle des **Tokyo Metropolitan Gymnasium** (1990) oder das **Spiral Building** in Aoyama (1985), das symbolhaft für die gesamte Architektur Tokyos stehen kann: stilistisch zerstückelt und doch voller Lebenskraft.

Viele Beispiele moderner Architektur in Tokyo sind gleichsam Skulpturen, geschaffen im Bewusstsein für sinnliche Qualität. Manche Gebäude wirken angesichts der Freiheit der zusammengefügten Formen chaotisch wie die gesamte Stadt und doch gehorchen sie einer inneren Ordnung.

Im **T.I.C.** gibt es das Faltblatt: *Contemporary Architecture in Japan* mit genauen Informationen zu den bedeutendsten japanischen Architekten und ihren Bauten in Japan.

Internet

Auf der Webseite www.dnp.co.jp/museum/nmp/madeintokyo_e/mit.html können Architekturfreunde 50 typische Tokyoter Gebäude im Detail studieren.

Zukunftsvisionen

Der Reiz Tokyos liegt im Charme seiner unzähligen Dörfer, aus denen die Megalopolis zusammengewachsen ist. Sie geben der Stadt mit ihren engen Einkaufsgassen die menschliche Qualität. Doch das Experimentierfeld der gegenwärtigen und wohl auch künftigen Stadtplanung liegt auf künstlich aufgeschütteten Inseln in der Tokyo Bay. *Sir Norman Fosters* **Millennium Tower,** der zu einer 840 m hohen „vertikalen Ginza" mit Raum zum Wohnen, Arbeiten und Leben für 50.000 Menschen durch ein von ihm entwickeltes, roboterhaftes *Automatic Building Construction System (ABCS)* errichtet werden soll, existiert erst als Modell, weil das Geld zum Bauen (geschätzte Kosten: 10 Mrd. Euro) noch fehlt. Aber diese für Japan typische raumsparende Lösung ist nicht die einzige Mega-Idee in der Architektur. Es gibt bereits Entwürfe für eine 3000 m hohe **Pyramidenstadt,** in die Wolkenkratzer gehängt werden, oder gar einen **künstlichen Fuji-san,** der dem Original an Höhe gleichkommt. Diese Ideen erscheinen verrückt, sind aber charakteristisch für die Energie und Vitalität dieser Stadt.

Geschichte

Die Geschichte Japans

Vorgeschichte

Das erste offizielle **japanische Geschichtsbuch** *(Nihon Shoki)*, das im Jahre 720 n. Chr geschrieben wurde, fasste zwar die mündlichen Überlieferungen über die Vergangenheit des japanischen Volkes zusammen, aber exakt waren die Angaben natürlich nicht; **Mythen und Legenden** vermischten sich darin mit tatsächlichen Begebenheiten. Auch Japans Nachbarn im Westen, Korea und China, können nicht mit genaueren Angaben aufwarten, wenngleich von dort bereits Aufzeichnungen aus dem 1. Jh. n. Chr vorliegen. Erst im 5. Jh. n. Chr wurde die chinesische Schrift – die einzige, die es damals in jener Weltgegend gab – in Japan eingeführt.

Japan war einst (während der letzten Eiszeit bis vor 12.000 Jahren) mit dem asiatischen Festland verbunden. Die **Einwanderung auf die Inseln** erfolgte sowohl vom Festland wie von der südostasiatischen Inselwelt her. Die ursprünglichen Siedler lebten als Fischer und Jäger. Es gibt zwar bereits **altsteinzeitliche** Funde (ca. **30.000 v. Chr.,** darunter die älteste auf der Welt bisher gefundene Keramik, deren Alter mit rund 13.000 Jahren angegeben wird und die in einer Höhle nahe Nagasaki/Kyûshû gefunden wurde); gehäuft tauchen sie aber aus der **mittleren Steinzeit (6000–5000 v. Chr.)** auf: steinerne Äxte, Pfeilspitzen u.Ä.

Zu diesen Siedlern gehörten sicher auch die **Ainu,** Angehörige alt-europider bzw. altaisch-tungusisch-sibirischer Volksgruppen. Sie waren vom Festland her eingewandert und lebten ursprünglich in ganz Japan, wurden dann aber zunehmend nach Norden, bis nach Hokkaidô, abgedrängt, wo heute nur noch geringe Reste dieser Urbevölkerung leben. Vor den Ainus gab es aber bereits andere Bevölkerungsgruppen. Welche, das ist noch ungeklärt. Selbst Spuren der negriden Rasse gab es – vielleicht waren sie verwandt mit den „Negritos", die heute noch in geringer Zahl auf den Philippinen leben, oder mit den Semang der malaiischen Urwälder.

Jômon-Zeit
(10.000 bis 300 v. Chr.)

Aus der **Jungsteinzeit (5000–3000 v. Chr.)** gibt es interessante Keramikfunde: Gefäße mit Schnurmuster *(jô-mon)*, nach der diese Zeit kulturgeschichtlich benannt wird. Die Art der Verzierung ist eigenständig. Es gibt auch Verzierungen, die durch Muscheln angebracht wurden und Darstellungen der Meereswellen, weshalb eine deutliche Beziehung zur südlich gelegenen Inselwelt des malaiischen Archipels oder gar Polynesiens angenommen wird. In der Keramikherstellung war Japan damals sogar China voraus, das sich andererseits bereits um 1500 v. Chr. in der Bronzezeit befand, die erst viel später über Korea nach Japan „exportiert" wurde, was vielleicht auch an den mageren Bodenschätzen im Land lag.

Die Menschen dieser Zeit entwickelten bereits **Vorläufer der japanischen Kultur,** z.B. Schamanismus, Ansichten über die Natur; sie ernährten sich von Fisch, Muscheln, wilden Tieren, Nüssen, Früchten, Wurzeln und lebten in Grubenhäusern, die halb in die Erde gegraben wurden und mit Strohdächern gedeckt waren.

Die Jômon-Kultur war über ganz Japan verbreitet, einschließlich der Gebirge und Hokkaidos. Die Jômon-Zeit gliedert sich in mehrere Abschnitte. In der **späten Phase (2500–1000 v. Chr.)** siedelten angesichts einer Klimaverschlechterung größere Menschengruppen entlang der Ostküste. Aus dieser Zeit stammt auch der Muschelhaufen *(shell mound)* von Ômori im Süden Tokyos. Es gibt Theorien, dass damals schon mit Landwirtschaft begonnen wurde. Es bestand auch bereits Kontakt zur koreanischen Halbinsel.

Yayoi-Zeit
(300 v. Chr. bis 300 n. Chr.)

Die **Bronzezeit** reicht in Japan bis ins 3. Jh. n. Chr., wobei jedoch erst um 300 v. Chr. Bronzewerkzeuge und -waffen über Korea nach Japan eingeführt und in der Folgezeit dort hergestellt wurden: Spaten, Pflugscharen, Schwerter, Speere, Bronzespiegel.

In diese Zeit, die **kulturgeschichtlich** nach der feineren, auf Töpferscheiben hergestellten Keramik als Yayoi-Zeit benannt ist, fällt auch die Herausbildung von Großverbänden und die Einführung des Nassreisanbaus. Neben Reis wurden auch Gerste und Hirse angebaut und als Haustiere neben dem Hund auch Schwein und Pferd eingeführt. Über Korea kamen u.a. Seidenraupenzucht, Weberei, Gerberei, Bronzeguss und Schiffbau auf die Inseln. Zwei Volksgruppen dominierten damals: tunguside, nordsinide, gefolgt vom südsiniden, paläomongoliden Typus.

Begräbnishügel und **Totenkult** erinnern an Korea, die neben den beibehaltenen Grubenhäusern neu hinzugekommenen Haustypen (Pfahlbauten) an die südlichen Inseln.

Bereits auf den **11.2.660 v. Chr.** wird die, allerdings **mythische, Reichsgründung** in der Ebene von Yamato bei Nara datiert. Der erste, ebenfalls noch mythische, Kaiser ist der **Jimmu Tennô,** der Überlieferung nach ein Enkel der Sonnengöttin Amaterasu.

Die **tatsächliche Gründung** eines regionalen Reiches scheint jedoch in den Jahren vor bzw. nach der Zeitenwende erfolgt zu sein. Mehrere Familienverbände *(uji)* gewannen dabei dank Grundbesitz und Ackerbau an Einfluss. Es bestanden häufige Kontakte über Kyûshû nach Korea und China, die kulturell weiter waren und von denen die Japaner lernen wollten – damals schon. In der Yamato-Zeit soll es häufig Kämpfe zwischen den aufstrebenden Stammesverbänden gegeben haben.

In den ersten schriftlichen **chinesischen Berichten über Japan** *(Wa* genannt) aus dem **3. Jh. n. Chr.** ist von **kleinen Wa-Staaten** die Rede, die von Frauen (Priesterinnen, Schamaninnen) angeführt wurden. Erwähnt wurde z.B. die Königin von Yamatai namens *Himiko,* die über mehrere kleinere Wa-Staaten regierte und auch einmal einen Gesand-

Stadt und Bewohner

ten an den Kaiserhof nach China schickte. Von *Kaiser Ming* erhielt sie ein goldenes Siegel, das aussagte, die Wa-Herrscherin sei der Wei-Dynastie freundlich gesonnen.

Kofun-Zeit (300 bis 710 n. Chr.)

Unter *Sujin,* dem 10. Tennô (ca. **250 n. Chr.**) erstreckte sich das **Yamato-Reich** bereits von Kyûshû bis in die Gegend des heutigen Tokyo. Bestimmte Familien bekamen die Verwaltung der kaiserlichen Ländereien übertragen.

Im **4. und 5. Jh.** wurden mehrfach **Eroberungszüge nach Korea** durchgeführt und eine Art Schutzstaat namens Mimana im Süden der Halbinsel gegründet, der mit dem Reich von Paekche verbündet war und schließlich Mitte des 7. Jh. an das Königreich Silla verlorenging.

In der Kofun-Periode entstanden die großen, von Wassergräben umgebenen **Begräbnishügel** *(kofun),* z.B. der des Kaisers *Nintoku* (395–427) bei Ôsaka, der als größte Grabstätte der Welt gilt. Die Tonfiguren der Haniwa-Krieger, die es heute in Nachbildungen als beliebte Souvenirs zu kaufen gibt, bildeten einen Ring um die Hügel. Der Hof von Yamato befand sich in der Nähe von Nara.

Mit den Koreanern kam zu **Beginn des 5. Jh.** ein Gelehrter namens *Wani* als Lehrer für den damaligen Thronfolger. So wurde in der Folgezeit die **chinesische Schrift** eingeführt und mit ihr nach und nach das Wissen des damaligen China, darunter auch Werke des *Konfuzius* (551–479 v. Chr.), dessen Lehre die Autorität der Yamato-Herrscher stützte.

Der **Schintoismus** (s. Religion) mit seinem Kult um die Sonnengöttin entwickelte sich in jener Zeit quasi als Kompromiss zwischen dem mutterrechtlichen Kult der Ackerbauern um eine Fruchtbarkeitsgöttin und dem patriarchalischen Kult von Reiterstämmen um einen Sonnengott. Das Amaterasu geweihte **Nationalheiligtum in Ise** wurde bereits um **250 n. Chr.** gegründet.

Im Jahr **552** (andere geben 538 an) wurde durch den koreanischen König von Paekche, welcher mit den Yamato verbündet war, der **Buddhismus** (s. „Religion") chinesischer Prä-

gung in Japan eingeführt. Es kam zu Kämpfen zwischen den Sippen der Mononobe, die sich gegen die Ausbreitung des Buddhismus wehrten, und der Soga, die dafür waren; die letzteren trugen unter *Soga-no-Umako* den Sieg davon. Es wurden viele Tempel nach Vorbildern der Wei-Dynastie gegründet. Bestes und berühmtestes Beispiel ist der Hôryûji bei Nara (607 fertiggestellt, bis heute erhalten, siehe Ausflüge: Nara). Der erste namhafte Förderer des Buddhismus wurde der Regent *Shôtoku Taishi* (573–621), der dem Land **604** auch die erste, aus 17 Artikeln bestehende, chinesisch orientierte **Verfassung** gab. Im Jahre 600 gab es den ersten japanischen Botschafter in China, und 608 gingen die ersten japanischen Studenten dort hin.

Unter *Kaiser Tenji* (**626–671**) verlor die Soga-Familie ihre Oberherrschaft. Im Jahre **645** formulierte der Oberpriester *Nakatomi-no-Kamatari* das **Taika-Edikt,** durch das dem Kaiser alles Land zufiel und der Staat nach chinesischem Vorbild zu einem **Beamtenstaat** (Mandarine) umgestaltet werden sollte. Da die Ämter jedoch vererbt werden konnten, wurde dieses Ideal innerhalb weniger Generationen zur Farce.

An das **Ende des 7. Jh.** fiel der Beginn des Münzwesens, und das Heerwesen wurde geregelt. Der Staat wurde insgesamt immer stärker nach **chinesischem Vorbild** organisiert, allerdings mit den Unterschieden, dass erstens das japanische Kaiserhaus im Gegensatz zum chinesischen wegen dessen „göttlicher Abstammung" nicht absetzbar war (das gilt im Prinzip heute), und dass zweitens die japanischen Beamten nicht nach Fähigkeit (Bestehen von Prüfungen) ausgewählt wurden und die Ämter sogar erblich wurden. Um den Kaiser hatte sich ein ausgeprägtes **Hofleben** entfaltet. Kulturgeschichtlich wird diese Periode, in der die Grundlagen für die japanische Hochkultur gelegt werden, **Asuka-Periode** genannt, nach der gleichnamigen zeitweiligen Hauptstadt.

Erwähnt werden sollte noch, dass **668** Korea mit chinesischer Hilfe zum Königreich von Silla vereinigt wurde und in der Folgezeit zahlreiche geflüchtete koreanische Handwerker aus Paekche nach Japan kamen.

Nara-Zeit (710–794)

Dieser 84 Jahre während Zeitabschnitt wurde nach Nara benannt, der **ersten dauerhaften Hauptstadt,** die damals allerdings Heijô-kyô hieß und nach chinesischem Vorbild schachbrettartig angelegt worden war. In diese Zeit fällt dank *Kaiser Shômu* eine Hochblüte des Buddhismus. Auch die **Literatur** weist einige bedeutende Werke auf: die im Jahre **712** auf chinesisch geschriebenen Aufzeichnungen aus alter Zeit, *Kojiki*, **720** die Reichsgeschichte *Nihon Shoki* und **759** die bedeutende Gedichtsammlung des *Manyôshu* (10.000 Blätter, etwa 5000 Gedichte vom Waka-Typ).

Der damalige Staat hatte sechs Millionen Einwohner. Unter *Shômus* Tochter, *Kaiserin Kôken* bzw. *Shôtoku,* wurde der **buddhistische Klerus** (vor allem die Kegon-Sekte) sehr mächtig und mischte sich zunehmend in die Staatsgeschäfte ein. Als Reaktion darauf plante *Kaiser Kammu,* der 50. Tenno, eine Verlegung der Hauptstadt, um Staat und Kirche zu trennen.

Heian-Zeit (794–1185)

Die **neue Hauptstadt,** Heian-kyô, das heutige Kyôto, gab dieser Zeit den Namen. Neue **buddhistische Sekten** tauchten auf; anfangs hatten die esoterische Tendai- und die von *Kûkai/Kôbô Daishi* gegründete Shingon-Sekte mit ihren in den Bergen um die Stadt gelegenen Tempeln trotz ihrer düsteren Mystik großen Einfluss. Das Volk fand aber leichteren Zugang zur heiteren Lehre der **1175** von *Hônen* gegründeten Jôdo-Sekte.

Zuvor war das Land in **Unruhe** geraten: der zentralistische Beamtenstaat chinesischer Prägung war vorüber, der alte Feudalismus wiederhergestellt, die Autorität des Kaisers stark geschrumpft, die Mönche und einige Familien, insbesondere die Sippen *Taira (Heike)* und *Minamoto (Genji),* stellten ihre eigenen Armeen auf, der Stand der Samurai entwickelte sich; die *Fujiwara* wurden vor allem unter *Michinaga* zur mächtigsten Familie, das Volk litt unter den hohen Steuern auf das gepachtete Land.

Bei Hofe kümmerte man sich nur noch um Etikette und Vergnügen, vor allem um Kunst und Literatur. Während zu Beginn der Heian-Zeit sehr enge Beziehungen zum China der Tang-Dynastie bestanden, musste sich Japan nach deren Ende **ab dem 10. Jh.** zunehmend auf sich selbst besinnen, was zur **Ausbildung einer eigenständigen Kultur** führte. Vorher sog man geradezu alles Chinesische auf, aber das Studium des Chinesischen blieb den Männern vorbehalten.

Die **Frauen** „mussten" dagegen auf Japanisch schreiben, wofür sie sich der angeblich bereits von *Kôbô Daishi* (774–822, Gründer der Shingon-Sekte) entwickelten geschwungenen **Silbenschrift Hiragana** bedienten. Diese Frauen schufen mit ihren Tagebuch- und Reiseaufzeichnungen (Sei Shônagon, 996) und schließlich dem ersten Roman (Murasaki Shikibu: Genji Monogatari, „Erzählungen vom Prinzen Genji", **1008)** frühe Werke der **Weltliteratur.**

Währenddessen bildeten die *Fujiwara* im Nordosten (Tôhoku) einen eigenen Staat (Hiraizumi), und die *Minamoto* herrschten fast polizeistaatlich. Einen **Krieg zwischen den drei Klans (1156–67)** gewannen die *Taira,* wobei die *Minamoto* fast ausgerottet wurden. 13 Jahre lang blieben die *Taira,* die mehr als 30 Jahre zuvor das Piratenunwesen in der Inlandsee beendet hatten, die mächtigste Familie Japans und stellten **1180** den kindlichen Kaiser *Antoku.* Doch die verschonten Söhne der *Genji* sannen auf Rache, schlugen **1183** unter *Minamoto-no-Yoshinaka* erstmals die Taira-Armee und vernichteten sie schließlich **1185** unter *Minamoto-no-Yoshitsune* in der Seeschlacht von Danno-ura bis zum letzten Mann, einschließlich des gerade 7-jährigen Kaisers *Antoku.*

Kamakura-Zeit (1185–1333)

Der Bruder des Siegers und Volkshelden *Yoshitsune, Minamoto-no-Yoritomo* (1147–99) übernahm die Macht und verlegte die Hauptstadt fort vom dekadenten Kaiserhof in den Osten, nach Kamakura. Dort erneuerte er den Staat – bereits unter dem Einfluss des gerade von *Eisai* aus China eingeführten Zen (ältester erhaltener Zen-Tempel: Engakuji in Kamakura, *Rinzai*-Sekte). Er ließ offiziell den Feudalstaat wiederauferstehen, doch die

558o Foto: ml

Okamotos Vision der Apokalypse nach
den Atombombenabwürfen

Macht lag nunmehr **beim Militär.** Damit begann die Kamakura-Zeit. Für 700 Jahre sollte nun das Kaiserhaus von der eigentlichen Macht ferngehalten bleiben. *Yoritomo* erhielt als oberster Befehlshaber und Militärregent den **Titel Shôgun.**

Unter ihm stieg der **Wehradel der Samurai** zur höchsten gesellschaftlichen Schicht auf, gefolgt von den Bauern, den Handwerkern und schließlich den Kaufleuten. Der Ehrenkodex des Bushidô nahm unter dem Einfluss des Zen Gestalt an: Selbstdisziplin, Gehorsam, Verachtung für Materielles.

Yoritomo hatte seinen beliebten Bruder, der in den Heldenepen immer wieder besungen worden war, ermorden lassen. Seinen

Sohn, den Shôgun *Sanetomo,* ereilte **1219** dasselbe Schicksal. Dessen Frau, die der mit den *Taira* verwandten Familie der *Hôjô* entstammte, brachte daraufhin ihre Sippe de facto an die Macht, indem sie eine Reihe von Shôgunregenten stellten. Ab **1221** versuchte das Kaiserhaus seinerseits mehrfach, die Macht zurückzuerlangen – stets vergeblich. Im Land breitete sich wieder vermehrt **Unruhe** aus.

In diese Zeit fielen wichtige **religiöse Ereignisse:** *Shinran* gründete **1224** die Jôdo-Shin-shu, die später zur größten buddhistischen Sekte in Japan wurde; *Dôgen* gründete **1227** die Sôtô-Sekte des Zen-Buddhismus, und **1252** wurde der Große Buddha von Kamakura, der Daibutsu, errichtet; **1253** gründete *Nichiren* die nach ihm benannte Sekte.

Im Jahre **1274** und **1281** kam es zu **Mongoleneinfällen** unter *Kublai Khan.* Vereint wurden sie erfolgreich abgewehrt, wobei Japan bei der zweiten Invasion allerdings der „Götterwind" (*kamikaze,* d.h. ein Taifun) zu Hilfe kam und den Rest der Truppen vernichtete. Danach setzte sich die **Zwietracht** wieder fort: die Soldaten verlangten Lohn für ihren Einsatz zur Rettung des Staates. Aber es gab weder Geld noch Land zu verteilen. Daraufhin verbanden sich viele Samurai unter Führung des zu den *Minamoto* gehörenden *Ashikaga Taka-uji* mit dem Kaiser *Go-Daigo* gegen die Hôjô. Damit endete Kamakuras Zeit als Hauptstadt.

Ashikaga- bzw. Muromachi-Zeit (1333–1568)

Damit begann die Ashikaga- bzw. Muromachi-Zeit. Der **Shôgun** ließ sich in Kyôto nieder und kontrollierte den Kaiser, der sich seinerseits lieber um seinen Hof und die Klöster kümmerte. Einem Mordanschlag entging er **1337** schließlich nur knapp durch Flucht nach Yoshino (südlich von Kyôto), wo er in der Folgezeit seinen Übergangshof einrichtete. *Taka-uji* setzte zuvor einen neuen, ihm ergebenen Kaiser namens *Kômyô* ein und wurde selbst **1338** zum Shôgun ernannt, womit offiziell das **Muromachi-Shôgunat** begann.

Bis 1392 gab es **zwei sich bekämpfende Kaiserhöfe,** den südlichen und den nördlichen Hof, die schließlich durch einen Friedensvertrag unter Einfluss des bedeutendsten Ashikaga-Shôguns *Yoshimitsu* wieder zusammenkamen und in der Folgezeit einander abwechselten. Unter *Yoshimitsu* begann **1397** übrigens der Bau des berühmten Kinkakuji-Tempels.

Die Shôgune liebten ebenso wie die immer noch einflussreichen *Fujiwara* das luxuriöse höfische Leben. Dank wiederaufgenommener Handelsbeziehungen mit dem China der Sung- und beginnenden Ming-Dynastie mehrte sich unter den mächtigen Familien der **Wohlstand.**

Verschiedene **Feudalherren** *(Daimyô)* gewannen an Stärke und kämpften erbittert um Macht und Einfluss. So kam es zum **Onin-Krieg (1467–77),** in dessen Verlauf Kyôto zerstört wurde, und schließlich zur über 100 Jahre währenden Zeit der **Bürgerkriege** *(sengoku-jidai,* **1467–1568**), an denen neben den Daimyô und Samurai auch das Mönchsorden und die unzufriedenen Bauern teilnahmen.

Dennoch blühten in dieser Zeit die **Künste:** Die Landschaftsgärten erreichten durch *Sôami* ihre Blüte, die Architektur wurde durch

Zen beeinflusst; berühmte Beispiele der neuen Architektur sind der Goldene (Kinkakuji, **1397**) und der Silberne Pavillon (Ginkakuji, **1483**) in Kyôto. In der Malerei entwickelte sich die Tuschemalerei *(sumi-e)* unter dem Zen-Priester *Sesshû Tôyô* zum Höhepunkt; *Zeami* schuf die bis heute gespielten Nô-Dramen. Aufgrund der schwachen Zentralregierung entwickelten sich wirtschaftlich und kulturell in der Provinz eine Reihe von blühenden Handelsorten.

Mitten in die Zeit der Bürgerkriege fiel **1543** die **Ankunft der ersten Europäer** – Portugiesen – auf der Kyûshû südlich vorgelagerten Insel Tanegashima. Sechs Jahre später landete der Jesuiten-Missionar *Franz Xaver* in Kagoshima. Das für den weiteren Kriegsverlauf wichtigste Mitbringsel waren **Feuerwaffen,** die in Japan damals noch unbekannt waren. Wer solche Waffen haben wollte, musste in seinem Gebiet uneingeschränkte Missionierungsarbeit zulassen. So kam es, dass in Süd-Kyûshû bald fast alle Daimyô und ihre Samurai sowie weit über 100.000 ihrer Untertanen **Christen** wurden. **1581** gab es bereits 200 Kirchen.

Azuchi-Momoyama-Zeit (1573–1603)

Der beherrschende Mann der letzten Jahre der Ashikaga-Zeit und Begründer der nächsten Epoche wurde der von den *Taira* abstammende Samurai *Oda Nobunaga* (1534–82), der auf kaiserlicher Seite darum kämpfte, die **zentrale Macht wiederherzustellen** und die Macht der Klöster zum Schutze der Bauern und des ganzen Landes zu brechen. Der befestigte Tempelberg Hiei-san bzw. der dortige Haupttempel Enryakuji fiel **1571;** den letzten *Ashikaga*-Shôgun *Yoshiaki* verjagte er **1573.** Der bedeutendste Sieg Odas war der über den Osaka Honganji-Tempel im Jahre **1580.**

Oda Nobunaga nahm **westliche Errungenschaften** begierig auf und änderte die Architektur von Burgen, um sie gegen Feuerwaffen wirkungsvoller abzusichern. Sein Schloss Azuchi-jo am Biwa-See war die erste dieser neuartigen Burgen. Wäre er nicht **1582** von einem ihm untergebenen Rivalen

Stadt und Bewohner

angegriffen worden und durch Selbstmord ums Leben gekommen, wäre ihm vielleicht schon endgültiger Erfolg bei der Befriedung des Landes beschieden gewesen.

So setzte sein Gefolgsmann *Toyotomi Hideyoshi* (1536–98), der unter *Nobunaga* aus einfachen Verhältnissen zum Heerführer aufgestiegen war, den Prozess erfolgreich fort. Er ließ die größte Burganlage der damaligen Zeit bauen: die Burg von Osaka. **1590** folgte mit Erlangen eines wirklichen **Friedens und der Einigung Japans** der Bau des Prunkschlosses von Momoyama.

Hideyoshi hatte nach wie vor Expansionsgelüste. Seine **Eroberungszüge nach Korea** in den Jahren **1592** und **1597** schlugen jedoch fehl (alle Koreaner weisen voll Stolz auf die gepanzerten „Schildkrötenboote" des Admiral *Yi* hin, mit deren Hilfe die Angreifer geschlagen wurden).

Der Erfolg der **Missionsarbeit** (damals gab es schon etwa so viele Christen wie heute – etwa eine Million) beunruhigte die Mächtigen; man witterte – wohl nicht ohne Grund – die Gefahr einer Kolonialisierung durch westliche Mächte als nächstes Ziel. Dadurch wies man ab **1587** erst die Jesuiten, dann alle Missionare aus und verbot schließlich das Christentum ganz. Es kam zu **Christenverfolgungen** und **1597** zu 26 **Kreuzigungen** in Nagasaki.

Hideyoshi, seit 1585 *Kampaku* (Regent für den erwachsenen Kaiser), ernannte **1598** kurz vor seinem Tod, einen seiner Heerführer, den Minamoto-Spross *Tokugawa Ieyasu* (1542–1616), zum Regenten für seinen noch minderjährigen Sohn *Hideyori*. Aber gegen den Widerstand mehrerer Feudalherren riss *Ieyasu* **1600** nach seinem Sieg bei der Schlacht von Seki-ga-hara die Macht an sich.

Mit seiner Ernennung zum Shôgun im Jahr **1603** begann die über 250 Jahre währende Tokugawa- bzw. Edo-Zeit. Im Jahr **1600** war übrigens der Engländer *Will Adams* in Japan eingetroffen. Er wurde später zu einem von *Ieyasu* hoch geschätzten Berater.

Die vorangegangene Periode brachte neben den erwähnten Änderungen in der Schlossarchitektur (schönstes Beispiel: Himeji-Schloss) die Vervollkommnung der **Blumensteckkunst** *(Ikebana)*, der **Teezeremonie** durch *Sen-no-Rikyû* und der damit einhergehenden **Keramik,** insbesondere vom Raku-Typ. Von den vergeblichen Eroberungszügen nach Korea brachten die Generäle immerhin Töpfer mit, die die Traditionen der berühmten Porzellan- und Keramikmanufakturen von Satsuma, Arita und Hagi begründeten. **Prachtentfaltung** unter den Daimyô wurde angeregt, um dadurch Mittel zu binden, die sonst zur Vorbereitung von Umstürzen hätten verwendet werden können.

Japan hatte zum Ende dieser Periode etwa **25 Millionen Einwohner.**

Tokugawa- bzw. Edo-Zeit (1603–1868)

Ieyasu erhielt **1603** den Titel des Shôgun und gründete damit das **Tokugawa-Shôgunat.** Er verlegte den Sitz des Shôgunats nach **Edo,** das sich unter ihm zur **bedeutendsten Stadt** des Landes in politischer, wirtschaftlicher und kultureller Hinsicht entwickelte. Zur Sicherung der Familienherrschaft ließ der Shôgun die Provinzfürsten jeweils ein halbes Jahr in Edo wohnen und behielt während deren Abwesenheit als Pfand Frauen und Kinder, d.h. diese mussten ständig in Edo leben. Die Burg wurde in ihrer Anlage größer als die von Osaka, die **1615** im Übrigen von Tokugawa-Truppen zerstört wurde (*Ieyasu* starb Monate später wohl an den Folgen einer Verletzung, die er sich dabei zugezogen hatte).

Das **Christentum** war während des Wirkens von Franziskanern zeitweise wieder geduldet worden. Aber bereits **1614** erfolgte ein **neuerliches Verbot.** Engländer versuchten, die spanische Konkurrenz abzuschütteln, indem sie dem Shôgun von einer bevorstehenden Unterstützung südlicher, christlicher Daimyôs bei ihrem Streben nach Vorherrschaft berichteten. Dennoch zogen auch sich nach dem erzwungenen Schließen der spanischen Handelsniederlassungen **1624** zurück. **1636** war die winzige künstliche Insel Dejima im Hafen von Nagasaki fertig, wohin zunächst die portugiesischen Händler abgeschoben wurden. Unter dem 3. Tokugawa-Shôgun *Iemitsu* wurde nach dem blutig niedergeschlagenen **Bauernaufstand von Shimabara** (1637–38; 37.000 getötete christliche Bauern), der sich gegen zu hohe Besteuerung richtete, das Christentum endgültig verboten.

Vorbeugend wurde **das ganze Land nach außen abgeschlossen;** kein Ausländer durfte es mehr betreten, kein Japaner verlassen. Lediglich eine kleine **Handelsniederlassung auf Dejima** wurde protestantischen Holländern und nichtchristlichen Chinesen eingeräumt. Durch dieses Fenster kamen in den nächsten zweihundert Jahren manche neuen Kenntnisse aus dem Westen ins Land und bezog der Westen Kunde aus Japan. Auch Deutsche hatten daran Anteil, nämlich die Ärzte *Engelbert Kaempfer* ab **1690** und *Philipp Franz von Siebold* ab **1823,** die jeweils die holländische Siedlung medizinisch betreuten.

Trotz der Abschottung blühte der **Handel.** Entlang der Handelswege (z.B. Tôkaidô zwischen Edo und Osaka) entstanden eine Vielzahl von Orten, die um die Rastplätze herum wuchsen. Die Städte, vor allem Edo und Osaka, blühten auf. Es entwickelte sich auf die Vergnügungen des Lebens ausgerichtete **Städtekultur:** Freudenviertel, Gasthäuser, Theater, Unterhaltungsliteratur und -malerei.

Im **Feudalstaat** waren die Stände festgeschrieben. Wer Geld hatte, aber gesellschaftlich nicht angesehen war, wie die Kaufleute *(chônin),* konnte sich ungehemmt dem Vergnügen hingeben. Auch die Handwerker erlebten großen Aufschwung. Die Bauern hatten jedoch unter hoher Steuerlast (auf das gepachtete Land) zu leiden, weshalb es viele von ihnen – wie überall in der Welt – in die attraktiveren Städte zog.

Die **Samurai** standen zwar gesellschaftlich obenan, **verarmten** jedoch mangels Kriegen zunehmend (sie wurden nur in Reis bezahlt, den sie jedoch nicht exportieren durften) und waren insgesamt unproduktiv, zumal ihnen Geldgeschäfte nicht gestattet waren; allerdings wurden sie zu Bildung ermuntert.

Trotz etwa 1000 Bauernaufständen während der Edo-Zeit herrschte in dem Polizeistaat insgesamt **Frieden,** die städtische Kultur und die Künste blühten. Aber damit einher begann auch eine gewisse Stagnation und das allmählich stärker werdende Verlangen nach Öffnung zur Außenwelt.

1853/54 zwang der amerikanische Admiral *Matthew Perry* mit seinen „Schwarzen Schiffen" das Shogunat gegen den kaiserlichen Widerstand zur **Öffnung einiger Häfen für den Handel mit Amerika.** Es wurde ein „Friedens- und Freundschaftsvertrag" abgeschlossen. Später folgten **Abkommen** mit England (1854), Russland (1855), Holland (1856) und Preußen (1861), alles ungleiche Verträge, die erst in der Meiji-Zeit revidiert werden konnten. *Townsend Harris* kam als erster Konsul der USA **1856** nach Shimoda; **1859** kam der Händler *Glover* nach Japan und versorgte die Daimyôs von Chôshû und Satsuma mit Waffen gegen das Shogunat.

Der Kaiser scharte ab **1860** Gegner der Öffnungspolitik des Shogunats um sich; **Ausländerfeindlichkeit** machte sich breit, der englische Kaufmann *Richardson* wurde **1862** ermordet, als Rache dafür **1863** Kagoshima von britischen Kriegsschiffen bombardiert. Unter diesem Druck unterzeichnete dann *Kaiser Kômei* **1865** die **Handelsverträge.**

Als **1867** der junge Kaiser *Mutsuhito (Meiji-Tennô)* als 122. Tenno den Thron bestieg, dankte der 15. und letzte Tokugawa-Shôgun, *Yoshinobu,* ab. Es kam noch zu letzten Kämpfen um das Weiterbestehen der Militärdiktatur; doch das **Kaiserhaus erhielt wieder die zentrale Macht zurück.**

Wandmalerei

Meiji-Zeit (1868–1912)

Der Meiji-Tenno führte wieder das auf dem Taika-Edikt (von 646) beruhende **zentralistische Regierungssystem** ein. **1869** verlegte der Tenno seinen Regierungssitz von Kyôto nach Edo, wodurch die Stadt ihren heutigen Namen bekam: Tokyo („Östliche Hauptstadt"). Gleichzeitig wurde die **Feudalgesellschaft abgeschafft;** die Daimyô mussten ihre Ansprüche auf ihre Herrschaftsgebiete komplett an den Kaiser abtreten, konnten aber mit ihren Abfindungen die Grundlage für große Handelshäuser legen. Die gebildeten Samurai konnten sich in den Führungsebenen der Wirtschaft, als Beamte oder beim Militär hervortun und somit einen Ausgleich für verlorengegangene Priviliegien erlangen.

Der Tenno rief das Volk auf, voller Eifer **vom Westen zu lernen. 1889** wurde eine Verfassung nach preußisch-bayrischem Muster eingeführt, mit ihr wurde die erste parlamentarische Regierung in Asien begründet; Japan wurde konstitutionelle Monarchie, doch der „göttliche Ursprung" des Kaisers blieb verankert und der Shintô gewann als Staatsreligion als Basis nationaler Einheit ab 1870 wieder an Bedeutung. Die gewöhnlichen Bürger durften zur gleichen Zeit Nachnamen annehmen, was zuvor nur Adligen gestattet war.

Eine große Zahl **ausländischer Berater** kam ins Land (rund 500), darunter auch zahlreiche Deutsche: Braumeister, Städteplaner und Architekten, Militär- und Polizeiexperten, Juristen, Mediziner, Geografen, Geologen, u.a. zugleich studierten viele Japaner im Ausland. Japan gewann mit Riesenschritten **Anschluss an die Neuzeit.** Das Land hatte **1872** 33 Millionen Einwohner.

Mit der rasanten Entwicklung gingen starke **Expansionsgelüste** einher: Japan wollte nicht nur eine Industrie-, sondern eine Großmacht werden und tat es den damaligen Mächten gleich. Ein erster **Krieg mit China 1894/95** endete ebenso wie der **Russisch-Japanische Krieg 1904/05** mit einem japanischen Sieg; 1902 hatte Japan sich mit Großbritannien verbündet. **1910** wurde **Korea annektiert,** Taiwan war bereits 1895 japanische Kolonie geworden.

Taishô-Zeit (1912–1926)

1912 endete mit dem Tod des Kaisers die Zeit der „Erleuchtung" *(Meiji).* Es folgten die 14 Jahre der Taisho-Zeit, während der Japan im **Ersten Weltkrieg** auf der Seite der Alliierten kämpfte, wofür es das deutsche Gebiet Tsingtao (heute noch wegen des Bieres bekannt, das dank deutscher Braukunst Weltruf hat) erhielt. **1920** trat Japan dem **Völkerbund** bei; **1921** machte der Thronanwärter *Hirohito* eine Europareise, von der er sein Leben lang zehrte (zuvor war kein Thronanwärter, geschweige denn Kaiser, jemals im Ausland gewesen). **1923** kam es dann zum großen **Kantô-Erdbeben,** bei dem 150.000 Menschen starben. Diese Periode zeichnete sich einerseits durch **Verfestigung der Demokratie,** Arbeiterbewegung, aufstrebenden Mittelstand und wachsenden Wohlstand aus, andererseits aber auch durch erste Anzeichen für autoritäre und militaristische Tendenzen seitens der Regierung.

Showa-Zeit (1926–89)

1929 begannen große **wirtschaftliche Schwierigkeiten.** Wie in Deutschland war damit der Boden für faschistische Gedankengut bereitet. Japan drängte schon seit Jahrzehnten zwecks Schaffung der „Ostasiatischen Wohlstandssphäre" aufs Festland. **1931** wurde die **Mandschurei besetzt** und das Marionetten-Kaiserreich Mandschukuo ausgerufen. **1933** verließ Japan den Völkerbund, als es dort der Aggression bezichtigt wurde. 1934 bis **1936** riss das **Militär** die Macht an sich; doch der Kaiser verhinderte eine Rückkehr zum offiziellen Militärstaat. Mit Nazi-Deutschland wurde 1936 ein Militärpakt (Antikominternpakt) geschlossen.

1937 kam es nach einer allgemeinen Mobilmachung zum **zweiten Krieg mit China. 1940** schloss Japan mit dem Deutschen Reich und Italien einen **Dreimächtepakt** (Achse Berlin – Rom – Tokyo); 1941 wurde ein Nichtangriffspakt mit der Sowjetunion unterzeichnet. Am **7. 12. 1941** erfolgten der **Luftangriff auf Pearl Harbor,** die malaiische Halbinsel und die Philippinen, wodurch Japan in den **Zweiten Weltkrieg** eintrat und bis 1944 äußerst erfolgreich blieb. **Ab 1943** kam es jedoch zur allmählichen Zurückeroberung durch die Alliierten. **1945** ging es rapide bergab: Tokyo wurde durch wiederholte **Luftangriffe** völlig zerstört, die Wirtschaft brach völlig zusammen, großes Elend herrschte im Lande; aber erst durch die beiden **Atombomben** auf Hiroshima am **6.8.1945** und Nagasaki am **9.8.1945** kam es Mitte August zur bedingungslosen **Kapitulation und Besetzung** durch die US-Streitkräfte, die bis **1952** dauerte.

Japan wurde von den USA als **Bollwerk gegen den Kommunismus** aufgebaut und entsprechend gefördert. **1946** erhielt es eine neue Verfassung. Japan wurde zu einer Präsidialmonarchie. Während des Koreakrieges (**1949/50**) machte es gute Geschäfte (wie in noch stärkerem Maße während des Vietnamkrieges). **1951** erhielt es seine Souveränität zurück; **1956** trat es den Vereinten Nationen bei; **1960** wurde ein Sicherheitspakt mit den USA abgeschlossen.

Wichtige internationale Ereignisse waren **1964** die Olympischen Sommerspiele in Tokyo (im selben Jahr wurde die Shinkansen-Bahnlinie zwischen Tokyo und Osaka eröffnet), **1970** die Weltausstellung in Osaka und **1972** die Olympischen Winterspiele in Sapporo (beide Olympiaden waren die ersten Sommer- bzw. Winterspiele in Asien).

1968 kamen die Ogasawara-Inseln, **1972** Okinawa an Japan zurück. **1968/69** gab es wie in Europa große Unruhen an den Universitäten. **1971** besuchte *Kaiser Hirohito* Europa. Im Jahre 1972 bewegten Terrorismusakte durch die japanische Rote Armee Fraktion das Land. **1974** erhielt *Eisaku Satô* den Friedensnobelpreis und *Kakuei Tanaka* trat wegen des Lockheed-Skandals zurück; **1978** wurde der chinesisch-japanische Freundschaftsvertrag unterzeichnet. **1988** begann der Recruit-Korruptionsskandal die Regierung zu erschüttern.

Heisei-Zeit (seit Januar 1989)

Am **8. Januar 1989** begann eine neue Zeitrechnung: *Kaiser Hirohito* war nach langer Krankheit gestorben, sein Sohn **Akihito** (1959 mit der Bürgerlichen *Michiko* verheiratet) bestieg 1990 als **125. Tennô** den Thron und besuchte 1992 als erstes Ziel im Ausland die Volksrepublik China.

Seit Beginn der 90er Jahre leidet Japan wie alle Industrienationen an der **Rezession** nach dem Platzen der Spekulationsblase (*bubble economy*) der 80er Jahre.

Wie in Deutschland dürfen seit **1992** auch japanische Streitkräfte zu friedensbewahrenden Einsätzen nach Übersee entsandt werden, z.B. nach Kambodscha.

1993 heiratete *Kronprinz Naruhito* die bürgerliche Diplomatin *Masako Owada*.

Im **Sommer 1993** wurde die seit 1955 regierende Liberaldemokratische Partei (LDP) erstmals von einer aus sieben Parteien bestehenden Koalition in die Opposition gedrängt. Erster Premierminister der **neuen Koalition**

Stadt und Bewohner

Wahlkampf vor dem Saigo-Takamori-Denkmal

wurde *Morihiro Hosokawa,* ein Nachfahre mächtiger Daimyôs aus Kumamoto, der jedoch bereits am 8. April 1994 zurücktrat, weil auch ihm bzw. seinen Mitarbeitern vorgeworfen worden war, am **Sagawa-Kyûbin-Skandal** mehr oder weniger beteiligt gewesen zu sein. Die gleichnamige Transportfirma hatte große Summen an Politiker vor allem der LDP verteilt, um Vorteile daraus zu ziehen; dieser Skandal hatte letztlich zum Sturz der LDP geführt.

1994 wurde ein Gesetz zur **politischen Reform** (u.a. Wahlreform) verabschiedet. Im selben Jahr erhielt *Oe Kenzaburo* den **Nobelpreis für Literatur.**

Am **17. Januar 1995** erschütterte ein starkes **Erdbeben** die Hafenstadt Kôbe und zerstörte sie zu einem großen Teil. Anders als Tokyo war Kôbe auf ein so starkes Beben weit weniger gut vorbereitet.

Im **Frühjahr 1995** rückte Japan wegen der **Sarin-Giftgasanschläge** durch die Aum-Shinrikyô-Sekte *Asaharas* erneut weltweit in die Schlagzeilen.

Ab **Anfang 1996** lag die **Führung** der seit 1994 regierenden Koalition nach 18-monatigem Zwischenspiel mit dem sozialdemokratischen Ministerpräsidenten *Muryama* wieder in den Händen eines LDP-Mannes: **Ryûtarô Hashimoto.** Zweitstärkste Partei wurde die von der 10 Mio. Menschen starken buddhistischen Laienorganisation *Sôka Gakkai* kontrollierte New Frontier Party (*Shin-Shin-Tô*).

Die Rezession begann sich abzuschwächen. Die viermonatige **Besetzung der japanischen Botschaft in Lima Anfang 1997** fand zwar außerhalb des Landes statt, stellte jedoch eine große Belastung dar.

Anfang **1998** fanden die **Olympischen Winterspiele** in Nagano statt.

Von der schweren **Wirtschaftskrise** in Südostasien blieb auch Japan nicht unberührt. Die große Zahl fauler Kredite nach dem Platzen der „bubble economy" belastete die Wirtschaft außerordentlich.

Lang erwartetes freudiges Ereignis war im Jahr **2001** die Geburt von *Aiko,* dem ersten Kind von *Kronprinz Naruhito* und *Masako.*

Im Jahr 2002 wurde in Japan und Südkorea (damit erstmals in Asien) die **Fußballweltmeisterschaft** ausgetragen.

Im Jahr **2003** kreiste das öffentliche Interesse um ehemals nach **Nordkorea** entführte, nun frei gekommene Staatsbürger und überhaupt um den unberechenbaren Nachbarn. Am 30.8.2009 kam es durch einen **Erdrutschsieg der Demokratischen Partei Japans** (DPJ, jap. *Minshutô*) erstmals seit 119 Jahren zu einem echten **Regierungswechsel!** Japans Rolle in der Welt könnte sich ändern durch engere Partnerschaft mit China unter Beibehaltung der strategischen Verbindung zu den USA.

Die Geschichte Tokyos

Die Gegend um Tokyo war mit Sicherheit schon lange besiedelt, wie z.B. die archäologischen Ausgrabungen aus der **Jômon-** bzw. **Yayoi-Zeit** beweisen. Auch die Geschichte des Asakusa-Kannon-Tempels weist weit in die Vergangenheit zurück: Im Jahre **628** sollen Fischer mit ihrem Netz aus dem nahen Sumida-Fluss eine kleine Kannon-Statue gefischt haben, die dann zur Gründung des Tempels geführt hat.

Gegen **Ende des 12. Jh.** baute sich ein jüngeres Mitglied des in Chichibu residierenden Taira-Clans auf einem Ausläufer der leicht erhöhten Ebene von Musashi nahe der Mündung des Flüsschens Hirakawa und unweit der Mündung des Sumida-Flusses ein befestigtes Haus. Er nannte den Ort und seine Familie *Edo* („Flussmündung") und sich selbst fortan *Edo Shigenaga.* Obwohl er ein Sprössling der *Taira* war, half er klugerweise den Kontrahenten vom Minamoto-Clan, die dann auch während des Kamakura-Schogunats die Herren des Landes wurden.

Nach seinem Tod erweiterte die Familie ihren Landbesitz, der jedoch unter den Söhnen aufgeteilt wurde. Einer von ihnen hieß *Shibuya,* so heißt heute noch ein Stadtteil. Später kam das Land vorübergehend in den Besitz des wohlhabenden Hie-Schreins bei Kyôto. Danach stand es unter nomineller Kontrolle von zwei Vertretern des Ashikaga-Shôgunats. Tatsächlich hatte jedoch die in mehrere Zweige gespaltene Familie der *Uesugi* das Sagen über zwei der Provinzen, nämlich Musashi, wozu Edo gehörte, und Sagami. An der Grenze zwischen den beiden umstrittenen Gebieten, dort, wo jetzt der Kaiserpalast steht, errichtete 1457 der **Fürst Ota Dôkan** ein befestigtes Schloss, er gilt daher als eigentlicher **Gründer der Stadt.**

Man weiß wenig über ihn. Am bekanntesten ist die Geschichte von der gelben Rose: während eines Jagdausfluges geriet *Dôkan* in einen Wolkenbruch und bat in einem nahe gelegenen Bauernhaus um einen Strohumhang. Eine schöne junge Frau erschien in der Tür. Statt des Umhangs überreichte sie ihm stumm eine gelbe Rose. Zurück im Schloss fragte er einen Berater, ob er sich einen Reim darauf machen könne. Der zitierte ihm ohne Zögern ein Gedicht aus der Heian-Zeit, das *Dôkan* eigentlich hätte kennen sollen:

„Traurig bin ich fürwahr,
dass ich nicht einen Strohumhang habe
wie die siebenblättrige, achtblättrige
Blüte einer gelben Rose."

Dôkan widmete fortan mehr Zeit der Dichtkunst, aber er war auch ein geschickter militärischer Stratege. Er unterhielt eine kleine Söldnerarmee; das dafür nötige Einkommen erzielte er vermutlich aus Zollforderungen für Transitgüter. Seinem Herrn, dem Oberhaupt eines Zweiges der Uesugi-Familie, war der Erfolg *Dôkans* suspekt. Deshalb ließ er ihn **1486 ermorden.** Nachdem die *Hôjô* die *Minamoto* in Kamakura abgelöst hatten, blieb das Schloss zwar weiterhin besetzt, aber der Hauptsitz der Familie war Odawara in Sagami.

Die *Hôjô* verloren ihr Land, weil sie sich *Toyotomi Hideyoshi* widersetzt hatten. Der machte kurzen Prozess, eroberte Odawara und **1590** gehörten ihm die acht östlichen Provinzen. Diese nun bot er seinem Kampfgefährten *Tokugawa Ieyasu* im Tausch gegen dessen drei strategisch bedeutsame Provinzen entlang des Tôkaidô und schlug vor, das Schloss in Edo zu errichten. Zum Missfallen seiner Berater akzeptierte *Ieyasu* das Angebot und zog noch im selben Jahr nach Edo. Die Berater waren entsetzt, denn sie sahen in dem schmalen Streifen Land zwischen der Edo-Bucht und der Wildnis von Musashi wenig Attraktives. Auch fehlte es an Trinkwasser. Es schien, als hätte der schlaue *Hideyoshi* da einen guten Deal gemacht. Sowieso wollte er seinen potentiell gefährlichsten Rivalen möglichst weit weg von Kyôto und Osaka halten.

Doch der geduldige und weitsichtige *Ieyasu* sah schnell die Vorteile: Die tief eingeschnittene Bucht von Edo bot mehr Schutz als ein Hafen am offenen Meer, der Ort war der am weitesten vom Festland entfernte, von woher Invasoren wie seinerzeit die Mongolen kommen konnten. Edo lag am Schnittpunkt der Straßen nach Osten, Norden und durch die Berge sowie an der Schwelle zur Kantô-Ebene, der größten Schwemmlandebene des Landes. Freilich musste einiges getan werden. Das wilde, hügelige Land von Musashi war wenig fruchtbar, eignete sich aber immerhin für die Pferdezucht. Da gab es sumpfige Gebiet, durchzogen von mehreren Flüssen, zwischen dem Wasser und dem schmalen Streifen flachen, festen Landes vor den wie fünf Finger einer Hand verlaufenden Ausläufern der Musashi-Ebene (auf diesen Fingern liegen heute Ueno, Hongô, der Kaiserpalast, Azabu und Takanawa). Land musste also gewonnen werden: Hibiya war eine Meeresbucht, die Ginza und Tsukiji waren noch Wasser, die Wellen reichten bis vor das Schloss.

Wie damals üblich plante *Ieyasu* zunächst eine Stadt nach dem Modell von Chang'an in China bzw. Kyôto. Dazu musste er jedoch die Stadt um 100 Grad gegenüber der damals allgemein gültigen chinesischen Regel drehen: statt dem großen Berg für den Gott Xuanwu im Norden, stand der große Berg Fuji im Westen von Edo, im Osten hatte er dafür den Hirakawa-Fluss (für den Drachengott), im Süden die Edobucht (für den Phönix), im Westen den Tokaidô, bewacht vom Tigergott. Ein Haupttempel musste im Nordosten zum Schutz vor von dort erwartetem Unheil errichtet werden. Es wurde der Kan'eiji in Ueno.

Noch während dieser Plan ausgeführt wurde, starb *Hideyoshi* **1598.** *Ieyasu* besiegte die Truppen von *Hideyori,* dem Sohn und offiziellen Nachfolger von *Hideyoshi,* in der entscheidenden **Schlacht von Sekigahara,** wurde **1603** zum Shôgun ernannt und machte Edo zur Verwaltungshauptstadt des Tokugawa-Schogunats, das als **Edo-Zeit (1603– 1867)** in die Geschichte einging und die bis heute andauernde Blütezeit von Tokyo einleitete.

Damit wurde jedoch ein neuer Stadtplan notwendig. Nach seiner Machtergreifung baute Ieyasu Edo bewusst als Gegengewicht zu Kyôto aus. Um die über zweihundert Daimyô unter Kontrolle zu halten, mussten sie jeweils ein Jahr in Edo leben, die Familien mussten ganz nach Edo ziehen, gewissermaßen als Pfand. Die Daimyô-Prozessionen nach Edo und in die Heimat zurück mussten auf Kosten der Provinzfürsten mit viel Aufwand und Pomp durchgeführt werden. Das ging ihnen an die Substanz. Vom Schloss aus ließ Ieyasu in einer weiten Spirale Gräben bzw. Kanäle um die Festung herum ziehen. Nahe am Schloss durften sich die engen Verbündeten und Vasallen von Ieyasu ansiedeln. Weiter außen auf der Hügelseite im Westen und Norden bauten die früheren bzw. potentiell gefährlichen Gegner ihre Residenzen. Alles war auf Kontrolle und **Herrschaftssicherung** ausgerichtet. So waren z.B. die Gärtner in den großen Gärten der Samurairesidenzen (z.B. die noch erhaltenen Landschaftsgärten Kôrakuen und Rikugien) großteils Spione. Allerdings saßen Spioninnen auch hinter dem Bett des Shôgun, um ggf. zu verhindern, dass der Herrscher Geheimnisse ausplauderte.

Mit den Daimyôs und ihren Samurai kamen zunehmend Leute in die Stadt, die hier eine Chance für ihren Lebensunterhalt sahen. In der Gegend des heutigen Nihombashi siedelten unterhalb des Schlosses und der Daimyô-Residenzen nahe am Meer die Kaufleute, nördlich davon in Kanda und südlich davon in Kyôbashi die Handwerker, die in bewachten, nach Zünften getrennten Vierteln lebten. Diese tief liegenden Viertel waren die Unterstadt (*shita-machi*).

Die Stadt war gerade gemäß dem Plan fertig geworden, die Residenzen der Daimyô erstrahlten im Glanz der **Momoyama-Epoche**, der über 60 m hohe Turm des Shôgun-Schlosses, der höchste im Lande, überragte Edo, das mit 400.000 Einwohnern schon größer als Kyôto war – als zwei Wochen nach Neujahr des Jahres **1657** die erste der berüchtigten **Feuersbrünste** in der Stadt ausbrach: das Furisode- („langer Kimonoärmel") bzw. Meireiki- (benannt nach dem Zeitabschnitt Meireiki) Feuer, das nach 80 regenlosen Tagen, verstärkt durch starke Stürme, drei Tage lang wütete und eine zerstörte Stadt hinterließ: 108.000 Menschen starben in den Flammen, durch Ertrinken beim Versuch, den brückenlosen Sumida-Fluss zu durchqueren oder nach dem Brand im Schneefall an Erfrierung. **Drei Viertel der Stadt waren abgebrannt,** darunter der größte Teil des Schlosses einschließlich des nie wiederaufgebauten Turmes, mehr als 500 Häuser der Daimyô, rund 800 Samurai-Häuser, 350 Tempel und Schreine. Die Regierung verteilte Reis an die Bevölkerung und plante sofort den Wiederaufbau.

Breite Feuerschneisen wurden geschaffen, die Tempel an die damaligen Randbezirke verlegt, wo sie noch heute in großer Konzentration stehen: Tsukiji, Fukagawa, Honjo, Asakusa, Yanaka, Yushima, Hongô, Yotsuya, Azabu. Bei Ryôgoku wurde **1660** die erste **Brücke über den Sumida** gebaut. Sümpfe wurden trockengelegt, neues Land aus dem Meer gewonnen. Der vorher schon künstlich gegrabene Kanda-Fluss erhielt eine 7 m hohe Ufereinfassung. Kiefern wurden darauf gepflanzt, heute sind es Sakura-Bäume.

Die Daimyô bauten sich zwei zusätzliche Residenzen weiter entfernt vom Schloss: In der mittleren wohnten fortan die Familien, in der äußeren bewahrten sie Güter auf oder richteten sie als ländliche Villen ein, zur Erholung oder um sich dorthin im Falle eines neuen Brandes zurückzuziehen. Allerdings wurden sowohl das Schloss wie auch die Fürstenresidenzen weit weniger glanzvoll aufgebaut.

Kurze Zeit später begann die städtische Kultur wie nie zuvor zu erblühen, die berühmte **Genroku-Zeit (1688 bis 1704)** während der Herrschaft des berüchtigten fünften Shôgun Tsunayoshi begann. Nicht nur Edo profitierte davon, auch die anderen beiden großen Städte Kyôto und Osaka, die in der kulturellen Entwicklung noch eine Vorreiterrolle spielten. Tsunayoshi hatte zwar die Künste sehr gefördert, aber seine Vorliebe für kleine Jungen und Mädchen sowie die Einführung der Todesstrafe bei Tötung von Hunden u.a. Maßnahmen ließen ihm keinen angesehenen Platz in der Geschichte.

Mit der Blütezeit von Edo wurde es auch wieder enger in der Stadt. Zwar wurden in den Vierteln der Handwerker und Kaufleute

Häuserblocks von etwa 120 Meter Seitenlänge, Hauptstraßen von 18 Meter und Nebenstraßen von 12 Meter Breite angelegt. Doch obwohl die Innenräume der Blocks leerstehen sollten, wurden sie nach und nach mit slumähnlichen Langhäusern, den *ura-nagaya*, vollgebaut. Die Wohnungen dort bestanden aus einer winzigen Küche und einem 9 m² kleinen Wohn-/Schlafzimmer, draußen gab es Gemeinschaftsklos. Meist lebten hier Junggesellen. Die Zahl der Frauen wuchs nur langsam (**1733** gab es doppelt so viele Männer wie Frauen, erst gegen Ende der Edo-Zeit war das Verhältnis annähernd ausgeglichen).

Mit den **beengten Wohnverhältnissen** wuchs wieder die Gefahr von Bränden, zumal die Langhäuser durchweg aus Holz gebaut waren. Unter dem Shôgun *Yoshimune* wurde durch den Magistraten *Ôka Tadasuke* ein wirksames System von **Brandwachen mit Feuerbeobachtungstürmen** (die man heute in vielen Vierteln noch sehen kann) aufgebaut und Feuerwehrbrigaden trainiert, die zum Stolz von Edo wurden. Zu Bränden kam es dennoch reichlich. Allein während der Tokugawa-Zeit gab es 97 Großbrände, kein Wunder bei der Bevölkerungsdichte: 69.000 Menschen pro km², das waren mehr als dreimal so viel wie im heute bevölkerungsreichsten Tokyoter Stadtteil Toshima. Im Vergleich dazu hatten die Samurai mehr Platz, in ihrem Wohnbereich lebten 14.000 Personen pro km². In den Bezirken der Schreine und Tempel, die wie die Viertel der Handwerker und Kaufleute 20 % der Stadtfläche einnahmen, lebten nur 4500 Menschen pro km² **Mitte des 18. Jh.** hatte die Stadt **1,3 Mio. Einwohner,** mehr als jede andere Stadt der Welt.

Die auf Vergnügen ausgerichtete Kultur der Städter prägte das Leben in Edo. Da die Kaufleute und Handwerker die unteren Schichten bildeten und keine Aufstiegschancen hatten, im Laufe der von Frieden geprägten Jahre jedoch immer wohlhabender wurden, konnten sie ihren Hedonismus immer ungebremster ausleben, während vor allem die unteren Samurai immer ärmer wurden. Die Grenzen der Schichten verwischten sich. Beide trafen sich in der „fließenden Welt" (*ukiyo*, die Halbwelt der Schauspielerinnen und Prostituierten) der **Vergnügungsviertel,**

vor allem im eleganten Yoshiwara, das seinerzeit außerhalb der Stadt, nördlich von Asakusa lag und erst nach Ende des Zweiten Weltkrieges von den amerikanischen Besatzern geschlossen wurde. Die Vergnügungsviertel waren angesichts des allgegenwärtigen Frauenmangels die eigentlichen Mittelpunkte des städtischen Lebens. Hier konnten Städter wie Samurai die Zwangsjacke des konfuzianischen Moralkodex und der bürokratischen Strenge des Shogunats ablegen. Die heutigen Vergnügungsviertel von Shinjuku oder anderswo zeigen, dass sich am Hedonismus der Tokyoter nicht viel geändert hat.

Die seit mindestens drei Generationen ansässigen Bewohner der Stadt, die Edokko („Kinder Edos"), galten als leichtlebig, aufbrausend, emotional, verschwenderisch, aber auch großzügig, konnten kein Geld bei sich behalten, pflegten aber andererseits das Image von Connaisseurs *(tsû)* mit Vorliebe für schlichte Eleganz und Understatement. Es gab immer wieder Bestrebungen von oben, dem fröhlichen Treiben ein Ende zu bereiten, vor allem **1790** unter dem strengen *Matsudaira Sadanobu* (der u.a. auch das gemeinschaftliche Baden von Männern und Frauen verbot) und kurz vor Ende der Tokugawa-Zeit, als Edo bereits eindeutige Zeichen von **Dekadenz,** begleitet von **Kriminalität, Epidemien und Naturkatastrophen,** zeigte.

1853 tauchte *Admiral Perry* mit seinen „Schwarzen Schiffen" auf (diese wurden als Auslöser der nachfolgenden Naturkatastrophen und Epidemien vermutet), bald kamen Ausländer ins Land, und es kam zu Kämpfen zwischen Anhängern und Gegnern der Öffnung, zwischen den Truppen des schwach gewordenen Shogunats und denen des Kaisers. Die Truppen des Kaisers behielten die Oberhand. **1868** verließ der letzte Shôgun *Tokugawa Yoshinobu* ohne Blutvergießen das stattliche Edo-Schloss, um das herum die Stadt gebaut war, und der junge Kaiser *Meiji Tennô* zog von Kyôto dorthin um, womit sich der **Name der Stadt** änderte: von nun an war es die „östliche Hauptstadt", Tô-kyô.

Die Daimyôs kehrten in ihre Heimat zurück. Die Residenzen wurden geräumt. Um den Kaiserpalast herum entstand viel

Stadt und Bewohner

Brachland, welches Platz für das noch heute dort befindliche **Regierungsviertel** von Kasumigaseki und Nagatachō bot. Anfänglich machte sich auch das Militär außerhalb des Palastes breit, es gab ja auch genug Raum zum Exerzieren. Später, nach Abzug des Militärs, siedelte sich unter Führung von *Mitsubishi* das **Big Business** dort an, wo es heute noch zu finden ist, nämlich in Marunouchi und Ōtemachi. Entlang der Ufer des Sumida wurden **Fabriken** errichtet, ebenso entlang der Tokyo-Bucht zwischen Tsukishima und Shinagawa (heute reicht die Industriezone hinunter bis Yokohama und darüber hinaus). Asakusa blieb noch das Hauptvergnügungsviertel, doch es bekam zunehmend Konkurrenz von der Ginza. **1898** bekam die Stadt endlich einen Bürgermeister und ein **Rathaus,** es stand in Marunouchi, bis zum Umzug vor einigen Jahren nach Shinjuku. Die Stadt war in **15 Bezirke** unterteilt, die nach dem Zweiten Weltkrieg zu neuen, größeren Bezirken zusammengefasst wurden.

Mit der Öffnung nach außen kamen die Errungenschaften des Westens. Der **Verkehr** verlagerte sich von den Wasserwegen auf die Straßen: Pferdebusse, später Pferdetrams und zu Beginn des 20. Jh. **Straßenbahnen,** Fahrräder, aber auch Rikschas. Dazu wurden die ersten **Steinhäuser** gebaut und die westliche Mode setzte sich zunehmend durch. Straßenbahnen waren beherrschendes Verkehrsmittel bis in die **60er Jahre,** dann verschwanden sie bis auf eine Linie, und die **U-Bahn, S-Bahn** sowie die privaten Vorortbahnen übernahmen ihre Funktion und wurden zu einem lebensbestimmenden Element. Die Menschen ließen sich dort nieder, wo die Bahnen entlangführten.

Im 20. Jh. wurde Tokyo jedoch zweimal zum großen Teil zerstört: am 1. September 1923, 1 Minute vor 12 Uhr durch das große **Kantō-Erdbeben,** dem 140.000 Menschen direkt und indirekt (vor allem durch die drei Tage wütenden Feuersbrünste) zum Opfer fielen. Sieben Jahre dauerte der Wiederaufbau. Viele Menschen zogen aus den Vierteln am Fluss in der Unterstadt, die am schwersten durch das Erdbeben in Mitleidenschaft gezogen wurden, nach Westen, in die höher gelegenen Bezirke Shinjuku und Nakano.

Japan geriet unter das Joch faschistisch geprägter Militärherrscher, die das Land in den **Zweiten Weltkrieg** trieben. **1945** zerstörten die durch 700.000 amerikanische Brandbomben im Verlaufe von über 100 **Luftangriffen** entfachten Feuersbrünste – besonders schlimm waren die vom 9. und 10. März – erneut die Stadt und forderten nochmals 145.000 Opfer.

Zum Glück waren viele, die nicht in der Stadt bleiben mussten, zu Verwandten aufs Land gezogen; nach den Bombenangriffen taten dies zusätzlich viele Überlebende, vor allem Kinder wurden aus der Stadt geschickt. Die Menschen genossen das friedliche Leben in der Provinz, doch ihren Lebensunterhalt konnten sie nur in der Stadt verdienen. So kehrten sie wieder nach Tokyo zurück, damals gewissermaßen eine Stadt der Besitzlosen und Wanderer.

Der **Wiederaufbau** Tokyos erfolgte in erstaunlich kurzer Zeit, allerdings völlig ungeplant. Zehn Jahre später lag die Einwohnerzahl der Stadt bei 6 Millionen, etwas mehr als 20 Jahre nach Kriegsende waren es doppelt so viele. Die Stadt hört zwar inzwischen auf zu wachsen – die Menschen ziehen zunehmend in die Nachbarpräfekturen –, doch sie entwickelt sich dynamisch weiter.

Politik und Verwaltung

Tokyo ist politische, wirtschaftliche und finanzielle **Hauptstadt,** aber auch Sitz einer eigenen **Präfekturregierung,** des Tokyo Metropolitan Government, das von einem gewählten Gouverneur (zurzeit ist es *Shintarô Ishiwara*) angeführt wird. Früher wurden die Gouverneure von der Zentralregierung ernannt und unterstanden dem Innenministerium. Nach dem Krieg wurde auf Druck der Besatzer mehr Autonomie auf kommunaler Ebene eingeführt, um von der Basis aufwärts demokratische Strukturen zu schaffen.

Die 1947 erfolgte Gliederung der Stadt in **23 Bezirke (-ku)** löste die 1878 eingeführte Aufteilung ab. Die alten Bezirke sind allesamt noch als Stadtteile vorhanden.

Die Bezirke sind unterteilt in **Stadtteile,** die häufig auf -*machi* bzw. *chô* enden, und diese sind wiederum in *chôme*, größere Häuserblockkomplexe, unterteilt.

Wirtschaft

Tokyo ist natürlich auch das Zentrum der Wirtschaft des Landes, die die zweitgrößte der Welt ist. Japans Bruttosozialprodukt macht rund 18 % des gesamten Bruttosozialproduktes der Welt aus; damit liegt es hinter der Europäischen Union (26 %) und den USA (25 %) an dritter Stelle. Die Volkswirtschaft von Tokyo ist größer als die von Kanada und lag bis vor wenigen Jahren noch vor China. Sie rangiert in der Welt an 7. Stelle. Ein Fünftel der gesamten Wirtschaftsleistung Japans wird innerhalb der Stadt erbracht. Heute haben alle großen nationalen und multinationalen Konzerne des Landes und die ausländischen Firmen hier ihren Hauptsitz, auch die Versicherungen, Zeitungs- und andere Verlage, Fernsehgesellschaften, die meisten Kaufhausketten, zahlreiche Elektronikfirmen, Autofabriken sowie deren Zulieferer. Tokyo ist darüber hinaus auch Bildungshauptstadt mit Universitäten und anderen Hochschulen für mehr als eine Million Studenten.

Der wichtigste Wirtschaftszweig Tokyos ist der **tertiäre Sektor,** der einen Anteil von fast 75 % hat: Handel, Groß- und Einzelhandel, Finanzen (die Börse ist eine der größten der Welt), Banken (ein Drittel allen deponierten Geldes in Japan liegt in Tokyo), Transport, Kommunikation, Service. Der sekundäre (verarbeitende) Sektor hat seinen Anteil von 50 % in den 1960er Jahren auf 25 % reduziert. Hauptproduktionszweige sind: Textilien, Lederwaren, Spielzeug, Edelmetallverarbeitung, Nahrungsmittel und Holz.

Aufgrund der Probleme durch Umweltverschmutzung mussten seit Ende der 1970er Jahre viele dieser Industriezweige von ihren traditionellen Orten in der Shitamachi (Arakawa-, Sumida-, Taitô) in Außenbezirke wie Adachi- und Katsushika-ku bzw. auf neugewonnenes Land in der Tokyobucht verlegt werden. Die vorher im Küstenbereich angesiedelte Industrie wurde z.T. in Nachbarprovinzen umgesiedelt. Die großen Firmen haben ihre neuen, mit allem Hightech ausgestatteten Forschungs- und Entwicklungszentren wegen der hohen Grundstückspreise im Stadtzentrum vor allem in westlichen Vororten errichtet.

Es gibt fast **800.000 Unternehmen** mit zusammen 8 Mio. Beschäftigten in Tokyo, doch ist das Bild in wirtschaftlicher Hinsicht nicht ungetrübt, denn:

- die Konjunktur stagniert seit Jahren;
- In einem Jahr gab es 19.000 Bankrotte, Arbeitnehmer über 45 Jahren gelten als nur noch schwer vermittelbar.
- die Arbeitslosigkeit ist für japanische Verhältnisse sehr hoch; die Obdachlosenzahlen

Stadt und Bewohner

編集センター
PDF号外

552t Foto: ml

(*rumpen* von dt. „Lumpen") in Tokyo gehen in die Tausende (besonders Bhf. Shinjuku).

● Betriebe und Investitionen allgemein wandern nicht nur in Nachbarprovinzen, sondern auch ins Ausland ab;

● das Produktionsgewerbe schrumpft weiterhin, während das Dienstleistungsgewerbe wächst;

● seit 1993 besteht angesichts sinkender Steuereinnahmen und sinkendem Anteil an der Gesamtwirtschaft ein Haushaltsdefizit.

Die **Finanzkrise in Südostasien** hat auch Japan betroffen. Es zeigte sich dabei eine Schwäche des Finanzsystems, die lange als spezifische Stärke gegolten hatte: allzu leichtes Geld von den Banken und ein enges Zusammenspiel von Politik und Wirtschaft. Plötzlich wurde Japan vom Muster- zum Prügelknaben; man warf ihm vor, keine weitreichenden Reformvorsätze zu fassen, um die eigene Wirtschaft und die der angeschlagenen Tigerstaaten aus einer Krise zu führen, die in Japan bis heute nicht überwunden ist.

Großraumbüro
der Asahi Shimbun Zeitung

Nach leichter Erholung vor einigen Jahren, hat die **globale Finanzkrise** ab 2008 der japanischen Wirtschaft erneut stark zugesetzt und ihr die **schlimmste Rezession seit Kriegsende** beschert. China schickt sich bereits an, Japan vom 2. Platz zu verdrängen und in nicht allzu ferner Zukunft noch vor den USA an erster Stelle anzukommen. Zwar ist China der größte Handelspartner Japans, doch übernimmt die Volksrepublik viele der früheren Exporte Japans (mittlerweile hat auch Deutschland seinen Platz als Exportweltmeister an China verloren), dazu kommt eine gewaltige **Staatsverschuldung,** eingehandelt durch massive Stützung maroder Firmen statt einer stärkeren Förderung innovativer Industrien (auch das dürfte uns bekannt vorkommen), eine stark überalterte und schrumpfende Bevölkerung (noch sind es 127 Mio. Einwohner) trägt ebenfalls zur Abwärtsspirale bei. Das Pro-Kopf-Einkommen liegt im weltweiten Ranking mittlerweile nur noch an 19. Stelle, das Wirtschaftswachstum mag 2010 magere 1 % betragen, die Arbeitslosigkeit liegt bei 5,7 % – für Japan ein schlimmer Wert. Keine der großen Firmen ist mehr unter den Top 10, 1988 waren es noch 8! Nur 6 tauchen noch unter den Top 100 auf! Zwar ist Toyota Motors noch immer der größte Autohersteller, aber bald wird es eine chinesische Firma sein. Die Konsumpreise sinken wieder, es gibt immer häufiger Sonderangebote zur Anheizung des heimischen Konsums, ein erklärtes Ziel der neuen Regierung.

Tourismus

Jährlich kommen über **drei Millionen Besucher nach Japan,** zwei Millionen davon Touristen. Fünfmal so viele Japaner verlassen im gleichen Zeitraum ihr Land für zumeist kurze Ferienreisen. Nicht alle als Touristen registrierten Besucher kommen zum Sightseeing. Das Arbeitsministerium schätzt, dass sich fast 500.000 Ausländer illegal in Japan aufhalten, nachdem ihre Touristenvisa abgelaufen sind.

Der Tourismus spielt eine nicht unerhebliche Rolle für die Wirtschaft, wobei die Reiselust der Einheimischen zu Zielen im eigenen Land mit Abstand den größten Anteil an Einnahmen aus dem Tourismus ausmacht. Die meisten ausländischen Touristen kommen in Tokyo an. Viele Reisende bleiben sehr lange in der Stadt im Verhältnis zu den Attraktionen des restlichen Japan. Mehr als drei bis vier Tage sind es jedoch nicht für den größten Teil der Besucher, was eigentlich viel zu kurz ist, um mehr als nur einen flüchtigen Eindruck von dieser faszinierenden Stadt zu bekommen.

Umweltschutz

Japan war mal Umweltsünder Nr. 1 unter den größten Industrieländern. Aber anders als etwa in Deutschland wurden radikale Schritte unternommen, als Ursachen und Möglichkeiten, diese zu beheben, bekannt geworden waren. Heute tut Japan für den Schutz

Stadt und Bewohner

der eigenen Umwelt mehr als andere Industrieländer, und der Waldbestand des Landes z.B. ist außerordentlich hoch. Die Menschen in Japan lieben seit jeher die Natur – man denke nur an die Beziehung des Schintoismus zu ihr –, sie verehren sie geradezu.

Die Fabriken sind weit sauberer geworden und aus den Ballungsgebieten weggezogen. Die Kanäle beherbergen nicht mehr explosive Chemikalien wie noch in den 1970er Jahren, als einmal ein Kanal Feuer fing, weil jemand seine Zigarette ins Wasser geworfen hatte. Einige Häuser waren damals abgebrannt.

Die schrecklichen Krankheiten mit den Namen *Minamata* und *itai-itai* als Folge von Cadmium- bzw. Quecksilbervergiftungen treten längst nicht mehr auf. Alle Autos haben Katalysatoren serienmäßig eingebaut. Den besten Beweis für eine **saubere Luft über Tokyo** liefert kein geringerer als der Fuji: Sein Kegel ist heute auch außerhalb der zwei, drei Neujahrstage, wenn die Fabriken und die Arbeit im Allgemeinen ruhen, immer wieder von Tokyo aus sichtbar.

Dennoch gibt es noch manches zu verbessern: Die **Abwasserbeseitigung** belastet vor allem die Tokyobucht; trotz des dichten Netzes an Nahverkehrsmitteln sind die **Stadtautobahnen** tagsüber meist verstopft und der Lärmpegel ist hoch. Natürlich gibt es auch Probleme mit dem **Müll** in einer Gesellschaft, in der Verpackung äußerst wichtig ist. Allerdings wird die Mülltrennung heute in der Stadt konsequent durchgeführt.

Leider ist das Verhalten japanischer Unternehmen außerhalb des Landes oft weit weniger vorbildlich: Japan ist einer der Hauptabnehmer von **Tropenholz** und pflegt derweil die eigenen Wälder. (Vor einigen Jahren war in der Zeitung zu lesen, dass dank der günstigen Preise für Tropenholz die eigenen Reserven zum Glück nicht angetastet werden müssen.) Japanische **Fischfangflotten** räumen gemeinsam mit den koreanischen, taiwanesischen und anderen mittels kilometerlanger Treibnetze die Fischbestände ab und jagen „zu Forschungszwecken" nach wie vor dafür freigegebene Wale.

Die Bewohner und ihre Mentalität

Die Herkunft des japanischen Volkes

In erster Linie sind die Bewohner Tokyos natürlich Japaner und teilen als solche die Charakteristika dieses 125-Millionen-Volkes. Als Volk sind die Japaner erstaunlich homogen; seit mehreren tausend Jahren hat sich seine Zusammensetzung nicht wesentlich verändert. Es wird angenommen, dass einst mongoloide, nordostasiatische Stämme vor dem Ende der letzten Eiszeit vor 12.000 Jahren vom Festland über eine damals noch bestehende Landbrücke herübergekommen sind und die bereits vor ihnen ansässigen **Ainus** verdrängten bzw. sich mit ihnen vermischten. Auch von den **pazifischen Inseln** im Süden werden Menschen einst zugewandert sein.

Trotzdem halten sich die Japaner für sehr eigenständig, was für ihre homogene Kultur auch gilt. Selbst wenn vieles, was wir als charakteristisch für Japan empfinden, einst von China und zum geringeren Teil von Korea übernommen wurde, haben die Japaner doch alles nach ihren Bedürfnissen umgeformt und den eigenen Werten angepasst. Und sie tun es noch heute, wobei das Land aus der Rolle des perfekten Nachahmers längst heraus ist, in vielen Bereichen der Forschung heute sogar schon führend ist und auch im kulturellen Ausdruck inzwischen eigene Wege geht.

Die japanische Mentalität

Es gibt einige Konzepte, die für die japanische Mentalität charakteristisch sind, und deren japanische Bezeichnungen nur schwer in andere Sprachen übersetzt werden können:

Amae

Genaugenommen ist dies das Gefühl des Säuglings an der Mutterbrust, ein Schlüsselbegriff japanischer Psychologie: das Bedürfnis nach Geborgenheit, Sich-gehenlassen, Verwöhnt-werden, der Wunsch, nicht auf andere Rücksicht nehmen zu müssen, niemandem verpflichtet zu sein. Im engen Familien- und Kollegenkreis z.B. findet diese Sehnsucht Erfüllung.

Ninjo

Gefühl, Mitgefühl: guten Freunden, Nachbarn und Kollegen gegenüber fühlt man sich eng verbunden, aber auch verpflichtet.

Giri

Verpflichtung: Personen gegenüber, die einem eine Gefälligkeit erwiesen haben, ist man verpflichtet; guten Freunden, die einem helfen, ist man zugleich auch verpflichtet; zu einer Ninjo-Beziehung gehört also auch *giri.* Wenn sich jemand für seine Firma abrackert und seine eigene Familie vernachlässigt, bewertet er *giri* höher als *ninjo.*

Uchi/soto

Die Welt besteht aus Personen, die zur eigenen Innenwelt bzw. Gruppe gehören (*uchi* = innen) oder draußen (*soto*) sind, nicht zur eigenen Gruppe gehören. Auch *gai-jin* („Außen-Mensch", Ausländer) gehören definitionsgemäß nicht zur Innen-Gruppe.

Japaner entwickeln bekanntlich eine starke Gruppenidentität: Sie gehören einer Gruppe an und erfahren ihre Selbstverwirklichung gemeinsam mit der Gruppe. Man durchläuft im Leben phasenweise die Gruppen der Familie, der Schule und der Firma, bei den meisten Frauen ist es später wieder die Familie.

Honne

Die wirkliche Meinung einer Person.

Tatemae

Die gesellschaftlich vorgeschriebene Fassade, somit auch die erwartete Meinung.

Das Verhältnis zu „Anderen"

Die Japaner fühlen sich als eine **große Familie,** an deren Spitze als eine Art Übervater der Tenno steht (bei dem gegenwärtigen Heisei-Tennô ist dies nicht mehr ganz so ausgeprägt).

Die Anderen *(ta-nin)* sind im Grunde alle nicht zur eigenen Gruppe gehörenden Menschen – eigentlich alle, die man nicht persönlich kennt – und grundsätzlich auch **Ausländer** *(gai-jin),* die im Land seit Generationen leben: mehr als eine halbe Million Koreaner,

Stadt und Bewohner

die sich oft nur in ihrem Ausweis von Japanern unterscheiden, Chinesen und seit einigen Jahren erstmals in der Geschichte des Landes mehrere hunderttausend Ausländer, die nicht zur mongoloiden Rasse gehören, die ungeliebten Gastarbeiter aus dem Iran, aus Süd- und Südostasien.

Eine **diskriminierte Minderheit** des eigenen Volkes sind die **Burakumin,** auch *Eta* genannt. Vorfahren der Angehörigen dieser Bevölkerungsgruppe verrichteten früher vom Buddhismus verachtete Berufe: das Schlachten von Tieren und Lederverarbeitung.

Japaner meinen, dass Ausländer sie nie wirklich verstehen werden, selbst wenn manche Bücher von Ausländern, die Japaner verherrlichen, Bestseller werden. Japaner lesen allzu gern über ihre Einzigartigkeit und ihre speziellen Fähigkeiten, besonders dann, wenn internationale Experten ihnen dies sozusagen aus Weltsicht bestätigen (ich bekomme das von meiner Frau auch nach über 25 Ehejahren immer wieder von neuem aufs Butterbrot geschmiert).

Tatsächlich tun sich Japaner mit dem Rest der Welt auch heute, 150 Jahre nach Aufgabe der Jahrhunderte langen Isolation, noch schwer. Wie sonst ist Japans mangelnde Sensibilität gegenüber Umweltschäden außerhalb des Landes, die von seiner Industrie zu verantworten sind, zu erklären?

Die Mentalität der Tokyoter

Ein Dutzend Millionen Menschen lässt sich nicht typisieren. Doch eine Stadt kann einen eigenen Menschenschlag herausbilden, der sich von der Umgebung unterscheidet. So gelten die Tokyoter unter Japanern als **großzügig, freigebig, amüsierfreudig,** aber auch als **streitlustig** – ein Erbe der Edozeit, in der Menschen aus allen Teilen des Inselreiches angelockt wurden, um hier ihr Glück zu suchen und in der starren, aber prosperierenden Gesellschaft ihr Geld für allerlei Vergnügen auszugeben. Bezeichnend ist das Sprichwort „Yoigoshi no kane wa motta-nai" („Man behält Geld nicht über Nacht").

Für die **traditionsbewussten Menschen aus Kyôto** sind die Tokyoter zu laut und vergleichsweise unkultiviert, diese andererseits sind stolz darauf, direkter, offener und ehrlicher zu sein. Wenn man z.B. in Kyôto jemanden besucht und eingeladen wird, mit zu essen, darf man die Einladung aus Höflichkeit nicht annehmen. In Tokyo dagegen lehnt man auch dankend ab, aber wird die Einladung wiederholt, gilt sie. Die Menschen in Kyôto sind ihrerseits natürlich stolz auf ihre Stadt, die über 1000 Jahre Hauptstadt war, und sie halten sich für entsprechend kultiviert.

Die Tokyoter sind als diszipliniert und hart arbeitend bekannt, aber das wird ja den Japanern im Allgemeinen nachgesagt. Was die Stadt mit Sicherheit stärker charakterisiert als die anderen großen Städte des Landes, ist ihr ständiger Wandel. Jede Generation schafft ihr eigenes Tokyo. Die Menschen sind technischen Neuerungen aufgeschlossen – **keine Spur von**

Technikfeindlichkeit, wie man sie hierzulande oft antrifft. Was machbar und sinnvoll ist, wird gemacht.

Trotz der gewaltigen Umweltbelastungen, denen die Riesenstadt ausgesetzt ist, werden Schutzmaßnahmen oft konsequenter und schneller umgesetzt als bei uns. Die Menschen sehen trotz der jahrelangen Rezession ohne Ängste in die Zukunft. Angesichts ständiger unterschwelliger Bedrohung durch das erwartete nächste große Kantô-Erdbeben leben die Menschen vielleicht auch deshalb gelassener in das unbekannte Morgen hinein, weil sie eine solche gewaltige Naturkatastrophe sowieso nicht verhindern können.

Die Menschen haben bedingt durch das gedrängte Zusammenleben gelernt, aufeinander **Rücksicht** zu nehmen, der Bürgersinn der Tokyoter ist vorbildlich zu nennen. Nachbarschaft wird gepflegt. Anders als in den übrigen Riesenstädten Asiens gibt es keine Slums. Die Wohnviertel sind auch nachts sicher. Die Werte und Tugenden, die ein Zusammenleben in einer Megalopolis erträglich und sogar angenehm gestalten, sind noch nicht ausgehöhlt. Wir fürchten uns vor amerikanischen Verhältnissen in unseren Großstädten, Tokyo aber ist die sicherste aller Metropolen. Trotz vieler Unbequemlichkeiten, denen die Menschen ausgesetzt sind – die positive, **optimistische Grundstimmung** in der Stadt überwiegt.

Die ausländischen Besucher bestaunen immer die **Kontraste und Widersprüche:** hier die futuristischen Bauten, dort altehrwürdige Schreine und Gärten und nebenan dreigeschossige Schnellstraßen, in deren Schatten liebevoll gepflegte Bonsai vor den Holzhäusern. Die Tokyoter sind wie alle Japaner stolz auf ihre eigenständige Kultur und vergessen sie nicht, aber die Anpassung an die Anforderungen des modernen Lebens gelingt ihnen scheinbar mühelos.

Religion und Brauchtum

Die Vermischung verschiedener Religionen

Fragt man moderne, städtische Japaner nach ihrer Religion, mögen sie sagen: keine; fragt man sie, ob sie Buddhisten sind, antworten sie vermutlich: ja; fragt man sie, ob Shintô ihre Religion ist, antworten fast alle ebenfalls mit ja. Schließlich ist der **Schintoismus** die ureigene japanische Religion, die außerhalb des Inselreiches nicht existiert.

Niemand wird jedoch in Japan offiziell nach der Religionszugehörigkeit gefragt; nirgendwo wird sie registriert; es gibt keine entsprechende Steuer; der Glaube ist Privatsache. In der Schule gibt ist Religion auch kein Unterrichtsfach. So wollte es die von den Amerikanern nach dem verlorenen Krieg diktierte Verfassung, nicht zuletzt, um die Rückkehr zu einem nationalistischen Staatsschintoismus zu verhindern.

Stadt und Bewohner

Buddhismus und Schintoismus, die beiden wesentlichen Religionen Japans, ergänzen sich im Alltag problemlos. 30 Tage nach der Geburt geht die Familie mit dem Neugeborenen zum Shintô-Schrein, um dort um Segen und Schutz zu bitten. Jeder Neubeginn wird im Schrein mitzelebriert: das Neujahrsfest und Hochzeiten, obwohl heute viele japanische Paare gern – weil es so romantisch ist – in einer Kirche heiraten möchten. (Natürlich wird die Braut dann ein Brautkleid tragen und nicht etwa den Kimono, der für Hochzeiten im Shintô-Stil obligatorisch ist.)

Aber für den Tod und die Zeit danach übernimmt der **Buddhismus** die Zuständigkeit. Ahnenverehrung ist zwar ein wesentliches Element des Schintoismus, aber Beerdigungen und Rituale zu bestimmten Zeitpunkten nach dem Tod von Angehörigen werden fast ausschließlich in buddhistischen Tempeln zelebriert.

Religionsausübung in Tokyo ist also nicht unbedingt eine Angelegenheit von Frömmigkeit – die findet man ohnehin eher auf dem Lande als in der Stadt – sondern geprägt von **Brauchtum**. Religiöse Zeremonien gehören zum Alltag, ohne so ernst genommen zu werden wie etwa in Thailand oder in islamischen Ländern.

Eine dritte Religion oder, besser ausgedrückt, ein drittes Wertesystem, das in Japans Kultur und Mentalität einen festen Platz gefunden hat, ist der von China übernommene **Konfuzianismus,** der die Beziehung des einzelnen zum Staat und innerhalb von Ehe und Familie und überhaupt innerhalb der eigenen Gruppe regelt. Wie in China hat auch der **Taoismus** Spuren hinterlassen, etwa im Glauben an glücks- und unglücksbringende Phänomene. Die z.T. schamanistische Volksreligion hat auch noch gewissen Einfluss.

Die traditionelle japanische Religionsauffassung

Die traditionelle japanische Religionsauffassung wird durch sieben Besonderheiten charakterisiert, die vor allem bis zu Beginn des 20. Jh. galten:

1. Unterschiedliche religiöse Traditionen schließen sich nicht aus, sondern ergänzen sich.

2. Ein enge Beziehung besteht zwischen den Menschen und den **Gottheiten** (kami); die Natur wird als von kami belebt empfunden.

3. Familie und **Ahnen** haben religiösen Bezug. So haben auch heute die meisten Familien zu Hause einen buddhistischen (butsu-dan) und/oder einen schintoistischen (kami-dana) **Hausaltar** zur Ahnenverehrung. Die zu kami gewordenen verstorbenen Familienmitglieder mögen sich zum Schutz der lebenden Nachfahren einsetzen.

4. **Reinigung** ist eines der Grundelemente japanischer Religiosität, das Konzept der Sünde gehört nicht dazu. Ethische Werte werden verschiedenen Religionen und Philosophien entnommen, so legt Shintô Wert auf rituelle Reinheit und Aufrichtigkeit, Buddhismus auf Mitgefühl und Befreiung von Leidenschaften, Konfuzianismus auf Loyalität gegenüber Höhergestellten

und Wohlwollen gegenüber Niedrigergestellten.

5. Religiöse Aktivitäten finden ihren Höhepunkt auf jährlich wiederkehrenden **Festen.**

6. Religion ist untrennbar mit dem Alltag verbunden, z.B. in der **Teezeremonie.**

7. Bis zum Ende des Zweiten Weltkrieges bestand eine enge Beziehung zwischen Staat und Religion. Religiöse Autorität ordnet sich auch heute noch staatlicher Macht unter. Schließlich stammt der erste (mythische) Kaiser nach schintoistischer Auffassung von der Sonnengöttin ab. Die in der Verfassung garantierte völlige **religiöse Freiheit** führte nach dem Krieg zur Gründung von Hunderten neuer Religionen.

Schintoismus (shintô)

Die Vorfahren der Japaner waren **Animisten** wie andere Völker in der Region. Für sie war die Natur beseelt von Kräften, die in Japan den Rang von **kami,** Gottheiten, hatten. Jede besondere Naturerscheinung, vor allem Vulkane, Wasserfälle, aber auch alte, majestätische Bäume, wird auch nach schintoistischer Auffassung von *kami* bewohnt. So befinden sich Schreine (Andachtsstätten des Schintoismus, jap. *jinja* oder *jingu*) an den schönsten Stellen des Landes, auch auf Berggipfeln oder im Wasser. Man verehrt Erscheinungen der **Natur,** die mächtiger sind als der Mensch und erhofft sich so Schutz. Verehrt werden aber auch die kaiserlichen und die eigenen **Ah-**

nen, die Geister Verstorbener als Schutzgötter.

Der Schintoismus (*shin-tô* = Weg der Götter) kennt keinen Stifter, keine heilige Schrift, keine Dogmen und keine Jenseitsvorstellungen.

Schreine

Schreine dienen der Verehrung der jeweiligen dort wohnenden Gottheit, symbolisiert durch einen Metallspiegel, der sich auf dem Altar im Allerheiligsten befindet. Ein Gottesdienst in unserem Sinne findet dort jedoch nicht statt. Die Gläubigen betreten nicht einmal das Gebäude, sondern bleiben vor der Gebetshalle (die für besondere Zeremonien reserviert ist) stehen, ziehen an einer großen Schelle, um die Gottheit auf sich aufmerksam zu machen, werfen eine Münze (meist 10 ¥) in den Opferkasten, verbeugen sich, klatschen zweimal in die Hände, verharren zum kurzen Gebet, klatschen nochmals und verbeugen sich zum Schluss. Das dauert insgesamt nicht einmal eine Minute und ist an keine Tageszeit gebunden.

Größere Schreine verkaufen Amulette bzw. überreichen sie als Gegengabe für eine Spende. **Wunschtafeln** (*ema*) sind auch beliebt (und ein hübsches Souvenir). Auf deren Rückseite schreiben die Gläubigen ihre Wünsche und hängen sie dann an der dafür vorgesehenen Stelle auf. Die **Wahrsagezettel** (*o-mikuji*) sieht man häufig an Ästen von Bäumen auf dem Schreingelände verknotet. Das hat einen einfachen Sinn: Steht etwas Positives auf dem Zettel, soll dadurch die

Stadt und Bewohner

523o Foto: ml

Jizô-Figur bei Kamakura

Vorhersage bekräftigt werden; war der Inhalt weniger erfreulich, soll sich die Vorhersage nicht erfüllen.

Es gibt heute noch knapp 100.000 Schreine unterschiedlicher Wichtigkeit im Land. Für besondere Wünsche wenden sich die Gläubigen an spezielle Schreine, Wünsche gibt es genug: ein erträumter Partner, Schwangerschaft (das sind u.a. die Schreine mit den Riesenphalli), ein gesundes Baby, Genesung von Krankheit, bestandene Examen, beruflicher Erfolg ...

Die Schreine wurden nach dem Krieg privatisiert, zuvor haben die Gemeinden für ihre Erhaltung und den Unterhalt der Priester gesorgt. Während der Zeit des Staats-Shintô (von 1868 bis zum Ende des Zweiten Weltkrieges) hatte der Schintoismus eine besonders privilegierte Stellung inne, die Schreine wurden damals größtenteils vom Staat unterhalten.

Charakteristisch für Schreine ist das Balkentor, **torii** genannt. Die klassischen Schreine sind schlichte Gebäude mit gekreuzten Giebelbalken und Querbalken auf dem First. Seit dem Mittelalter hat sich die **Architektur** jedoch sehr stark an die der buddhistischen Tempel angenähert, so dass sich die Gebäude häufig nicht unterscheiden. Der berühmte **Meiji-Schrein** ist nur durch die *torii* als solcher zu erkennen. Der wichtigste Schrein Japans, der **Ise-Schrein** (Sitz der Sonnengöttin, nach der Mythologie die Urmutter Japans), hat dagegen seine ursprüngliche Form seit Urzeiten behalten, zumal er alle 20 Jahre in genauer Kopie nebenan neu errichtet wird.

Weitere Merkmale von Schreinen sind die Wachhunde am Eingang, die Reinigungsbrunnen (die aber auch in den Tempeln zu finden sind) und Steinlaternen. Die Priester sind in Weiß gekleidet und tragen hohe Mützen, die Schreinmädchen *(miko)* tragen ebenfalls weiße Kimonos mit roten Röcken.

Schintoistische Feste

Die wichtigsten Schreinfeste finden im Frühjahr (Aussaat) und Herbst (Ernte) statt. Alljährlich wird der zum Schrein gehörende **mikoshi,** ein tragbarer Schrein, von jungen Leuten der Gemeinde unter „wasshoi, wasshoi"-Rufen und Hin- und Herschütteln des Schreins durch die Straßen der Nachbarschaft getragen. Die Gottheit soll sehen, was außerhalb des Schreins passiert. Solche Umzüge sind sehr sehenswert und unterhaltsam.

Wichtige Feste im Shintoismus sind auch die jeweils drei Tage andauernde Rückkehr der *kami* der Ahnen in die Welt der Lebenden: zur Tag- und Nachtgleiche im Frühjahr und Herbst und zum Bon-Fest.

Buddhismus (bukkyô)

Der Buddhismus entwickelte sich in Indien und gelangte über China und Korea im 6. Jh. nach Japan. Koreanische Mönche brachten damit zugleich die Kultur des Festlandes und die chinesische Schrift mit, die von den Japanern in der Folgezeit angenommen wurde, da sie damals noch keine eigene Schrift hatten.

Der japanische Buddhismus gehört zur Richtung des **Mahayana** (*Daijô Bukkyô,* „Großes Fahrzeug"), nach der die Gläubigen sich nicht nur um das eigene Heil kümmern, wie im Hinayana- bzw. Theravada-Buddhismus *(Shôjô Bukkyô),* sondern auch um das ihrer Mitmenschen. Nach dem Vorbild der Bodhisattvas verzichten sie auf ihren schon sicheren Eintritt ins Nirwana, um anderen Gläubigen auf ihrem Weg zur Erleuchtung behilflich zu sein, damit diese aus dem Kreislauf der Wiedergeburten ausbrechen können.

Zur Zeit der Regentschaft des Prinzen *Shotoku-taishi* (574–622), der sich als erster Herrscher zum Buddhismus

Stadt und Bewohner

Was darauf steht,
soll in Erfüllung gehen: ema

bekannte, waren die Sekten noch sehr elitär und esoterisch. Besondere Bedeutung in Japan fand die **Lotos-Sutra** mit ihrer Lehre von Einheit und Gleichheit, die *Prinzregent Shotoku* sehr entgegenkam für die Schaffung eines auf Gesetzen begründeten Rechts- und Beamtenstaats.

Sekten

Volkstümlich wurde der Buddhismus erst viel später. Die ältesten noch aktiven Sekten sind Hosso (gegründet 660) und Kegon (739). Die Sekten der Heian-Zeit, u.a. Tendai und Shingon (806), haben heute noch zahlreiche Anhänger. In der Kamakura-Zeit entstanden die Sekten, die heute noch am populärsten sind: Jôdo (1174), Zen (1191), Shin (1224) und Nichi-ren (1253).

Jôdo- und Shin-shû verlassen sich auf die Gnade und Barmherzigkeit Amida-Buddhas: wer seinen Namen (*Namu Amida Butsu*) aus Überzeugung ruft, wird nach dem Tod im „Reinen Land" wiedergeboren. Das ist das im Westen (Richtung Sonnenuntergang) liegende Paradies für all jene, die aus eigener Kraft nicht ins Nirwana eingehen konnten. Es gibt keine Dogmen, keinen grundsätzlichen Unterschied zwischen Priestern und Laien. Priester dürfen also auch heiraten. Die bekanntesten Zweige der Shin-shû-Sekte sind Nishi- (West-) und Higashi- (Ost-) Honganji, deren große Tempel vor allem in Kyôto unübersehbar sind. Bekannt ist auch der **Tsukiji-Honganji-Tempel** nahe dem Fischmarkt Tsukiji in Tokyo.

Aus der Sekte des militanten Nichiren entstand in jüngerer Zeit die millionenstarke Laienorganisation der Sôka Gakkai, die als Folge eines Machtkampfes 1991 von der Sekte verstoßen wurde, doch mit der von ihr kontrollierten neuen Partei Shin-Shin-Tô nach wie vor großen Einfluss hat.

Es gibt zahlreiche neue Religionen bzw. Laienorganisationen mit großer Anhängerschaft und gewisser Missionstätigkeit im Ausland, die sich z.T. jedoch stark vom eigentlichen Buddhismus entfernt haben (u.a. Sekai Kyû Seikyô, 1 Mio. Anhänger; Reiyûkai, 3 Mio., die daraus abgespaltene Risshô Kôseikai, 7 Mio.).

Zen

Buddhismus in Japan, das ist für Westler vor allem Zen. Doch so populär wie etwa die Jôdo-Shin-shû-Sekte wurde Zen in Japan nie. Er blieb elitär und fand besonders unter den **Samurai** Verbreitung. Die wesentlichen Ziele sind Selbst-Erleuchtung und auf dem Wege dahin Vervollkommnung der eigenen Persönlichkeit durch **meditative Disziplin,** aufopferndes Verhalten im Alltag und Streben nach Wohltaten für die Menschheit. Selbst wenn der Gläubige den Zustand der Erleuchtung (*satori*) erreicht haben sollte, gehen die eigenen irdischen Verpflichtungen weiter. Charakteristisch für die radikale Auffassung des Zen ist ein Ausspruch von *Ikyû Sôjun,* einem früheren Abt des berühmten Daitokuji-Tempels in Kyôto, demzufolge selbst Bordelle zur Meditation besser geeignet seien als Tempel.

Die beiden Hauptsekten des Zen sind Rinzai und Sôtô mit 2,5 bzw. 7 Mio. Anhängern. Während Rinzai sehr viel Wert auf das Lösen von *kôan* (Paradoxa, die durch Logik und Nachdenken nicht lösbar sind) durch Meditation legt, beschränkt sich Sôtô auf **Za-Zen,** schweigendes Meditieren im Lotossitz, manchmal auch im Gehen, ohne Meditationsinhalt. Ziel ist Leere, *mu:* Nichtigkeit, Gedankenlosigkeit, Entleerung von Illusionen; das Streben nach Erleuchtung soll jedoch absichtslos geschehen.

Zen lehrt Misstrauen gegen Worte und Schriften; sie können niemals die letzte Wahrheit ausdrücken. Was zählt, ist die eigene Erfahrung. Meditation ist zwar wichtig als emotionale Erfahrung, aber ebenso wichtig ist im Zen die

Stadt und Bewohner

korrekte Verrichtung auch der einfachsten Alltagsverpflichtungen. Werden sie mit voller Aufmerksamkeit verrichtet, haben sie ebenso viel Wert wie Meditation. Das Aufgehen in einer Tätigkeit schafft ein hohes Maß an Zufriedenheit und Ruhe.

Zen hatte wie der Buddhismus allgemein **großen Einfluss auf die Kultur,** trug viel zu dem bei, was wir heute als typisch japanisch im Gegensatz zur chinesischen oder koreanischen Kultur erkennen können. Die Beschränkung auf das Wesentliche, das Weglassen von Überflüssigem und Ablenkendem sind überall sichtbar: in den Gärten, bei der Teezeremonie, beim Blumenstecken (Ikebana), Bogenschießen, in den Kurzgedichten (haiku) mit ihren 17 Silben. In Schule und Berufsausbildung werden heute immer noch Methoden des Zen bewusst angewandt.

Tempel

Tempel sind symbolisiert durch die **swastika,** ein Sonnenrad oder auch Hakenkreuz, allerdings andersherum drehend. Man erkennt Tempel, die von außen Schreinen sehr ähnlich sind, an der Haupthalle (hon-dô, butsu-den) mit dem **Buddhastandbild,** bronzenen Lotosblumen und einem Weihrauchbehälter. Vor dem Altar liegt das Sitzkissen für den Priester. Links steht ein Bronzegefäß, rechts ein stilisierter hölzerner Fisch, beide dienen als eine Art Metronom beim Rezitieren der buddhistischen Schriften.

Kennzeichnend sind auch die fünfgeschossigen **Pagoden,** deren Stockwerke die fünf Elemente des buddhistischen Universums symbolisieren: Erde, Wasser, Feuer, Wind und Himmel. Zu jedem Tempel gehört außerdem ein Glockentürmchen mit einer Bronzeglocke, die in der Silvesternacht um Mitternacht 108 mal angeschlagen wird. Dadurch wird das neue Jahr eingeläutet, und damit sollen die 108 menschlichen Begierden (joya) ausgetrieben werden, im Großen und Ganzen freilich ergebnislos, wie wir täglich feststellen können.

Christentum

Angesichts der überall spürbaren Toleranz und Großzügigkeit in religiöser Hinsicht ist es kein Wunder, dass es in Japan auch Christen gibt. Doch ihre Zahl überschritt nie rund eine Million Gläubige, das sind nicht mehr als zu Zeiten der ersten christlichen Missionstätigkeit unter dem portugiesischen Jesuiten *Franz Xaver* im 16. Jh.

Das im 17. Jh. verhängte Verbot des Christentums unter den Tokugawa-Shôgunen war kein Akt zeitweiser religiöser Intoleranz, sondern geschah, weil die christliche Lehre sich mit dem Feudalismus nicht gut vertrug, sie war den Diktatoren zu aufrührerisch. Auch fürchtete man – mit Recht – den Einfluss ausländischer Mächte. Der Glaube an nur einen Gott passt ohnedies nicht zum japanischen Konzept, auch ist den meisten Japanern der christliche Glaube tendenziell zu intolerant. Die meisten Christen leben übrigens in Kyûshû – wie noch zur Zeit der ersten Missionswellen.

Die japanische Sprache

Japanisch ist dank der über 120 Millionen Bewohner des japanischen Archipels eine der großen Sprachen der Welt. Es rangiert in der Zahl der Sprecher noch vor dem Deutschen. Außer den Japanern selbst sprechen es noch die größeren Minderheiten der Koreaner und Chinesen im Land. Aufgrund der kolonialen Vergangenheit und der Besatzungszeit während des Zweiten Weltkrieges können viele ältere Leute in Korea, China, Taiwan und anderswo heute noch Japanisch verstehen oder selbst sprechen. Wegen der wirtschaftlichen Bedeutung Japans in Asien und der Welt ist es heute an vielen ausländischen Schulen, auch in Deutschland, bereits Wahlfach und wird an Universitäten gelehrt.

Andere Sprachen spielen in Japan keine wesentliche Rolle. In Hokkaidô gibt es noch **Ainus,** die ihre eigene Sprache sprechen, jedoch immer weniger werden.

Am südlichen Ende des Archipels, auf den **Ryûkyû-Inseln,** zu denen auch Okinawa gehört, werden noch dem Japanischen verwandte, aber von Japanern nicht verstandene **Dialekte** gesprochen. Doch Standard-Japanisch, das auf dem Tokyo-Dialekt basiert, verdrängt auch dort nach und nach die regionalen Mundarten. Es gibt weitere regionale Dialekte, z.B. die von Kyôto und Ôsaka.

Die Herkunft des Japanischen

Japanisch hat gewisse strukturelle Ähnlichkeiten mit den **Altaisprachen** (zu denen Türkisch, Mongolisch und Tungusisch gehören). Der Satzbau des Koreanischen ist mit dem Japanischen sehr verwandt, aber der Wortschatz ist völlig anders. Von den **austronesischen Sprachen** (beispielsweise Polynesisch) hat Japanisch vor langer Zeit viele Wörter vor allem aus dem maritimen und pflanzlichen Bereich angenommen. Obwohl die Japaner von den Chinesen die Schrift übernommen haben, besteht **keinerlei Verwandtschaft mit dem Chinesischen,** außer dass viele Begriffe daraus entlehnt wurden.

Aus dem **Deutschen** wurden auch eine Reihe von Wörtern übernommen, insbesondere aus den Bereichen Bergsteigen und Skifahren, vor dem Zweiten Weltkrieg auch aus der Medizin.

> ### Sprachführer
>
> Im **Anhang** ist ein kleiner Sprachführer zu finden, in dem wichtige Begriffe des touristischen Alltags erläutert werden.
>
> Wer mit wenig Aufwand das Nötigste lernen möchte, um alltägliche Kommunikationssituationen zu meistern, dem sei der kleine Band **Japanisch – Wort für Wort** aus der Kauderwelsch-Reihe des REISE KNOW-HOW Verlags empfohlen; begleitendes Tonmaterial ist erhältlich. Alternativ kann man mit der CD-Rom **Kauderwelsch digital,** die Buch und Tonmaterial kombiniert, bequem am heimischen PC Japanisch lernen.

Stadt und Bewohner

Hiragana

ん n	わ wa	ら ra	や ya	ま ma	は ha	な na	た ta	さ sa	か ka	あ a
	ゐ i	り ri	い i	み mi	ひ hi	に ni	ち chi	し shi	き ki	い i
	う u	る ru	ゆ yu	む mu	ふ fu	ぬ nu	つ tsu	す su	く ku	う u
	ゑ e	れ re	え e	め me	へ he	ね ne	て te	せ se	け ke	え e
	を o	ろ ro	よ yo	も mo	ほ ho	の no	と to	そ so	こ ko	お o

Katakana

ン n	ワ wa	ラ ra	ヤ ya	マ ma	ハ ha	ナ na	タ ta	サ sa	カ ka	ア a
	ヰ i	リ ri	イ i	ミ mi	ヒ hi	ニ ni	チ chi	シ shi	キ ki	イ i
	ウ u	ル ru	ユ yu	ム mu	フ fu	ヌ nu	ツ tsu	ス su	ク ku	ウ u
	エ e	レ re	エ e	メ me	ヘ he	ネ ne	テ te	セ se	ケ ke	エ e
	ヲ o	ロ ro	ヨ yo	モ mo	ホ ho	ノ no	ト to	ソ so	コ ko	オ o

Wortschöpfungen aus dem Englischen (Japlish)

In moderner Zeit liefert das Englische die meisten neuen Wörter, wobei Japaner jedoch seit den 1920er Jahren häufig aus englischen Begriffen **völlig neue Wörter** schaffen, insbesondere aus zusammengesetzten Begriffen, die im Japanischen dann stark verkürzt werden (das nennt man dann auch Japlish). Viele dieser Neuschöpfungen sind intelligent und witzig, doch auch recht kurzlebig und für englische Sprecher kaum noch oder überhaupt nicht mehr nachvollziehbar.

Japanische Schrift

Da die Japaner keine eigene Schrift entwickelt hatten, übernahmen sie im Rahmen früher Kontakte mit China (die seit dem 1. Jh. unserer Zeitrechnung bestanden), ab etwa dem 5. Jh. deren aus Ideogrammen (Bildzeichen) bestehende Schrift **kanji.** Da Japanisch und Chinesisch jedoch eine ganz verschiedene Sprachstruktur haben, war diese Schrift nur bedingt für das Japanische geeignet. Im Chinesischen, einer isolierenden Sprache, gibt es keine Veränderungen der Wörter, während sich im Japanischen vor allem Adjektive und Verben verändern. *Kanji,* von denen rund 2000 im Gebrauch sind, kann man auf zwei unterschiedliche Arten lesen, wodurch für ein und dasselbe Zeichen zwei (oder mehr) völlig verschiedene Ausspracheweisen möglich sind. Wenn sie allein stehen werden *kanji* rein japanisch gelesen *(kun-yomi)* und wenn sie mit anderen Zeichen einen zusammengesetzten Begriff bilden sino-japanisch *(on-yomi).*

Silbenschriften

Zusätzlich entwickelten sich zwei Silbenschriften mit jeweils 46 Zeichen. Beide leiten sich ursprünglich von chinesischen Schriftzeichen ab.

Mittels der runder geformten Silbenschrift des **Hiragana,** vor dem 9. Jh. ausschließlich von Frauen benutzt, danach auch von Männern zum Schreiben von Gedichten, konnte generell jedes Wort und jede grammatische Form geschrieben werden.

Kinder lernen Hiragana als erste Schrift und können es häufig schon mit vier Jahren lesen. Eine Silbenschrift ist freilich auch leichter zu lernen als unsere Buchstabenschrift, da die Silben immer fast gleich ausgesprochen werden, unabhängig davon, ob sie am Anfang, am Ende oder in der Mitte eines Wortes stehen.

Katakana, eckiger geschrieben, diente anfangs zur Kennzeichnung der Aussprache chinesisch geschriebener buddhistischer Texte. Heute wird es zur schriftlichen Wiedergabe von Lautmalerei und zum Schreiben von Wörtern verwendet, die aus anderen Sprachen übernommen wurden, während Hiragana zur Schreibung japanischer Wörter und grammatischer Formen wie Verb-Endungen benutzt wird.

Beispiele für „japanisiertes" Englisch:
- **hansto:** *hanga storaiku = hunger strike*
- **wâpurô:** *wâdo puresessa = word processor* (Computer f. Textbearbeitung)
- **pasokon:** *personal computer*
- **kombini:** *convenience store* (24-Stunden-Laden)
- **sekuhara:** *sekusharu harasumento = sexual harassment* (sexuelle Belästigung)

190Oto Foto: ml

Die interessantesten Stadtteile

Das ruhige Herz der Stadt: der Kaiserpalast (18)*

(Chiyoda-ku)

Geschichte

Edo und damit Tokyo hat seinen eigentlichen Ursprung in der **Burg,** die Ota Dôkan (1432–86) im Jahre 1457 errichtet hatte (siehe Geschichte Tokyos). An Bedeutung gewann diese aber erst, nachdem sie 1590 von *Tokugawa Ieyasu* übernommen worden war. Während des Shogunats, das hier seinen Sitz hatte, wurde sie 1686 erweitert, so dass sie den gesamten Bereich des Bezirks Chiyoda umfasste. Ursprünglich wurde sie von drei Gräben und Wällen umgeben. Der äußere Wall hatte 36 Tore mit Wachtürmen (*mitsuke*).

Der Burgcharakter wurde im Laufe der krieglosen Jahrhunderte aufgegeben. Der heutige **Schlosscharakter** nahm Gestalt an. Andererseits sind die Gebäude aus der Edo-Zeit durch Brände, Zerstörung während der Meiji-Restauration, Erdbeben und Bomben vernichtet worden, und die heutigen Gebäude stammen bis auf wenige Ausnahmen aus den späten 1960er Jahren. *Kaiser Akihito* hat einen neuen Palast neben dem seiner Mutter bauen lassen. Bis dieser fertiggestellt war, wohnte er noch wie die Jahrzehnte zuvor im Akasaka-Palast. Zum Gebäudekomplex gehören u.a. die Ämter der Imperial Household Agency, die biologischen Forschungslabors, ein Erbe des Vaters, und die drei Palastschreine.

Der Palast ist zwar im Laufe der Jahrhunderte nach dem Glanz der Tokugawa-Zeit wieder geschrumpft, aber nach den bis Ende

*Bitte beachten

Die im Text bei Sehenswürdigkeiten und Hotels aufgeführten Zahlen in Klammern entsprechen den Legendenpunkten in den jeweiligen Stadtteilkarten und sollen eine schnellere Orientierung gewährleisten.

der 1980er Jahre geltenden **Gundstückspreisen** hätte man, wäre es 1 Mio. m² große Areal verkäuflich, mit dem Erlös angeblich ganz Kalifornien kaufen können. Aber der Palast ist kein Spekulationsobjekt, sondern das grüne, ruhige Herz der überall sonst pulsierenden Riesenstadt.

Innerer Palastbezirk

Der innere Palastbezirk ist **nur an zwei Tagen für die Öffentlichkeit zugänglich,** am 2. Januar und am 23. Dezember, dem Geburtstag des Kaisers. An diesen Tagen kann man beobachten, wie die komplette Kaiserfamilie hinter den Fenstern der Residenz Tausenden fähnchenschwingenden und „Banzai" rufenden Japanern und Japanerinnen zuwinkt.

An den übrigen Tagen bleiben nur die Parks außerhalb der inneren Palastmauern zugänglich, die noch aus der Edo-Zeit stammen. Das Schloss der Edo-Zeit selbst befand sich genau in diesem öffentlichen Teil des Palastgebietes.

Niju-bashi

Als Ersatz für den unzugänglichen Palast dient für unzählige Erinnerungsfotos üblicherweise der malerische Winkel von Niju-bashi mit der gleichnamigen **Brücke (20),** den altmodischen Laternen und dem von Kiefern umgebenen Wachtürmchen über der Palastmauer (es ist der Fushimi-yagura, einer der drei erhaltenen von einstmals 21 Wachtürmen). Hier ist der Haupteingang für Besucher an den besagten zwei Feiertagen.

Zugänglich ist die Brücke durch den **Äußeren Palastgarten** (Imperial Palace Outer Gardens, Kôkyo Gaien), einem Vorplatz, an dem bis zu ihrer Zerstörung im Jahre 1868 während der Meiji-Restauration die Häuser des Ältestenrates und der bedeutendsten Daimyôs zur Zeit des Shôgunats standen. Die Kiefern des Parks stammen aus dem Jahre 1889, die Denkmäler erinnern an *Takamura Koun* und *Kusunoki Masashige,* die an der Seite des Kaisers gegen das Shôgunat gekämpft hatten. Heute wird der Platz vom Herzen des Big Business in Marunouchi flankiert.

Östlicher Palastgarten

Ein Besuch dieses Gartens (East Imperial Garden/Higashi Gyoen) ist lohnend. Es gibt drei **Zugänge:** Der übliche ist **Ôte-mon (16),** das frühere Haupttor, nahe der U-Bahn-Station Ôtemachi und dem Palace Hotel.

Im Palace Building befindet sich das Suntory-Museum (altjapanische Kunst und Kunsthandwerk, 10–17 Uhr, 1-1-1, Marunouchi, Tel. 3211-6936).

Der Zugang durch das Tor **Kita-ha-nebashi-mon (12)** ist vielleicht am wenigsten gebräuchlich, aber wohl am reizvollsten, weil er sich mit einem Bummel durch den Kitanomaru-Park und seine Museen bzw. das Nippon Budôkan verbinden lässt. Die passende U-Bahn-Station dafür ist Kudanshita (Ausgang 2).

Der dritte mögliche Zugang ist das Tor **Hirakawa-mon (13),** das man von der U-Bahn-Station Takebashi, (Ausgang 1a) erreicht. Im darüber befindlichen Palace Side Building, in dem sich das Hauptquartier der großen Tageszeitung „Mainichi Shimbun" (bzw.

„Mainichi Daily News") befindet, gibt es zahlreiche Esslokale und Cafés zur Stärkung unterwegs.

Der **Besuch des Parks** ist kostenlos und von 9 bis 16 Uhr gestattet (Einlass bis 15 Uhr, normalerweise Mo und Fr geschl., sowie vom 25.12. bis 3.1., Auskunft: Tel. 3211-1111). Am Eingang erhält man einen Plastikchip, der beim Hinausgehen (egal wo) wieder abgenommen wird.

Das **Haupttor Ôte-mon (16)** hatte einst der Fürst von Sendai unter immensem Aufwand errichten lassen; 1967 wurde es nach mehreren Zerstörungen wiederaufgebaut. Der Weg steigt etwas an und führt an neueren Verwaltungsgebäuden und einem kleinen Lokal vorbei zu zwei Wachhäusern, dem Dôshin-bansho (rechts) und dem langen Hyakunin- („100 Mann-") bansho (links).

Man kann von dort nach rechts zum **Ni-no-maru-Garten** gehen. Nördlich stehen die charakteristischen Bäume der 47 Präfekturen Japans, südlich schließt sich der reizvolle eigentliche Ni-no-maru-Garten an, der zur Ni-no-maru-Zitadelle gehörte. Diese diente einst als Alterssitz der Shôgune. Die Azaleenbüsche im Garten sind mit ihrer Blütenpracht im Frühjahr und Frühsommer besonders schön anzusehen. In der Nähe liegt das **Teehaus Suwa-no-chaya (15)** aus dem 19. Jh. Im Übrigen prägen Kiefern das Palastgelände.

Zurück am Ausgangspunkt des Rundganges durch den Ni-no-maru-Garten steht man vor einem leeren Garten, rechts steht der Sockel des

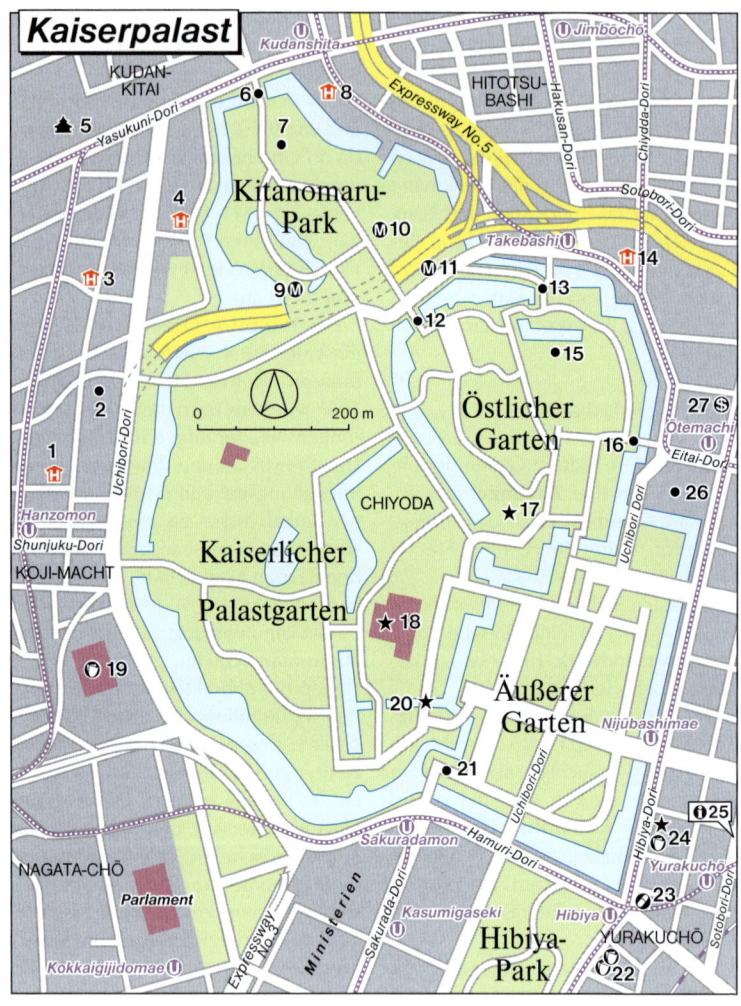

Kaiserpalast

Kudanshita

Jimbocho

KUDAN-
KITAI

5

6

8

7

Yasukuni-Dori

Expressway No. 5

HITOTSU-
BASHI

Hakusan-Dori

Chiyoda-Dori

Kitanomaru-
Park

4

10

Takebashi

Sotobori-Dori

3

11

9

14

12

13

15

2

Östlicher
Garten

27

Ötemachi

16

Eitai-Dori

1

Uchibori-Dori

26

Hanzomon

CHIYODA

17

Shunjuku-Dori

KOJI-MACHT

Kaiserlicher

Uchibori-Dori

Palastgarten

18

Äußerer
Garten

Nijubashimae

19

20

21

Uchibori-Dori

Hibiya-Dori

25

24

NAGATA-CHŌ

Sakuradamon

Hamuri-Dori

Yurakuchō

Parlament

Sakurada-Dori

Ministerien

Kasumigaseki

Hibiya

23

Expressway No. 3

Kokkaigijidomae

Hibiya-
Park

YURAKUCHŌ

Sotobori-Dori

22

0   200 m

einstigen Hauptturmes. Südlich dieses
Sockels steht ein schlichtes Gebäude,
das bei der Thronbesteigungszeremo-
nie für den neuen Kaiser eine Rolle gespielt hat. Es ist ein **Reisspeicher,** genannt *kokumotsu-gura.* Dort, wo sich
der offene Garten erstreckt, stand früher die Hauptzitadelle *(hon-maru).*

🏠	1	Diamond Hotel
●	2	Britische Botschaft
🏠	3	Kayū Kaikan Hotel
🏠	4	Fairmont Hotel
♣	5	Yasukuni-Schrein
●	6	Tayasu-mon-Tor
●	7	Nippon Budōkan
🏠	8	Kudan Kaikan Shin-kan Hotel
Ⓜ	9	Kunstgewerbe-Museum
Ⓜ	10	Science Museum
Ⓜ	11	National Museum of Modern Art
●	12	Kita-hanebashi-mon-Tor
●	13	Hirakawa-mon-Tor
🏠	14	KKR Tokyo Takebashi
●	15	Teehaus Suwa-no-chaya
●	16	Ōte-mon-Tor
★	17	Fujimi-yagura-Turm
★	18	Kaiserpalast
☾	19	National Theater
★	20	Niju-bashi-Brücke
●	21	Sakurada-mon-Tor
☾	22	Takarazuka Theater,
☾		Nissei Theater
⊘	23	American Pharmacy
☾	24	Imperial Theater,
★		Idemitsu Art Gallery
❶	25	Tokyo International Forum
●	26	Palace Building
♨	27	Sanwa Bank

des Schlosses *(Matsu-no-rôka)* befand, der im berühmten Drama der 47 Samurai eine entscheidende Rolle spielte. Hier wurde im Jahre 1701 *Fürst Asano* von *Fürst Kira Kozukenosuke* derart provoziert, dass er sein Schwert zog und – weil dies am Hofe des Shôgun verboten war – noch am selben Tag Selbstmord begehen musste.

Am Südende des Östlichen Palastgartens steht der gut erhaltene dreistöckige **Turm Fujimi-yagura (17)** (Fuji-Blick-Turm) aus dem Jahre 1659, der nach dem großen Brand wiederaufgebaut wurde. Der Turm ist jedoch von außen weit besser zu sehen als vom Garten aus. Geht man vom Turm nordöstlich in Richtung Turmsockel, kommt man am kleinen **Hon-maru-Rasthaus** vorbei, in dem alte und neue Fotos hängen, die einen guten Vergleich zwischen verschiedenen Gebäuden zu Beginn des 20. Jh. und heute bieten.

Der östlich gelegene Hang zu den tiefer gelegenen Teilen des Gartens heißt **Shimi-zaka** (Gezeitenblick-Hang). Früher lag der Palast nämlich am Rande der Meeresbucht (Hibiya). Dort hinunter kann man ebenfalls in den Ni-no-maru-Garten gehen.

Als nächstes kommt man zu den Grundmauern des im Jahre 1607 errichteten und beim großen Brand von 1657 abgebrannten und nie wieder aufgebauten **Hauptturmes** (Tenshukaku). Einst war dieser mit 51 Metern der höchste Turm Japans. Von oben hat man auch heute noch eine gute Sicht über das Palastgebiet. Die niedrigen Palastgebäude sind zwar hinter

Stadtteile

Geht man ein Stück nach Südwesten, liegt jenseits eines Teegartens eine **Baumgruppe,** an deren Stelle sich einst der mit Kiefern bemalte Gang

Bäumen verborgen, aber das grüne Dach des Nippon Budôkan ragt über die Baumwipfel hinaus. Natürlich sieht man auch die Bürohäuser von Ôtemachi. Östlich, gegenüber dem Turmsockel, steht die wenig attraktive Tôka Gakudô (Pfirsichblüten-Musikhalle), die Kaiserliche Musikakademie, in der die uralte, aus China übernommene Hofmusik des *gagaku* gelegentlich, z.B. zum Geburtstag des Kaisers, aufgeführt wird. Einladungen zu solchen Konzerten kann man schriftlich bei der Imperial Household Agency erbitten. Hinter der Musikhalle steht das Kaiserliche Archiv.

Rechts hinunter geht es zum **Hirakawa-mon (13).** Es ist das besterhaltene **Tor** des Edo-Schlosses und wurde im Masugata-Stil (zweiteiliges Tor) erbaut. Es war zwar das Haupttor der Zitadelle San-no-maru, ansonsten jedoch ein Nebeneingang zu den Quartieren des Shôgun und wurde hauptsächlich von Frauen benutzt. Die an der Seite des Tors gelegene Tür war das *Fujo-mon*, das „unreine Tor", durch das Leichen herausgetragen und Verbrecher herausgeführt wurden. Die Holzbrücke über den kleinen Graben gilt als besonders hübsch. Die Masugata-Tore waren so angelegt, dass potenzielle Angreifer nach dem Stürmen des ersten engeren Tores in eine gewundene Hohlgasse kamen, in der sie aus Schießscharten beschossen werden konnten, ehe sie das zweite, massivere Tor zu bestürmen versuchten.

Hinter dem Tor weiter bergan gelangt man zum **Kita-hanebashi-mon (12)** (Nördliches-Zugbrücken-Tor),

durch das man den Palastgarten ebenfalls verlassen kann.

Kitanomaru-Park und Museen

Am südlichen Rand des Kitanomaru-Parks steht das **National Museum of Modern Art (11)** (Kokuritsu Kindai Bijutsu-kan, 10–17 Uhr, Mo geschl., Eintritt 400 ¥, erster Sonntag im Monat frei, Tel. 3214-2561) mit Gemälden, Drucken, Kalligrafien und Skulpturen. Vertreten sind hauptsächlich japanische, aber auch ausländische Künstler, größtenteils aus dem 20. Jh.

Daneben steht das **Staatliche Archiv** (National Archives, Kokuritsu Kôbunsho-kan, Mo–Fr 9.15–17, Sa 9.15–12.30 Uhr, geschl. an So und Feiertagen, Tel. 3214-0621) mit geschichtlich zum Teil bedeutenden Originaldokumenten, auch aus der Literatur und Dichtkunst.

Ein Stück nördlich davon steht das **Science Museum (10)** (Kagaku Gijutsu-kan, täglich 9.30–16.50 Uhr, 515 ¥, Tel. 3212-8471) in der stilisierten Form einer Hand. Es ist das größte Museum seiner Art in Japan und soll Aufschluss über den Stand von Wissenschaft und Technik geben, mit viel Gelegenheit zum Spielen und Ausprobieren. Wesentliche Bereiche sind Computer, Landwirtschaft und Raumfahrt.

Westlich gegenüber steht das **Kunstgewerbemuseum (9,** Crafts Gallery, Kôgei-kan, Di–So 10–17 Uhr, 400 ¥, erster So im Monat frei, Tel. 3211-7781) mit Spitzenprodukten traditionellen Kunsthandwerks. Das Gebäude stammt aus der Meiji-Zeit und ist sehenswert.

201 to Foto: ml

Stadtteile

Nördlich steht das **Shimizu-Tor** aus dem Jahre 1610, das 1658 nach dem Brand wiederaufgebaut worden ist.

Wenig später steht man vor der berühmten Halle des **Nippon Budô- kan (7)** (Japan Martial Arts Hall), er- richtet für die Olympiade 1964 als Arena für Judô und andere Kampf- sportarten wie Aikidô, Karate, Kendô.

Teil der Palastmauer (Niju-bashi)

Die Form ist einerseits der Halle der Träume (Yume-dôno) im Hôryuji bei Nara, dem ältesten erhaltenen Tempel Japans, nachempfunden. Das Dach je- doch soll nach Angaben des Architek- ten *Mamoru Yamada* – und der muss es ja wissen – den Fuji-san symbolisie- ren. Die Halle bietet knapp 15.000 Be- suchern Platz und ist gelegentlich noch Schauplatz von Großveranstal- tungen wie Popkonzerten. Gelegen- heit zum Zuschauen beim Training von Kampfsportarten hat man von 9.30–17.30 Uhr (Tel. 3216-5100).

Den nördlichen Ausgang bzw. Eingang bildet das **Tayasu-mon (6),** das um 1600 herum errichtet worden war. Das innere Tor ist beeindruckend massiv mit seinen rund 80 cm dicken Holzsäulen. Hinter dem Ausgang sieht man eine große steinerne Laterne mit einer goldenen Kugel, die in der Edo-Zeit den Schiffen in der Bucht als Orientierung diente.

Yasukuni-Schrein (5)

Vom Nordende des Parks ist es nicht weit zum großen, 1869 errichteten Yasukuni-Schrein, erkenntlich an den riesigen *torii* (der eiserne ist 25 m, der bronzene 22 m hoch). Eine Allee aus Kirsch- und Ginkgobäumen (besonders attraktiv im Herbst) führt zu den Schreingebäuden auf dem Kudan-Hü-

gel; hier residieren die *kami* der **gefallenen Soldaten** aller Kriege, darunter auch die für den Pazifischen Krieg auf japanischer Seite Verantwortlichen. Kontrovers sind stets Besuche des Ministerpräsidenten oder anderer Regierungsmitglieder in offizieller Funktion, da der Staats-Shintô nach dem Krieg abgeschafft wurde. Auch ist eine Verehrung der damaligen Kriegstreiber unter den Nachbarn alles andere als gern gesehen.

Neben dem Schrein befindet sich das **Ihin-kan,** in dem militärische Relikte aufbewahrt werden (u.a. Kamikaze-Bomber). Außen sichtbar ist eine Lokomotive der berüchtigten Todeseisenbahn entlang des River Kwai in Thailand nach Burma. Hinter dem Schrein befindet sich ein stiller **Garten** mit drei Räumen für die Teezeremonie. Dieser Garten kann hinten durch

Stadtplan Seite 214

Tipp für Jogger

Der **5 km lange Rundweg** um die äußeren Palastmauern ist zu jeder Tageszeit beliebt. Der häufigste Start- und Zielpunkt befindet sich am Tor des **Sakurada-mon (21,** U: Sakuradamon/Yûrakuchô-Linie) im Süden des Palastes. Hier gibt es nämlich eine Toilette, einen Trinkbrunnen, Bänke und eine Uhr. Wer lieber Rad fahren möchte, kann sich für die Runde auch kostenlos ein Rad ausleihen (s. Kap. „Fahrradfahren").

einen kleines Tor in Richtung auf die Yasukuni-dôri verlassen werden. (Günstigste U-Bahn: Kudanshita, Ausgang 1 der Tôzai-Linie.)

● **Info:** www.yasukuni.or.jp.

Chidori-ga-fuchi-Park

Wenn man nach dem Besuch des Kitanomaru-Parks die Runde um den Palast vollenden will, kommt man bald zum schmalen, 800 m langen Chidori-ga-fuchi-Park, der zur Zeit der **Kirschblüte** zu den großen Schaustücken der Stadt gehört. Parties unter den Bäumen sind hier jedoch nicht gestattet. Man darf nur im Kirschblütentunnel flanieren. Außer im Winter kann man ganzjährig zur Fahrt auf dem Palastgraben Boote ausleihen.

Essen und Trinken

● Etwas links des Uhrturmes, kurz vor dem Budôkan, steht ein günstiges **Lokal**, in dem zwischen 11 und 17 Uhr kleine Mahlzeiten serviert werden, z.B. Nudeln, Curry-Reis, *o-den*, Hamburger.

● Schräg rechts gegenüber dem U-Bahn-Ausgang Kudanshita Nr. 1 liegt 30 Meter entfernt in einer Seitengasse der Yasukuni-dôri das bekannte und empfehlenswerte Lokal **Tamura, ¥¥**. In dem mit Antiquitäten und Volkskunst vollgestopften Lokal herrscht vor allem abends gute Stimmung. Es ist wochentags geöffnet (Tel. 3262-7379).

● An der Yasukuni-dôri liegt etwas hinter dem Toyota Building in Richtung Kudanshita das ebenfalls sehr empfehlenswerte Lokal **Furusawa, ¥/¥¥**, u.a. mit günstigem Fisch-Menü (tgl. 11–18 Uhr, So geschl., Tel. 3264-6483).

● **Kudan Kaikan Beer Garden,** auf dem Dach des gleichnamigen Hotels nahe der Budokan, mit Blick auf Palastgraben und Park, 2000 ¥ für 2 Std.; *nomihodai* (trinken, soviel man möchte), nur von Mitte Mai bis Anfang September geöffnet, 17–22 Uhr (Sa/So/F bis 21 Uhr); U: Kudanshita 1 Min., 1-6-5 Kudan-Minami, Tel. 3261-5521.

● **Wada Kura Park Restaurant,** Kokyo Gaien 3-1, Tel. 3214-2286, am Weg um den Kaiserpalast, Café 10–16 Uhr, Snacks ab 600 ¥, Lunch Buffet 2400 ¥.

Unterkunft

● **Tokyo YWCA Sadohara Hostel,** ¥, 20 Zimmer. 3-1-1 Sadoharachô, Tel. 3268-7313, Fax -4452.

● **Grand Hill Ichigaya,** ¥/¥¥, 179 Zimmer. 4-1 Ichigaya Honmurachô, Tel. 3268-0111.

● **Banchô Green Palace,** ¥/¥¥, 147 Zimmer, 2 Nibanchô (U: Kôjimachi), Tel. 3265-9251, Fax 3264-5256.

● **Fairmont (4),** ¥¥, ruhig gelegenes Haus in englischem Stil beim Palastgraben, 205 Zimmer. 2-1-17, Kudan-Minami, Chiyoda-ku, Tokyo 102, Tel. 3262-1151, Fax 3264-2476.

● **Diamond Hotel (1),** ¥¥, 470 Zimmer. 2-5 Ichiban-chô (U: Hanzômon), Tel. 3263-2221, Fax -2222.

● **Kayû Kaikan Hotel (3),** ¥¥, 127 Zimmer 8-1 Sanbanchô (U: Hanzômon), Tel. 3230-1111, Fax -2529.

● **Kudan Kaikan Shin-kan Hotel (8),** ¥¥, 170 Zimmer. 1-6-5 Kudan-minami (U: Kudanshita), Tel. 3221-7238, Fax -7238.

● **KKR Tokyo Takebashi (14),** ¥¥, 161 Zimmer. 1-4-1 Ôtemachi (U: Takebashi), Tel. 3287-2921, Fax -2998.

Kirschblüten im Chidori-ga-fuchi-Park

Das Geschäftszentrum an der Tokyo Station: Marunouchi und Nihombashi

(Chiyoda-ku, Chûô-ku)

Mit Ausnahme der Bahnhofsgegend von Shinjuku sind nirgendwo Grundstücke so teuer wie hier im Zentrum des **Big Business.** Nach dem Auszug der großen Daimyô-Familien lag das Areal brach bzw. wurde als Exerzierfeld benutzt, später wurde es der Kaiserfamilie zum Kauf angeboten. Die konnten es sich jedoch nicht leisten; so griff 1889 die **Firma Mitsubishi** zu.

Im Zentrum des Stadtteils liegt der **Bahnhof Tokyo,** Ausgangspunkt des Superexpresszuges Shinkansen. Die Vorderseite des Bahnhofs, die 1914 nach der Fassade des Amsterdamer Hauptbahnhofs modelliert wurde, zeigt zum Kaiserpalast und dem Mitsubishi-Grundstück. Nach und nach zogen auch die anderen großen Firmen hierher. Das altehrwürdige Geschäftszentrum von Nihombashi und Kyôbashi auf der Rückseite des Bahnhofs verlor damit an Bedeutung.

Anders als z.B. in Hongkong und New York weist das Businessviertel keine architektonischen Juwelen auf.

Tokyo Station

In gewisser Weise ist dies der **Hauptbahnhof** Tokyos, aber nur dem Namen nach. Den Bahnhof von Shinjuku passieren täglich mehr als zwei Millionen Menschen, im Bahnhof Tokyo sind es „nur" eine dreiviertel Million, die die 3000 Züge benutzen, die hier hindurch- oder abfahren.

Der Bahnhof hat nach außen zwei Gesichter. Auf der modernen, der **Yaesu-Seite** (im Osten), steht das **Tetsu-dô-Kaikan-Gebäude.** Dort befindet sich eine Filiale der Kaufhauskette Daimaru (**16**) und sogar ein Thermalbad, das Tokyo Onsen. Unterirdisch erstreckt sich eine kleine Stadt mit einer kaum überschaubaren Zahl von fast 200 Lokalen und Läden. Zu erwähnen ist das riesige **Yaesu Book Center** und das **Kyoto-Kan,** wo man einen Einblick in die Teezeremonie gewinnen kann (400 ¥, Mo–Do 12.30–16.30 Uhr, Yanmar Tokyo Bldg. F1, 2-1-1 Yaesu, Tel. 5204-2260). Beide stehen gegenüber dem Tokyo Station an der Yaesu-Seite.

Marunouchi

Die klassische Seite des Bahnhofs ist die (westliche) Marunouchi-Seite. Die Westfassade stammt aus der Meiji-Zeit, wurde von *Kingo Tatsuno* entworfen und nach sechsjähriger Bauzeit fertiggestellt. Sie hielt immerhin dem großen Erdbeben von 1923 und – mit Ausnahme des Daches – den Luftangriffen des Zweiten Weltkriegs stand. Nahe dem Mittelausgang befindet sich die **Tokyo Station Gallery** mit drei Ausstellungsräumen, in denen jedes Jahr mehrere Ausstellungen veranstaltet werden. Hier steht auch das Tokyo Station Hotel.

Auf der Marunouchi-Seite liegen in unmittelbarer Nähe der U-Bahn-Sta-

355te Foto: ml

tion Ôtemachi zwei Museen, die jedoch über unterschiedliche Ausgänge zu erreichen sind: Das **Communications Museum** (**5,** Teishin Sôgô Hakubutsukan, Tei-Park) bietet eine große Briefmarkensammlung und Informationen zur Kommunikation sowie Gelegenheiten zum selber Ausprobieren (9–16.30, Fr bis 18.30 Uhr, Mo geschlossen, 110 ¥, General Communications Bldg., 2-3-1 Ôtemachi, Tel.

3244-6821). Das **IBM Information Science Museum** (**4**) präsentiert alle Arten von IBM-Computern (Ôte Center Building, Ausgang C9).

Nahe der U-Bahnstation findet man einen **Schrein** zu Ehren von *Taira-no-Masakados* Kopf: Während der Heian-Zeit erhob sich *Taira-no-Masakado* gegen den Kaiserhof und beherrschte zeitweise die Kantô-Ebene. Er wurde nach seiner Niederlage hingerichtet und sein Kopf soll durch die Gegend geflogen und am alten Platz des Kanda-Tenjin-Schreins gelandet sein (siehe Hongô). Zum Schutz vor dem rachesüchtigen bösen Geist wurde dieser Schrein errichtet.

Marunouchi hat sich vom langweiligen Businessviertel zu einem beliebten Einkaufsziel gemausert. Attraktiv ist die **Marunouchi-naka-dori** mit zahl-

An der Tokyo Station

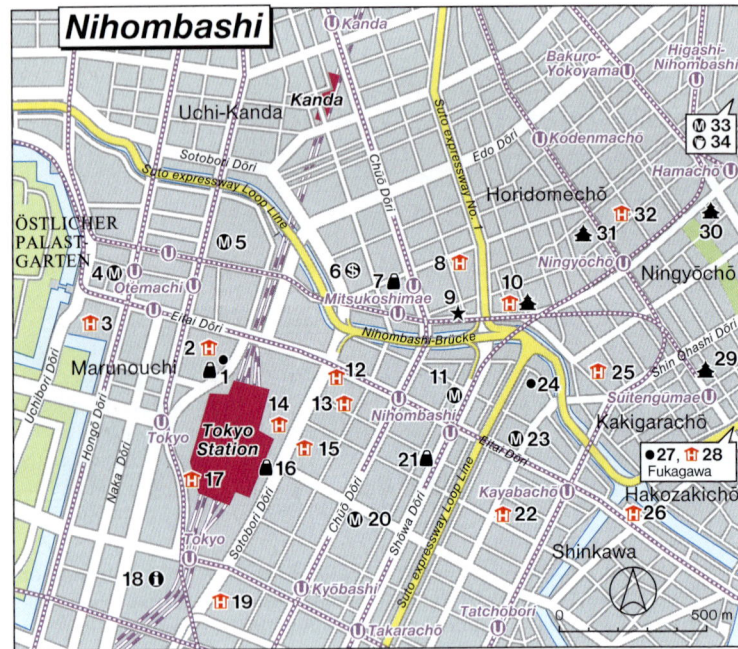

Nihombashi

reichen Filialen internationaler Top-Marken. Zu erwähnen sind auch die Ladenlokalzentren im **Marunouchi-** und **Shin-Marunouchi Building (1)** und **Oazo** mit Riesenbuchladen gegenüber dem Bahnhof Tokyo. Gleich neben den Gleisen nördlich des Bahnhofs **Yurakucho** am Südrand des Marunouchi-Viertels steht wie ein gläsernes Schiff das architektonisch sehr gelungene **Tokyo International Forum (18)** mit 2 Museen (Aida Mitsu und Reismuseum), Veranstaltungsräumen, Lokalen u.a. Vor dem Forum gibt es mittags mobile Fastfoodstände, die bei den Angestellten sehr beliebt sind. Am 1. und 3. Sonntag im Monat gibt es hier einen Antiquitätenflohmarkt.

Im Viertel **Ôtemachi** haben einige **Zeitungen** ihren Sitz, an erster Stelle „Yomiuri Shimbun", die größte Tageszeitung Japans (tägliche Auflage 15 Mio.), und die Wirtschaftszeitung „Nihon Keizai Shimbun" (tägliche Auflage 4,5 Mio.).

Rundgang durch Nihombashi

In Nihombashi (wörtlich: „Japan-Brücke"), dem Stadtteil, der als Erster dem Meer abgewonnen wurde, ließen sich zur Tokugawa-Zeit die großen Handelshäuser nieder. Dank straffer Organisation hatten sie sich aus kleinen Anfängen der aus Ise nach Edo herübergekommenen Händler entwickelt. Die bekanntesten Namen sind **Mitsui** und **Mitsukoshi (7),** die Teil des Mitsui Zaibatsu (Firmenkonglomerat) sind. Beide Firmen haben in Nihombashi ihren Hauptsitz.

Nihombashi-Brücke

Die Nihombashi (Nihon-bashi) genannte Brücke nahe der **U-Bahnstation Mitsukoshimae** wurde erstmals 1603 als Holzbrücke über den Nihombashi-Fluss erbaut und war der Ausgangspunkt der Tokaidô-Straße Richtung Kyôto. Sie war zugleich der Punkt, von dem aus alle Entfernungen in Japan gemessen wurden und damit **symbolischer Mittelpunkt Japans** in der Edo-Zeit. Anhand zahlreicher Holzschnitte kann man erkennen, wie diese Brücke und die weißen Warenhäuser am Fluss einmal aussahen. Die **1911** aus Stein und Metall erbaute, von den Hochstraßen fast erdrückte Brücke im **Renaissancestil** ist heute zusammen mit der nahen Kyôbashi (Kyôto-Brücke) die **älteste der Stadt.**

Hier ließen sich Handwerker und Kunsthandwerker nieder. Am Fluss standen in der Edozeit die Häuser der reichen Händler und der Samurais. Das erste Kabukitheater wurde hier 1624 von *Nakazawa Kanzaburô* erbaut. Links von der Nihombashi steht noch eine Brücke, von der aus ein Teil des früheren äußeren Palastgrabens *(sotobori)* zu sehen ist; heute liegt dort der kleine **Tokiwahashi-Park.**

Geht man von der berühmten Brücke etwas nach Norden, kommt zuerst links das Hauptgeschäft des **Kaufhauses Mitsukoshi (7)** und dahinter die Zentrale des **Mitsui-Konzerns.** Westlich daneben steht die wuchtige **Bank of Japan (6),** entworfen von *Conder*-Schüler *Kingo Tatsuno,* erbaut 1890–96. Das Viertel gegenüber Mitsukoshi war früher der Fischmarkt von Edo.

Stadtteile

Geschäftsverhandlungen in Japan

Ein Einblick in die japanische Seele und ein paar praktische Tipps

Wer mit japanischen Firmen geschäftlich zu tun hat, wird sich sicher gründlich auf die bevorstehenden Verhandlungen vorbereiten. Es gibt auf dem deutschen Markt eine Reihe von sehr hilfreichen Büchern, die sich ausführlich mit dem Thema Umgang mit Geschäftsbeziehungen in Japan befassen. Ich bin kein Geschäftsmann oder Experte für japanisches Management und Verhandlungstechnik, aber ich denke, ich kenne die japanische Mentalität und bin überzeugt, dass die hier gegebenen Tipps nicht nur Geschäftsleuten nützlich sein werden, sondern auch einen allgemeinen Einblick in die japanische Seele geben.

Gruppe und Hierarchie

Japaner streben im Grunde ihr Leben lang nach *amae,* dem Gefühl absoluter Geborgenheit. Am wohlsten fühlen sie sich daher innerhalb einer Gruppe: im Familien- und engsten Kollegen- oder Freundeskreis, wo sie sich gewissermaßen gehen lassen und ihren Gefühlen freien Lauf lassen können *(ninjo)* und nicht ständig sozialen Verpflichtungen *(giri)* nachkommen oder vor solchen auf der Hut sein müssen. Die meisten empfinden es nicht als Schande, auch als Erwachsene in **Abhängigkeitsbeziehungen** leben, etwa in der Ehe, im Gefüge einer Hierarchie oder im Verhältnis Vorgesetzter zu Untergebenen *(oyabun – kobun),* in dem sich das Verhältnis des Kindes zu den Eltern widerspiegelt.

Wer in eine Firma oder einen Verein eintritt, geht oft eine besondere Beziehung zu einem **älteren Kollegen** oder Mitglied ein, die *Sempai-Kohai* genannt wird. Der **Sempai** steht dem Jüngeren bzw. Neuling mit Rat und Unterstützung zur Seite und ebnet diesem damit den Weg in die neue Gruppe; dafür revanchiert sich der *Kohai* mit Loyalität, Respekt und Dankbarkeit.

Harmonie und Vertrauen

Der Einfluss des **Konfuzianismus** hat ein starkes **Harmoniebestreben** in den zwischenmenschlichen Beziehungen hinterlassen, das auch heute noch wirksam ist. Wie in anderen asiatischen Ländern, stellvertretend sei die javanische Kultur Indonesiens genannt, wird in geschäftlichen Verhandlungen **Konfrontation abgelehnt** zugunsten eines Konsensus, an dem alle Ebenen eines Unternehmens beteiligt sind.

Wichtiger als geschickte Verkaufsgespräche sind **persönliche Beziehungen** zwischen den potentiellen Geschäftspartnern, die auf gegenseitigem Vertrauen beruhen. Dieses Vertrauen herzustellen ist unerlässlich, wenn die Verhandlungen letztlich zum Erfolg führen und die Geschäftsbeziehungen langfristig positiv verlaufen sollen. Wer diesen Punkt unterschätzt, darf sich über Misserfolge nicht wundern. Vertrauensbildende Maßnahmen aller Art sind willkommen. Ist eine tragfähige Beziehung erst einmal hergestellt, werden künftige Probleme in aller Regel mit freundschaftlichem Wohlwollen und gegenseitigem Entgegenkommen ausgeräumt.

Wer als Neuling nach Japan kommt, braucht **Verbindungsleute**, die den Kontakt zur Zielfirma knüpfen und gewissermaßen als **Garanten für die Respektabilität** auftreten. Vertreter von Banken, Handelsgesellschaften, Handelskammern, Botschaften, Zulieferer oder Kunden der Zielfirma können die Rolle von Verbindungsleuten übernehmen. Wie bei einer persönlichen Beziehung man es mit gemeinsamen Bekannten am leichtesten, den Kontakt herzustellen. Auch können Verbindungsleute in der Anfangszeit am leichtesten Schwierigkeiten ausräumen helfen – bis die notwendige tragfähige Beziehung zwischen den Verhandlungspartnern steht. **Der westliche Boss darf nicht glauben, er könne gleich zum Chef der japanischen Firma vordringen und unter vier Augen auf die Schnelle einen Deal abschließen.**

Die Führungsebene entscheidet nicht ohne Berücksichtigung der Vorschläge oder der Einwände der unteren Ebenen. Es geht darum, dass ein von allen Beteiligten getragener Konsens erzielt wird, der letztlich auch dazu

führt, dass Entscheidungen nicht boykottiert, sondern von allen gemeinsam getragen werden.

Angebote, die vom mittleren Management entgegengenommen werden, müssen von unten herauf von allen relevanten Abteilungen **geprüft** und per Stempel *(hanko)* befürwortet werden. Bis dahin müssen immer wieder Fragen beantwortet und Zweifel ausgeräumt werden. Der Nachteil daran ist freilich, dass der **Prozess der Entscheidungsfindung** uns ungeduldigen Westlern oft schwerfällig und langwierig anmutet.

Geschenke und Bewirtung

Bekanntlich dürfen mittlere und höhere Firmenangestellte großer Firmen **enorme Summen** zur Bewirtung von Geschäftspartnern ausgeben. Die Rezession und strengere Regeln haben dem zwar Grenzen gesetzt, aber am Prinzip wird nicht gerüttelt. Man geht mit den Verhandlungs- oder Geschäftspartnern erst einmal gut essen, danach in **Hostessen- und Karaokebars** trinken und singen und am Wochenende gemeinsam Golf spielen. So lernt man sich gegenseitig besser kennen und – hoffentlich – schätzen.

Anders als im Westen sind geschäftliche **Einladungen** zum ausgedehnten Frühstück oder Mittagessen nicht üblich. Lieber geht man nach der Arbeit noch zwanglos etwas trinken und einige Häppchen essen. Diese Art von Einladungen dazu sollte man möglichst annehmen, weil dabei vielleicht wichtige Angelegenheiten angesprochen werden sollen.

Man tauscht anlässlich der Geschenksaison im Sommer *(chûgen)* und zum Jahresende *(seibo)* mit den Geschäftsfreunden **Geschenke** aus und bedenkt vor allem diejenigen, denen man zu Dankbarkeit verpflichtet ist. Zu Jahresbeginn besucht man die Kunden und auch sonst zwischendurch, etwa, um neue, für die Verbindung relevante Mitarbeiter vorzustellen. Man geht zu Hochzeiten von Geschäftspartnern, schickt **Glückwünsche** anlässlich von Beförderungen und gibt Geschenke, wenn langjährige Mitarbeiter in den Ruhestand treten.

Präsentation und Verträge

Eine gute Vorbereitung von Verhandlungen ist selbstverständlich. Japaner lieben **detailreiche, konkrete Präsentationen.** Das mitgebrachte Material sollte attraktiv aufgemacht und sehr informativ sein. Wenn es **auf Japanisch** vorliegt, ist das mit Sicherheit ein großer Vorteil. Eine Präsentation jedoch, die allzusehr auf verbaler oder darstellungstechnischer Überrumpelung beruht, hat in Japan keine Chance.

Zur guten Präsentation gehört auch das Auftreten selbst. Wer zeigen will, dass die eigene Firma gut dasteht, wird *nicht im Business Hotel* absteigen, um Geld zu sparen. Wie wir legen auch Japaner Wert auf **Pünktlichkeit** und **korrektes Auftreten.** Die Verbindung von Geschäfts- und Vergnügungsreisen wird auch in Japan nicht gern gesehen. Wenigstens während der Dauer der Verhandlungen sollten keine Behinderungen, z.B. durch Ausflüge, den Verlauf stören. **Mitreisende Ehepartner** sollten, soweit sie nicht in der Firma eine Rolle innehaben, während der Verhandlungen **nicht präsent** sein.

Japaner haben als Folge ihres Strebens nach Harmonie und Konsens grundsätzlich ein **Misstrauen gegenüber Verträgen und Anwälten** und versuchen, ohne beide auszukommen. Mündliche Vereinbarungen genügen selbst für Aufträge in Millionenhöhe. Verträge sollten eher den Charakter von allgemein gehaltenen Vereinbarungen haben, die Spielraum für „veränderte Bedingungen" lassen. Auf jeden Fall sträuben sich Japaner normalerweise gegen Verträge, die alles bis ins Detail zu regeln versuchen. Probleme sollten freundschaftlich überwunden werden, nicht durch Machtspiele. Auch nach Abschluss von Verträgen oder schriftlichen Vereinbarungen sollten beide Seiten bereit zu **Nachverhandlungen** sein. Wenn die menschliche Basis stimmt, werden solche Nachverhandlungen stets im gegenseitigen Interesse verlaufen.

Auch nach der Rückkehr ins eigene Land sollte der Kontakt weiter gepflegt werden.

Stadtteile

55foto Foto: ml

Will-Adams-Denkmal (9)

Hinter der Nihombashi-Brücke steht neben dem Juweliergeschäft Tagawa eine leicht zu übersehende Gedenktafel, die an den Lotsen *Will Adams,* auf Japanisch *Miura Anjin,* erinnert. Der Engländer war als **Schiffbrüchiger** 1600 über Kyûshû an den Hof *Ieyasus* gekommen, weil sich der Shô-gun für seine technischen Kenntnisse sehr interessierte. Er wurde sogar **Daimyô** und bekam ein Lehen auf der Miura-Halbinsel südlich des heutigen Yokohama. Er heiratete eine Japanerin und starb 1620 in Hirado. Im Westen wurde er durch den **Roman „Shô-gun"** von *James Clavell* bekannt; daraus entstand auch eine mehrteilige Fernsehserie.

Drachen-Museum (11)

Südlich der Brücke steht an der Ostseite der Chûô-dôri eine Filiale des Kaufhauses Tôkyû und östlich direkt dahinter das sehenswerte **Kite Museum** (Tako no Hakubutsukan) mit 4000

Die Brücke, die dem Viertel den Namen gab

bemalten Papier- und anderen Drachen aus Japan und aller Welt, insbesondere aus China, Korea, Thailand, Malaysia, aber auch aus Frankreich und Italien. Die Sammlung wurde vom Besitzer der bekannten Restaurantkette Taimeiken zusammengestellt (11–17 Uhr, So geschl., 200 ¥, Teimeiken Bldg. 5 F, 1-12-10 Nihombashi, Tel. 3271-2465).

Börse (24)

Wenige Minuten Fußweg Richtung Osten steht im Stadtteil Kayabachô eine der wichtigsten Börsen der Welt, die **Tokyo Stock Exchange** (Tokyo Shôken Torihiki-jô), die besichtigt werden kann. Es gibt Erklärungen per Film, und das Mitmachen am Spielcomputer ist möglich (Mo–Fr 9–16 Uhr).

Yamatane-Kunstmuseum (23)

Südlich der Börse an der Eitai-dôri steht das Yamatane Museum of Art, das seit 1868 **japanische Gemälde** *(nihon-ga)* zeigt und Räume für die Teezeremonie beherbergt (10–17 Uhr, Mo geschl., 600 ¥, Yamatane Bldg. 8, 9F; 7-12 Nihombashi-Kabuto chô, Tel. 3669-7643).

Bridgestone-Museum (20)

An der Chûô-dôri steht südlich der **U-Bahn-Station Nihombashi** das elegante **Kaufhaus Takashimaya (21)**.

Südlich dieses Kaufhauses, an der nächsten größeren Kreuzung, befindet sich das bekannte Bridgestone Museum of Art. Es zeigt **holländische Malerei** des 17. Jh., französische **Impressionisten** und japanische Maler mit

westlichem Stil (Di–So 10–17 Uhr, Sa 11–17.45 Uhr, 500 ¥. 1-10-1 Kyôbashi, Tel. 3563-0241).

Ningyôchô

Nordöstlich an Nihombashi schließt sich das **traditionelle Viertel** Ningyôchô an. Der Name bedeutet wörtlich „Puppenstadt", weil dort Puppen für die Kabuki-Theater hergestellt wurden. Hier befand sich lange Zeit das sehr beliebte Vergnügungsviertel Yoshiwara. Auf Druck des prüden Shôgunats wurde das Viertel nach dem großen Feuer von 1657 jedoch nicht mehr hier wiederaufgebaut, sondern weiter in den Norden, ins heutige Asakusa (damals außerhalb der Stadt) verlegt. Die Geschäftsleute unternahmen fortan ihre Vergnügungstrips per Boot ab Kyôbashi. Auch die Puppenherstellung wanderte nach Norden, nach Asakusabashi. So wurde es in Ningyôchô recht ruhig.

Suitengû-Schrein (29)

Heute wie damals gehen **schwangere Frauen** zum Gebet in den Suitengû-Schrein am Südrand von Ningyôchô (U: Suitengû, Hanzômon-Linie). Der Name des Schreins bedeutet „Himmlischer Meerespalast", nach einem von einer Hofdame des besiegten Heike-Clans im 12. Jh. errichteten Schrein in Kurume/Kyûshû, in dem um den Seelenfrieden des siebenjährigen Kaisers *Antoku* und seiner Mutter gebetet wurde. Die beiden hatten sich nach der Niederlage der *Heike* in der Schlacht von Dan-no-ura gemeinsam

Stadtteile

mit dem Heiligen Schwert in die See gestürzt, in der Annahme, dort den Himmlischen Meerespalast zu finden. Die Verbindung eines Kindes mit dem Element Wasser führte zu der Überzeugung, dass der Suitengû-Schrein besonders für die Bitte um leichte Geburten geeignet sei.

Schwangere gehen im 5. Monat traditionellerweise an einem Tag des Hundes zum Schrein. Dort erhalten sie eine **Baumwollschnur** (hara-obi), die sie um den Bauch binden und bis zur Geburt **zum Schutz des Bauches** tragen. Der Tag des Hundes wird gewählt, weil Hündinnen üblicherweise problemlos ihre Jungen zur Welt bringen und diese ebenso problemlos aufwachsen. Am 32. Tag nach der Geburt werden Jungen und am 33. Tag Mädchen erstmals dem Schrein präsentiert. (Den Namen erhalten die Neugeborenen übrigens am siebten Tag nach der Geburt.)

Auf dem Gelände befindet sich noch ein Schrein für Benten, der einzigen Frau unter den Sieben Glücksgöttern. Das Schreinfest mit Kagura-Tänzen und Mikoshi-Parade findet am 5. und 6. Mai statt, der monatliche **Tempelmarkt** am 5. eines jeden Monats.

Matsushima-jinja-Schrein

In der Nähe von Ausgang 5 des U-Bahnhofs Suitengû steht dieser Schrein, in dem der Glücksgott Daikoku, der 16 verschiedene Arten von Wünschen erfüllen helfen soll, verehrt wird. Im November gibt es hier wie an anderen Schreinen den Markt für kumade (dekorierte Bambusrechen).

Einkaufsstraße Amazake-Yokochô

Geht man vom Matsushima-jinja in nordwestlicher Richtung auf die Hauptkreuzung von Ningyôchô zu, kommt man zur beliebten und quirligen Einkaufsstraße Amazake-Yokochô. Östlich der Hauptkreuzung sieht man die **alten Geschäfte** Yanagiya (Taiyaki-Waffeln), gegenüber Shinodazushi (inari-zushi, Reis/Gemüse in Teigmantel zum Mitnehmen), Bachiei (shamisen, traditionelle Musikinstrumente) und Iwaido (lackierte Korbkisten).

Geht man in der Amazake-Yokochô nach links (Südwesten) zur nächsten größeren Kreuzung (U: Ningyôchô, Südausgang), kommt man hinter dem alten Café Kaiseken zum Geburtsort des berühmten Schriftstellers Junichiro Tanizaki (1883–1965), an den eine Tafel erinnert.

Weitere Glücksgötterschreine

Verfolgt man die Straße vom Geburtsort Tanizakis in südwestlicher Richtung bis zum Ende und geht dann nach rechts, kommt man zum Schrein **Koami-jinja,** der dem Glücksgott Fukurokuju geweiht ist. Am 27. November wird hier jedes Jahr das Fest Doburoku Matsuri gefeiert, bei dem Sake von der ersten Reisernte des Jahres ausgeschenkt wird.

Geht man von dort, sich links haltend, in nordwestlicher Richtung weiter, gelangt man zum **Tokiwa-Inari-Schrein (10).** Von dort kommt man, in östlicher Richtung gehend, nach wenigen hundert Metern zur Ningyôchô-Kreuzung zurück.

Stadtteile

Hält man sich dort in nordwestlicher Richtung, kommt man nach der zweiten Kreuzung links zum **Suginomori-jinja (31)**, einem weiteren Glücksgott geweiht. Gleich hinter der Kreuzung stehen rechts die beiden alten Geschäfte Iseryu (Keramik) und Ubukeya (handgemachte Scheren).

Östlich der Hauptkreuzung befindet sich der Glücksgötterschrein **Suehiro-jinja**, der Bishamon geweiht ist. In diesem Viertel lag das alte Yoshiwara-Vergnügungsviertel.

Wendet man sich von der Hauptkreuzung nach Nordwesten, kommt man zu einer Grünanlage, die sich durch Ningyôchô zieht, gleich dahinter liegt rechter Hand der **Kasama-Inari-jinja (30)**, geweiht dem Glücksgott Jurojin.

Am Hamachô-Park

Rechts, südöstlich haltend, kommt man von dort zum **Kurita-Museum (33)**, das bekannt ist für seine Sammlung an Keramik und Porzellan (10–17 Uhr). Gegenüber steht das bekannte **Theater Meiji-za (34)**.

Der benachbarte Hamachô-Park mit der gleichnamigen U-Bahnstation (Tôei Shinjuku-Linie) reicht bis zum Sumida-Fluss, an dessen Ufer eine Stadtautobahn über die Köpfe hinwegführt. Östlich des Parks sieht man die **Brücke Shin-ôhashi**, die nach Morishita und Fukagawa hinüberführt.

Einkaufen

Neben den beiden ältesten **Kaufhäusern** Japans, Mitsukoshi und Takashi-maya, gibt es in Nihombashi und Ningyôchô viele Läden, die **traditionelles Handwerk** herstellen und verkaufen. In den letzten Jahren hat sich die **Naka-dôri** zur attraktivsten **Einkaufsstraße in Marunouchi** entwickelt, daraus soll dann Tokyos 5th Avenue werden; Infos: www.naka-dori.jp.

●**The Prefectural Shopping Arcade,** Volkskunst aus einem Dutzend Präfekturen im Daimaru-Kaufhaus. Tokyo Station, Yaesu Chûôguchi, 1-9-1 Marunouchi, Tel. 3212-8011.

●**Ishizuka,** große Auswahl an Volkskunst, traditionelle Kleidung, u.a. auch Bauernhosen aus Baumwolle *(mompe)*. 9.30–19.30 Uhr, So u. F geschl., Tokyo Station, 1-5-20 Yaesu, Tel. 3275-2991.

●**Iseryu Shoten,** Alltagskeramik. 8.30–18 Uhr, So u. F geschl., 3-8-2 Ningyôchô, Tel. 3661-4820.

●**Nishiura-Honpo,** spezialisiert auf *kiyomizu-yaki* (Keramik und Porzellan) aus Kyoto. 9–18 Uhr, So u. F geschl., Nishiura Bldg. 2-2-1 Ningyôchô (U: Ningyôchô), Tel. 3667-5851.

●**Vintage Kimono,** gebrauchte Kimonos. 3-2-7 Ningyochô, Tel. 3661-0641.

●**Iwai Shoten,** Tsuzura-Kisten, man kann bei der Herstellung zusehen. 8–20.30 Uhr, So u. F geschl., 2-10-1 Ningyôchô, Tel. 3668-6058.

●**Ubukeya,** seit 1783 im Geschäft, erstklassige Scheren ab 2000 ¥, Küchenmesser ab 8000 ¥. 9–19 Uhr, So u. F geschl., 9-2 Ningyôchô, Tel. 3661-4851.

●**Bachiei Gakkiten,** *shamisen* (traditionelles Saiteninstrument). 9–20.30 Uhr, So u. F geschl., 10-11 Ningyôchô, Tel. 3666-7263.

●**Yaesu Book Center,** einer der größten Buchläden Tokyos, schräg ggü. Tokyo Station, Yaesu-Seite, 10–19 Uhr, Tel. 3281-1811.

Kaufhäuser

●**Takashimaya Nihombashi,** Hauptgeschäft einer Kette, die einst in Kyôto als Kimono-Geschäft begann, im Tiefgeschoss gute Antiquitätenabteilung. 10–20 Uhr, 2-4-1 Nihombashi (U: Nihombashi), Tel. 3211-4111.

● **Mitsukoshi,** eines der altehrwürdigen Kaufhäuser Tokyos, gehört zum Mitsui-Konzern, begann 1673 als Kimono-Geschäft. 10–20 Uhr, U: Mitsukoshi-mae, Ginza/Hanzômon-Linie, Tel. 3241-3311.

● **Tôkyû,** Filiale des großen Kaufhauses mit vernünftigem Angebot und vernünftigen Preisen. 1-4-1 Nihombashi (U: Nihombashi), Tel. 3211-0511.

● **Shin-Marunouchi Building (1),** abgekürzt: Maru Biru, ist ein 37-stöckiges Hochhaus gegenüber Tokyo-Station mit Läden (u.a. The Conran Shop, die Aquagirl Boutique), Lokalen (z.B. Breeze of Tokyo im F 36 mit fantastischer Aussicht, ¥¥¥) und Büros. Infozentrum tgl. 11–19.30 Uhr, 2-4-1 Marunouchi (U/JR Tokyo), Tel. 5218-5100.

● **Maruzen (1),** eines der größten Bücher-Kaufhäuser in Tokyo, besonders gute Auswahl in Naturwissenschaften, viel fremdsprachige Literatur, Bildbände, auch Schreibwaren und Holzschnitte. 10–18.30 Uhr. Umgezogen ins Oazo auf der Marunouchi-Seite des Tokyo-Bahnhofs. 1-6-3 Marunouchi (U/JR Tokyo), Tel. 5218-5100, www.oazo.jp.

Traditionelle Läden

● **Ebiya Art Co.,** Antiquitäten, Hoflieferant, es gibt aber auch Erschwingliches. 10–18 Uhr, Sa/So/F geschl., 3-2-18 Nihombashi-Muromachi, (U: Mitsukoshi-mae) Tel. 3241-6543.

● **Kiya,** Küchenmesser, Scheren. 10–17.30, So u. F ab 12 Uhr, 1-8 Nihombashi-Muromachi (U: Mitsukoshi-mae), Tel. 241-0111.

● **Heiando,** 9–18 Uhr, So u. F geschl., 3-10-11 Nihombashi (U: Nihombashi), Tel. 3272-2871.

● **Kuroeya,** Lackwaren aus allen Regionen, insbesondere Aizu und Wajima, Schalen ab 2000 ¥, Tabletts von 3000 ¥ bis 20.000 ¥. 9–17 Uhr, 4. Sa bis 12 Uhr, So u. F geschl., Kuroeya Kokubo Bldg. 2F, 1-2-6 Nihombashi (U: Nihombashi), Tel. 3271-3356.

● **Haibara,** traditionelles Papier, seit bald 200 Jahren im Geschäft. 9.30–17.30, Sa bis 17 Uhr, So u. F geschl., 2-7-6 Nihombashi (U: Nihombashi), Tel. 3272-3801.

● **Mayuyama,** Antiquitäten, viel Auswahl für Sammler. 9.30–18 Uhr, So u. F geschl., 2-5-9 Kyôbashi (U: Kyôbashi, Ginza-Linie), Tel. 3561-5146.

● **Kamiyama Sudareten,** fertigt Jalousien nach Auftrag an, was etwa drei Wochen dauert. 8–20 Uhr, 1-8-8 Kyôbashi (U: Kyôbashi), Tel. 3561-0945.

● **Tsurukawa Gakki Honten,** Musikinstrumente, z.B. *koto.* 9.30–18 Uhr, Sa bis 17 Uhr, So u. F geschl., 1-12-11 Kyôbashi (U: Kyôbashi), Tel. 3561-1872.

● **Kashiwa-ya,** Laternen. 10–17 Uhr, So geschl., 2-3-13 Shintomi (U: Takarachô, Shintomichô), Tel. 3551-1362.

Essen

Eine große Zahl von Essmöglichkeiten befindet sich im Marunouchi Biru und im Shin Marunouchi Biru gegenüber der Tokyo Station und nahe der U-Bahn-Station Ôtemachi (Marunouchi-Linie) im Ôtemachi Building, beispielsweise das **Ôtemachi Café** (¥, umweltfreundlich, Ökoprodukte direkt vom Bauern und Erzeuger, Mo–Sa 9.30–23 Uhr (Essen 11–14 und 18–21.30 Uhr), 1F Ôtemachi Bldg., 1-6-1 Ôtemachi (U: Ôtemachi, Ausgang C7 oder E2), Tel. 3211-7692, www.o-cafe.com.

Nihombashi

● **Nagasaki-ro,** ¥¥, Kyôdo Ryôri, Kyûshû Küche. Harada Bldg., 1-4 Nihombashi (U: Nihombashi), Tel. 3241-0061.

● **Munakata,** ¥/¥¥, Kyôdo Ryôri, günstig und freundlich, Mini-Kaiseki ab 2500 ¥. 11.30–15.30 und 17–22 Uhr, 3-1-17 Nihombashi (U: Nihombashi), Tel. 3281-3288.

● **Hayashi,** Tempura. 1-12-10 Nihombashi (U: Nihombashi), Tel. 3241-5367.

● **Tenmo,** ¥¥, Spitzen-Tempura, gute Atmosphäre, ab 6000 ¥, seit 1885 im Geschäft. 12–14 und 17–20 Uhr, So geschl., 4-1-3 Nihombashi Honchô (U: Mitsukoshi-mae), Tel. 3241-7035.

● **Muromachi-Sunaba,** ¥¥, Nudellokal, seit Jahrzehnten gibt es hier *tenzaru-soba.* 11–

Stadtteile

19.30 Uhr, So u. F geschl., 4-1-13 Nihombashi-Muromachi (JR Shin-Nihombashi, U: Mitsukoshi-mae), Tel. 3241-4038.

● **Shodoten**, ¥, bekannt und beliebt für seine großen *shûmai* (Hackfleischbällchen in Teigmantel), die es als Lunch-Set gibt (U: Nihombashi). 11–15 und 17–21 Uhr, Sa 11–20 Uhr, So u. F geschl., 1-2-17 Nihombashi, Tel. 3272-1071.

● **A-Point**, ¥, Sandwiches nach Wahl, ca. 600 ¥. 8–22 Uhr, So geschl., Tôkyo Station, Yaesu S-Ausg., Tel. 3216-4808.

● **Franziskaner Bar & Grill**, ¥¥, gute deutsche Küche mit importierten Zutaten, u.a. Franziskaner Bier im Angebot, auch preisgekrönte Weine. Lunch: Mo–Fr 11.30–14.30 Uhr, Abendessen: Sa–Do 17–24 Uhr, Fr 17–4 Uhr, B1 Buyou Bldg., 3-8-16 Nihombashi (U: Nihombashi oder U/JR Tokyo), Tel. 6225-5485; Filiale in Akasaka: 1F ACT Bldg., 5-11-12 Toranomon, www.zato.co.jp.

Ningyôchô

(U: Ningyôchô, Hibiya/Toei Asakusa-Linie)

● **Imahan**, ¥¥, Sukiyaki und Rindfleischgerichte. Lunch 11.30–16.00 Uhr, Ningyôchô 2-chôme.

● **Tamahide**, ¥/¥¥, besteht seit 1760, Sukiyaki, Hühnergerichte aus der Edozeit, mittags Lunchgerichte wie z.B. *oyako-donburi* (Reis mit Huhn und Ei, mit Ingwersuppe), abends Huhn-Sukiyaki. 11.30–13 Uhr sowie abends, So/F geschl., Ningyôchô 2-chôme.

● **Kizushi**, ¥¥, gutes Sushi-Lokal, Ningyôchô 2-chôme.

● **Shinoda-zushi**, ¥, *inari-zushi* (Reis in Ei-Teigmantel) zum Mitnehmen, Ningyôchô 2-chôme.

● **Hômitei**, ¥/¥, äußerlich japanisch, innen gibt es schmackhafte westliche Gerichte, z.B. *yôshoku-bentô:* Hacksteak, Krabben, Schweinebraten, Salat. 11–14 und 17–21 Uhr, Mo geschl., Ningyôchô 3-chôme.

Café

● **Kaiseken**, ¥, altmodisches Café an der Ningyôchô-Kreuzung.

Unterkunft

Marunouchi

● **Tokyo Station Hotel (17)**, ¥¥, 60 Zimmer, ab 10.000 ¥. 9-1 Marunouchi (im Bhf. Tokyo, Marunouchi Süd-Ausg.), Tel. 3231-2511, Fax -3513.

● **Tokyo Marunouchi Hotel (2)**, ¥¥, 210 Zimmer, ab 12.000 ¥, nahe am Tokyo-Bhf. und Palast. 1-6-3 Marunouchi (U: Ôtemachi; Tokyo), Tel. 3215-2151, Fax -8036, www.marunouchi-hotel.co.jp.

● **Palace Hotel (3)**, ¥¥¥, alt, ruhig, direkt am Palastgraben, günstig für Termine im Haupt-Businessviertel Tokyos, 404 Zimmer, ab 22.000 ¥. 1-1-1 Marunouchi (U: Ôtemachi/Toei-Mita-Linie; Tokyo/Marunouchi-Linie, Ausg. C13), Tel. 3211-5211, Fax 3211-6989, www.palacehoteltokyo.com.

Nihombashi

● **Haimâto (15)**, ¥, sehr günstig gelegen, gegenüber Tokyo Station, 58 Zimmer, ab 7000 ¥, Barzahlung. 1-9-1 Yaesu (Tokyo, Yaesu-Ausg. 2 Min.), Tel. 3273-9411, Fax -9412.

● **Yaesu Ryûmeikan (12)**, ¥/¥¥, 40 Zimmer, ab 9000 ¥. 3-22 Yaesu (U: Nihombashi, 2–3 Min., Tokyo, 3 Min.), Tel. 3271-0971, Fax -0977.

● **Center Hotel (22)**, ¥/¥¥, 107 Zimmer, ab 9000 ¥. 15-13 Nihombashi-Kabutochô (U: Kayabachô), Tel. 3667-2711, Fax 3661-5442.

● **Tokyo City Hotel (8)**, ¥/¥¥, 267 Zimmer, ab 9000 ¥. 1-5-4 Nihombashi-Honchô (U: Mitsukoshi-mae, A4 Tokyo), Tel. 3270-3751, Fax -8930.

● **Gimmond Tokyo**, ¥/¥¥, ab 9000 ¥. 1-6 Nihombashi Odenmachô (U: Kodenmachô, Ausg. 3), Tel. 3666-4111, Fax -3040.

● **Kayabachô Pearl Hotel (26)**, ¥¥, 262 Zimmer, ab 10.000 ¥, 1-2-5 Shinkawa (U: Kayabachô), Tel. 3553-2211, 3553-8080, Fax 3555-1849, www.pearlhotels.jp/en/kayabacho/index.html.

● **Yaesu Terminal Hotel (13)**, ¥¥, 117 Zimmer, ab 10.000 ¥. 1-5-14 Yaesu (Tokyo), Tel. 3281-3771, Fax -3089.

● **Yaesu Fujiya (19)**, ¥¥, gegenüber Bahnhof Tokyo, beliebtes, günstig gelegenes Business-

hotel, 377 Zimmer, ab 13.000 ¥. 2-9-1 Yaesu (Tokyo, Yaesu-Seite, Süd-Ausg.), Tel. 3273-2111, Fax -2180.
- ●**Hotel Kokusai Kankô (14)**, ¥¥, 94 Zimmer, ab 15.000 ¥. 1-8-3 Marunouchi, Tel. 3215-3281, Fax -3186.
- ●**Mandarin Oriental Hotel**, ¥¥¥, neues 5-Sterne-Hotel, 2-1-1 Nihombashi Muromachi (U: Nihonbachi), Tel. 3270-8800, www.mandarinoriental.com/tokyo.
- ●**Weekly Mansion Nihombashi (32)**, ¥, Apartments ab 7000 ¥, 11-19, Tomizawacho, Nihombashi.

Ningyôchô

- ●**Sumishô Hotel**, ¥/¥¥, 65 Zimmer, ab 9000 ¥. 9-14 Kobunachô (U: Ningyôchô), Tel. 3661-4603, Fax -4639.
- ●**Nihombashi-Saibô**, ¥¥, 126 Zimmer, ab 10.000 ¥. 3-3-16 Ningyôchô (U: Ningyôchô), Tel. 3668-2323, Fax -1669.
- ●**Business Hotel Kichô**, ¥¥, 31 Zimmer, ab 10.000 ¥. 2-32-8 Ningyôchô (U: Hamachô, Ningyôchô), Tel. 3666-6161, Fax -6162.
- ●**Royal Park Hotel (28)**, ¥¥¥, 450 Zimmer, ab 20.000 ¥, gleich neben dem Tokyo City Air Terminal, mit Garten, Swimming Pool. 2-1-1 Nihombashi (U: Suitengumae), Tel. 3667-1111, Fax -1114, www.rph.co.jp.
- ●**Toyoko Inn (25)**, ¥, 143 Zimmer, 6800 ¥, DZ 8800 ¥, 1-10-2 Kakigara-chô, Nihombashi (U: Ningyo-cho, Ausg. A2, 3 Min.), Tel. 3664-1045, Fax -1046.

Zentrum des gehobenen Konsums: die Ginza

(Chûô-ku)

Der international bekannteste und, was die Geschäfte betrifft, eleganteste Stadtteil Tokyos ist die Ginza. Der **Name** setzt sich zusammen aus *gin* (Silber) und *za* (Sitz, Zunft). Ursprünglich war die Gegend sumpfig und nahe am Wasser der Tokyo-Bucht. Sie gehörte zu den ersten Teilen der Stadt, die dem Meer abgerungen wurden. Anfänglich ließen sich hier vor allem Handwerker und Künstler nieder. Im Jahre 1612 wurde die **Münze** der Tokugawa-Herrscher hierher verlegt, daher der Name.

Nach einem der in Edo und Tokyo so häufigen **Brände** fiel die Ginza 1872 in Schutt und Asche und wurde vom britischen Architekten und Stadtplaner *Josiah Conder* nach modernen Gesichtspunkten **neu aufgebaut.** Über 1000 Gebäude aus Ziegeln wurden errichtet. Die Straßen wurden gepflastert, Weiden angepflanzt, Gaslaternen errichtet. Wenn auch die Menschen zunächst in solchen ungesund anmutenden Steinhäusern nicht leben wollten, strömten sie doch in Scharen herbei, um diesen neuen Stadtteil zu sehen. Tagsüber kamen sie zum Einkaufen, abends flanierten sie durch die beleuchteten Straßen. Und so entstand der Ruf der Ginza als erfolgreiches **Geschäftsviertel** und – wegen der Gaslaternen – als **Zentrum abendlichen Vergnügens.**

Stadtteile

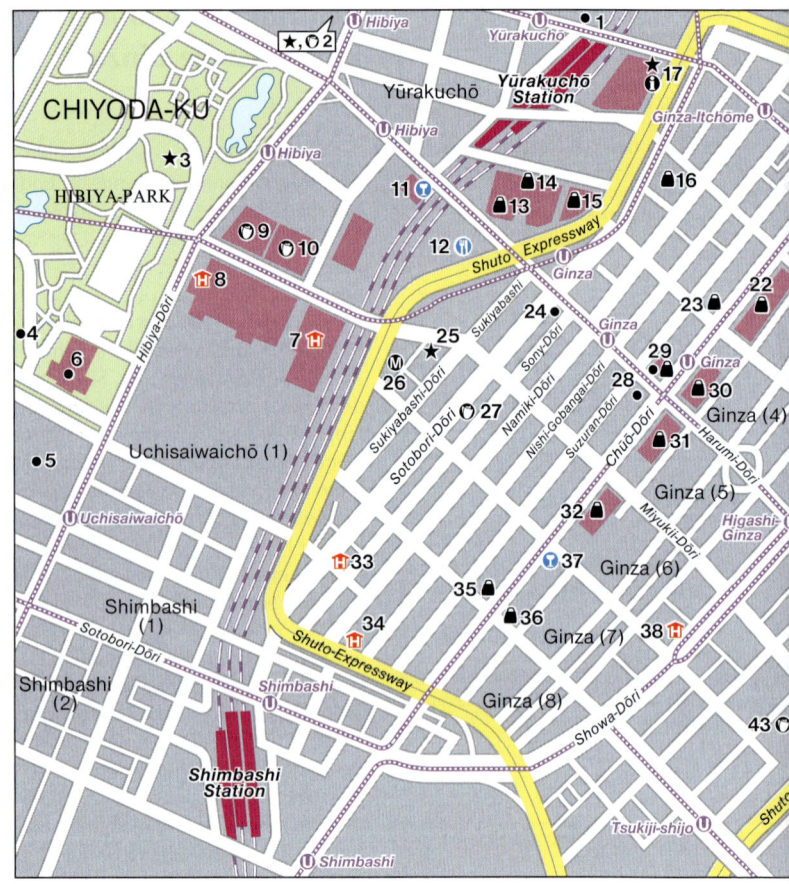

Zu seiner Attraktivität hatte auch wesentlich beigetragen, dass 1872 die **erste japanische Eisenbahnlinie** vom internationalen Hafen von Yokohama zum benachbarten Shimbashi führte und dass im ebenfalls benachbarten Tsukiji während der Meiji-Zeit die meisten Ausländer residierten.

Der Name Ginza wurde gleichbedeutend mit Einkaufsstraße, so ist es kein Wunder, dass es Hunderte von Ginzas in Japan gibt. Die eigentliche Ginza ist jedoch nicht eine einzige Straße, sondern ein Viertel mit mehreren großen Geschäftsstraßen und Dutzenden kleiner Gassen.

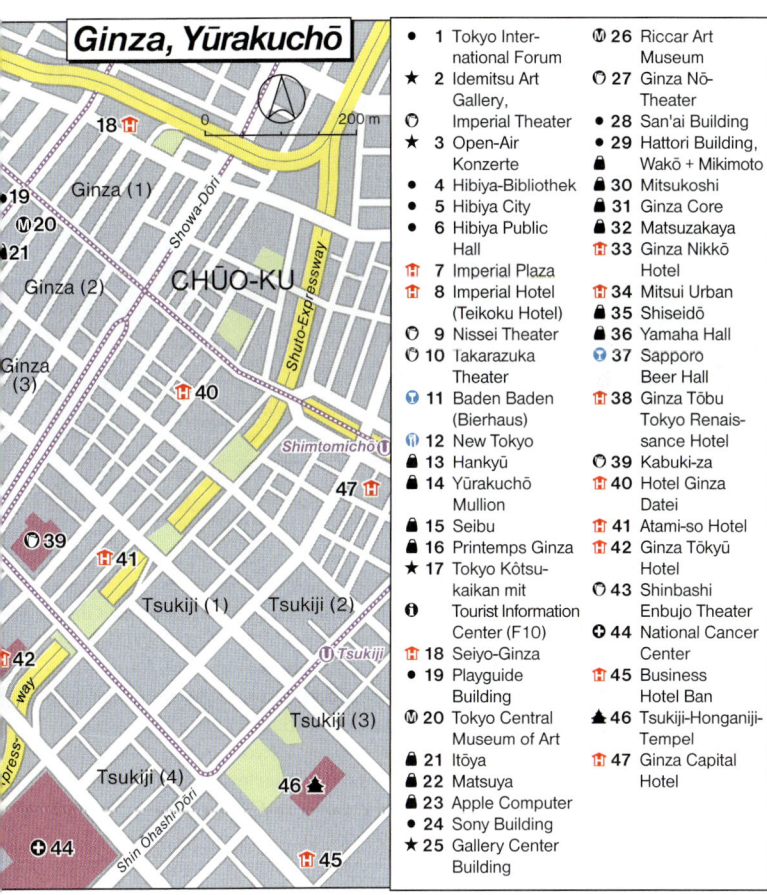

Ginza, Yūrakuchō

- 1 Tokyo International Forum
- ★ 2 Idemitsu Art Gallery, Imperial Theater
- ★ 3 Open-Air Konzerte
- 4 Hibiya-Bibliothek
- 5 Hibiya City
- 6 Hibiya Public Hall
- 7 Imperial Plaza
- 8 Imperial Hotel (Teikoku Hotel)
- 9 Nissei Theater
- 10 Takarazuka Theater
- 11 Baden Baden (Bierhaus)
- 12 New Tokyo
- 13 Hankyū
- 14 Yūrakuchō Mullion
- 15 Seibu
- 16 Printemps Ginza
- ★ 17 Tokyo Kôtsu-kaikan mit Tourist Information Center (F10)
- 18 Seiyo-Ginza
- 19 Playguide Building
- 20 Tokyo Central Museum of Art
- 21 Itōya
- 22 Matsuya
- 23 Apple Computer
- 24 Sony Building
- ★ 25 Gallery Center Building
- 26 Riccar Art Museum
- 27 Ginza Nō-Theater
- 28 San'ai Building
- 29 Hattori Building, Wakō + Mikimoto
- 30 Mitsukoshi
- 31 Ginza Core
- 32 Matsuzakaya
- 33 Ginza Nikkō Hotel
- 34 Mitsui Urban
- 35 Shiseidō
- 36 Yamaha Hall
- 37 Sapporo Beer Hall
- 38 Ginza Tōbu Tokyo Renaissance Hotel
- 39 Kabuki-za
- 40 Hotel Ginza Datei
- 41 Atami-so Hotel
- 42 Ginza Tōkyū Hotel
- 43 Shinbashi Enbujo Theater
- 44 National Cancer Center
- 45 Business Hotel Ban
- 46 Tsukiji-Honganiji-Tempel
- 47 Ginza Capital Hotel

Stadtteile

Westliche Einflüsse in Tokyo fassten zuerst hier Fuß. Das alte Kaufhaus **Matsuzakaya (32)** war das Erste, in das die Käufer eintreten konnten, ohne vorher ihre Schuhe auszuziehen. So bekannte Firmen wie der Kosmetikriese Shiseido und der Uhrenkonzern Seiko begannen in der Ginza. Hier gibt es viele der berüchtigt teuren Clubs für erfolgreiche Geschäftsleute und Politiker mit entsprechendem Spesenkonto, viele der elegantesten Geschäfte und die größte Ansammlung von teuren Restaurants und mehr oder weniger teuren Lokalen, vor allem der japanischen Küche.

559® Foto: ml

So darf sich die Ginza denn auch als das **Gourmet-Zentrum** Japans empfinden. Den jungen Leuten gilt sie jedoch als zu teuer und konservativ, verglichen mit Shibuya oder Shinjuku. Aber die Ginza, wenn man das so sagen kann, ist stolz auf ihr Niveau. So gibt es nirgendwo mehr **Kunstgalerien** als hier. Auch das klassische **Kabukiza-Theater** ist ein Muss auf der Liste besuchenswerter Institutionen.

Entlang der Harumi-dôri

Die **bekannteste Straße der Ginza** ist die von Nordwesten nach Südosten verlaufende Harumi-dôri, die am Kaiserpalast beginnt und sich bis auf einige der aus dem Meer gewonnenen Inseln in der Tokyo-Bucht fortsetzt. Nach einem eventuellen Besuch des **Tourist Information Center,** das im **Kôtsukaikan (17)** gegenüber dem Yurakuchô-Bahnhof im F10 (tgl. 9–17 Uhr) untergebracht ist, bietet sich ein erster Bummel durch das Zentrum der Ginza an. Dazu beginnt man am besten bei der Eisenbahnüberführung vom Bahnhof Yûrakuchô über die Harumi-dôri mit den berühmten Yakitori-Ständen**.**

Das silbrig glänzende **Yûrakuchô Mullion (14)** genannte Doppelkaufhaus (**Hankyû, 13** und **Seibu, 15**) mit

Kabukiza-Theater

sehr guter Lebensmittelabteilung im Tiefgeschoss ist allemal einen Besuch wert. Es gibt mehrere Kinos in Stockwerk F9 (Nichigeki Toho und Piccadilly) und F11 (Asahi Hall und Nihon Theater), in denen vor allem japanische Erstaufführungen stattfinden. Der Eingang beim Glockenspiel (jap.: *Marion no Glockenspiel*) hat sich zu einem beliebten Treffpunkt entwickelt.

Nicht mehr so beliebt sind die bereits in die Jahre gekommene Einkaufspassage unter der Stadtautobahn an der Sukiyabashi-Kreuzung, das **Sukiyabashi Shopping Center** und die anschließende, von Touristen wegen der zahlreichen Souvenirgeschäfte aber immer noch gern besuchte **Yûrakuchô International Arcade,** die rechts zwischen dem Gebäude New Tokyo (zahlreiche Lokale und ein Biergarten auf dem Dach) und dem Hankyû Department Store (luxuriöses Kaufhaus für Damenmode) beginnt.

Westlich der International Arcade stehen Imperial Plaza bzw. Imperial Hotel (s. nächstes Kapitel) und östlich das bekannte **Riccar Art Museum (26),** das hauptsächlich Holzschnitte beherbergt, darunter eine bedeutende Sammlung von Werken von *Tôshûsai Sharaku* (10–18 Uhr, 2-3-6 Ginza, Tel. 3571-3254), sowie das **Gallery Center Building (25),** in dem sich eine Reihe von Kunstgalerien befindet.

Hinter der Sotobori-dôri-Kreuzung mit der in Japan üblichen *scramble crossing,* bei der die Fußgänger bei Grün die Kreuzung in jeder Richtung überqueren können (und die manche nun auch bei uns einzuführen versuchen), steht rechter Hand das **Sony Building (24)** mit seinen acht spiralförmig ansteigenden Stockwerken und etlichen Modegeschäften und Lokalen darin. Das 1966 erbaute und von *Ashihara Yoshinobu* entworfene Gebäude mit seiner Glasfront aus Bildschirmen ist ein bekannter und beliebter Treffpunkt, besonders, wenn es regnet. Einen Block weiter befinden sich rechts in der Sotobori-dôri das Erstaufführungskino Miyuki-za und das **Ginza Nô-Theater (27).**

Die Ginza bei Nacht

5348o Foto: ml

Stadtteile

Auf dem Weg zur nächsten Kreuzung, der Ginza-Hauptkreuzung, auch Yon-chôme-Kreuzung genannt (U: Ginza), wo sich die Harumi-dôri und die Chûô-dôri kreuzen, befindet sich rechts der bekannte **Buchladen Jena** mit großer Fremdsprachenabteilung (darunter auch deutsche Bücher). An der Kreuzung steht rechts das **San'ai Building (28)**. Der 12-stöckige Glaszylinder, 1963 entworfen von *Hayashi Shôji*, der als Erster in Tokyo Licht als Mittel der Architektur einsetzte, ist eines der Wahrzeichen der Ginza; innen gibt es Modegeschäfte und einen Audio Showroom.

Nicht minder bekannt ist das gegenüber stehende **Hattori Building (29)** mit seinem berühmten, 1932 erbauten Uhrturm (Hattori gehört die bekannte Uhrenfabrik Seiko), das den Krieg überstanden hat, und das **Luxusgeschäft Wakô** (extrem teure Uhren, Schmuck, Handtaschen) beherbergt. Es ist zugleich ein beliebter Treffpunkt. Dahinter auf derselben Straßenseite befinden sich in der Chûô-dôri u.a. Kimura-ya (Backwaren), Yamano (Musikalien) und das elegante und teure Hauptgeschäft von Mikimoto Pearl.

Im nächsten Block, gegenüber dem Kaufhaus Matsuya, hat **Apple Computer (23)** einen mehrstöckigen Laden. Es gibt dort viele Geräte, an denen kostenlos gesurft und E-Mails gecheckt werden können (Downloaden mit USB-Stick ist jedoch nicht erlaubt).

Abstecher in die Chûô-dôri

Gegenüber dem Wakô Building stehen in der sonn- und feiertags für Fahrzeuge gesperrten Chûô-dôri die **Kaufhausfilialen** von **Mitsukoshi (30)** und **Matsuya (22)**. Daneben befinden sich das große Schreibwarengeschäft Itôya und der Spielzeugladen Sanrio Gallery sowie das **Tokyo Central Museum of Art (20,** Tokyo Central Bijutsu-kan). Es zeigt zeitgenössische Gemälde, Drucke, Skulpturen, Kalligrafien und Kunsthandwerk (10–18 Uhr, Eintritt frei, Ginza-Boeki Bldg. 5 F, 2-7-18 Ginza, Tel. 3564-0711).

Auf der **Seite des San'ai Building** findet man in der Chûô-dôri in Richtung Shimbashi den 1663 eröffneten Laden Kyûkyodô für hervorragende **Japan-Papierprodukte** und Pinsel, dahinter das Schuhgeschäft Washington, das auch Schuhe in Maßarbeit anfertigt. Ein Stück dahinter liegen das Hauptgeschäft des Kosmetik-Konzerns **Shiseidô (35)** und das alte **Japan-Möbelgeschäft** Hiratsuka.

Auf der anderen Straßenseite steht **Ginza Core (31),** wo sich im Stockwerk F4 das 400 Jahre alte **Weihrauchgeschäft** Kôju befindet, in der Gasse dahinter gibt es ein Spezialgeschäft für **Teezeremoniezubehör,** Ryûzendô.

In der Chûô-dôri folgt im nächsten Block das **Kaufhaus Matsuzakaya (32),** dessen Hauptgeschäft in Ueno steht und 1611 als Kimonogeschäft gegründet worden war. Dahinter liegt die unter Biertrinkern sehr beliebte **Sapporo Beer Hall (37);** ein Stück weiter Richtung Shimbashi finden sich der von Tokyo Gas betriebene **Pocket Park,** ein Ort für Architekturfreunde, mit Modellen, Zeitschriften u.a. (10.30–19 Uhr, Mi geschl., 1-9-15 Ginza, Tel. 3573-1401) sowie die **Yamaha Hall (36)** mit Musikinstrumenten.

Östliche Harumi-dôri

Hinter der Hauptkreuzung befindet sich – wieder in der Harumi-dôri – rechter Hand das Nihon-shu Center. Hier wird der Herstellungprozess von **Reiswein** (Sake) erklärt, außerdem sind 4500 verschiedene Reisweinflaschen ausgestellt. Monatlich wechseln die Verkaufsangebote für regionale Reisweine, die dann auch gegen einen Unkostenbeitrag getestet werden können.

Gleich hinter der nächsten Kreuzung, wo die Showa-dôri quert (U: Higashi-Ginza), steht linker Hand das Kabuki-za **(39)**, das berühmteste **Kabuki-Theater** Japans, mit 1906 Sitzplätzen. Fast täglich finden hier Aufführungen statt. Die hintersten Reihen des Balkons sind für **Kurzzeitbesucher** reserviert, die sich schnell mal einen Akt anschauen oder einen Eindruck von Kabuki bekommen wollen. Am besten Opern- oder Fernglas mitbringen.

Ein weiteres bekanntes **Theater** ist das rechter Hand schräg hinter dem Ginza Tôkyû Hotel vor der Stadtautobahn stehende **Shimbashi Enbujô (43).** Auch in diesem Theater wird Kabuki aufgeführt, vor allem aber neuere Stücke und Komödien. Ursprünglich haben hier die berühmten Shimbashi-Geisha Tanz und Gesang geübt.

Kunstgalerien

Die über 300 Kunstgalerien, für die die Ginza berühmt ist, liegen zumeist zwischen Chûô-dôri mit den großen Kaufhäusern und der Sotobori-dôri an der Grenze zu Yûrakuchô. Vertreten sind Antiquitäten, Holzschnitte und moderne Künstler. In der Namiki-dôri gibt es neben zahlreichen Galerien Bars, Clubs, teure Läden mit Importware und Zweigstellen der Zeitungen. In der hier befindlichen Gallery Ueda Ginza, einer der besten der Stadt, gibt es ein Verzeichnis von Tokyos Galerien für zeitgenössische Kunst.

● **Ginza Grand Festival,** das größte Ereignis in der Ginza, jedes Jahr vom 2. bis 3. Sonntag im Oktober (Info: Ginza Grand Festival Office, 3561-0919).

Information

● **Tourist Information Center,** im Tokyo International Forum, Mo–Fr 9–17 Uhr, Sa 9–12 Uhr, So und F geschlossen.

Tsukiji

Geht man die Harumi-dôri am vorbei weiter und unter der Stadtautobahn hindurch zur nächsten Kreuzung, wo die Shin-Ohashi-dôri quert, kommt man in den Stadtteil Tsukiji („Errichtetes Land"), der wie viele Stadtteile auf **künstlich aufgeschüttetem Land** nahe der Sumida-Mündung liegt.

Ein Stück rechts der Kreuzung steht das große **National Cancer Center (3)** (Nihon Gan Centâ). Links liegt der U-Bahnhof Tsukiji der Hibiya-Linie.

Gleich außerhalb des Bahnhofs steht der 1934 von *Dr. Chûta Itô* erbaute, bewusst indisch anmutende große **Granittempel Tsukiji-Honganji (4)** der buddhistischen Sekte Jôdo-Shinshu, Honganji-Fraktion, deren Sitz Kyôto ist. Er ist der größte Steintempel

Stadtteile

☼	1	Kabuki-za Theater	▲ 9	Sumiyoshi-jinja-Schrein
🏨	2	Ginza Tōkyū Hotel	🏨 10	Harumi Grand Hotel,
✛	3	National Cancer Center	•	Internationales Handelszentrum,
▲	4	Tsukiji-Honganji-Tempel		Harumi Pier
✛	5	St. Lukas-Krankenhaus	Ⓜ 11	Fischmuseum
★	6	Akatsuki-Park	▲ 12	Namiyoke-jinja-Schrein
★	7	Sei-Roka-Tower	★ 13	Fischmarkt
•	8	Okawabata River City 21		

Japans. Für den Bau des ursprünglichen Tempelgeländes war Tsukiji erst geschaffen worden. Das Material kam von den verbrannten Resten Edos nach dem Furisode-Feuer von 1657 (s. Kap. „Geschichte Tokyos"). Die Statue des Sektengründers *Shinran* als Wandermönch steht draußen links vom Haupteingang. Jedes Jahr am 8. April wird dort Buddhas Geburtstag mit Kinderparade gefeiert. Die International Buddhist Association bietet jeden 2. und 4. Sonntag im Monat um 17 Uhr kostenlose Vorlesungen (3-15-1 Tsukiji, Tel. 3541-1131).

Ein Stück dahinter liegt das Gelände des gleich nach der Jahrhundertwende vom amerikanischen Missionsarzt *Rudolf Teusler* errichteten US-anglikanischen **St.-Lukas-Krankenhauses** (**5**, Sei Roka Byôin), das auch heute noch von in Tokyo lebenden Ausländern gern wegen seines hohen Leistungsstandards aufgesucht wird. Das Besondere an dem Hospital war einst, dass es, getreu dem christlichen Ideal der Nächstenliebe, allen Bevölkerungsschichten medizinische Behandlung bot, den Ärmsten gewährte es kostenlose Hilfe. Im südlich des Krankenhauses gelegenen kleinen **Akatsuki-Park (6)** befindet sich übrigens eine Büste des deutschen Arztes und Japanforschers *Franz von Siebold* (1796–1866).

Wo jetzt das Krankenhaus steht, war früher die **erste Ausländersiedlung Tokyos.** In den Holzhäusern im Kolonialstil lebten meist Ärzte, Missionare und Lehrer. Gegenüber stand die erste US-Legation. Es gab hier im Viertel Akashichô noch eine Reihe weiterer Legationen und Vertretungen christlicher Kirchen und Sekten. All das ist heute verschwunden, damit den Erweiterungsbauten des Krankenhauses Platz gemacht werden konnte.

Entlang des Sumida-Flusses gibt einen neu angelegten **Promenadenweg.** Lohnend ist auch die Aussichtsplattform im **Sei-Roka-Tower (7),** Auffahrt im Lift bis F46 in 200 m Höhe, dann noch ein Stockwerk höher, tägl. 9–20.30 Uhr, kostenlos; an klaren Tagen lockt der Fuji-san, schön ist auch der abendliche Blick auf den Fluss und seine Umgebung, U: Tsukiji (8 Min.).

Insel Tsukudajima

Nordöstlich des Krankenhausgeländes führt die 230 m lange Tsukuda-Ôhashi-Brücke hinüber zur Insel Tsukudajima. Dort liegt auch der U-Bahnhof Tsukishima (Yûrakuchô-Linie). Der **Name** rührt von dem Fischerdorf

Tsukuda bei Osaka her. *Ieyasu* wurde einmal von den Fischern dieses Dorfes in einem Sturm aus Seenot gerettet und lud sie deshalb später ein, sich hier an der Mündung des Sumida niederzulassen. Er gab ihnen aus Dankbarkeit die Fischereirechte in der nahen Bucht.

Der links der Brücke gelegene **Sumiyoshi-jinja-Schrein (9),** benannt nach einem bekannten Schrein in Osaka, ist denn auch dem Schutz der Seeleute geweiht. Auf dem Schreingelände gibt es einen Grabstein des bekannten Ukiyo-e-Künstlers *Sharaku* und ein Denkmal, das den Bonito-Fischen *(katsuo)* gewidmet ist. Bonito war in der Edo-Zeit der beliebteste Fisch.

Alle drei Jahre Anfang August findet das drei Tage dauernde **Schreinfest** statt. Dann wird der *o-mikoshi* wie früher zum Sumida-Fluss gebracht, heute jedoch nicht mehr zu Fuß, sondern per Boot. Ein anderes bekanntes Fest sind die Mitte Juli abendlich stattfindenen **Gruppentänze** des Bon-Odori, die hier etwas anders als im restlichen Tokyo gefeiert werden.

Stadtteile

532 to Fotor.ml

Hochhäuser auf der Insel Tsukudajima

Bis 1964 war die Insel nur per Fähre erreichbar, so erhielt sich das Viertel seine Ursprünglichkeit, zumal es das Kantô-Erdbeben und den Zweiten Weltkrieg einigermaßen unbeschadet überstanden hat. Die **engen Gassen** mit ihren Bonsai vor den Häusern, die bei uns sicher nicht lange so unbewacht herumstehen würden, der Flussarm mit der **Tsukudakobashi** (*ôhashi* = große Brücke, *kobashi* = kleine Brücke) und den festgemachten **Booten,** sie geben dem Viertel eine gewisse Zeitlosigkeit. Im Laden Tenyasu wird *tsukudani,* eine in Sojasoße eingekochte Speise aus Fisch und Seetang, die traditionelle Nahrung der Fischer, hergestellt und verkauft.

Nahebei stehen als Kontrast die Denkmäler des 20. Jh., z.B. die 40-stöckigen Apartmenthochhäuser **Okawabata River City 21 (8).**

Eine Insel weiter, auf Harumi, befindet sich das **Furniture Museum,** das alte japanische Möbel präsentiert (U: Kachidoki), 10–16.30 Uhr, Mi geschl., 400 ¥, JTC Bldg. 3-10 Harumi, Tel. 3533-0098.)

Der größte Fischmarkt der Welt (13)

Geht man vom U-Bahnhof Tsukiji bzw. an der Kreuzung der Harumi-dôri mit der Shin-Ôhashi-dôri nach rechts, Richtung Westen, kommt man nach wenigen hundert Metern zum „Bauch" Tokyos, dem **Tokyo Central Wholesale Market** (Tokyo Chûô Oroshiri Shijô), in dem sich der weltberühmte Fischmarkt befindet. Will man ihn jedoch erleben, wenn die Auktionen in vollem Gang sind, muss man noch vor

6 Uhr dort sein (So u. F und ein- bis zweimal pro Monat geschlossen).

Vom **Haupteingang** (*seimon*) geht man an den Gemüsehändlern vorbei und erreicht dann die Stände der 1600 Fischhändler, die sich auf einigen hundert Metern aneinanderreihen. Dann kommt man zum **Auktionsplatz für Thunfische,** dem berühmtesten Teil des Großmarktes. Sowohl die schwarz glänzenden, frischen Fische wie die dampfenden, gefrorenen sehen in ihrer Masse und Form sehr eindrucksvoll aus: Schwänze und Köpfe sind abgeschnitten, so wirken sie fast wie Bomben. Gewicht und Herkunft der Fische ist angegeben, sie kommen aus aller Welt hierher.

Die **Auktionen** finden frühmorgens gegen 5.50 Uhr statt. Bis 10 Uhr wird der ersteigerte Fisch von den Großhändlern verkauft und bis Mittag außerhalb des Marktes an den Ständen der Einzelhändler, der *jogai.* Wer durch das Marktgelände geht, muss auf den relativ hektischen Marktverkehr aufpassen, der Großmarkt ist nicht für Touristen organisiert. Es empfiehlt sich, unempfindliches Schuhwerk und entsprechende Kleidung anzuziehen.

Fisch in Japan

Kein Volk isst mehr Fisch und Meeresfrüchte als die Japaner. Sie konsumieren jährlich über 12 Millionen Tonnen Fisch, einschließlich 300.000 Tonnen Krabben, Hummer etc., die vor allem aus Südostasien nach Japan kommen. **Pro Kopf** sind das **72 kg im Jahr** (im Vergleich zu 12 kg in Deutschland, was in etwa dem Weltverbrauch entspricht, aber im Vergleich zu anderen hoch entwickelten Ländern sehr wenig ist).

Eine besondere Stellung nimmt bei den Japanern der vom Aussterben bedrohte **Blauflossen-Thunfisch** ein: Vom weltweiten Fang verzehren sie allein 90 % (262.000 Tonnen jährlich).

Am östlichen Rand des Marktes steht der bei den Marktleuten beliebte **Namiyoke-jinja-Schrein (12),** dessen Fest jährlich am 8. Juli stattfindet. Wer nicht nur zum Schauen gekommen ist, sondern auch zum **Essen,** kann sich in Tsukiji schon Sushi zum Frühstück genehmigen, z.B. bei Daiwa Sushi im 7. Abschnitt, Iwasa-Sushi neben dem Suijinja (6–14.30 Uhr) oder auch im bekannten Sushisei (siehe auch „Essen und Trinken"). Sushi in Fischmarktnähe ist nicht billiger, eher im Gegenteil, da der Fisch hier doch am frischesten ist.

Achtung: Aufgrund des stark angewachsenen Touristenstromes zu den Thunfischauktionen (insbesondere asiatische Reisegruppen) ist dieses Areal inzwischen nur noch zwischen 5 und 6.15 Uhr zugänglich (www.tsukiji.market.or.jp/tukiji_e.htm).

- Wer mehr wissen will, kann ins **Tsukiji Fish Information Center & Museum (11)** gehen: 6-20-5 Tsukiji, Tel. 3547-8824, Mo–Sa 10–16 Uhr, U: Tsukiji (Hibiya Line), 7 Min.

Am Südwestende der Insel steht der moderne Schiffsterminal **Tokyo Port Harumi Pier:** Vom Observatorium hat man einen schönen Blick auf die Tokyo-Bucht. Erwähnt werden sollten noch das **Marine Museum,** Hotel Mariner Court Tokyo, 4-7-28 Harumi, Tel. 5560-2523, und der moderne Gebäudekomplex des **Harumi Island Triton Square** mit der **Dai-ichi-seimei-Halle** (U: Kachidoki).

Einkaufen

- Neben dem Doppelkaufhaus **Mullion** ist hier insbesondere die **International Arcade** unter den Bahngleisen bekannt (s. Text: Harumi-dôri).
- **Printemps,** Tokyo-Filiale des berühmten Pariser Kaufhauses, in erster Linie Mode. 10–20 Uhr, Mi geschl., 3-2-1 Ginza (JR Yûrakuchô, U: Ginza/Ginza-itchôme), Tel. 3567-0077.
- **Jena,** englische, deutsche, französische Bücher, Zeitschriften, Foto- und Kunstbände, günstige Lage in der Ginza-Hauptstraße. Mo–Sa 10.30–19.50, So u. F 16.30, 3. So geschl., 5-6-1 Ginza (U: Ginza), Tel. 3571-2980.
- **Kôju,** 3-5-8 Ginza, Core Bldg. F4, an der Ginza-Hauptkreuzung; Tel. 3567-3286 o. -2104. Seit 1580 Hersteller von Weihrauch (kô), nun allerdings in moderner Umgebung.
- **Shimizu Camera,** Kameras. 4-3-2 Ginza (U: Ginza), Tel. 3564-1008.
- **Mikimoto,** Spitzengeschäft für Perlen mit Filialen in aller Welt, teuer. 4-5-5 Ginza.
- **Tokyo Pearl,** weniger teuer als Mikimoto, seit 45 Jahren in der Ginza, große Auswahl, Mi–Mo 11–19 Uhr, 6-16-3 Ginza (U: Higashi-Ginza), Tel. 0120-008-670 (gebührenfrei).
- **Apple,** mehrstöckiger Laden, kostenlose Internetbenutzung, tgl. 10–21 Uhr. 3-5-12 Ginza (U: Ginza), Tel. 5159-8200.
- **Diana,** Damenschuhe. 6-9-6 Ginza, Tel. 3573-4001.
- **Washington,** sehr gutes Schuhhaus, große Größen, nahe der Ginza-Hauptkreuzung, 5-

7-7 Ginza, Tel. 3572-5911. Die oberen Stockwerke des Gebäudes beherbergen das Flagschiff der preiswerten beliebten japanischen Marke **Uniqlo,** Tel. 3569-6781, tgl. 11–21 Uhr. U: Ginza oder Ginza Itchome.

● **Tachikichi,** spezialisiert auf Kiyomizu-Porzellan. 11–19 Uhr, So geschl., 6-13 Ginza (U: Ginza), Tel. 3571-2924.

● **Echigoya,** gute, aber teure Kimonos, Obis aus eigener Werkstatt, seit 200 Jahren im Geschäft. 10–19 Uhr, So u. F 12–18 Uhr, 2-6-5 Ginza (U: Ginza), Tel. 3561-1583.

● **Tsumugiya Kichihei,** berühmt für handgesponnene Baumwoll- und Seidenstoffe. 10–19 Uhr, So geschl., 5-9-20 Ginza (U: Ginza), Tel. 3571-0993.

● **Ginza-Kunoya,** berühmt für Kimono-Zubehör. 11–20 Uhr, 6-9-8 Ginza (U: Ginza), Tel. 3571-2546.

● **Itôya,** hauptsächlich Schreib- und Bürowaren. 9.30–19 Uhr, So u. F 10–18 Uhr, 2-7-15, Ginza (U: Ginza), Tel. 3561-8311.

● **Nihonshu Center:** neuer Name: **Sake Plaza,** neue Adresse: 1-1-1 Nishi-Shimbashi (genaue Adresse bei TIC).

● **Tokyo Kyûkyodô,** Schreibwaren, Postkarten, gute Papierabteilung, Zubehör für Weihrauchzeremonien (*kôdô*), 10–20 Uhr, 3. So geschl., 5-8-6 Ginza (U: Ginza), Tel. 3571-4429.

● **Ryûzendô,** Fachgeschäft für Teezeremonie. 10.30–19 Uhr, So 12–18 Uhr, 1. und 3. So geschl., 5-8-6 Ginza (U: Ginza), Tel. 3571-4321.

● **Tôtô Ginza Pavillon,** Spezialgeschäft für Gourmets, mit Kochbüchern aus aller Welt, Kaffee und Säfte gratis. 10–18 Uhr, Chûô-dôri, Ginza 7-chôme (U: Ginza), Tel. 3573-1010.

● **Shiseidô,** Hauptgeschäft des Kosmetikkonzerns, der auf Verbindung von Schönheit, Gesundheit und Kultur wert legt. 11–19 (So)/20 Uhr, Chûô-dôri, Ginza 7-chôme (U: Ginza), Tel. 3572-2121.

● **Wanya Shoten,** Fachgeschäft für Nô-Theater. 11–20 Uhr, 8-7-5 Ginza (U: Ginza, ggf. auch Shimbashi), Tel. 3571-0514.

● **Token Shibata,** Samuraischwerter und andere Waffen und Zubehör. In derselben Straße gibt es noch andere Geschäfte für traditionelles Kunsthandwerk; tgl. 10–18.30 Uhr, 5-6-8 Ginza (U: Ginza), Tel. 3573-2801.

Essen

Family Restaurants

● **Fujiya,** ¥, Familienrestaurant, Hamburger-Steak 780 ¥, Menüs ab 1660 ¥. Gegenüber Sony-Bldg. (U: Ginza), Tel. 3572-4594.

● **Cruise, Cruise,** ¥, beliebtes Lunch Buffet im Restaurant im Obergeschoss des Hankyu-Toshiba Bldg., preiswerte 2000 ¥ inkl. alkoholfreier Getränke.

● **Fiore,** ¥, Lunch-Büffet 2000 ¥ (keine große Auswahl, jedoch gute Qualität, vor allem das beliebte *Teppanyaki*-Rindersteak) im *Courtyard Tokyo Ginza Hotel,* F1, 6-14-10 Ginza, Tel. 3546 0111.

Kyôdo und Nihon Ryôri

● **Akita-kan,** ¥, regionale Küche aus Nord-Japan, Nudelgerichte ab 800 ¥. 17–22.30 Uhr, am Wochenende geschl., 4-13-17 Ginza (U: Ginza), Tel. 3541-9388.

● **Isaribi,** ¥/¥¥, preiswerte Hokkaido-Küche mit vielen Lachsgerichten. 17–2 Uhr, Sa bis 22 Uhr, So u. F geschl., 8-6-2 Ginza (U: Shimbashi), Tel. 3571-3923.

● **Kachô,** ¥¥, gute japanische Küche, günstiger Lunch: ab 2500 ¥. 11–21 Uhr, Ginza Core Bldg. B2, Chûô-dôri, Ginza 5-chôme.

● **Shimazutei,** ¥¥¥, Kagoshima-Küche aus Süd-Kyûshû, besondere Zutaten werden täglich frisch eingeflogen. 17–22 Uhr, So u. F geschl., Iijima Bldg. 2F, 6-4-8 Ginza (U: Ginza), Tel. 3574-6088.

● **Irimoya,** ¥¥, in einem weit über 100 Jahre alten Haus aus Fukushima (Nordost-Japan), ausschließlich traditionelle Küche mit Schwerpunkt auf Fisch und Huhn. Mo–Fr 17–23 Uhr, Sa 15–23 Uhr, So 15–22.30 Uhr, F3 Ginza Lion Bldg., 7-9-20 Ginza (U: Ginza), Tel. 3571-4384.

Japanisch-vegetarisch

● **Wasai,** ¥¥, luxuriöse, gesunde vegetarische Küche, große Getränkeauswahl. Mo–Fr 17–4 Uhr, Sa 17–23.30 Uhr, B1 Kawabata-Shinkan Bldg., 8-5-21 Ginza (U: Ginza o. Shinbashi), Tel. 6253-8570, www.vegedinning.com. Kreditkarten ok.

Kaiseki-Ryôri, Kappô

● **Jisaku**, ¥¥¥, direkt am Sumida-Fluss, existiert seit der Edo-Zeit, Spezialitäten Kaiseki, Sukiyaki, Shabu-Shabu, Mizutaki (Hühnerbrühe mit feinen Zutaten); ein besonderes Erlebnis, aber es hat seinen Preis: ca. 8000 ¥ für Mittag- und 20.000 ¥ inkl. Getränke für Abendessen; Damen in Gruppen ab vier bekommen alles für 6000–8000 ¥. 12–22 Uhr, 14-19 Akashi-chô (U: Tsukiji), Tel. 3541-2391.
● **Munakata**, ¥¥, ausgezeichnetes Mini-Kaiseki, ca. 3000 ¥. 11.30–16 Uhr und 17–22.30 Uhr, Mitsui Urban Hotel B1, 8-6-15 Ginza (U: Shimbashi), Tel. 3574-9356.

Sukiyaki Shabu-shabu

● **Kisoji**, ¥¥, u.a. Shabu-shabu, Lunch ab 1300 ¥. 11.30–14.30 und 17–21 Uhr, Ginza Jujiya Bldg. F5 (neben Ginza Core), Chûô-dôri, Ginza 5-chôme (U: Ginza).
● **Shabusen**, ¥¥, Shabu-shabu, günstiges Lunchmenü um 1500 ¥. Ginza Core Bldg. B1, F2, Chûô-dôri, Ginza 5-chôme (U: Ginza).
● **Zakuro**, ¥¥/¥¥¥, beliebtes, aber teures Shabu-shabu-Lokal. 11–21 Uhr, Ginza Sanwa Bldg. B1, 4-6-1 Ginza (U: Ginza), Tel. 3535-4421.

Sushi

● **Fukusuke**, ¥¥, preiswertes Lunchmenü um 1500 ¥. 11–22 Uhr, Toshiba Bldg. (hinter Hankyû) B2, Ginza 5-chôme (U: Ginza).
● **Jiro**, ¥¥¥, Tempel für Sushi-Enthusiasten, gilt als bestes Sushi-Lokal in Tokyo (3 Michelin Sterne), Lunch Nigiri 5000 ¥, abends ca. 20.000 ¥, *osusume* (Empfehlung vom Chef): 30.000 ¥. Besitzer *Jiro* ist über 80 Jahre alt. 11.30–14 und 17–20 Uhr, So und F, im Juli/August auch Sa geschl. Tsukamoto-Sozan Bldg., B1, 4-2-15 Ginza (U: Ginza), Tel. 3535-3600.
● **Nakata**, ¥¥, sehr beliebt, traditionell, Set ab 3300 ¥. 12–21.30 Uhr, So geschl., 6-7-19 Ginza (U: Ginza), Tel. 3571-0053.
● **Tsukiji-Tamazushi**, ¥/¥¥, auch Varianten nach westlicher Art, Lunch: 900 ¥, Abendessen ab 1500 ¥. 11–22 Uhr, 1-9-4 Tsukiji (U: Higashi-Ginza), Tel. 3541-1917.
● **Sushisei**, ¥¥, sehr gut und sehr beliebt, ca. 3000 ¥, 100–300 ¥ pro Stück. 8–13 und 17–

19.30 Uhr, Sa 10–14 und 17–21.30 Uhr; So geschl., direkt am Fischmarkt, 4-13-9 Tsukiji (U: Tsukiji), Tel. 3541-7720.
● **Edogin**, ¥¥, große Happen, volkstümliche Atmosphäre. 11–21.30 Uhr, So geschl., 4-51 Tsukiji (U: Tsukiji), Tel. 3543-4401.

Fugu/Unagi

● **Chikuyotei**, ¥¥, berühmt für die Aal-Gerichte, besonders beliebt im Sommer, *kabayaki* ab 2000 ¥. 11.30–14 und 16.30–20 Uhr, So u. F geschl., 8-14 7 Ginza (U: Higashi-Ginza), Tel. 3542-0787.
● **Tentake**, ¥¥, preiswerte Gerichte ab 3200 ¥, Menüs ab 7700 ¥, die 200 Sitzplätze sind meist belegt, im Sommer auch Aal. 12–22 Uhr, unterschiedlich geschl., 6-16-6 Tsukiji (U: Tsukiji), Tel. 3541-3881.
● **Tsukiji**, ¥¥, Lunch ab 1500 ¥. 8.30–19 Uhr, Ecke Nishi 5-bangai/Miyuki-dôri B1, Ginza 5-chôme (U: Ginza).

O-den

● **Otako Honten**, ¥/¥¥, unprätentiöses Lokal, aber das beste O-den in der Umgebung, besteht seit über 60 Jahren, ca. 3000 ¥. 12–14 und 17–22.30 Uhr, So und F geschl., 5-4-16 Ginza (U: Ginza), Tel. 3571-0057.

Tempura

● **Takeno**, ¥¥, Sashimi und *tempura moriawase* (gemischte Tempura-Platte), für die Großmarktarbeiter, entsprechend rau, aber herzlich, ca. 3000 ¥. 11–20.30 Uhr, So und F geschl., 6-21-2 Tsukiji (in einer Seitengasse der Harumi-dôri rechts, kurz vor der Kashidoki-Brücke, U: Tsukiji), Tel. 3541-8698.
● **Tsunahachi**, günstiges Tempura-Lunchmenü um 1500 ¥. 9–21 Uhr, Di geschl., Matsuya F8, Chûô-dôri, Ginza 3-chôme (U: Ginza).
● **Tenya**, günstig, Seitenstraße links von Matsuya.

Tonkatsu,Yakitori, Kushiage

● **Hayashi**, ¥/¥¥, Yakitori (Grill-Spießchen) zum selber brutzeln, die Einrichtung stammt aus Takayama; sehr gute Stimmung. 17–22.30 Uhr, So u. F geschlossen, 5-10-6 Ginza (U: Ginza), Tel. 3572-4584.

Stadtteile

●**Toriyasu**, ¥/¥¥, Yakitori-Lunchmenü um 1500 ¥. 11.30–13.30 und 17–21 Uhr, Mihara-dôri, nahe Hotel Seiyô (U: Ginza-itchôme).

Okonomiyaki/Monjayaki

●**Hanabishi**, ¥/¥¥, beliebt bei jungen Leuten. 17–22 Uhr, Sa 13–22 Uhr, So u. F bis 20 Uhr, 4-12-3 Ginza (U: Ginza), Tel. 3451-2877.
●Monjayaki während einer Bootsfahrt in Tokyo-Bucht: **Tsukishima Monjayaki Association**, 1-3-16-101 Tsukishima, Tel. 3533-6699.

Râmen/Soba/Udon

●**Sankichi**, ¥, pro Portion 210 ¥. 11.30–14.15 und 16.30–19.15 Uhr, So u. F geschl., Ginza 9, No. 3 Bldg. B1, 8-5 Ginza (JR/U: Shimbashi, Ausg. Ginza, 10 Min.), Tel. 3571-1525;
●**Senenya**, preiswertes Nudellokal, ab 240 ¥! Coupons vorher am Automaten kaufen, Suzurandori , 2. Querstraße rechts hinter Wakô.

Nomi-ya

●**Hachimaki Okada**, ¥¥¥, Nomi-ya für Bosse, feine Häppchen; wer bereit ist, etwa 12.000–17.000 ¥ (in bar) auszugeben, sagt zur Bedienung: „Omakase-shimasu" („Ich überlasse Ihnen die Auswahl"). 17–20 Uhr, So und Feiertag geschl., 3-7-21 Ginza (U: Ginza), Tel. 3561-0357.
●**Chichibu Nishiki**, ¥/¥¥, seit über 60 Jahren bestehendes, beliebtes Sake-Lokal einer Brauerei aus der benachbarten Provinz Saitama, in traditioneller Atmosphäre, Sake ab 600 ¥. 17–22.30, So u. F geschl., 2-13-14 Ginza (U: Ginza), Tel. 3541-4777.

Chinesisch

●**Eiki Chasô**, ¥¥, preiswerter Lunch, ca. 1500 ¥. 11.30–22.30 Uhr, San'ai Bldg. F6, Ginza 5-chôme-Kreuzung (U: Ginza).
●**Ginza Aster**, ¥¥, große Auswahl von einfachen bis raffinierten Gerichten, mehrere Filialen in Tokyo. 11.30–22 Uhr, Midori Bldg. 5-9-11 Ginza (U: Ginza), Tel. 3571-4550.
●**Kihachi China**, ¥¥, geschmackvoll, gutes Dim-Sum-Lunch, Reservierung empfohlen, 11.30–14.30, 18–21 Uhr, 2-3-6 Ginza (U: Ginza), Tel. 5524 0761.

Deutsch

●**Lohmeyers German Restaurant**, ¥¥, seit langem beliebt. 11.30–21.15, So u. F 11.30–20.45 Uhr, 5-3-14 Ginza (U: Ginza), Tel. 3571-1142.
●**Baden Baden**, Bierhalle unter den Bahngleisen, 2-1-8 Yurakucho, tgl. 17–22.30 Uhr, So/F 16–21 Uhr, Tel. 3508-2807. Nebenan befindet sich noch ein weiteres deutsches Lokal: **JS Lennep**, Gerichte um 1500 ¥, ebenso Bier, 16.30–23.30 Uhr, Tel. 3509-9712.

Italienisch

●**Aperio**, ¥¥, günstige italienische Lunchmenüs um 1500 ¥. 11.30–14 und 17.30–21 Uhr, B1, Yanagi-dôri, Ginza 1-chôme (U: Ginza-itchôme).
●**Trattoria Incontro**, ¥/¥¥, Lunch ab 900 ¥. 11–14.30 und 17–22 Uhr, Kami-Pulp-Kaikan 1F, 3-9-11 Ginza (U: Ginza), Tel. 3248-4881.

Rumänisch

●**Darye**, ¥¥, einziges rumänisches Lokal in Tokyo. 11.30–15 und 17–21.30, So geschl., 7-8-5 Ginza (U: Ginza), Tel. 3573-3630.

Thai/Südostasiatisch

●**The Siam**, ¥¥, günstiges Lunchmenü um 1500 ¥. 11.30–14 und 17.30–23 Uhr, World Town Bldg. F8, Ginza 5-chôme (U: Ginza).
●**Ganesa**, exotisches Interieur à la Bali, südostasiat. Küche, vernünftige Preise, Gedeck 1000 ¥, Mo–Fr 18–5, Sa 18–23.30 Uhr, Pacific Ginza Bldg 6F, 7-2-20 Ginza (U: Ginza), Tel. 5568 4312, Filialen in Shibuya & Shinjuku.

Amerikanisch

●**Farm Grill**, ¥¥, gutes, preiswertes, modernes amerikanisches Essen, Büffet 3000 ¥. 17–22 Uhr, Ginza-Nine Sangokan Bldg. F2, 8-5 Ginza (U: Ginza), Tel. 5568-6156.
●**Volks**, ¥¥, Steakhaus, günstige Lunchmenüs um 1500 ¥. 11.30–22 Uhr, Sports Shinko Bldg. B1, Ginza 5-chôme (U: Ginza); Filiale an der Chûô-dôri nahe Shimbashi, Ginza 8-chôme.

Cafés/Teestuben

●**Café Fontana,** hervorragend die üppigen Apfelkuchen mit Sahne, Mo–Fr 11–24 Uhr, Sa, So 14–23 Uhr, Abe Building B1F, 5-5-9 Ginza, (U: Ginza), Tel. 3572-7320

●**Ki No Hana,** friedlich, geschmackvoll, zum Lunch: Gemüsecurries, *John Lennon* war 1978 hier, Mo–Fr 10.30–21 Uhr, 4-13-1 Ginza (U: Higashi-Ginza), Tel. 3543-5280

●**Kimuraya Pan,** ¥, auf acht Stockwerken gibt es Lokale, Cafés und eine Bäckerei, unter Einheimischen berühmt für das Anpan-Brot (gefüllt mit Azuki-Bohnen), 10–21.30 Uhr, 4-5-7 Ginza (U: Ginza), Tel. 3561-0091.

●**Cha Ginza,** ¥, für Liebhaber japanischen Tees, empfehlenswert das Matcha Set für 500 ¥, zu genießen im lichtdurchfluteten 2. Stock (F3), 11–19 Uhr, Mo geschl., 5-5-6 Ginza (U: Ginza), Tel. 3571-1211.

●**Le Café Doutor Ginza,** direkt an der 4-chôme Kreuzung im San-ai Building gegenüber Wakô, beste Lage zum Leute beobachten, teurer als die anderen Cafés der Kette, aber auch mehr Auswahl.

Bars und Clubs

●**Pilsen,** immer beliebt, vernünftige Preise. Mo–Sa 12–22 Uhr, So u. F bis 21 Uhr, Kojunsha Bldg. F1, 6-8-7 Ginza (U: Ginza, Ausg. A1 oder B3), Tel. 3571-3443.

●**Sapporo Lion,** beliebt, seit 1934, hohe Decke, schöne Mosaike, erste Bierhalle Japans, mehrere Filialen. 11.30–23 Uhr, Ginza Lion Bldg. F1, 7-9-20 Ginza (U: Ginza, Ausg. A4), Tel. 3571-2590.

●**Strathisla,** mehr für Whisky-Freunde, eigener Whisky, elsässische Küche. 11.30– 23 Uhr, Yonei Bldg. 1F, B1, 2-8-20 Ginza (U: Ginza-Itchôme), Tel. 3535-3118.

●**Bar Cardinal,** britischer Pub, beliebt bei Geschäftsleuten und Office Ladies. 9–2 Uhr, Sony Bldg. B1, 5-3-1 Ginza (U: Ginza), Tel. 3573-0011.

●**Lupin,** beliebt und kaum verändert seit 1928, unter 2000 ¥. 17.30–23.30 Uhr, So u. F geschl., Tsukamoto Fudôsan Bldg. B1, 5-5-11 Ginza (U: Ginza), Tel. 3571-0750.

Unterkunft

●**Business Hotel Ban,** ¥/¥¥, 30 Zimmer, ab 8000 ¥. Neben dem Tsukiji-Honganji-Tempel, 3-17-10 Tsukiji (U: Tsukiji), Tel. 3543-8411.

●**Harumi Grand Hotel (10),** ¥¥, ab 20.000 ¥. 3-8-1 Harumi (U: Tsukiji), Tel. 3533-7111, Fax 3532-5315.

●**Ginza Tôbu Tokyo Renaissance Hotel,** ¥¥, 206 Zimmer, ab 18.000 ¥. 6-14-10 Ginza (U: Higashi-Ginza), Tel. 3546-0111, Fax -8990.

●**Ginza Tôkyû (2),** ¥¥, 440 Zimmer, ab 18.000 ¥, 5-15-9 Ginza (U: Higashi-Ginza), Tel. 3541-2411, Fax 3541-6622.

●**Mitsui Urban Ginza,** ¥¥, gute Lage, 253 Zimmer, ab 15.000 ¥. 8-6-15 Ginza (U: Shimbashi), Tel. 3572-4131, Fax 3572-4254.

●**Hotel Ginza Daitei,** ¥¥, ab 11.000 pro Person. 3-12-1 Ginza (U: Ginza/Higashi-Ginza), Tel. 3545-1111, Fax 3541-2882.

●**Atami-sô,** ¥¥/¥¥¥, früher Ryôkan, seit 1984 Hotel, nahe Kabuki-za, 76 Zimmer, ab 11.000 ¥. 4-14-3 Ginza (U: Higashi-Ginza), Tel. 3541-3621, Fax -3263.

●**Seiyô-Ginza,** ¥¥¥¥, elegantes, ruhiges Spitzenhotel mit 80 Zimmern, unkonventionelle Architektur, ab 50.000 ¥. 1-11-2 Ginza (U: Ginza-Itchôme), Tel. 3535-1111.

●**Ginza Capital Hotel,** ¥¥, für Ginza preisgünstige Zimmer, EZ 7600 ¥, DZ 13.200 ¥, Frauenstockwerk. 2-1-4 Tsukiji (U: Shintomichô), Tel. 3543-8211, www.ginza-capital.co.jp.

Stadtteile

Südlich des Kaiserpalastes: Yûrakuchô, Hibiya, Kasumigaseki

(Chiyoda-ku)

Yûrakuchô (Karte S. 234)

Yûrakuchô schließt sich westlich nahtlos an die Ginza an, ist jedoch weniger elegant. In der unmittelbaren Nachkriegszeit, als *General McArthur* in der Dai-Ichi Seimei Hall am Palastgraben sein Hauptquartier hatte, wimmelte es hier von US-Soldaten und Prostituierten und denen, die mit den GIs kleine oder größere Geschäfte zu machen hofften; es gab in der Gegend einen großen Schwarzmarkt.

Neben dem Dai-Ichi Seimei Building, wo die gleichnamige Versicherungsgesellschaft untergebracht ist, befindet sich im Kokusai Building das **Imperial Theater (2,** Teikoku Gekijô**)** und die dem Ölkonzern Idemitsu gehörende sehenswerte **Idemitsu Art Gallery (2),** mit Zenga (Zen-Bildern) von *Sengai,* dazu japanische und chinesische Malerei, Bronzen, Keramik, Kalligrafien, Holzschnitte und wechselnde Ausstellungen. Schön ist auch der Blick auf die Stadt (10–17 Uhr, Mo geschl., 500 ¥, Kokusai Bldg. F9, 3-1-1 Marunouchi, JR Yûrakuchô, U: Hibiya, Tel. 3213-3111).

Heute denken Einheimische bei Yûrakuchô vielleicht in erster Linie an gegrillte Hühnerspieße *(yaki-tori),* die es an der Eisenbahnunterführung am Yûrakuchô-Bahnhof gibt.

Von der Eisenbahnunterführung von Yûrakuchô sind es nur wenige Minuten zum Hibiya Park (Hibiya Kôen).

Hibiya (Karte S. 234)

Der Name von Hibiya, das ursprünglich eine Meeresbucht war, verbindet sich vor allem mit seinem Park, heute ein beliebter Treffpunkt für Verliebte und auch für Angestellte der zahlreichen Firmen der Umgebung während der Mittagspause oder am frühen Abend. Früher war der Park auch ein Ort großer Demonstrationen.

Der 16 ha große **Hibiya-Park** wurde 1903 als erster westlicher Park auf dem Gelände eines Exerzierplatzes angelegt. Um den Kaiserpalast herum lagen in der Tokugawa-Zeit die Residenzen der Daimyôs. Nach dem Fall des Shôgunats und dem Ende der Samurai-Zeit lagen große Grundstücke brach. Später entstanden dort die Konzentrationen des Regierungsviertels (Kasumigaseki) und des Big Business (Marunouchi, Ôtemachi, Nihombashi).

Hibiya ist abgesehen vom Park bekannt für seine **Theater** und **Kinos.** Zwei bekannte Theater sind **Nissei (9)** und das berühmte Frauen-Revuetheater **Takarazuka (10),** gegenüber dem vornehmen **Imperial Hotel (8)** gelegen, das 1890 errichtet wurde, seither aber zweimal sein Äußeres total änderte. Es war einst berühmt für die von *Frank Lloyd Wright* geschaffene Fassade, die unverzeihlicherweise aber schon 1967 einem größeren und moderneren Bau weichen musste. Von dessen Panoramarestaurant auf

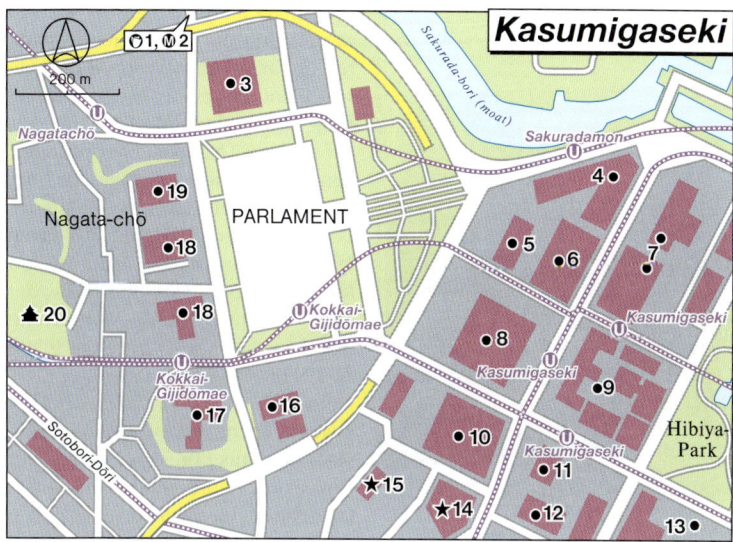

Kasumigaseki

○	1	Nationaltheater
Ⓜ	2	JCII Camera Museum
●	3	Parlamentsbibliothek
●	4	Polizeipräsidium
●	5	Transport- und Bauministerien
●	6	Innenministerium
●	7	Justizministerium und Gerichte
●	8	Außenministerium
●	9	Ministerium für Gesundheit, Arbeit und Landwirtschaft
●	10	Finanzministerium
●	11	Ministerium für Handel und Industrie
●	12	Ministerium für Post und Telekommunikation
●	13	Hibiya City
★	14	Toranomon-Konzerthalle
★	15	Kasumigaseki Building
●	16	Amt des Premierministers
●	17	Residenz des Premierministers
●	18	Unterhaus
●	19	Oberhaus
⛰	20	Hie-jinja-Schrein

Stadtteile

dem Dach bietet sich nachts ein guter Blick auf Park und Umgebung.

Südlich schließt sich an den Park die 1979 entstandene **Hibiya City (5)** an, die dem Rockefeller Center in New York nachempfunden wurde, einschließlich der Eisbahn (im Winter 11 – 19 Uhr). Sehenswert ist der NEC Showroom, daneben gibt es Dutzen-

de von Geschäften und Lokalen (U: Uchisaiwaichô, Toei-Mita-Linie).

Das Regierungsviertel Kasumigaseki

Ursprünglich hätte das Regierungsviertel auf dem Grund des Hibiya-Parks stehen sollen, aber der einem

Westlich an Kasumigaseki schließt sich **Nagata-chô, das Regierungsviertel,** an, in gewisser Weise das politische Zentrum seit der Meiji-Zeit: Hier steht das **Parlament** (Kokkaigijidô), auf Englisch „National Diet Building" genannt. Das sehr unjapanische, monumentale Gebäude mit Granitfassade wurde nach 17-jähriger Bauzeit 1936 fertiggestellt. Die Front ist 206 Meter lang und 21 Meter hoch, der Turm erreicht knapp 66 Meter Höhe (für Besucher Mo–Fr geöffnet 9.30–16.30 Uhr, 1-7-1 Nagatachô).

Steht man vor dem Gebäude, sieht man zur Rechten das Haus des Rates, das **Oberhaus** (**19,** *sangi-in*), und zur Linken das Repräsentantenhaus, das **Unterhaus** (**18,** *shugi-in*).

Vor dem Parlamentsgebäude erstreckt sich ein 55 ha großer Park mit dem **Parlamentsmuseum** und einem Uhrturm im nördlichen Teil sowie einem traditionellen japanischen Garten im Südteil. Hier stand früher die Kaiserliche Villa Kasumigaseki; südlich nebenan liegen das **Amt** (**16**) und die **Residenz des Premierministers** (**17,** nahe der U-Bahn-Station Kokkaigijidomae der Marunouchi-Linie).

Das sechsstöckige Stahlbetongebäude der **Parlamentsbibliothek** (**3,** National Diet Library) steht nördlich des Parlaments. Hier werden alle japanischen Veröffentlichungen, Bücher, Zeitschriften, Karten, aber auch Filme und Schallplatten gesammelt.

Das etwas weiter nördlich liegende **Nationaltheater** (Kokuritsu Gekijô), 1966 eröffnet und dem Sosoin-Schatzhaus in Nara bzw. Vorratsspeichern

Sumpf abgewonnene Boden war nicht für eine Ansammlung schwerer Gebäude geeignet. So enstand das Regierungsgelände hinter dem Park im Stadtteil Kasumigaseki. Zwischen den Ministerien und anderen Regierungsgebäuden des Viertels steht unübersehbar das **Kasumigaseki-Building** (**15,**) erbaut 1968, mit seinen heute bescheidenen 38 Stockwerken der erste Wolkenkratzer des erdbebengefährdeten Japan. Von einem der Lokale oder einem Bankettsaal im 35. Stock bietet sich ein schöner Blick auf die Stadt: Kaiserpalast, Ginza, Shimbashi und die Wolkenkratzer von Shinjuku.

Im Hibiya-Park

YÛRAKUCHÔ, HIBIYA, KASUMIGASEKI

251

der Jômon-Zeit nachempfunden, dient der Bewahrung und Förderung traditioneller Schauspielkünste. So enthält es ein Theater mit knapp 1750 Plätzen, in dem Kabuki, Tänze und alte Hofmusik (*gagaku*) aufgeführt werden. Im kleineren Theater mit 630 Plätzen sieht man vor allem Bunraku-Aufführungen. Es dient aber auch der japanischen Kunst des Geschichtenerzählens: *Kodan* und *Rakugo,* komische Geschichten. (3 Min. von der U-Bahn-Station Hanzomon der Hanzomon-Linie.)

Das **JC II Camera Museum** zeigt 4600 Kameras, davon 500 japanische Modelle; Prunkstück der Sammlung ist eine Giroux Daguerreotyp-Kamera. Di–So 10–17 Uhr, Erw. 300 ¥, Kinder frei, JC II Ichibanchô Bldg., 25 Ichibanchô (U: Hanzomon), Tel. 3263-7100.

Einkaufen

• Sehr günstig lässt es sich in den Geschäften, die in den **Tiefgeschossen** der **Regierungsgebäude** liegen, einkaufen. Im Ministerium für Land-, Forstwirtschaft und Fischerei gibt es sogar frischen Fisch und Gemüse, meist 10–50 % billiger als anderswo. Auch essen kann man dort sehr preiswert.

• **Bic Camera,** große Filiale des beliebten Elektro- und Elektronic-Discounters. Tgl. 10–21 Uhr, 1-11-1 Yûrakuchô (JR Yûrakuchô), Tel. 5221-1111.

• **Uyeda,** Perlen; sehr gutes Personal, preiswerter als Mikimoto. 1-2-15 Yûrakuchô, Chiyoda-ku; auch: Imperial Hotel, B1, 1-1-1 Uchisaiwai-chô, Tel. 3503-2587.

• **Hayashi Kimono,** Tokyos größte Kimonoboutique für Ausländer. Neben gebrauchten und neuen Kimonos (teuer) gibt es *happi coats* (Jacken) und *yukatas,* T-Shirts mit traditionellem Design. Mo–Sa 10–19 Uhr, So 10–18 Uhr, International Arcade, 2-1-1 Yûrakuchô, (U/JR Yûrakuchô), Tel. 3501-4012.

• **Muji,** bedeutet „ohne Muster", auch: „noname", und bietet Klamotten, Schreibwaren, Möbel, Lebensmittel, Souvenirs; beliebt bei jungen Leuten, die ihren ersten Haushalt einrichten. Tgl. 10–21 Uhr, 3-8-8 Marunouchi (JR/U: Yûrakuchô), Tel. 5208-8241.

• **Sakai Kokodô Gallery,** Holzschnitte, seit über 100 Jahren im Geschäft. 10–19 Uhr, So ab 11 Uhr, 1-2-14 Yûrakuchô (U: Yûrakuchô), Tel. 3591-4678.

• **Ishida Biwa-ten,** Musikinstrumente. 9–19 Uhr, So u. F geschlossen, 3-8-4 Toranomon (U: Toranomon), Tel. 3431-6548.

• **Japan Sword,** *das* Geschäft für japanische Schwerter. 9.30–18 Uhr, So geschl., 3-8-1, Toranomon (U: Toranomon), Tel. 3434-4321.

Essen

Japanische Küche, Kyôdo

• **Robata Honten,** ¥¥, rustikale Küche, ein Überbleibsel der Nachkriegszeit, geführt von *Inoue-san,* einem Dichter, der auch ab und zu internationale Dichterlesungen veranstaltet, ca. 5000 ¥. Unter den Bahngleisen in Richtung Imperial Hotel, 1-3-8 Yûrakuchô (U: Yûrakuchô), Tel. 3591-1905.

• **Donto,** ¥¥, günstiges Lunchmenü um 1500 ¥. 11–14 und 17–21.30 Uhr, So geschl., Yûrakuchô Denki Bldg. B1 (U: Yûrakuchô).

• **Ton Ton,** ¥, noch ein Relikt der Nachkriegszeit, fünf Yakitori (Hühnerfleischspieße) für 350 ¥, Sake 180 ¥. 17–23 Uhr (JR Yûrakuchô, unter der Eisenbahnbrücke).

• **Shokudô Wan,** ¥, neue japanische Küche in moderner Umgebung, ab 800 ¥. 11.30–22.30 Uhr, So geschl., Hibiya Chûnichi Bldg. F1, 2-1-4 Uchisaiwaichô (U: Uchisaiwaichô), Tel. 3503-2671.

Izakaya

• **Takara,** ¥¥, Izakayagerichte, dazu Tapas, berühmt für die große Auswahl an Reiswein. Mo–Fr 11.30–14.30 und 17–23 Uhr, Sa–So und F 11.30–14.30 und 17–22 Uhr, Tokyo International Forum B1 Concourse, 3-5-1 Marunouchi (U/JR Tokyo oder Yûrakuchô), Tel. 5223-9888.

Chinesisch

● **Keiroku**, ¥/¥¥, beliebt bei Studenten aus Südostasien. 11.30–22 Uhr, So geschl., 1-2-8 Yûrakuchô (U: Yûrakuchô), Tel. 3580-1948.

Indisch

● **Maharao**, ¥¥, preiswerte nordindische Küche, sehr beliebt. 11–22 Uhr, Mitsui Bldg. B1, 1-1-2 Yûrakuchô (U: Hibiya), Tel. 3580-6423.

Thai

● **Chiang Mai**, ¥¥, authentische Thai-Küche, beliebt. 11.30–23 Uhr, Sa geschl., Kaede Bldg., 1-6-10 Yûrakuchô (U: Yûrakuchô, Westausgang), Tel. 3580-0456.

Italienisch

● **Buono Buono**, ¥¥, beliebt und geräumig, Lunch ab 1600 ¥, Abendessen ca. 6000 ¥. Täglich 11.30–22.30 Uhr, Nishi-Ginza Department Store 2F, 4-2-15 Ginza (U: Yûrakuchô), Tel. 3566-4031.

Französisch

● **Apicius**, ¥¥¥, gute Wildgerichte, Herrenclubdekor, Lunch ab 5000 ¥, Abendessen über 10.000 ¥. 11.30–13.30 und 17.30–20.30 Uhr, So geschl., 1-9-4 Yûrakuchô (U: Yûrakuchô), Tel. 3214-1361.

Bars, Discos, Revue

● **Old Imperial Bar**, klassische Hotelbar für ruhige Momente. Imperial Hotel, Hauptbau, 1-1-1 Uchisaiwaichô (U: Hibiya), Tel. 3504-1111.
● **Antwerp Central**, ¥, stilecht eingerichtetes Restaurant, Kopie einer Bar aus den 1930er-Jahren, europäische Gerichte passend zu belgischen Biersorten. Mo–Fr 11–4 Uhr, Sa, So, F 11–24 Uhr, B1 Tokyo Bldg. „TOKIA", 2-7-3 Marunouchi (U/JR Tokyo), Tel. 5288-7370, www.belgianbeercafe.jp.
● **Radio City**, große Disco, sehr beliebt, Einlass nur in guter Kleidung, ab 5000 ¥ inkl. Getränke und Essen. 17–24 Uhr, Toho Twin Tower Bldg. B2, 1-5-2 Yûrakuchô (U: Hibiya), Tel. 3503-3675.

● **Tokyo Takarazuka Theater**, Revuetheater, fast alle Darstellerinnen sind Frauen, sehr beliebt, vor allem bei weiblichen Teenagern; romantische Tänze, Gesangsnummern. 1-1-3 Yûrakuchô (U: Hibiya), Tel. 3591-1711.

Unterkunft

● **Imperial** (*Teikoku*) **Hotel**, ¥¥¥¥, das klassische Tokyoter Luxushotel besteht seit 1890, direkt am Hibiya-Park gelegen nahe Regierungsvierteln und Ginza; viele Gruppenreisende, gute Lokale, insbesondere die Sushi-Bar; 1059 Zimmer, ab 35.000 ¥. 1-1-1 Uchisaiwai-chô (JR Yûrakuchô, U: Hibiya), Tel. 3504-1111, Fax 3581-9146.

Das Viertel des Luxus: Akasaka
(Minato-ku)

Dieses Viertel steht für **teure Abendunterhaltung.** Die traditionellen Gasthäuser, Ryôtei, in denen hinter schlichter sandfarbener Fassade Politik und Business gemacht wird, sind für Nichteingeweihte unerschwinglich, sie werden wohl nicht einmal eingelassen. Das gilt für Touristen wie für Einheimische. Heute noch werden wie damals Geishas in Rikshas zum Einsatz in den Lokalen gefahren. In der Blütezeit gab es 50.000 solcher zweirädriger Gefährte. Die Akasaka-Geishas galten früher als drittrangig, doch mit dem Einzug der Politiker erhöhte sich ihr Ruf, heute gehören sie zu den angesehensten der Stadt.

Der Name Akasaka bedeutet „Rote Hügel". In der Tat gibt es hier viele kleine Hügel, auf denen nach Auszug

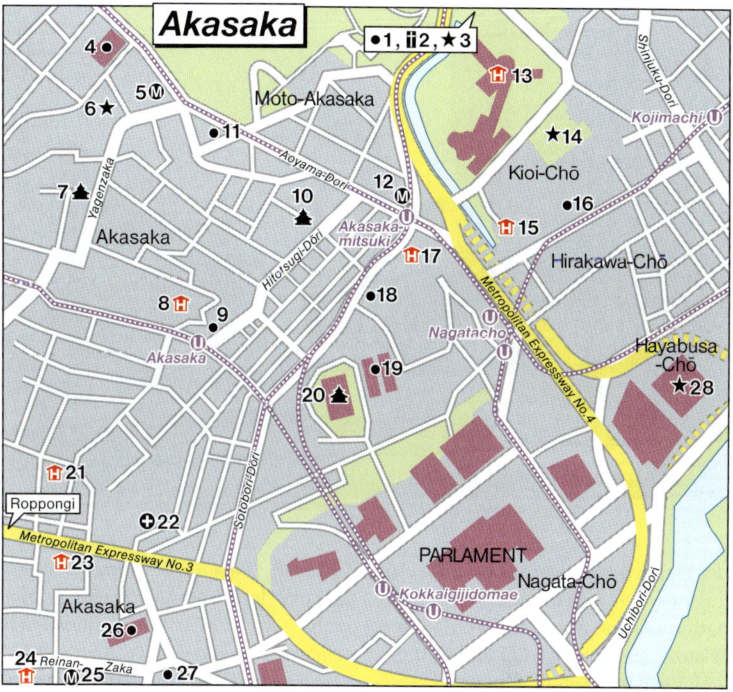
Akasaka
•1, 2, ★3
4
5
6
Moto-Akasaka
11
13
14
Kojimachi
Shinjuku-Dori
Kioi-Chō
Aoyama-Dori
12
10
7
Yagenzaka
Akasaka
16
15
Akasaka-mitsuki
17
Hitotsugi-Dōri
Hirakawa-Chō
18
8
9
Metropolitan Expressway No. 4
Nagatacho
Akasaka
Hayabusa -Chō
19
28
20
21
Roppongi
22
Sotobori-Dōri
Metropolitan Expressway No. 3
23
PARLAMENT
Nagata-Chō
Kokkaigijidomae
Uchibori-Dori
Akasaka
26
24
Reinan-Zaka
25
27

- • 1 Sophia-Universität,
- 2 St.-Ignatius-Kirche
- ★ 3 Akasaka-Palast
- • 4 Kanadische Botschaft
- M 5 Sōgetsu Kaikan
- ★ 6 OAG-Haus (Goethe-Institut)
- 7 Tempelbezirk, Hitotsugi-Park
- H 8 Shanpia Hotel
- • 9 Fernsehsender TBS
- 10 Jōdoji- und Jōgenji-Tempel
- • 11 Polizei
- M 12 Suntory Art Museum
- H 13 New Otani
- ★ 14 Shimizudani Park
- H 15 Grand Prince Hotel Akasaka
- • 16 NHK-Fernsehturm
- H 17 Akasaka Tokyū Hotel
- • 18 Sanno Grand Building
- • 19 Hibiya High School
- 20 Hie-jinja-Schrein
- H 21 Hotel Tōkyū Kankō
- 22 Akasaka Hospital
- H 23 ANA Hotel Tokyo
- H 24 Okura
- M 25 Okura Shukokan Museum
- • 26 US-Botschaft
- • 27 Kyodo Press Building
- ★ 28 National Theater

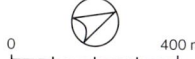

0 400 m

230to Fotos: ml

der Daimyô (die hier während der Tokugawa-Zeit ihre großen Residenzen hatten) Akane angebaut wurde, eine Pflanze, aus der ein roter Farbstoff gewonnen wird, daher der Name.

Heute ist das Viertel Heimat einiger der bedeutendsten **internationalen Luxushotels** der Stadt: New Otani, Akasaka Prince, Akasaka Tokyû, im Volksmund wegen der gestreiften Fassade oft „Pajama- (Pyjama-) Hilton" genannt. In diesem Viertel gibt es aber nicht nur Luxushotels, sondern auch relativ preiswerte wie das Asia Kaikan.

In Akasaka findet man die Deutsch-Japanische Handelskammer sowie die Ostasiatische Gesellschaft mit dem **Goethe-Institut (6).** Auch die amerikanische Botschaft liegt hier.

In den Einkaufspassagen der großen Hotels gibt es jede Menge Luxusgegenstände zu erstehen. Der **Fernsehsender** TBS (Tokyo Broadcasting System) trägt dazu bei, dass sich in den Hunderten von kleinen Lokalen, Bars und Cabarets, Discos, Rock- und Jazzclubs in den Seitengassen viele Fernsehpersönlichkeiten einfinden.

Erwähnt werden muss aber auch der **Hie-jinja (20),** welcher zu den bedeutendsten Schreinen Tokyos gehört.

Die Sotobori-dôri

Rundgang

Ein guter Ausgangspunkt für einen Bummel durch das Viertel Akasaka ist die **U-Bahn-Station Akasaka-Mitsuke.** Wenn man an der Kreuzung der Aoyama-dôri mit der Sotobori-dôri nach Norden blickt, fallen die zwei großen Hotels auf, die zu den besten der Stadt zählen: rechts das von *Kenzo Tange* entworfene **Grand Prince Hotel Akasaka (15),** dessen alter, europäisch wirkender Bau rechts davon heute einen Bankettsaal und ein französisches Restaurant beherbergt. Dieses ursprüngliche Gästehaus des Hotels war auch einmal Residenz von Mitgliedern des früheren koreanischen Herrscherhauses. Im 40. Stock des neueren Gebäudes gibt es eine Cocktail Lounge mit hervorragender Aussicht (s. auch „Bars").

Der Hotelkomplex links davon ist das **New Otani (13)** mit seinen drei Teilen, dem alten 17-stöckigen Hauptbau aus dem Jahre 1963 (rechtzeitig zur Olympiade 1964 erbaut), dem 40-stöckigen Tower von 1974 und dem 1991 fertiggestellten 30-stöckigen Garden Court, in dem sich das kleine New Otani Art Museum befindet, mit Werken aus der Sammlung des Hotelgründers *Yonejiro Otani* (vor allem japanische Maler wie *Shôen Uemura* und *Taikan Yokoyama* sind vertreten). Sehenswert ist der im japanischen Stil angelegte 400 Jahre alte Hotelgarten, den man begehen kann, ohne Gast des Hotels sein zu müssen. Zugang hat man durch die Einkaufspassage des Garden Court. Direkt hinter dem

New Otani beginnt das Gelände der sehr angesehenen katholischen **Sophia-Universität** (Jochi Daigaku) mit der **St. Ignatius-Kirche.**

Westlich gegenüber dem New Otani und der Sophia-Universität liegt das weitläufige, für die Öffentlichkeit gesperrte Gelände des **Akasaka-Palastes** mit dem Akasaka-Staatsgästehaus *(geihin-kan).* Dieses äußerlich dem Buckingham Palace und innen dem Schloss von Versailles ähnelnde Gebäude wurde 1908 fertiggestellt und 1974 renoviert. Früher standen hier Wohnhäuser der mit den Shôgunen verwandten Daimyô-Familie *Kishu* (Station der JR Chûô Line: Yotsuya).

Vor den beiden Hotels am nordwestlichen Eck der Akasaka-mitsuke-Kreuzung ist das **Suntory Art Museum (12)** am Beginn der Aoyama-dôri untergebracht. Es zeigt Genremalerei, Volkskunst, alte Möbel und andere handwerkliche Erzeugnisse, Lackwaren, Glas, Keramik, Kostüme und Masken, besitzt einen Raum für Teezeremonie und hat insgesamt 2000 Exponate. (10–17 Uhr, Fr 10–19 Uhr, Mo geschl., 500 ¥, F 300 ¥; Suntory Bldg. F11, 1-2-3 Moto-Akasaka, U: Akasaka-Mitsuke, Tel. 3470-1073.)

Wenn man ab der Kreuzung die Aoyama-dôri entlanggeht und an der Tamachi- und Misoji-dôri vorbei in die dritte Querstraße links einbiegt, kommt man in die bekannte **Hitotsugi-dôri.** Diese 600 Meter lange Straße, die von der Aoyama-dôri zum privaten Fernsehsender **TBS (9)** führt, hat sich wegen der dort arbeitenden Fernsehleute zu einem munteren Vergnü-

Stadtteile

gungsviertel entwickelt: Cafés, vornehme Restaurants, Bars und Discos säumen die Straße, entsprechend lebhaft geht es dort während der Mittagspause und abends zu. Auch die beiden parallel verlaufenden Straßen sind Teil des Lokalviertels von Akasaka.

Gleich die erste Querstraße nach 100 Metern führt rechts zum **Akasaka-Fudôsan-Tempel,** der 1622 errichtet wurde und zur Shingon-Sekte gehört. Der verehrte Gott Fudô-Myôô ist ein Beschützer der Geschäftsleute und vertreibt böse Geister.

Von der Mitte der Hitotsugi-dôri bietet sich nochmals ein Abstecher zur Rechten an, zu den **Tempeln Jôdoji** und **Jôgenji (10).** Etwas weiter führt links eine Querstraße zurück Richtung Sotobori-dôri. Nahe der Kreuzung dieser Straße mit der Tamachi-dôri gibt es den japanischen Fastfoodladen Gyû Don Don („Rindfleisch auf Reis"), gegenüber steht das koreanische Lokal Yakiniku House Bari-Bari, wo es Lunch für 1000 ¥ gibt.

Jenseits der Sotobori-dôri führen zwei Wege hinauf zum berühmten **Schrein Hie-jinja (20),** im Volksmund auch Sannô Sama genannt. In der Edo-Zeit war dieser 1478 von Ôta Dôkan gegründete Schrein einer der bedeutendsten, weil er der Schutzgottheit der herrschenden Tokugawa-Familie geweiht worden war. Er dient heute dem Schutz vor Fehlgeburten und Kinderkrankheiten. Der im klassischen Shintô-Stil erbaute, im Großen Feuer von 1657 verbrannte und am jetzigen Platz unter Ietsuna 1659 neu errichtete Schrein fiel nach einem der zahlreichen Luftangriffe 1945 ein zweites Mal den Flammen zum Opfer. Das Schreingebäude wurde 1959, das Tor 1962 wiederaufgebaut.

Die beiden Wege führen von der Rückseite zum Schrein, der linke, von torii gesäumte führt zu einem Inari-Schrein. Oben gibt es ein kleines Museum, das über das Schreinfest informiert.

Das **Schreinfest Sannô Matsuri** findet in großem Stil alle zwei Jahre vom 10. bis zum 16. Juni statt (2010, 2012 etc.) und gehört zu den drei großen Festen Tokyos. Der Schrein ist der Berggottheit Ô-yama Kui-no-Kami geweiht. Dessen Bote ist der Affe, wie unschwer am Treppenaufgang zu sehen ist. Der Schrein liegt 5 Min. Fußweg von der U-Bahn-Station Asakusa der Chiyoda-Linie entfernt und etwa gleich weit von der Station Akasaka-Mitsuke und dem Bahnhof Kokkai-gijido-mae der Marunouchi und Chiyoda-Linie.

Wenn man auf der Vorderseite des Hie-Jinja-Schreins über die eine der Treppen (otoko- bzw. onna-zaka) hinuntergeht, kommt man ins Zentrum der Politik, nach **Nagata-chô.** Gleich hinter dem Hie-Schrein liegt das Parlament (s. Kap. Kasumigaseki).

Geht man vom Hie-jinja-Schrein die Sotobori-dôri ein Stück nach Süden, kommt man zur Akasaka-dôri. Vorbei am U-Bahnhof Akasaka führt nach wenigen hundert Metern ein Abstecher durch den kleinen **Hitotsugi-Park (7)** hindurch zu einer Gruppe von **Tempeln** (Hôdo-, Shutoku-, Senpuku-, Dôkyô- und Entsûji-Tempel). Die Straße zwischen den letzten beiden Tempeln führt von hinten zur OAG Hall, dem Saal der **Ostasiatischen Gesellschaft** mit dem Goethe-Institut **(6)** und der architektonisch sehr interessanten **kanadischen Botschaft (4)**.

An der Aoyama-dôri liegt das moderne Hochhaus des **Sôgetsu Kaikan (5)** mit Ikebanaausstellungen der *Sôgetsu Ikebana Schule,* die als moderner und unkonventioneller gilt, Mo-Do, Sa 10–17, Fr 10–20 Uhr, Tel. 3408-1126, www.sogetsu.or.jp, U: Aoyamaitchome, Ausg.4.

Einkaufen

Akasaka ist kein berühmtes Einkaufsviertel. Dennoch gibt es eine Reihe interessanter Läden.

●**Tasaki Pearl,** Perlen, in vielen Hotels vertreten, aggressives Marketing, gute Qualität; die Krone der „Miss Universe" ist von Tasaki (Wert rd. 435.000 €), Touristendemonstrationen im Hauptgeschäft. 3-3 Akasaka.

●**Ayahata,** antike und gebrauchte Kimonos, große Preisspanne; auch Obi, Furoshiki, Hanten, blau-weiße traditionelle Kleidung. 11–20 Uhr, So u. F geschl., 2-21-2, Akasaka (U: Akasaka), Tel. 3582-9969.

●**Inachu Japan,** Lackwaren, mit eigener Fabrik in Wajima, Präfektur Ishikawa. 10–19 Uhr, 1-5-2 Akasaka (U: Akasaka), Tel. 3582-4451.

●**Enderle Book Co. Ltd.,** deutsche (Schul-)Bücher. Mo–Fr 10–18 Uhr, Sa bis 17 Uhr, Ichiko Bldg. 1-5 Yotsuya (JR Yotsuya), Tel. 3352-2481.

●**Bonjinsha,** Reisenauswahl an Lehrbüchern, Wörterbüchern usw., auch Postkarten, Souvenirs, dazu kostenloser Kaffee, 1-3-13 Hirakawa-chô (JR Yotsuya, U: Kôjimachi) 10–19 Uhr, Tel. 3239-8673, www.bonjinsha.com.

●**Chikuyusha,** Musikladen mit Shakuhachi-Schule (U: Yotsuya-sanchôme) 10–17 Uhr, So u. F geschl., 3 San'eicho, Tel. 3351-1270.

●**Fuji Fine Arts,** beliebter Antiquitätenladen in der Nähe des Tokyo American Club, 2-3-20 Azabudai (U: Kamiyachô), 10.30–18.30 Uhr, Di geschl., Tel. 3582-1870.

●**Shiki,** Kimonos, traditionelle Kosmetika aus Kyôto, Foto-Shooting im Maiko-Make-up (Kostüm, sechs Portraits mit Album 9950 ¥) oder Samurai-Outfit (Kostüm, vier Portraits mit Album 8900 ¥), F4 Serie Bldg. 4-1-3 Kojimachi (U: Kojimachi), tgl. 11–21 Uhr (reservieren), Tel. 5226-6660, www.maiko-henshin.com.

Essen

Japanisch

●**Hayashi,** ¥¥, rustikales Yakitori-Lokal im Takayama-Stil zum Selberbrutzeln, nette Atmosphäre. 11.30–13.30 und 17.30–23 Uhr, So u. F geschl., Sanno Kaikan F4, 2-14-1 Akasaka (U: Akasaka), Tel. 3582-4078.

●**Sushisei,** ¥¥, gutes preiswertes Sushi, ca. 3000 ¥. 11.45–14 Uhr und 17–22.30 Uhr, Sa 16.45–22 Uhr, So u. F geschl., 3-11-14 Akasaka (U: Akasaka-mitsuke), Tel. 3582-9503.

●**Tsuji-tome,** ¥¥¥, eines der berühmtesten Kaiseki-Restaurants, Lunch-Menü ab 20.000 ¥, Abendessen ab 28.000 ¥; *Tsuji-san* ist Autor vieler Kochbücher. 12–21 Uhr, So oft geschl., Toraya 2 Bldg., 1-5-8 Moto-Akasaka (U: Akasaka-mitsuke), Tel. 3403-3984.

●**Yama no Cha-ya,** ¥¥¥, exquisite Teehausgerichte, u.a. Aal-Spezialitäten, Lunch 15.000 ¥, Abendessen 17.000 ¥. 11.30–13.30 und 18–19 Uhr, So/F geschl., 2-10-6 Nagata-chô (U: Akasaka-mitsuke), Tel. 3581-0656.

●**Yusan,** ¥¥/¥¥¥, Kaiseki für Einsteiger, klein, schlicht, 8-9 Gänge, 8000 ¥. Nahe Akasaka Prince Hotel (U: Akasaka-mitsuke), Mo–Sa 17–20 Uhr, 2-14-12 Hirakawa-chô, Tel. 3237-8363.

●**Zakuro,** ¥¥, Shabu-Shabu, beliebt, preiswert. 11–22 Uhr, Akasaka TBS Kaikan B1, 5-3-3 Akasaka (U: Akasaka), Tel. 3582-6841.

●**Nagaura Soba,** ¥/¥¥, Soba nach Rezept eines Zen-Tempels, rustikal. Akasaka Tôkyû B1, 11.30–21 Uhr, So geschl., Tel. 3581-0954.

●**Kitakura,** ¥¥, gutes Robatayaki und Sashimi, Zutaten aus Hokkaidô. Mo–Fr 17–23 Uhr, F4 Akasaka KT Bldg., 3-16-7 Akasaka (U: Akasaka), Tel. 3224-9298.

Stadtteile

●**Ninja,** ¥¥, Lokal im Edo-Stil, Bedienung durch Ninjas, ein Labyrinth dunkler Zimmer. Mo–Sa 17–2 Uhr, So/F 17–23 Uhr, F1 Akasaka Tokyu Plaza, 2-14-3 Nagatacho (U: Akasaka-mitsuke), Tel. 5157-3936.

●**Umaya,** ¥¥, trad. japanische Küche und Atmosphäre, ausgezeichnete Zutaten, viele vegetarische Gerichte, Mo–Sa 11–13.30, 17–01 Uhr, 4-2-24 Akasaka (nahe Akasaka Fudôsan Schrein (s. Rundgang), U: Akasaka-mitsuke, Ausg. Belle Vie.

●**Asterix,** ¥¥, populär für Lunch, gute Portionen, aber wenig Platz, Mo–Sa 11.30–14, 18–22 Uhr, Tel. 5561-0980, 6-3-16 Akasaka, B1, U: Akasaka, Ausg.6/7.

Chinesisch

●**Hokkai-en,** ¥¥, exzellente Peking-Küche, ca. 6000 ¥. 11.30–15 Uhr und 17–22.30, So u. F 17–22 Uhr, 2-12-1 Nishi-Azabu (U: Nogizaka), Tel. 3407-8507.

●**Keitokuchin Hanten,** ¥¥, benannt nach berühmter chinesischer Keramik, die auch zum Servieren der Speisen teilweise benutzt wird. 11–22 Uhr, 3-16-7 Akasaka (U: Akasaka-mitsuke), Tel. 3585-4821.

●**Rikyu,** ¥¥, gut, beliebt, laut; Lunch ab 1500 ¥, Abendessen ab 6000 ¥. Täglich 11–21.30 Uhr, Plaza Mikado B1, 2-14-6 Akasaka (U: Akasaka), Tel. 5570-9323.

●**Sannô Hanten,** ¥¥, eines der beliebtesten China-Lokale. 11.30–22 Uhr, 2-12-4 Nagatacho (U: Akasaka-Mitsuke), Tel. 3581-2451.

●**Shikawa Hanten,** sehr beliebt im Sommer, *hiyashi chuka* (kalte Nudeln mit Gemüse, Huhn und Sesamsoße). 11.30–14 und 17–22 Uhr, Zenkoku Ryokan Kaikan, 5-6F, 2-5-5 Hirakawa-cho (U: Nagata-chô), Tel. 3263-9371.

Love-Hotel in Akasaka

Koreanisch

● **Mugyudon,** ¥/¥¥, gute, authentische familiäre Küche, beliebt und preiswert, am besten zu mehreren, ca. 2500 ¥. 17–23.30 Uhr, So/F geschl., Akasaka Sangyo Bldg. F2, 2-17-74 Akasaka (U: Akasaka), Tel. 3586-6478.

Indisch

● **The Taj,** ¥¥, europäisches Ambiente, erstklassische indische Küche, beliebt beim Personal der indischen Botschaft, 1300–4500 ¥. 11.30–14 und 17.30–22 Uhr, Sa/So/F 11.30–15 und 17–21.30 Uhr, 3-2-7 Akasaka (U: Akasaka-mitsuke), Tel. 3586-6606.

● **Moti,** ¥¥, nordindische Küche, seit vielen Jahren sehr beliebt, nicht sehr scharf. Mo–Sa 11.30–22.30 Uhr, So u. F 12–22 Uhr, Kinpa Bldg. F3, 2-14-31 Akasaka (U: Akasaka, Ausgang 2), Tel. 3584-6640; Filiale in Akasaka-Mitsuke, Akasaka Floral Bldg. F2, 3-8-8 Akasaka, Tel. 3582-3620.

Vietnamesisch

● **Aodai,** ¥¥, sehr beliebt. Mo–Sa 11–14 Uhr und 17–23 Uhr, So 17–23 Uhr, U: Akasaka, Ausgang 7, Tel. 3583-0234.

Deutsch

● **Bei Rudi,** ¥¥, Musik, Gesang, gute Stimmung. 17–24 Uhr, So u. F geschl., 1-11-45 Akasaka (U: Akasaka), Tel. 3583-2519.

● OAG-Club **„Kreisel",** ¥¥, typisch deutsche Küche, gute Würste, beliebte Rote Grütze. 11.30–22 Uhr, So geschl., OAG-Haus, 7-5-56 Akasaka (U: Aoyama-itchome), Tel. 3583-9487.

● **Zum Eichenplatz,** ¥, deutsche rustikale Gemütlichkeit, gute Auswahl an Bieren, importierte chemie-freie Würste, bei Gruppen ab 10 Personen Trinken ohne Limit für 2700 ¥. Mo–Fr 11.30–15 und 17.30–23.30 Uhr, Sa 17.30–23 Uhr, F2 Akasaka Dori No. 50 Bldg. 5-5-11 Akasaka (U: Akasaka), Tel. 5545-6623.

Französisch

● **Aux Bacchanales,** ¥–¥¥, authentisches Pariser Café mit interessant gemischtem Publikum. Mo–Sa 10–23 Uhr, So/F 11–23 Uhr, 1. So/Monat geschl., F2 Ark Mori Bldg, 1-6 Akasaka (U: Akasaka), Tel. 3582-2225.

Italienisch

● **Granata,** ¥¥, lebhaft, volkstümlich, Lunch ab 1500 ¥, Wein ab 3800 ¥. Tgl. 11–21.30 Uhr, TBS Kaikan Bldg. B1, 5-3-3 Akasaka (U: Akasaka), Tel. 3582-3241.

Schweizerisch

● **Chez Prisi,** ¥¥, gute, ehrliche Schweizer Kost. 11–15 und 17.30–23 Uhr, Sa 17.30–23 Uhr, So/F geschl., Eiraku Bldg. B1, 2-12-33 Akasaka (U: Akasaka), Tel. 3224-9877.

Spanisch

● **Los Platos,** ¥¥, geräumig, beliebt sind *tapas variadas* für 3000 ¥, dazu Brot und *vino tinto*. 12–22 Uhr, So/F geschl., 6-13-11 Akasaka (Akasaka), Tel. 3505-5225.

Türkisch

● **Asena,** ¥¥, gute Vorspeisenplatte, Buffet 3500 ¥, Bauchtanz Fr/Sa. 5-5-11 Akasaka (U: Akasaka), Tel. 3505-5282.

Israelisch

● **Pita the Great,** ¥, hervorragendes Falafel, Hummus und Pitabrot. Mo–Fr 11.30–18 Uhr, F2 Akasaka Twin Tower, 2-11-7 Akasaka (U: Tameike-Sanno), Tel. 5563-0851.

Amerikanisch

● **Tokyo Joe's,** ¥¥/¥¥¥, Spezialität: Steinkrebse aus Florida; Crab Lunch: 2800 ¥, Florida Dinner: 7000 ¥. 2-13-5 Nagatachô (U: Nagatachô), Tel. 3508-0325.

Vegetarische Küche

● **Akasaka Tofu-ya,** ¥¥. Tgl. außer Sa/So/F 17–23 Uhr, Sanyo Akasaka Bldg. 1F, 3-5-2 Akasaka (U: Akasaka, Akasaka-mitsuke), Tel. 3582-1028.

Bars, Clubs und Discos

● **Beer Terrace Sekirei,** im Park des Meiji-Jingu Outer Garden. Mai–Sept. 17–21.30 Uhr, 2-2-23 Meiji Kinen-kan (U: Aoyama-itchome), Tel. 3403-1171.

Stadtteile

●**Palm Tree Square,** Bier unter Palmen. 17–21.30 Uhr, Tokusetsu Ôkugai Space, 1-2 Kioichô (U: Akasaka-mitsuke), Tel. 3234-1111.

●**Los Platos,** spanische Bar, gute Tapas und Weine. 11.30–22.30 Uhr, Terrace Akasaka, 6-13-11 Akasaka (U: Akasaka), Tel. 3583-4262.

●**New Latin Quarter,** seit langem beliebter Hostessenclub mit Cabaret. 18.30–1.30 Uhr, Show 20.30 und 22.30 Uhr, 2-13-8 Nagatacho (U: Akasaka-mitsuke), Tel. 3581-1326.

●**Ronde,** alles in Gold getaucht, Musik gedämpft, Disco zum Unterhalten, M: 5000 ¥, F: 4000 ¥. 17–24 Uhr, Pen-Japan Bldg. B1, 3-8-17 Akasaka, Tel. 3589-6707.

●**Top of Akasaka,** Cocktail Lounge mit fantastischer Aussicht, F40, Grand Prince Hotel Akasaka (U: Akasaka-mitsuke).

●**The Dubliners,** einer von acht irischen Pubs dieses Namens in Tokyo, Livemusik, gute Atmosphäre. Mo–Fr 11.30–23 Uhr, B1 Sanno Park Tower, 2-11-1 Nagatachô (U: Tameike-Sanno), Tel. 3539-3615.

●**BBC,** Abkürzung für Billiard Bar Cosmo, Sportbar mit einheimischen und ausländischen Gästen, Darts und Billard. Tgl. ab 16 Uhr, F2 Mayuzumi Bldg., 3-10-3 Akasaka (U: Akasaka-Mitsuke), Tel. 3585-4838.

●**Tabac,** entspannte Atmosphäre, zivile Preise. 18–3 Uhr, Pacific Nogizaka Bldg. B1, 9-6-19 Akasaka (U: Nogizaka), Tel. 3408-2118.

●**Winds,** Budweiser vom Fass, preiswerte Gerichte. 17–2 Uhr, So u. F geschl., Akasaka Gessekai Bldg. 1F, 3-10-4 Akasaka (U: Akasaka-mitsuke), Tel. 3582-8951.

Unterkunft

●**Hotel Tôkyû Kankô (21),** ¥/¥¥, 48 Zimmer, ab 9000 ¥. 2-21-6 Akasaka (U: Akasaka), Tel. 3582-0451, Fax 3583-4023.

●**Shanpia Hotel,** ¥/¥¥, 232 Zimmer, ab 10.000 ¥. 7-6-13 Akasaka (U: Akasaka), Tel. 3586-0811, Fax 3589-0575.

●**Hotel Asia Kaikan,** ¥/¥¥, beliebtes, oft ausgebuchtes Hotel, 172 Zimmer ab 6000 ¥. 8-10-32 Akasaka (U: Aoyama-itchome: Nogizaka), Tel. 3402-6111, Fax -0738.

●**New Otani (13),** ¥¥¥, eines der größten Hotels in Asien, berühmter japanischer Garten, gute Lage, 1724 Zimmer, ab 28.000 ¥. 4-1-Kioi-cho (U Marunouchi-Linie: Akasaka-mitsuke, JR Chûô-Linie: Yotsuya, Ausg.: Kojimachi), Tel. 3265-1111, Fax 3221-2619.

●**Grand Prince Hotel Akasaka (15),** ¥¥¥, von *Kenzo Tange* entworfenes Gebäude, gute Sicht von allen Fenstern, 761 Zimmer, ab 25.000 ¥. 1-2 Kioi-chô (U Marunouchi-Linie: Akasaka-Mitsuke, Ausg. Benkeibashi; Yûrakuchô-Linie/Hanzô: Nagatachô, Ausg. 5/7), Tel. 3234-1111, Fax 3262-5163.

●**Akasaka Tôkyû (17),** ¥¥¥, sehr günstig gelegen, neben deutscher Industrie- und Handelskammer, 535 Zimmer, ab 20.000 ¥. 2-14-3 Nagatachô (U: Akasaka-Mitsuke, Ausg. Belbee), Tel. 3580-2311, Fax -6066.

●**Capital Tôkyû Hotel,** ¥¥¥, früheres Tokyo Hilton, bequem und entspannend, westlich-japanisches Design, gute Lokale, 459 Zimmer, ab 26.000 ¥. 2-10-3 Nagatachô (U: Chiyoda-Linie: Kokkai-gijidô), Tel. 3581-4511, Fax -5822.

●**ANA Hotel Tokyo (23),** ¥¥¥, neben dem Suntory-Konzertsaal, im Ark-Hills-Komplex, gute Aussicht von jedem Zimmer, gute, aber sehr teure Restaurants, 900 Zimmer, ab 26.000 ¥. 1-12-33 Akasaka (U Chiyoda-Linie: Kokkai-gijidô-mae, Ausg. 5), Tel. 3505-1111, Fax -1155.

●**Okura (24),** ¥¥¥/¥¥¥¥, sehr guter Ruf, zurückhaltender Spitzenservice, 884 Zimmer, besonders empfehlenswert diejenigen im japanischen Stil, ab ca. 29.000 ¥. 2-10-4 Toranomon (U Ginza-Linie: Toranomon, Ausg. 3; Hibiya-Linie: Kamiyachô, Ausg. 4B), Tel. 3582-0111, Fax -3707.

●**Capsule Hotel Fontaine Akasaka** ¥, in der Hitotsugi-dôri, an Wochenenden 1 Etage auch für Frauen, öffentliches Bad 1000 ¥, Tel. 3583-6554, U: Akasaka-mitsuke, Ausg. Belle Vie.

Am Bahnhof von Shimbashi

An der Tokyo-Bucht: Shimbashi, Shiba, Shinagawa

(Minato-ku, Shinagawa-ku)

Shimbashi

Der Stadtteil Shimbashi schließt südwestlich an die Ginza an. Am Bahnhof Shimbashi (bzw. Shin-bashi, „neue Brücke") endeten früher die von Süden kommenden Züge. Die erste Eisenbahn in Japan verkehrte ab 1872 zwischen Shimbashi und Yokohama.

An der Stelle, an der die **erste Eisenbahnlinie** in Betrieb genommen wurde, gab es eine 0-Meilen-Markierung auf dem Gelände des früheren Güterbahnhofs; hier ist in den letzten Jahren ein supermodernes Stadtviertel mit Bürohochhäusern, Einkaufszentren, Lokalen, Hotels (u.a. Conrad und Park Hotel), der Zentrale von Nihon TV und dem Bhf. **Shiodome** (Oedo und Yurikamome Line) entstanden.

Im B1 und B2 des eleganten 47-stöckigen Wolkenkratzers **Caretta Shiodome** befindet sich das **Advertising Museum,** dessen Eintritt kostenlos ist (www.caretta.jp/english/culture/ad.html).

Die frühere Bedeutung Shimbashis ist gewichen, und das Einkaufszentrum hat sich nordwärts Richtung Hauptbahnhof in die Ginza verschoben. Dennoch ist die Grenze zwischen der Ginza und Shimbashi eigentlich nicht wahrnehmbar.

Stadtteile

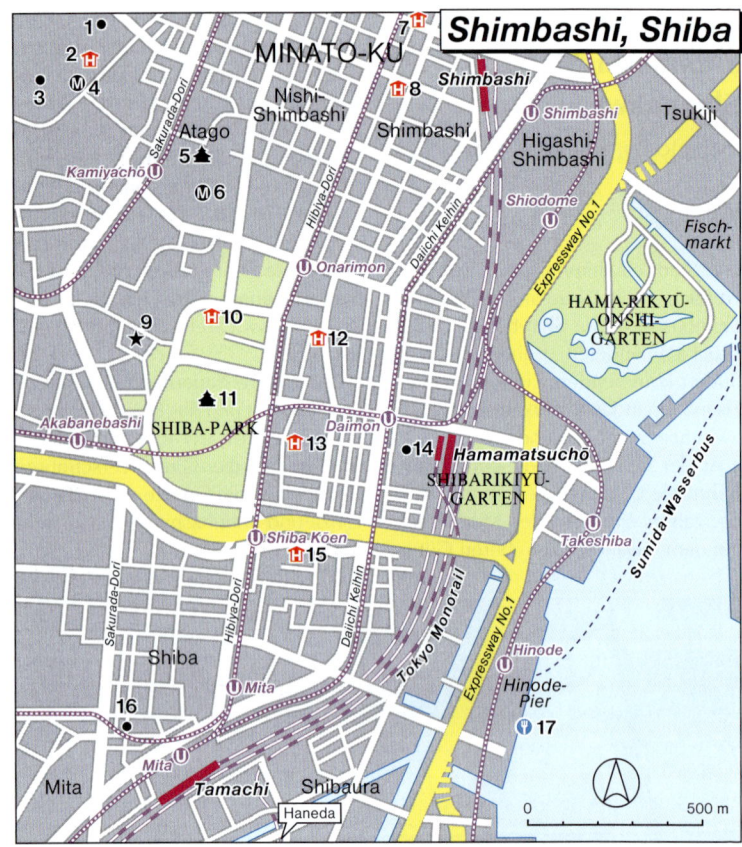

•	**1**	Botschaft der USA
♨	**2**	Hotel Okura
•	**3**	Ark Hillls
Ⓜ	**4**	Okura Shukokan Museum
▲	**5**	Atago-jinja-Schrein
Ⓜ	**6**	NHK Broadcasting Museum
♨	**7**	Dai-ichi Hotel
♨	**8**	Sun Hotel Shimbashi
★	**9**	Tokyo Tower
♨	**10**	Tokyo Prince Hotel
▲	**11**	Zōjō-ji-Tempel
♨	**12**	Shiba Park
♨	**13**	Miel Parque Tokyo
•	**14**	World Trade Center
♨	**15**	Tokyo Grand Hotel
•	**16**	Minato Resource Center
❶	**17**	Restaurantschiffe

Früher war Shimbashi auch ein Viertel der Geishas. Heute gibt es hier kleine Dienstleistungsunternehmen, Märkte, Einkaufsarkaden und preiswerte Kneipen.

Vom **Bahnhof Shimbashi,** in dessen Nähe es viele beliebte kleine Lokale gibt (vor allem in der Nähe des Schreins Karasumori Jinja hinter dem New Shimbashi Building), bietet sich als erstes Ziel der etwas südöstlich liegende Park Hama Rikyû Onshi für einen Besuch an.

Hama-Rikyû-Onshi-Garten

Zum Hama-Rikyû-Garten sind es nach der Errichtung des neuen Stadtviertels angenehme 250 m vom Bhf. Shiodome (Yurikamome oder U: Oedo). Man kann den Parkbesuch natürlich auch mit einer Fahrt mit dem Wasserbus verbinden (siehe „Asakusa").

Der an der Tokyo-Bucht bzw. dem rechten Arm des Sumida-Flusses liegende, 25 ha große Garten gehörte früher der Matsudaira-Familie bzw. den *Tokugawas* und ist ein gutes Beispiel für einen Daimyô-Garten mit kleineren und größeren **Teichen,** um die herum Fußwege führen. Elegant wirkt das Teehaus am Hauptteich. Auch ein unzugängliches kleines **Vogelschutzgebiet** mit einer Kolonie der seltenen Kawau-Meeresvögel befindet sich mitten im Park. Die z.T. über 300 Jahre alten Bäume vielerlei Gestalt verlocken zusätzlich zum Besuch. Im Frühjahr blühen die Kirschen, später Azaleen, im Sommer Iris. Geöffnet ist der Garten Di–So 9–16.45 Uhr, Eintritt 300 ¥, www.tokyo-park.or.jp/english/.

Rundfunk- und Fernsehmuseum (6)

Geht man vom Bahnhof in leicht südwestlicher Richtung über die Hibiya-dôri hinweg nach Nishi- (West-) Shimbashi, kommt man nach rund 800 Metern zum **NHK Broadcasting Museum** (Hôsô Hakubutsukan) auf dem Atago-Hügel, das die Geschichte der Entwicklung von Rundfunk und Fernsehen in Japan veranschaulicht (geöffnet 9–16.30 Uhr, Mo geschl., Eintritt frei, 2-1-1 Atago, U: Kamiyachô, Tel. 5400-6900). Hier wurden ab 1925 die ersten Rundfunkübertragungen Japans durchgeführt. Es gibt rund 20.000 Ausstellungsstücke aus der Geschichte des NHK (Nihon Hôsô Kyôkai), der staatlichen Rundfunkgesellschaft.

Atago-jinja-Schrein (5)

Gleich nördlich nebenan steht der Atago-jinja-Schrein (Seishôji) auf dem gleichnamigen **Hügel,** auf den von der Vorderseite eine **steile Treppe** mit 86 Stufen hinaufführt. Diese Treppe ist dafür bekannt, dass immer wieder einmal Reiter zu Pferde über sie empor- und zum Teil auch hinabgeritten sind. Der Schrein wurde 1603 unter *Ieyasu* errichtet und der Gottheit Homusubino-Kami geweiht, Beschützer gegen Feuer. Nichtsdestoweniger brannte das Schreingebäude im Zweiten Weltkrieg ab, wurde jedoch 1948 wiederaufgebaut. Auf dem Gelände gibt es auch einen Benten- und Inari-Schrein und einen mit Booten befahrbaren Karpfenteich. Der von der jungen Shintopriesterin *Rie Matsuoka* geführte Schrein hat sogar eine eigene (japanische) Website: www.atago-jinja.com.

Stadtteile

220to Foto: ml

World Trade Center (14)

Östlich vom Shiba-Park steht am JR-Bahnhof Hamamatsuchô das World Trade Center. Als es 1970 eröffnet wurde, war es das höchste Haus Japans. Vom 40. Stock in 153 m Höhe hat man heute noch eine gute Aussicht (10–20.30 Uhr, Sommerferien und Weihnachtszeit 21.30 Uhr, 620 ¥, www.wtcbldg.co.jp). Zwei Stockwerke darunter befinden sich Restaurants.

Das Gebäude beherbergt vor allem Außenhandelsbüros. Im Anbau nebenan liegen der größte **Busbahnhof** Tokyos und der Startpunkt der **Monorail-Bahn** zum Flughafen Haneda.

Atago-jinja-Schrein

Shiba

Der Stadtteil Shiba liegt an den nördlichen Ausläufern der Tokyo-Bucht.

Im **JR-Bahnhof Hamamatsuchô,** um den sich das Viertel erstreckt, steht eine Nachbildung des Manneken Pis, das über 200 Kleidungsstücke gestiftet bekommen hat und diese abwechselnd trägt. Hinter den Gleisen liegt der kleine, doch sehenswerte **Kyu-Shiba-rikyu-Garten,** der wie der Koishikawa-Korakuen Garten (s. Kapitel „Hongô") noch aus der Edozeit stammt. Im Januar 1924 wurde er mit Beginn der Showazeit von der *Imperial Household Agency* an die Stadt Tokyo übergeben. Der Garten ist klassisch angelegt zum Herumgehen um einen Teich mit Inselchen (shiori-ni-ike-Stil), umgeben von Hochhäusern und der Monorail als Hintergrund, 9–17 Uhr (Einlass bis 16.30 Uhr), 150 ¥, Tel. 3434-4029, Eingang auf der Nordseite, JR Hamamatsuchô, N-Ausg. 1 Min.

Hinter dem Park befindet sich der **Takeshiba-Sanbashi-Pier,** von dem aus Fähren zu den Izu- und Ogasawara-Inseln und zu Rundfahrten durch die Tokyo-Bucht starten. Die Wasserbusse nach Asakusa und zu Zielen östlich des Sumidagawa starten vom südlich davon gelegenen **Hinode-Pier.**

Shiba-Park

Der Park **Shiba-Kôen** schließt südwestlich an Shimbashi an. Er gehörte früher zum Grundstück des Zôjôji-Tempels. Heute gibt es vom Park nur noch Reste, den Hauptteil nehmen außer dem verbliebenen Tempelgelände Sportanlagen, Parkplätze und das Tokyo Prince Hotel ein.

Zôjô-ji-Tempel (11)

Dieser im Jahre 1393 errichtete, im Shiba-Park gelegene Tempel der Jôdoshu war nach dem Kan'eiji der größte buddhistische Tempel Edos. Er war ebenfalls ein Familientempel der *Tokugawa* und hatte die Aufgabe, den Südwesten Edos vor bösen Geistern zu schützen. Das Mausoleum des Tokugawa *Hidetaka* fiel wie die anderen vier Dutzend Tempelgebäude dem Zweiten Weltkrieg zum Opfer.

Das wichtigste erhaltene Gebäude ist das große, dreifache, rot-lackierte **Eingangstor** *(Sanmon)* aus dem Jahre 1605. Es ist im Stil der chinesischen Tang-Dynastie erbaut und enthält Statuen von Buddha mit zwei Bodhisattvas, vier Devas und 16 Schülern Buddhas. Es ist mit dem „Schwarzen Tor" verbunden. Der Torkomplex gilt ebenso wie die beiden zum Mausoleum gehörenden Tore, die heute nur noch Parkplätze bewachen, als wichtiges Kulturdenkmal. Früher stand er direkt an der Edo-Bucht. Es ist das älteste Holzbauwerk Tokyos.

Die große Glocke im ebenfalls erhaltenen **Glockenturm** aus dem Jahre 1673 ist die größte Tempelglocke Ostjapans und die erste in Edo gegossene Bronzeglocke. Sie ist 3,30 m hoch und 15 Tonnen schwer. Erwähnenswert ist noch die sechseckige, 1605 errichtete **Bibliothek** mit 18.000 Holztäfelchen. Die Haupthalle ist 1974 wieder aufgebaut worden. Die Ankoku-den-Halle enthält die seit Jahrhunderten verehrte, weihrauch-geschwärzte Statue des Schwarzen Amida. Sie wird nur noch dreimal im Jahr öffentlich gezeigt.

9–17 Uhr, Tel. 3432-1431, U: Onarimon (Mita Line), Ausg. A1, 3 Min., Daimon (Asakusa/Oedo Line), Ausg. A6, JR Hamamatsuchô, 10 Min.

Tokyo Tower (9)

Westlich hinter dem Shiba-Park erhebt sich der 1958 errichtete, weithin sichtbare Tokyo Tower. Die **Eiffelturm-Nachbildung** ist mit 333 m um 11 m höher als das Original. Es gibt eine große Aussichtsplattform in 150 m sowie eine kleinere in 250 m Höhe. Unten befinden sich ein Aquarium, ein Wachsfigurenmuseum, das Modern Science Museum und eine riesige Sammlung von Japan-Kitsch in den

Stadtteile

Andenkenläden (Eintritt: teure 820 ¥ – anderswo kostet der Blick von oben nichts; 9–22 Uhr, Akabanebashi (Oedo Line), Ausg. Nakanohashi, 5 Min.; U: Daimon, Toei-Asakusa-Linie, Ausg. A6, 10 Min., Kamiyachô, Hibiya-Linie, Ausg. 1, 7 Min., JR Hamamatsuchô, 15 Min., www.tokyotower.co.jp).

Shinagawa

Südlich von Shiba liegt der **Eisenbahnknotenpunkt** Shinagawa. Früher war es eine Station am Tôkaidô, der über 500 km langen Straße von Edo nach Osaka, und beherbergte das zweitgrößte Vergnügungsviertel nach Yoshiwara.

In der Meiji-Zeit hatte sich hier ein größeres Industrieviertel angesiedelt, von dem heute nur noch das Hauptwerk von Sony übrig geblieben ist. Das Industrieviertel von Shinagawa hat sich ein Stück nach Osten an die Bucht verlagert, wo auf neu gewonnenem Land zahlreiche Elektronik- und Maschinenfabriken, die zur Industriezone Keihin gehören, angesiedelt wurden.

Unweit des **Bahnhofs Shinagawa,** der in den letzten Jahren durch Umbaumaßnahmen und das moderne Einkaufs- und Lokalzentrum **Atré** deutlich an Attraktivität gewonnen hat, liegen im Viertel Takanawa einige bekannte große Hotels: Takanawa Prince, Pacific Tokyo, Shinagawa Prince. Mittendrin gibt es das **Epson Aqua Stadium (13).** Vom Hotelviertel ist es nicht weit zum nördlich davon gelegenen Zentempel Tôzen-ji.

🏨	1	Sheraton Miyako Hotel
★	2	Residenz von Prinz Takamatsu
🏨	3	Hotel Takanawa
★	4	Takanawa Gakuen
▲	5	Sengaku-ji
Ⓜ	6	Hatakeyama Museum für asiatische Keramik
🏨	7	Takanawa Prince Hotel
🏨	8	New Takanawa Prince Hotel
🏨	9	Takanawa Tôbu
🏨	10	Hotel Pacific Tokyo
●	11	Tokyo Newspaper
●	12	Shinagawa-Sportzentrum
●	13	Epson Aqua Stadium
🏨	14	Shinagawa Prince Hotel
🏨	15	Hotel Toyoko Inn
●	16	Sony
●	17	Shinagawa-Ward-Sporthalle
🏨	18	Gotenyama Hills
Ⓜ	19	Hara Museum of Contemporary Art
●	20	Tennôzu-bashi-Brücke
▲	21	Shinagawa-jinja
▲	22	Tokai-ji
▲	23	Seikô-in
▲	24	Ebara-jinja
▲	25	Kaitoku-ji
▲	26	Shinagawa-ji (Honsen-ji)
★	27	Tennôzu-Park
★	28	Rainbow Bridge

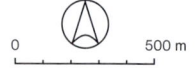

0   500 m

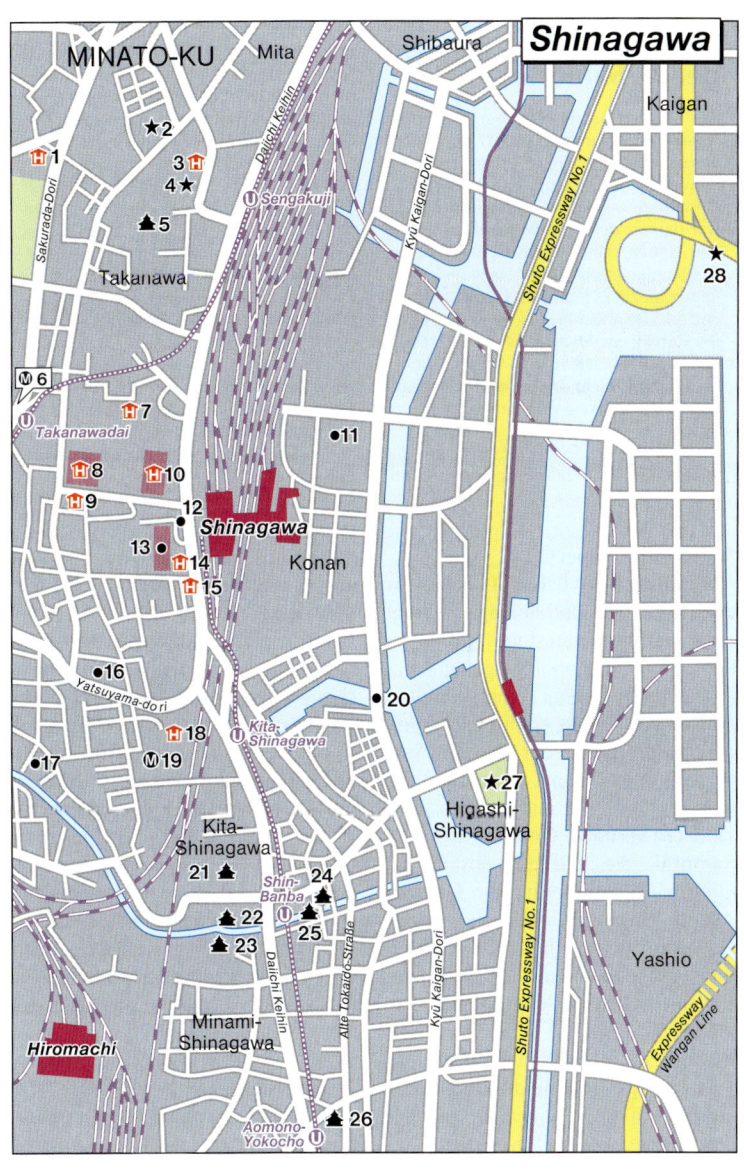

Die Geschichte der 47 Samurai

Der Daimyô **Asano Naganori,** Herr von Ako an der Inlandsee, war 1701 am Hof des Shôgun zuständig gemacht worden für den Neujahrsempfang des Kaiserlichen Gesandten aus Kyôto. *Kira Kozukenosuke* war damals der **Protokollchef** und hatte den Auftrag, seinen Herrn in die Feinheiten des Empfangsprotokolls einzuweisen. Offenbar triezte er jedoch den jungen *Asano* und erklärte absichtlich nicht alle Einzelheiten korrekt, um ihn bloßzustellen. Als Folge von *Kiras* Provokation und Arroganz konnte sich *Asano* nicht länger beherrschen und **zog das Schwert** gegen *Kira,* ohne ihn zu töten.

Es war aber bei Todesstrafe verboten, das Schwert am Hofe des Shôgun zu ziehen.

So musste *Asano* noch am selben Tag sterben. Er durfte jedoch **rituellen Selbstmord** (*seppuku*) begehen. Seine **Samurai** waren mit seinem Tod natürlich **herrenlos** (*rônin*). Sie schworen ihrem Herrn Rache, weil *Kira* ohne Strafe davongekommen war.

Von den Rônin hatten sich 47 bereit erklärt, ihren Herrn zu rächen. Um nicht aufzufallen, hielten sie ihren Plan geheim und tarnten sich. Am 31. Januar 1703 war es schließlich soweit, Kira wurde getötet. Nach der erfolgreichen Rache blieb auch den Samurai keine andere Wahl, als ebenfalls *seppuku* zu begehen. Damit konnten sie ehrenvoll dem erwarteten Todesurteil zuvorkommen. Das Volk war darüber entsetzt, konnte aber nichts tun. Auch viele Daimyô waren im Grunde enttäuscht. Im Bewusstsein der Japaner sind die 47 Samurai jedoch als **Symbole für Loyalität** unsterblich geworden.

Sengaku-ji-Tempel (5)

Nordöstlich des Bahnhofs, halbwegs zwischen Shiba und Shinagawa, liegt einer der berühmtesten Tempel Tokyos. Vom U-Bahnhof Sengakuji (Asakusa Line) sind es nur wenige Minuten zum westlich gelegenen gleichnamigen Tempel. Dieser der Sôtô-Zen-Sekte gehörende Tempel ist berühmt geworden durch die immer noch allen Japanern vertraute Geschichte der **47 Samurai,** die hier gemeinsam mit ihrem einstigen Herrn, dem **Daimyô Asano Naganori,** bestattet liegen (s. Exkurs oben). In Kabuki-Stücken und Fernsehdramen wird diese Geschichte, Dai-Chushingura genannt, auch heute noch, vor allem in den Wochen vor Neujahr, aufgeführt.

Der Tempel gehörte der Familie des Fürsten. An die Residenz von *Kira Kozukenosuke,* dessen Provokation (s.o.)

das Drama ausgelöst hatte, erinnert noch eine Tafel im Sumo-Viertel von Ryôgoku.

Auf dem **Friedhof** des Tempels, der das Hauptziel der zahlreichen Besucher ist, befinden sich die Gräber des Daimyô und seiner treuen 47 Vasallen. Ganz rechts ist das Grab des Anführers der herrenlosen Rônin, *Oishi Kuranosuke,* ganz links das Grab seines 15-jährigen Sohnes *Yoshikane.* Das erste Grab hinter dem Eingang gehört *Asanos* Frau, dahinter ruht er selbst. Außen am Weg liegt der Brunnen, in dem *Kira Kozukenosukes* Haupt nach vollzogener Rache gewaschen worden war, bevor man es ans Grab des Herrn legte.

Tennoz Isle

Südöstlich des Bahnhofs gibt es verschiedene Firmen, die Tokyo University of Marine Science and Technology, Hotels sowie das attraktive Wohnviertel Tennoz Isle mit Parks und Sportanlagen entlang Kanälen (Bhf. Tennoz Isle, Rinkai Line/Monorail). Am südlichen Ende von Shinagawa-ura findet man traditionelle Restaurantboote *(Yatai-bune)*.

Tempel und Schreine

Südlich des Bahnhofs Shinagawa, zwischen den Bahnhöfen Kita-Shinagawa und Shin-Banba, gibt es einige Tempel und Schreine, die an die Zeit erinnern, als hier der Tôkaidô entlangführte. Am **Ebara-jinja (24)** aus dem 9. Jh. findet Anfang Juni ein lebhaftes Schreinfest statt, bei dem der tragbare Schrein mit einem Boot den Meguro-Fluss entlang bis hinunter zum Meer gefahren wird. Südlich verläuft auch die Straße in der Originalbreite des Tokaidô. Hier befand sich in der Edozeit die Station Shinagawa-juku.

Schräg südwestlich auf der anderen Flussseite liegt der Zen-Tempel **Tôkai-ji (22)**, der einst zu den bedeutendsten Tempeln Edos gehörte. Ein Stück nordwestlich des U-Bahnhofs Shin-Bamba steht der populäre **Shinagawa-jinja (21)** mit seinem aus Lavaasche des Fuji-san errichteten 15 m hohen Mini-Fuji und einem ungewöhnlichen, mit Drachen verzierten, *Torii*. Nicht zu verwechseln ist dieser Schrein mit dem Tempel **Shinagawa-ji (26)**, auch *Honsen-ji* genannt, der weiter südlich unweit des U-Bahnhofs Aomono-Yokocho steht und bekannt dafür ist, dass er eine der sechs großen Jizo-Statuen Tokyos beherbergt.

Museum für zeitgenössische Kunst (19)

Westlich der Yamanote-Bahnlinie befindet sich in der Nähe des U-Bahnhofs Kita-Shinagawa das **Hara Museum of Contemporary Art.** In dem vom Bauhaus beeinflussten Gebäude werden zahlreiche Gemälden und Skulpturen aus der Zeit nach 1950 aus Japan, Europa und Amerika ausgestellt (11–17 Uhr, Mi bis 20 Uhr, 1000 ¥, Kinder 500 ¥, 4-7-25 Kita-Shinagawa, Tel. 3445-0651).

Einkaufen

Neben den modernen Einkaufszentren auf Odaiba sind vor allem Kunst- und Antiquitätengeschäfte im Umkreis von Shimbashi zu erwähnen.

● **Atré,** Laden- und Lokalzentrum innerhalb der Sperren des Bhfs. Shinagawa.

● **Kyôto Center,** Kunst und Handwerk aus Kyôto, Kyô Noren. 11–19 Uhr, Sa bis 18 Uhr, So u. F geschl., Kyôto Shimbun Ginza Bldg. 1F, 8-2-8 Ginza (U: Shimbashi, Higashi-Ginza), Tel. 3572-6484.

● **Heisandô,** berühmt für Rollbilder und Wandschirme. 10–17 Uhr, So u. F geschl., 1-2-4 Shiba-kô (U: Onarimon), Tel. 33434-0588.

● **Hitatsuka,** Antiquitäten, besonders begehrt sind die kleinen Kommödchen. 10–19 Uhr, So geschl., 8-7-6 Ginza (U: Shimbashi), Tel. 3571-1684.

● **Ikeda,** alte Stoffe. 11.30–19 Uhr, 5-22-11 Shiroganedai (U: Takanawadai, Toei-Asakusa-Linie), Tel. 3445-1269.

● **Sake Plaza,** das von der Ginza hierher umgezogene frühere Japan Sake (Nihonshu) Center mit Reisweinspezialitäten aus ganz Japan; 10.30–18.30 Uhr, Do geschl., Nishi-Shimbashi 1-1-1 (U: Toranomon bzw. Uchisaiwaicho).

● **Caretta Shiodome,** mit Museum zum Thema Werbung, Shiodome City Center,voller Restaurants und Läden (U: Shiodome).

Stadtteile

●**Hakuhinkan Toy Park,** Spielzeugturm mit Riesenauswahl an Videospielen, Puzzles, Japanischen Puppen u.a., tgl. 11–20 Uhr, 8-8-11 Ginza (JR Shinbashi), Tel. 3571-8008.

●**Japan Sword,** hier werden Lieberhaber von Samuraischwertern fündig, Mo–Fr 9.30–18, Sa bis 17 Uhr, Tel. 3434-4321, 3-8-1 Toranomon, www.japansword.co.jp (U: Toranomon (Ginza Line), Ausg. 2).

●**Tolman Collection,** Kunst & Antiqitäten, Mi–Mo 11–19, Tel. 3434-1300, 2-2-18 Shiba Daimon, www.tolmantokyo.com (U: Daimon, Ausg. A3/A6).

Essen

Restaurant-Schiffe

●**Vingt-et-un,** 9–21 Uhr, Bootsfahrt: Erw. 2040 ¥, Tel. 3436-2121, Takeshiba Pier, (Yurikamome Line, 1 Min., JR Hamamatsuchô (Nordausg., 8 Min.), U: Daimon, Asakusa/Oedo Line, Ausg. B2, 10 Min.), www.vantean.co.jp.

●**Symphony,** Hinode Pier, 9–20 Uhr, 1500 ¥ (nur Bootsfahrt) (U: Hinode, Yurikamome Line, 1 Min., JR Hamamatsuchô (Südausg., 20 Min.), U: Daimon, Asakusa/Oedo Line, Ausg. B2, 15 Min.), Tel. 3798-8101, www.symphony-cruise.co.jp.

Kyôdo – Regionale Spezialitäten

●**Tojinbo,** ¥¥, gute Hokkaidô-Küche. New Shimbashi Bldg. B1 (U: Shimbashi, Ausg. 8), Bahnhof Hibiya-Seite.

●**Yukun Sakagura,** ¥¥, Kyûshû-Lokal für Heimwehkranke, viele täglich frisch aus Kyûshû eingeflogene Spezialitäten, u.a. Mutsugoro-Fisch, den es nur in der Ariakekai-Bucht gibt, wo er bei Ebbe aus dem Schlamm gefischt wird; Abendessen ab 5000 ¥. 11.30–13.30 u. 17–21.45 Uhr, So, F und oft Sa (außer Dez.) geschl., Kyowa Bank Bldg. B1, 1-16-14 Shimbashi (U: Shimbashi), Tel. 3508-9296.

●**Shimbashi Ôtomo,** ¥/¥¥, ausgezeichnete japanische Küche zu vernünftigen Preisen (vor allem die Lunch-Menüs; Abendessen (*omakase*) 7000 ¥. 11.30–13.30 und 17–21.30 Uhr, So geschl. (JR Shimbashi, nahe W-Ausg.).

●**Happô-en,** ¥¥/¥¥¥, attraktives Hochzeits-Restaurant mit eigenem, 5 ha großem Park um einen Teich, 11.30–21 Uhr, 1-1-1 Shirokane-dai (U: Takanawadai,Tôei-Asakusa-Linie).

Kaiseki

●**Daigo,** ¥¥/¥¥¥, hochklassige Shojin-Ryôri-Küche im Tempel (vegetarisches Kaiseki); 10–15 Gerichte, 14.000–18.000 ¥. 12–15 und 17–20 Uhr, Do geschl., Seishoji, 2-4-2 Atago (U: Onarimon,Tôei-Mita-Linie; Kamiyachô-Hibiya-Linie), Tel. 3431-0811.

Robatayaki

●**Musashi,** ¥, preiswert, pro Gericht 280 ¥. 17–22.40 Uhr, So u. F geschl., am Bahnhof Shimbashi, 2-9-17 Shimbashi, Tel. 3580-3550.

Kushiyaki

●**Yoshinari,** ¥¥, gutes Kushiyaki-Restaurant, beliebt auch die Nabe-Gerichte, zum Nachtisch u.a. Matcha-Eis und Yuzu Sherbet. B1 Tousei Bldg., 8-10-7 Ginza (U/JR Shinbashi), Tel. 5537-1566. Mo–Fr 18–24, Sa 18–23 Uhr.

Unagi

●**Nodaiwa,** ¥¥, seit der Edo-Zeit gibt es hier ausgezeichnete Aal-Gerichte, ab 2500 ¥. 11–13.30 Uhr und 17–19.30 Uhr, So u. F geschl. (U: Kamiyachô), Tel. 3583-7852.

Tempura

●**Hashizen,** ¥¥, altehrwürdiges Tempura-Restaurant, das bekannt ist für *kakiage* (gemischtes Gemüse in Tempura-Teig) auf Reis. 1-7-11 Shimbashi (U: Shimbashi), an der Einmündung der Showa-dôri, Tel. 3571-2700.

Neue Japanische Cuisine

●**Hishinuma,** ¥¥¥, kreative japanische Küche mit westlichem Touch, ab 8000 ¥. 18–21.30 Uhr, So u. F geschl., Aurora Mita F1, 2-17-29 Mita (JR Tamachi, U: Mita, Toei-Mita-Linie), Tel. 3453-0772.

●**Daidaiya,** ¥¥, Avantgarde Design mit Neo-Sushi und -Tempura, handgemachten Nudeln, gegrilltem Fleisch. Sa–Do 17–1, Fr 17–4 Uhr, F2 Ginza Nine No. 1 Bldg., 8-5-Saki, Ginza (U/JR Shimbashi), Tel. 5537-3566.

Chinesisch

●**Bodaiju, ¥¥**, vegetarische Küche mit den typischen Fleisch-Imitationen, ohne Glutamat. 11.30–14.30 Uhr und 17.30–20 Uhr, So u. F geschl., Bukkyo Dendo Center, 4-3-14 Shiba (U: Mita, JR Tamachi), Tel. 3456-3257.

●**Saikon, ¥¥**, schöne Lage auf dem Hügel neben dem Rundfunk-Museum, Lunch ab 1500 ¥, Abendessen: Menü ab 6000 ¥. 11.30–13.30 und 14–22 Uhr, So u. F geschl. (U: Kamiyachô, Hibiya-Linie oder Onarimon, Toei-Mita-Linie), Tel. 3437-3618.

Französisch

●**Côte d'Or, ¥¥¥**, klassisch, zurückhaltend, hervorragende Küche, Lunch 4500 ¥, Abendessen über 10.000 ¥. 12–14 und 18–21 Uhr, Mo geschl., Mita House F1, 5-2-18 Mita (JR Tamachi ca. 15 Min., U: Mita, Toei-Mita-Linie), Tel. 3455-5145.

Koreanisch

●**Kusa-no-ya/ie, ¥/¥¥**, preiswert und beliebt: Zwiebelpfannkuchen. 11.30–14.30 und 17–23.30 Uhr, 1. Mo geschl.; Azabu Jûban Shopping Arcade, 4-6-7 Azabu-Jûban, Minato-ku, nahe der Koreanischen Botschaft (U: Mita, Toei-Mita-Linie oder Roppongi, Hibiya-Linie, 20 Min.), Tel. 3455-8356.

●Entlang der Sakurada-dôri, in Azabu-jûban und nahe der Koreanischen Botschaft gibt es viele Lokale, die *yakiniku* (Hühnerfleischspießchen) nach koreanischer Art anbieten.

Spanisch

●**Mesón el Vasco, ¥¥**, gute baskische Küche, 4 Tische, gute Stimmung, ca. 7000 ¥. 17–22.30 Uhr, So u. F geschl., 1-25-6 Hamamatsuchô (JR Hamamatsuchô), Tel. 3436-5720.

Thai

●**Pecharet, ¥/¥¥**, alle sitzen bei Thai-Muttern um den Tisch, Spezialität: Curries und scharf gewürzter Fisch. 3-17-2 Nishi-Shinagawa (JR Osaki), Tel. 3491-9975.

Eis

●**Sowa, ¥/¥¥**, gute Eiskrem und Sherbet. 10–19 Uhr, Sa 10–16 Uhr, So u. F geschl., 3-19-9

Toranomon (U: Kamiyachô, Ausg. Mitsui-Taiyô Kobe Bank), Tel. 3431-3203.

Bars und Clubs

●**Coopers, ¥-¥¥**, gutes Pub mit reicher Auswahl an Speisen, dazu Bier oder Wein. Mo-Fr 11.30–23 Uhr, Sa, So, F 11.30–21.30 Uhr, 1F Shiodome City Center, 1-5-2 Higashi-Shinbashi (U/JR Shimbashi oder Shiodome), Tel. 5537-2236. Weitere Filiale im B1 Mitsubishi Bldg., 2-5-2 Marunouchi (U/JR Tokyo oder U: Nijubashimae), Tel. 5288-7896.

●**T.Y. Harbor Brewing Co., ¥¥**, Tokyos bekannteste Mikrobrauerei am Rande eines Kanals mit Küche der Pazifikanrainer. Mo–Fr 11.30–15 u. 17.30–23 Uhr, Sa, So, F 11.30–16 u. 17.30–22 Uhr; 2-1-3 Bond St., Higashi-Shinagawa (U/JR Tennôzu Isle o. Shinagawa), Tel. 5479-4555.

●Das Conrad Hotel bietet eine gute Bar mit toller Aussicht, **Twenty Eight.** 1-8-2 Higashi-Shinbashi, Tel. 6218-2100.

●**300 Bar, ¥**, pro Gericht o. Getränk 315 ¥, mehr als 100 zur Auswahl. Mo–Sa 17–2 Uhr, So/F 17–23 Uhr, B1 No. 2 Column Bldg. 8-3-12 Ginza (U/JR Shimbashi, Ginza Ausg.), Tel. 3571-8300. Noch eine Filiale im B1 Fazenda Bldg., 5-9-11 Ginza (U: Ginza, Ausg. A3, A5).

●**Kaga-ya**, originelle, sehr unterhaltsame Bar, am besten zu mehreren hingehen, gutes Essen, Gedeck 500 ¥, pro Person ca. 2500 ¥, 17.30–23.30 Uhr, B1, 2-15-12 Shimbashi (JR Shimbashi), Tel. 3591-2347.

●**Inn Stick Suzue Factory,** gute Bar mit Live-Musik von Jazz bis HipHop, modernes Design, Getränke ab 1000 ¥. 18–23.30 Uhr, Musik ab 19 oder 20 Uhr, bei Live-Musik geöffnet bis 4 Uhr, 1-15-1 Kaigan (JR Hamamatsuchô, Südausg., nahe Tokyo Gas Bldg.), Tel. 3434-1677.

●**Tokyo Bay GoGo,** eine Art altmodische Western Bar, Getränke ab 700 ¥. Mo–Do 19–24 Uhr, Fr/Sa/vor Feiertagen bis 4 Uhr, Hinode Bldg. 3F, 2-1-5 Kaigan (JR Hamamatsuchô, Südausg., Tel. 3457-9931.

●**Great German Cook,** deutsches Essen und Bier. 11.30–14 Uhr und 17–22 Uhr, Wochenende u. F geschl., New Shimbashi Bldg. B1, 2-16-1 Shimbashi (JR Shimbashi, Ausg. Karasumori), Tel. 3501-3581.

Stadtteile

●**Volga,** früher ein bekanntes russisches Restaurant, nun ein Steakhouse mit Live-Musik (Blues), Shows um 12 und 23 Uhr. 11–15 und 17–22 Uhr, 3-5-14 Shiba Koen (U: Kamiyachô), Tel. 3433-1766.

●**The Irish House,** guter irischer Pub mit tollen Fish & Chips, Mo–Fr 11.30–23 Uhr, Sa 17–23 Uhr, Daishi Yoshikawa Bldg 2F, 2-8-9 Shimbashi (JR Shimbashi), Tel. 3503-4494.

●**Double-Decker Bus,** Café/Bar in einem Londoner Doppeldeckerbus, Mo–Fr 11–4 Uhr, Sa 18–23 Uhr, 1-7-1 Nishi-Shimbashi (JR Shimbashi), Tel. 3597-0242.

●**Zepp Tokyo,** Konzertarena mit 2700 Plätzen in Odaiba, Palette Town 1F, Odaiba (Daiba Kaihin Kôen), Tel. 3529-1015.

Unterkunft

●**Tokyo Hamamatsuchô Seamen's Hall,** ¥, jap. Zimmer ab 3000 ¥, beliebt bei Einheimischen, oft ausgebucht, Frühstück 550 ¥. Am Kyû-Shibarikyû Garten, 1-4-9 Kaigan (JR Hamamatsuchô), Tel. 3433-5688.

●**Monterey Sannô,** ¥/¥¥, 179 Zimmer, ab 9000 ¥, im früheren Deutschen-Viertel, direkt am Bahnhof. 1-3-1 Sanno (JR Ômori, Ausg. Nord), Tel. 3773-7111, -7766.

●**Shiba Park,** ¥¥, angenehm ruhig und gemütlich, 400 Zimmer, ab 17.000 ¥. 1-5-10 Shibakôen (U: Onarimon, Ausg. A2), Tel. 3433-4141, Fax 5470-7519.

●**Sun Hotel,** ¥/¥¥, 219 Zimmer, ab 8000 ¥. 3-5-2 Shimbashi (JR Shimbashi), Tel. 3591-3351, Fax -1977.

●**Miel Parque Tokyo,** ¥/¥¥, 122 Zimmer. 2-5-20 Shiba-Kôen (U: Shiba-Kôen/Onarimon), Tel. 3433-7211, Fax 3459-0456.

●**Shinagawa Prince (14),** ¥¥, gute Sportmöglichkeiten, 132 Zimmer, ab 10.000 ¥. 4-10-30 Takanawa (JR Shinagawa), Tel. 3440-1111, Fax 3441-7092.

●**Azur Takeshiba,** ¥¥, EZ im Charakter von Schiffskabinen, ab 10.000 ¥. Am Takeshiba-Pier (JR Hamamatsuchô), Tel. 3437-2011, Fax -2170.

●**Tokyo Grand Hotel,** ¥¥, japanische Zimmer, Kyôto-Küche, 122 Zimmer, ab 14.000 ¥. 2-5-3 Shiba (U: Shiba, Ausg. A1), Tel. 3456-2222, Fax 3454-1022.

●**Haneda Tôkyû,** ¥¥, 306 Zimmer, ab 16.000 ¥, Pendeldienst zwischen Hotel und Flughafen (Monorail Haneda Flughafen). 2-8-6 Haneda Kuko, Tel. 3747-0311, Fax -0366.

●**Mitsui Garden Hotel Kamata,** ¥¥, modern und bequem, ab 10.000 ¥. 5-19-12 Kamata (JR Kamata, Ausg. Ost), Tel. 5710-1131, Fax -1151.

●**The Strings Hotel Tokyo,** ¥¥¥¥, neues, stilvoll designtes Hotel, F 26-32, Shinagawa East One Tower, 2-16-1 Konan (JR Shinagawa Konan-Ausg., 1 Min.), Tel. 4562-1111, www.intercontinental-strings.jp/english/index.html.

●**Tokyo Prince Hotel ,** ¥¥¥, gleich neben dem Zôjô-ji-Tempel, Gartenrestaurant, 484 Zimmer, ab 25.000 ¥. 3-3-1 Shiba-kôen (U: Onarimon), Tel. 3432-1111, Fax 3434-5551.

●**New Takanawa Prince (8),** ¥¥¥, jedes Zimmer mit Balkon, schöne Gärten, 946 Zimmer. 3-13-1 Takanawa (JR Shinagawa, 5 Min, U: Takanawadai), Tel. 3442-1111, Fax -1234.

●**Gotenyama Hills Hotel La Foret Tokyo (18),** ¥¥¥¥, großer japanischer Garten, 250 Zimmer, DZ ab 33.000 ¥. 4-7-36 Kita Shinagawa (JR Shinagawa), Tel. 5488-3911, Fax -3910.

●**Dai-ichi Hotel Tokyo,** ¥¥¥¥, das neue Dai-ichi-Flaggschiff, ab 30.000 ¥. 1-2-6 Shimbashi (U: Shimbashi), Tel. 3501-4411, Fax 3595-2634.

●**Toyoko Inn (15),** ¥; 181 Zi., EZ 6800 ¥, DZ 7800 ¥, Twin 8800 ¥, 2 Min. vom Bhf., 4-23-2 Takanawa, Tel. 3280-1046 (JR Shinagawa, Takanawa Ausg.).

●**Sheraton Miyako Hotel,** ¥¥¥¥, Luxushotel nahe Happô-en, Hochzeitsveranstalter, ab 35.000 ¥, 1-1-50 Shirokanedai, Tel. 3447-3111, Fax -3133.

●**Weitere Hotels** im Takanawa Hotelpark: Takanawa Prince (**7**), Hotel Pacific Tokyo (**10**), Takanawa Tôbu (**9**), Takanawa Tôkyû.

Blick von Odaiba

Neuer Stadtteil auf künstlicher Insel: Odaiba

(Koto-ku, Minato-ku, Shinagawa-ku)

Östlich von Shinagawa ist auf aufgeschüttetem Land in der Tokyo-Bucht der durch die **Rainbow-Bridge** mit dem Festland verbundene attraktive Stadtteil Odaiba entstanden, u.a. mit den Hotels Nikkô und Meridien Grand Pacific, einem Einkaufs- und Vergnügungszentrum mit den Lokalen **Aqua City (5), Mediage, Sega Joypolis, Decks Tokyo Beach (6)** (sehenswert ist **F4 Seaside Mall** im Stil von 1955 und **F6 Island Mall** im Stil von Hongkong, Bhf. Daiba), dem **Odaiba-Kaihin-Park** (am Abend sehr beliebt, Bhf. Odaiba-Kaihin-Kôen) und der **Fuji-Zentrale (3),** von deren 24. Stock man einen tollen (und kostenlosen) Blick auf Tokyo und den Fuji hat (mit den Rolltreppen zur Eingangshalle, dort rechts zu den kostenlosen Liften. Bhf. Daiba, offizielle Aussichtsplattform in der Kugel 500 ¥.

Mit dem Auto ist das in modernster Architektur gebaute Viertel wegen seiner Lage an der Wangan-Autobahn bequem zu erreichen. Sehr attraktiv ist aber auch die Anfahrt mit dem neuen fahrerlosen **Yurikamome-Transitsystem** ab Bahnhof **Shimbashi.** Als kostenlosen Bonus gibt es eine Fahrt über die sehenswerte Rainbow-Bridge.

Museum of Maritime Science (15)

Auf der Insel am anderen Ende der Brücke steht das sehenswerte **Museum of Maritime Science** (Fune no Kagakukan). Hier gibt es Exponate aus der Seefahrt, darunter das Antarktis-Forschungsschiff „Sôya", das Kriegsschiff „Mutsu" und das U-Boot „PC 18". Das Museum befindet sich in einer Stahlbetonnachbildung eines 60.000-

Stadtteile

533to˜oto˜ml

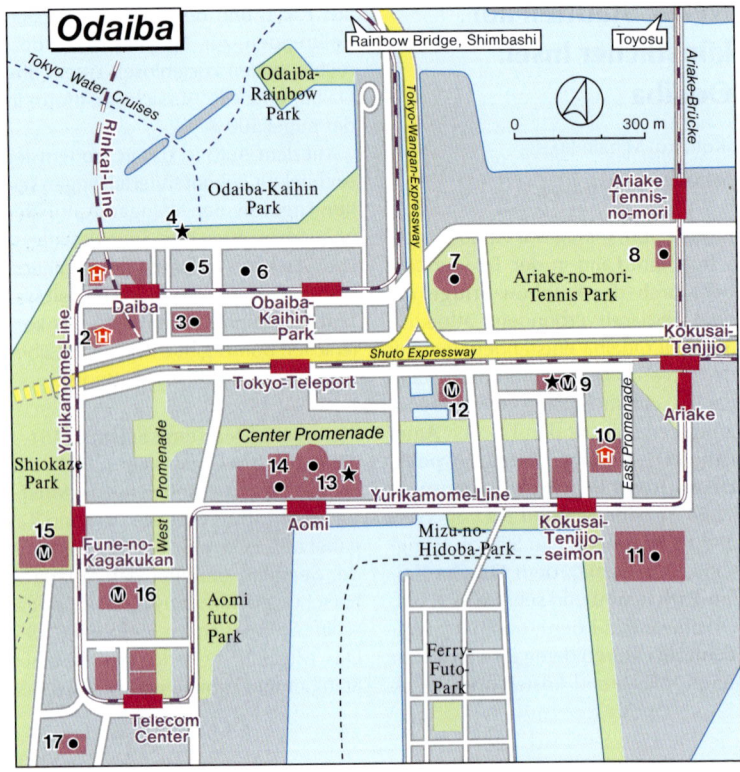

	Nr	Name		Nr	Name
🏨	1	Hotel Nikko Tokyo	🏨	10	Tokyo Ariake Washington Hotel
🏨	2	Hotel Gran Pacific	●	11	Tokyo Big Sight Messezentrum
●	3	Fuji TV	Ⓜ	12	Museum of Water Science
★	4	Freiheitsstatue	●	13	Palette Town,
●	5	Aqua City Odaiba / Mediage	★		Riesenrad
●	6	Decks Tokyo Beach	●	14	Mega Web
●	7	Ariake Sports Center	Ⓜ	15	Museum of Maritime Science
●	8	Ariake Colosseum	Ⓜ	16	National Museum of Emerging
		(Mehrzwechhalle)			Science and Innovation
★	9	Panasonic Center,	●	17	Oedo Onsen Monogatari
Ⓜ		Dinosaur FACTory			

Tonnen-Dampfers mit 70 m hohem Aussichtsturm (Mo–Fr 10–17 Uhr, Sa, So, F bis 18 Uhr, 1000 ¥, 3-1 Higashi-Yashio, Tel. 5500-1111; Eine Yurikamome-Station weiter, bei **Fune no Kakgakukan,** befindet sich das sehenswerte **Museum of Marine.**

Weitere Sehenswürdigkeiten

Schräg gegenüber findet man das interaktive **Museum of Emerging Sciences and Innovation** (**16,** tgl. außer Di 10–17 Uhr, 500 ¥, Tel. 3579-9151, www.miraikan.jst.go.jp).

Beliebt ist das im Stil der Edozeit konzipierte **Thermalbad Oedo Onsen Monogatari** (**17,** Bhf. Telecom Center, direkt neben der gleichnamigen Haltestelle der Yurikamome Line, 2 Min., 11–9 Uhr (am nächsten Tag, letzter Einlass 2 Uhr), 2900 ¥, ab 18 Uhr 2000 ¥, ab 2 Uhr 1700 ¥ extra für Übernachtung in Schlafsesseln mit TV/Radio (kann laut sein: Augenmaske und Ohrenstöpsel mitbringen), separater Schlafsaal für Frauen, Tel. 5500-1125, www.ooedoonsen. jp).

An der Station Aomi gibt es u.a. das Vergnügungszentrum **Palette Town** (**13**) und das **Mega Web** (**14**). Das ist eine Mischung aus Vergnügungspark und Japans größtem **Toyota-Showroom** mit Fahrten in virtuellen (600 ¥) und realen selbstfahrenden (200 ¥) Autos (Hände vom Lenkrad lassen! Die Hostessen erklären aber alles vor der Fahrt). Am Wochenende ist es hier sehr voll (geöffnet 11–21/23 Uhr, Tel. 3599-0808). Blickfänger ist das **Riesenrad.** Erwähenswert ist auch das **Venus Fort Einkaufszentrum,** das auf junge Frauen zugeschnitten ist, dekoriert im Stil von Rom im 17. Jh.

Eine Station weiter, Ariake bzw. Kokusai Tenjijô (Rinkai Line) stehen das **Big Sight** (**11**) mit seinen vier an umgedrehte Pyramiden erinnenden Pfeilern, das **Tokyo Ariake Washington Hotel** (**10**) und das **Panasonic Center** (**9,** Showroom) mit **Dinosaur FACTory** (Museum 500 ¥, Kinder 200 ¥, 10–18 Uhr), www.panasonic.net/center/tokyo.

●Einfache Fahrt **ab Shimbashi** mit Yurikamome **nach Odaiba:** 370 ¥, Tagespass 800 ¥, Tagespass für Wassertaxis (ab Hinode Pier) 900 ¥, kostenloser Shuttle-Service mit roten Bussen im 15-Min.-Takt zwischen den Sehenswürdigkeiten.

Essen und Trinken

●**AquaCity F3:** Hanashibe, Izakaya mit Kyotospezialitäten und eigenem Sake, Tel. 3599-5575, 11–23 Uhr.
●**AquaCity F5:** Mediage, Barbacoa, brasilianisches Steakhouse mit super Blick auf die Bucht, Salatbüffet, Tel. 3599-4071, 11–15, 17–23 Uhr.
●**Decks F5:** Khazana, indische Küche, günstig: Lunch Büffet, Tel. 5500-5082, 11–22 Uhr.
●**Decks F5:** Sunset Beach Brewing, günstig die Lunch- und Dinnermenüs zum selbstgebrauten Bier, Tel. 3599-6655, 11–23 Uhr.
●**Decks F5:** Tsukiji Tama Sushi, Sushi und andere Gerichte, Tel. 3599-6556, 11– 23 Uhr.
●**Decks F6/7:** Little Hong Kong, kantonesiche Spezialitäten, Tel. 3599-6500, 11–22 Uhr.

Unterkunft

●Auf Odaiba stehen zum Übernachten zwei einander gegenüberliegende Luxushotels zur Verfügung: **Hotel Nikko Tokyo** (**1**) (Tel. 5500-5500, ab 40.000 ¥) sowie das **Hotel Gran Pacific Meridien** (**2**) (Tel. 5500-6711, ab 36.000 ¥), nahe der Station Odaiba-Kaihin Park der Yurikamome-Linie.

Das Stadtviertel mit Naturparks: Meguro

(Meguro-ku)

Dieser Stadtteil bietet auf den ersten Blick wenig Interessantes für Touristen. Hier findet man keine der bekannten Attraktionen. Dennoch gibt es in der Umgebung Meguros einige Besonderheiten, die mehr als einen Besuch wert sind. Hier liegen, mitten in der Stadt, zwei **Parks,** die von den übrigen abweichen: östlich des JR-Bahnhofs der National Park for Nature Studies, ein Stück praktisch unveränderter Natur der Musashino-Ebene, und südwestlich des Bahnhofs der Waldpark Rinshino-Mori. Dazwischen liegen einige sehr interessante **Tempel.**

Westlich des Bahnhofs

Daien-ji-Tempel (8)

Geht man vom Westausgang (nishi-guchi) des **JR-Bahnhofs Meguro** (dort hat auch die Mekama-Linie ihren Ausgangspunkt) gegenüber dem Bahnhof links neben der Sakura-Bank das Sträßchen Gyônin-zaka hinunter, kommt man nach 150 Metern zum Tempel Daienji. Er wurde 1624 vom Yamabushi (Berg-Asketen) Taikai-hôin erbaut.

Verehrt wird hier eine Statue des Dainichi-Nyôrai (kosmischer Buddha, auch: Dharmakaya). Der Name der steilen Straße leitet sich von den Asketen ab, die „gyôja-gyônin" genannt wurden. 1772 brach in diesem Tempel einer der drei großen Brände von Edo aus, der ein Drittel der Stadt wieder

einmal in Schutt und Asche legte. „Zur Strafe" durfte der Tempel erst 76 Jahre später wiederaufgebaut werden.

Zu sehen sind **519 Statuen** von erleuchteten Schülern (Arhats) Buddhas und ihm selbst, die Unbekannte im Verlauf von 50 Jahren schufen. Keine Statue gleicht der anderen. Weitere Sehenswürdigkeiten sind ein lebensgroßer Shakya-nyôrai (Buddha), eine elfgesichtige Kannon, ein Amida und einer der Glücksgötter, Daikokuten, der Ieyasu ähneln soll.

Einer **Legende** zufolge, die sich um den Tempel rankt, legte der Tempeldiener Kichiza wegen seiner unglücklichen Liebe zu Oshichi, der Tochter eines Gemüsehändlers, Ende des 17. Jh. das Gelöbnis ab, jede zweite Nacht, insgesamt 10.000 Mal, die 40 Kilometer zwischen Daienji und dem Asakusa-Kannon-Tempel hin- und zurückzugehen und dabei unentwegt zu Buddha zu beten. Nach 54 Jahren hatte er es tatsächlich geschafft. Die Menschen, die zunehmend Anteil an seinem Gelöbnis nahmen, unterstützten ihn, und mit dem empfangenen Geld pflasterte er die Hangstraße und baute die Tako-bashi-Brücke über den Meguro-Fluss. Seine Angebetete hatte übrigens hingerichtet werden müssen, weil sie, um ihrem Geliebten nahe zu sein, das neuerbaute Elternhaus angezündet hatte. So hatte sie gehofft, ihm wieder nahezukommen, denn einst hatten sich beide kennen und lieben gelernt, als die Familien eine Weile im Tempel Zuflucht suchen mussten, weil ihr Haus abgebrannt war. Beide sind im Tempel mit Statuen verewigt.

Meguro

Ebisu

PARK FÜR NATURSTUDIEN

Naka-Meguro

🏨 10

Ⓜ 11

Ⓜ 4

Meguro-Fluss

Meguro

Yamate Dōri

🔒 9

Meguro

Kami-Ōsaki

Shuto Expressway No. 2

Meguro Dōri

6 ★ 🏨 ▲ 8
      7

Ⓤ Meguro

●12   ●13

▲ 3

Shimo-Meguro ▲ 2

Ⓜ 5

Higashi-Gotanda

★ 1

Shimo-Meguro

0   200 m

Stadtteile

★	1	Waldpark Rinshino-mori	●	7 Veranstaltungshaus und
▲	2	Meguro-Fudō-Tempel	🏨	Hotel Meguro Gajo-en
▲	3	Tempel Gohyaku-Rakan-ji,	▲	8 Daien-ji-Tempel
▲		Kaifuku-ji	🔒	9 Tokyu Store
Ⓜ	4	Meguro Museum of Art,	🏨	10 Hotel Sansuisō
		Skulpturenpark	Ⓜ	11 Teien-Kunstmuseum
Ⓜ	5	Kostüm-Museum	●	12 Thailändische Botschaft
★	6	Tako-Brücke	●	13 Indonesische Botschaft

Am Meguro-Fluss

Am Ende der Hangstraße Gyôninzaka vor dem Meguro-gawa steht das moderne **Hotel und Veranstaltungshaus Meguro Gajo-en (7)** mit interessanter Innenarchitektur und einem japanischen Garten am Fluss. Hier können bis zu 60 Hochzeiten gleichzeitig gefeiert werden. Jenseits der neuen **Tako-Brücke (6)** steht ein sehenswertes Love-Hotel in Märchenschloss-Optik.

270bo Foto: ml

Geht man nordwestwärts am Fluss entlang, gelangt man nach wenigen Minuten zum **Meguro Museum of Art** und westlich davon zum lohnenden Skulpturenpark des **Museum of Contemporary Sculpture** im Chôsen-in-Tempel (4-12-18 Naka-Meguro, Tel. 3792-5858, Di–So 10–17 Uhr, zu erreichen mit Tokyu Bus Nr. 6 ab Meguro W-Ausgang nach Shizen-en-shita).

Eine Auswahl der 519 Statuen im Daien-ji

Weitere Tempel

Jenseits der Yamate-dôri liegt der **Tempel Banryûji** der Jôdo-Sekte. Im Innern der Haupthalle des 1705 errichteten Tempels steht eine alte Amida-Statue aus der Heian-Zeit. Erwähnenswert sind noch zwei kleine Benten-Statuen, zu denen man betet, wenn man Erfolg haben möchte, und ein Jizô: Wer ihn mit Puder betupft und dann auch sein eigenes Gesicht bepudert, wird angeblich schöner werden.

Geht man auf der Yamate-dôri in südlicher Richtung und nach 100 Metern rechts, kommt man zum 1658 von *Ingen* gegründeten **Zen-Tempel Kaifuku-ji (3),** der ursprünglich in Fukagawa stand und nach Überschwemmungen im Jahre 1910 hierher verlegt wurde. Eine 9-stufige Pagode nahe dem Glockenturm soll von der Residenz *Takeda Shingens* stammen. Der gleichnamige Film von *Akira Kurosawa* erinnert an diesen Feldherrn.

Gleich nebenan steht der Tempel **Gohyaku-Rakan-ji (3),** der für seine Sammlung von 500 Arhats und seine Buddha-Trilogie bekannt ist. Auch diese Statuen wirken sehr lebendig, und jede von ihnen hat einen eigenen Gesichtsausdruck. Sie sollen vom Zen-Priester *Shôun* (1648–1710) stammen und gehören zu den bedeutendsten religiösen Kunstschätzen Japans (9–17 Uhr, 300 ¥, 3-2-11 Shimo-Meguro).

Meguro-Fudô-Tempel (2)

Nicht weit entfernt steht der Haupttempel der Umgebung, der Meguro-Fudô, um 808 von *Jikaku-daishi,* dem damaligen Oberhaupt der Tendai-Sekte, gegründet und dem Lichtgott Fudô geweiht. Unter *Iemitsu* wurde der Tempel prächtig ausgebaut. Zwei Gebäude haben den Zweiten Weltkrieg unversehrt überstanden: Mae-Fudô-dô und links davon Seishi-dô unterhalb der Haupthalle.

Aus dem Teich hinter Mae-Fudô-dô entspringen zwei kleine **Wasserfälle:** *onna-daki* (weiblicher Wasserfall) und *otoko-daki* (männlicher Wasserfall). Darunter haben sich seit alters Asketen *(Yamabushi)* rituell gereinigt, wie man es am Takao-san (s. Kap. „Umgebung") heute noch zweimal im Jahr sehen kann.

Die 80 cm große **Fudô-Statue** ist das Original aus dem Jahre 808. Sie wird jedes Jahr im Januar der Allgemeinheit gezeigt. An der Rückseite der Haupthalle steht draußen eine weiblich anmutende Statue des Dainichi-nyôrai (kosmischer Buddha).

Waldpark Rinshino-mori (1)

Geht man vom Fudô-Tempel weiter in westlicher Richtung, kommt man nach knapp 300 Metern zum erst 1992 der Öffentlichkeit zugänglich gemachten Waldpark (Tôritsu-rinshi-no-mori-kôen) mit seinen **280 Baumarten.** Es lässt sich dort herrlich im natürlich wirkenden Wald spazierengehen. Früher diente das Areal der Forstforschung.

Östlich des Bahnhofs

Park für Naturstudien

Sehr natürlich ist auch der Nationale Park für Naturstudien (Shizen-kyoiku-en), der einen halben Kilometer nord-

östlich des Bahnhofs liegt. Der sehr schöne Park bietet ein Stück **ursprünglicher Natur** der Musashi-Ebene mit 8000 teilweise bis zu 500 Jahre alten Bäumen sowie **Sumpf- und Grasland.** Um Gedränge zu vermeiden, erhält jeder Besucher beim Betreten eine Marke und gibt sie beim Verlassen wieder ab – es gibt nur 300 Marken. Am Eingang gibt es ein Informationszentrum (Institute for Nature Study, National Science Museum, geöffnet 9–16.30 Uhr, Mo geschlossen, 210 ¥, 5-21-5 Shirokanedai, Tel. 3441-7176, U: Meguro).

Teien-Kunstmuseum (11)

Auf dem Gelände des Parks steht das städtische Teien-Kunstmuseum, untergebracht im einzigen Art-Déco-Gebäude Tokyos, ursprünglich das Privathaus des Prinzen *Asaka.* Es zeigt ständig wechselnde Ausstellungen mit Kunst der 1930er Jahre. Zur Anlage gehört auch ein attraktiver Garten (Eintritt 100 ¥), auf dessen Rasen es sich herrlich liegen oder lesen lässt und wo Familien gern Picknick machen (Di–So 9–16.30 Uhr, Erw. 210 ¥, Kinder 60 ¥, Senioren frei, 5-21-19 Shirokanedai, Tel. 3441-7176).

Verschiedenes

Nicht weit südöstlich des großen Naturparks stehen die **Acht Tempel von Osaki.** Am südlichen und südöstlichen Rand des Tempelbezirks laden zwei kleine aber attraktive Parks zum Besuch ein: der **Ikedayama-Park** und der Garten des altehrwürdigen, teuren Restaurants **Hannya-en** (wo schon der

Stadtteile

Hochzeit im Gajo-en Hochzeitspalast

Meiji-Kaiser gespeist und das der berühmte Schriftsteller *Yukio Mishima* als Schauplatz des Romans „Nach dem Bankett" gewählt hatte), samt dem ästhetisch sehr ansprechenden **Hatakeyama Museum für asiatische Keramik**, das sich westlich der U-Bahnstation Takanawadai befindet. Außerdem kann man Geräte für die Teezeremonie im Garten des Restaurants Hannya-en bewundern (10–16.30 Uhr, Mo geschl., 500 ¥; 2-20-12 Shiroganedai, U: Takanawadai, Toei-Asakusa Line, Tel. 3447-5787).

Was das **Gajo-en (7)** auf der Westseite am Meguro-Fluss ist, nämlich ein Hochzeitspalast der Sonderklasse, das ist **Happô-en** jenseits des Ostausgangs, nahe U-Bahnhof Shirokanedai Ausg. 2, rechts der Meguro-dôri; auch hier lockt neben dem Hochzeitshotel ein reizvoller japanischer Garten.

Einkaufen

●**Gallery Meguro**, Antiquitäten, mehrere Händler, vernünftige Preise. 11–19.30 Uhr, Mo geschl., Stork Mansion 2F, 2-24-18 Kamiosaki (JR/U: Meguro), Tel. 3493-1971.

Essen

Japanisch

●**Issa-an**, ¥, ländliche Soba ohne Schnörkel, nahe dem Park für Naturstudien, 600–1300 ¥. 11.30–16 Uhr, So u. F bis 19 Uhr, Mi geschl., 2-14-3 Kami-Osaki (Meguro, Ostausgang), Tel. 3444-0875.
●**Tonki**, ¥/¥¥, ausgezeichnetes Tonkatsu an einer Riesentheke mit Platz für 40 Gäste: *hirekatsu teishoku*, Kohl kann nachbestellt werden; ca. 1600 ¥. 16–22.45 Uhr, Di geschl., 1-1-2 Meguro (Meguro, Westausgang, nahe Big Mac), Tel. 3491-9928.
●**Aji-no-Sato**, ¥¥, gesunde/vegetarische Kost. 11–14 und 15–17 Uhr, So u. F geschl., 3-3-6 Kami-Ôsaki, Shinagawa-ku (Meguro, Ostausgang), Tel. 3449-5001.

Spanisch

●**Aviland**, ¥¥, mediterran (spanisch) und japanisch zugleich, gutes Essen, entspannte Atmosphäre, natürlich und preiswert, um die 3500 ¥. 18–22.30 Uhr, So geschl., 2-8-4 Mita (Meguro), Tel. 3715-2970.
●**Sabado Sabadete**, ¥¥, spanisches Lokal, Paella aus 1-m-Pfanne, serviert um ca. 20.30–21 Uhr, immer gute Stimmung. 6–23 Uhr, So geschl., Genteel Shiroganedai F2, 5-3-2 Siroganedai (Meguro), Tel. 3445-9353.

Thai

●**Kaewjai**, ¥¥, gutes Thai-Essen, günstiges Lunch-Büffet für 1800 ¥. 2-14-9 Kami-Osaki (Meguro, Ostausgang), Tel. 5420-7727.

Unterkunft

●**Sansuisô (10)**, ¥, einfaches Ryokan, keine Mahlzeiten, ab 5000 ¥. 2-9-5 Higashi-Gotanda (JR Gotanda), Tel. 3441-7475.
●**Gajô-en Kankô Hotel Meguro (7)**, ¥¥, sehenswert die Mischung aus modern und traditionell in futuristischem Äußeren, ab 12.000 ¥. 1-8-1 Shimo-Meguro (Meguro), Tel. 3491-0111/00749456.
●**Sanjôen**, ¥¥, mit historischem Garten, ab 12.000 ¥. 2-23 Kami-Ôsaki (JR Meguro), Tel. 3779-1010, Fax -4070.

Die gehobenen Wohnviertel: Azabu, Hiro-o und Ebisu

(Minato-ku, Shibuya-ku)

Diese früher ruhigen Wohngegenden südwestlich von Roppongi, in denen einst Samurai ihre Residenzen hatten, gehören zu den teuersten Wohngegenden Tokyos, vor allem wegen der zahlreichen **Botschaften** (allein in Roppongi und Azabu liegen 69). Die Deutsche und die Schweizer Botschaft liegen in Minami-Azabu, die Österreichische in Azabu-Jûban. Neben der Deutschen Botschaft liegt der einst kaiserliche, sehenswerte **Prince Arisugawa Memorial Park** mit der großen Tokyo Metropolitan Central Library.

Heute gibt es in diesen Vierteln viele Bars und Esslokale. **Hiro-o** gilt als Ausländer-Getto: Viele ausländische Firmen bringen dort ihre Angestellten und Familien in stark bezuschussten Apartments unter. Es haben sich zwei der größten westlich orientierten Supermärkte dort angesiedelt. Neben dem U-Bahnhof gibt es ein für Bahnhöfe übliches Einkaufsviertel.

Einen Besuch wert ist der südlich der Österreichischen Botschaft gelegene **Tempel Zenpukuji**, auf dessen Gelände der mit über 750 Jahren älteste Ginkgo-Baum Tokyos (Wappenbaum der Stadt) steht.

Daikanyama gehört unter jungen Aufsteigern zu den attraktivsten Wohngegenden der Stadt: internationale und lokale Mode, Design, dazu eine

Stadtteile

ausgeprägte Cafékultur. Der Stadtteil schließt sich nordwestlich an Ebisu an.

Einkaufen

Die Einkaufsmöglichkeiten sind in dieser Gegend begrenzt, aber es gibt erwartungsgemäß einige Designer-Boutiquen und den international ausgerichteten Supermarkt **National Azabu** mit angeschlossenem Buchladen.

Ein großes Einkaufszentrum findet man jedoch südöstlich des Bahnhofs: der mit Laufbändern (wie in modernen Flughäfen) erreichbare, auf dem ursprünglichen Gelände der Ebisu-Brauerei errichtete **Yebisu Garden Place** mit kostenloser Super-Aussicht aus F39 des **Yebisu Garden Place Tower Building** (auf 2 Stockwerken mehrere Lokale), kostenloser Eintritt ins Bier-Museum (inkl. 1 Glas Bier) neben Kaufhaus-Filiale von **Mitsukoshi**. Sehenswert ist auch das **Tokyo Metropolitan Museum of Photography** (10–18 Uhr, 500 ¥, Tel. 3280-0031, www.syabi.com/index_eng.shtml).

●**Maison du Fromage Valençay,** große Auswahl an Käse. 10–19 Uhr, So u. F geschl., 5-8-18 Hiroo (U: Hiro-o), Tel. 3473-6101.
●**Tokyo-Freundlieb,** eine der besten Bäckereien Tokyos. 9–19 Uhr, So 9–16 Uhr, Mi geschl., 5-1-23 Hiroo (U: Hiro-o), Tel. 3473-2563.
●**Famima Convenience Store** mit angeschlossenem Internetcafé (kostenlos gegen Vorlage eines Kaufbeleges aus dem Laden).
●**Mode/Design in Ebisu und Daikanyama:**
 Hacknet, kleiner Laden für Designfreaks, 11–20 Uhr, Tel. 5728-6611, 1-30-10 Ebisu (JR Ebisu W-Ausg.).
 Restore, Secondhand jap. Designer-Mode vom Vorjahr oder älter, 12–20 Uhr, 5768-9877, 3-2-2 Ebisu-Minami (U: Ebisu, Ausg. 4, JR Ebisu, W-Ausg.).
 Frapbois, junge jap. Designermode, 11–20 Uhr, Tel. 5459-2625, 19-5 Sarugakuchô (JR Ebisu, W-Ausg.).
 Kamawanu, Spezialladen für *tenugui* (Allzwecktücher), 11–19 Uhr, Tel. 3780-0182, 23-1 Sarugakuchô (JR Ebisu, W-Ausg.).

Essen

(U: Hiroo, JR Ebisu, wenn nicht anders angegeben)
●**Garden Place,** Ebisu (zahlreiche Lokale)

Japanisch

●**Shinobu Tei Hotaru,** ¥¥, authentische japanische Küche zu zivilem Preis in naturnaher Atmosphäre. Mo–Do 17–24 Uhr, Fr, Sa 17–2 Uhr, So 17–23 Uhr; B1 Fukutaka Bldg., 1-14-10 Ebisu Minami, Tel. 5768-6678.
●**Munch-ya,** ¥, beliebtes Lokal mit großer Speisekarte unter Bäumen am Megurofluss, die meisten Gerichte kosten um die 500 ¥. Tgl. ab 17 Uhr, 1-10-23 Naka-Meguro (U: Naka-Meguro), Tel. 5722-1333.
●**Jigoku Ramen Hyottoko,** ¥, „Höllen-Ramen" ca. 1000 ¥, Mo–Fr 14–22 Uhr, Sa 14–19 Uhr, Okumiya Bldg. B1, 1-8-4 Ebisu Minami, Tel. 3791-7376.
●**Shunsenbô,** ¥¥, berühmt für Shabu-shabu und Tofu-Kaiseki mit selbst gemachtem Tofu, elegante Atmosphäre, 11–15, 17.30–22 Uhr, Tel. 5469-9761, F1, Ebisu Prime Square Tower, 1-1-40 Hiro-o (JR Ebisu O-Ausg.).
●**Ippûdô,** ¥, berühmtes Râmenlokal, spezialisiert auf *tonkotsu* (Schweinebrühe)-Râmen, das aus Kyushu stammt, *akamaru* (mit rotem Öl für Tokioter Geschmack), *shiromaru* (weiße, mildere Soße, mit frisch geriebenem Knoblauch) für Liebhaber des Originals, üblichlicherweise steht man eine Zeitlang an für das recht kurze Vergnügen, 11–16 Uhr, Tel. 5420-2225, 1-3-13 Hiro-o (JR Ebisu O-Ausg.).
●**Kazuki,** ¥, beliebtes, sauberes Râmen-Lokal, Tokioter mögen besonders Miso-Râmen, 10–6 (!), Tel. 3496-6885 (U: Ebisu Ausg. 4.).

●**Nanaki,** ¥/¥¥, handgemachte *soba* aus Nagano, rustikal, entspannt, 450–1600 ¥. 11.30–21.30 Uhr, So u. F geschl., 1-13-2 Ebisu-nishi, Tel. 3496-2878.
●**Ninniku-ya,** ¥¥, Knoblauchgerichte aus aller Welt, trotz „Nachwirkungen" sehr empfehlenswert. 18.30–22.30 Uhr, So u. F geschl., 1-26-12 Ebisu, Tel. 3446-5887, 5488-5540.

Indisch/Pakistanisch

●**Kenbokke,** ¥¥, Curries mit 22 Gewürzen, Tandoori-Huhn und -Krabben, chic und modern. Empire Bldg. 2F, 4-11-28 Nishi-Azabu, Iel. 3498-7080.

Afrikanisch

●**Piga-Piga,** ¥¥, Snacks und afrikanische Livemusik, am Wochenende immer voll. Nanshin Ebisu Ekimae Bldg. B2, 1-8-16 Minami Ebisu, Tel. 3715-3431.

Deutsch

●**Regensmeier,** ¥¥, Salate, Fleischgerichte, Party-Service. 11–19 Uhr, 2. u. 3. Mo geschl., 5-1-27 Minami-Azabu, Tel. 3446-5154.

Französisch

●**Azabu Kyara-tei,** gemütlich, freundlich, 20 Plätze, Menüs ab 5000 ¥, Lunch-Menüs ab 2000 ¥. 12–13.30 und 18–22 Uhr, So u. F geschl., 4-2-12 Nishi-Azabu, Tel. 3409-5155.

Café

●**Homework's,** ¥, Sandwiches und Hamburger. Mo–Sa 11–21 Uhr, So 11–18 Uhr, F1 Shichiseisha Bldg., 5-1-20 Hiro-o (U: Hiro-o), Tel. 3444-4560.

Bars, Clubs und Discos

●**Enjoy!House,** Lounge im Stil der 1980er, auch Reggae, So, Di–Do 13–2 Uhr, Fr/Sa bis 4 Uhr, ohne cover charge, Tel. 5489-1591, F2 Kokuto Bldg., 2-9-9 Ebisu-Nishi, JR Ebisu, W-Ausg.
●**Hanezawa,** guter Biergarten in ruhigem Wohnviertel. 17–20.30 Uhr, 3-12-15 Hiro-o, Tel. 3400-2013.

●**La Bodeguita,** unter der Woche brasilianisches und kubanisches Essen, am Wochenende u.a. Samba und Salsa; Publikum vor allem Lateinamerikaner; ab 1000 ¥. Mo–Sa 18–24 Uhr, So u. F geschl., New Life Ebisu Bldg. F2, 1-7-3 Ebisu Minami, Tel. 3715-7721.
●**J Trip „Wanna Dance?",** interessantes Dekor, dunkel, sehr gute DJs; ab 2500 ¥. So–Do 19–5 Uhr, Fr, Sa bis 8 Uhr, The Wall B1, B2, 4-2-4 Nishi-azabu (U: Hiro-o oder Roppongi), Tel. 3409-7607.
●**Liquid Room,** hier treten immer wieder große Namen auf, geräumig, ab 19 Uhr, ab 3000 ¥, Tel. 5464-0800, 3-16-6 Higashi, www.liquidroom.net, JR Ebisu, O-Ausg.
●**Milk,** einer der besten Live-Clubs, oft ein heimische Musiker (Indie/Alternativ) Roob 6 Bldg., 1-13-3 Ebisu-nishi, Tel. 5458-2826.
●**Petit Chateau,** Transvestiten-Cabaret, Eintritt 25.000 ¥, Getränke ab 1000 ¥. 23–5 Uhr, Shows 2 und 4 Uhr, So u. F geschl., Koyama Bldg. B1, 3-1-19 Nishi-Azabu (U: Roppongi), Tel. 3408-0204.
●**Smash Hits,** eine der wenigen Karaokebars mit genügend (10.000) englischen Songs auf Lager, sogar Instrumente gibt es für den einen oder anderen *live act;* Eintritt: 3000 ¥, Mo–Sa 19–3 Uhr, So 19–24 Uhr, M2 Building B1, 5-2-26 Hiroo, Tel. 3444-0432.
●**Buri,** freundliche Stehbar mit großer Auswahl an Sake und Izakaya-Gerichten. , 1-14-1 Ebisu Nishi, Tel. 3496-7744, 17–3 Uhr.
●**Kissa Ginza,** tagsüber ein Café, abends werden Funk und Retroklassiker aufgelegt, 1960er-Ambiente. Mo–Sa ab 10 Uhr, So geschl,, 1-3-9 Ebisu Minami, Tel. 3701-7320.
●**Bonsai-ya,** entspannende Zen-Bar voller Bonsai, tgl. 17.30–2 Uhr, F4 Takara Bldg., 2-8-9 Nishi-Ebisu; Tel. 3464-7377.
●**R-Gath,** hier gibt es nur Mineralwasser, 29 Sorten davon. Tgl. 11–22 Uhr, B1 Yebisu Garden Place Glass Square, 4-20-4 Ebisu, Tel. 5447-1838.

Unterkunft

●**Azabu City Hotel,** ¥/¥¥, 2-12-3 Azabu-Juban (U: Roppongi, 10 Min.), Tel. 3453-4311.
●**Westin Tokyo,** ¥¥¥, gute Lage im lebhaften Ebisu, 1-4-1 Mita (JR Ebisu), Tel. 5423-7000, www.starwoodhotels.com/westin.

Stadtteile

Das internationale Vergnügungszentrum: Roppongi (Minato-ku)

Während Akasaka noch manches vom Hauch des alten Tokyo in den kleinen Gassen, Tempeln und Schreinen bewahrt hat, ist Roppongi der **internationalste Stadtteil,** den kein vergnügungssüchtiger Ausländer auslässt. Hier stehen die teuersten Wohnungen für Ausländer; die benachbarten Stadtteile Akasaka, Roppongi und Azabu beherbergen ja auch die meisten Botschaften. Seit den 1960er Jahren zogen die kosmopolitisch orientierten Cafés und Bars die intellektuelle Elite, Unterhaltungskünstler, Modeschöpfer und andere Berühmtheiten an.

Begonnen hatte die Attraktivität Roppongis als **gehobenes Wohnviertel** während der Meiji-Zeit, als sich hier höhere Beamte und wohlhabende Unternehmer niederließen. Der Name Rop-pon-gi bedeutet „sechs Bäume", vermutlich sechs Samurai-Familien, die das Zeichen für Baum als Bestandteil ihrer Namen hatten.

Die Tatsache, dass in Roppongi auch zwei Regimenter der Kaiserlichen Armee stationiert waren, führte indirekt zu dem westlich orientierten, internationalen Gesicht, das so kennzeichnend für das Roppongi von heute ist. Nach der Kapitulation Japans ließen sich nämlich genau dort die Amerikaner nieder, und es entstanden in der Nachbarschaft zahlreiche Etablissements, die dem Amüsement der ausländischen Soldaten dienten: Bars, Cafés, Restaurants, Discos. Im Laufe der Jahre kam eine Vielfalt von Geschäften und Boutiquen hinzu. Doch auch **Drogenkriminalität** gehört zum Viertel (s. Kapitel „Sicherheit").

Richtig zu leben beginnt das **Vergnügungszentrum** eigentlich erst abends. Berühmt sind neben der dichten Konzentration ausländischer Spezialitätenrestaurants vor allem die Bars und Discos. Das Square Building z.B. wies einmal auf zehn Stockwerken allein sieben Diskotheken auf; heute bietet es die übliche Mischung aus Clubs und Lokalen. Die abendlichen Trips beginnen meist an der Roppongi-Kreuzung. Wer sich dort verabredet, wählt üblicherweise das Almond Café mit der rosa Fassade (so berühmt es als Treffpunkt ist, so wenig empfiehlt sich heute jedoch ein Besuch von innen). Ein anderer populärer Treffpunkt ist die Maman-Skulptur **Spider** in Roppongi Hills. Die *Roppongi-zoku* (Roppongi-Clique) vergnügt sich meist bis in die frühen Morgenstunden. Tagsüber ist es ruhiger.

Es gibt jedoch auch sehr interessante **Einkaufsmöglichkeiten,** z.B. in den Roppongi Hills, in Tokyo Midtown, im bekannten Axis Building. Neben Boutiquen und Modestudios haben sich zahlreiche Plattenfirmen und Filmproduktionen in Roppongi niedergelassen.

Hinter dem Hikawa-Jinja und dem Wohnviertel des amerikanischen Botschaftspersonals in Mitsuyama befinden sich im Ortsteil Tameike die Gebäude von **Ark Hills** (s.u.), u.a. mit der Suntory Hall, einem bekannten und guten Konzertsaal.

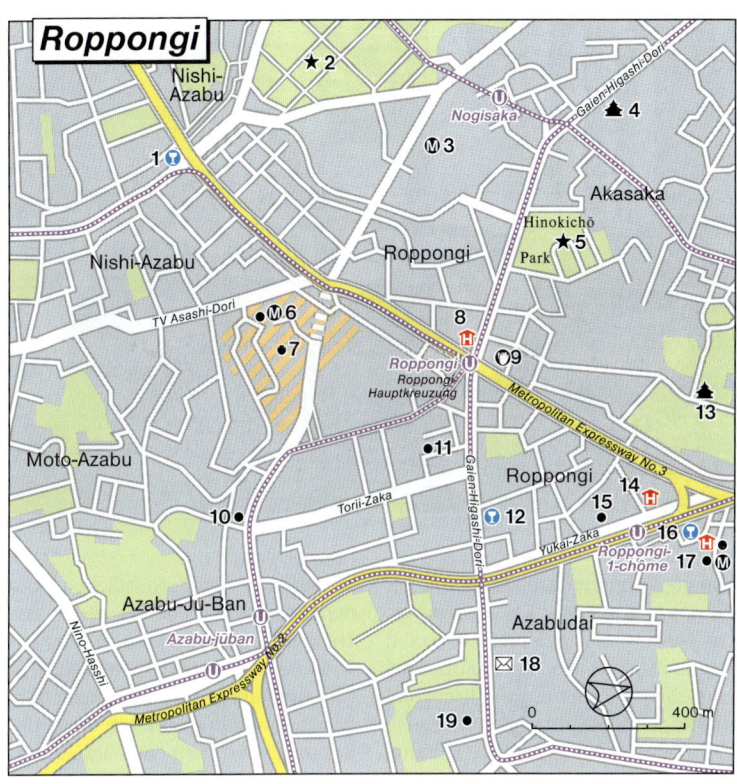

Roppongi

Um die Roppongi-Kreuzung

Roppongi ist zwar ein Stadtviertel, das von Akasaka, Aoyama und Azabu begrenzt wird, aber unter Roppongi verstehen die meisten die Kreuzung der Roppongi-dôri mit der Gaien-Higashi-dôri. Dort liegt auch die **U-Bahn-Station Roppongi** (Hibiya, Toei-Oedo-Linie). Hier trifft man sich z.B. vor dem Almond Café und zieht zu den nächtlichen Vergnügungen des Viertels. Aber auch tagsüber hat das Viertel einige Attraktionen zu bieten.

Gleich an der nordöstlichen Ecke der Roppongi-Kreuzung steht das **Theater Haiyuza Geki-Jô (9),** das seit 1954 besteht; neben Theater- gibt es Film- und andere Aufführungen. Gegenüber auf der anderen Seite der Roppongi-dôri steht ein Stück zurückversetzt der Block mit dem einst spektakulären **Square Building** und seinen Discos, Clubs und Lokalen.

Von der Roppongi-Kreuzung in südöstlicher Richtung entlang der Fortsetzung der Gaien-Higashi-dôri gehend kommt man vorbei am **Roi Roppongi Building (11)** mit Boutiquen, Lokalen, Clubs und The Garden zum Eisessen oder Ausruhen. Anschließend gelangt man zum Axis Building, einem modernen **Einkaufszentrum,** berühmt für Inneneinrichtungs- und Designläden. Zuweilen gibt es hier Ausstellungen.

Prozession beim Schreinfest

Die kleine Straße, die von der Roppongi-Kreuzung nach Süden führt, heißt **Imoarai-zaka** (Kartoffelwasch-Hangweg), ist wie überall in Roppongi vollgestopft mit Lokalen (das teilweise palmengesäumte Viertel links zwischen dieser Gasse und dem Roi Roppongi wird gern „Little Beverly Hills" genannt) und führt vorbei am auffälligen **Striped House Museum** (moderne Kunst) nach 10 Min. zum **Thermalbad Azabu Jûban Hot Springs (10,** *Koshi-no-Yu).* Dieses ist eines der natürlichen Thermalbäder *(Onsen)* inmitten von Tokyo, 1948 eröffnet und seither wohl wenig verändert. Dennoch ist es ein besonderes Vergnügen, die heilende Kraft des Wassers (gegen nervöse Beschwerden und Verbrennungen) oder wenigstens seine Weichheit zu genießen (11–21 Uhr, Di geschlossen). In der Gegend findet am verlängerten Wochenende im August das beliebte **Azabu Jûban Summer Festival** statt (Information: Azabu Jûban Shinkô Kumiai, Tel. 3451-5812).

Südwestlich der Kreuzung ist wieder einmal ein völlig neuer Stadtteil entstanden: **Roppongi Hills (7),** ein Projekt der Mori-Gruppe, der jede Menge Häuser gehören. Es gibt Shoppingangebote, den bei Ausländern beliebten Virgin-Toho-Kinokomplex, das sehenswerte Mori Art Museum, 200 Läden und Lokale, im Mori-Tower vor allem abends die tolle 360 Grad-Rundumsicht (Tokyo City View, 1500 ¥), kostenlos bei Besuch des Museums (www.roppongihills.com/tcv/en/) mit Skyshot-Service (Foto vor dem Hintergrund des Tokyo Tower).

Mori Art Museum (6)

Das von den Architekten *Gluckman* und *Mayner* gestaltete, sehenswertes Museum für zeitgenössische Kunst wird geleitet vom ersten nichtjapanischen Museumsdirektor des Landes; ein Bonus ist der Zugang zu Café und Bar (s.u.) im F 50 mit beeindruckender Aussicht (F 52-53 Roppongi Hills Mori Tower, Roppongi 6-10-1, So, Mo, Mi, Do 10–22 Uhr, Fr, Sa 10–24 Uhr, Di 10–17 Uhr, Tel. 6406-6100. Erwachsene 1500 ¥, Kinder 500 ¥, U: Hibiya, Toei Oedo Line, Ausg. Roppongi Hills, www.mori.art.museum).

Geht man von den Roppongi Hills Richtung Aoyama-Friedhof, kommt man zum **National New Art Museum (3)** mit seiner elegant geschwungenen Fasssade, entworfen von *Kurokawa Noriaki* (besser zu erreichen von U: Nogizaka, Chiyoda Line).

Tokyo Midtown (5), Hikawa-jinja-Schrein (13)

Von der Kreuzung in nordwestlicher Richtung kommt man zum **Midtown Komplex** mit Einkaufszentrum, Restaurants, Galerien, Ritz Carlton Hotel im mit 248 m höchsten Gebäude der Stadt, dazu dem New Suntory Museum sowie dem attraktiven Hinokichô-Garten. Weiter östlich gelangt man zum **Schrein Hikawa-jinja,** der 951 gegründet wurde und ursprünglich dort stand, wo heute die TBS-Fernsehgesellschaft ihren Sitz hat. Unter dem 8. Shôgun *Yoshimune* wurde der Schrein an den heutigen Platz verlegt.

Das Gebäude ist schlicht gehalten. Auffällig sind die drei großen, etwa

Stadtteile

300 Jahre alten Ginkgo-Bäume. Bekannt ist der Schrein für sein jährlich am 15. September stattfindendes Fest.

Ark Hills (17)

Folgt man der Roppongi-dôri noch ein paar hundert Meter weiter, sieht man rechter Hand den Komplex von Ark Hills mit seinem Ensemble moderner Gebäude und der urbanen Mischung aus Bürogebäuden, Luxusapartments und Hotels. Hier findet sich das **ANA Hotel Tokyo,** und östlich dahinter das bekannte Hotel Okura mit dem **Okura Shukokan Museum** (Kunst und Kunsthandwerk aus dem alten Japan und Asien, U: Kamiyachô, 10–16 Uhr, Mo geschl., 400 ¥, 2-10-3 Toranomon, Tel. 3583-0781) und dem Konzertsaal **Suntory Concert Hall** mit ausgezeichneter Akustik und einer Orgel aus Österreich. Weiterhin gibt es im Ark-Hills-Komplex Läden, darunter die sehenswerte Darbietung von Badezimmerzubehör im 37. Stock des Ark Mori Building und einige Restaurants. Nicht weit entfernt, nahe der US-Botschaft, gibt es auch ein Museum für Fahrradfreunde: das **Bicycle Culture Center,** ein der Entwicklung des Fahrrads gewidmetes modernes Museum (10–16 Uhr, So/F geschl., Eintritt frei, Jitensha-Kaikan No. 3 Bldg. 1-9-3 Akasaka, U: Toranomon, Tel. 3584-4530).

Ark Hills steht gewisserweise für das neue, Hightech-orientierte und anspruchsvolle Tokyo. In den „intelligenten" Gebäuden werden viele Funktionen automatisch durch Elektronik geregelt (U-Bahn: Toranomon, Ginza-Linie).

Nogi-jinja-Schrein (4)

Geht man die Higashi-Gaien-dôri weiter, gelangt man beim U-Bahnhof Nogizaka rechts zum **Nogi-Park** mit dem früheren Wohnhaus von *General Nogi*. Er war der Held des Chinesisch-Japanischen und Russisch-Japanischen Krieges, doch er beging nach dem Tod seines hochverehrten Kaisers *(Meiji)* gemeinsam mit seiner Frau rituellen Selbstmord, möglicherweise, um ihm auch nach dem Tod noch zu Diensten sein zu können. Der kleine Nogi-Schrein, der den beiden geweiht ist, steht hinter dem Haus. Dort findet an jedem zweiten Sonntag im Monat ein beliebter Antiquitätenflohmarkt statt (U: Nogizaka, Chiyoda-Linie).

Von der Kreuzung in nordöstlicher Richtung entlang der Roppongi-dôri, kommt man nach einigen hundert Metern links haltend vorbei an der Wohnanlage der US-Botschaft wieder zum Schrein Hikawa-jinja (siehe dort).

Einkaufen

● **Aoyama Book Center,** gute Auswahl an Kunstbänden, beliebt bei Nachtschwärmern, Mo–Sa 10–5 (!), So 10–22 Uhr, 2./3. Di im Monat geschlossen, Tel. 3479-0479, 6-1-20 Roppongi (U: Omotesandô, Ausg. 3).

● **Yonamine Pearl Gallery,** Perlen, beliebt bei Ausländern, guter Service; auf Anruf wird man sogar abgeholt. 4-11-18 Roppongi, 2. Stock (U: Roppongi), Tel. 3402-4001.

● **Nogi-Schrein-Flohmarkt** *(nomi-no-ichi, flea market),* rund 30 Händler, Preise oft billiger als in Geschäften; nicht bei Regen. Jeden 2. So ganztags (U: Nogizaka).

● **Roppongi Antique Fair,** Antiquitätenflohmarkt, rund 20 Händler. Nur 4. Do/Fr: 8–18/20 Uhr, vor dem Roi Bldg., 5-5-1 Roppongi (U: Roppongi), Tel. 3583-2081.

●**Bushi,** moderne Lackwaren, Möbel, Deko. 11–20 Uhr, Mo geschl., Axis Bldg. Roppongi (U: Roppongi), Tel. 3587-0317.

●**Kisso,** moderne Keramik, Lackwaren, Küchengeräte, auch bei Designern sehr beliebtes Geschäft. 11–14 und 17.30–21 Uhr, Axis Bldg. B1 (U: Roppongi), Tel. 3582-4191.

●**Yuya,** Boutique des Designers *Nagahata Yuya,* der aus alten und neuen Kimonostoffen Alltags- und Abendgarderoben schneidert. Gut für Ideen, was sich aus ggf. billig erstandenen gebrauchten Kimonos machen lässt – oder gleich zum Mitnehmen. 11–18.30 Uhr, So geschl., neben dem Axis-Bldg., 5-16-22 Roppongi (U: Roppongi), Tel. 3505-5501.

●**X-Site (ekkusaito-) Bathroom Showroom,** sehenswerte Ausstellung von Badezimmerzubehör auf 1500 m². Mo–Sa 11–19 Uhr, F 37 Ark Mori Bldg., 1-12-32 Akasaka (U: Kamiyachô, Hibiya-Linie; Toranomon, Ginza-Linie).

●**Blue & White,** Kunsthandwerk, Keramik, Kissen, Körbe, Papier, Textilien – alles blauweiß. 10–18, So 13–17 Uhr, F geschl., 2-9-2 Azabu-Jûban (U: Roppongi), Tel. 3451-0537.

●**Washikôbô,** Papier. 10–18 Uhr, So u. F geschl., 1-8-10 Nishi-Azabu (U: Roppongi), Tel. 3405-1841/1941.

●**Kurofune,** seit 25 Jahren verkauft der Amerikaner *John Adair* hochwertige, japanische Antiquitäten im Originalzustand auf drei Etagen. Mo–Sa 10–18 Uhr, 7-7-4 Roppongi, Tel. 3479-1552, www.kurofuneantiques.com.

●**Roppongi Hills,** 200 Läden und Lokale.

Essen

(U: Roppongi, falls nicht anders angegeben)

Sushi/Sashimi

●**Fukuzushi,** ¥¥, sehr gut, Lunch 2500 ¥, Abendessen ab 10.000 ¥. 11.30–14 Uhr und 17.30–23 Uhr, Do u. F 17.30–22 Uhr, 5-7-8 Roppongi, Tel. 3402-4116.

●**Sushisei,** ¥¥, sehr gut, beliebt und nicht zu teuer, ca. 3000 ¥ pro Person. 10.45–14 und 17–22 Uhr, So 12–14 und 16.30–21.30 Uhr, Mi geschl., 3-2-9 Nishi-Azabu (U: Nogizaka, Roppongi), Tel. 3401-0578.

●**Uo Kame,** ¥¥, köstlicher Fisch frisch vom Fischhändler, rau, aber herzlich, auf den Tisch kommt, was es gerade gibt, 3000 ¥. 18–22 Uhr, So u. F geschl., 2-12-3 Higashi-Azabu (U: Kamiyachô, Hibiya-Linie), Tel. 3583-7841.

●**Ichiban Sushi,** ¥, preiswertes Sushi, ital. Küche/Weine, Mo–Sa 11–3, So 11–23 Uhr, 10 Kotobuki Bldg., 2-4-9 Roppongi, Tel. 3585-1256.

Kaiseki

●**Kisso,** ¥¥, gutes Kaiseki-Lokal, Lunch ab 1200 ¥, O-Bentô 1700–2500 ¥, Abendessen ab 8000 ¥. 11.30–14 u. 17.30–21 Uhr, So geschl., Axis Bldg. B1, 5-17-1 Roppongi, Tel. 3582-4191.

Shabu-Shabu

●**Shabu-Zen,** ¥¥, Shabu-Tabehodai (Buffet) mit Matsuzaka Beef 4300 ¥. Creston Hotel B1, Tel. 3485-0800. Filialen in Roppongi, Tel. 3585-5600.

●**Hassan,** ¥¥/¥¥¥, beliebtes Buffet mit Shabu-Shabu, Sukiyaki, Sashimi, Tempura, ab 6500 ¥, Denki Bldg. B1, 6-1-20 Roppongi, Tel. 3403-8333.

●**Seryna,** ¥¥¥, seit langem beliebtes Sukiyaki-, Shabu-shabu-, Teppanyaki-Restaurant, rund um einen Teich, von mittags bis 23 Uhr geöffnet, Tel. 3402-1051, 3-12-2 Roppongi, U: Ausg. 3.

Yaki-tori, Kushi-yaki

●**Monsen,** ¥¥¥, Haute-Cuisine-Yakitori in rustikaler Atmosphäre, aber vorher reservieren, am besten in Gruppen; die Wahl überlässt man dem Chef: *omakase shi-masu:* 8–10 köstliche Spieße, ca. 10.000 ¥. 18–23 Uhr, Sa–Mo, F geschl., 2-13-8 Azabu-Juban, Tel. 3452-2327.

Robatayaki/Teppanyaki

●**Inakaya,** ¥¥¥, sehr unterhaltsame, rustikale Art zu essen, aber nicht unbedingt billig: 10.000–15.000 ¥ kommen leicht zusammen. 17–5 Uhr, 7-8-4 Roppongi, Tel. 3405-9866.

●**Kobe 77,** ¥¥/¥¥¥, Teppanyaki, sehr gute Steaks, *garlic rice,* zum Nachtisch: *ice cream steak.* 6-1-3 Roppongi, Tel. 3479-3689.

Izakaya

- **Gonpachi**, ¥/¥¥, Izakaya im Stil eines luftigen Bauernhauses, preiswerte Lunch-Menüs um 1000 ¥; 11.30–2 Uhr, 1-13-11 Nishi-Azabu, Tel. 5771-0170.

Udon

- **Usagiya**, ¥/¥¥, hier werden die Udon vor den Augen der Gäste hergestellt, während sie an der Bar sitzen. 11–4 Uhr, So u. F bis 23 Uhr, Rokuei Bldg. B1, 7-14-11 Roppongi, Tel. 3401-6208.

Neue Japanische Cuisine

- **Hashimoto**, ¥¥, gemütlich, täglich wechselndes 7-Gerichte-Menü, 7000 ¥. 17.30–23 Uhr, Sa 17–22 Uhr, So geschl., 4-4-11 Roppongi, Tel. 3408-8388.
- **Kuimonoya Raku 78**, ¥¥, lange Tische, junge Leute, gute Stimmung, preiswertes Essen. 17.30–23.30 Uhr, 7-14-2 Roppongi, Tel. 3403-0869.

Nach 24 Uhr

- **La Boheme**, ¥¥, beliebt und immer wieder gut, Lundic Bldg. F1, 4-11-13 Roppongi, Tel. 3478-0222.

Chinesisch

- **Bodaiju**, ¥¥, gute chinesische Küche mit vegetarischen Fleischimitationen, kein Glutamat. 11.30–15 und 17.30–22 Uhr, 1-1-1 Nishi-Azabu, Tel. 3423-2388.
- **Shao Lee**, ¥¥, am Nishi-kôen, Küche und Gastraum in einem, Platz für 12 am großen schwarzen Marmortisch, gute Taiwan- und Vietnam-Küche, 2000–3000 ¥. 18–24 Uhr, So geschl., 7-12-15 Roppongi, Tel. 3408-1718.
- **Kourakuen**, ¥, beliebtes Ramen-Lokal, ab 390 ¥ (*Chuka-Soba*), Set mit Râmen, Gyôza, O-nigiri 720 ¥, 7-312-5 Roppongi-dôri.
- **Nansho Manto-Te**, ¥, erste japanische Filiale der in Shanghai berühmten Restaurantkette Nanxiang Steamed Bun Dim Sum. Täglich geöffnet 11–23.30 Uhr, F1 Hill Side, Roppongi Hills, 6-10-1 Roppongi, Tel. 5413-9581.

Indisch/Pakistanisch, Nepalesisch

- **Ganga Palace**, ¥¥, fürstliche Umgebung, Dekoration wie im Film, Lunch 1200 ¥, Curries ab 1500 ¥, Menüs ca. 5000 ¥. 11.30–14.30 und 17–23 Uhr, Bar geöffnet bis 5 Uhr, So/F geschl., Wind Bldg. B1, 7-4-8 Roppongi, Tel. 3796-4477.
- **Moti**, ¥¥, nordindische Küche, seit vielen Jahren sehr beliebt, nicht sehr scharf. 11.30–22 Uhr, Hama Bldg. F3, 6-2-35 Roppongi, Tel. 3479-1939, **Moti Darbar**, Roppongi Plaza F3, 3-12-6 Roppongi, Tel. 5410-6871.
- **Bombay Café**, sehr beliebt u. preiswert (Lunch: 1000 ¥), Filmmusik und -videos, Happy Hour 18–20 Uhr (Bier 350 ¥), Mo–Do 11.30–17 Uhr , Fr, Sa 11.30–7 Uhr, Iida Bldg. 1F, 1-8-4 Nishi-Azabu, Tel. 3404-9988.

Indonesisch

- **Bengawan Solo**, ¥¥, gute javanische Küche seit 1954, vernünftige Preise. 7-18-13 Roppongi, Tel. 3408-5698.
- **Ichioko**, ¥/¥¥, kalifornisch-balinesisches Café, Lunch ab 1000 ¥; alles kommt auf den Tisch, was *Ueda-san* interessant findet: Tôfu-Steak, Käse-Gyôza, Pilze in Soße, Salate; der Chef ist ein Original; das Klo ist eine Sehenswürdigkeit für sich. 17.30–0.30 Uhr, So u. F geschl., 4-4-5 Roppongi, Tel. 3405-9891.

Koreanisch

- **Hosenka**, ¥¥, günstig, gut, populär, ca. 5000 ¥. 12–14 Uhr und 17–3 Uhr, So 17–24 Uhr, 2-21-12 Azabu-Juban, Tel. 3452-0320.

Thai

- **Erawan**, ¥¥, gutes Essen, vernünftige Preise, geräumig, tolle Aussicht. Roi Bldg. F13, 5-5-1 Roppongi, Tel. 3404-5741.
- **Bangkok**, ¥¥, gute, reichhaltige Küche, schneller Service, Mo–Sa 11.30–15, 17–23, So 12–21 Uhr, 3. So geschl., Woo Bldg. 3F, 3-8-8 Roppongi, Tel. 3408-7353.
- **Rice Terrace**, ¥¥, hervorragende Küche, angenehme Atmosphäre, vor allem im Untergeschoss. 2-7-9 Nishi-Azabu, Tel. 3498-6271.
- **Sabai**, ¥¥, Deluxe Thai-Essen, gute Gemüsegerichte. La Palette Bldg. 3F, 7-13-8 Roppongi, Tel. 3470-4110.

Lateinamerikanisch

● **El Mocambo,** ¥¥, festlich, geräumig, große Auswahl an südamerikanischen Spezialitäten, freundliche Bedienung. Chitose Bldg. B2, 1-4-38 Nishi Azabu, Tel. 5410-0468.

● **Acarajé Tropicana,** ¥¥, brasilianisches Churrasco-Restaurant (gegrilltes Fleisch bis zum Abwinken), anschließend Barzauber. Di–Do 18–24 Uhr, Fr 18–23 Uhr, Sa 18–22.30, So 18–2 Uhr. Bar Fr/Sa 12–5 Uhr, B1 LG Bldg., 1-1-1 Nishi-Azabu, Tel. 3479-4690.

Nordamerikanisch

● **Fox Bagels,** ¥, die besten amerikanischen Brezeln, auch mit Deli-Belag, z.B. Wall Street Sandwiches, liefert auch außer Haus. 9–17 Uhr, Mi geschl., in der TV Asahi-dôri, auch Bagel-dôri genannt, 6-15-19 Nishi-Azabu, Tel. 3403-7638, Bestellungen: Tel. 3408-3141.

● **Spago,** ¥¥/¥¥¥, italo-kalifornische Küche, Gourmet-Pizzas, festliche Atmosphäre. 17.30–23 Uhr, hinter dem Hard Rock Café, 5-7-8 Roppongi, Tel. 3423-4025.

● **Tony Roma's,** ¥/¥¥, Rippchen, Fisch und Huhn, große Portionen, berühmt die Zwiebelringe, gut auch die Appetithappen wie Spinat-Avocado-Dipp und Zwiebelbrot. Mo–Fr 17.30–23 Uhr, Sa/So/F 12–23 Uhr, 5-40-20 Roppongi, Tel. 3408-2748.

● **Victoria Station,** ¥¥, Steakhouse mit etwa 12-teiligem Salatbuffet, beliebt bei nichtrauchenden Vegetariern. 11–23 Uhr, 4-6-2 Roppongi, Tel. 3479-4601.

Französisch

● **Bistro de la Cité,** ¥¥, gemütlich, beliebt seit über 20 Jahren, gute Fischgerichte, Lunch 2000 ¥, Abendessen über 7000 ¥. 12–14 und 18–22 Uhr, Mo geschl., 4-2-10 Nishi-Azabu, Tel. 3406-5475.

● **Brasserie Bernard,** ¥¥, viele provencalische Spezialitäten, gutbürgerlich, beliebt bei Tokyoter Franzosen, Lunch ab 1500 ¥, Abendessen ca. 5000 ¥. 11.30–14 und 17.30–0.30 Uhr, 7-14-3 Roppongi, Tel. 3405-7877.

● **La Terre,** ¥¥, nettes Bistro, besonders reizvoll zur Kirschblüte, neben dem großen, modernen Reiyukei-Tempel, gegenüber der russischen Botschaft. 1-9-20 Azabudai, Tel. 3583-9682.

● **Marie Claude,** ¥¥, kleines, intimes Restaurant, Menüs wechseln mit den Jahreszeiten, 7 Tische, Lunch ab 3000 ¥, Abendessen ab 7000 ¥. 11.30–14 Uhr, Tee: 14–16 Uhr, Abendessen: 18–22 Uhr, Ochiai Azabudai Bldg. F2, 1-7-28 Roppongi, Tel. 3583-9567.

● **Queen Alice,** ¥¥, ruhig, viel Grün, einzelstehendes Haus, nur Menüs, Lunch ab 3500 ¥, Abendessen ab 7500 ¥. 12–15 und 18–22 Uhr, 3-17-34 Nishi-Azabu, Tel. 3405-9039.

● **L'Atelier de Joel Robuchon,** ¥¥¥, im Stil eines Sushi-Restaurants mit offener Küche, ausgezeichnete Gerichte. Tgl. 11.30–14.30 u. 18–23 Uhr, Tee 14.30–16 Uhr, F2 Roppongi Hills Hillside, 6-10-1 Roppongi, Tel. 5772-7500.

Italienisch

● **Acqua Pazza,** ¥¥¥, klein, sehr gut, über 10.000 ¥. Mo–Sa, 18–23 Uhr, Kakubari Bldg. B1, 3-21-14 Nishi-Azabu, Tel. 3470-0564.

● **Cucina Hirata,** ¥¥¥, entspannte Atmosphäre, hohes Niveau der Küche, ca. 12.000 ¥. Ab 18 Uhr, So u. F geschl., Towanda Bldg. 3F, 3-12-1 Azabu-Jûban, Tel. 3457-0094.

● **Il Forno,** ¥¥, italo-kalifornisch, Pizza und Salat, vernünftige Preise. 11–23 Uhr, hinter Aoyama Book Center, Piramide Bldg., 6-6-9 Roppongi, Tel. 3796-2641/2642.

Russisch

● **Ural,** ¥¥, russische Hausmannskost, Menüs ab 6000 ¥. 18–21 Uhr, So u. F sowie Juli/August geschl., 1-9-7 Nishi-Azabu, Tel. 3403-1703.

Schwedisch

● **Lilla Dalarna,** ¥¥, klein, informell, rustikal, Lunch 1000 ¥, Abendessen 3000–5500 ¥. 12–15 und 18–22 Uhr, So geschl., 5-9-19 Roppongi, Tel. 3478-4690.

● **Stockholm,** ¥¥/¥¥¥, leckeres Smörgasbord im Sweden Center für Leute mit Zeit, Lunch 4500 ¥, Abendessen 6000 ¥. 11–14 und 17–22 Uhr, Sweden Center B1, 6-11-9 Roppongi, Tel. 3403-9046.

Hotel-Frühstück

● **Capitol Tokyû,** ¥¥, Tea Lounge, gemütliches Frühstück am Wochenende bis mittags,

Stadtteile

mit Blick auf japanischen Garten. 7–22.30 Uhr, 2-10-3 Nagatachô (U: Kokkai-gijidomae, Chiyoda/Marunouchi-Linie), Tel. 3581-4511.

Bars, Clubs und Discos

(U: Roppongi, falls nicht anders angegeben)

Discos, Tanz-Bars

● **328,** DJs spielen oft Funk, Rock; interessante Bar, verwirrender Eingang, freundliche Bedienung, gemischtes Publikum, ab 2000 ¥. Mo–Do 20–4 Uhr, Fr, Sa bis 5 Uhr, So bis 3 Uhr, Kôtsu Anzen Center Bldg. B1, 3-24-20 Nishi Azabu (U: Nogizaka, Ausg. 5), Tel. 3401-4968.

● **Bul-lets (16),** internationaler Trance und Ambient im Tiefgeschoss, Betten und Sofas laden zum Entspannen nach dem Barfußtanzen, auch Liveacts, ab 1500 ¥, B1, Kasumi Bldg., 1-7-11 Nishi-Azabu, Tel. 3401-4844, www.bul-lets.com (U: Roppongi, Ausg 2/3).

● **Cipango,** Laser-Effekte, orientalisch-mexikanisches Interieur. Männer 4500 ¥, Frauen 4000 ¥ (am Wochenende und vor Feiertagen 500 ¥ extra, 10 Essens- und Getränkecoupons), 17 Uhr bis nach Mitternacht, Nittaku Bldg. 3F, 3-8-15 Roppongi, Tel. 3478-0039.

● **Club Tatou,** exklusive Disko, strenge Kleiderordnung, Jazz, Blues, Soul, Fr manchmal live, Do–Sa 21–5 Uhr, Eintritt vor 22 Uhr frei, danach inkl. 2 Getränke 3000 ¥, Do Frauen frei, 7-6-2 Roppongi, Tel. 5411-4433.

● **Club Vivian,** klein, attraktiv,sehr beliebt bei NY House-Fans, Techno, Mo–Sa 22–5 Uhr, Eintritt: Mo–Do 2000 ¥ (inkl. 1 Getränk), Fr, Sa 2500 ¥ (inkl. 2 Getränken), alle Getränke 500 ¥, Azabu Palace Bldg B1, 2-25-18 Nishi-Azabu, Tel. 3406-8477.

● **Déjavu,** internationales Publikum, farbige Lichteffekte, Gaijin-Bar, ab 1000 ¥. So–Mi 19–5 Uhr, Togensha Bldg. Nr. 2, F1, 3-15-24 Roppongi, Tel. 3403-8777.

● **Droopy Drawers,** Soul, House; Einrichtung wie heruntergekommene unterirdische Passage. So–Do 3000 ¥, Fr/Sa 3500 ¥. 19 Uhr bis nach Mitternacht, Art Mansion B1, 6-7-8 Roppongi, Tel. 3423-6028.

● **eleven** (vorher: Space Lab Yellow), gilt immer noch als progressiv und ist nach wie vor sehr angesagt. Acid Jazz, Brazil Jazz, Techno. 2000–3500 ¥ plus 2 Getränke extra, geöffnet ab 22 Uhr, B1/B2, Cesaurus Bldg., 1-10-11 Nishi Azabu (Eingang neben Parkplatz), Tel. 3479-0690, www. go-to-eleven.com (U: Ausg.2/3).

● **Gas Panic 99,** toller Afterhour Club, neben Déjavue, Tel. 3470-7180.

● **Ex.Geoid/Flower,** Underground, Dekoration: Blick auf die Erde aus dem Weltraum, italienische Spitzenbeleuchtung, 3000 ¥. (Nichtmitglieder, inkl. 1 Getränk). Frauen: Eintritt frei. Fr/Sa 4–12 Uhr, 3-5-5 Nishi Azabu, Tel. 3479-8161.

● **J Trip Bar End Max,** Funk, Soul, Rock, House; sehr beliebt, groß; gutes Lichtsystem, Männer 3500 ¥, Frauen 2500 ¥, am Wochenende und vor Feiertagen 1000 ¥ extra. 18 Uhr bis nach Mitternacht, Hara Bldg. B2, B1, 3-4-18 Higashi-Azabu, Tel. 3586-0639.

● **Lexington Queen,** Hard Rock, Prominentendisco (geführt vom Klatschkolumnisten *Bill Hersey*), anständige Kleidung, Männer 4000 ¥, Frauen 3000 ¥, Models umsonst, wenn mit männlicher Begleitung (10 Essenscoupons, freies Getränk). 18 Uhr bis nach Mitternacht, Dai-san Goto Bldg. B1, 3-13-14 Roppongi, Tel. 3401-1661.

● **Muse (1),** Tanzen, spielen, entspannen auf mehreren Etagen, Männer 1000/2000 ¥, Frauen meist ohne Minimum, So–Do 19–4, Fr/Sa bis 5 Uhr, 4-1-1 Nishi-Azabu, Tel. 5467-1188, www.muse-web.com (U: Roppongi Ausg.1b/3).

● **MZMZ,** Reggae, House, World, Mo–Do Männer 4000 ¥, Frauen 3000 ¥ (am Wochenende und vor Feiertagen 1000 ¥ extra) inkl. 3 Getränke. 9 Uhr bis nach Mitternacht, So geschl., Rudocho Bldg. B1, 7-4-4 Roppongi, Tel. 3423-3066.

● **Pickford Live Hall,** beliebt, gute Bands, 3000 ¥ Eintritt, am Wochenende sehr voll. 20–5 Uhr, So geschl., Roppongi Raidick Bldg. B1, 4-11-13 Roppongi, Tel. 3423-1628.

● **Pigeon,** bester Reggae in Tokyo, ab 2000 ¥ Mo–Do 20–3.30 Uhr, Fr u. Sa bis 4 Uhr, So geschl., Kokubo Bldg. F3, 1-4-49 Nishi-Azabu (U: Nogizaka), Tel. 3403-2962.

● **Rowdy,** Garage und House, Fr Eintritt frei für Frauen, 2500 ¥ inkl. 2 Getränke. ABIC Bldg. F8, Roppongi, Tel. 3405-4494.

●**Soul to Soul,** Soul, House; dunkle Tanzfläche, Eintritt 1000 ¥ (am Wochenende und vor Feiertagen 500 ¥ extra), Getränke und Essen extra. 22–8 Uhr, So bis 6 Uhr, Azabudai Mansion 1F, 3-4-14 Azabudai, Tel. 3505-6573.
●**The Deep,** Insider Underground Club, ab 1000 ¥. 23–5 Uhr, Fr, 1. u. 4. Sa, Suzuki Bldg. B1, 8-12-15 Akasaka (U: Nogizaka, Ausg. 1, Roppongi, 10 Min.), Tel. 3796-0925, unter der Woche Foto-Galerie.
●**Salsa Sudada,** beliebter Latino-Tanzclub mit täglicher Einführung in Merengue, Salsa u.a. Ab 18 Uhr, F3 Rue Palette, 7-13-8 Roppongi, Tel. 5474-8806, www.salsasudada.net.
●**SuperDeluxe,** kreativer Ort, Bar/Club/Restaurant/Galerie/Live-Haus, besonders beliebt die PechaKucha-Abende, wenn junge Künstler und Designer ihre Werke zeigen. Wechselnde Zeiten, B1, 3-1-25 Nishi-Azabu, Tel. 5412-0515, www.super-deluxe.com.
●**Vanilla,** riesiger Club, beliebt vor allem bei einheimischen Kids. Mo–Sa ab 19 Uhr, TSK Bldg., 7-15-30 Roppongi, Tel. 3401-6200.
●**Velfarre,** moderner House- und Trance-Club, Eintritt inkl. 2 Getränke 3000 ¥ (m), 2000 ¥ (w), Fr–So 4000/3000 ¥. Fr–Sa 18–1 Uhr, Do, So 18–24 Uhr, Velfarre Bldg., 7-4-22 Roppongi, Tel. 3402-8000.

der Club für Reggae-Connaisseurs, Tanzmöglichkeit, viel ausländisches Publikum, Männer 4000 ¥, Frauen 3000 ¥ inkl. 2 Getränke. Mo-Fr 19–3, So bis 24 Uhr, Musik Mo–Fr ab 20.45, Fr/Sa ab 20.30 Uhr, So 20–21 Uhr, Dai-ni Daisho Bldg. B1, 5-18-2 Roppongi (U: Roppongi, 13 Min.), Tel. 3583-9409.
●**Kentos,** Oldies und amerikanische Popmusik, Tanzmöglichkeit, 1300 ¥, Mo–Sa 18–2.30 Uhr, So u. F bis 24 Uhr, Musik ab 19.30 Uhr (6 mal pro Abend), Dai-ni Reine Bldg. B1, 5-3-1 Roppongi, Tel. 3401-5755.
●**Maggie's Revenge,** Aussie-Bar, 700 ¥. 21–3 Uhr, So geschl. Takano Bldg. F1, 3-8-12 Roppongi (U: Roppongi), Tel. 3479-1096.
●**Pigeon,** Reggae, 19–3 Uhr, Kokuba Bldg. F3, 1-4-49 Nishi-Azabu, Tel. 3403-2962.
●**Salsa Corona,** lateinamerikanische Musik, gute Margarita, ab 1000 ¥. 20–5 Uhr, Harrington Gardens Bldg. B1, 7-7-4 Roppongi, Tel. 3746-0244.
●**Spats,** Oldies mit Live-Band, lebhafte Atmosphäre, 2000–2500 ¥. Roppongi Plaza Bldg. 5F, 3-12-6 Roppongi, Tel. 3405-5700.
●**STB 139,** sehr beliebt, gute Atmosphäre, meist Acid Jazz, eigene Big Band, 3000–7000 ¥, Mo–Sa 18–23 Uhr, Tel. 5474-1395 (Restaurant 11–20 Uhr), U: Ausg. 3.

Clubs mit Live-Musik

●**Abbey Road (12),** Club für Beatles-Fans, exzellente Coverbands, 1600–2100 ¥ plus 2 Getränke extra, Mo–Do 18–24, Fr/Sa bis 1 Uhr, Reservierung empfohlen, Tel. 3402-0017, B1 Roppongi Annex Bldg., 4-11-5 Roppongi, U: Ausg. 4a/7.
●**After Six,** ruhiger Jazzclub mit Klavier, hauptsächlich Pianisten aus USA, Eintritt 2500–5000 ¥, 19–2 Uhr, So geschl., Zonan Bldg. B1, 3-13-8 Roppongi, Tel. 3405-7233.
●**Birdland,** In-Club für Acoustic Jazz Di–Sa; Mo: Hawaiianische Musik, So geschl., Eintritt mit 1 Getränk 3000 ¥. Roppongi Square Building, B2, 3-10-3 Roppongi, Tel. 3478-3456.
●**Cavern Club,** Beatle-Mania, Beatles-Wünsche werden Di, Do, Sa erfüllt, Liverpool-Food, Eintritt 1300 ¥, 18–2.30 Uhr, Saito Bldg. 1F, 5-3-2 Roppongi, Tel. 3405-5207.
●**Hot Corocket,** Reggae, meist afrikanische Bands, aber auch aus Jamaika und England,

Bars

●**Absolut Icebar Tokyo,** Tokyos einzige Eisbar, Temperatur akzeptable -5 °C, Zeitlimit 45 Min. Tgl. 17–24 Uhr, 4-2-4 Nishi-Azabu, Tel. 5464-2161, www.icebartokyo.com.
●**Agave,** 400 Sorten Tequila bei gedämpftem Licht in angenehmer Atmosphäre. Mo–Do 18.30–2 Uhr, Fr, Sa 18.30–4 Uhr, B1 Clover Bldg., 7-15-10 Roppongi, Tel. 3497-0229.
●**Bar, Isn't It?,** kosmopolitisch, Einheitspreis 500 ¥, nahe Square Bldg., MT Bldg. F3, 3-8-18 Roppongi, Tel. 3746-1598.
●**Bar Matrix,** eingerichtet im Stil des Films, dazu Reggae, Rock, Trance, Hip-Hop, R&B. Tgl. ab 18 Uhr, Happy Hour 18–22 Uhr, B1 Wind Roppongi Bldg., 3-13-6 Roppongi, Tel. 3405-1066, www.matrixbar.jp.
●**Bernd's Bar,** deutsche Bar mit internationalem Publikum, gute Sicht auf Roppongi, Mo–Sa 17–2 Uhr oder später, Pure 2F, 5-18-1 Roppongi, Tel. 5563-9232.

Stadtteile

●**Bogeys Bar,** für Humphrey-Bogart-Fans, Kopie der Bar in „Casablanca", ab 1000 ¥. Mo–Sa 18–5 Uhr, So u. F bis 2 Uhr, Togensha Nr. 2 Bldg. F2, 3-15-24 Roppongi, Tel. 3478-1997.

●**Café Mogambo,** ruhige, angenehme Atmosphäre, 18–5 Uhr, So geschl., Osawa Bldg. F1, 6-1-7 Roppongi, Tel. 3403-4833.

●**Castello,** seit langem beliebt, besonders zur Happy Hour, Mo–Sa ab 19 Uhr, Tel. 3470-3624, Win Roppongi Bldg. 3-15-24 Roppongi, U: Ausg. 3.

●**Geronimo,** freundlich, gut besucht, direkt über der Roppongi-Kreuzung, ab 17 Uhr, Tel. 3478-7449, Yamamura Bldg. 7-14-10 Roppongi, U: Ausg. 3 oder 4.

●**Mega Magic,** das frühere *Henry Africa*, heute Sportbar, beliebt wie ein Pub, happy hour für japanisches Bier zw. 18 und 21 Uhr; Kicker, Videos, ab 1000 ¥. Mo–Do 18–2 Uhr, Fr u. Sa bis 4 Uhr, So bis 23. 30, Hanatsubaki Bldg. F2, 3-15-23 Roppongi, Tel. 3403-9751.

●**Museum Café and Bar,** kostenloser Zugang für Besucher des Mori Art Museum und Tokyo City View. Tgl. 11–23 Uhr, chic, F 50 Mori Tower, 6-10-1 Roppongi, Tel. 6406-6652, www.roppongihills.com/tcv/en/.

●**Paddy Foley's Irish Pub,** authentisches irisches Pub, an Wochenenden sehr voll, Mo–Sa 17–2.30 Uhr, So 16.30–0.30 Uhr, B1, 5-5-1 Roppongi, Minato-ku (U: Roppongi), Tel. 3423-2250.

●**Paranoia Café,** Horror-Bar-Dekor, mit friedlichen Gästen, ab ca. 2000 ¥, Mo–Do 19–2 Uhr, Fr, Sa bis 4 Uhr, So geschl., Victory Bldg. F3, 4-12-5 Roppongi, Tel. 5411-8018.

●**Penthouse,** angenehme Bar mit Südostasien-Schnickschnack und Bar-Dachs, guter Blick über die Dächer, ab 1000 ¥. 18–2 Uhr, So u. F geschl., Sansei Kaikan F9, 7-14-2 Roppongi, Tel. 3405-4588.

●**Pips** (Ya Ya Club), unter der Woche angenehm, am Wochenende oft wild, besonders wenn die Seeleute kommen; beliebt bei asiatischen ArbeiterInnen, füllt sich erst nach Mitternacht; ab 1000 ¥. 17–5 Uhr, Shuwa Bldg. B1, 3-14-12 Roppongi, Tel. 3470-0857.

●**Salsa Sudada,** lateinamerikanische Rhythmen, angenehme, internationale Atmosphäre, 18–6 Uhr, La Pallette Bldg. F3, 7-13-8 Roppongi, 5474-8806.

●**Sheesha,** orientalische Bar mit Wasserpfeifen. Tgl. ab 18 Uhr, 7F, 21 Taimei Bldg., 3-11-6 Roppongi, Tel. 5772-9153, www.bar-sheesha.com.

●**Star Bank,** lebt vom Flair des japanischen Easy Riders *Danny*, ab 1000 ¥. 19–2 Uhr, So u. F geschl., City Azabu Bldg. F2, 3-12-10 Azabu-jûban, Tel. 3453-4177.

●**Tokyo Sports Café,** britisches Pub mit dem offiziellen Segen der Botschaft, Großbild-TV, Billard, Darts u.a. Mo–Sa ab 18, So ab 20 Uhr, 7-15-31 Roppongi, Tel. 3404-3675.

●**Tropic of Cancer,** geleitet von *Hoki,* einst Geliebte von *Henry Miller* und Pianistin, Gaijin-Hostessen, Happy Hour bis 21 Uhr, danach live Musik, ab 2000 ¥. 19–2 Uhr, So u. F geschl., Reine Roppongi Bldg. F4, 5-3-4 Roppongi, Tel. 5410-4737.

●**Wonder Bar,** Bar im Freien, beliebter Treffpunkt, ab 1000 ¥. 17–2 Uhr, Roi Bldg. F1, 5-5-1 Roppongi, Tel. 3423-4666.

●**Zorro,** spanische Bar, Tapas ab 600 ¥, Wein ab 800 ¥, das Lokal ist einen Stock tiefer, 11.30–14 Uhr und 17.30–23 Uhr, So u. F geschl., A.T. Bldg. F1, B1, 4-12-2 Roppongi, Tel. 3423-3500.

Karaoke

●**Fiesta International Karaoke Bar,** Riesen-Karaokepalast mit Auswahl von 10.000 ausländischen und 70.000 japanischen Hits, Di Ladies' Night, 2000 ¥ mit drei Getränken, sonst 3150 ¥ mit drei Getränken). Top-Klangsystem, zwei 50-Inch-Plasmabildschirme. Mo–Sa 19–5 Uhr, Tel. 5410-3008, www.fiesta-roppongi.com.

Internetcafé

●**Cyberia Tokyo,** 500 ¥ für 30 Min., 30 Min. Kaffee unbegrenzt für 600 ¥, 11–23 Uhr, Scala Bldg. 1F, 1-14-17 Nishi-Azabu (U: Nogizaka), Tel. 3423-0318.

Unterkunft

●**Heart Inn** (Nogizaka Kenhô-Kaikan), ¥/¥¥, 27 Zimmer, ab 8000 ¥. 1-24-4 Minami-Aoyama (U: Nogizaka), Tel. 3403-0531, -3176.

●**Ibis (8),** ¥¥, lebhaft, mitten im Roppongi-Trubel, 200 Zimmer, ab 13.000 ¥. 7-14-4

Roppongi (U: Roppongi, Ausg. 4A), Tel. 3403-4411, 3405-8158, Fax 3479-0609.

● **Roppongi Prince (14)**, ¥¥¥, entworfen von *Kisho Kurokawa*, beheizter Pool, 216 Zimmer, ab 20.000 ¥. 3-2-7 Roppongi (U: Roppongi, Ausg. 3), Tel. 3587-1111, Fax -0770.

● **Arca Torre**, ¥¥, günstig gelegen zw. Kreuzung und Roppongi Hills, EZ 11.000 ¥, DZ 14.000–17.000 ¥, Twin 21.000 ¥, 6-1-23 Roppongi, Tel. 3404-5111, Fax 5115, www.ark tower.co.jp/E-arca10.htm.

Die Mode-Paradiese: Aoyama und Harajuku

(Minato-ku, Shibuya-ku)

Östlich an Shibuya und westlich an Akasaka und Roppongi schließt sich der Stadtteil **Aoyama** an, der berühmt ist für recht teure Modeboutiquen, Designerläden und Restaurants, die an den Geldbeutel gehen.

International bekannte Modeschöpfer wie *Hanae Mori* und *Issey Miyake* haben hier ihr Hauptquartier.

Aoyama ist das Einkaufsviertel der modebewussten Erwachsenen, während das benachbarte **Harajuku** das Paradies der Teenager, vor allem der Mädchen, ist. Hier gibt es alle Accessoires der Teeny-Pop-Kultur. Die Nebenstraßen der Omote-sandô werden gern *Ura-Hara* (Rückseite von Harajuku) genannt und beherbergen Cafés, Restaurants, Boutiquen und Galerien für junge Leute mit Anspruch und dem nötigen Kleingeld.

Die **Aoyama-dôri** von Shibuya nach Akasaka sowie die sie kreuzende Omotesandô bilden die Hauptachsen, von denen zahlreiche kleine Gassen mit Boutiquen und anderen Geschäf-

ten abzweigen. Bekannt sind die Antiquitäten-Gasse **Kottô-dôri** in der Nähe des Nezu-Museums und die Boutiquen-Gasse **Killer-dôri,** so benannt nach einer Boutique von *Junko Koshino*. Berühmt ist der große Aoyama-Friedhof.

Die Omotesandô und ihre Nebenstraßen

Untrennbar mit Aoyama verbunden ist die nach Harajuku führende Omotesandô, eine Straße mit Boutiquen und Cafés, die von manchen „Champs Elysées von Tokyo" genannt wird.

Sie ist nicht nur für modeinteressierte Teenager attraktiv. Lange bevor die Straße junge Modeschöpfer anzog, die in der unmittelbaren Umgebung ihren Sitz haben, gab es den **Oriental Bazar (20),** in dem man immer noch gut Japan-Souvenirs kaufen kann.

Wem der Trubel entlang des Boulevards zu viel wird, der sollte einen Bummel entlang der beidseitig der Omotesandô verlaufenden **Kyû Shibuya River Promenade** machen, die neben dem Spielzeug-Kaufhaus Kiddyland beginnt. Der Fluss der „Uferpromenade" ist jedoch überbaut, war er doch zuletzt kaum mehr als ein Abwasserkanal. An dem Sträßchen, auch „Cat Street" genannt, liegt die Galerie-cum-Café **Design Festa Gallery** (siehe auch „Einkaufen") wo junge Künstler ausstellen. Ansonsten entspannt man sich – wenn es warm genug ist – in den **Straßencafés** à la Paris oder München-Schwabing (diese angenehmen Einrichtungen gibt es in Tokyo

Stadtteile

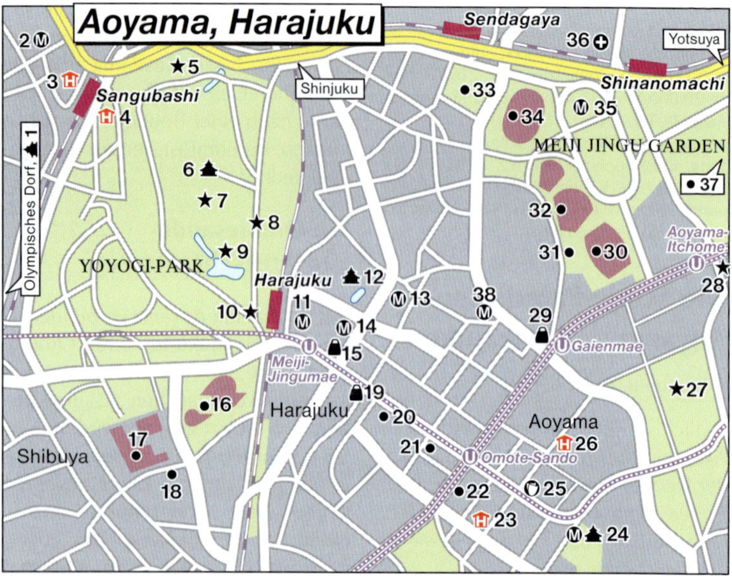

Aoyama, Harajuku

Sendagaya
36
Yotsuya
2
★5
Shinjuku
Shinanomachi
3
Sangubashi
33
4
34
35
MEIJI JINGU GARDEN
6
37
★7
32
★8
31
30
Aoyama-Itchōme
★9
28
YOYOGI-PARK
Harajuku
12
10★
11
13
38
29
14
Gaienmae
Meiji-Jingumae
15
16
19
★27
Harajuku
20
Aoyama
21
26
Shibuya
17
Omote-Sando
18
22
25
23

♠	1	Yoyogi-Hachimangū-Schrein	● 22	Spiral Building
Ⓜ	2	Schwert-Museum	23	Minami Aoyama Kaikan
	3	Sangubashi Miyako Hotel	Ⓜ 24	Nezu Museum of Art,
	4	Tokyo Yoyogi Youth Hostel	♠	Chōkokuji-Tempel
★	5	Meiji-Schatzhaus	25	Tessenkai-Nō-Theater
♠	6	Meiji-Schrein	26	Tokyo Aoyama Kaikan
★	7	Innerer Garten	★ 27	Aoyama-Friedhof
★	8	Ni-no-Torii	★ 28	Aoyama Twin Building
★	9	Iris-Garten	29	Kaufhaus Bell Commons
★	10	Eingangs-Torii	● 30	Rugby-Stadion
Ⓜ	11	Ukiyo-e Ōta Memorial Art Museum	● 31	Tepia
♠	12	Tōgō-jinja-Schrein	● 32	Baseball-Stadion
Ⓜ	13	Design Festa	● 33	Tokyo-Metropolitan-Sporthalle
Ⓜ	14	Rock'n'Roll-Museum	● 34	Nationalstadion
	15	La Forêt	Ⓜ 35	Meiji Memorial Picture Gallery
●	16	National Yoyogi Stadium	36	Krankenhaus
●	17	NHK Broadcasting Center	● 37	Staatsgästehaus
●	18	Shibuya Public Hall	Ⓜ 38	Watari Museum of Contemporary Art
	19	Kaufhaus Kiddyland		
●	20	Oriental Bazar		
●	21	Hanae Mori Bldg./L'Orangerie		

0   500 m

sonst fast nirgendwo). Östlich der Cat Street und nördlich der Omotesandô befindet sich die **Reisenkai Japanese Culture School,** wo Interessierte 30 Min. Einführung in das eigenhändige Spielen von *koto* und *samisen,* eine einstündige Einführung in Kalligrafie, Kimono, Ikebana u.a. bekommen können (Anmeldung einen Tag vorher, Tel. 3423-7600, weiße Socken tragen! www. reisenkai.jp). Am schönsten ist die Omotesandô an den Abenden vor Weihnachten und Neujahr, wenn die je zwei Reihen der Zelkova-Bäume mit Girlanden aus Abertausenden von Lämpchen festlich geschmückt sind.

Vor ein paar Jahren gesellte sich zur Flaniermeile noch das Modeeinkaufszentrum **Omotesandô Hills** hinzu.

Takeshita-dôri

Das Paradies der Teenager ist die enge, 400 m lange Gasse Takeshita-dôri, die parallel zur Omotesandô von der Meiji-dôri auf den Harajuku-Bahnhof zuläuft. Hier gibt es **Mode, Accessoires und Haarboutiquen für junge Leute** zu relativ erschwinglichen Preisen. Mehrere Second-Hand-Läden sind vorhanden, aber auch ein Spezialgeschäft für Hobby-Schlagersängerinnen mit Aufnahmestudio. Wer über 20 Jahre alt ist, kommt sich in dieser Gegend wahrscheinlich schon alt vor. Die Lust der japanischen Teenager am Konsum ist noch ungehemmter als die der jungen Menschen in unseren Breiten. Im Sommer gehört es dazu, Eis zu schlecken oder Crêpes zu essen.

Ganz in der Nähe der Gasse gibt es aber doch etwas für Ältere: Das **Rock'n'Roll-Museum** in einer südlichen Seitengasse der Takeshita-dôri.

Im **Tôgô-jinja-Schrein (12)** an der Ecke Meiji-dôri/Takeshita-dôri gibt es jeden 1. und 4. und ggf. 5. Sonntag einen Flohmarkt für Antiquitäten, Keramik, gebrauchte Kimonos, Krimskrams (bis gegen 15 Uhr), der Schrein ist offen von 6–20 Uhr, Tel. 3403-3591, 1-5-3-Jingûmae, JR Harajuku, Takeshita-Ausgang.

Ukiyo-e Ôta
Memorial Museum of Art (11)

Gleich neben dem U-Bahnhof Meiji-Jingûmae steht dieses Museum mit einer großen Sammlung von **Holzschnitten** *(ukiyo-e)*. Insgesamt gibt es dort 12.000 Drucke der berühmten Meister des 18. und 19. Jh. der Sammlung *Seizo Ôta* (Di–So 10.30–17,30 Uhr, jeden Monat vom 27. bis Monatsende geschlossen, 1000 ¥, gleich hinter Laforet, 1-10-10 Jingûmae , JR Harajuku Ausg. Omotesandô, U: Meiji-Jingûmae Ausg. 5.

Stadtteile

Buntes Treiben am Eingang zum Yoyogi-Park

An der sonntags für den Autoverkehr gesperrten Straße von Harajuku nach Shibuya, die am nördlichen Teil der Omotesandô in der Nähe der eindrucksvollen Sporthallen des **National Yoyogi Stadium (16)** beginnt, konnte man jahrelang der rebellischen und doch so angepassten Jugend beim sonntäglichen Musizieren und Tanzen zusehen. Das Spektakel beschränkt sich heute im Wesentlichen auf die Umgebung der Brücke oberhalb des Harajuku-Bahnhofs. Typisch japanisch: sehr gruppenbezogen, scheinbar wild und zügellos, in Wirklichkeit jedoch brav und geordnet. Alle gängigen Trends von Popmusik sind zu hören; das Schauspiel, das jeweils gegen 18 Uhr endet, bietet einen bunten Einblick in die Spielarten der weltumspannenden Jugendkultur.

Seit einigen Jahren dient der Eingang zum Park als Treffpunkt für zentralasiatische Gastarbeiter (Iraner, Pakistani, Bangladeshi), die von den Firmen zwar als billige Hilfsarbeiter begehrt, aber von den einheimischen Bewohnern der Stadt nicht gern gesehen werden.

An Wochenenden bietet der 54 ha große **Yoyogi Kôen Park** Spielplatz und Bühne für jüngere und ältere Tokioter: Tanz, Aerobic, Musik, Sport, Picknick. Man kann sich am nördlichen Ende in Jingûgaien zwischen 9 und 16 Uhr auch kostenlos Fahrräder für einen 2–5 km-Rundkurs ausleihen (JR Harajuku Ausg. Omotesandô, U: Yoyogi Kôen Ausg. 4).

Yoyogi-Hachimangû-Schrein (1)

Für Interessenten der Frühgeschichte Tokyos lohnt sich ein Abstecher zum Yoyogi Hachimangû, auf dessen Gelände Gegenstände sowie ein **rekonstruiertes Haus der Jômon-Zeit** (vor 5000 Jahren) zu bewundern sind. Er steht westlich des Yoyogi-Parks nahe dem Bahnhof Yoyogi-Hachiman der Odakyu-Linie bzw. dem U-Bahnhof Yoyogi-Kôen der Chiyoda-Linie.

Yoyogi-Park

Harajuku ist Ausgangspunkt für einen Bummel in den weitläufigen Yoyogi-Park (Yoyogi Kôen, s. vorangegangener Abschnitt) mit dem Meiji-Schrein und dem im Sommer wegen der Lilien sehenswerten **Inneren Garten (7,** Jingû nai-en). Teile des Parks wurden anlässlich der Olympischen Spiele 1964 angelegt. Er ist einerseits durch weite Rasenflächen, andererseits durch die vom berühmten Architekten und Stadtplaner *Kenzô Tange* entworfenen **Sporthallen** (Kokuritsu Yoyogi Kyôgijô) geprägt.

Besonders im Juli lohnt ein Abstecher in den berühmten **Iris-Garten (9,** linker Hand am Weg von Harajuku zum Meiji-Schrein); aber auch sonst ist der Garten sehenswert (JR Yamanote-Linie: Harajuku).

Meiji-Schrein (6)

Mitten im Park befindet sich der Meiji Jingû, eine der wichtigsten Sehenswürdigkeiten der Stadt. Der Schrein wurde erst nach dem Tod des bedeutenden *Meiji Tennô* (1850–1912), unter dem die Modernisierung des Landes begann, errichtet. Er ist also im Gegensatz zu den anderen bedeutenden Schreinen nicht alt, außerdem wurde er nach der fast vollständigen Zerstörung im Krieg erst 1958 wiederaufgebaut. Aber seine Lage inmitten von 20.000 aus ganz Japan herbeigebrachten Bäumen, die das 700.000 m² große Parkgelände ausfüllen, hebt ihn unter anderen Schreinen hervor.

Der **Ni-no-Torii (8)** ist der größte hölzerne Torii des Landes.

In der **Neujahrsnacht** pilgern Zehntausende zu dem Schrein, der dem *kami* (göttlicher Geist der Verstorbenen) von *Kaiser Meiji* und seiner Gemahlin *Shôken* (1850–1914) geweiht ist, um dort für ein gutes neues Jahr und Glück zu beten und sich z.B. einen Glückspfeil als Talisman zu kaufen. In den ersten drei Tagen des Jahres besuchen einige Millionen Menschen den Schrein. Ein weiterer Höhepunkt ist der 15. Januar, wenn es im Schrein von den farbenfrohen Kimonos der 20 Jahre alt gewordenen jungen Frauen wimmelt. Die Männer kommen natürlich auch, stehen aber an diesem Tag eindeutig im Schatten der jungen Frauen.

Auch anlässlich des **Shichi-go-san-Festes** im November geht es angesichts der in Kimonos oder Sonntagsstaat gekleideten Kinder sehr bunt und lebhaft zu.

Der Schrein ist im Sommer 5 bis 18.40 Uhr geöffnet, im Winter 6.40 bis 16 Uhr (1-1 Kamizonocho, Tel. 3379-5511).

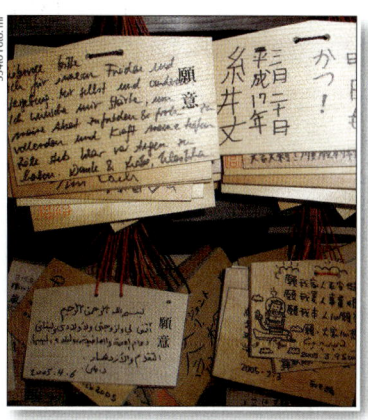
534o Foto: ml

Meiji-Schatzhaus (5)

Einen Abstecher wert ist das Schatzhaus im Yoyogi-Park, in dem Gegenstände des Kaisers aus der Zeit, als Japan sich dem Westen öffnete, gezeigt werden (JR Yoyogi 13 Min., Sangubashi, 9–16.30 Uhr, Nov.–Feb. bis 16 Uhr, 3. Fr geschl., 300 ¥, 1-1 Kamizonochô, Tel. 3379-5511).

Olympisches Dorf

Wenn man den Park nach Westen verlässt, kommt man nahe der Station Sangubashi (Odakyû-Linie) zum Olympischen Dorf von 1964, das jetzt „National Olympic Memorial Youth Center" heißt. Darin gibt es eine Jugendherberge (s. Unterkunft Shinjuku).

Stadtteile

Fromme Wünsche am Meiji-Schrein

252to Foto: ml

Rundgang durch Aoyama

Dieser recht lange Spaziergang ab der Kreuzung Omotesandô/Aoyama-dôri, dem Zentrum Aoyamas, streift Sehenswürdigkeiten, die von Besuchern der Stadt oft gar nicht wahrgenommen werden. Der vorgeschlagene Rundweg führt von der Kreuzung Richtung Süden durch die baumgesäumte Straße in Minami-Aoyama Go(5)-chôme mit **Boutiquen berühmter Designer** in architektonisch interessanten Gebäuden, allen voran das von *Herzog* und *de Meuron* entworfene **Prada-Gebäude,** eines der meistfotografierten Objekte in Tokyo.

Tipp für Antiquitätenfreunde: Parallel zur erwähnten Straße verläuft ca.

300 m südwestlich (Richtung Shibuya) die bekannte Kottô- bzw. Antiiku-dôri mit zahlreichen **Antiquitätengeschäften.**

Man kommt zunächst an den Modehäusern von u.a. *Issey Miyake* und *Comme des Garçons,* dem erwähnten **Prada Aoyama** und am **Tessenkai-Nô-Theater (25,** Tessenkai Nôgaku Kenshûdo) vorbei; hier wird die Nô-Symbolik erklärt (ca. 300 ¥, 4-21-29 Minami-Aoyama, Tel. 3401-2285).

Nezu-Museum (24)

Wenig später gelangt man zum bekannten und auch sehr lohnenden Nezu Museum of Art, das mit seinen rund 10.000 Exponaten auf **ostasiatische Kunst** spezialisiert ist. Zur Abteilung japanischer Kunst gehören Gemälde, Kalligrafie, Keramik, Lackwaren und Skulpturen, des Weiteren

Meiji-Schrein

gibt es chinesische Bronzen und koreanische Keramik zu sehen. Besonders empfehlenswert ist der elegante japanische Garten mit fünf Teehäusern und buddhistischen Statuen, Steinlaternen und einer Pagode. Gründer des Museums war *Nezu Kachirô* (1860–1940), der auch lange Präsident der Tôbu-Eisenbahn war (geöffnet 9–16.30 Uhr, Mo geschl., 1000 ¥, 6-5-36 Minami-Aoyama, U: Omotesandô, 10 Min., Tel. 3400-2536, www. nezu-muse.or.jp).

Auf demselben Gelände findet sich der 1598 gegründete, **Chôkokuji (24)** genannte Ableger des berühmten **Eiheiji-Zen-Tempels** am Japanischen Meer. Jeden Montag besteht zwischen 20 und 21 Uhr für interessierte Besucher Gelegenheit zur **Zen-Meditation** (Beitrag: 100 ¥, Anmeldung bereits gegen 18.45: Umziehen, danach für Anfänger Unterweisung in Sitzen, Haltung, Atmung, Bewegen u.A., auf Japanisch, bzw. Warten und Einstimmen; Adresse: 2-21-34 Nishi-Azabu, Tel. 3400-5232, U: Omotesandô, Ausgang B1).

Aoyama-Friedhof (27)

Vom Nezu-Museum ist es ein kurzer Spaziergang zum Friedhof Aoyama Rei-en. Dieser 1872 angelegte, mit über 100.000 Gräbern wohl größte städtische Friedhof weist zahlreiche berühmte Namen auf. Viele **Kirschbäume** machen ihn zur Kirschblütenzeit besonders attraktiv, weshalb zwischen den Gräbern dann zuweilen lautstark gefeiert wird (U-Bahn: Nogizaka, Chiyoda-Linie).

Äußere Meiji-Gärten

Der weitere Spaziergang führt jenseits der Aoyama-dôri (beim U-Bahnhof Aoyama-itchome) weiter zur prachtvollen Ginkgo-Allee und zu den 486.000 m² großen Äußeren Meiji-Gärten (Jingû Gaien, Meiji Jingu Outer Gardens). Östlich wird diese Anlage von einem großen, der Öffentlichkeit nicht zugänglichen Park begrenzt. Dort befinden sich das **Staatsgästehaus** (Geihin-Kan, Akasaka Detached Palace) und der **Ômiya** bzw. **Aoyama Gosho,** wo der Kronprinz *Hironomiya* mit seiner bürgerlichen Frau *Masako* wohnt, die u.a. Deutsch spricht.

Am Westrand der Äußeren Gärten befinden sich mehrere Sportanlagen, darunter das **Nationalstadion (34),** mit 75.000 Plätzen das größte Stadion Japans, ein **Baseball- (32)** und ein **Rugby-Stadion (30)** sowie die Yoyogi-Schwimmhalle und eine Sporthalle **(33).** Alle Anlagen sind für die Olympischen Spiele 1964 angelegt worden. Hinzu kam 1990 die futuristische Anlage des von *Fumio Maki* entworfenen städtischen Sportzentrums (Tokyoto Taiikukan, 1-17-1 Sendagaya).

Meiji Memorial Picture Gallery (35)

Am Ende der Ginkgo-Allee steht die besuchenswerte Bildergalerie Kaigakan, in der 80 2,70 x 3 m große Gemälde im japanischen und westlichen Stil an *Kaiser Meiji* und seine Zeit erinnern: die japanischen an die Abgeschiedenheit des alten Kaiserpalastes von Kyôto und die westlichen an die Zeit nach dem Umzug nach Tokyo und die rasante Modernisierung des

Stadtteile

Landes (9–16.30 Uhr, 500 ¥, JR Shina-nomachi, Meiji Jingu Gaien, 9 Kasumi-gaoka, Tel. 3401-5179).

Das 1500 Meter lange Oval, das um die Galerie herumführt, dient als Trainingsstrecke für Marathonläufer.

Meiji Memorial Hall

Östlich der Galerie steht die Meiji Memorial Hall (Meiji Kinen-kan), in der man in dem Saal Kaffee trinken kann, in dem *Kaiser Meiji* die Arbeit an der Verfassung verfolgt hat. Dieser Saal stammt aus dem Akasaka Detached Palace, er wurde hierher verlegt (U: Gaienmae, Ginza-Linie, bzw. Shinanomachi, Chûô/Sôbu-Linie).

Tepia (31)

Geht man zurück zur Aoyama-dôri, bietet sich ein Bummel entlang der westlich am Rugby-Stadion entlangführenden Straße mit einem Besuch des Hightech-Tempels Tepia an. Es handelt sich um ein sehenswertes, der Zukunft der Kommunikation gewidmetes, futuristisch anmutendes **Bauwerk aus Granit und Marmor,** entworfen vom bekannten Architekten *Maki Fumihiko* (10–17 Uhr, So bis 18 Uhr, TEPIA Plaza, 2-8-44 Kita-Aoyama, Tel. 5474-6111).

Alternativ lässt sich der Spaziergang fortsetzen zum nächsten Block, wo man am Modekaufhaus Bell Commons rechts in die Killer-dôri (s.u.) einbiegen und zum **Watari Museum of Contemporary Art** (WATARI-UM) **(38)** gelangt. Zu sehen ist Avangarde Kunst in Aufführungen und Installationen, Di– So 11–19 Uhr, 1000 ¥, Tel.

3402-3001, 3-7-6 Jingûmae, www.watarium.co.jp (U: Gaienmae (Ginza Line) Ausg. 3). Dem Museum ist der Laden **On Sundays** angeschlossen, in dem es Bücher und Kunstgegenstände zu erwerben gibt.

Einkaufen

Aoyama ist berühmt für **Designermode** mittlerer bis gehobener Preisklasse; als Beispiele seien die Modezentren von Hanae Mori, LaForêt, From 1st und Bell Commons erwähnt. Bekannt sind die **Boutiquenstraße** Killer-dôri und die **Antiquitätenstraße,** die meist Kottô-dôri oder Antiiku-dôri genannt wird.

Modegeschäfte

● **Omotesandô Hills,** umstrittenes Modeeinkaufszentrum, unerwünscht bei vielen Bewohnern des Viertels, beliebt bei Shopaholics, aber bisher nur teure Läden. 11–21 Uhr, Cafés 11–23 Uhr, Restaurants 11–24 Uhr, 4-12-20 Jingumae (U: Omotesandô oder Meiji-Jingumae), Tel. 3497-0310.

● **Bapexclusive** (früher: **BAPE**/A Bathing Ape by Nigo), Tel. 3407-2145, 11–19 Uhr, 1F-2F Manivia, 5-5-8 Minami-Aoyama (U: Omotesandô).

● **BEAMS,** 11–20 Uhr, F2 Da Vinci Harajuku, 3-21-5 Jingumae (U: Meiji-Jingumae), Tel. 3746-0789.

● **Bell Commons,** auffälliges Mode- und Esszentrum für den anspruchsvollen Geschmack. 11–20 Uhr, 2-14-6 Kita Aoyama (U: Gaienmae), Tel. 3475-8121.

● **Comme des Garçons,** *Rei Kawakubos* architektonisch interessantes Flaggschiff. 11–20 Uhr, 5-2-1 Minami-Aoyama (U: Omotesandô), Tel. 3406-3951.

● **Dresscamp,** 12–21 Uhr, 5-5-1 Minami-Aoyama (U: Omotesandô), Tel. 5778-3717.

● **From First,** anspruchsvolle japanische und andere Designermode. 11–20 Uhr, 5-3-10

Minami-Aoyama (U: Omotesandô), Tel. 3499-3479.

●**Harajuku Quest,** ein noch neues, aber sehr beliebtes Mode- und Esszentrum. 11–20 Uhr, 1-13-14 Jingûmae (JR Harajuku, U: Meiji-Jingûmae), Tel. 3470-6331.

●**Issey Miyake,** 11–20 Uhr, 3-18-11 Minami-Aoyama (U: Omotesandô), Tel. 3423-1407 oder 1408.

●**Juicy Couture,** 11–20 Uhr, 5-5-5 Minami-Aoyama (U: Omotesandô), Tel. 5766-2237.

●**LaForêt Harajuku,** das wohl bekannteste Modehaus mit zahlreichen Designer-Kollektionen; zusätzlich auch Museum und HMV Musikladen. Sonderangebote v.a. im Januar und Juli. 11–20 Uhr, 1-11-6 Jingûmae (JR Harajuku, U: Meiji-Jingûmae), Tel. 3475-0411.

●**Louis Vuitton,** größter LV-Laden der Welt. 11–20 Uhr, 5-7-5 Jingumae (U: Omotesandô), Tel. 3478-2100.

●**Loveless,** 10–20 Uhr, 1-24-3 Minami-Aoyama (U: Omotesandô), Tel. 5474-5924.

●**Prada,** viel fotografierter Glasmonolith von *Herzog* und *de Meuron*. 11–20 Uhr, 5-2-6 Minami-Aoyama (U: Omotesandô), Tel. 6418-0400.

●**Samantha Thavasa,** bunt-verrückt, unten Supermarkt Azuma. 11–20 Uhr, F2, 5-4-30 Minami-Aoyama (U: Omotesandô), Tel. 5466-7729.

●**Tsumori Chisato,** hat bei *Issey Miyake* gelernt und seit 1990 ihr eigenes Label, 11–20 Uhr, Tel. 3423-5170, 4-21-25 Minami-Aoyama (U: Omotesandô, Ausg. A4), direkt gegenüber:

●**Undercover.** *Jun Takahashi,* der früher in einer Punkbank gesungen hat, entwirft junge ausgeflippte Mode im Undercover Lab, entworfen von *Astrid Klein,* 11–20 Uhr, Tel. 3407-1232, 5-3-18 Minami-Aoyama (U: Omotesandô, Ausg. A5).

●**Vivre 21,** Mode von japanischen und westlichen Designern, im Tiefgeschoss gutes Geschirr. 11–20 Uhr, 5-10-1 Jingûmae (JR Harajuku, U: Meiji-Jingûmae).

●**Y-3** (Kooperation Adidas and Yohji Yamamoto), 11–20 Uhr, 5-3-20 Minami-Aoyama (U: Omotesandô), Tel. 5464-1930.

●**Yohji Yamamoto,** Lieblingsfarbe Schwarz, überzeugt seit Jahrzehnten mit unkonventioneller Mode, 11–20 Uhr, Tel. 3409-6006, 5-3-6 Minami Aoyama (U: Omotesandô, Ausg. A4).

Damenbekleidung in Übergröße (für uns noch normal):

●**Hanae Mori Boutique,** Hanae Mori Bldg., 3-6-1 Kita-Aoyama (U: Omotesandô), Tel. 4400-3301.

●**Junko Koshino,** 6-5-36 Minami-Aoyama (U: Omotesandô), Tel. 3406-7370.

Herrenbekleidung in Übergröße:

●**Grand Back,** Aoyama: 1-2-3 Kita-Aoyama (U: Aoyama-itchome), Tel. 3478-6941.

●**Miyake Issey Men,** 4-21-29 Minami-Aoyama, Tel. 3423-1407.

●**Yamamoto Kansai,** 3-28-7 Jingûmae, Tel. 3478-1958.

Preiswerte Mode

In Harajuku, Shibuya und Shinjuku, wo die jungen Leute sich am liebsten in ihrer Freizeit aufhalten, gibt es Kaufhäuser und Boutiquen, in denen Mode durchaus sehr preiswert sein kann:

●**Dep't Store,** große Auswahl an getragener Kleidung. Jingûmae Kopo, 6-25-8 Jingûmae, Tel. 3499-2225.

●**Last Scene,** billige Designermode, 1-8-14 Jingûmae, Tel. 3404-4866.

●**Harajuku Chicago,** Secondhand-Kleidung. 11–20.30 Uhr, Olympia Annex Bldg. B1, 6-31-21 Jingûmae (JR Harajuku), Tel. 3409-5017.

●**Harajuku Genji,** Secondhand-Kleidung. 11–20 Uhr, Sekine Bldg. F2, 6-28-4 Jingûmae (U: Meiji-Jingûmae), Tel. 3499-6580.

●**Hysteric Glamour,** erfolgreiches Label für Kinder und Jugendliche, 11–20 Uhr, Tel. 3409-7227, www.hystericglamour.jp (Jap.), 6-23-2 Jingûmae (JR Harajuku Ausg. Omotesandô, U: Jingûmae, Ausg. 4); Filiale im Omotesandô Hills Komplex.

●**Hanjiro,** cooler Secondhand-Klamottenladen auf zwei Etagen, Unentschlossene brauchen sich nur die anderen Kunden genau anzusehen, um Ideen zu bekommen. 11–20 Uhr, 3F-4F YM Square Harajuku (U: Meiji-Jingûmae), 4-31-10 Jingûmae, Tel. 3796-7303.

Stadtteile

Andere Geschäfte in der Omotesandô

●**Atelier Magic Theater,** Schmuck nach der Natur, 12–20 Uhr, Tel. 3478-5534, www.magic-theater.org, 3-20-21 Jingûmae (U: Meiji-Jingûmae, Ausg. 2/3).

●**Book Off,** Riesenauswahl an neuen und gebrauchten Manga ab 105 ¥, 10–21 Uhr, Tel. 5775-6818, 1-8-8 Jingûmae (U: Meiji-Jingûmae, Ausg. 5).

●Fast jeder Tourist mit Kindern besucht den großen Spielzeugladen **Kiddyland** (s. Stadtplan).

●**Shimada,** Bücher über Autos, Design, Grafik, Fotografie, Innendekoration. 11–20 Uhr, So u. F bis 19 Uhr, 5-9-19 Minami-Aoyama (U: Omotesandô), Tel. 3407-3863.

●**Galerie Konohana,** Volkskunst, insbesondere Kokeshi. 10.30–20 Uhr, Mo geschl., 6-3-12 Minami-Aoyama (U: Omotesandô), Tel. 3407-5757.

●**Oriental Bazar,** berühmtestes Geschäft für Touristen, die Kunsthandwerk suchen, dennoch viel Auswahl zu vernünftigen Preisen. 9.30–18.30 Uhr, Do geschl., 5-9-13 Jingûmae (U: Omotesando), Tel. 3400-3933.

●**Fuji Torii,** kleiner als der Bazar nahebei, aber hochwertigere Ware, Mi–Mo (3. Mi geschlossen) 11–18 Uhr, Tel. 3400-2777, www.fuji-torii.com, 6-1-10 Jingûmae (U: Meiji-Jingûmae, Ausg. 4).

●**Honjo Gallery,** Ukiyo-e, Antiquitäten, zeitgenössische Drucke. 10.30–17 Uhr, So u. F 12–16 Uhr, Palace Aoyama Bldg., 6-1-6 Minami-Aoyama (U: Omotesando), Tel. 3400-0277.

●**Karakusa,** gute Imari-Porzellansammlung. Jintsu Bldg., Kottô-dôri (U: Omotesandô), Tel. 3499-5858.

●**Morita Antiques,** gute Sammlung von Keramik, Textilien, Volkskunst. 10–19 Uhr, So geschl., 5-12-2 Minami-Aoyama (U: Omotesandô).

●**Katsura Photo Studio,** eines von mehreren Studios, wo sich vor allem Ausländerinnen in in Maikos oder Geikos verwandeln lassen können. 10–18 Uhr, Buchung Tel. 3470-0027, 4-28-4 Jingûmae (U: Omotesandô).

●**Boudoir,** Top-Salon für Schönheitspflege. Mo–Fr 11–21 Uhr, Sa 10–20 Uhr, So 10–18 Uhr, 101 Maison Kawai, 2-25-3 Jingûmae (U: Harajuku), Tel. 3478-5898.

●**Sin Den,** szenebekannter Coiffeurladen mit ausländischen und japanischen Haarstylisten. 10–20 Uhr, 3-42-12 Jingûmae (U: Gaienmae), Tel. 3405-4409.

●**Antiquitätenflohmarkt** an jedem 1. u. 4. Sonntag im Monat am Tôgô-Schrein (Harajuku), Tel. 3403-3591.

In der Aoyama-dôri

●Wer sich für Motorräder interessiert, sollte sich nicht den **Honda Showroom** in der Honda-Zentrale entgehen lassen. Mo–Fr 9.30–18.30 Uhr, sonst 10–18 Uhr, Honda Welcome Plaza, 2-1-1 Minami-Aoyama (U: Aoyama-Itchome), Tel. 3423-4118.

●**Spiral Building,** eine der architektonischen Ikonen der Stadt, entworfen von *Fumihiko Maki,* bietet Ausstellungen, Restaurants, Musik, 11–20 Uhr, 5-6-23 Minami-Aoyama (U: Omotesandô, Ausg. B1).

Essen

Japanisch

●**Genroku-Zushi,** ¥/¥¥, gutes, sehr preiswertes Sushi vom „Fließband", Preise je nach Art 120, 160 oder 240 ¥, am frischesten, wenn viele Kunden da sind. 11–21 Uhr, 5-8-5 Jingûmae (U: Jingûmae, JR Harajuku, Omotesandô), Tel. 3498-3968.

●**Kogetsu,** ¥¥¥, makellose, kompromisslose Ko-ryôri-ya-Köstlichkeiten, ca. 15.000 ¥. 18–22 Uhr, So u. F geschl., 5-50-10 Jingûmae (U: Omotesandô), Tel. 3407-3033.

●**Kuimonya-raku,** ¥¥, gutes japanisches Essen, lebhafte Atmosphäre. 18–24 Uhr, So. geschl., Yoshino Bldg., 4-31-6 Jingûmae (Jingûmae), Tel. 3423-3759.

●**Maisen,** ¥-¥¥, Riesen-Tonkatsu-Lokal, untergebracht in einem ehemaligen öffentlichen Bad; lebhaft, schnelle Servicegirls, ausgezeichnete Zutaten; hervorragende Schnitzel, *Hirekatsu teishoku* kostet 1500 ¥, das dunklere, chinesische *kurobuta hirekatsu teishoku* 2800 ¥. 11–22 Uhr, 4-8-5 Jingûmae (U: Omotesandô), Tel. 3470-0071.

●**Tamasaka,** ¥¥¥, sehr gutes Kaiseki-Restaurant hinter dem Nezu-Museum. Mo–Sa 12–

15 Uhr, 18–23 Uhr; geschl. So/F, 2-21-11 Nishi-Azabu (U: Omotesandô), Tel. 5485-6690.

●**Torafuku, ¥-¥¥**, Lokal mit Zen-Atmosphäre, bietet ausgezeichnete Lunchmenüs für ca. 1000 ¥, abends mutiert es zum Izakaya, für 1000 ¥ kann man verschiedene Sake kosten. Tägl. 11.30–15 Uhr, 15–17 Uhr, 17.30–23.30 Uhr, B1 Aoyama Hanamo Bldg., 3-12-9 Kita-Aoyama (U: Omotesandô), Tel. 5766-2800.

●**Darumaya, ¥**, beliebtes Ramen-Lokal mit gegrilltem Schweinefleisch und Gemüse, Ei und Gurken; gut auch der gebratene Reis. Mo–Sa 11–21 Uhr, geschl. 2. und 4. So im Monat, F1 Murayama Bldg., 5-9-5 Minami-Aoyama (U: Omotesandô), Tel. 3499-6295.

●**The Pink Cow, ¥**, unter Ausländern, Künstlern, Weingenießern beliebtes, freundliches Lokal mit Hausmacherkost, regelmäßige Ausstellungen. Di–So ab 17 Uhr, B1 Villa Moderna, 1-3-18 Shibuya (U: Omotesandô oder Shibuya), Tel. 3406-5597.

●**Manin, ¥¥¥**, teures Restaurant im eindrucksvoll gestalteten Untergeschoss des Manin-Gebäudes. 6–22.45 Uhr, So geschl., Manin Bldg. B1, 2-22-12 Jingûmae (U: Meiji-Jingûmae), Tel. 3478-3081.

●**Kyushu Jangara Ramen, ¥¥**, sehr beliebt, man wählt die Zutaten, Mo–Do 11–24 Uhr, Fr, Sa 11–3 Uhr, So 11–23.30 Uhr, Shanzeru Harajuku Ni-go-kan 1-2F, 1-13-21 Jingumae (JR Harajuku), Tel. 3404-5572.

●**Ya-So Poetry Restaurant, ¥¥**, Izakaya mit romantischer Atmosphäre, interessante Gerichte, Kerzenlicht und Gedichte. Mo–Fr 11.30–14.30, 17.30 3 Uhr, Sa bis 1 Uhr, Otsuki Bldg. 2F, 7-14-7 Minami-Aoyama (U: Omotesandô), Tel. 3499-0233.

●**Fumin, ¥¥**, gute, reichliche Hausmacherkost, u.U. langes Warten. Mo–Fr 11–14.30 Uhr, 17.30–21.45, Sa nur abends, Aoyama Ohara Bldg. B1, 5-7-17 Minami-Aoyama (U: Omotesandô), Tel. 3498-4466.

Chinesisch

●**Aux Sept Bonheurs, ¥¥**, hervorragende Küche (Shanghai und Szechuan), Liebe zum Detail, sieben Gänge ab 6000 ¥. 11.30–15 Uhr und 17–23 Uhr, 3-10-13 Kita-Aoyama (U: Omotesandô), Tel. 3498-8144.

●**Hokkaien, ¥¥**, authentische Peking-Küche mit lachendem Papagei, Menüs ab 5000 ¥. 11.30–14 und 17–22.30 Uhr, 2-12-1 Nishi-Azabu (U: Omotesando), Tel. 3407-8507.

●**Ryunoko, ¥¥**, gute Szechuan-Küche, Kochkurse am 2. Sa im Monat um 14.30 Uhr für 3500 ¥. 11.30–15 und 17–21.30 Uhr, So u. F bis 21 Uhr, 1-8-5 Jingûmae (JR Harajuku), Tel. 3402-9419.

●**Tompo, ¥¥**, sauber, ruhig, alle Gerichte frisch zubereitete chinesische Hausmannskost, ca. 1500 ¥. 18–23.30 Uhr, 1. und 3. So geschl., 3-24-9 Jingûmae (U: Meiji-Jingûmae, JR Harajuku), Tel. 3405-9944.

Indisch

●**Bindi, ¥¥**, klein, familiär, gute südindische Curries, beliebt bei Modemachern. 12–14 und 18–21.30 Uhr, So u. F geschl., Apartment Aoyama B1, 7-10-10 Minami Aoyama (U: Omotesandô), Tel. 3409-7114.

Thai

●**Cay, ¥¥/¥¥¥**, Thai-Theater-Restaurant, eher modisch als authentisch, manchmal Live-Musik, z.B. R&B oder New Wave; nur Abendessen. Spiral Bldg. B1, 5-6-23 Minami-Aoyama (U: Omotesando), Tel. 3498-5790.

Vietnamesisch

●**Saigon Dep Lam, ¥¥**, beliebtes neues vietnamesisches Lokal mit leichter, leckerer Küche. 11.30–15 und 18–23 Uhr, Abendessen ca. 3000 ¥. Hanadorobo Bldg. F3, 4-28-16 Jingûmae (U: Meiji-Jingumae), Tel. 3478-2540.

Lateinamerikanisch

●**Creole**, peruanische Hausmannskost. 12–14 und 17.30–23 Uhr, So geschl., Villa Gloria, 2-31-7 Jingûmae, Tel. 3423-2003.

●**La Mex, ¥¥**, gute Auswahl, freundliche Bedienung, Tex-Mex-Interieur, sehr „in". 11.45–14 und 18–23 Uhr, So nur abends, F geschl., Grand Maison B1, 1-15-19 Minami-Aoyama (U: Aoyama-Itchome), Tel. 3470-1712.

●**Fonda de la Madrugada, ¥¥**, original mexikanische Küche mit Mariachi-Musik, Tequila. So–Do 17.30–2 Uhr, Fr, Sa 17.30–5 Uhr,

B1 Villa Bianca, 2-33-12 Jingumae (U: Meiji-Jingumae oder Harajuku), Tel. 5410-6288.

●**Barbacoa,** ¥¥, brasilianisches Lokal mit Steaks von Riesenspießen, Salatbar. Mo–Fr 11.30–15 und 17.30–23 Uhr, Sa–So 11.30–16 und 17.30–22 Uhr (kein Einlass nach 21 Uhr. B1 Evergreen Bldg., 4-3-24 Jingumae (U: Omotesandô), Tel. 3796-0571.

Nordamerikanisch

●**Ari's Lamplight,** ¥/¥¥, lebhaftes Hamburger-Lokal mit Riesenportionen (ausgezeichnete Zwiebelring-Tempura), am vollsten am letzten Fr im Monat. 17.30–2 Uhr, Roppongi-dôri, gegenüber Fuji-Film-Zentrale, Odakyu-Minami-Aoyama Bldg. B1, 7-8-1 Minami-Aoyama (U: Omotesandô), Tel. 3499-1573.

●**Rokko Grill,** ¥¥, Platz für acht Gäste, am besten man reserviert einige Tage vorher das ganze Lokal für eine Gruppe und lässt *Mrs. Hotta* kochen, ca. 8000 ¥ pro Person. 18–24 Uhr, So u. F geschl., 2-3-8 Minami-Aoyama (U: Aoyama-itchome), Tel. 3404-8995.

Dänisch

●**Andersen's,** ¥¥, eigentlich eine Bäckerei; beliebt ist der Champagner-Sonntagsbrunch mit Suppe, Salaten, Eiern, Brot, Kaffee und einem Glas Champagner für rund 2000 ¥. 8–21 Uhr, So 9–12 Uhr, 3. Mo geschl., 5-1-26 Minami-Aoyama (U: Omotesandô).

Französisch

●**Café La Rue,** französisch, jedoch mit viel kolonialem Einschlag: karibisch, nordafrikanisch, tahitisch, vietnamesisch; Lunch ab 1000 ¥, Abendessen ca. 5000 ¥. Täglich geöffnet, JT Plaza Bldg. B1, 4-28-12 Jingûmae (JR Harajuku), Shibuya-ku, Tel. 3746-2344.

●**Joel,** ¥¥/¥¥¥, für kompromisslose Gourmets, Lunch ab 2000 ¥, Abendessen ab 8000 ¥. 12–14.30 und 18–22 Uhr, Kyodo Bldg. F2, 5-6-24 Minami-Aoyama (U: Omotesandô), Tel. 3400-7149.

●**Aux Bacchanales,** ¥/¥¥, beliebtes Bistro, preiswerter Wein, gutes Essen, 10–24 Uhr, Palais France 1F, 1-6 Jingumae (JR Harajuku), Tel. 5474-0076.

●**L'Orangerie de Paris,** ¥¥¥, elegantes Restaurant, freundlicher Service, sehr gut zum Sonntagsbrunch vor der Modenschau auf den Tokyoter „Champs Elysées"; Lunch 4000 ¥, So-Brunch 3500 ¥, Abendessen ca. 10.000 ¥. 11.30–14.30 und 17.30–21.30 Uhr, So 11–14.30 Uhr, Hanae-Mori Bldg. oberstes Stockwerk, 3-6-11 Kita-Aoyama (U: Omotesandô), Tel. 3407-7461.

●**Valençay,** ¥/¥¥, sehr guter Käseladen mit preisgünstigem Lokal, z.B. Spaghetti mit verschiedenen Käsesoßen. 6-5-6 Jingûmae, Tel. 5466-2601.

Italienisch

●**Antonio,** ¥¥, gutes Essen, angenehme Atmosphäre, nette Bedienung, beliebt seit über 30 Jahren. 11.30–14.30 und 17.30–22 Uhr, nahe Fuji-Filmzentrale, Dai 22 Daikyo Bldg. 1F, 7-3-6 Minami-Aoyama (U: Omotesandô), Tel. 3797-0388.

●**La Patata,** einer der besten Italiener Tokyos, Abendessen über 10.000 ¥, Lunch recht günstig. 2-9-11 Jingûmae, Tel. 3403-9664.

●**Oseille,** ¥¥, gute Weine und Antipasti, ca. 1200–2500 ¥, Wein ab 3000 ¥. 11.30–14 und 17.30–22 Uhr, So u. F geschl., 5-50-1 Jingûmae (Omotesandô), Tel. 3409-9454.

●**Tokyo Salon,** sehr attraktiver Club, gute mediterrane Küche, 11–17 Uhr, auch für Nichtmitglieder.

●**Selan Restaurant,** ¥¥, japanisch-italienische Küche in attraktiver Umgebung, Mo–Fr 11–22.30, Sa/So ab 10 Uhr, Tel. 3478-2200, 2-1-19 Kita-Aoyama (U: Aoxama-itchome Ausg. 1).

West-Ost-Mix

●**Rojak,** ¥/¥¥, sehr gute Gerichte, insbes. Salate, angenehme Atmosphäre, Zigarrenlounge (Lunch: ca. 1200 ¥), 12–16 Uhr, 18–24 Uhr, B1, 6-3-14 Minami-Aoyama (U: Omotesandô), Tel. 3409-6764; and. Filiale: 5-47-6 Jingumae (U: Omotesandô), Tel. 3407-6865.

●**Vis-à-Vis,** ¥¥/¥¥¥, entspannte Atmosphäre, gute Küche mit leicht französischem Touch, gute Weine, Lunch ab 3300 ¥, Abendessen ca. 10.000 ¥. 12–14 und 18–22.30 Uhr, So geschl., 2-7-25 Kita-Aoyama (U: Gaienmae), Tel. 3478-7077.

●**Fujimamas,** ¥¥, populäres Lokal mit origineller und frisch zubereiteter asiatischer

Küche in einer ehemaligen Tatamifabrik. Mo–Fr 11–23 Uhr, Sa, So 10–24 Uhr, 6-3-2 Jingumae (U: Harajuku), Tel. 5485-2283.

● **Las Chicas,** ¥¥, unter Expats, Modemenschen and Clubkids beliebtes Aussie-Lokal und Bar. So–Do 11–23 Uhr, Fr, Sa 11–23.30 Uhr, 5-47-6 Jingumae (U: Omotesando oder Shibuya), Tel. 3407-6865.

Spanisch

● **Poco a Poco,** ¥¥, authentisch, rustikal, für Genießer; Tapas 1000–2500 ¥. 18–23 Uhr, So u. F geschl., Soft Town Aoyama, 3-1-24 Jingûmae (U: Gaienmae), Tel. 3404-5888.

● **Tesoro,** ¥¥/¥¥¥, spanische Küche für gut bestückte Brieftaschen, günstiger Lunch; interessante, mediterrane Ausstattung. Citibank Bldg. B1, 4-2-17 Jingûmae (U: Omotesandô), Tel. 3407-0192.

Vegetarisch und Fisch

● **Crayon House Hiroba,** ¥, besonders beliebt ist das vegetarische Lunchbüffet für 1260 ¥, aber auch japanische Biofleischgerichte, 11–22 Uhr, Tel. 3406-6409, 3-8-15 Kita-Aoyama (U: Omotesandô, Ausg. B2/B4).

● **Home,** ¥¥, nur organische Nahrungsmittel, Fisch aus der Gegend. Neben Büffet-Restaurant Hiroba, 3-8-15 Kita-Aoyama (U: Omotesandô), Tel. 3406-6492.

● **Mominoki House,** ¥¥, Gerichte werden auf handgemachtem Keramikgeschirr serviert, elegante Atmosphäre, gute Kuchen, gelegentlich Jazz-Pianist im Hintergrund. 11–23 Uhr, F ab 15 Uhr, So geschl., 2-18-5 Jingûmae (U: Meiji-Jingûmae, Ausg. Omotesandô), Tel. 3405-9144.

● **Natural Harmony Angolo,** ¥¥, sehr beliebtes Bio-Restaurant, nicht rein vegetarisch, 11.30–14.30, 17.30–21.30 Uhr, Tel. 3405-8393, F1 Puzzle Aoyama Bldg. 3-28-12 Jingûmae (U: Gaienmae, Ausg. 2).

● **Ume-no-hana,** ¥¥¥, gute Tofu-Gerichte und Kaiseki, F6 Aoyama Bell Commons, 2-14-6 (U: Gaienmae, Ausg. 2).

Bis morgens geöffnet

● **La Bohème,** ¥¥, Filiale in Harajuku, Jingubashi Bldg. F2, 6-7-18 Jingûmae (U: Meiji-Jingûmae), Tel. 3400-3406.

Filiale in Minami-Aoyama, Kaneko Bldg. F1, 7-11-4 Minami-Aoyama (U: Omotesandô), Tel. 3499-3377.

● **Harajuku Zest,** ¥¥, Jingûmae Bldg. B1, 6-7-18 Jingûmae (U: Meiji-Jingûmae), Tel. 3409-6268. Filiale: Harajuku Zest Annex, 17–5 Uhr, Iida Bldg. B1, 5-8-7 Jingûmae, Tel. 3499-0293.

Cafés

● **Café de la Ropé,** guter Platz zum Beobachten der Menschen auf dem Boulevard. 11–23 Uhr, 6-1-8 Jingûmae (U: Meiji-Jingûmae, JR Harajuku), Tel. 3406-6845.

● **Las Chicas,** angesagt bei anspruchsvollen *gaijin* und Einheimischen, Kaffeespzialitäten, gute Weine, Salate etc., 11.–23 Uhr, 5-47-6 Jingûmae (U: Omotesandô, Ausg. B2).

● **Spiral,** Café in der Lobby, lebt von der raumschaffenden Architektur *Fumihiko Makis.* 11–20 Uhr, 5-6-23 Minami-Aoyama (U: Omotesandô), Tel. 3498-1171.

● **Qu'il fait bon,** 25 Kuchensorten. 11–20 Uhr, Omotesandô, 3-18-5 Minami-Aoyama.

● **Café Veloce,** an der Aoyama-dôri (U: Gaienmae), Kaffee für ¥150.

● **Café Studio,** ¥, innovativ, leger um die Mittagszeit, schöne Terrasse, Burger zum Selbermachen, abends gelegentlich Livemusik. Tgl. 11–23 Uhr, YM Square Harajuku, 4-31-10 Jingumae (U: Meiji-Jingumae), Tel. 3478-0182, www.cafe-studio.jp.

● **Office,** eingerichtet wie ein Büro, schöner Blick auf die Aoyama-dôri. Tgl. 19–3 Uhr, 5F Yamazaki Bldg., 2-7-18 Kita-Aoyama (U: Gaienmae), Tel. 5786-1052.

Bars

● **Aka,** Reggae-Bar mit jamaikanischen Snacks, gute Bierauswahl, ab 1000 ¥. Mo–Sa 12–14.30 und 18–24 Uhr, So u. F geschl., zwischen Takeshita- und Killer-dôri, Food Bldg. F1, 2-18-8 Jingûmae (JR Harajuku), Tel. 3478-3047.

● **Apollo,** sehr beliebt, gemischtes Publikum. NH Aoyama Bldg. B1, 3-2-5 Kita-Aoyama, Tel. 3478-6007.

● **Brussels,** beliebte belgische Bar mit den sehr guten Pommes. Mo–Fr 17.30–2 Uhr, Sa

17.30–23 Uhr, 1-10-23 Jingumae (U: Meiji-Jingumae oder Harajuku), Tel. 3403-3972.

●**Delmarva,** Restaurant und Bar, vernünftige Preise, Interieur wie Londoner Pub. 10–23 Uhr, Bar bis 5 Uhr (U: Omotesandô, Ausg. A4), Tel. 3406-8242.

●**Den Aquaroom,** Jazzmusik umgeben von blauen Aquarien, elegante Gäste, Gedeck 500–1000 ¥, Kotto-dôri, Tel. 5778-2090, B1, 5-13-3 Minami-Aoyama (U: Omotesandô, Ausg. B1).

●**Grass,** Hip Hop, Reggae, Soul. 3-25-12 Jingûmae, Tel. 3497-0303.

●**Kamado,** wochentags Bar mit japanischem Essen, samstags Club (Blues, Soul), gute Inneneinrichtung. B1, 2-9-11 Jingûmae, Tel. 3478-4956.

●**Kiss,** Café mit Internet (F2), Bar (2000 ¥ inkl. 2 Getränke). 246 Omotesandô, zwischen Apollo und Omotesandô-Kreuzung.

●**Oh!God,** beliebt, angenehme Atmosphäre, Videos, ab 1000 ¥. 18–6 Uhr, Jingu-bashi Bldg. B1, 6-7-18 Jingûmae (U: Meiji-Jingûmae), Tel. 3406-3206.

●**Vision Network,** unterschiedliche Bars unter einem Dach, australischer Touch (inkl. Bedienung), 11–23 Uhr, 5-47-6 Jingumae (U: Omotesando), Tel. 3407-6865.

Clubs und Discos

●**Blue Note Tokyo,** mit dem gleichnamigen New Yorker Jazzclub verbunden, bei Spitzenmusikern Eintritt 12.000 ¥, sonst ab 6000 ¥, inkl. 1 Getränk. 18–2 Uhr, Musik von 19.30–22 Uhr, So geschl., telefonische Reservierung notwendig; Raika Bldg., 6-3-16 Minami-Aoyama (U: Omotesandô, Ausg. B1), Tel. 5485-0088.

●**Body & Soul,** neben Blue Note gelegener kleiner Jazz-Club, vernünftige Preise, ab 3000 ¥ inkl. Eintritt. Veranstaltungen ab 20 Uhr, Mo–Sa 18.30–24 Uhr, So geschlossen, Anise Minami-Aoyama Bldg. B1, 6-13-9 Minami-Aoyama (U: Omotesandô, Ausg. B1), Tel. 5466-3348.

●**Cay,** Reggae und Samba jeden Fr u. Sa, tropisches Interieur, gute Cocktails, Thai-Essen serviert von Bedienung in Thai-Kostümen, 7000–10.000 ¥ wenn eine Band spielt, sonst

5000–8000 ¥. 18.30–24 Uhr, So geschl., Spiral Bldg. B1, 5-6-23 Minami-Aoyama (U: Omotesandô), Tel. 3498-5790.

●**Crocodile,** hier spielen oft neue Bands auf, ab 1000 ¥. 18–2 Uhr, New Sekiguchi Bldg. B1, 6-18-8 Jingûmae (U: Meiju-Jingûmae, Ausg. 4), Tel. 3499-5205.

●**Maniac Love,** House, Trance, Ambient, sehr gute Anlage, Eintritt: 2000/2500 ¥, After Hour Sonntag vormittag (1000 ¥), Internet, 5-10-6 Minami-Aoyama, Tel. 3406-0625.

●**Shinkukan,** u. a. Soul und Reggae; frische Obstsäfte, 2500 ¥ inkl. 2 Getränke. 4-4-14 Jingûmae, Tel. 3478-4946.

Unterkunft

●**Tokyo Aoyama Kaikan (26),** ¥, freundlich, vor allem für Lehrer, aber auch andere Gäste, 192 Zimmer, ab 6000 ¥. 4-17-58 Minami-Aoyama (U: Omotesandô), Tel. 3403-1541, Fax -5450.

●**Minami-Aoyama Kaikan (23),** ¥, 67 Zimmer, ab 6000 ¥. 5-7-10 Minami-Aoyama (U: Omotesandô), Tel. 3406-1365, -5663.

●**The President Hotel,** ¥¥, neben der Residenz des Kronprinzen, gute Lage, nahe Roppongi, sehr angenehm, direkt neben U-Bahnhof, ab 12.000 ¥. 2-3 Minami-Aoyama (U: Aoyama-Itchome, Ausg. 3), Tel. 3497-0111, 3401-4816, Fax -4816.

●**Harajuku Trim,** ¥¥, Businesshotel mit Fitnessstudio. 6-28-6 Jingûmae (U: Jingûmae), Tel. 3498-2101, Fax -1777.

Im Zentrum von Shibuya

Das Zentrum im Südwesten: Shibuya
(Shibuya-ku)

Der Name „Shibuya" bedeutet „unauffälliges Tal" und leitet sich wie beim benachbarten Aoyama von einer früheren Daimyô-Familie ab. Nicht weit vom Zentrum erstrecken sich auf dem Musashino-Plateau weite Wohnviertel, die nach dem großen Kantô-Erdbeben 1923 angelegt wurden. Shibuya hat sich, wie Shinjuku, um den Schnittpunkt von Eisenbahnlinien herum entwickelt. Es ist jedoch kleiner und weniger „wild" als manche Viertel von Shinjuku.

Schüler, Studenten und junge Angestellte kommen gern hierher, wie schon ein flüchtiger Blick auf den Bahnhofsvorplatz zeigt. Es gibt jede Menge kleine Lokale *(nomiya),* Diskotheken, Boutiquen, Theater, Kinos und Musikläden. Die Kaufhausgiganten Tôkyû (mit den Geschäften Bunka Kaikan, Tôkyû Hands, Tôkyû Plaza, 109) und Seibu (mit Seibu A und B, Parco 1, 2, 3, Seed, Studio Parco) liefern sich heftige Konkurrenz in unmittelbarer Bahnhofsnähe.

Wer sich vor dem Shibuya-Bahnhof verabredet, tut das wohl unweigerlich vor dem **Denkmal von Hachikô,** dem treuen Akita-Hund, der jeden Abend hierherkam, um seinen Herrn, einen Professor der Tokyo-Universität, von der Arbeit abzuholen. Nach dessen Tod kam der treue Hund weitere sieben Jahre zum Bahnhof, bis er 1935

Stadtteile

Shibuya

6a

6

8

7

9

10

Harajuku, Yoyogi-Park

Jinnan

Jingūmae (6)

Inokashira Dōri

1

11

12

13

14

15

16

27

MIYASHITA PARK

2

Udagawachō

17

3

5

18

Shibuya (1)

Shōtō

4

19

25

26

Bunkamura Dōri

Sakae Dōri

20

Dōgenzaka

Shibuya

21

24

23

Dōgen-Zaka (Slope)

Shibuya

Maruyamachō

Shibuya

22

22a

Meiji Dōri

selbst starb. Sein Tod wurde auf der Titelseite der Zeitungen bekanntgegeben, und schließlich errichtete man dem treuen Hund dieses Denkmal. Ausgestopft ist er im National Science Museum im Ueno-Park zu besichtigen. Manche behaupten allerdings, dass *Hachikô* nur deshalb weiterhin so lange kam, weil er von einem mitfühlenden Metzger stets etwas Fleisch zugesteckt bekam ...

In Shibuya lohnt es, sich einfach mit der Menschenmenge hier- und dorthin treiben zu lassen, z.B. von der Shibuya-Kreuzung, der geschäftigsten Fußgängerkreuzung der Welt, zu den Konsumtempeln. Wer sich für Mode interessiert, findet hier wohl genauso viel Angebot wie im benachbarten Aoyama und Harajuku.

Ausgangspunkt für einen Besuch des Viertels ist der völlig umgebaute **Bahnhof** mit 6 Linien (JR Yamanote-Linie, U: Ginza- und Hanzômon-Linie sowie die Linien der privaten Vorortbahnen: Tôkyû-Tôyoko-, Shin-Tamagawa- und Keiô-Inokashira-Linie). Rund eine Million Pendler benutzt täglich diesen Bahnhof mit seinen bis in den 3. Stock reichenden Bahnsteigen.

In der Halle des Bahnhofs der Inokashira Line hängt seit 2009 das 30 m breite Gemälde **Asu no Shinwa** (Mythos von morgen) von *Taro Okamoto,*

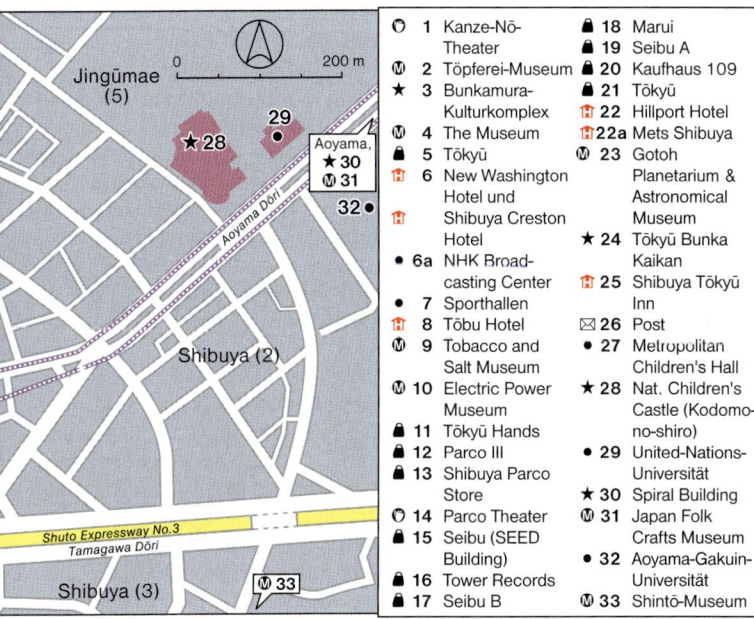

⊙	1	Kanze-Nō-Theater	🔒 18	Marui
Ⓜ	2	Töpferei-Museum	🔒 19	Seibu A
★	3	Bunkamura-Kulturkomplex	🔒 20	Kaufhaus 109
Ⓜ	4	The Museum	🔒 21	Tōkyū
🔒	5	Tōkyū	🏨 22	Hillport Hotel
🏨	6	New Washington Hotel und Shibuya Creston Hotel	🏨 22a	Mets Shibuya
			Ⓜ 23	Gotoh Planetarium & Astronomical Museum
●	6a	NHK Broadcasting Center	★ 24	Tōkyū Bunka Kaikan
●	7	Sporthallen	🏨 25	Shibuya Tōkyū Inn
🏨	8	Tōbu Hotel	✉ 26	Post
Ⓜ	9	Tobacco and Salt Museum	● 27	Metropolitan Children's Hall
Ⓜ	10	Electric Power Museum	★ 28	Nat. Children's Castle (Kodomo-no-shiro)
🔒	11	Tōkyū Hands		
🔒	12	Parco III	● 29	United-Nations-Universität
🔒	13	Shibuya Parco Store	★ 30	Spiral Building
⊙	14	Parco Theater	Ⓜ 31	Japan Folk Crafts Museum
🔒	15	Seibu (SEED Building)	● 32	Aoyama-Gakuin-Universität
🔒	16	Tower Records	Ⓜ 33	Shintō-Museum
🔒	17	Seibu B		

das als Gegenstück von Picassos Guernica gelten kann und die Schrecken von Hiroshima und Nagasaki nach den Atombombenabwürfen im August 1945 symbolisch darstellt.

Vom Bahnhof Richtung Harajuku

Auf der nach Norden führenden **Kôen-dôri** fahren abends die jungen Leute („Yuppie-Samurai"), die das nötige Kleingeld dazu haben, in ihren modischen Autos spazieren. Hier stehen Kaufhäuser (Seibu, Marui, Parco), Boutiquen, Kinos und Lokale. Auf der rechten Seite liegen etwa 500 m vom Bahnhof rechter Hand das sehenswerte **Tobacco and Salt Museum (9),** das Gegenstände und Dokumente zur Geschichte des Tabaks und der Salznutzung zeigt (10–18 Uhr, Mo geschl., 100 ¥, 1-16-8 Jinnan, Tel. 3476-2041). Darin gibt es ein nettes Café.

Lässt man das **NHK Broadcasting Center (6a)** links liegen, kommt man, vorbei an den Sporthallen der Olympischen Spiele von 1964, zum Yoyogi-Park (siehe Ayoyama und Harakuju).

Parallel zur Kôen-dôri kann man auch durch den Miyashita- und Jingû-dôri-Park nach Harajuku gelangen. Zwischen den beiden Parks liegt etwa 500 m vom Bahnhof links das interes-

Stadtteile

sante **Electric Power Museum (10)** der Tokyo Electric Power Company (TEPCO): Hier gibt es viel zum Spielen und Anschauen, z.B. ein Reaktormodell (10.30–18.30 Uhr, Mi geschl., Eintritt frei, 1-12-10 Jinnan, Tel. 3477-1191).

Vom Bahnhof Richtung Bunka-mura

Auf dem westlich des Bahnhofs gelegenen **Dôgenzaka-Hügel** (Dôgenzaka 2-chôme) befindet sich die größte Konzentration von **Love Hotels** in Tokyo. In nordwestlicher Richtung zweigt von der unterirdischen Passage die Bunkamura-dôri ab. Gegenüber dem **Modekaufhaus 109** führt die beliebte Spain-dôri (benannt nach einigen Häusern in spanischem Stil) zu den **Kaufhäusern** von Parco und dem Spezialkaufhaus für Bastler, Tôkyû Hands.

Die Bunkamura-dôri führt zum Haupthaus der Kaufhauskette Tôkyû, das direkt mit dem 1988 eröffneten **Kulturkomplex Tôkyû Bunkamura** (3, „Kulturdorf") verbunden ist. Dort gibt es Konzerthallen, Kinos, Ausstellungen, teure Boutiquen und Restaurants sowie ein Museum namens **The Museum (4),** das Gemälde in wechselnden Ausstellungen zeigt (Mo–Fr 10–18 Uhr, Sa, So u. F 10.30–18 Uhr, Erwachsene 800 ¥, Kinder 500 ¥, Tel. 3407-7409), bequem erreichbar per kostenlosem Shuttlebus vom Tôkyû-Kaufhaus am Bahnhof.

Ein Stück weiter entlang der Bunkamura-dôri und dann nach links kommt man nach etwa einem Kilometer zum bekannten **Kanze-Nô-Theater (1),** ein

Stück dahinter zum privaten **Töpferei-Museum** Toguri Bijutsukan **(2)** mit rund 7000 Porzellangegenständen aus China, Korea und Japan (10–17.30 Uhr, 1030 ¥, 1-11-3 Shôtô, Shinsen Sta. (Keio-Inokashira-Linie) 5 Min., JR Shibuya, U: Hanzomon, Ginza Line, Ausg. Hachiko, 10 Min., Tel. 3465-0070, www.toguri-museum.or.jp.

Vom Bahnhof Richtung Aoyama

Östlich des Bahnhofs kommt man am **Tôkyû Bunka Kaikan (24,** mit Planetarium und astronomischem Museum) vorbei zur leicht ansteigenden **Aoyama-dôri.** Biegt man vor dem Museum links in die Meiji-dôri ein, kann man entlang des Miyashita-Parks in Richtung Harajuku bummeln. Geht man die Aoyama-dôri entlang, sieht man nach etwa 600 Metern das **Children's Castle** (28, *kodomo-no-shiro*), in dem es Theater, Läden und Spielgelegenheiten für Kinder gibt, z.B. didaktische Spielgeräte zur Förderung kindlicher Kreativität und zum Austoben.

Etwa 200 m vorher zweigt die Verbindungsstraße zur Meiji-dôri ab, an der die **Tokyo Metropolitan Children's Hall (27)** steht; auch hier finden sich alle Arten von kindgerechten Freizeitaktivitäten.

Gegenüber dem „Nationalen Kinderschloss", auf der in Richtung Aoyama rechten Straßenseite, liegt die angesehene protestantische **Aoyama-Gakuin-Universität (32),** hinter der rechts die schon zu Aoyama gehörende Antiquitätenstraße Kotto- bzw. Antiiku-dôri abzweigt. Dahinter wiederum liegt das architektonisch außen wie innen interessante **Spiral Building (30)** des Wacoal-Konzerns mit Ausstellungen, Läden, Cafés und Lokalen. Von dort ist es dann nicht mehr weit zum U-Bahnhof Omotesandô, dem Herzen von Aoyama.

Wer sich für die Shintô-Religion interessiert, sollte das **Shintô-Museum (33,** Shintô Shiryôkan) besuchen: Es liegt im Stadtteil Higashi 4-chôme auf dem Gelände der Kokugakui-Universität ein Stück südlich der Aoyama-Gakuin-Universität.

Umgebung von Shibuya

Südliche Vororte

Südlich von Shibuya liegt der gehobene **Vorort Daikan-yama** mit eleganten Boutiquen und Restaurants, die sich an der Yamate-dôri konzentrieren. Dort stehen neben mehreren Botschaften auch einige architektonisch interessante Gebäude: die nahe beieinander liegenden, von *Maki Fumihiko* entworfenen Häuser der Hillside Terrace und der Dänischen Botschaft (siehe auch Kapitel „Azabu, Hiro-o und Ebisu").

Einige Stationen weiter mit der Tôyoko-Linie liegen die ebenfalls gehobenen Wohnorte **Jiyûgaoka** und **Den'en-chôfu,** in denen es sich gut einkaufen und essen lässt. Ein Stück westlich hat sich **Shimo-Kitazawa** zu einem Zentrum eigener Art entwickelt, mit Secondhand-, Klamotten- und CD-Läden und Cafés.

Gotô-Kunstmuseum

Kurz vor der Station Futago-Tamagawa-en (Tôkyû-Shin-Tamagawa-Linie; nebenan schöner Park am Tamagawa-Fluss) liegt das bekannte Gotô-Kunstmuseum, in dem sich die berühmte Bildrolle der *Genji-Monogatari* aus der Heian-Zeit befindet; sie wird jedoch nur in der ersten Maiwoche gezeigt.

Volkskunst-Museum

Östlich von Shibuya befindet sich nahe der Station Komaba-Tôdai-mae (zwei Stationen mit der Keiô-Inokashira-Linie) das **Japan Folk Crafts Museum** (Nippon Mingeikan) mit Volkskunst aus Japan, Korea und anderen Ländern, einschließlich der Sammlung von *Yanagi Soetsu,* der das japanische Wort für Volkskunst *(mingei)* geprägt hat (10–17 Uhr, Mo geschl., 1000 ¥, Kinder 200 ¥, 4-3-33 Komaba, Tel. 3467-4527.)

Einkaufen

Shibuya ist wie die benachbarten Viertel Harajuku und Aoyama eindeutig ein **riesiges Modezentrum.** Neben den Seibu-Häusern A-kan, B-kan, Seed und den angeschlossenen drei Parco-Modehäusern liegt unübersehbar das zweiteilige Marui. Auch Tôkyû bemüht sich mitzuhalten mit dem Zylinder von *ichi-maru-kyu* (109, s.u.) gegenüber dem Bahnhof. Das größte Tonträger-Kaufhaus der Stadt, wenn nicht der Welt, **Tower Records,** steht gegenüber dem Marui-Hauptgeschäft. Erwähnenswert ist die Abteilung für ausländische Bücher und Zeitschriften in F7.

26-4to Foto: ml

Zielgruppe sind überall vor allem junge Leute, von denen es denn auch in Shibuya wimmelt.

Kaufhäuser

● **Marui,** begann als Modehaus, erweiterte sich aber immer mehr zu einem allgemeinen Kaufhaus; Zielgruppe sind junge Leute. 2 Häuser: Young Building, Main Building (JR Shibuya), Tel. 3464-0101.

● **109,** auffälliger, runder Turm der Kaufhauskette Tôkyû, gegenüber dem Bahnhof. Mode mit Abteilungen für Teenager (109-2), junge Erwachsene unter 30 (One-Oh-Nine) und über 30 (One-Oh-Nine 30's). 10–21 Uhr.

● **Seibu,** So–Mi 10–20 Uhr, Do–Sa 10–21 Uhr, Tel. 3462-0111.

● **A-kan** (Damenmode), **B-kan** (Herrenmode), **Seed-kan** (importierte Kleidung, neueste Mode), **Loft-kan** (importierte Kleidung, Kücheneinrichtung, Möbel usw.); **Parco 1, 2, 3** (Seibu-Tochter, vor allem Mode für Schüler/ -innen, mit Kunstgalerien, die sich der Avant-garde-Mode widmen), Tel. 3464-5111. In unmittelbarer Nähe des Bahnhofs Shibuya; Seibu und Parco sind jedoch vor allem am Bahnhof Ikebukuro stark vertreten. Parco veranstalten den halbjährlichen Ausverkauf etwas früher als La Forêt: am 2. Freitag im Januar und Juli.

● **Tôkyû Department Store,** Tel. 3477-3111.

● **Tôkyû Hands,** Spezialkaufhaus für Basteln, Hobbies, Do-it-yourself, aber auch mit guter Auswahl an Souvenirs. Tgl. 10–20.30 Uhr, 12-18 Udagawachô, Tel. 5489-5111.

● **Beams-T,** super Auswahl an T-Shirts, gleichnamige Filiale in Harajuku. Tgl. 11–20 Uhr, F2 19-6 Sarugakucho, Shibuya-ku (U: Daikanyama), Tel. 5428-5952.

Am Bahnhof

Preiswerte Mode

● **Bunkaya Zakkaten,** 1-9-5 Shibuya, Tel. 3461-0985.
● **Pink Dragon,** 50er-Jahre-Kopien. 1-23-23 Shibuya, Tel. 3498-2577.

Plattenläden

● **Recofan,** guter, geräumiger Laden für gebrauchte Platten und CDs. Shirata Bldg. F4-6, 11-6 Utagawa-chô, Tel. 5454-0161.
● **Cisco Techno Shop,** Techno-Vinyl & CDs für anspruchsvolle Techno-Freaks. 11–21 Uhr, F1 Shin Tokyo Bldg., 10-2 Udagawachô, Tel. 3496-7028.
● Mehrere Läden für diverse Stilrichtungen: z.B. **Cisco Records** (Hip-hop, R&B), 12–22 Uhr, Tel. 3462-0366, F2, 11-1 Udagawachô. **Disk Union,** unterschiedliche Stile aufgeteilt auf verschiedene Stockwerke, auch gebrauchte Platten, Center Gai, Antenna 21 Bldg., 30-7 Udagawachô. **Manhattan Records,** Hip-hop, u.a., 12–21 Uhr, Tel. 3477-7737, F1, 10-1 Udagawachô.
● **Tower,** das größte CD-Kaufhaus der Welt, gute Buchabteilung, jede Menge CD-ROMs. 1-22-14 Jinnan, Tel. 3496-3661.
● **www.bento.com/rekodoya.html:** Informationen zu Plattenläden in allen Stadtteilen.

Weitere Geschäfte

● **Fromagerie Fermier,** französische und italienische Käse, vor allem Ziegen- und Schimmelkäse. 11–19 Uhr, So u. F geschl., 2-4-7 Shibuya, Tel. 5485-4770.
● **Kammon Antiques,** gute Auswahl an *hibachi,* Kisten, Porzellan, Wandschirmen. 10.30–18 Uhr, So geschl., 4-3-12 Shibuya, Tel. 3406-1765.
● **Tsukamoto,** Volkskunst. 10–20 Uhr, Tôkyû Plaza 4F, 1-2-2 Dogenzaka, Tel. 3461-4410.
● **Maru Ara Watanabe,** traditionelle japanische Souvenirs in einem altehrwürdigen Gebäude. Tgl. 11–19 Uhr, 16-8 Udagawachô, Tel. 3461-0064.
● **Mandarake,** Paradies für Mangafreaks, auf Lager sind Mangas bis in die 1960er-Jahre zurück, dazu passende Figuren, Kostüme u.a. Tgl 12–20 Uhr, B2F Shibuya Beam Bldg., 31-2 Udagawachô, Tel. 3477-0777.

● **Apple Store,** anders als in Europa ist Apple in Japan seit jeher total in. Tgl. 10–21 Uhr, ABC Mart Koen Dori Bldg., 1-20-9 Jinnan, Tel. 6415-3300.
● **Ragtag,** Flaggschiff der Kette mit getragener Designermode. Tgl. 12–21 Uhr, 1-17-7 Jinnan, Tel. 3476-6848.
● **Zenmall,** herabgesetzte Designerkleidung, auch Größen für unsereins erhältlich. Tgl. 10.30–21.45 Uhr, 29-4 Udagawachô, Tel. 3770-1641.
● **D-Forme,** origineller Krimskrams, von dem Sie bisher vielleicht nicht wussten, dass es so etwas gibt. Tgl. 11–20 Uhr, F2 Mode Cosmos Bldg., 28-10 Sarugakucho (U: Daikanyama), Tel. 3461-0033.

Essen

(Bahnhof Shibuya, falls nicht anders angegeben, Hachiko-Ausgang).

Tonkatsu

● **Katsukichi,** ¥/¥¥, eindrucksvolles Interieur, Menüs ab 1400 ¥, gutes Salat-Buffet. 11.30–14.30 Uhr und 17–22 Uhr, KDD Bldg. B1, 3-9-10 Shibuya, Tel. 5485-1123.

Yakitori

● **Torifuku,** ¥¥, Riesenauswahl an Yakitori-Leckerbissen, am Schluss eine Suppe, ca. 5000 ¥. 17–21 Uhr, Sa, So u. F geschl., Nombeiyokochô (Trinkergasse), 1-25-10 Shibuya, Tel. 3499-4978.
● **Toriyoshi Dining,** ¥¥, gutes Yakitori und Tofu zu Cocktails und Wein, 17–4 Uhr, Tel. 5784-3373, B1 Sekaido Bldg. 2-10-10 Dôgenzaka.

Okonomiyaki

● **Taruya,** ¥, preiswert, beliebt bei jungen Leuten, ab 600 ¥, verschiedene regionale Varianten erhältlich. 17–23.30 Uhr, So geschl., 2-20-6 Dogenzaka, Tel. 3461-3325.

Soba und Udon

● **Chôtoku,** ¥¥, 50 Variationen frisch gemachter Udon, ca. 1800 ¥. 11.30–21 Uhr, Mo geschl., 1-10-5 Shibuya, Tel. 3407-8891.

Stadtteile

Izakaya, gegrillter Fisch

● **Den Rokuen-tei,** ¥¥, moderne Izakaya-Interpretationen zu Wein und Cocktails, 11–24 Uhr, Tel. 6419-5489, F8 Parco 1, 15-1 Udagawachô.

● **Doma-Doma,** ¥, Gerichte bestellen nach Foto, dazu frisches Zapfbier (nama biiru) 17–5 Uhr, Tel. 5728-1099, B1, Minagawa Bldg. 1-22-10 Jinnan.

● **Kaikaya,** ¥¥, freundlich, gute Fischgerichte, engl. Menü, Mo-Do 11.30–14, 17–23.30, Fr/Sa 17–4, So bis 23.30 Uhr, Tel. 3770-0878, ww.kaiyaka.com, 23-7 Maruyamachô, bei koban am Dôgenzaka rechts (nach dem Weg fragen).

● **Tamakyu,** ¥¥, ausgezeichneter Fisch und Reiswein; willkommen ist, wer die Gerichte wirklich wertschätzt. Neben Modekaufhaus Tôkyû 109, 16–22.30 Uhr, So u. F geschl., 2-30-4 Dogenzaka, Tel. 3461-4803.

● **Sakana-tei,** ¥¥, Spezialist für Reiswein, preiswerte Gerichte, Mo–Sa 17.30–23 Uhr, Tel. 3780-1313, F4 Koike Bldg. 2-23-15 Dôgenzaka.

Sushi

● **Manyo Restaurant,** ¥¥, Teppan-yaki 2800 ¥; Sushi-ichi, Sushi-Büffet mit Suppe 2500 ¥. Letzte Bestellung 20.30 Uhr, Manyo Kaikan 1F, 24-1 Udagawachô, Tel. 3496-5394.

● **Uo-hachi,** ¥¥, Buffet: Krebs, Sushi, Sashimi, Tempura 3500 ¥. 17–23.30 Uhr, Wochenende ab 16.30 Uhr, Ju-ni-ka-getsu hon-kan B3, 1-18-7 Jinnan, Tel. 3464-8699.

● **Tsukiji Honten,** Kaiten-zushi, beliebt, meist voll, nur 30 Min. erlaubt, mindestens 7 Teller à 105 ¥, 3464-1178, Center Gai.

Râmen

● **Charlie House,** ¥, handgemachte Râmen-Nudeln. 11.30–14.30 und 17–20.30 Uhr, 1-15-11 Jinnan, Tel. 3464-5552.

Suppencurries

● **Kokoro,** ¥, Suppencurries sind derzeit sehr beliebt, dieses Lokal bietet 100 Gewürzabstufungen. 11–22 Uhr, F1 Beverly Hills Bldg., 30-15 Sakuragaokachô, Tel. 5459-2141, www.cocoro-soupcurry.com.

Chinesisch

● **Reikyô,** ¥¥, taiwanesische Küche, existiert seit Ende des 2. Weltkrieges, sehr beliebt. Mo-Fr 12–14 Uhr und 17-0.30 Uhr, Sa/So/F 12–0.30 Uhr, Di geschl., 2-25-18 Dogenzaka, Ausg. Hachikôguchi, Tel. 3464-8617.

● **Tainan Tami,** ¥/¥¥, authentisches taiwanesisches Essen, viel Schwein, sehr preiswert und entsprechend beliebt. 11–14 Uhr und 17–2 Uhr, 1-17-6 Dogenzaka, Tel. 3464-7544.

● **Seiryû Mon,** ¥, populäres taiwanesisches Lokal, preiswerter Lunch. 11.30–15 und 17.30–23.30 Uhr, Chitose Bldg., 32-7 Udagawachô, Tel. 3496-7655.

● **Koo-ka,** ¥, chinesisches Buffet 1000 ¥. 11.30–15 und 17–23 Uhr, Boulevard Bldg. 3F, 1-16-3 Jinnan, Tel. 3496-7220.

Indisch/Pakistanisch/Nepalesisch

● **Kantipur/Nepal,** ¥¥, angenehme Atmosphäre, auch tibetische Gerichte. 11.30–23 Uhr, Lunch bis 16 Uhr, Sunrise Sakuragaoka Bldg. B1, 16-6 Sakuragaoka, Tel. 3770-5358.

● **Mela,** ¥/¥¥, sehr gutes Gemüsecurry zum Lunch für 800 ¥, schöne Einrichtung. Kasumi Bldg. F3, 2-25-17 Dogenzaka, Tel. 3770-0120.

● **Maharana,** ¥/¥¥, Mo-Fr Lunch-Büffet 1000 ¥, am Wochenende 1300 ¥. 11–23.30 Uhr, Axis Bldg. 8F, 2-29-1 Dogenzaka, Tel. 3477-5188.

● **Mohan,** ¥, Lunch-Set ab 750 ¥. 11–22 Uhr, One-oh-nine 30 S 6F, 33-5 Udagawachô, Tel. 3477-8326.

● **Oh Calcutta,** ¥, preiswert, besonders beliebt das leckere Lunch-Buffet. 11–23 Uhr, B1, 26-9 Udagawachô, Tel. 3780-2315.

Asiatisch

● **Monsoon,** ¥, gute Stimmung, gutes südostasiatisches Essen, im selben Haus auch ein italienisches und mexikanisches Lokal derselben Firma. 11.30–3.30 Uhr, F4 Jinnan Campari Bldg., 1-6-8 Jinnan, Tel. 5489-1611.

Indonesisch

● **Jambatan Merah,** ¥¥, jeden Monat neues Menü, auch Verkauf indonesischer Lebensmittel. 11.30–24 Uhr, Lunch bis 16.30 Uhr,

2676 Foto: ml

Stadtteile

nahe Bunkamura, Higashi-Indo-kan Bldg., 1-3 Maruyamachô, Tel. 3476-6424.

●**Warung I,** ¥¥, authentische und stilvolle Atmosphäre, gutes Essen, empfehlenswert z.B. Obstsalat. 17.30–22.30 Uhr, Getränke bis 24 Uhr, Saito-Dai-ni Bldg., 2-29-18 Dogenzaka, Tel. 3464-9795.

Thai

●**Chang-pha,** ¥/¥¥, günstige Gerichte wie vom Essstand, Thai-Bedienung. Shibuya 109, F8, 2-29-1 Dogenzaka, Tel. 3477-5141.

●**Lan Thai,** ¥/¥¥, authentische Thai-Küche, preiswert, Lunch 1200 ¥. Shibukan Bldg. F3, 1-7-1 Dogenzaka, Tel. 3464-1144.

●**Pattaya,** ¥¥, beliebt bei *gaijin,* empfehlenswert sind die Krebs- und Krabbengerichte. 17–23 Uhr, Mi geschlossen, 1-28-8 Shoto, Ausgang Hachikô-guchi, Tel. 3770-8777.

Vietnamesisch

●**Bourgainvillea,** ¥¥, südvietnamesisch, empfehlenswerte Menüs ab 3000 ¥, günstige Lage. Di–Fr 17–23 Uhr, Sa/So 11.30–15 und 17–23 Uhr, Romane'80 Bldg. F2, 2-25-9 Dogenzaka, Ausgang Hachikô-guchi, Tel. 3496-5537.

Lateinamerikanisch

●**Bacana,**¥¥, brasilianisch, gutes Churrasco, BBQ-Buffet „churrasco estilo rodizo" für 3000 ¥, Live Musik, sonntags kommen viele Brasilianer. 11.30–14 und 17–23 Uhr, am Wochenende u. F 11.30–23 Uhr, BEAM Bldg. F6, 31-2 Udagawachô, Tel. 5489-0109.

Französisch

●**The House of 1999,** ¥¥¥, formell, elegant, zeitlos, exzellente Getränkeliste, Lunch

Teezeremonie im Plattenladenschaufenster

4000 ¥, Abendessen mehr als 10.000 ¥. 12–14 und 18–21 Uhr, F 18–21 Uhr, So geschl., 4-2-9 Shibuya (U: Omotesandô), Tel. 3498-3001.

Italienisch

●**Bellini**, ¥/¥¥, italienisches Antipasti-Buffet 1900 ¥, komplettes Buffet 2500 ¥. 11.30–17 Uhr, Hyumax Pavillion B2, 20-15 Udagawachô, Tel. 5489-1371.

Spanisch

●**El Castellano**, ¥¥, lockere Atmosphäre, familiär, gute Paellas, Salate, Seafood; Mo, Mi, Do, Sa Flamenco, ca. 5000 ¥. 18–23 Uhr, So geschl., Marusan Aoyama Bldg. F2, 2-9-11 Shibuya, Tel. 3407-7197.

Portugiesisch

●**Manuel,** Tokyos erstes portugiesisches Lokal, gutes Essen, gute Weine, in einer der Gassen von Shinsen hinter dem Bunkamura. Der humorvolle Besitzer *Manuel* kocht selbst. 12–15 und 18–23 Uhr, 1-25-6 Shoto, Tel. 5738-0125, www.bento.com/rev/1736.html.

Deutsch

●**German Farm Grill**, ¥¥, rustikales Interieur, antike Möbel, authentische Küche, zubereitet von einem Drei-Sterne-Koch. 11.30–4.30 Uhr, 8-1 Shinsencho, Tel. 5457-2871.

Griechisch

●**The Aegean**, ¥¥, authentische Küche. Oriental Bldg. B1, 3-18-3 Shibuya, Tel. 3407-1783.

Russisch

●**Rogovski's**, ¥¥, besteht seit 1951, im nostalgischen, sozialistischen Freundschaftsstil, Pelmeni 600 ¥, Economy Set 2500 ¥. Owada Dai-ichi Bldg. F3, Shibuya Südausg., Tel. 3463-2911.
●**Samovar**, ¥¥, ältestes russisches Restaurant Tokyos, deftige Küche, herunterzuspülen mit Vodka und Pilsner. So und 3. Mo geschl., 2-22-5 Dogenzaka, Tel. 3462-0648.

Türkisch

●**Odessa-Istanbul**, ¥/¥¥, türkische Küche, Snacks und Café, Pilav mit 3 Köfte 1400 ¥. 11–21 Uhr, Mo geschl., 1-1 Shinsen (Shinsen, Inokashira-Linie) Tel. 3476-5144.

US-Amerikanisch

●**Sonoma**, ¥¥, gute California-Küche, wer zum Dinner kommt, kann umsonst in den *Ruby Room* mit guter Lounge-Atmosphäre, DJ und Livemusik, So–Do 17.30–23.30 Uhr, Fr/Sa bis 4 Uhr, Tel. 3462-7766, www.sonomatokyo.com, F1/2 Kasumi Bldg., 2-15-17 Dôgenzaka.

Gesunde Kost/Vegetarisch

●**Down to Earth**, ¥/ ¥¥, lockere, entspannte Atmosphäre, viel Jungvolk, nicht rein vegetarisch, Mo–Sa 12–15.30, 19–22.30 Uhr, 2-5 Sarugaku-cho, Tel. 3461-5872.
●**Shizen-kan**, ¥, Gesundheitsküche, 30 Gerichte, Büffet 1000 ¥, Abendbuffet 17–19 Uhr, 1500 ¥. 11.30–19 Uhr, 2. Sa bis 14 Uhr, So u. F geschl., 3-6 Maruyamachô, Tel. 3476-0591.
●**Shizen-kan Part II**, 11.30–20.45 Uhr, So und F geschlossen, Royal Bldg. 1F, 3-9-2 Shibuya, Ausgang Hachikô-guchi, Tel. 3486-0202.
●**Tenmi**, ¥/¥¥, *John Lennon* ging hier einst gern essen; gut: *genmai*, brauner Reis mit vegetarischen Beilagen, als *teishoku* für ca. 1000 ¥, ruhige Atmosphäre, Verkauf von gesunden Lebensmitteln. Mo–Fr 11.30–14 und 17–22 Uhr, Sa 11.30–19 Uhr, So u. F 11.30–18 Uhr, 3. Mi geschl., Dai-ichi Iwashita Bldg. 2F, 1-10-6 Jinnan (Shibuya, Ausgang Hachikô-guchi), Tel. 3496-7100/9703.

Cafés

●**Pappy Monro's**, ¥, authentisches italienisches Eiscafé. 11–23 Uhr, neben Seibu-B-kan, Tel. 3464-4310.
●**Café Madu,** eines der beliebtesten Cafés, zur Straße offen (eine Seltenheit in Tokyo), 10 verschiedene Toastvarianten. Nicht weit vom Shibuya Immigration Office, Tel. 5456-7533.

●**Lion,** Klassiker und Kathedrale der Klassik-Cafés, Tel. 3461-6858, http://lion.main.jp Dôgenzaka bis Ampel, rechts Richtung Chizoda Inari (linke Seite).

Clubs und Discos

●**Bar Aoyama,** kunstgeschwängerte Atmosphäre, verschiedene DJs, Internet. 20–4 Uhr, So 19–2 Uhr, Daikyô Bldg. 4-5-9 Shibuya (U: Roppongi-dôri), Tel. 3498-4415.
●**Club Asia,** asiatische Musik, Internet, 3000 ¥ (inkl. 2 Getränke), Frauen Eintritt frei. 1-8 Maruyamachô, Tel. 5458-2551, -1996, www.clubasia.co.jp.
●**Coffee 3.4 Sunsea,** postmodern mit nepalesisch-indischem Hippie-Touch, entspannende Musik und Aquarium, 12–23 Uhr, Takano Bldg. 1F, 10-2 Udagawacho, Tel. 3496-2295.
●gegenüber die ebenfalls beliebte **Vuenos Bar Tokyo,** Latin, Soul, Dance, Hip Hop.
●**Cafe & Club Fura,** beliebter Club mit italienischem Restaurant und Bar im Haus, Eintritt: Mo frei, Mi für Frauen frei, Di–Do vor 22 Uhr, Fr, Sa vor 21 Uhr frei, sonst 2500/3000 ¥, Do am meisten los, 3-26-25 Shibuya, Tel. 5485-4011.
●**Loop,** beliebter, freundlicher Club mit sehr gutem Soundsystem, schwer zu finden, Techno, House, 2step, *broken beat* u.a. 22–5 Uhr, Nihon Fudo Bldg. B1, 2-1-13 Shibuya, Tel. 3797-9933, www.baseplanning.co.jp.
●**DJ Bar Ink Stick,** originelles Dekor, ab 1500 ¥. So–Fr 18–2 Uhr, Sa bis 4 Uhr, Campari Bldg. F4, 1-6-8 Jinnan, Tel. 3496-0782.
●**J Trip Bar Dance Factory,** psychedelische Atmosphäre, gut zum Tanzen, 3000 ¥ (Wochenende und vor Feiertagen Männer 4000, Frauen 3500 ¥). 18 Uhr bis nach 0 Uhr, Kokusai Bldg. B2, 13-16 Udagawachô (Shibuya, Ausgang Hachikô-guchi), Tel. 3780-0639.
●**The Cave,** B1: Reggae, Soul, B2: House; junges Publikum, vor 21 Uhr 1500 ¥, danach So–Do 3000 ¥, Fr/Sa 3500 ¥. M&l Bldg., 3-4-6 Udagawachô, (Shibuya, Ausgang Hachikô-guchi, 8 Min)., Tel. 3479-5600, 3780-0715.
●**S.I. Joe,** Fr u. Sa gute Tanzshows, Publikum um die 30, Männer 4000 ¥, Frauen 3000 ¥. 18–24 Uhr, Hotel P&A Plaza B1, 1-17-9 Dogenzaka, Tel. 3780-0720.

Live-Musik

●**Agada Music Bar,** Spezialitäten aus dem Mittleren Osten, dazu Musik, Tanz, Multimedia-Shows und Installationen, Jam Sessions. Shiba Property Bldg. F1, 1-32-12 Higashi, Tel. 3486-2827.
●**Aspen Glow,** Country & Western, mexikanisches Essen, 1200–2000 ¥, kann sehr voll werden. 18.30–1 Uhr, So u. F geschl., GM Bldg. F6, 2-28-2 Dogenzaka (Shibuya, Ausg. Hachikô-guchi 5 Min.), Tel. 3496-9709.
●**Club Quattro,** unterschiedliche Musik, was gerade ist, eigenes Plattenlabel; Publikum: Teenager und Erwachsene, mit internationalen (ab 4000 ¥) und japanischen Künstlern (2000 ¥, inkl. 1 Getränk). 18–20 Uhr, Quattro by Parco Bldg. 5F, 3-2-13 Udagawachô (Shibuya, Ausg. Hachikô-guchi 5 Min.), Tel. 3477-8750.
●**Hip Hop,** ab 22 Uhr Tanzlokal, beliebt bei *gaijin.* 18–5 Uhr, Violet Bldg. B1, 1-15-17 Shibuya, Tel. 3499-1340.
●**D-Zone,** nette DJs, Sa Live-Musik. 18–24 Uhr, 5-17-6 Jingûmae, Tel. 3407-6845.
●**Air,** einer der angesagtesten Clubs in der Stadt mit House und Techno Events, wenn international bekannte DJs auflegen; dazu gehört das Lokal Frames. Wechselnde Öffnungszeiten, Hikawa Bldg., 2-11 Sarugakucho (JR/U: Shibuya oder Daikanyama), Tel. 5784-3386, www.air-tokyo.com.
●**Club Pure,** beliebt unter Expats und Japanerinnen, die auf Ausländer stehen, gespielt wird meist Hip-Hop und R&B, hier kann man preiswert trinken. Do–Sa und vor F 19–5 Uhr, F3, 32-7 Udagawacho, Tel. 3477-7077.
●**JZ Brat,** guter Jazzclub, bietet aber auch Folk und Electronic, Mo–Sa ab 18 Uhr, Tel. 5728-0168, www.jzbrat.com, F2 Cerulean Tower Tokyû Hotel, 26-1Sakuragaokachô.
●**La Mama,** lokale Acts, ab 2000 ¥, ab 18 Uhr, Tel. 3464-0801, www.lamama.net, B1 Primera Dogenzaka Bldg. 1-15-3 Dôgenzaka.
●**Shibuya O-East,** seit langem beliebt, daher vorher reservieren, elektronische Live-Acts, ab 2500 ¥, ab 19 Uhr, Tel. 5458-4681, www.shibuya-o.com, 2-14-8 Dôgenzaka.
●**Shibuya O-West,** mehr J-Pop und Punkrock, gegenüber O-East, Tel. 5784-7088, 2-3 Maruyamachô.

Stadtteile

●**Unit,** geräumiger Club, einer der angesagtesten Adressen in der Musik- und Tanzszene auf drei Ebenen. Wechselnde Öffnungszeiten, B1-3 Za House Bldg., 1-34-17 Ebisu Nishi (U: Daikanyama oder Naka-Meguro), Tel. 3464-1012, www.unit-tokyo.com.

●**Womb,** Riesentanzfläche, Top DJs und Sound. Wechselnde Öffnungszeiten, 2-16 Maruyamacho, Tel. 5459-0039.

Bars

●**Billboard,** Blues- und Rock-Klassiker, angenehme Pub-Atmosphäre, ab 1000 ¥. So–Do 11–23.30 Uhr, Fr u. Sa bis 1 Uhr, Edoya Bldg. B1, 25-1 Udagawachô, Tel. 3464-9208 .

●**Dr. Jeekahns,** futuristischer Spiel-/Clubpalast für Erwachsene (**Harlem, Pylon,** www.harlem.co.jp, club-pylon.com), ab 2000 ¥, Mo–Fr 18–24 Uhr, Sa bis 24 Uhr, So 13–23 Uhr, 2-4 Maruyamachô, Tel. 3476-7811.

●**Wood & Stone,** DJ Bar im 1. Stock von Dr. Jeekhan's, jedes Getränk/Gericht 500 ¥. Tel. 3476-7819.

●**Loop,** klein und gemütlich, 2500 ¥ (inkl. 2 Getränke). 2-1-13 Shibuya, Tel. 3797-9933.

●**NFL Experience,** für Football-Fans, gesundes Essen, Bier, Cocktails und Sportgetränke, manchmal Live-Reggae, ab 1000 ¥. 11–4 Uhr, Tokyu Shibuya Beam Bldg. B1, 31-2 Udagawachô, Tel. 5458-4486.

●**Belgo,** mehr als 100 belgische Biere. Mo–Sa 17.30–2 Uhr, B1 3-18-7 Shibuya, Tel. 3409-4442, 17.30–2 Uhr, So geschl., www.eurobeer.net/belgo.

●**Biscafe,** belgisches Pub mit leckerem Essen und großer Auswahl an belgischen Bieren vom Fass; B1 Yagi Bldg., 3-6-18 Shibuya, Tel. 5774-7972, Mo–Sa 11.30–1 Uhr, So u. F 17–24 Uhr, 3. So im Monat geschl.

●**Pink Cow,** immer etwas los, beliebt das Fr/Sa-Büffet für 2625 ¥, ab 17 Uhr, Tel. 3406-5597, www.thepinkcow.com, B1 Villa Moderna 1-3-18 Shibuya.

Unterkunft

●**Shibuya Tôbu (8),** ¥¥, gute Lage, 197 Zimmer, ab 12.000 ¥. 3-1 Udagawachô (Shibuya), Tel. 3476-0111, Fax -0903.

●**Shibuya Tôkyû Inn (25),** ¥¥, gute Lage, 224 Zimmer. 1-24-10 Shibuya, Tel. 3476-4891, Fax 3498-0189.

●**Shibuya Crest Hotel,** ¥¥, 53 Zimmer, ab 15.000 ¥. 10-8 Kamiyamachô (JR Shibuya, 12 Min.), Tel. 3481-5800, Fax -5515.

●**Sunroute Shibuya,** ¥¥, ab 10.000 ¥. 1-11 Nanpeidai (Shibuya), Tel. 3464-6411, Fax -1678.

●**Hillport Hotel (22),** ¥¥, gute Lage in Shibuya, 73 Zimmer, ab 13.000 ¥, 23-19 Sakuragakachô (Shibuya), Tel. 3462-5171, Fax 3496-2066.

●**Hotel Mets Shibuya (22a),** ¥¥, direkt am Bahnhof gelegenes Hotel, kleine Zimmer, EZ ab 11.000 ¥, DZ 18.000 ¥, 3-29-17 Shibuya, Tel. 3409-0011, www.hotelmets.jp/shibuya.

Rund um den größten Bahnhof der Welt: Shinjuku (Shinjuku-ku)

Nördlich von Shibuya liegt Shinjuku, eines der größten **Vergnügungs- und Businesszentren** Tokyos, wobei beim Vergnügen das Hauptgewicht auf relativ preiswerter Unterhaltung liegt – was freilich nicht für jedes Angebot an nächtlichen Aktivitäten gilt.

Vor der Meiji-Zeit lag Shinjuku noch außerhalb der Stadtgrenzen, es gab dort preiswerte Unterkünfte und Bordelle. Shinjuku („neue Unterkünfte") war ein typisches Poststädtchen am Kôshu Kaidô, einer der von Edo ausgehenden Fernstraßen. Seit der Eröffnung des Bahnhofs Shinjuku im Jahre 1889 entwickelte sich die Gegend schnell zu einem Vergnügungviertel für die unteren Einkommensschichten. Seit 1932 gehört der Stadtteil zu Tokyo.

Die beiden Seiten des Bahnhofes sind vollkommen verschieden: auf der Westseite liegt die steril wirkende, geordnete Ansammlung von Wolkenkratzern auf den teuersten Grundstücken der Welt, mit dem monumentalen, vom berühmten japanischen Architekten *Tange Kenzô* entworfenen Rathaus. Die Ostseite ist dagegen ein wenig chaotisch mit den engen Gassen des Vergnügungsviertels Kabukichô, dem Labyrinth der unterirdischen Einkaufspassagen, den Kaufhäusern, Läden, Lokalen und Kinos.

Der Bahnhof Shinjuku

Der Bahnhof ist der **größte des Landes** und der geschäftigste der Welt. Mehr als drei Millionen Menschen drängen sich täglich zu den Zügen. Werktags machen Berufstätige aus den Vororten und Studenten aus den nahe gelegenen Universitäten den Hauptanteil der Reisenden aus, am Wochenende sind es eher Ausflügler, die beispielsweise in die Berge des Chichibu-Tama-Nationalparks, Richtung Fuji-san oder darüber hinaus fahren.

Der Bahnhof liegt an den Linien **Yamanote, Chûô, Saikyô, Seibu-Ikebukuro, Odakyû** und **Keiô Shin-sen** (New Line). Auch die 4 U-Bahn-Linien Fukutoshin, Marunouchi Toei Oedo und Toei Shinjuku haben hier einen Haltepunkt.

Wer hier einmal die berüchtigte **Rush Hour** erleben will, sollte zwischen 7.45 und 8.30 zu den Gleisen 11 (Sôbu-Linie) und 12 (Yamanote-Linie) gehen!

Orientierung

Die Orientierung auf dem Bahnhofsgelände ist zwar nicht einfach, aber die zahlreichen Schilder sind zweisprachig, und irgendwie oder irgendwann erreicht man sein Ziel, solange man weiß, zu welcher Linie oder welchem Ausgang (West, Ost oder Süd) man gehen will.

Der separate Bahnhof der **Seibu-Shinjuku-Linie** liegt auf der Ostseite, einige hundert Meter nördlich des mittleren Ausganges.

Der Bahnhof der **Odakyû-Linie** liegt ebenfalls außerhalb des Hauptgebäudes auf der Westseite. Gleich dahinter liegt der Bahnhof der **Keiô Shinsen** (New Line). Beide sind mit dem Hauptgebäude verbunden.

Die **U-Bahnstation Shinjuku** der Marunouchi-Linie liegt nördlich, diejenige der Toei-Shinjuku-Linie südlich des Hauptgebäudes. Zugang zur Toei Oedo Line hat man in Shinjuku Nishi-guchi (W-Ausg.), und Tochômae (Rathaus), zur Fukutoshin in Shinjuku-san-chome an der Ostseite.

Gleise im Bahnhof Shinjuku:
- **1–2:** Saikyô-Linie
- **3–4:** N'EX (Narita Express), Chûô-Linie Richtung Matsumoto, ggf. auch Nagano
- **5–6:** Chûô-Linie nach Yotsuya, Ichigaya, Iidabashi, Suidobashi, Ochanomizu, Akihabara bzw. Tokyo
- **12–13:** JR Yamanote-Ringlinie

Westlich des Bahnhofs

Die Westseite (*nishi-guchi*) des Bahnhofs gehört den **18 Wolkenkratzern** Shinjukus. Eine lange Untergrundpas-

Stadtteile

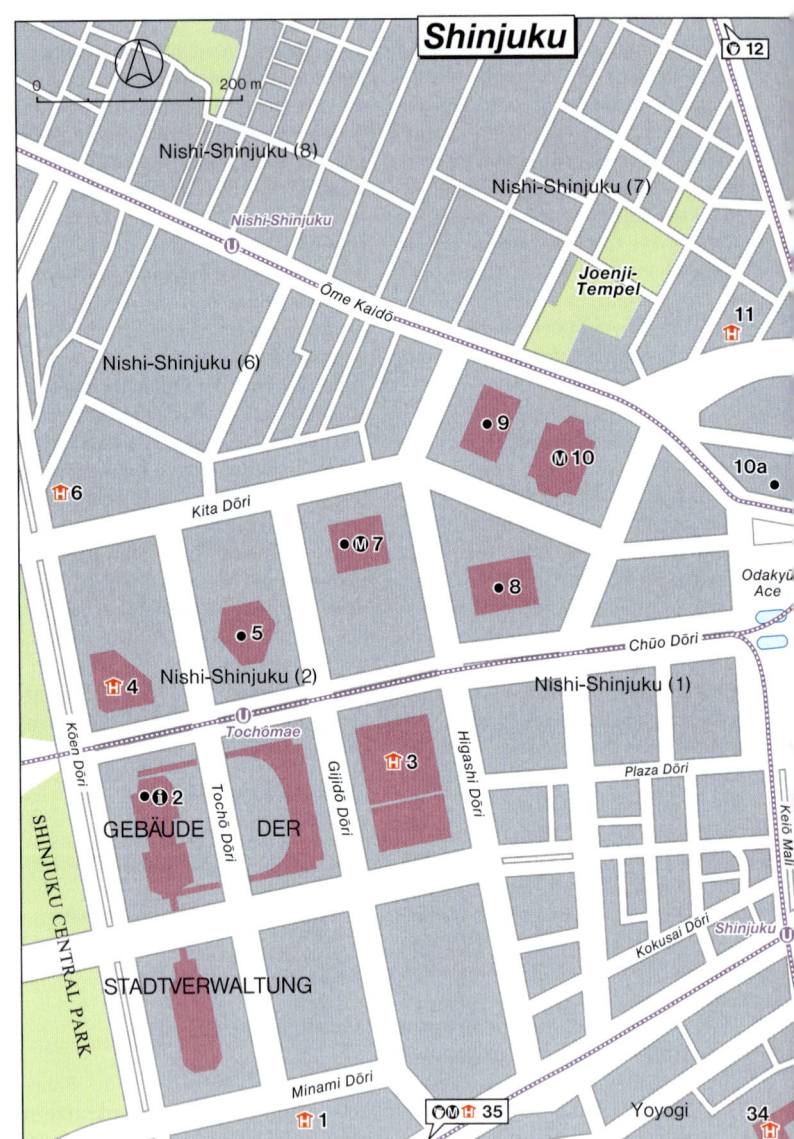

Shinjuku

🕐 12

Nishi-Shinjuku (8)

Nishi-Shinjuku (7)

Nishi-Shinjuku Ⓤ

Ōme Kaidō

Joenji-Tempel

🏥 11

Nishi-Shinjuku (6)

● 9

Ⓜ 10

10a

🏥 6

Kita Dōri

● Ⓜ 7

● 8

Odakyū Ace

● 5

Chūo Dōri

Nishi-Shinjuku (2)

Nishi-Shinjuku (1)

🏥 4

Ⓤ *Tochōmae*

Keiō Mall

● ⓘ 2

🏥 3

Plaza Dōri

Shinjuku

GEBÄUDE DER

Tochō Dōri

Gijidō Dōri

Higashi Dōri

SHINJUKU CENTRAL PARK

Kōen Dōri

STADTVERWALTUNG

Kokusai Dōri

Shinjuku Ⓤ

Minami Dōri

🏥 1

🕐Ⓜ🏥 35

Yoyogi

34 🏥

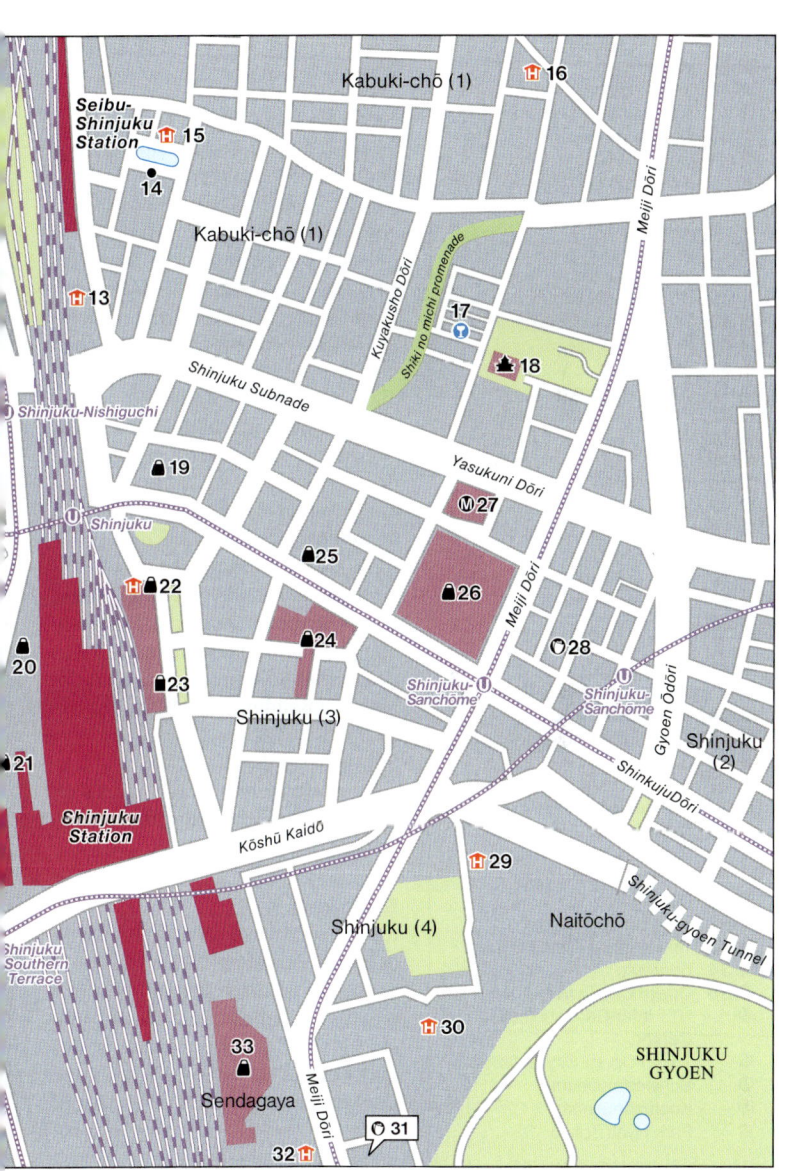

Kabuki-chō (1)

🏨 16

Seibu-Shinjuku Station

🏨 15

14

Kabuki-chō (1)

🏨 13

Kuyakusho Dōri

Shiki no michi promenade

Meiji Dōri

17

🏯 18

Shinjuku Subnade

Shinjuku-Nishiguchi

Yasukuni Dōri

19

Ⓜ 27

Shinjuku

25

🏨 22

26

20

24

28

23

Shinjuku (3)

Shinjuku-Sanchōme

Shinjuku-Sanchōme

Gyoen Ōdōri

Shinjuku (2)

21

ShinkujuDōri

Shinjuku Station

Kōshū Kaidō

🏨 29

Shinjuku-gyoen Tunnel

Shinjuku Southern Terrace

Shinjuku (4)

Naitōchō

🏨 30

33

Meiji Dōri

Sendagaya

🏨 31

SHINJUKU GYOEN

32 🏨

sage unter der Chûo-dôri führt direkt dorthin.

Neues Rathaus Tochô (2)

Am Rande dieses Ensembles liegt der höchste und attraktivste von allen, das an eine Riesenkathedrale erinnernde **neue Rathaus** (Tokyo Metropolitan Government, Tochô), von *Kenzo Tange* erbaut und 1991 eingeweiht. Es war kurzzeitig mit 243 m das höchste Gebäude Japans. Diesen Rang hält nun der Landmark Tower in Yokohama. Ein Besuch des Rathauses, in dem über **13.000 Angestellte und Beamte** Dienst tun, lohnt allein schon wegen der interessanten Aussicht von einem der Türme. In den **45. Stock** kann man **kostenlos hinauffahren,** eine preiswerte Cafeteria liegt im 32. Stock.

Es gibt noch andere **Wolkenkratzer mit kostenloser Aussicht,** vor allem abends: **Sumitomo Building (5,** F 51), das **Center Building (8,** F 53) und das **Nomura Building (9,** F 49).

Shinjuku Central Park

Direkt westlich der Hochhäuser liegt der kleine, beliebte Park, mit Kumano-Schrein und Mini-Museum.

Kaufhäuser

Die Westseite des Bahnhofs wurde erst seit Ende der 1960er Jahre entwickelt und wirkt recht steril. Dennoch gibt es im Bahnhof auf dieser Seite zwei große Kaufhäuser: **Odakyû (20)** und **Keiô (21),** die jeweils am Ende der gleichnamigen Bahnlinien liegen. Auch sonst belebt sich diese Seite zunehmend. Beliebt ist der neue, südlich

277to Foto: ml

von Keiô angelegte Promenadenweg **Shinjuku Southern Terrace** zum Odakyû Southern Tower.

Ausstellungen

Wer sich für Innovationen rund um Badezimmer und Toilette (man denke an die berühmt-berüchtigten *washlets*) interessiert, kann sich in F26/27 im **L Tower** kostenlos im **Toto Super Space** umsehen und die Produkte ausprobieren. Freunde der Fotografie finden **Fotoausstellungen** und neueste Entwicklungen bei Pentax im **Pentax Forum** (**7,** 10.30–18.30 Uhr, Mitsui Bldg., 2-1-1 Nishi-Shinjuku, Tel. 3384-2941).

Rathaus

In der Zentrale des Versicherungskonzerns Yasuda befinden sich im eigenen Museum **Yasuda Kasai Bijutsukan (10)** einige berühmte **Werke des Impressionismus,** darunter die „Sonnenblumen" *van Goghs,* ersteigert für 24,7 Millionen Pfund (9.30–17 Uhr, So/F/Mo geschl., 500 ¥).

Sehenswert ist auch das **NTT Inter-Communication Center (35),** ein der multimedialen Kunst gewidmetes interaktives Museum der Zukunft (Di–So 10–18, Fr 10–21 Uhr, Erw. 800 ¥, Tokyo Opera City Tower F4, 3-20-2 Nishi-Shinjuku, U: Hatsudai, Tel. 5353-0800, www.ntticc.or.jp).

Die **Tokyo Opera City Gallery (35)** ist eine Kunsthalle mit Wechselausstellungen (Di–So 12–20 Uhr, Erw. 800 ¥, Senioren frei, F 3-4 Tokyo Opera City Tower, Bhf. Hatsudai, Keio New Line, Tel. 5353-0756).

Nahe dem Kaufhaus Odakyu Halc befindet sich die **Hakubi Kyoto Kimono Schule (10a),** in der Damen in 90 Minuten kostenlos eine Lektion im Anziehen und Tragen von Kimonos erhalten können (nur auf Japanisch, Kamera erlaubt, vorher anmelden).

Kostümmuseum (35)

Einige Minuten nordwestlich vom Bahnhof Minami-Shinjuku (der nächsten Station der Odakyû-Linie) befindet sich das der berühmtesten Modeschule Japans angeschlossene Bunka-Kostüm-Museum (Bunka Gakuen Fukushoku Hakubutsukan), das nicht nur für Freunde der Mode interessant ist (10–16.30 Uhr, So/F geschl., 400 ¥, auch erreichbar vom Shinjuku Südausgang).

Stadtteile

278to Foto: ml

Feuermuseum

Im Feuerwehrgebäude direkt am U-Bhf. Ecke Shinjuku/Gaien Higashidori befindet sich das den vielen Bränden Edos und Tokyos gewidmete Museum (Di–So 9.30–17 Uhr, 3-10 Yotsuya, JR Yotsuya-Sanchome, Tel. 3353-9119).

Globe Theatre (12)

Nördlich von Shinjuku, nahe Ôkubo oder Takadanobaba, liegt ein moderner, aber äußerlich fast authentischer **Nachbau von Bards Globe Theatre.** Die japanische Kopie ist jedoch überdacht (3-1-2-Hyakuninchô, JR Ôkubo, Chûô-Linie bzw. Shin-Ôkubo, Yamanote-Linie, Tel. 3360-1121).

Östlich des Bahnhofs

Der Ostausgang ist an der gegenüber dem Bahnhofsvorplatz ins Auge fallenden Bildwand des Studio-Alta-Gebäudes zu erkennen, ein beliebter Treffpunkt. Die **großen Kaufhäuser Isetan (26)** und **Mitsukoshi (24)** befinden sich ein Stück östlich. Die schon lange bestehende, unterirdische Einkaufspassage zu diesen Kaufhäusern wurde in den letzten Jahren sehr attraktiv ausgebaut.

Unmittelbar vor dem **New South Entrance** (neuer Süd-Ausg.) des Bahnhofs beginnt der **Takashimaya Times Square (33)** mit riesiger Filiale des Traditionskaufhauses, daran anschließend eine Filiale von **Tokyu Hands** (für Bastler), einer von zwei großen Filialen von **Kinokuniya** (Bücher, **25**) und dem **Shinjuku Park Hotel.**

Schwertmuseum (35)

Etwas weiter im Süden nahe Sangubashi an der Odakyû-Linie liegt das sehenswerte Japanische Schwertmuseum (Tôken Hakubutsukan) mit alten und neuen Schwertern bekannter Schwertschmiede (9–16 Uhr, Mo geschlossen, 515 ¥, 4-25-10 Yoyogi, Sangubashi, Ôdakyû-Linie bzw. Hatsudai, Keiô New Line, Tel. 3379-1386).

Hochhäuser in Shinjuku

Shinjuku-Gyoen-Park

Der Charakter der Ostseite (Higashi-guchi) ist ganz anders als der der Westseite. Hier tobt das **Nachtleben.** Zentrum des von der Yakuza kontrollierten, sexorientierten Vergnügens ist **Kabuki-chô** (das einst geplante Kabuki-Theater wurde nie gebaut). Es gibt einschlägige Cafés, Strip-Bars und Sex-Shows und -Clubs, zu denen *gaijin* grundsätzlich keinen Zutritt haben, aber auch Kinos, das Koma-Theater, wo volkstümliche japanische Stücke gespielt werden, Tausende von Lokalen und mehrere Discos. Nördlich schließen sich Love Hotels an.

Die **Goruden Gai,** ein heruntergekommener Straßenzug, ist voll von winzigen Bars und war lange Zeit beliebt bei Schriftstellern, Künstlern und Regisseuren. Erst abends füllen sich die Straßen und Kneipen des Viertels, das nur einen Steinwurf nordwestlich des Hanazono-Schreins (s.u.) liegt. Im Stadtteil Shinjuku 2-chôme gibt es übrigens **250 Homosexuellen-Bars.**

Park Shinjuku Gyoen

Ein Stück südöstlich vom Bahnhof, zu Fuß in einer Viertelstunde zu erreichen, erstreckt sich der sehr sehenswerte Park Shinjuku Gyoen, der einen westlichen (englischen) und japanischen Teil besitzt. Lohnend ist auch ein Besuch der **Orchideen** im Gewächshaus. Der Park ist besonders beliebt zur Zeit der Kirschblüte und zur Chrysanthemen-Zeit im Herbst (9–16 Uhr, Mo geschl., 160 ¥, 11 Naitôchô, U: Shinjuku-gyoen-mae, Marunouchi-Linie, Tel. 3350-0151, www.env.go.jp/ garden/shinjukugyoen/english/index. html).

Stadtteile

2790 Foto: ml

Vom Bahnhof zum Park

Den Weg zum Park kann man mit einem kleinen Bummel durch die Ostseite von Shinjuku verbinden. Man geht vom Ostausgang (er liegt an der Bildwand des Modekaufhauses Studio Alta) nach links und dann ein Stück die unterirdische **Einkaufspassage Subnade** entlang, lässt das Vergnügungsviertel Kabukichô, das erst abends richtig erwacht, links liegen und kommt am Beginn der langen Yasukuni-dôri heraus.

Im **Kaufhaus Isetan (26)** gibt es, wie in vielen anderen Kaufhäusern auch, etwas Kultur: das **Isetan Art Museum (27,** an der Rückseite). Gegenüber der Meiji-dôri hinter dem Kino Scala-za befindet sich das **Varieté-theater Suehiro-tei** (s.u.).

Man kann aber vor dem Kaufhaus auch einen kleinen Schlenker machen und sich links in die begrünte **Shiki-no-michi-Promenade** (am Ende befindet sich das Barviertel „Golden Gai", **17)** begeben und den **Schrein Hanazono-jinja (18)** aufsuchen, an dem im November ein Markt für Neujahrsdekoration (Kumade, „Bärentatzen") und ein sonntäglicher Flohmarkt (8–16 Uhr) stattfindet.

Ihn verlässt man am Ausgang zur Meiji-dôri, hält sich dort rechts, überquert dann die Yasukuni-dôri, hält sich auf der anderen Seite etwas links und biegt rechts in die zweite Gasse ein, die zum **Varietétheater Suehiro-tei (28)** führt, das für seine traditionellen Geschichtenerzähler bekannt ist.

Wenn man links in die **Einkaufsstraße Shinjuku-dôri** einbiegt, kann man einen Abstecher zum **Taisoji** machen. Der 1668 erbaute Tempel beherbergt Tokyos größte Holzstatue von Yama, dem Todesgott (U: Shinjuku-sanchô-me, Toei-Shinjuku-Linie). Von dort ist es nur ein kurzes Stück nach Süden zum Park Shinjuku-Gyoen. Oder Sie gehen die Shinjuku-dôri, die ebenfalls mit einer unterirdischen Passage versehen und mit der **Shinjuku Subnade** (*Underground Shopping Complex*) verbundenen ist, zurück zu den östlich des Bahnhofs gelegenen Kaufhäusern Mitsukoshi, Isetan, My City, Marui City (Logo: *OIOI*) u.a., sowie einer weiteren Filiale vom Bücherriesen *Kinokuniya*.

Staatliches Nô-Theater (31)

Etwas südwestlich des JR-Bahnhofs Sendagaya, der nahe dem Eingang zum westlichen Teil des Parks liegt, befindet sich das staatliche Nô-Theater (Kokuritsu nô raku-dô).

● **Shinjuku Grand Festival,** jedes Jahr vom 1. Oktober bis zum 3. November.

Westliche Vororte von Shinjuku

Um mehrere an der Chûô- und Oda-kyû-Linie gelegene Bahnhöfe herum in dem Gebiet westlich von Shinjuku haben sich attraktive, gediegene **Zentren für Einkaufen, Speisen und Kultur** entwickelt, die dem gehobenen Niveau der dort gelegenen Wohnviertel Rechnung tragen.

Seijo und Shimo-Kitazawa

Ein gehobenes Wohnviertel, insbesondere in der Umgebung des Bahn-

Stadtteile

hofs Seijo Gaku-en an der Odakyû-Linie. Leute aus Politik, Finanzwesen, aber auch Kultur und Unterhaltung wohnen hier. Die Seijo-Universität liegt gleich in der Nähe. Lebendiger ist jedoch das benachbarte Viertel Shimo-Kitazawa mit einer großen Auswahl an Läden, Restaurants und Bars. Erwähnenswert ist auch das **Honda-Theater** (siehe auch „Shibuya").

Nakano, Kôenji und Asagaya

Diese drei an der Chûô-Linie gelegenen benachbarten Vororte sind seit Bestehen der Eisenbahnverbindung beliebt. In **Nakano** wird es schon eng, aber um den Bahnhof herum hat sich eine aktive Kulturszene entwickelt (All Japan Working Youth Hall, Nakano Sun Plaza Hall u.a.).

Das benachbarte **Kôenji** ist ein Wohnviertel, bekannt für seine sieben am Ende der Meiji-Zeit hierher verlegten Tempel und das Ende August stattfindende Fest „Kôenji Awa Odori", zu dem stets Hunderttausende kommen.

Asagaya war früher beliebt bei jungen Schriftstellern. Fern vom Sumo-viertel Ryôgoku hat sich hier ein großer Sumo-„Stall" niedergelassen.

Maler im Shinjuku-Gyoen-Park

Ogikubo, Nishi-Ogikubo, Ôkubo

Größere Kaufhäuser geben der Umgebung des Bahnhofs Ogikubo, ebenfalls an der Chûô-Linie, einen großstädtischen Charakter. Nishi-Ogikubo ist bekannt für **Antiquitätengeschäfte;** ansonsten sind beide Orte in erster Linie Wohnviertel. Gleich hinter Shinjuku in Ôkubo befinden sich Tokyos Koreatown und eine Nachbildung des Shakespeare Globe Theatre.

Kichijôji

Auch die Umgebung dieses Bahnhofs hat sich durch eine Reihe großer Kaufhäuser und sonstiger Geschäfte zu einem belebten örtlichen Zentrum entwickelt. Südlich des Bahnhofs erstreckt sich der **Inokashira-Park,** östlich liegen mehrere Universitäten. Der Name leitet sich ab von einem Tempelbezirk in Kanda, von dem die Leute nach dem großen Meireki-Feuer im Jahre 1657 hierhergezogen waren.

Kunitachi, Tachikawa und Hachiôji

Kunitachi ist mit mehreren Universitäten eine Stadt der Forschung und Wissenschaft geworden. **Tachikawa** lebte früher von den dort stationierten US-Truppen. Hier wurde der große Showa Memorial Park angelegt.

Hachiôji war lange die „Hauptstadt der Maulbeerbäume", entsprechend war die Stadt bekannt für ihre Seidenstoffe und andere Textilien. Es gibt neben zahlreichen Tempeln, Schreinen, einigen Burgruinen und anderen Zeugnissen der Vergangenheit nunmehr einige Universitäten, die aus dem Zentrum hierher verlegt wurden.

Die Berge liegen praktisch vor der Haustür.

Einkaufen

Neben den **großen Kaufhäusern** Odakyû und Keiô (auf der Westseite), Takashimaya Times Square (im Süden, größtes Kaufhaus Japans) sowie Isetan, Mitsukoshi und dem fünfteiligen Marui (auf der Ostseite) gibt es noch das Einkaufszentrum im Bahnhof, das My City **(22/23)** heißt, außerdem Modehäuser wie Studio Alta **(19).** Am meisten Lärm machen freilich die Kaufhäuser für Kameras, Kleinelektronik, Computer und Haushaltselektronik: Yodobashi, Bic Camera und Sakuraya.

Westseite

●**Bic Camera** hat sich mittlerweile zum Marktführer bei Kamera- und Elektronik-Discount gemausert. Seit März 2010 ist auch **Sakuraya,** der kleinste der drei großen Discounter von Bic Camera übernommen worden (auch in Ikebukuro, Akahabara und vor allem in Yurakucho), 10–21 Uhr, 1-5-1 Nishi-Shinjuku, Tel. 5326-1111.

●**Yodobashi,** einer der beiden größten Kamera- und Elektronikdiscounter, Hauptgeschäft jetzt in Akihabara, 9.30–21.30 Uhr, 1-11-1 Nishi-Shinjuku, Tel. 3346-1010.

●**Keiô, Odakyû** (16 Etagen!), Kaufhäuser mit guter Modeabteilung (und üppiger Auswahl an Größen), verbunden mit ihren eigenen Bahnlinien.

●**Ten/Big Shoes Collection,** 10–19 Uhr, Maskin Bldg. F1, 7-8-13 Nishi-Shinjuku, Tel. 3369-7511.

Ostseite

●**Kinokuniya,** eines der größten Bücherkaufhäuser Tokyos mit über 20.000 englisch- und anderen fremdsprachigen Büchern in F6.; 10–19 Uhr, 3. Mi geschl., 3-17-7 Shinjuku (Shinjuku Ostausg., U: Shinjuku-sanchôme, Ausg. B7, B8), Tel. 3354-0131.

●**Takashimaya,** eindrucksvoller moderner Einkaufspalast, am neuen S-Ausgang, größtes Kaufhaus Japans, im selben Komplex das Lifestyle- und Bastlerkaufhaus **Tokyu Hands;** 5-24-2 Sendagaya, Tel. 5361-1111, So–Fr 10–20 Uhr, Sa 10–20.30 Uhr.

●**Isetan,** größtes Kaufhaus in Shinjuku. Mi geschl., Tel. 3352-1111, im *i-club* (F7) kann man kostenlos englischsprechendes Verkaufspersonal zur Begleitung anheuern.

●**Miyama Shôkai,** Fotoladen für Profis, auch Secondhand. 10.30–20 Uhr, 3-32-8 Shinjuku, Tel. 3356-1841.

●**Bingoya,** berühmtes Geschäft für Volkskunst aus ganz Japan. 10–19 Uhr, Shokuandôri, 10-6 Wakamatsuchô (U: Waseda, Tôzai-Linie), Tel. 3202-8778.

●**Beams,** erfolgreiches Label für Mode und Lifestyle auf 7 Etagen, 11–20 Uhr, Tel. 5386-7300, 3-32-6 Shinjuku, www.beams.co.jp (JR Shinjuku, S-Ausg. Bingoya).

●**Disk Union,** Shinjuku-Filiale mit 7 Stockwerken CDs, auch gebraucht, 11–21 Uhr (So bis 20 Uhr), Tel. 3352-2691, 3-31-4 Shinjuku, http://diskunion.net (JR Shinjuku, O-Ausgang).

●**Don Quijote,** preiswerte Produkte, auch Lebensmittel, Spielzeug, Kleidung, Sportgeräte, zahlreiche Filialen, der Ableger in Shinjuku hat 24 Std. geöffnet, 1-16-5 Kabukichô, Tel. 5291-9211, www.donki.com (JR Shinjuku, O-Ausgang).

●**L-Breath,** neun Stockwerke voller Reise-, Camping-, und Outdoorausrüstung. Mo–Sa 10.30–20.30 Uhr, So/F 10.30–20 Uhr, 4-1-11 Shinjuku, Tel. 3354-8951.

●**Marui,** 6 Modekaufhäuser dieses Namens vor allem für junge Leute (nahe O-Ausgang), täglich 11–21 Uhr (So/F bis 20.30 Uhr).

●**Sekaido,** Künstlerbedarf, 9.30–21 Uhr, Tel. 5379-1111, 3-1-1 Shinjuku (U: Shinjuku-san-chôme, Ausgang C1).

●**Flohmarkt Shinjuku Hanazono-Jinja,** 2., 3. So ganztags, hinter Isetan (U: Shinjuku-san-chôme), Tel. 3402-2181.

Essen

Japanisch

●**Amon,** ¥, Seafood: Hokkaidô, chinesisch, europäisch, asiatisch ab ca. 1000 ¥, Amon-

Brot 300 ¥. 17–23 Uhr, 3-37-12 Shinjuku (Shinjuku Ostausg.), Tel. 5269-0033.

●**Aotsuyu,** ¥¥, klein, aber meisterhafte japanische Menüs, dazu Spitzen-Sake, besser reservieren, Rashômon Sake 8000 ¥, Menü 8000 ¥. 17–23.30 Uhr, Sa, So u. F geschl., 1-1-5 Kabukichô (nahe Golden Gai, Shinjuku Ostausg.), Tel. 3205-1638.

●**Cafeteria** in der **Tokyo City Hall,** ¥, Tochô, in F32, sehr preiswert und gute Aussicht. 10–17 Uhr, Lunch 11.30–14 Uhr.

●**Central Park,** ¥, 1000 Plätze, 140 Gerichte, ab 300 ¥, Ishi-yaki (Steingrill), Steak 880 ¥. 17–23 Uhr, Sa/So 15–23 Uhr, neben Koma-Theater in Kabukichô, Tôhô-Kaikan 5F (U: Seibu-Shinjuku), Tel. 3200-6588.

●**Chirinbo,** ¥, Izakaya, Knoblauchkroketten 800 ¥, Fischgratin 850 ¥. 17–5 Uhr, nahe Suehiro-tei, 3-8-7 Shinjuku (Shinjuku Ostausg.), Tel. 3350-6945.

●**Ibuki,** ¥¥, beliebtes Restaurant für Sukiyaki und Shabu-shabu, engl. Menü, 17–23.30 Uhr, Tel. 3352-4787, 3-23-6 Shinjuku (U: Shinjuku, Ausg. Kabukicho).

●**Kaki-den,** ¥¥, Mini-Kaiseki: 18 winzige, jedoch exquisite Gerichte, im beliebten Treffpunkt des Teeschul-Restaurants, wo Schülerinnen der Teezeremonie bedienen; am Schluss *matcha,* der Tee der Zeremonie; Koto-Musik zwischen 18 und 20 Uhr, 6000 ¥. 11–21 Uhr, Yasuyo Bldg. F8, 3-37-11 Shinjuku (Shinjuku Ostausg.), Tel. 3352-5121.

●**Keika Kumamoto Râmen,** ¥, Kyushu tonkotsu (Schweinebrühe) Râmen, 11–23 Uhr, Tel. 3354-4591, 3-7-2 Shinjuku (U: Shinjuku-san-chôme, Ausg. C4).

●**Kinkatei,** ¥, Sôba seit 200 Jahren, Mo–Sa 19–4 Uhr, Tel. 3356-6556, 2-17-1 Shinjuku (U: Shinjuku-san-chôme, Ausg. C7).

●**Kitchen Shunju,** ¥¥, moderne japanische Küche, geradlinig, Zutaten der jeweiligen Jahreszeit, herausragendes Lokaldesign von *Takeshi Sugimoto,* u.a. Küche hinter Glas. Tgl. 11–15 u.17–23.30 Uhr, F8 My City, 3-38-1 Shinjuku, Tel. 5369-0377.

●**Niimura,** ¥¥, preiswertes Shabu-Shabu, gute Portionen, ab 2300 ¥. 11–3 Uhr, 1-14-3 Kabukichô (Shinjuku Ostausg.), Tel. 3205-2200.

●**Sakura Suisan,** ¥, Lokalkette, bekannt für preiswertes Essen, pro Gericht 200–400 ¥.

Stadtteile

Tgl. 11–14 u. 16–23.30 Uhr, B1 Keitatsu Bldg., 8-4-5 Nishi-Shinjuku, Tel. 5330-3261.

● **Shunkan**, ¥-¥¥¥, stilvoller zweigeschossiger Restaurantkomplex oberhalb des Kaufhauses My City, japanische und Thai-Küche, ein Wolfgang-Puck-Café u.a. F7/8 My City, 3-38-1 Shinjuku, Tel. 3352-8421.

● **Taruichi**, ¥, eines der besten Izakaya der Stadt im Herzen Kabukichôs. Mo–Sa 17–23 Uhr, F5 Dai-ichi Asagawa Bldg., 1-17-12 Kabukichô, Tel. 3208-9772, www.taruichi.co.jp.

● **Tsunahachi**, ¥/¥¥, größte Tempura-Kette in Japan, dies ist das „Mutter"-Lokal, sehr beliebt und lebhaft; Tempura Teishoku 1100 ¥, 8er Set ab 2000 ¥. 11.30–22.30 Uhr, 3-31-8 Shinjuku (Shinjuku Ostausg.), Tel. 3352-1012.

● **Yukun Sakagura**, freundliches Kyushu-Nomiya, gute Lunchmenüs, Mo–Sa 11.30–13.45 Uhr, abends deutlich teurer, 3-26 Arakichô (U: Yotsuya-sanchome), Tel. 3356-3351; auch in anderen Stadtteilen vertreten.

Chinesisch

● **Setsu-en**, ¥¥, seltenes Lokale mit Hunan-Küche (ähnlich wie Szechuan, aber milder gewürzt); Huhn, Ente, Frosch u.a. Mo–Sa 11.30–14 und 17.30–22 Uhr, 3-8-9 Shinjuku (Shinjuku Ostausg.), Tel. 3354-4028.

● **Tainan Ta Mi**, ¥/¥¥, authentische taiwanesische Küche, gute Nudeln, alles vom Schwein, sehr preiswert, meist voll. Mo–Fr 11.30–15 und 17–4 Uhr, Sa/So/F 11.30–4 Uhr, Juban Bldg. 1F, 2-45-1 Kabukichô (Seibu-Shinjuku), Tel. 3232-8839.

● **Tokyo Daihanten**, ¥/¥¥, Japans größtes chinesisches Restaurant über sechs Stockwerke: Szechuan, Peking; am beliebtesten: kantonesisches Dim Sum Brunch am Sonntag in F3. 11–22 Uhr, 5-17-13 Shinjuku (Shinjuku Ostausg.), Tel. 3202-0121.

● **Tokyo Kaisen Market**, ¥/¥¥, Seafood-Markt und -Restaurant à la Hong Kong oder Bangkok. 2-36-1 Kabukichô (Shinjuku Ostausg.), Tel. 5273-8301.

Mongolisch

● **Chinggis Han**, ¥¥, verrücktes mongolisches Lokal nach Art einer Jurtenparty, vor allem Fleischgerichte: 2 Std. essen und trinken für 3800 ¥, alle Gäste kleiden sich mongolisch, Chef *Sukhe* singt melodiös, männliche Gäste sind zum Ringkampf eingeladen, Mi–Mo 18–22.30 Uhr, Tel. 5937-5130, www.chinggis.jp. Asolti Shin-Okubo F3, Hyakuninchô 1-10-10 (JR Shin-Okubo).

Indisch

● **Taz Mahal**, ¥, besonders beliebt ist das Lunch-Buffet für unter 1000 ¥, große Auswahl an vegetarischen Gerichten, Lunch Box 500 ¥, abends gibt es ein Tandoori-Chicken-Set für 1575 ¥, angenehmes Dekor, freundliche Bedienung, gleich neben dem Bahnhof an der Westseite; Mirutosu Bldg., 1-4-19 Nishi-Shinjuku, Tel. 3343-1718, tägl. 11–23 Uhr (Lunch bis 16 Uhr).

Kambodschanisch

● **Angkor Wat**, ¥¥, groß, voll und laut, von kambodschanischen Flüchtlingen geführt; *omakase* (Empfehlung): die Bedienung sucht das Essen aus, pro Kopf etwa 3000 ¥, die meisten Gerichte ca. 1000 ¥. Mo–Sa 11–14 und 17–23 Uhr, So 17–23 Uhr, Jûken Bldg. 1F, 1-38-13 Yoyogi (JR Yoyogi), Tel. 3370-3019.

Koreanisch

● **Tokai-en** ¥/¥¥, im 6. Stock Buffet für 2250 ¥/90 Min. von 17–23 Uhr, Getränke-„Buffet" für 2000 ¥; beliebt seit über 20 Jahren, im 7./8. Stock separate Räume. Mo–Fr 17–23 Uhr, Wochenende 11–23 Uhr (Getränke werden unten bis 4 Uhr ausgeschenkt), 1-6-3 Kabukichô (Shinjuku Ostausgang), Tel. 3200-2934/2924.

● **Zenshu-tei**, ¥/¥¥, winziges, beliebtes BBQ-Lokal. 15–1 Uhr, Mo geschl., ACB Kaikan F1, 2-36-3 Kabukichô (Shinjuku Ostausgang).

Thai

● **Ban Thai**, ¥¥, authentisch mit Thai-Bedienung, zwischen 19 und 22 Uhr unbedingt reservieren, zuverlässige Küche, mittags weniger voll; besonders lecker: Krebs in Currysoße, Gerichte ca. 1500 ¥, Menü 3500 ¥. Mo–Fr 17–24 Uhr, Wochenende ab 11.30 Uhr, Dai-ichi Metro Bldg. F3, 1-23-14 Kabukichô (Shinjuku Ostausg.), Tel. 3207-0068.

●**Benjarong,** ¥/¥¥, günstiger Thai-Lunch 600 ¥ mit Kaffee. 11.30–14 Uhr, Abendessen 17.30–23 Uhr, So geschl., F nur abends, Miyata Bldg. F2, 1-4-12 Kabukichô (Shinjuku Ostausg.), Tel. 3209-7064.

●**Kao Keng,** winziges Thai-Lokal nach Art eines Essstandes. 16–5 Uhr, So/F geschl., 1-3-2 Kabukichô (Shinjuku Ostausg.), Tel. 3200-2932.

●**Siam,** ¥¥, nordostthailändische Spezialitäten, Menü ab 3500 ¥. 17–3 Uhr, Umemura Bldg. F2, 1-3-11 Kabukichô (Shinjuku Ostausg.), Tel. 3232-6300.

Vietnamesisch

●**Myun,** ¥/¥¥, Glasnudelsalat 800 ¥, rohe Frühlingsrolle 680 ¥, meist vietnamesische Gäste. 11–23 Uhr, YKB Shinjuku Gyoen Bldg. B1, 1-3-8 Shinjuku (Shinjuku Ostausg.), Tel. 5379-5240.

Afrikanisch

●**Kri-kri** (Kuri-Kuri), ¥¥, afrikanischer Touch, aber Gerichte aus aller Welt, Antiquitäten, Speisekarten in Kinderbüchern, ca. 5000 ¥. 17–24 Uhr, Di u. F geschl., 3-38-12 Yoyogi (Sangûbashi, Ôdakyu-Linie), Tel. 5388-9376.

Nordamerikanisch

●**Negishi,** ¥/¥¥, gute Beaf Stews, Zungenspez., gute Stimmung, Lunch: 700–1300 ¥, Abendessen ca. 2500 ¥. 11–22.30 Uhr, So bis 21.30 Uhr, 2-45-2 Kabukichô (Seibu Shinjuku), Tel. 3232-8020.

●**New York Grill,** ¥¥¥, berühmtes Steakrestaurant, beliebt der Sonntags-Brunch (5800 ¥), 11.30–24 Uhr, Tel. 5323-3458, Park Hyatt Tokyo, 3-7-1-2 Nishi-Shinjuku (U: Toei Oedo Line, Ausg. A4).

Deutsch

●**Wein-Kaffee Keitel,** ¥/¥¥, „typisch deutsch", immer voll, Reservierungen notwendig, vollgestopft mit Kitsch, aber gute Küche; Spezialität des deutschen Kochs sind Nachspeisen, Lunch 800 ¥, Gerichte ca. 1500 ¥, komplettes Abendessen ca. 5000 ¥. 12–16 und 18–22 Uhr, Mo geschl., 5-6-4 Shinjuku (U: Shinjuku-gyoen-mae), Tel. 3354-5057.

Französisch

●**Brasserie Chaya,** ¥¥, sehr gute Vorspeisen, professionell, geräumig, mit kleinem Garten und Karpfenteich, Lunch 2500 ¥, Abendessen 3500–6000 ¥. 11–21 Uhr, Mi geschl., Isetan F7, 3-14-1 Shinjuku (U: Shinjuku-sanchôme), Tel. 3357-0014.

●**Oventei,** ¥¥, gemütlich, kleines Menü für 1600 ¥. 11–21.30 Uhr, Abendessen ab 17 Uhr, Shinjuku Mylord Bldg. 9F, 1-1-3 Nishi-Shinjuku (Shinjuku), Tel. 3349-5851.

Italienisch

●**Capricciosa,** ¥, große Portionen zu kleinen Preisen in ungezwungener Umgebung kennzeichnen diese Kette mit mehreren Filialen in Shinjuku, die Tomaten kommen frisch aus Italien. Washington Hotel: 11.30–22 Uhr, B1 Shinjuku Washington Hotel, 3-2-9 Nishi-Shinjuku, Tel. 3343-3882; Island Tower: 11.30–22 Uhr, B1 Shinjuku Island Tower, 6-5-1 Nishi-Shinjuku, Tel. 3346-3746; Higashi-Guchi: 12–22.30 Uhr, B1 Musashino-kan Bldg., 3-27-10 Shinjuku-ku, (im Untergeschoss von Zara), Tel. 3341-6066, www.capricciosa.com.

●**Il Cipresso,** ¥¥, günstige Lage, vernünftige Preise, natürliche Zutaten, der Chef erfüllt auch Extrawünsche. 7-7-26 Nishi Shinjuku (Shinjuku Westausg.), Tel. 3227-0550.

Spanisch/Lateinamerikanisch

●**La Playa,** ¥¥, gute Tapas, kein Menü, ab 3000 ¥, dazu gute Riojas. 18–24 Uhr, So geschl., Dai-ni Kunihisa Bldg. F3, 3-10-11 Shinjuku (U: Shinjuku-sanchôme), Tel. 5379-0820.

●**Los Reyes Magos,** ¥/¥¥, nach Art eines Landgasthofs. 17.30–22.30 Uhr, 5-55-7 Yoyogi (Sangubashi, Ôdakyû-Linie), Tel. 3469-8231.

●**Rosita,** ¥¥, rustikale mexikanische Atmosphäre. Pegas-Kan Bldg. B1, 3-31-5 Shinjuku (Shinjuku Ostausg.), Tel. 3356-7538.

Schweizer Küche

●**Rosélean,** ¥¥, gute Portionen, preiswert, besonders beliebt: Brunch So/F. Shinjuku Center Bldg. F11, 1-25-1 Nishi-Shinjuku (Shinjuku Westausg.), Tel. 3344-5362.

Stadtteile

Russisch

- **Chaika,** ¥¥, Menüs ab 3700 ¥. 3. So geschl., Biggs Shinjuku Bldg. B2, 2-19-1 Shinjuku (Shinjuku Ostausg.), Tel. 3354-2677.

Gesunde Kost

- **Health Magic Fire Street,** ¥/¥¥, mageres BBQ-Fleisch, Pitta-Brot mit Füllungen. Dai-ni Suzuka Bldg. F1, F2, 1-28-2 Kabuki-chô, Tel. 3209-0585.

Cafés

- **Aprecio,** Manga Café, 24 Std. geöffnet, auch Billiard, Darts, Massage, etc., erste 30 Min. 300 ¥, alle weiteren 10 Min. 100 ¥, Tel. 3205-7336, B1 Hygeia Plaza, 2-44-1 Kabukicho.
- **Christon Café,** Inneres wie eine Kathedrale, internationale Küche. Di–So 17–5 Uhr, Mo 17–23 Uhr, F8 Oriental Wave, 5-17-13 Shinjuku, Tel. 5287-2426.
- **Danwashitsu Takizawa,** ¥/¥¥, äußerst entspannende, angenehme Atmosphäre. 9–21.30 Uhr, B1F, 3-35 Shinjuku, Tel. 3356-5661.
- **La Scala,** ¥, Antikmöbel, Kronleuchter, Spiegel und Plüschsessel bilden einen tollen Kabuki-chô, Tel. 3200-3320.

Discos

- **Automatix,** Techno, versch. DJs, 2000 ¥ inkl. 1 Getränk. 2-15-26 Shinjuku (Shinjuku Ostausg.), Tel. 3358-2256.
- **69,** Reggae Club, beliebt bei Afrikanern, gut gemischtes Publikum, ab 1000 ¥. 20.30–24 Uhr, Dai-ni Seiko Bldg. B1, 2-18-5 Shinjuku (U: Shinjuku-sanchôme, Shinjuku-Linie, Ausg. C8, Marunouchi-Linie, Ausg. B2), Tel. 3341-6358.
- **Hi Time,** dunkler, pulsierender Reggae-Club, kraftvolle Bässe, die DJs lieben besonders Reggae-Rap, ab 2000 ¥. 21–5 Uhr, Mano Bldg. B1, 3-35-17 Shinjuku (U: Shinjuku, Marunouchi-Linie, Ausg. A5), Tel. 3357-4167.
- **Liquid Sky Dance Hall,** der vielleicht heißeste Ort für Techno-Fans, auch Bands verschiedener Stile; am bekanntesten ist der Techno-Experimentalist *Ken Ishii*, Eintritt ca. 4000 ¥.

- **OTO,** Techno/House-Club, So 1000 ¥, sonst ab 2000 ¥. 24–5 Uhr, 1-17-5-27 Kabukichô (Shinjuku Ostausg.), Tel. 5273-8264.
- **Samba Club,** Hotel-Disco auch für Singles. 17.30–2 Uhr, Hotel Century Hyatt F1, 2-7-2 Nishi Shinjuku (Shinjuku, Westausg.), Tel. 3342-8877.
- **Code,** riesiger populärer Clubcomplex mit mehreren Tanzflächen, Mo–Do 2500 ¥ (inkl. 2 Getränke), Fr–So Männer 3500 ¥. Shinjuku Toho Kaikan 4F, 1-19-2 Kabuki-chô, Tel. 3209-0702.
- **Tokyo Loose Bar,** kleiner preiswerter Club, wo die meisten Getränke donnerstags nur 500 ¥ kosten, Musik: House, Techno, R&B. Ab 20 Uhr, Ende offen, B1, 2-37-3 Kabukichô, Tel. 3207-5677.

Live-Musik

- **Coco Loco,** Mi Latino-Musik, sonst Restaurant mit Bier aus aller Welt. Dai-ni Toa Kaikan F3, 1-21-1 Kabukichô (Shinjuku Ostausg.), Tel. 3204-5565.
- **Nissin Power Station,** Altersgruppe bis 20, Essen und Zuhören. 17.30–22.30 Uhr, Foodeum B1, 6-26-1 Shinjuku (Seibu-Shinjuku), Tel. 3205-5270.
- **Pit Inn,** seit langem beliebter Jazz-Club, ab 3000 ¥. 19–22.30 Uhr, Musik ab 19.30, Acord Bldg. B1, 2-12-4 Shinjuku (Shinjuku-sanchôme, Shinjuku-Linie Ausg. C8, Marunouchi-Linie Ausg. B2), Tel. 3354-2024.
- **Rolling Stone,** Heavy-Metal, ab 1000 ¥. Mo–Fr 18–4.15 Uhr, Sa/So 15–4.15 Uhr, Ebichu Bldg. B1, 3-2-7 Shinjuku (Shinjuku-sanchôme), Tel. 3354-7347.
- **Shinjuku Loft,** Underground-Rock, New Wave Punk, Karriere-Sprungbrett für Newcomer-Bands; 1400–3000 ¥, beliebt bei Highschool-SchülerInnen. 19–22 Uhr, Wochenende 14–16 Uhr, B2, 1-12-9 Kabuki-chô, Tel. 3365-2664.
- **Vagabond,** schon seit Jahren beliebter Jazz-Club, der mit allerlei Krimskrams vollgestopft ist, ab 1000 ¥. Mo–Sa 17.30–23.30 Uhr, So bis 22.30 Uhr, F bis 23 Uhr, 1-4-20 Nishi-Shinjuku F2 (Shinjuku, Westausg.), Tel. 3348-9109.

Für Lesben und Schwule

(U: Shinjuku 3-chôme, Toei-Shinjuku-Linie Ausg. C8, Marunouchi-Linie Ausg. B2, wenn nicht anders angegeben)

● **Advocates,** so beliebt wie GB, an warmen Sommertagen drängt es die Gäste nach draußen, 2-18-1 Shinjuku, Tel. 3358-3988.
● **Arch,** beliebter gemischter Club, manche Tage nur gleichgeschlechtlich, 20–4 Uhr, Tel. 3352-6297, B1 Dai-2-Hayakawaya Bldg. 2-14-6 Shinjuku, www.clubarch.net (U: Shinjuku-sanchôme, Ausg. C7/8).
● Zum Tanzen: **Arty Farty,** 2-11-7 Shinjuku, Tel. 5362-9720 oder **Dragon,** 2-14-4 Shinjuku, Tel. 3341-0606.
● **Fuji,** gut für Gruppen und Paare, Frauen auch erlaubt, ab 1000 ¥. So–Do 19.30-2.30 Uhr, Fr u. Sa bis 3 Uhr, Sentofo Bldg. B1, 2-12-16 Shinjuku, Tel. 3354-2707.
● **GB,** beliebt bei jungen Japanern, die gern mit Expats flirten, alle sprechen Englisch, gute Videos, ab 1000 ¥. Mo–Do 20–2, Fr bis 2.30, Sa bis 3 Uhr, So bis 1.30 Uhr, Business Hotel T Bldg. B1, 2-12-3 Shinjuku, Tel. 3352-8972.
● **Gen's Bar,** gemischtes Publikum (Schwule, Transvestiten, Onabe-Frauen). Do–Di 19–2 Uhr, Dai Nana Tenka Bldg 1F, 2-18-1 Shinjuku (Shinjuku Sanchôme), Tel. 3359-3633.
● **Kinsmen,** gemischtes Publikum, angenehme, intime Atmosphäre mit riesigem Ikebana, ab 1000 ¥. 21–5 Uhr, im Sommer manchmal geschl., 2-18-5 Shinjuku F2, Tel. 3354-4949.
● **Kins Womyn,** benannt nach Kinsmen, aber nur für Frauen, Mo–Sa 19–3 Uhr, Daiichi Tenka Bldg. 3F, 2-15-10 Shinjuku (Shinjuku Sanchôme), Tel. 3354-8720.
● **Kokuchô-no-Mizu-umi** („Schwarzer Schwanensee"), bei Frauen beliebte Travestie-Revue, Cover 2000 ¥, Getränke ab 600 ¥. 18–2 Uhr, Arao Bldg. B2, 2-25-2 Kabukichô (Seibu-Shinjuku), Tel. 3205-0128.
● **Kusuo,** viele „sportliche" Schwule, Karaoke mit kitschigen Liedern, ab 1000 ¥. So–Do 20–3 Uhr, Sa bis 4 Uhr, Sunflower Bldg. F3, 2-17-1 Shinjuku, Tel. 3354-5050.
● **Madonna,** für gut gekleidete Lesben; Karaoke, Cover Charge: 2000 ¥. Mo–Sa 21–5 Uhr, So 19–2 Uhr, Fujita Bldg. F1, 2-15-13 Shinjuku, Tel. 3354-1330.

● **Papi Chulos,** ebenfalls bei Ausländern beliebt, vor allem zum Absacken, 2-12-15 Shinjuku, Tel. 3356-9833
● **Shiroi Heya,** beliebte Schwulen-Bar mit „Hostessen". 21–4 Uhr, So geschl., Dai-ni Sky Bldg. B1, 5-10-1 Shinjuku (Shinjuku Ostausg.), Tel. 3354-3925.
● **Sunny Bar,** gute Lesben-Bar zum Kennenlernen der Szene, Schwule auch zugelassen, ab 2500 ¥. Mo–Sa 20–5 Uhr, So bis 3 Uhr, 2. u. 3. So geschl., 2-15-8 Shinjuku F2, Tel. 3356-0368.
● **Zinc,** beliebt, freundlich, gemischt, nicht teuer, Di–Sa 20–5 Uhr, So 20–3 Uhr, Daini-Hayakawa Bldg. B1F, 2-14-6, Shinjuku, Shinjuku-ku (Shinjuku Sanchôme Station), Tel. 3352-6297.

Bars

● **Albatross,** sehr beliebt, fast immer gut besucht, Galerie ein Stock höher. 17–2 Uhr, 1-2-11 Nishi-Shinjuku, Tel. 3342-5758, www.alba-s.com.
● **Albatross G,** beliebtes Nomiya mit 18 Sitzplätzen, in dem berühmten, heruntergekommenen, aber immer noch höchst lebendigen Barviertel. Mo–Sa 20–5 Uhr, 2F Golden Gai 5th Avenue, 1-1 Kabukichô, Tel. 3203-3699, www.alba-s.com.
● **Bar Plastic Model,** neue Version einer Golden Gai Bar, Mo–Sa 20–5 Uhr, So bis 2 Uhr, Tel. 5273-8441, 1-1-10 Kabukichô (U: Shinjuku-sanchôme, Ausg. B5).
● **Clubhouse,** Sportbar, vor allem beliebt bei Rugbyfans, große Leinwand, viele Seafoodgerichte, ausgezeichnete Fish'n'Chips und Thaicurries. Mo–Fr ab 17 Uhr, Sa, So ab 15 Uhr, F3 Marunaka Bldg., 3-7-3 Shinjuku, Tel. 3359-7785.
● **Kirin City,** Biersaal, sehr beliebt, Wurstplatte 600 ¥. 11–23 Uhr, Shinjuku-kurihashi Bldg. 2F, 3-15 Shinjuku (Shinjuku Ostausgang), Tel. 3226-8230.
● **La Jetee,** benannt nach einem Chris-Marker-Film, beliebter Treffpunkt von Filmemachern, Künstlern und Musikern; Gedeck zwischen 500 und 1000 ¥. Mo–Sa 19–2 Uhr, Golden Gai, 1-1-8 Kabukichô, Tel. 3208-9645.

Stadtteile

Saunen

- **Finlando Sauna,** 24 Std. in Betrieb, Bäder und Saunen nur Männer, 12–17 Uhr, 1900 ¥, 17–24 Uhr 2100 ¥, 24–12 Uhr 2600 ¥, Tel. 3209-9196, B1 Humax Pavilion 1-20-1 Kabukichô (JR Shinjuku, O-Ausgang).
- **Green Plaza Ladies Sauna,** dasselbe für Damen, 6–22 Uhr 2700 ¥, 22–6 Uhr 3300 ¥, F9, 1-29-2 Kabukichô (JR Shinjuku, O-Ausgang).

Unterkunft

Westseite

- **Washington (1),** ¥¥, sehr modern, sieht aus wie ein riesiger Ozeandampfer, günstig, vernünftige Preise, ca. 2000 kleine Zimmer, ab 12.000 ¥. 3-2-9 Nishi Shinjuku, Tel. 3343-3111, Fax 3342-2575.
- **Sunroute Tokyo,** ¥¥, günstig gelegen, 543 Zimmer, ab 13.000 ¥. 2-3-1 Yoyogi (Shinjuku West-Ausg.), Tel. 3375-3211, Fax 3379-3040.
- **Star Hotel (11),** ¥¥, beliebt, recht günstige Lage, ab 12.000 ¥. 7-10-5 Nishi-Shinjuku (Seibu-Shinjuku, 1 Min., Shinjuku West-Ausg. 3 Min.), Tel. 3361-1111, Fax 3369-4216.
- **Shinjuku New City Hotel,** ¥¥, ab 10.000 ¥, 400 Zimmer. 4-31-1 Nishi Shinjuku (Shinjuku West-Ausgang 14 Min.), Tel. 3375-6511, Fax -6535.
- **Century Hyatt (4),** ¥¥¥, einer der Wolkenkratzer der Westseite, 800 große, gut möblierte Zimmer, 7-stöckiges Atrium, ab 22.000 ¥. 2-7-2 Nishi-Shinjuku, Tel. 3349-0111, Fax 3344-5575.
- **Keiô Plaza Hotel (3),** ¥¥¥, einer der ersten Wolkenkratzer auf der Westseite, 1500 bequeme Deluxe-Zimmer ab 20.000 ¥, 2-2-1 Nishi-Shinjuku, Tel. 3344-0111, Fax 3345-8269.
- **Tokyo Hilton International (6),** ¥¥¥, 807 luxuriöse Zimmer, ab 28.000 ¥. 6-6-2 Nishi Shinjuku, Tel. 3344-0511, Fax 3342-6094.
- **Park Hyatt Tokyo (35),** ¥¥¥, lange Zeit das einzige Hotel mit internationalem Standard, beliebt; 3-7-1-2 Nishi-Shinjuku (JR Shinjuku oder U: Hatsudai), Tel. 5322-1234, www.tokyo.park.hyatt.com.

Ostseite

- **Tokyo Business Hotel,** ¥, Tel. 3356-4605, Fax 3354-5780. 190 Zimmer ab 7000 ¥. Türen schließen um 0.30 Uhr (U: Shinjuku-sanchôme, Ausg. E1, nahe *Lawsons*).
- **Shinjuku Business Hotel (29),** ¥, 39 Zimmer, 5000 ¥, 4-4-21 Shinjuku (U: Shinjuku-Sanchôme), Tel. 3341-1848.
- **Business Hotel Manet (30),** ¥, kleines Hotel nahe Shinjuku-Gyoen-Park, 32 Zimmer, ab 7000 ¥. 4-4-10 Shinjuku (JR Shinjuku, 5 Min.), Tel. 3354-3473, Fax -3473.
- **Inabasô,** ¥, preiswertes Ryokan, nahe Bahnhof. 5-6-18 Shinjuku (U: Shinjuku-Sanchome), Tel. 3341-9581.
- **Central Hotel,** ¥/¥¥, 156 Zimmer, ab 10.000 ¥, 3-34-7 Shinjuku (JR Shinjuku), Tel. 3354-6611, Fax 3355-6611.
- **Prince Hotel (13),** ¥¥, ab 15.000 ¥, 571 Zimmer. 1-30-1 Kabukichô (Seibû Shinjuku, JR Shinjuku), Tel. 3205-1111, Fax -1952.
- **Park Hotel (32),** ¥¥, 202 Zi., ab 9000 ¥, am Shinjuku-Gyoen-Park. 5-27-9 Sendagaya (JR Yoyogi), Tel. 3356-0241, Fax 3352-2733.
- **Toyoko Inn Kabuki-cho (16),** ¥, 349 Zimmer, EZ 6800 ¥, DZ/Twin 8800 ¥, 2-20-15 Kabukichô (U: Higashi-Shinjuku, 2 Min.), Tel. 5155-1045, Fax -1046.
- **Yadoya Guesthouse,** eine Gruppe von Gästehäusern in Nakano, pro Person im Schlafraum (zu acht im Zimmer) ab 1600 ¥, www.cheap-accomodation-tokyo.com.
- **Shinjuku City Hotel N.U.T.S. TOKYO,** ¥, ab 3200 ¥, Kapselhotel, 1-16-5 Shinjuku.
- **Ace Inn Shinjuku,** ¥, ab 2000 ¥, freundlich, hölzerne Kojen, Wi-Fi, Gepäckfächer recht schmal (30 cm), etwas außerhalb, 5-2 Katamachi.
- **Green Plaza Shinjuku Capsule,** ¥, ab 3500 ¥, großes, sauberes Kapselhotel in Bahnhofsnähe, 1-29-2 Kabukichô.
- **Sekitei** (Shinjuku Okubo), ¥, ab 6000 ¥, 2-15-10, Hyakunin-cho (Buchungen über hostelworld.com).

Jugendherberge

- **Tokyo Yoyogi Youth Hostel,** ¥, 60 Betten, im Olympischen Dorf von 1964. 3-1 Yoyogi-kamizono-chô (Sangubashi, Odakyû-Linie, 10 Min.), Tel. 3467-9163.

Stadtteile

287ho Foto: ml

Das Zentrum im Nordwesten: Ikebukuro

(Toshima-ku)

Ikebukuro hat viel Ähnlichkeit mit Shinjuku. Der Bahnhof rangiert beim Fahrgastaufkommen an zweiter Stelle in Tokyo. An der Westseite steht der riesige **Tôbu Department Store (4)**, das zweitgrößte Kaufhaus Tokyos, an der Ostseite das sehr lohnende Kaufhaus **Seibu and Parco (12/13)** mit seiner Riesenfront, viele Jahre lang das größte Kaufhaus des Landes. In der Umgebung des Westausgangs gibt es eine ganze Reihe vergleichsweise preiswerter Business-Hotels.

In den 1930er Jahren galt Ikebukuro als das **Montparnasse von Tokyo,** weil sich dort Künstler und Schriftsteller gern aufhielten. Wie bei Shinjuku leitete der Bahnhof mit den in die Vororte führenden Bahnlinien vor allem nach dem Zweiten Weltkrieg eine rasante Entwicklung ein. Eine Reihe ausländischer Firmen haben sich wegen der günstigen Verkehrsanbindung hier niedergelassen, zumal die Mieten nicht so horrende sind wie etwa in Marunouchi.

Wahlkampf in Ikebukuro

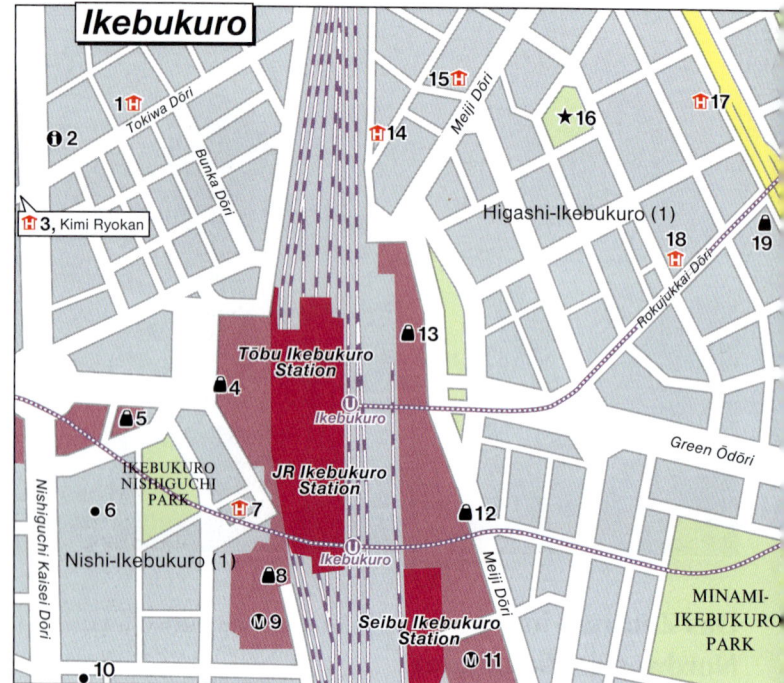

Ikebukuro

1 · 2 · 3, Kimi Ryokan · 4 · 5 · 6 · 7 · 8 · 9 · 10 · 11 · 12 · 13 · 14 · 15 · 16 · 17 · 18 · 19

Tokiwa Dōri · Bunka Dōri · Meiji Dōri · Higashi-Ikebukuro (1) · Rokujukkai Dōri

Tōbu Ikebukuro Station · Ikebukuro · IKEBUKURO NISHIGUCHI PARK · JR Ikebukuro Station · Nishi-Ikebukuro (1) · Ikebukuro · Seibu Ikebukuro Station · Nishiguchi Kaisei Dōri · Green Ōdōri · Meiji Dōri · MINAMI-IKEBUKURO PARK

Wie im Vergnügungsviertel von Kabukichô in Shinjuku gibt es auch in Ikebukuro ein sexorientiertes **Nachtleben,** ein wenig an der Westseite, vor allem aber hinter dem Bungeiza-Theater der Ostseite. Dort kam es früher schon manchmal zu Schießereien unter Gangstern.

Aber auch „normale" abendliche Unterhaltung kommt nicht zu kurz. Es gibt Restaurants, Bars und Kinos, nicht zu vergessen die **otome-dôri** (die Straße der als *Maid* verkleideten Frauen mit speziellen Mangaläden, Cafés, in denen man von Frauen, die als Butler verkleidet sind, bedient wird), sowie das Kulturzentrum des **Tokyo Metropolitan Art Space (6)** mit einer guten Konzerthalle. Die **Sunshine City** mit dem architektonisch eher langweiligen **Sunshine-60 Building (22)** einst das höchste Haus Japans) weist ein Hotel und ein größeres Einkaufszentrum auf. Daneben gibt es ein **Aquarium (26),** ein **Planetarium (25),** das **Ancient-Orient-Museum (28)** und das **Sunshine Theater (29).** Früher stand hier das Tokyo-Gefängnis, in dem einige Kriegsverbrecher hingerichtet wurden.

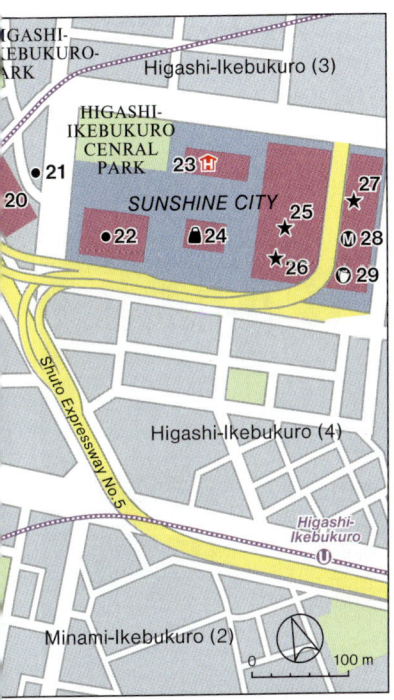

🏠	1	Toyoko Inn
ⓘ	2	Kimi Information Center
🏠	3	Sakura Hostel
🏛	4	Tōbu Department Store
🏛	5	Marui
●	6	Kulturmuseum Tokyo Metropolitan Art Space
🏠	7	Business Hotel Ikebukuro Park
🏛	8	Tōbu / Metropolitan Plaza
Ⓜ	9	Traditional Crafts of Japan
●	10	Life Safety Learning Center
Ⓜ	11	Sezon Museum of Art (Seibu SMA Building)
🏛	12	Seibu
🏛	13	Parco Store
🏠	14	Dai-ichi Inn Ikebukuro
🏠	15	Ikebukuro Sunroute
★	16	Naka-Ikebukuro-Park
🏠	17	Grand Business
🏠	18	Ikebukuro Hotel Theater
🏛	19	Tōkyū Hands
●	20	Toyota Amlux
●	21	Animate
●	22	Sunshine-60 Building
🏠	23	Sunshine City Prince Hotel
🏛	24	Alpha Shopping Complex
★	25	Planetarium
★	26	Aquarium
★	27	Kulturzentrum Bunka Kaikan
Ⓜ	28	Ancient Orient Museum
Ⓞ	29	Sunshine Theater

Stadtteile

Westseite des Bahnhofs

Das Riesenkaufhaus Tôbu und die Metropolitan Plaza mlt dem früher in Aoyama angesiedelten **Japan Traditional Craft Center (9,)** Do–Mo 11–19 Uhr, Di bis 17 Uhr, Tel. 5954-6066) dominieren am Bahnhof; gegenüber – jenseits des kleinen Ikebukuro-Nishiguchi-Parks – steht das **Kulturzentrum Tokyo Metropolitan Art Space (6).** Direkt südlich davon befindet sich im Gebäude der Feuerwehr eines der interessanten, modernen **Life Safety Learning Center** (Bosai-kan, **10**) mit Räumen für die Simulation von Erdbe-

ben, Rauchentwicklung bei Feuer (inklusive Videoaufzeichnung des eigenen Verhaltens), Erste-Hilfe- und Feuerlöschübungen, tägl. 9–17 Uhr, Tel. 3590-6565, engl. Infomaterial.

Nördlich liegt ein kleines, aber sehr lebhaftes Vergnügungsviertel mit Bars, Restaurants, Business- aber auch Stundenhotels. Das beliebte Kimi Ryokan liegt in nordwestlicher Richtung gut 5 Min. entfernt.

Ostseite des Bahnhofs

Zwischen dem Bahnhof und dem Komplex von Sunshine City liegt ein

290bo Foto: ml

Kleinstadtleben mitten in Tokyo

belebtes Einkaufs- und Vergnügungsviertel. Das Riesenkaufhaus **Seibu-Par-
co** bildet eine gewaltige Front. Zum
Komplex gehören das Bücherparadies
Libro, ein ausgezeichnetes Sporthaus,
eine Filiale von **Loft und Wave;** erwähnenswert ist auch das **Sezon Museum of Art (11)** für zeitgenössische
Kunst (10–20 Uhr, Di geschl., Tel.
5992-0155). Wenn Sie sich für die
Herstellung von *Soba* (Buchweizen-
Nudeln) interessieren, können Sie das
in 2 Std. im **Hokutô Seifun Teuchi
Kyôshitsu** lernen, Reservierung notwendig, werktags 10, 13, 18, Sa 10, 13
Uhr (5 Portionen dürfen nach Hause
mitgenommen werden); vom Seibu-

Südende rechts durch Unterführung in Parallelstraße, dort links 300 m zum **Hokutô Seifun Zentrum** an den Bahngleisen. Nicht weit entfernt liegt der kleine **Minami-Ikebukuro-Park** mit fünf Tempeln. Nördlich schließt an *Parco* eine der größten Filialen des Foto- und Electronic-Discounters **Bic Camera** mit separatem PC Store an. Auf dem Weg durch das Vergügungsviertel entlang der Sunshine-60-dôri zum **Sunshine Building** kommt man vorbei an einer Filiale von **Tôkyû Hands** (Bastel-, Handwerkerbedarf, Haushaltswaren) und nach Unterquerung der Stadtautobahn zu **Toyota Amlux.**

Toyota Amlux (20)

Für Autofreunde ist ein Abstecher zum sechsgeschossigen, im post-modernen Stil erbauten **Amlux-Showroom** empfehlenswert: Dort kann man einen Blick auf Konzeptautos und andere **Modelle von Toyota** werfen, einschließlich Formel-1-Rennwagen. Man kann sich hier sogar sein Traumauto selbst entwerfen (Di–Sa 11–20 Uhr, So u. F 10–19.30 Uhr, 3-3-5 Higashi-Ikebukuro, Tel. 5391-5900, www toyota.co.jp/Amlux).

Otome Dôri – Paradies für weibliche Manga Fans

So, wie sich das Paradies für Elektronikfreaks in Akihabara im vergangenen Jahrzehnt zum Zentrum für männliche Anime- und Manga-Fans entwickelt hat, gruppieren sich um den zwischen Toyota Amlux und Sunshine City gelegenen schmalen Block auf 200 m jede Menge Läden und Lokale für **weibliche Manga Fans** (voll von romantischen *otome-kei*-Mangas, also speziell für weibliche Teenager). In den Cafés servieren als Butler verkleidete Bedienungen anstelle der „Maids" von Akihabara. Wahrzeichen der Otome Road ist das 6-stöckige **Animate (21)**, 10–20.30, So bis 20 Uhr, 3-2-1 Higashi-Ikebukuro) am südlichen Eckpunkt des Blocks.

Sunshine City

Der Komplex von Sunshine City umfasst das Gebäude **Sunshine 60 (22)**, mit 240 Metern und 60 Stockwerken lange das höchste Gebäude Japans, ja ganz Asiens. Das architektonisch erheblich interessantere Rathaus in Shinjuku hielt später den Spitzenplatz, bis das Landmark in Yokohama auch ihm den Titel abrang. Die Aussicht vom Sunshine Building ist im Gegensatz zum Rathaus noch nicht einmal kostenlos. Dafür ist der Blick auf die Wolkenkratzer von Shinjuku natürlich von Ikebukuro aus recht eindrucksvoll.

Zu Füßen des Kolosses erstreckt sich der **Alpha-Shopping Complex (24)** mit einem berühmten, elektronisch gesteuerten Brunnen, vor dem bisweilen Popkonzerte und Talk-Shows veranstaltet werden. Nebenan befindet sich der **World Import Mart,** in dem sich neben Handelszentren aus aller Welt auch ein großes **Aquarium (26)** und ein computergesteuertes **Planetarium** (Sunshine Starlight Dome **25,** im 10. Stock, 11–18 Uhr, 800 ¥) befinden. Eine weitere Attraktion – besonders auch für Kinder – ist die **Namco Namjatown** mit 3 Themenparks mit Leckereien wie *Gyôza*- und Eisspezialitäten (s. „Essen").

Dahinter liegt das **Kulturzentrum Bunka Kaikan (27)** mit dem **Sunshine Theater (29)** und dem **Ancient Orient Museum (28)** mit 700 Exponaten aus dem Gebiet des Euphrat sowie aus Ägypten und Pakistan (10–17 Uhr, 400 ¥, 3-1-1 Higashi-Ikebukuro). Der Komplex ist zu Fuß vom Ikebukuro-Bahnhof (Ost-Ausgang) zu erreichen.

Einkaufen

Kaufhäuser

Zu einem Besuch Ikebukuros gehört ein Besuch des riesigen **Seibu (12)** mit seinen elf Stockwerken und dem angeschlossenen Boutiquen-Kaufhaus **Parco (13)** im Norden, dem ausgezeichneten Sportkaufhaus **Seibu Sports Building** im Süden des Hauptgebäudes sowie dem Libro-Buchladen.

Tôbu (4) am West-Ausgang stand lange im Schatten des Seibu, hat sich aber in den letzten Jahren gemausert und galt zeitweise sogar als das größte Kaufhaus Japans und damit wohl der ganzen Welt (nun gibt es in Chiba eine noch größere Sôgô-Filiale). Wie alle großen Kaufhäuser Japans folgt es dem Konzept „ein Kaufhaus ist eine Stadt für sich".

● **Bic Camera,** Kamera- und Elektronikdiscounter, 10–21 Uhr, Tel. 5396-1111, 1-41-5 Higashi-Ikebukuro.
● **Bic Camera (PC Store),** Computerdiscounter, 10–21 Uhr, Tel. 5956-1111, 1-6-7 Higashi-Ikebukuro.
● **Tôkyû Hands,** Handwerks- und Bastelbedarf, interessanter Krimskrams, 10–20 Uhr, Tel. 3980-6111, 1-28-10 Higashi-Ikebukuro.

Im F8 gibt es übrigens einen **Kätzchenstreichelzoo Nekobukuro** für Menschen mit Bedürfnis nach Streicheleinheiten, die aber kein eigenes Haustier besitzen, Eintritt 600 ¥.
● **Sunshine City,** Antiquitätenflohmarkt in der Alpha Shopping Arcade B1. 3. Sa/So, Komingu Kottô-Ichi (U: Higashi-Ikebukuro), Tel. 3989-3331.
● **Tokyo Folkcraft & Antique Hall,** Antiquitäten und Kunsthandwerk, Satomi Bldg. F1, 3-9-5 Minami-Ikebukuro, Fr–Mi 11–18.30 Uhr.

Plattenläden

● **Art Vivant,** neue und experimentelle Musik, Ethno-Importe, nicht billig. B1 Seibu Museum (im Seibu Department Store), Tel. 5992-0467.
● **HMV,** sehr gute Auswahl. 10–20.30 Uhr, 3. Mi geschl., F6 Metropolitan Plaza (JR Ikebukuro, W-Seite), Tel. 3983-5501.
● **Virgin,** gute Auswahl an Importen; Buchladen, Café. 10–20.30 Uhr, Mi geschl., B1 Marui (JR Ikebukuro, W-Seite), Tel. 5952-5600.

Essen

Sehr beliebt sind die zahlreichen Lokale im Tôbu und Seibu/Parco.

Ostseite

● **Cruise Cruise,** ¥¥, preisgünstiges Lunchbüfet im F58 des Sunshine Bldg.: 2100 ¥ zwischen 11.30 und 15 Uhr, letzte Bestellung 14 Uhr (abends 5000 ¥ 17–23 Uhr, Sa/So ab 16 Uhr, So bis 22 Uhr), Tel. 3981-0962, 3-1 Ikebukuro.
● **Ikebukuro Hotel Theater,** ¥¥–¥¥¥, günstig gelegenes Businesshotel, 175 Zimmer, ab 9000 ¥, Tel. 3988-2251, 1-21-1 Higashi-Ikebukuro.
● **Hub,** ¥/¥¥, beliebtes japanisch-britisches Pub im Tiefgeschoss, gut und preiswert. 1-23-1 Higashi-Ikebukuro, Tel. 5952-0621.
● **Saigon,** ¥¥, gute vietnamesische Gerichte. 1-7-10 Higashi-Ikebukuro, Tel. 3989-0255.
● **Taishoken,** ¥, Râmen, pro Portion 500 g Nudeln 530 ¥. 11–15 Uhr, Mi geschl., 4-28-3 Higashi-Ikebukuro (U: Higashi-Ikebukuro, Yûrakuchô-Linie), Tel. 3981-6929.

●**Namco Namjatown,** Themenpark für Kinder rund um Geister, Gespenster u.a., dazu ein Dutzend *Gyôza*-Spezialitäten im **Gyôza Stadium** (z.B. **Bo** aus *Shiga*), 300 Eissorten in der **Ice Cream City.**

Westseite

●**Mareichan,** gutes, preiswertes malaiisches Essen nach Art von Westmalaysia/Singapur. 3-22-6 Nishi-Ikebukuro, Tel. 5391-7638.

●**Bistro 33,** ¥¥, französisch, gute Gerichte, Lunch 1500 ¥, Abendessen ca. 5000 ¥. Mo-Sa 11.30–14 und 17–22 Uhr, Bell Bldg. F1, 3-27-1 Nishi-Ikebukuro, Tel. 3986-7487.

●**Sariling Atin,** ¥¥, philippinisch, hervorragendes *adobo* und *sinigang.* Sato Bldg. 3F, 2-13-3 Ikebukuro, Tel. 3985-5774.

●**My Dung,** Filiale des beliebten vietnamesischen Lokals in Shinjuku. 5-1-6 Nishi-Ikebukuro, Tel. 3985-8967.

●**Akiyoshi,** ¥/¥¥, Hühnchenspieße mit Menüauswahl von Fotos, 17–23 Uhr, Tel. 3982-0601, 3-30-4 Nishi-Ikebukuro.

Bars und Discos

●**Café Presto,** beliebt bei Ausländern, im EG Laser-Videos, im 1. Stock ruhiges Café, ab 1000 ¥. Mo–Sa 11–24 Uhr, So u. Café bis 23 Uhr, Fuji Bldg. F1, F2, 1-23-1 Minami-Ikebukuro (Ikebukuro, Ostseite), Tel. 3971-2873.

●**Rum Bullion,** angenehme Reggae-Bar, freundliche Atmosphäre, ab 1000 ¥. 20–5 Uhr, F1, 2-30-14 Nishi-Ikebukuro (Ikebukuro, Westseite), Tel. 5951-3455.

●**Tonerian,** *Izakaya.* Lassen Sie sich vom Chef (versteht Englisch) empfehlen, welche Gerichte zu welchem Reiswein passen, 17–23.15 Uhr, Tel. 3985-0254, 1-38-9 Nishi-Ikebukuro.

Unterkunft

Ostseite

●**Hotel Kaku,** ¥, ab 6000 ¥, ruhig, günstg gelegen, familiäre Atmosphäre. 2-15-10 Minami-Ikebukuro, Tel. 3982-1181, Fax -1188.

●**Sunroute Ikebukuro (15),** ¥/¥¥, günstige Lage, 144 Zimmer, ab 9000 ¥. 1-39-4 Higashi-Ikebukuro, Tel. 3980-1911, Fax -5286.

●**Dai-ichi Inn Ikebukuro (14),** ¥/¥¥, gut gelegen, ab 8500 ¥. 1-42-8 Higashi-Ikebukuro, Tel. 3986-1221, Fax 3982-4128.

●**Ikebukuro Hotel Theatre (18),** ¥/¥¥, 175 Zimmer, ab 9000 ¥. 1-21-4 Higashi-Ikebukuro, Tel. 3988-2261, Fax -2260.

●**Grand Business (17)** ¥/¥¥, 284 Zimmer, ab 9000 ¥. 1-30-7 Higashi-Ikebukuro, Tel. 3984-5121, Fax -5127.

●**Ark Hotel Tokyo,** ¥¥, bequem, ab 9000 ¥. 3-5-5 Higashi-Ikebukuro, Tel. 3590-0111, Fax -0224.

●**Sunshine City Prince (23),** ¥¥, modernes Hotel im Sunshine-City-Komplex, 1166 Zimmer, ab 15.000 ¥, 3-1-5 Higashi-Ikebukuro, Tel. 3988-1111, -7878.

Westseite

●**Kimi,** ¥, einfaches Ryokan bzw. Gaijin-House, beliebt unter Travellern; mit eigener Zimmer- und Jobvermittlung. 2-36-8 Ikebukuro (Ikebukuro Westausgang), Tel. 3971-3766, Wegskizze erhältlich bei der Police-Box am Westausgang, ab 4500 ¥, kleine DZ 6500 ¥, große DZ 7500 ¥.

●**Toyoko Inn Ikebukuro-Kitaguchi (1),** ¥/¥¥, alter Name Ikefuji, 148 Zimmer, EZ 6600 ¥, DZ 8800 ¥. 2-51-2 Ikebukuro (U/JR Ikebukuro Nordausg., 4 Min.), Tel. 5396-1045, 5396-1046.

●**Ikebukuro Center City Hotel,** ¥/¥¥, 209 Zimmer, ab 9000 ¥. 2-62-14 Ikebukuro (Ikebukuro, Ausgang Nord), Tel. 3985-1311, Fax 3980-7001.

●**Holiday Inn Crowne Plaza Metropolitan (0),** ¥¥, 818 Zimmer, ab 16.000 ¥. 1-6-1 Nishi-Ikebukuro, Tel. 3980-1111, Fax -5600.

●**Grand House Chang Tee,** ¥/¥¥, relativ preiswertes Hotel, EZ ab 5500 ¥, DZ ab 8500 ¥, 2-32-4 Ikebukuro, Tel. 3989-8868, Nähe Kimi Ryokan.

●**Sakura Hostel Ikebukuro (3),** ¥, ab 7000 ¥, freundlich, groß, nur 3 Min. vom Bahnhof, 2-40-7 Ikebukuro (Buchung über hostelworld. com).

Stadtteile

Am Kanda-Fluss: Mejirodai, Zoshigaya, Waseda und Kagurazaka

(Bunkyo-ku, Shinjuku-ku, Toshima-ku)

In dieser recht ruhigen Gegend empfiehlt sich besonders ein Bummel entlang des Kanda-Flusses und der Besuch einiger Parks, insbesondere des Chinzan-sô-Gartens und der Umgebung der angesehenen privaten Waseda-Universität.

Zôshigaya-Kishimojin-Schrein (1)

Einer der bekanntesten Schreine in der Umgebung ist der Zôshigaya Kishimojin. Er liegt ein Stück östlich der Meiji-dôri auf dem Weg von Ikebukuro durch Zôshigaya in Richtung Meijiro-dai und ist in 15 Min. zu Fuß von Ikebukuro erreichbar (vom Ostausgang des Bahnhofs Richtung Süden).

Der Schrein ist der Schutzgottheit der Kinder, Kishibôjin, geweiht. Davor steht ein großer, mehr als 500 Jahre alter Ginkgo-Baum, dem positive Kräfte im Hinblick auf Geburt und Aufziehen von Kindern zugeschrieben werden.

Das jährliche Schreinfest im Oktober gehört zu den Höhepunkten des Viertels.

Am bequemsten ist der Schrein mit Tokyos letzter Straßenbahn zu erreichen, der Tôden-Arakawa-Linie (Station Kishimojin-mae, z.B. ab JR-Station Ôtsuka, Zôshigaya) oder mit der neuen Fukutoshin Line bis **Zôshigaya.**

Zôshigaya-Friedhof (2)

Östlich davon liegt der Zôshigaya-Friedhof, auf dem so bekannte Leute wie die Schriftsteller *Soseki Natsume* und *Lafcadio Hearn* begraben sind.

Gleich südlich des Friedhofes, in Zôshigaya 1-chôme, steht das **Zôshigaya Missionary Museum (2a),** das im ehemaligen Wohnhaus des amerikanischen Missionars *John McCaleb* vor 100 Jahren im Stil von Tennessee erbaut wurde, Tel. 3985-4081.

Gokokuji-Tempel (3)

Östlich des Friedhofs liegt auf der anderen Seite der links nach Ikebukuro führenden Green-ôdôri der Tempel Gokokuji, der 1681 vom fünften Shôgun *Tsunayoshi* gegründet wurde und als einer der größten und besterhaltenen frühen Tempel Edos gilt. Sehenswert ist die Haupthalle und die Gekkoden-Halle, ein Nationalschatz. Im Gelände des Gokokuji liegen einige Mitglieder der kaiserlichen Familie begraben (U-Bahn-Station Gokokuji, Yûrakuchô-Linie).

Music-Box-Museum (4)

Nahe der Ecke Green-ôdôri und Shinobazu-dôri (im Süden des Tempelkomplexes) steht das **Music-Box-Museum,** in dem man klassische Stücke auf Walzen und Platten hören kann.

Kathedrale St. Mary's (11)

Im Viertel Mejirodai steht die 1964 errichtete, von Großmeister *Tange Kenzô* entworfene Kathedrale St. Mary's mit ihrer metallisch glänzenden Fassade, die an einen Vogel mit ausgebreiteten Flügeln erinnern soll und in deren eindrucksvollem Inneren sich eine Nachbildung der Pietà von *Michelangelo* befindet. Die Kathedrale erinnert an die Wiederzulassung des Christentums im Jahre 1864.

Chinzan-sô-Garten

Gegenüber der Kathedrale steht das **Luxushotel und Gasthaus Chinzansô,** dessen Attraktion, der 6,6 ha große Garten, unterhalb des Hauses liegt. Dieser Garten, der zu einer früheren Daimyô-Residenz der Herren von Kururi in der heutigen Nachbarprovinz Chiba gehörte, ist voll von herbeigeschafften Schätzen, darunter eine 700 Jahre alte, aus Hiroshima stammende **hölzerne Pagode.**

Hosokawa-Residenz

Kehrt man nach dem Abstecher in den Garten zurück zur Meijiro-dôri und geht zurück zur nächsten Ecke, kommt man zu einem steil hinabführenden Weg, der Munatsuki-zaka genannt wird. Rechts davon erstreckte sich einst die Residenz der *Hosokawa* aus Kumamoto, deren Spross *Hosokawa Morihiro* 1993 zum ersten Nicht-LDP-Premierminister ernannt wurde. Nicht weit entfernt liegt das private **Museum Eisei Bunko** mit Kunstschätzen der Sammlung der *Hosokawa,* einer der bedeutendsten Familien Japans (10–16.30 Uhr, 1./3./5. Sa geschl., 1-1-1 Mejirodai, Tel. 3941-0850). Sehenswert ist der **Shin-Edogawa-Park (9)** am Fluss. Er war einst auch Teil der Hosogawa-Residenz (Tel. 3941-9649, 1-1-22 Mejirodai).

Mejirodai

1 Zōshigaya-Kishimojin-Schrein
2 Zōshigaya-Friedhof
2a Zōshigaya-Missionary-Museum
3 Gokokuji
4 Music-Box-Museum
5 Ochanomizu Women's University
6 Japan Women's University
7 Kino ACT
8 Waseda-Universität und Theater-Museum
9 Shin-Edogawa-Park
10 Chinzan-sô Restaurant und Four Seasons Hotel
11 Kathedrale St. Mary's

Am Kanda-Fluss

Am Ende des Hangweges ist links ein **Tor,** das zu einem früheren Wohnsitz des berühmten Haiku-Dichters *Matsuo Bashô* führt; er habe am Kanda-gawa ab 1677 drei Jahre lang die Arbeiten am Kanal überwacht. Deshalb heißt das Anwesen heute noch **Sekiguchi Bashô-an** (Tel. 3941-1145, 2-11-3 Sekiguchi). Es grenzt an den Chinzan-sô-Garten. Links gegenüber steht ein kleiner **Schrein,** Sui-jinja, im Schatten eines alten Ginkgo-Baumes.

Er soll vor Überschwemmungen schützen. Der Kanda-Fluss ist erstaunlich klar, hier schwimmen sogar große Zierkarpfen. Entlang des Flusses wurden Kirschbäume gepflanzt.

Gleich östlich des *Chinzan-sô* schließt sich der **Edogawa-kôen-Park** an.

Waseda-Universität (8)

Wenige Minuten südwestlich des Shin(Neu)-Edogawa-Parks liegt das Gelände der angesehenen privaten Waseda-Universität. Theaterfreunde besuchen gern das auf dem Uni-Gelände stehende **Theater-Museum (8)**, das im Tudor-Stil eines Shakespeare-Theaters gebaut wurde. Das Tsubouchi Memorial Theater Museum zeigt Gegenstände und Dokumente im Zusammenhang mit östlichem und westlichem Theater (9–17, So ab 10 Uhr, an Feiertagen sowie Anf. März bis Anf. April, im August, Ende Okt., Ende Dez. bis Anf. Jan. geschlossen, Eintritt frei, Waseda Universität, 1-6-1 Nishi-Waseda, U: Waseda, Tel. 3203-4141).

Kagurazaka

Östlich der Universität liegt das Viertel Kagurazaka, das sich noch die Atmospäre aus den Zeiten der Samurai, die hier einst lebten, erhalten hat. Es gibt traditionelle Läden und Restaurants, sogar ein paar Geishas leben noch hier, in der Nähe des Bishamon-Schreins im Herzen von Kagurazaka.

Hatoyama Kaikan

Angesichts des seit 2009 amtierenden Premierministers *Yukio Hatoyama* lohnt der Besuch des Stammhauses der berühmten Politikerfamilie, zumal die 1924 erbaute Villa zu den wenigen erhaltenen Residenzen aus der Zeit vor dem Zweiten Weltkrieg gehört und der Öffentlichkeit zugänglich ist. Tel. 5976-2800, www.hatoyamakaikan. com (U: Edogawabashi, Yurakucho Line).

Umgebung der Universität

Gleich westlich der Universität liegt der weitläufige **Toyama Park** mit dem kleinen Gipfel des *Hakoneyama* nahe dem nördlichen Ende, dem mit 45 m höchsten Punkt der Stadt innerhalb der Yamanote-Ringlinie. Ein Stück östlich der Uni (eine Station mit der U-Bahn der Tozai Line bis Kagurazaka) liegt ein ehemaliges **Geishaviertel** mit entsprechend teuren *Ryotei* (wie noch heute in *Akasaka*). Die lebhafte Straße *Kagurazaka* führt hinunter zum *Sotobori*-Kanal, dem früheren äußeren Palastgraben und dem JR/U-Bahnhof Iidabashi. Gegenüber dem beliebten roten **Bishamonten-Tempel** (genaugenommen: *Zenkoku-ji*) auf halbem Weg den Hang hinab, empfielt sich ein Bummel durch die engen Gässchen des Viertels. Den Spaziergang kann man natürlich auch von Iidabashi aus unternehmen.

Einkaufen

● **Bingo-ya**, Volkskunst. 10–19 Uhr, Mo geschl., 10-6 Wakamatsuchô (U: Waseda), Tel. 3202-8778.
● **Isuzu Sweet Shop**, berühmt für *wagashi*, traditionelle Süßigkeiten an der Kagurazaka-straße.

Essen

Mejiro

●**Restaurant Beaux-Arts,** ¥¥, im Dekor viel Liebe zum Detail, wechselndes Menü, Familienbetrieb, Lunch ab 2000 ¥, Abendessen ca. 8000 ¥. 11.30–14 u. 17.30–21 Uhr, So geschl., Sakakiya Art Supplies Shop F2, 3-17-30 Shimo-Ochiai (JR Mejiro), Tel. 3952-9715.
●**B-girl,** ¥, angenehm, ab 1000 ¥. 18–5 Uhr, F2, 1-27-17 Naka-Ochiai (JR Mejiro, 20 Min. bis Yamate-dôri), Tel. 3954-4294.

Takadanobaba, Waseda, Kagurzaka

●**Rera Chise,** ¥/¥¥, Izakaya-Lokal mit *Ainu*-Gerichten, locker, preiswert. 2-1-19 Nishi-Waseda (JR Takadanobaba), Tel. 3202-7642.
●**La Dînette,** ¥/¥¥, große Portionen, Lunch: 1000 ¥, Abendessen 2500 ¥, Reservierung notwendig, teure Weine. 2-6-10 Takadanobaba (JR Takadanobaba), Tel. 3200-6571.
●**Il Castello,** ¥¥, preiswert, beliebt bei jungen Leuten, Toskana-Küche, Tauben, Wachteln, Lunchset ab 1500 ¥, Dinner ab 3800 ¥. 11.30–14 und 17–23 Uhr, 1-34-14 Takadanobaba (JR Takadanobaba), Tel. 3208-0432.
●**Nataraj,** ¥/¥¥, gute vegetarische indische Curries. 3-19-1 Nishi Waseda (U: Waseda), Tel. 3202-6987.
●**Gojûban,** ¥, japanische Küche, beliebt wegen der 15 Arten von gefüllten Teigkugeln (*manju*). 10–23 Uhr, 3-2 Kagurazaka (U: Kagurazaka, Tôzai-Linie), Tel. 33260-0066.
●**Carmine,** ¥¥, authentische ital. Küche, Lunch ab 1500 ¥, Abendessen ab 3500 ¥. 12–14 und 18–23 Uhr, So geschl., 21 Nakamachi (U: Kagurazaka), Tel. 3260-5066.
●**Cambodia,** ¥/¥¥, gutes Essen, z.B. vietnamesische *okonomiyaki*, Frühlingsrollen, Curries, Bier 500 ¥. Yoshino Bldg. 2F, 3-10-14 Takada, Toshima-ku (U: Takada, Toden-Arakawa-Linie), Tel. 3209-9320.
●**Mickey House,** Chat Café: Englisch, Japanisch tägl., Deutsch Di + 1./3.Fr, Bier 500 ¥, Softdrinks 350 ¥, Tel.3209-9686.
●**Ben's Café,** beliebt bei Ausländern und Japanern gleichermaßen, vor allem auch Künstlern; Suppen, Quiches, Kaffeespezialitäten, Internet, Tel. 3202-2445, www.benscafe. com (JR/U: Takadanobaba)

●**Canal Café,** vor oder nach einem Spaziergang durch Kagurazaka, am Sotobori-Kanal, Di–So 11–22.30 Uhr, Tel. 3260-8068, 1-9 Kagurazaka (U: Iidabashi, Ausg. B3).

Bars

●**Pub Elvis,** Karaoke-Bar für Elvis-Fans, Cover Charge 800 ¥. Mo–Sa 18–2 Uhr, So u. F geschl., Tack Eleven Bldg. F2, 2-19-7 Takadanobaba (JR Takadanobaba), Tel. 3232-0073.
●**Billy Barews Beer Bar,** riesige Auswahl an Bieren und leckeren Snacks, viele Studenten, ab 1000–1500 ¥. Mo–Do 17–24 Uhr, Fr u. Sa bis 2 Uhr, So u. F bis geschl., 1-17-10 Takadanobaba (JR/U: Takadanobaba), Tel. 3209-0952.

Unterkunft

●**Taisho Central,** ¥/¥¥, 197 Zimmer, ab 9000 ¥. 1-27-7 Takadanobaba (JR Takadanobaba, Ausg. Waseda), Tel. 3232-0101, Fax 3209-2349.
●**Best Western The Richmond Hotel Tokyo,** ¥¥, Resort-Hotel, 117 Zimmer, ab 13.000 ¥, 3-5-14 Mejiro, Tel. 3565-4111, Fax -4181.
●**Rihga Royal Hotel Waseda,** ¥¥¥, Zimmer im italienischen Stil, ab 22.000 ¥. 1-104-19 Totsuka-machi (U: Waseda, Tôzai-Linie, Ausg. 3A), Tel. 5285-1121, Fax -4321.
●**Four Seasons Hotel Chinzan-sô (10),** ¥¥¥¥, inmitten eines traditionellen japanischen Gartens, ab 30.000 ¥. 2-10-8 Sekiguchi (U: Edogawabashi, Yûrakuchô-Linie, Ausg. 1A, 10 Min.), Tel. 3943-2222, Fax -2300.

Stadtteile

Das Universitäten- und Garten-Viertel: Hongô/Yushima/ Komagome

(Bunkyô-ku, Kita-ku)

Hongô und die umliegenden Viertel von Ochanomizu und Kôrakuen sind Zentren des Lernens. Die Tokyo Daigaku, verkürzt **Tôdai,** ist die **begehrteste Universität des Landes,** Sprungbrett für garantierte Karrieren. Jedes Jahr im Januar und Februar, zur Zeit der Pflaumenblüte, pilgern Studenten vom Schrein Yushima Seidô, der in der Edo-Zeit zur Konfuzianischen Akademie gehörte, über den Yushima-Tenjin-Schrein zum Eingang der Tôdai. Bei den nachfolgenden Prüfungen der Eintrittsexamen entscheidet sich, ob sich der Gang gelohnt hat. Ohne härtestes Lernen gibt es keine Chance auf Erfolg.

Der **Vergnügungspark Tokyo Dome City (7)** liegt in der Nachbarschaft der Uni. Dessen alter Name *Kôrakuen* leitete sich vom nahe gelegenen **Garten Koishikawa Kôrakuen** ab, der aus der frühen Edo-Zeit stammt und zu den bedeutendsten und schönsten der Stadt gehört. Er bietet einen starken Gegensatz zum lauten Geschehen der Umgebung. Nebenan im **Tokyo Dome (10)** ist die Heimat der Baseballmannschaft *Tokyo Giants.* In der Umgebung von *Koishikawa* und *Komagome* liegen drei berühmte Gärten, die alle sehenswert sind.

Kôrakuen

Das Viertel rund um den altehrwürdigen Vergnügungspark Kôrakuen hat sich in den letzten Jahren zunehmend gemausert. Das **Bunkyo Civic Center,** in dem sich die Verwaltung von Bunkyô-ku befindet, bietet vom F25 einen hervorragenden (kostenlosen) Blick auf die Stadt und bei guter Sicht sogar auf ihre Umgebung einschließlich Fuji-san (Tel. 3812-7111, U: Kasuga/Korakuen).

Kôdôkan-Judo-Zentrum (4)

Direkt an der Kreuzung Kasuga- und Hakusan-dôri bei der U-Bahnstation Kôrakuen befindet sich das Mekka der Judofans, das Kôdôkan. Es ist das Hauptquartier des 1882 von *Jigoro Kano* gegründeten Sports. Übungshallen befinden sich in mehreren Etagen, besonders eindrucksvoll ist die 500 Matten große Halle im 2. Stock. Das **Training** findet täglich von 17 bis 19.30 Uhr statt, eine **Zuschauergalerie** ist im 3. Stock; darunter befinden sich die Hallen für Jugendliche und Frauen.

Tokyo Dome City-Attraktionen (7)

Der nebenan liegende, bereits 1955 eröffnete Vergnügungspark mit seinen fest installierten **Karussells, Achterbahnen** und anderen Einrichtungen ist wegen seiner günstigen Lage sehr beliebt. Auf der Freilichtbühne finden immer wieder Veranstaltungen statt. Inzwischen sind neue Attraktionen hinzugekommen, die sich in drei Bereichen gruppieren: **LaQua (8,** Einkaufszentrum mit Spa), **Parachute**

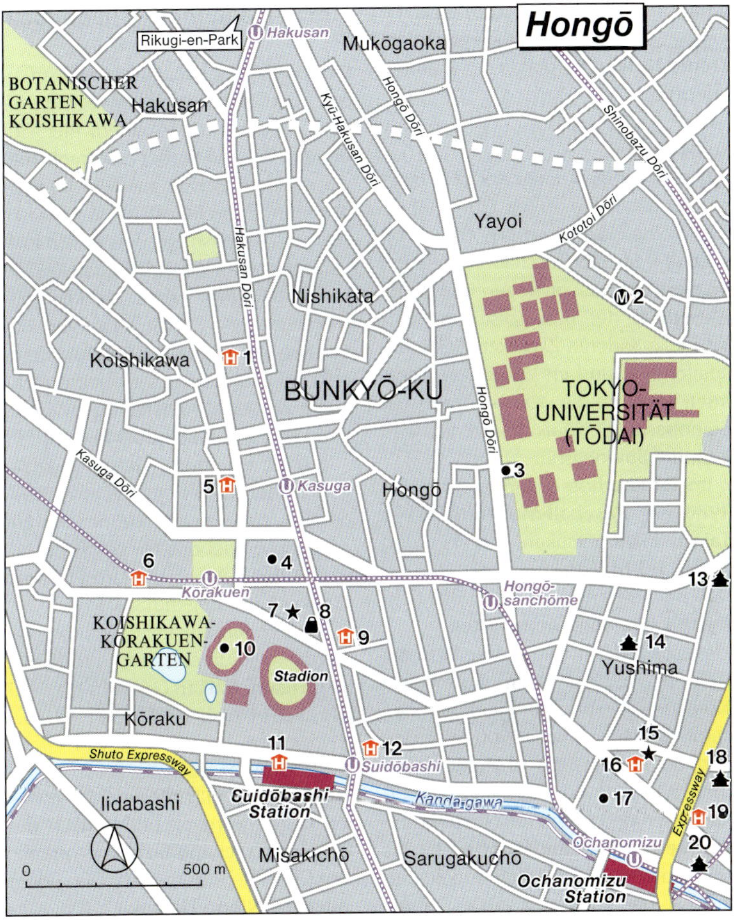

Hongō

BOTANISCHER GARTEN KOISHIKAWA
Rikugi-en-Park
Hakusan
Mukōgaoka
Hakusan
Yayoi
Nishikata
Koishikawa
BUNKYŌ-KU
TOKYO-UNIVERSITÄT (TŌDAI)
Kasuga Dōri
Hongō
Kōrakuen
KOISHIKAWA-KŌRAKUEN-GARTEN
Stadion
Hongō-sanchōme
Yushima
Kōraku
Shuto Expressway
Iidabashi
Suidōbashi Station
Misakichō
Suidōbashi
Kanda-gawa
Sarugakuchō
Ochanomizu
Ochanomizu Station

Stadtteile

0 — 500 m

1 Daiei
2 Yayoi Art Museum, Takehisa Yumeji Art Museum
3 Akamon-Tor
4 Kōdōkan
5 Toyoko Inn Kōrakuen
6 Satellite Hotel Kōrakuen
7 Tokyo Dome City-Vergnügungspark
8 LaQua
9 Suidobashi Grand Hotel
10 Tokyo Dome (Sportstadion)
11 Tokyo Green Hotel Kōrakuen
12 Satō
13 Yushima-Tenjin-Schrein
14 Reiunji
15 Origami-Kaikan
16 Tokyo Garden Palace
17 Medical and Dental University
18 Kanda-Myōjin-Schrein
19 Ochanomizu Inn
20 Yushima-Seidô-Schrein

Land und **Tower Land.** Zum Gelände gehört auch das 43-stöckige **Tokyo Dome Hotel** (U: Kôrakuen, Marunouchi-Linie).

Tokyo Dome

Die eiförmige Kuppel der **„Big Egg"** genannten Halle Tokyo Dome überdacht eine Fläche von fast 47.000 m²; sie bietet 56.000 Zuschauern und den Spielern Schutz vor Regen und Kälte. Außerhalb der Baseballsaison dient die Halle anderen Zwecken. Seit 1937 spielen hier und im Vorgänger **Korakuen Stadium** die *Yomiuri Giants* (JR Suidobashi, U: Kôrakuen, 5 Min. vom Bahnhof Suidobashi).

Im Erdgeschoss befindet sich seit 1988 das **Baseball-Museum** (Yakyû Taiiku Hakubutsukan, 10–17 Uhr, 350 ¥, 1-3-61 Kôraku).

Koishikawa-Kôrakuen-Garten

Westlich des Tokyo Dome befindet sich der 1629 anglegte Koishikawa Kôrakuen. Ursprünglich gehörte dieser angenehm ruhige, 9500 m² große Park der Familie *Mito.* Charakteristisch für Gärten der Edo-Zeit sind die verkleinerten und stilisierten **Nachbildungen berühmter Landschaften** Japans und Chinas mit künstlich angelegten Teichen und Hügeln, ja sogar symbolischen Reisfeldern. Dieser Park gilt als einer der schönsten traditionellen Gärten Tokyos.

Eine Wegbeschreibung auf Englisch für den ca. halbstündigen Rundgang ist am Eingang des Gartens erhältlich (9–16.30 Uhr, 300 ¥, 1-6-6 Kôraku, Tel. 3811-3015).

Um den Bahnhof Ochanomizu

Der zweite Shôgun, *Hidetada,* kam eines Tages auf dem Rückweg von einem Jagdausflug an einem hier stehenden Tempel vorbei und trank Tee, der mit dem Wasser aus dem Tempelbrunnen zubreitet worden war. Er schmeckte ihm so gut, dass er sich fortan täglich das Wasser für seinen Tee von dort in den Palast schicken ließ. „Ocha-no-mizu" heißt Teewasser, daher also der Name des Viertels. Tempel und Brunnen gibt es heute nicht mehr, der einst künstlich gegrabene Kanda-Fluss fließt darüber hinweg.

In der Gegend um Ochanomizu lagen früher zahlreiche Daimyô-Residenzen. Nach dem Ende des Shôgunats gab es viel brachliegendes Land, das für den Bau von Universitäten und Krankenhäusern genutzt wurde.

Wer sich für Origami (japanische Papierfaltkunst) interessiert, wird fündig im **Origami Kaikan (15)**, Mo–Sa 9–17 Uhr, 1-7-14 Yushima, Tel. 3811-4025.

Universitäten

Einige der bekanntesten Universitäten liegen nördlich und südlich des Bahnhofs Ochanomizu und prägen den Charakter des Viertels. Die südlich gelegene **Nihon Daigaku** (*Nichi-dai* = „Japan-Uni") ist die größte Uni im Land, und es ist nicht allzu schwer, dort aufgenommen zu werden. Die nebenan liegende **Meiji-Daigaku** hat einen besseren Ruf. Zu den zur Uni gehörigen zwei Museen und anderen Sehenswürdigkeiten südlich des Bahnhofs s. Kapitel „Kanda und Akihabara".

Daneben gibt es – auf der nördlichen Flussseite – noch zwei **Medizinische Hochschulen:** die **Tokyo Medical and Dental University** (17) und die Juntendô Daigaku (alle wenige Min. vom Bahnhof Ochanomizu bzw. Shin-Ochanomizu entfernt).

Yushima-Seidô-Schrein (20)

Gleich nördlich des Ostausgangs des Bahnhofs Ochanomizu, jenseits der Hijiri-Brücke, liegt rechts der konfuzianische Schrein Yushima Seidô. Er wurde 1690 unter dem 5. Shôgun *Tsunayoshi* als erste Hochschule für die Söhne der Daimyô, Samurai und Beamten gegründet und entwickelte sich langsam zu einer Art Universität. Er diente vor allem dem Studium der Lehren des Konfuzius.

Die Söhne der Daimyô konnten nur mit dem Diplom der bestandenen Prüfung später einmal ihren Vätern nachfolgen. Auch heute werden die Weisheiten des *Konfuzius* an dieser Stelle noch gelehrt, dazu auch chinesische Geschichte und Sprache. Eher jedoch ist dieser Ort eine Art Wallfahrtsort für angehende Studenten, die für ihr Eintrittsexamen an einer der prestigereichen Universitäten, insbesondere der nahe gelegenen Tôdai, büffeln.

Das Schreingebäude ist im Stil der Ming-Dynastie gebaut, stammt jedoch erst aus dem Jahre 1935. Das ursprüngliche Gebäude fiel dem großen Erdbeben 1923 zum Opfer. Nur noch das Tor Nyutoku-mon ist original. In der am Ende der Treppe stehenden tempelartigen türlosen Halle Taiseiden steht ein **Standbild von Konfuzius.** Auch im baumbestandenen Garten gibt es ein fünf Meter hohes Konfuzius-Denkmal. Alljährlich Ende April wird ein Fest zu Ehren des Meisters veranstaltet.

Kanda-Myôjin-Schrein (18)

Nur ein kleines Stück weiter nördlich des Konfuzius-Schreins liegt der schon während der Nara-Zeit gegründete Kanda Myôjin. Dieser ist einer der ältesten Schreine der Stadt, er soll bereits im Jahre 730 errichtet worden sein. Allerdings sind die sichtbaren Gebäude erst 1934 – nach dem großen Erdbeben – wiederaufgebaut worden. Sie sind treue Kopien der unter den *Tokugawa* entstandenen Gebäude mit dem bei den Shôgunen so beliebten barockhaften Stil.

Ursprünglich war der Schrein der Shintô-Gottheit Okunimushi-no-Mikuni gewidmet. Später war er mit *Tairano-Masakado* verbunden, einem 940 enthaupteten Rebellen, der gegen den Kaiser in Kyôto kämpfte. Er wurde für die Menschen zum Symbol für das Aufbegehren gegen Autoritäten. Kurz vor *Ieyasus* Tod 1616 wurde der Schrein von Surugadai hierher verlegt und zum Schutzschrein für Edo erhoben.

Damit wurde das **Schreinfest** (das eigentlich an den Sieg *Ieyasus* in der Schlacht von Sekigahara im Jahre 1600 erinnert soll) zu einem der drei wichtigsten der Stadt, zumal die Shôgune die Parade der prachtvollen Festwagen am Palast vorbeiziehen ließen. Die Festwagen, die es in manchen anderen Städten Japans noch gibt, sind wegen der Oberleitungen aus Tokyo

Stadtteile

verschwunden, statt dessen werden drei große **kaiserliche Sänften** (*horen*) und 76 *mikoshi* (tragbare Schreine) durch die Straßen getragen. Der größte *mikoshi* ist so schwer, dass er von 400 kräftig gebauten Freiwilligen getragen werden muss. Das Fest findet nur alle zwei Jahre am Wochenende vor dem bzw. am 14./15. Mai statt.

Hinter dem Schreingebäude liegt ein **Garten,** der im März von rosa Pflaumenblüten und im Mai von lilafarbenen Glyzinien übersät ist. Auf dem Schreingelände gibt es noch den kleineren **Inari-Schrein.** Zu seiner Rechten führt eine steile Treppe hinunter zur Kuramae-dôri. Dieser Weg heißt *otoko-zaka* (Männer-Hangweg), der weniger steile Weg dagegen heißt *onna-zaka* (Frauen-Hangweg).

Reiunji (14)

Auf dem Weg zum nächsten Schrein empfiehlt sich ein kurzer Abstecher zu diesem vom 5. Shogun errichteten und nach der letzten Zerstörung im Zweiten Weltkrieg wieder errichteten **Gebetstempel,** der einige berühmte Bildrollen beherbergt, Tel. 3811-1816, 2-21-6 Yushima, U: Yushima (Chiyoda Linie), Hongô-sanchôme (Hanzômon, Marunouchi Linien).

Akamon der Todai-Universität

Yushima-Tenjin-Schrein (13)

Geht man vom Kanda Myôjin entlang der Kuramae-dôri rund 200 Meter nach Westen und dann 500 Meter in nördlicher Richtung, gelangt man zum zweiten Ziel der Studenten-Wallfahrt, dem Yushima Tenjin. Mehr noch als der Kanda Myôjin ist der Tenjin-Schrein berühmt für seine weißen Pflaumenblüten von Ende Februar bis Mitte März. Dann findet hier auch das **Pflaumenblütenfest** *(ume matsuri)* statt. Die ersten Pflaumenbäume wurden bereits Mitte des 14. Jh. gepflanzt, und kein Ort in Tokyo eignet sich besser zum Betrachten dieser Blütenpracht als der Yushima Tenjin.

Bekanntlich finden in dieser Zeit auch die Eintrittsexamen statt, und Tenjin, der Gott des Lernens, erhält Tausende von **Wunschtafeln** *(ema)* mit der Bitte um Bestehen. Die *ema* lassen oft die Reihenfolge der Universitäten erkennen, bei denen die Aspiranten sich beworben haben. Der Wunsch nach der Tôdai mag vielleicht nicht in Erfüllung gehen, aber dann wenigstens Nr. 2 der Rangfolge ...

Tenjin war einst ein Gelehrter der Heian-Zeit mit Namen *Sugawara no Michizane,* der als Folge einer unrechtmäßigen Beschuldigung ins Exil nach Kyûshû musste und dort bald einsam starb. Da auf seinen Tod in Kyôto Unwetter folgten, glaubte man, dass diese vom ruhelosen Geist des Verstorbenen verursacht wurden. Daraufhin machte man ihn zum **Schutzgott des Lernens** und der Literatur *(tenjin)* und pflanzte in seine Schreine die von ihm geliebten Pflaumenbäume.

Rechts vom Schrein steht eine Bühne, auf der Schreintänze dargeboten werden. Rechts führt die steile Treppe Otoko-zaka, links die flachere Onna-zaka hinunter in Richtung U-Bahnstation Yushima (Chiyoda-Linie). Von hier ist es nicht weit zum **Kyu-Iwasaki-tei-Garten** (s. Kapitel „Ueno").

Tôdai-Universität

Um vom Yushima-Tenjin-Schrein zur Tôdai-Universität und damit ans Ziel studentischer Sehnsüchte zu gelangen, geht man nach links (Westen) in die Kasuga-dôri, folgt ihr bis zur Kreuzung mit der Hongô-dôri (an der SW-Ecke kommt man an einem Laden *(Kaneyasu)* vorbei, der bereits um 1720 eröffnet wurde; nördlich der Kreuzung begannen in der Edozeit die Reisfelder) und geht nach rechts (Norden), bis man zum **Akamon** (**3,** Rotes Tor) kommt. Die Studenten, die in die Tokyo-Universität, die Tôdai oder Tokyo Daigaku, aufgenommen werden möchten, beenden hier, am Haupteingang zu diesem Gebäude, üblicherweise ihren Pilgerweg. Akamon ist mehr als nur der Name des Tores, es ist ein Synonym für die Universität als solche.

Sie ist die **staatliche Universität** mit dem **höchsten Prestige.** Wer hier aufgenommen wird, kann sich seine berufliche Laufbahn aussuchen: In eines der begehrten Ministerien oder einen der großen Konzerne aufgenommen zu werden oder eine wissenschaftliche Karriere zu beginnen – alles ist möglich. Der Traum fast aller Studenten Japans ist es, nach erfolgreicher Prüfung durch das Rote Tor schreiten zu dürfen.

Das Tor wurde 1828 anlässlich der Einheirat einer Tochter des Shôgun *Tokugawa Ienari* in die Familie *Maeda,* denen das gesamte Grundstück einst gehörte, errichtet, daher die weibliche Farbe Rot und die weichen Formen des Tores. Die *Maeda-Daimyôs* waren einst die Herren über die Gegend von Kanazawa und galten als überaus wohlhabend.

Geht man den Weg durch die Hauptallee der Universität ein Stück weiter nach Norden, kommt man zur **Yasuda-Halle,** die heute vor allem durch die Studentenunruhen von 1968 bekannt ist, als sich die revoltierenden Studenten dort ein Jahr lang verschanzt hielten. Südlich davon liegt der kleine japanische Garten **Ikutoku-en,** der noch von der Maeda-Residenz übrig geblieben ist. In seiner Mitte befindet sich der Teich *Sanshiro-ike.* Nordöstlich derYasuda Hall kann man das Uni-Gelände am Yayoi-mon-Tor verlassen.

Nordöstlich der Tôdai: Yayoi

Rechts des Tores liegt das **Yayoi Art Museum (2),** das mit dem **Takehisa Yumeji Art Museum** (Di–So, 700 ¥ Eintritt für beide) verbunden ist. *Takehisa* war einer der berühmtesten Zeitschriftenillustratoren zu Beginn des 20. Jh.

Nach links führt der Weg zum **Yayoi-zaka,** der auf den U-Bahnhof Nezu und den Stadtteil Yanaka zuhält. Am Hang des Yayoi-zaka hatten Studenten bei Ausgrabungen an einem Muschelhügel 1884 Keramiken entdeckt, die aus der Zeit zwischen 300 vor und

300 nach Chr. stammen müssen. Sie unterschieden sich von der bereits bekannten Keramik der Jomon-Zeit (10.000 bis 200 v. Chr.), so bekam diese Epoche den Namen Yayoi-Zeit.

Westlich der Tôdai

Etwa zwischen Hongô- und Hakusan-dôri erstreckt sich ein Viertel mit vielen alten Häusern und schmalen Gassen. Hier lebten mehrere Schriftsteller und Schriftstellerinnen. Am bekanntesten unter ihnen war die bereits mit 24 Jahren an Tuberkulose verstorbene, sehr begabte, erste moderne Schriftstellerin Japans, *Ichiyô Higuchi* (1872–96), die häufig traurige Geschichten über gesellschaftlich Benachteiligte schrieb. Angesichts ihres beschwerlichen Lebens konnte sie sich gut mit ihren Heldinnen identifizieren. Ihr Wohnhaus steht in 4-32-31 Hongô, gleich östlich des Bunka Civic Center (U: Kasuga).

Hinter dem **Tempel Hôshinji,** etwa zwischen Hongô- und Hakusan-dôri, liegt das private **Ichiyô-Museum** mit allerlei Krimskrams der einfachen Leute der Meiji-Zeit (gegenüber Akamon, Eintritt frei, wenn der Abt anwesend ist).

In dem Viertel stand früher der Tempel Honmyôji, in dem der Legende nach im Jahre 1657 das Große Feuer von Tokyo (Furisode- bzw. Meireki-Feuer) ausbrach – wegen eines Kimono-Ärmels *(furisode),* der Feuer gefangen hatte. Es wird jedoch vielfach angenommen, dass das Feuer in Wirklichkeit in einer benachbarten Daimyô-Residenz seinen Ursprung hatte.

Gärten in der Umgebung von Koishikawa und Komagome/ Seniorenparadies Sugamo

Botanischer Garten Koishikawa

Dieser nordwestlich von Hongô gelegene weitläufige Garten ist von den U-Bahnhöfen Hakusan (Tôei-Mita-Line) und Myogadani (Marunouchi-Line) zu Fuß erreichbar. Während der Kirschblütenzeit empfiehlt sich der Weg die Kasuga-dôri in Richtung SO, man biegt in die von Sakurabäumen gesäumte Harima-zaka-Straße ein und folgt ihr hinunter Richtung Garten. Vom Bahnhof Hakusan (mit dem nahegelegenen Hakusan-Schrein) folgt man der gleichnamigen Straße nach Süden, biegt rechts in die auf-, dann absteigende Rengeji-zaka/Gotenzaka-Straße ein und geht schließlich rechts zum Garteneingang.

Ursprünglich – zu Zeiten des Shôgunats – diente der über 160.000 m² große Garten Koishikawa Shokubutsu-en dem Anbau von Heilpflanzen, von denen hier immer noch über 100 Arten zu finden sind. Heute kann man in diesem der Tôdai-Universität angeschlossenen Garten **2900 Pflanzenarten** sehen.

Im japanischen Teil ist der Garten so angelegt, dass er in jeder Jahreszeit seine besonderen Reize entfaltet. **Tropische Pflanzen** wachsen in einem Gewächshaus. Attraktionen sind der Ableger von *Newtons* Apfelbaum, unter dem er seine Theorie der Schwerkraft entwickelt haben soll, und einige der Trauben, mit denen *Gregor Mendel* seine Vererbungsexperimente durchgeführt hat.

Es gibt eine englischsprachige Karte für 100 ¥, entweder am Eingang oder an einem dahinter liegenden Kiosk.

Rikugi-en-Park

Noch weiter nördlich liegt ein weiterer sehenswerter Park, der Rikugi-en. Der viereckige, 8,6 ha große Garten gilt als einer der schönsten Tokyos. Er wurde von *Yoshiyasu Yanagisawa*, dem Kammerherrn des 5. Shôguns *Tsunayoshi*, zu Beginn des 18. Jh. angelegt. Seine **Landschaftsszenen** illustrieren klassische chinesische Gedichte. Wege führen durch den dicht von Bäumen bestandenen Park, und es gibt einige künstliche Hügel, Wasserläufe sowie einen **See** in der Mitte.

Der Name Rikugi bedeutet „sechs Regeln" und bezieht sich auf klassische Regeln der chinesischen Dichtkunst, wie sie von *Konfuzius* aufgestellt worden waren. Einst wurden in diesem Park 88 damals berühmte Szenen nachgebildet. Dennoch wirkt der Park – dies ist die Kunst vieler japanischer Gärten – ganz natürlich.

Am Eingang gibt es ein Faltblatt in englischer Sprache mit kurzer Erklärung der Einzelheiten (7 Min. vom JR-Bahnhof Komagome, etwas weiter vom U- bzw. JR-Bahnhof Sugamo und dem U-Bahnhof Sengoku der Toei-Mita-Line).

Kyû-Furukawa-Garten

Dieser Garten liegt zwar etwas außerhalb der üblicherweise von Touristen besuchten Zone, doch ist sein

Stadtteile

Besuch sehr lohnend und kann kombiniert werden mit einem Besuch des *Rikugi-en*. Der Garten hat einen westlichen Teil mit einem Wohnhaus, das der bedeutende Architekt *Josiah Condor* 1917 für den Industriellen *Toranosuke Furukawa* entworfen hat: außen ein dunkles englisches Herrenhaus aus Stein, innen im F2 fast rein klassische japanische Zimmer. Der an der Böschung unterhalb der Villa angelegte **Rosengarten** zieht besonders im Frühjahr und Herbst viele Besucher an. Reizvoll ist auch der um einen Teich (angelegt in der Form des Schriftzeichens für *kokoro* = Herz) herum gestaltete japanische Garten samt Riesenlaterne und Wasserfall. Dieser Teil des Gartens wurde entworfen vom berühmten Gartengestalter *Jihei Igawa* aus Kyoto. 9–17 Uhr, 150 ¥, Tel. 3910-0394, www.tokyo-park.or.jp/english (U: Kami- Nakazato oder Nishigahara, je 7 Min., JR/U: Komagome, 12 Min).

Sugamo –
das Einkaufsviertel der Senioren

Was die Takeshita-dori bei Harajuku für Teenager ist, das ist die Jizô-dôri in Sugamo für betagte Leute. Sie führt vom Bahnhof Sugamo in nordwestlicher Richtung entlang der alten Ausfallstraße Kyu-Nakasendô an den Tempeln Shinshoji und Togenuki-Jizô vorbei. Die am Eingangstor erkenntliche Einkaufsstraße führt alles, was ältere Leute benötigen oder zu brauchen glauben: besondere Kleidungsstücke und vor allem der Gesundheit und dem langen Leben förderliche Nahrungs- und andere Mittel.

Den **Togenuki-Jizô-Tempel** suchen Alte und Gebrechliche vor allem an den Tagen mit „4" (= *shi*, Tod) auf, also am 4., 14. und 24. eines jeden Monats, und bürsten eine Figur im Hof an den Stellen des Körpers, wo sie für sich selbst Linderung erhoffen. Die Menschen beten auch um schnellen Tod ohne Leiden, wenn es dann soweit ist. Erreichbar ist die Jizu-dôri auch mit der Arakawa-Toden-Straßenbahn an der Haltestelle *Kôshinzuka*.

Einkaufen

● **Kikuya-Shamisen-ten,** *shamisen,* japanische Saiteninstrumente ab 55.000 ¥. 9–19.30 Uhr, So/F geschl., 3-45-11 Yushima (U: Yushima), Tel. 3831-4733.

Essen

● **Kizushi,** ¥¥¥, neben dem Aka-mon-Tor. Spitzen-Sushi, wenn man ein paar Tage im Voraus bestellt und pro Person 7000–8000 ¥ auszugeben bereit ist. 11.30–14 u. 17–21.30 Uhr, So geschl., 6-17-2 Hongô (U: Hongô-sanchôme), Tel. 3811-5934.
● **Toriei,** ¥¥, Nabe-Lokal (Eintopf), köstlicher *tori-nabe* (Hühnereintopf), 5000 ¥. 17–19.30 Uhr, So u. F geschl., 1-2-1 Ikenohata (U: Yushima, Chiyoda-Linie), Tel. 3831-5009.
● **Goemon,** ¥¥, eines der besten Tofu-Lokale in Tokyo, schönes Haus und reizvoller Garten, Menüs ca. 5000–7000 ¥. 17–20 Uhr, So u. F 15–18 Uhr, Mo geschl., 1-1-26 Hon-Komagome (U: Hakusan, Toei-Mita-Linie), Tel. 3811-2015.

Unterkunft

● **Kôrakuen Kaikan,** ¥, ab 7000 ¥. 1 Koraku (Kôrakuen), Tel. 3815-8171.
● **Ikenohata Bunka Center,** ¥, 33 Zimmer, ab 7000 ¥, 1-3-45 Ikenohata (Yushima), Tel. 3822-0151, Fax -0165.

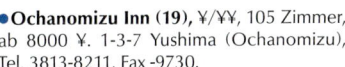
● **Ochanomizu Inn (19),** ¥/¥¥, 105 Zimmer, ab 8000 ¥. 1-3-7 Yushima (Ochanomizu), Tel. 3813-8211, Fax -9730.

● **Tokyo Green Hotel Kôrakuen (11),** ¥/¥¥, 133 Zimmer, ab 9000 ¥. 1-1-3 Koraku (JR Suidobashi), Tel. 3816-4161, Fax 3818-2406.

● **Hotel Satô (12),** ¥/¥¥, 82 Zimmer, ab 8000 ¥. 1-4-4 Hongo (JR Suidobashi), Tel. 3815-1133, Fax -1139.

● **Hotel Daiei (1),** ¥/¥¥, 80 Zimmer, ab 9000 ¥. 1-15-8 Koishikawa (U: Kasuga, Mita-Linie, 3 Min.), Tel. 3813-6271, Fax -6370.

● **Suidobashi Grand Hotel (9),** ¥/¥¥, 217 Zimmer, ab 8000 ¥. 1-33-2 Hongo (JR Suidobashi), Tel. 3816-2101, Fax -2332.

● **Tokyo Garden Palace (16),** ¥¥, 213 Zimmer, ab 9000 ¥. 1-7-5 Yushima (Ochanomizu), Tel. 3813-6211, Fax -6060.

● **Satellite Hotel Kôrakuen (6),** ¥¥, 251 Zimmer, ab 10.000 ¥, nahe Kôrakuen-Garten. 1-3-3 Kasuga (U: Kôrakuen), Tel. 3814-0202, Fax 5410.

● **Toyoko Inn Korakuen (5),** ¥, 166 Zimmer, EZ 6800 ¥, DZ 8800 ¥. 2-2-11 Koishikawa (U: Korakuen, Ausg. 8, Kasuga, 1 Min.), Tel. 3818-1045, Fax -1048.

Jugendherberge

● **Tokyo Kokusai/International Youth Hostel,** 138 Betten, 3100 ¥, F18, 1-1 Kaguragashi (Iidabashi), Tel. 3235-1107.

In Sugamo

● **Mentels Sugamo,** ¥/¥¥, ab 8000 ¥, 51 Zimmer 1-12-3 Sugamo (JR Sugamo), Tel. 3947-7411, Fax 3945-4596.

Das Viertel der Studenten und Elektronikfreaks: Kanda und Akihabara

(Chiyoda-ku)

Das nördlich des Tokyo-Bahnhofs gelegene Stadtviertel Kanda besteht eigentlich aus zwei Teilen mit ganz verschiedenem Charakter: Das zwischen den Bahnhöfen **Kanda** und **Ochanomizu** gelegene Gebiet ist ein **Stadtteil der Studenten,** mit unzähligen Second-Hand-Buchläden und Verlagshäusern sowie Sportkaufhäusern und Geschäften für Musikinstrumente, besonders in der Umgebung des U-Bahnhofs Jimbôchô.

Das Gebiet um den **Bahnhof Akihabara** ist das Paradies der Elektro(nik)-Freaks, wo alle Neuheiten zuerst vermarktet werden und wo ausnahmsweise gehandelt werden darf.

Früher lebten in Kanda einfache Handwerker und Gemüsehändler. Dieses Stadtviertel gilt als die Urheimat der *Edokko,* der Kinder Edos, die es nie verstanden, Geld lange bei sich zu behalten. Die Badehäuser des Viertels wurden gern von den örtlichen Gangstern besucht, und die Frauen dort waren nicht zimperlich.

In der Meiji-Ära ließen sich hier jedoch zunehmend Intellektuelle nieder. Dank der Universitäten gibt es hier, genau genommen am Bahnhof **Jimbôchô,** jede Menge **Antiquariate und Buchhandlungen.** Auch Freunde von Holzschnitten finden reichlich Auswahl, wenn auch die Preise mit der Zeit gehen. Die meisten **Verlagshäu-**

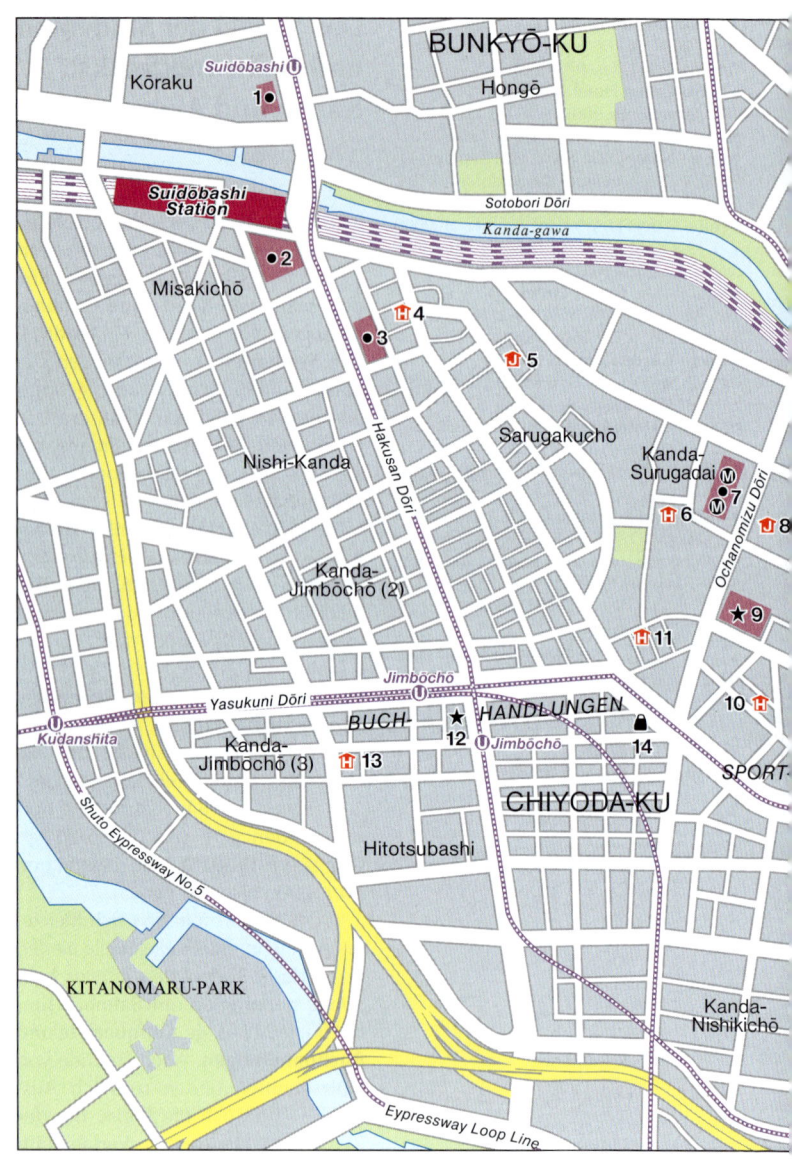

BUNKYŌ-KU

Kōraku

Suidōbashi

Hongō

1

Suidōbashi Station

Sotobori Dōri

Kanda-gawa

2

Misakichō

4

3

5

Sarugakuchō

Kanda-Surugadai

Nishi-Kanda

6

7

8

Kanda-Jimbōchō (2)

9

11

Jimbōchō

10

Yasukuni Dōri

Kudanshita

BUCH-

HANDLUNGEN

12

Kanda-Jimbōchō (3)

13

Jimbōchō

14

SPORT-

CHIYODA-KU

Hitotsubashi

Shuto Expressway No. 5

KITANOMARU-PARK

Kanda-Nishikichō

Eypressway Loop Line

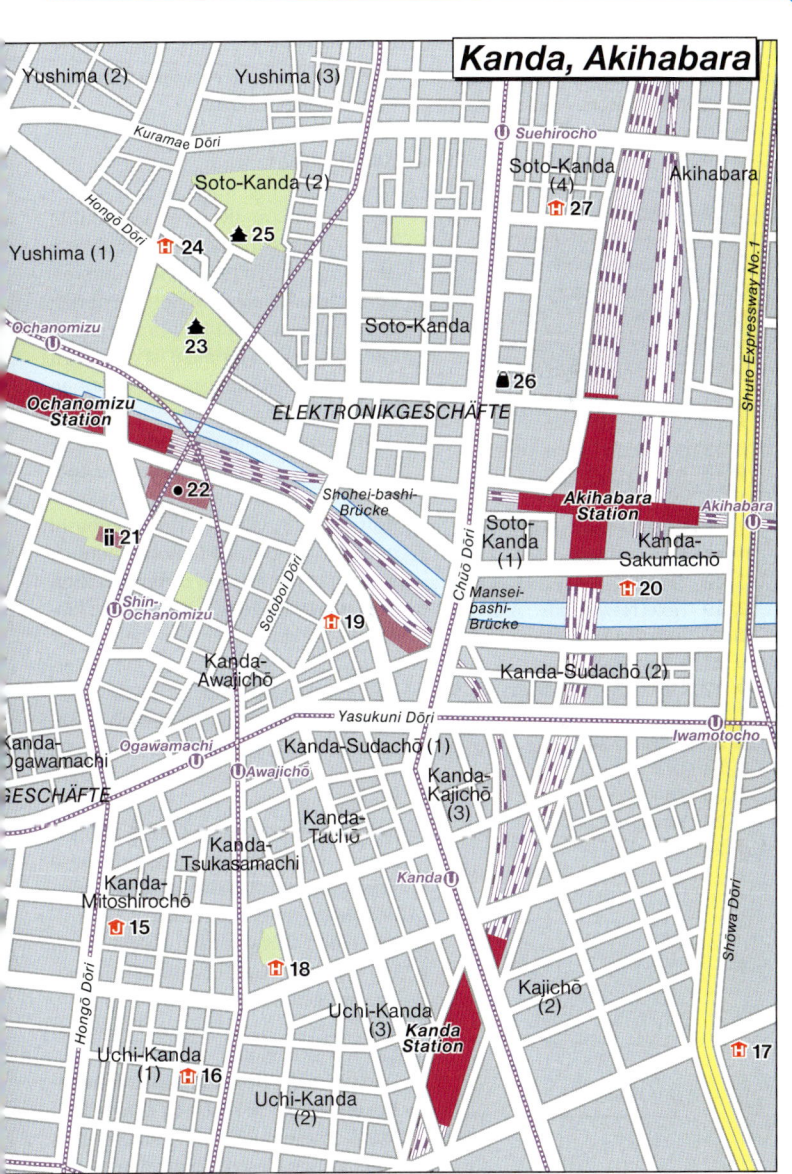

Kanda, Akihabara

Yushima (2)

Yushima (3)

Kuramae Dōri

Soto-Kanda (2)

Hongō Dōri

Yushima (1)

Ⓤ Suehirocho

Soto-Kanda (4)

Akihabara

🏮 27

🏮 24

♠ 25

Ⓤ Ochanomizu

♠ 23

Soto-Kanda

Ochanomizu Station

♠ 26

Shuto Expressway No. 1

ELEKTRONIKGESCHÄFTE

● 22

Akihabara Station

Akihabara Ⓤ

ⅱ 21

Shohei-bashi-Brücke

Soto-Kanda (1)

Kanda-Sakumachō

Ⓤ Shin-Ochanomizu

Sotobōri Dōri

Chūō Dōri

Mansei-bashi-Brücke

🏮 20

🏮 19

Kanda-Awajichō

Kanda-Sudachō (2)

Ⓤ Yasukuni Dōri

Ⓤ Iwamotocho

Kanda-Ogawamachi

Ogawamachi Ⓤ

Ⓤ Awajichō

Kanda-Sudachō (1)

Kanda-Kajichō (3)

GESCHÄFTE

Kanda-Tachō

Kanda-Tsukasamachi

Kanda Ⓤ

Kanda-Mitoshirochō

🏮 15

🏮 18

Hongō Dōri

Uchi-Kanda (3)

Kanda Station

Kajichō (2)

Shōwa Dōri

Uchi-Kanda (1)

🏮 16

Uchi-Kanda (2)

🏮 17

Stadtteile

```
        N
0              200 m
```

ser haben hier ihren Sitz. Neben Buchläden wimmelt es von **Sporthäusern** und **Musikgeschäften.**

Rundgang

Wenn man am JR- oder U-Bahnhof Kanda aussteigt, ist man noch ein Stück von den Attraktionen entfernt, deretwegen man wohl hergekommen ist und die man mit Kanda verbindet. Die Station Ochanomizu ist eigentlich der bessere Ausgangspunkt für einen Besuch des Viertels.

Um vom **Bahnhof Kanda** ins Zentrum von Kanda zu gelangen, geht man in nördlicher Richtung die Chûô-dôri entlang, die von Nihombashi nach Ueno führt. Im Bahnhofsbereich kann man der ältesten **unterirdischen Einkaufspassage** Tokyos aus dem Jahre 1932 einen Besuch abstatten.

Die Chûô-dôri entlanggehend, erreicht man nach etwa 300 m die Yasukuni-dôri. Hier entscheiden Sie sich, ob sie nach links ins Studentenviertel oder geradeaus unter der Bahn hindurch und über die *Mansei-bashi*-Brücke in das Elektronik- und Mangaparadies von Akihabara gehen. Diese Brücke über den in der Edo-Zeit künstlich gegrabenen Kanda-Fluss bot früher einen Zugang zum Palast, denn der Fluss war zugleich äußerer Graben des riesigen Palastbezirks.

Elektronik-Mekka

In der Nähe des **Bahnhofs Akihabara** (ursprünglich: *Akiba-ga-hara* = Feld des Akiba-Tempels) konzentrieren sich jede Menge Geschäfte mit den neues-

535to Foto: ml

Stadtteile

ten Angeboten an **Unterhaltungs- und Haushaltselektrik und -elektronik.** Das Gebiet erstreckt sich grob zwischen der Mansei-bashi-Brücke im Süden und der Kreuzung bei der U-Bahn-Station Suehirochô (Ginza-Linie) im Norden, hauptsächlich entlang der Chûô-dôri.

Auch wenn man nichts kaufen will (viele Geräte sind ohnehin nur für den heimischen Markt bestimmt), ist ein Blick in diese laute Glitzerwelt doch lohnend. Die Preise allerdings sind in Hongkong und anderswo, auch wegen des starken Yen, meist niedriger, und die dominierenden Firmen von Akihabara, z.B. **Yamagiwa (26)** oder Laox, sorgen dafür, dass die Preise nicht zu tief sinken.

Eine solche geballte Masse und Vielfalt an Elektronik findet man sonst wohl nirgends auf der Welt. Es gibt Läden für jede Art von Elektronik-Bauteilen, für **elektronische Musikinstrumente, Computer** oder **Haushaltsgeräte.** Im Basar unter den Gleisen liegen die Preise um 10–15 % niedriger als bei neuen Angeboten; ältere Modelle gibt es teilweise zum halben Preis. Manche Läden bieten Exportmodelle an (z.B. die Yanagiwa- und Laox-Filialen), die aber preislich wenig attraktiv sind. Am Wochenende herrscht ein riesiges Gedränge, daher

In Kanda kann man nicht nur gut einkaufen, sondern auch sehr gut essen empfiehlt es sich, unter der Woche hinzugehen.

Yanagiwa und Ishimaru Denki bieten vor allem Haushaltselektronik an, Hirose Musen verkauft in erster Linie **Fernseher und Videogeräte. Audiogeräte** gibt es z.B. bei Laox, Dynamic Audio und Minami, **Computer** u.a. bei Asami, ferngesteuerte **Modelle** bei New Kakuta X1, um nur einige Vorschläge zu machen. Aber letztlich braucht man viel Zeit zum gründlichen Vergleichen.

Lokale in Kanda-Awajichô

Wenn Sie bei Erreichen der **Yasukuni-dôri** nach links gegangen sind, kommen Sie bald in das Viertel Kanda-Awajichô, das sich besonders zum **Lokal-Bummel** eignet. Bekannt und fast immer voll sind zwei über 100 Jahre alte **Nudel-Lokale:** Matsuya, das nur 100 Meter südlich des Verkehrsmuseums an der Yasukuni-dôri liegt, und Yabu-Soba südlich des Kanda-Postamts. Wer einmal *sukiyaki* mit Hühnerfleisch *(tori-suki)* essen möchte, wird vom Lokal Botan, das etwa in der Mitte zwischen den beiden Nudel-Lokalen liegt, sehr angetan sein. Rechts um die Ecke vom Matsuya kommt man zur Ômiya Bakery, wo man an der Kasse für eine Plastiktasse bezahlt und sich dann so viel Kaffee, Milch oder Orangensaft nimmt, wie man möchte – an einem heißen Tag eine angenehme Erfrischung (So geschl.).

Nikolai-Kathedrale (21)

An der nächsten größeren Kreuzung (Yasukuni-/Sotobori-dôri) liegen die U-Bahnhöfe Ogawamachi (Shinjuku-Linie) und Awajichô (Marunouchi-Linie). Geht man nach Norden, kommt man zur **Shôhei-bashi-Brücke,** die Anfang des 17. Jh. erbaut wurde. Hält man sich vor der Brücke links und biegt in die Hongô-dôri ein, gelangt man zur orthodoxen Nikolai-Kathedrale. Diese **russisch-orthodoxe Backsteinkirche** mit einer 38 Meter hohen grünen Kuppel wurde 1891 im Auftrag des russischen Erzbischofs *Nikolai Kasatkin* erbaut. Die von dem in Japan sehr aktiven britischen Architekten und Stadtplaner *Josiah Conder* entworfene Kirche ist das größte und schönste Bauwerk im byzantinischen Stil in Japan (So 10–12.30, Di–Sa 13–16 Uhr).

Verkehrsmuseum

Das Verkehrsmuseum ist im Oktober 2007 nach Onari (*Saitama-shi*) in ein großzügiges Areal umgezogen und heißt jetzt **Railway Museum** (www.railway-museum.jp/en/), tgl. außer Di, 10–18 Uhr, 1000 ¥, Kinder 500 ¥, Zufahrt mit New Shuttle von JR Omiya Station bis „Tetsudo-Hakubutsukan Station". Das Museum ist sehr beliebt, gerade auch bei Kindern. Man kann Lokführer spielen und vieles anfassen; es ist auf jeden Fall einen Ausflug wert und kann mit **Bonsai-mura** (siehe Kapitel „Einkaufen Bonsai") kombiniert werden.

Sportgeschäfte

Geht man die Hongô-dôri weiter nach Süden bis zur Kreuzung mit der Yasukuni-dôri, finden sich rechter Hand auf beiden Seiten der Straße zahlreiche Sporthäuser, z.B. Minami, das auf Berg- und Skiausrüstung spezialisiert ist. Auch Musikläden, Reisebüros und andere auf die Bedürfnisse von Studenten eingerichtete Geschäfte sind vorhanden(U: Jimbochô, Toei Shinjuku, Mita, Hanzômon Lines).

Museen

Biegt man von der Yasukuni-dôri an der nächsten größeren Kreuzung rechts (nach Norden) ab, erreicht man nach ca. 200 m die **Meiji-Daigaku-Universität (7)**. Im Gebäude Daigaku Kaikan befinden sich zwei Museen.

Das **Archäologische Museum (7)** (Kôkogaku Hakubutsukan) zeigt sehenswerte Keramikgefäße sowie Figuren der Jômon-Periode und Haniwa-Figuren der Kofun-Periode (10–17 Uhr, August/September 10.30–15.30 Uhr, So geschl., im 4. Stock).

Im spannenden **Kriminalmuseum (7,** Keiji Hakubutsukan) kann man u.a. Folterwerkzeuge und Hinrichtungsgeräte aus Japan und von anderswo betrachten (10–16.30 Uhr, im Sommer Mo–Fr 10–16 Uhr, So geschl., im 2. Stock).

Die Bücherstadt von Kanda

Südlich der Yasukuni-dôri liegt das achtstöckige Gebäude des großen Verlages Sanseidô. Hier beginnt die Bücherstadt, das Hauptziel für Leseratten. Die Geschäfte liegen sowohl entlang der Yasukuni-dôri als auch in den Parallelstraßen, vor allem der kleinen Straße zwischen Yasukuni- und Suzuran-dôri. 60 % aller **Verlage** in Japan haben ihren Sitz in Kanda.

In der Umgebung der U-Bahnstation Jimbôchô befinden sich Dutzende von Buchläden *(shobô shoten)*, aber auch große, moderne **Bücherpaläste.** Liebhaber zieht es vor allem in **Antiquariate** und Secondhand-Buchläden. Es gibt eine ganze Reihe von Läden mit **nichtjapanischer**, meist natürlich

Stadtteile

englischsprachiger **Literatur,** z.B. Kitazawa Bookstore (elegant), Tuttle Books oder auch Sanseidô-Bookshop **(14).**

In den Secondhand-Läden gibt es zahlreiche Angebote an Fachbüchern aller Richtungen bis hin zu billigen Taschenbüchern in vielen Sprachen. Es gibt Läden, die sich auf Kunstbücher spezialisieren wie Matsumura, oder auf Kabuki und darstellende Künste wie Toyoda Shobô, auf Kalligrafie wie Iijima-shoten, auf China-Literatur wie Uchiyama oder Toho Shoten.

Bekannt ist das Viertel auch für einige Läden, in denen **Holzschnitte** (Ukyio-e) verkauft werden, z.B. Hara-shobô und Ohya-shobô, wo man auch alte Bücher bekommt, die schwarzweiße Holzschnitte enthalten. Auch wenn die Preise für Holzschnitte sehr angezogen haben, sind sie dort noch immer weitaus preiswerter als in Europa. Und die Auswahl ist riesig.

Am letzten Samstag im August gibt es eine Art **Flohmarkt,** wenn alle Geschäfte vor ihren Läden Stände mit Sonderangeboten aufbauen.

Ein Bummel durch Kandas Bücherstadt ist natürlich bei aller Begeisterung auf die Dauer anstrengend, aber es gibt viele auf Studenten eingerichtete **Lokale,** in denen man sich erholen kann, wie das Curry-Lokal Kare Chateau, das Thai-Lokal Menam-no-hotori und Cafés wie Renoir oder Candle, um nur ein paar zu nennen, auf die man vielleicht zufällig stößt.

Erwähnenswert ist noch die **Iwanami-Hall (12),** in deren Kino vor allem künstlerisch interessante Filme aus Japan und dem Ausland gezeigt werden.

Einkaufen

Bücher

● **Kitazawa Shoten,** meist englischsprachige Secondhand-Bücher, aber auch deutsche Titel vorhanden. 2-5-3 Kanda Jimbôchô (U: Jimbôchô), Tel. 3263-0011.
● **Sanseidô Bookshop,** fremdsprachige Bücher und Zeitschriften, besonders gut für grafische Künste. 10–19 Uhr, Di geschl., Sanseidô-Gebäude 5F (U: Jimbôchô, Ausg. A5, A7), Tel. 3293-8119.
● **Tuttle Kanda Store,** vor allem Tuttle Books, aber auch andere Bücher. 1-3 Kanda Jimbôchô (U: Jimbôchô), Tel. 3291-7071.
● **Wonderland,** große Auswahl an Zeitschriften und Taschenbüchern. 1-9 Kanda Jimbôchô (U: Jimbôchô), Tel. 3233-2507.

Elektronikartikel und Spielzeug

● **Super Potato,** Friedhof für überholtes Zubehör der Computersteinzeit. Mo–Fr 11–20, Sa, So 10–20 Uhr, F3 Kitanayashi Bldg., 1-11-2 Soto-Kanda, Tel. 5289-9933, www.superpotato.com.

●**Akky International,** eines von mehreren Geschäften für Elektronik- u.a. Artikel (PCs, Laptops, Uhren, Kameras u.a.), angepasst an den Gebrauch im Ausland. 10–20 Uhr, 1-12-1 Soto-Kanda, Tel. 5207-5027.

●**Laox,** größter der zollfreien Läden in Tokyo, angeboten wird vor allem Elektronik, aber auch Kosmetik und anderes, was für Touristen interessant sein könnte, aber nicht am preiswertesten; 1-2-9 Soto-Kanda, Tel. 3255-9041, tägl. 10–20 Uhr.

●**Animate,** Flaggschiff der Kette mit Mangas und Anime. 10–19 Uhr, 4-3-2 Soto-Kanda, Tel. 5992-1234.

●**Volks,** im historischen Radio Building kann man sich Puppen der Wahl selbst zusammenstellen. 11–20 Uhr, F6 Radio Bldg., 1-15-16 Soto-Kanda (JR Akihabara), Tel. 5295-8160.

●**Akihabara Gachapon Kaikan,** Spielzeug rund um Godzilla, Dragon Ball Z und Co., beschallt von Rockmusik, bedient von Punks (sie sehen jedenfalls so aus). Mo–Do 11–20 Uhr, Fr, Sa 11–22 Uhr, So 11–19 Uhr, 1F MN Bldg., 3-15-5 Soto-Kanda, Tel. 5209-6020.

Antiquitäten und Kunsthandwerk

●**Tokyo Old Folk Craft & Antique Center,** ein Einkaufszentrum für Kunsthandwerk und Antiquitäten mit über 50 Händlern und großer Auswahl, recht preiswert. 10–19 Uhr, 1-23-1 Jimbôchô (U: Jimbôchô), Tel. 3295-7112.

●**Hara Shobô,** bekannt für große Sammlung von Holzschnitten. 2-3 Kanda (U: Jimbôchô).

●**O (h)ya Shobô,** bei Freunden alter Bücher und Holzschnitte bekannt, ein kleiner, bis zur Decke mit Schätzen für Sammler beladener, urjapanischer Buchladen, doch alles hat seinen Preis. 10–18.30, So geschl., 1-1 Kanda (U: Jimbôchô), Tel. 3291-0062.

●**Wanya Shoten,** spezialisiert auf Nô. 9.30–17.30 Uhr, So u. F geschl., 3-9 Jimbôchô (U: Jimbôchô), Tel. 3263-6771.

●**Kasachô,** Laternen ab 2500 ¥. 9–18 Uhr, So u. F geschl., 2-4 Kanda-Tachô (Kanda), Tel. 3256-7001.

●**Gyokusendô,** Pinsel für *sumi-e* und *shodo,* Zubehör für Kalligrafie und Bücher. 9–19 Uhr, So u. F geschl., 3-3 Jimbôchô (U: Jimbôchô), Tel. 3264-3741.

Essen

●**Aikawa,** ¥, traditionelles Lokal, wo es gute japanische Menü-Sets *(teishoku)* gibt, Lunch-Sets ab 1000 ¥, empfehlenswert ist das mit Fisch (sakana teishoku); schräg gegenüber Yabu-Soba, im Tiefgeschoss des Royal Building, Kanda-Awajichô.

●**Hisago,** ¥/¥¥, populär bei Studenten. 11.30–14 u. 17.30–22 Uhr, geschl. 1. Sa/So, 3-2 Ogawa-machi (U: Ogawa-machi/Awajichô, Marunouchi-Linie), Tel. 3294-0141.

●**Isegen,** ¥¥, Spezialität ist *anko-nabe,* ein Eintopf mit Anglerfisch, dessen Fleisch weiß und weich ist; man isst dieses Gericht in der kalten Jahreszeit. 11.30–14 und 16–21 Uhr, So geschl., 1-11-1 Sudachô (U: Shin-Ochanomizu, Chiyoda-Linie), Tel. 3251-1229.

Sushi

●**Tochigi-ya,** ¥, 1 Stück ab 50 ¥, eine Portion ab 600 ¥. 23.30–1 Uhr, F 12–24 Uhr, So geschl., 2-6 Kanda-Surugadai (U: Ochanomizu), Tel. 3291-9426.

●**Kandagawa Honten,** ¥¥, freundliche Atmosphäre, sehr gute Aalgerichte, *una-ju* (Aal auf Reis) ab 2500 ¥. 11.20–14 und 17–19.30 Uhr, So geschl., 2-5-11 Soto-Kanda (U: Suehirochô, Ginza-Linie), Tel. 3251-5031.

Sukiyaki, Shabu-shabu

●**Botan,** ¥¥, berühmt für *sukiyaki torisuki,* in kleinen separaten Räumen über Holzkohle gegart; komplettes Menü 6000 ¥. 12–20 Uhr, So u. F geschl., 1-15 Sudachô, Kanda (U: Shin-Ochanomizu, Ogawa-machi, Chiyoda-Linie), Tel. 3251-0577.

Tempura

●**Imo-ya,** ¥, Lunch 550 ¥. 11–20 Uhr, So, F geschl., 1-4 Kanda-Jimbôchô (U: Jimbôchô, Ausg. A4), Tel. 3292-0509.

●**Tenmasa,** ¥/¥¥, Lunch ca. 1000 ¥. 2-6-8 Sarugakuchô (Ochanomizu), Tel. 3291-4480.

Tonkatsu

●**Tonkatsu Imo-ya,** ¥, sehr preiswerte Schnitzel für 600 ¥, beliebt bei Studenten. 11–

Stadtteile

20 Uhr, So meist geschl., 2-48 Kanda Jimbochô (U: Jimbôchô), Tel. 3265-0922.

Soba und Udon

● **Yabu Soba**, ¥/¥¥, berühmtes, 100 Jahre altes Lokal für Soba-Nudeln nach Edo-Art, Gerichte ab ca. 600 ¥, kleine Portionen. Beliebt
ist *seiro* – kalte Nudeln auf viereckigem Bambusrost mit Soße. 11.30–19 Uhr, Mo geschl.,
2-10 Kanda-Awajicho (U: Shin-Ochanomizu,
Ogawara-machi), Tel. 3251-0287.

● **Matsuya**, ¥, 100 Jahre altes Nudel-Lokal,
Gerichte ab ca. 500 ¥; im Sommer sind u.a.
mori soba und *goma soba* (Sesam) beliebt,
im Winter *kare namban*. So geschl., 1-13 Kanda Suda-chô (U: Awajichô, Ogawamachi),
Tel. 3251-1556.

● **Izumu-Soba-Honke**, ¥/¥¥, attraktives Hauptgeschäft der Izumo-Kette. 1-51 Kanda-Jimbôchô (U: Jimbôchô), Tel. 3291-3005.

Kellnerinnen eines Cafés verteilen
Werbezettel in Akihabara

Russisch

● **Balalaika**, ¥¥, russische Küche mit großer
Auswahl. 1-63 Kanda-Jimbôchô (U: Jimbôchô), Tel. 3291-6737/8363.

Nordamerikanisch

● **Winds**, ¥¥, kalifornische Küche, gutes Seafood, angenehme Atmosphäre. 1-7-4 Kanda
(JR/U: Ochanomizu), Tel. 3219-0633.

Cafés und Teehäuser

● **Amanoya**, traditionelles Teehaus, seit 1847.
9.30–17.30 Uhr, So geschl., 2-18-15 Soto-
Kanda (JR/U: Ochanomizu), Tel. 3251-7911.

● **Milonga Neôba**, seit 1953 beliebtes Café
für Freunde der Tangomusik, gute Auswahl
an Importbieren, Tel. 3295-1716.

● **Rihaku**, nettes Café mit alter Keramik, im
Hintergrund erschallt Barockmusik, benannt
nach dem chinesischen Dichter *Li Po*. 10–20
Uhr, So geschl. 2-24-Jimbôchô (U: Jimbôchô), Tel. 3264-6292.

●**Corona,** Oase der Ruhe im hektischen Akihabara, etwa 30 m langer Raum mit Fenstern auf einer Seite, gepflegte Atmosphäre, ausgezeichneter Kaffee, nahe der Chuo-dôri, Tel. 3251-5359, http://cafe-corona.jp.

●**Sabôru,** inmitten der Bücherstadt in der Suzuran-dôri, dekoriert nach Südseeart, seit 50 Jahren beliebt, oft voll, Tel. 3291-8404. U: Jimbochô.

●**Takemura,** traditionelles Teehaus. 11–20 Uhr, So geschl.,1-19 Sudachô (U: Ogawamachi/ Awajichô), Tel. 3251-2328.

Bar

●**Brussels,** beliebt, mit großer Auswahl an europäischen Bieren, freundliche Atmosphäre, ab 1500 ¥. Mo–Fr 17.30–2 Uhr, Sa bis 23 Uhr, So geschl., 3-16-1 Kanda Ogawamachi (U: Jimbôchô, Ausg. A5), Tel. 3233-4247.

Unterkunft

Nähe Bahnhof Kanda

●**Central Hotel,** ¥/¥¥, 124 Zimmer, ab 8500 ¥, 3-17-9 Uchi-Kanda, Tel. 3256-6251, Fax -6250.

●**Kanda Station Hotel,** 93 Zimmer, ab 9000 ¥. 1-4-3 Kajichô, Tel. 3256-3221, Fax -4862.

●**Sun Hotel Kanda,** 183 Zimmer, ab 8500 ¥. 2-8-4 Uchi-Kanda, Tel. 3256-8181, Fax 3254-7766.

●**Hotel Olympic Inn Kanda,** ¥/¥¥, 70 Zimmer, ab 10.000 ¥, 30-1 Kanda-Toyamachô, 5256-5050, Fax -9455.

●**Grand Central Hotel (18),** ¥¥, 160 Zimmer, ab 10.000 ¥, günstige Lage zu den Bahnhöfen Kanda und Tokyo. 2-2-2 Kanda Tsukasachô, Tel. 3256-3211, Fax -3210.

●**Capsule Inn Kanda B (16),** ¥, ab 4100 ¥, 5 Min. vom Bahnhof, www.hostelworld.com.

●**Flexstay Kanda Inn (17),** ¥¥, ab 8400 ¥, www. hostelworld.com.

Nähe Bahnhöfe
Ochanomizu und Akihabara

●**Tokyo Family Hotel (10),** ¥/¥¥, 40 Zimmer, ab 8000 ¥. 3-24 Kanda-Ogawamachi (U: Ochanomizu; Ogawamachi), Tel. 3293-3001, Fax -3005.

●**Tokyo Green Hotel Awajichô,** ¥/¥¥, 206 Zimmer, ab 9000 ¥. 2-6 Kanda-Awajichô (U: Awajichô), Tel. 3255-4161, Fax -4962.

●**Hilltop (6)** *(Yamanoue),* ¥¥, 75 Zimmer, ab 15.000 ¥, angenehm, vor allem beliebt bei Künstlern, gutes Essen u. Service. 1-1 Kanda-Surugadai (JR/U: Ochanomizu), Tel. 3293-2311, 3233-4567.

●**Hotel New Kanda (19),** ¥¥, ruhige Lage, nahe Akihabara, 142 Zimmer, ab 12.000 ¥. 2-10 Kanda Awaji-chô (JR Ochanomizu; U: Awajichô), Tel. 3258-3911 Fax -3902.

●**Ochanumizu Inn (24),** ¥¥, gegenüber Yushima Seidô, E∠ ab 8000 ¥, DZ ab 12.000 ¥, sauber, recht neu, Tel. 3813-8211, 1-3-7 Yushima, front@o-inn.co.jp (JR/U: Ochanomizu).

●**New Surugadai Hotel (11),** ¥/¥¥, 54 Zimmer, ab 8000 ¥, 3-14 Kanda-Ogawamachi (Ochanomizu), Tel. 3291-0841.

●**Tokyo YMCA Hotel,** ¥¥, recht neu, 40 Zimmer, ab 10.000 ¥. 7 Kanda-Mitoshirochô (U: Awajichô), Tel. 3293-1911.

●**Ryumeikan,** ¥¥, Ryokan, 3-4 Kanda-Surugadai (U: Shin-Ochanomizu), Tel. 3251-1135.

●**Silver Inn (27),** ¥/¥¥, 32 Zimmer, ab 8000 ¥. 4-9-5 Soto-Kanda (U: Suehirochô; Akihabara), Tel. 3251-2791.

●**Akihabara Washington Hotel (20),** ¥¥, 312 Zimmer, ab 10.000 ¥. 1-8-3 Kanda-Sakumachô (Akihabara), Tel. 3255-3311, Fax -7343.

●**Hotel Friend,** ¥/¥¥, 104 Zimmer, ab 8000 ¥. 3-37 Kanda-Sakumachô (Akihabara), Tel. 3866-2244, Fax 5687-1098.

●**Okachimachi Station Hotel,** ¥, Dorm 2600 ¥, Zimmer ab 3675 ¥, am Bahnhof Okachimachi, nahe Ueno und Akihabara, Ameyokocho-Basar, 3-15-3 Taito, Taito-ku. Buchung www.hostelworld.com.

●**Jimbocho Sakura Hotel (13),** ¥, ab 3591 ¥. Buchung www.hostelworld.com.

Nähe Bahnhof Suidobashi

●**Green Hotel Suidobashi (4),** ¥¥, 314 Zimmer, ab 10.000 ¥. 1-1-16 Misakichô (Suidobashi), Tel. 3295-4161, Fax 3295-8764.

●**YMCA Asia Seishonen Center (5),** ¥/¥¥, ab 7500 ¥. 2-5-5 Sarugakuchô (Suidobashi), Tel. 3233-0631, Fax -0633.

Stadtteile

Ein Park und seine Umgebung: Ueno und Yanaka (Taitô-ku)

Wer von Ueno spricht, meint meist den großen **Ueno-Park.** Dieses Stück Land gehörte einst den *Tokugawas,* die hier einen großen Tempelkomplex errichtet hatten. Nach Ende des Shôgunats plante man auf dem Gelände, dessen Tempel bei den letzten Kämpfen um die Bewahrung des Tokugawa-Regimes zerstört worden waren, die Errichtung eines Medizinerkollegs. Einem holländischen Arzt ist es jedoch zu verdanken, dass hier **1873** der **erste öffentliche Park** Japans entstand.
Neben dem großen Brunnen vor dem Nationalmuseum steht, von Bäumen umgeben, das Denkmal dieses holländischen Militärarztes, *Antonius F. Bauduin,* der 1862 für drei Jahre und 1869 nochmals nach Japan gekommen war, um westliche Medizin zu lehren. Als er von dem Regierungsplan hörte, auf dem verlassenen und verwilderten Gelände des Ueno-Hügels ein Krankenhaus zu bauen, und deswegen um Rat gefragt wurde, schlug er vor, stattdessen einen öffentlichen Park anzulegen. So etwas hatte es bis dahin in Japan nicht gegeben. Sein Vorschlag wurde jedoch angenommen, und so gibt es heute diese Mischung aus Park und Architektur der Edo- und Meiji-Zeit sowie der Moderne, die charakteristisch für Ueno im Allgemeinen und seinen Park im besonderen ist. Das Medizinerkolleg steht stattdessen in Ochanomizu, nicht allzu weit weg.

🛍	1	Buseki Flower Basket
⛩	2	Enmeiji-Tempel
🛍	3	Menchikatsu
Ⓜ	4	Asakura-Chōso-Museum
⛩	5	Tennōji-Tempel
⛩	6	Daienji-Tempel
🛍	7	Isetatsu-ya
⛩	8	Zenshō-an-Tempel
⛩	9	Nezu-Schrein
Ⓜ	10	Daimyō-Uhrenmuseum
🏠	11	Sawanoya Ryokan
🏠	12	Katsutarō Ryokan
🛍	13	Pinselgeschäfte
•	14	Galerie Badehaus
Ⓜ	15	Shitamachi Museum Annex
⛩	16	Jōmyō-in-Tempel
⛩	17	Kan'eiji-Tempel
•	18	Tokyo University of Fine Arts
•	19	Ueno Library
Ⓜ	20	Nationalmuseum
Ⓜ	21	National Science Museum
Ⓜ	22	National Museum of Western Art
•	23	Tokyo Bunka Kaikan (Festhalle)
Ⓜ	24	Tokyo Metropolitan Art Museum
★	25	Zoo
🏠	26	Suigetsu-Ōgai Ryokan
★	27	Zoo
★	28	Yokoyama-Taikan-Gedenkhaus
⛩	29	Tōshōgū-Schrein
★	30	fünfstockige Pagode
🕌	31	Gasthaus Seiyoken
⛩	32	Gojo-Tenjin-Schrein
⛩	33	Kiyomizu-Kannon-Tempel
★	34	Statue von Saigō Takamori
⛩	35	Benten-dō-Schrein
🏠	36	Kinuya
★	37	Kyu-Iawasaki-tei Garten
🏠	38	Ueno First City Hotel
🏠	39	Parkside
Ⓜ	40	Shitamachi-Kulturmuseum
🛍	41	Ameyoko-Markt
🛍	42	Marui-Kaufhaus
🏠	43	Ueno Terminal Hotel
🏠	44	Business Inn Sunny
🏠	45	New Izu Hotel
🏠	46	Hotel Towa Ueno

Ueno, Yanaka

Bahnhof, Nishi-Nippori

Nippori

Nippori Station

Higashi-Nippori

■ 1
2
3 ■
Ⓜ 4

Yanaka-Ginza

Tenshin-Okakura-Park

▲ 5

YANAKA-FRIEDHOF

Yanaka

Negishi

6 ▲
■
7 ▲ 8

Samsaki-zaka

16 ▲

Yayoi

15
14 Ⓜ

Kototoi Dōri

▲ 17

KAN'EIJI-FRIEDHOF

Uguisudani Station

▲ 9
Ⓜ 10
🏨 11

■ 13

● 18

🏨 12

Ⓤ *Nezu*

Hakubutsukan-Dōbutsuen

19 ●

Ⓜ 20

🏨 26

★ 25

Ⓜ 24

30 ★
31 🛈 UENO-PARK
29 ▲

Ⓜ 21

★ 27

Ⓜ 22

28 ★

32 ▲

● 23

Ⓜ Stadtteile

Shinobazu Dōri

Showa Dōri

Ueno Station

Higashi-Ueno (4)

33 ▲
34 ★

▲ 35

🏨 46

Keisei-Ueno

36 🏨

42 ■
Ueno

Ⓤ *Ueno* Ⓤ 🏨 44

Higashi-Ueno (3)

0   400 m

37 ★ 🏨 38 🏨 39   40 Ⓜ   ▲ 41

43 🏨   🏨 45

Asakusa Dōri

Anlässlich der Hochzeit von *Kaiser Hirohito* 1924 wurde das bis dahin kaiserliche Land der Stadt übergeben. Das **Nationalmuseum (20)** war die Gegengabe der Stadt zum Gedenken an die Hochzeit.

Während der **Zeit der Kirschblüte** wird unter den Bäumen des Parks recht viel „gebechert" und gesungen. Jeden Abend kommen dann Zigtausend Firmenangestellte und feiern das **Blütenfest.** Als Ausländer wird man gern eingeladen mitzufeiern. Solange die Leute nicht zu betrunken sind, ist es eine interessante Erfahrung.

Der Ueno-Park wurde in den letzten Jahren zum Treffpunkt der legalen und illegalen iranischen Gastarbeiter, weshalb er vielen Japanerinnen nicht mehr ganz geheuer ist.

Nördlich des Parks liegt das traditionelle Viertel von **Yanaka** mit vielen kleinen Schreinen, Tempeln und alten Läden. Der Friedhof (Yanaka Reien) ist ebenfalls berühmt für die Kirschblüten.

Ueno ist das Einfallstor der Zuwanderer aus dem ländlichen Norden. Dadurch geht es dort weniger anspruchsvoll zu. Einst einer der größten Schwarzmärkte, besteht der parallel zur Eisenbahn verlaufende **Markt Ameyoko (41,** Ameya Yokochô) nach wie vor und hat viel von diesem Charakter bis heute bewahrt. Tatsächlich lässt es sich dort für Tokyoter Verhältnisse sehr preiswert einkaufen, zumal es einer der wenigen Märkte ist, auf denen man handeln kann. Und wo lustvoll eingekauft wird, fehlen natürlich auch nicht die Lokale für die leiblichen Genüsse.

Bahnhof Ueno

Der Banhhof Ueno ist einer der drei großen Bahnhöfe Tokyos, er ist gewissermaßen das Tor zum Norden Japans.

Vom Bahnhof **Keisei-Ueno** fahren der Keisei-Express und der Skyliner in Richtung Flughafen Narita. Vom **JR-Bahnhof Ueno** fahren u.a. die Yamanote-Linie Richtung Ikebukuro, die Yamanote/Keihin-Tôhoku-Linie Richtung Tokyo Station, die Jôetsu Shinkansen nach Niigata (Gleis 19–20) und die Tôhoku Shinkansen nach Sendai, Morioka (Gleis 21–22).

● **Fahrradverleih.** Am U-Bahnhof *Shin-Okachimachi* (Toei Oedo Line) kann man sich zwischen 6 und 20 Uhr gegen Vorlage eines Ausweises Fahrräder für nur 200 ¥ leihen!

● **Taito City Loopline „Megurin".** Die Taito-Stadtverwaltung hat 3 Rundlinien durch den Bezirk im 15-Min.-Takt zwischen 7 und 19 Uhr (100 ¥) eingerichtet: North Route durch Zentral- und Nord-Asakusa, die East-West-Route zwischen Asakusa, Ueno-Park und Yanaka, sowie die South Route durch den Süden von Taito-ku, alle gegen den Uhrzeigersinn.

Rundgang durch den Ueno Onshi-Park

Wer mit der U-Bahn (Ginza oder Hibiya-Linie) erstmals in Ueno ankommt, wird wohl zuerst der Hauptattraktion, dem Ueno-Park, einen Besuch abstatten wollen. Ausgang 7 der U-Bahnstation Ueno bzw. der Südausgang des JR-Bahnhofs in Richtung Okachimachi führen zu der großen **Treppe,** über die der Park erreicht werden kann. Es gibt auch einen direkten Zugang vom JR-Bahnhof, der „Kôen-guchi", Parkeingang, genannt wird, dort kann man sich **Informationsmaterial** über den Park besorgen.

Statue von Saigô Takamori (34)

Oben am Ende der Treppe steht die bekannte Statue von *Saigô Takamori* (1827–77), der mit der Armee des Satsuma- und Chôshû-Klans 1868 im Auftrag des Kaisers das **Tokugawa-Shôgunat** stürzte, was glücklicherweise ohne Blutvergießen gelang. Das Denkmal ist ein beliebter Treffpunkt.

Ganz ohne Blutvergießen ging die Machtübergabe aber nicht ab. Rund 2000 Samurai verschanzten sich nach dem offiziellen Ende des Shôgunats am 11. April auf dem Ueno-Hügel, der damals noch den *Tokugawa* gehörte, und lieferten der Armee am 15. Mai ein letztes Gefecht, bei dem u.a. der Kan'eiji, der Schutztempel der *Tokugawa*, zerstört wurde (s.u.).

Kiyomizu-Kannon-Tempel (33)

Hinter der Statue liegt der Kiyomizu-Kannon-Tempel aus dem Jahre 1698. Er gehörte zum Kan'eiji, der wie der Enryakuji auf dem Hiei-zan in Kyôto den Nordosten der Stadt vor bösen Geistern schützen sollte. Um die Ähnlichkeit noch zu verstärken, wurde der Kiyomizu-Tempel dem gleichnamigen Tempel an den Hängen des Hiei-zan mehr symbolisch als realistisch nachgebildet, und der Ueno-Hügel wurde Tôei-zan genannt, östlicher Hiei-zan.

Das Hauptstandbild entstammt dem Kiyomizu-dera in Kyôto, es stellt die tausendarmige Kannon *(sen-ju Kannon)* dar. Daneben gibt es noch die beliebte Statue der Kosodate Kannon

(Beschützerin der Kinder). Dementsprechend wimmelt es dort von Puppen, die von Eltern, deren Wunsch um Kindersegen erhört worden ist, gestiftet wurden. Diese Puppen werden jedes Jahr am 25. September in einer Zeremonie verbrannt (sonst würden es auf die Dauer zu viele). Von hier kann man auch geradeaus (westlich) zum *Shinobazu*-Teich und den *Benten*-Schrein (s.u.) abbiegen anstatt der Allee nach rechts (nördlich) zu folgen.

Entlang der Kirschblütenallee

Unterhalb des Tempels verläuft die Kirschblütenallee, die früher den Hauptzugang zum Tempel Kan'eiji darstellte. Bis hierher durfte damals das gemeine Volk zur Zeit der Kirschblüte kommen, und die Frauen führten bei der Gelegenheit ihre schönsten Kimonos vor. Links dieser Allee, die direkt auf das Nationalmuseum zuführt, liegt ein Schrein mit einem Tunnel aus gestifteten roten *torii*, der zum **Hanazono-Inari-Schrein** und dem dahinter liegenden **Gojo-Tenjin-Schrein (32)** führt. Ein Teehaus, Inshoten, lädt zum Kaffee oder einer kleinen Mahlzeit ein.

Nahebei steht auch das große **Gasthaus Seiyoken,** das eines der ersten Restaurants für westliche Küche in Tokyo war. Bekannt ist es u.a. für seinen Curry-Reis, der dort in seiner vornehmen Variante um die 1000 ¥ kostet.

Tôshôgû-Schrein (29)

Das nächste Ziel der Besichtigungsrunde ist der Nationalschatz des Tôshôgû-Schreins. Dieser Schrein mit dem gleichen Namen wie der bedeu-

Stadtteile

tendere „Vetter" in Nikkô, ist *Ieyasu* geweiht, der dort als „östlicher Sonnengott" residiert. Er wurde 1627, neun Jahre vor dem Schrein in Nikkô, vom Abt *Tenkai-sojo* und dem Daimyô *Todo Takatora* errichtet.

Wer keine Gelegenheit hat, nach Nikkô zu fahren, kann sich hier einen kleinen Eindruck von der **reichen Schnitzkunst** und **farbenprächtigen Malerei** dieser von den *Tokugawa* so geliebten Schreinarchitektur machen. Zum Teil waren dieselben Schnitzer am Werk, beispielsweise *Hidari Jingoro*, der „linkshändige Jingoro", der in Nikkô u.a. die berühmten „Drei Affen" und die „Schlafende Katze" schuf. Am **Kara-mon-Tor** (Chinesisches Tor) stammen von ihm u.a. der auf- und der absteigende Drache, die sich altem Volksglauben nach zum Durstlöschen in den nahen Shinobazu-Teich begeben.

Die gemalten vier Löwen an der Fassade der Haupthalle, Konjuki-den, die unter dem dritten Shôgun *Iemitsu* 1651 umgebaut und kurz vor dessen Tod fertiggestellt wurde, stammen von dem berühmten Künstler *Kano Tan'yu*. Das Gebäude ist wie der Tôshôgû-Schrein in Nikkô im Gongen-Zukuri-Stil der Momoyama-Zeit erbaut und galt mit seinen chinesischen Stileinflüssen als Gipfel architektonischer Verfeinerung. Die 240 Stein- und 50 **Bronzelaternen,** die den Weg vom großen *torii* am Eingang zum Kara-mon-Tor und zur Haupthalle flankieren, waren Geschenke der Daimyôs (Eintritt zum Tôshôgû-Schrein: 200 ¥, Sommer 9–17.30 Uhr, Winter 9–16.30 Uhr).

Links neben dem Schrein liegt ein **Garten** mit rund 200 Arten von Päonien, die je nach Art im Winter (Januar bis Mitte Februar) oder im Frühjahr (Ende April bis Mitte Mai) blühen (Tôshôgû Botan-en, geöffnet zur Zeit der Blüte, Eintritt 800 ¥). Beim Mitteltor *(naka-mon)* liegt rechts eine mehr als **6 m hohe Steinlaterne,** die „Gespensterlaterne" *(obake-dôro)* heißt.

Rechts neben dem Schrein steht die berühmte **fünfstöckige Pagode (30)** aus dem Jahre 1639, die ursprünglich zum Kan'eiji gehörte und nun auf dem Gelände des Ueno-Zoos steht. Sie ist ganz im japanischen Stil erbaut. Rechts neben dieser Pagode befindet sich der Haupteingang zum Zoo.

Ueno-Zoo (27)

Der 1882 eröffnete Zoo ist der älteste des Landes mit 900 verschiedenen Tierarten und insgesamt 12.000 Tieren. Leider ist die **Tierhaltung** recht altmodisch und **beengt.** Mit Abstand größte Attraktion sind die von der Volksrepublik China geschenkten **Pandas,** die einmal pro Woche – freitags – „frei haben", also dem Blick der Zuschauer entzogen sind (9–16.30 Uhr, Mo geschl. 400 ¥, Kinder 100 ¥).

Ueno Library (19)

Hinter dem innerhalb des Parks liegenden Keisei-Bahnhof Hakubutsukan-dôbutsuen liegt die Ueno Library, ein Zweig der **Parlamentsbibliothek.** Auf deren Gelände steht ein Denkmal für *Lafcadio Hearn,* der in Matsue gelebt hat und berühmt ist für seine Sammlung von Volkserzählungen, ins-

besondere Geistergeschichten. Links daneben steht das **National Cultural Property Research Institute.**

Tokyo University of Fine Arts (18)

In nordwestlicher Nachbarschaft des Nationalmuseums liegt die prestigereiche Kunsthochschule **Tokyo Geijutsu Daigaku,** die 1897 zunächst als Musikhochschule gegründet worden war.

Davor steht die erste **Konzerthalle** Japans, **Sogakudô,** ein beigefarbener Holzbau mit grauen Ziegeln. Dank der Bemühungen zahlreicher Bürger und einiger Künstler, die einst an der Musikhochschule studiert hatten, wurde

Picknick im Ueno-Park

das Gebäude verlegt und erhalten. Auch heute noch wird dort gelegentlich klassische Musik aufgeführt. Der Saal kann Dienstag, Donnerstag und Sonntag tagsüber besichtigt werden, am 2. und 4. Sonntag im Monat üben dort Studenten der Universität zwischen 14 und 16 Uhr.

Kan'eiji-Tempel (17)

Hinter der Kunsthochschule liegt der Tempel Kan'eiji, der 1877 durch Verlegung eines Gebäudes, das zuvor zum Kita-in in Kawagoe gehört hatte, wiederbelebt wurde. Beide Tempel wurden einst von dem Abt Tenkai, einem Vertrauten des ersten Tokugawa-Shôgun Ieyasu, errichtet. Die Halle des Kita-in stammt aus dem Jahre 1638.

Rechts neben dem Tempel ist das Tor mit dem Namen **Emperor-Plaque-Gate** zu sehen, die Inschrifttafel wurde jedoch im Zweiten Weltkrieg zerstört. Dahinter liegt der **Kan'eiji-Friedhof** mit den Mausoleen von sechs Shôgunen, die so angelegt wurden, dass die Shôgune noch im Tod die Stadt der Lebenden schützen sollten.

Die Ueno-Museen

Eine der Hauptattraktionen des Parks ist das Nationalmuseum. Es steht da, wo einst der Haupttempel des alten Kan'eiji mit einem goldenen Buddha im Innern seinen Platz hatte. Dort, wo einst die Nebentempel standen, befinden sich heute die anderen bedeutenden Museen des Parks.

Nationalmuseum (20) (Tokyo Kokuritsu Hakubutsukan)

Dieses in seiner **Monumentalität** etwas düster wirkende Museum ist das größte und **bedeutendste Museum Japans** mit rund 90.000 Exponaten. Es enthält die bedeutendste Sammlung **japanischer Kunst** und **archäologischer Funde,** hervorragend ist auch die Sammlung ostasiatischer Kunst.

Zur Linken, im **Hyokeikan-Flügel,** befinden sich die Funde aus der **Kofun-Periode,** als die Herrscher in den heute noch sichtbaren Hügelgräbern in der Umgebung Osakas und Naras (Yamato) bestattet wurden. Charakteristisch sind die Keramikfiguren (haniwa): Menschen, Tiere, Häuser und Schiffe. Typisch und am bekanntesten ist der „Mann in Keiko-Rüstung".

In Saal 9 werden **Jagd- und Fischfanggeräte** der Ureinwohner Japans, der **Ainus,** gezeigt, die heute nur noch in einigen Gebieten Hokkaidos in geringer Zahl leben und in erster Linie zur touristischen Vermarktung alte Traditionen pflegen.

In der **Haupthalle** in der Mitte sind zunächst **buddhistische Skulpturen** aus den verschiedenen Perioden zu sehen: Asuka-, Nara-, Heian-, Kamakura- bis hin zur Meiji-Zeit. Manchmal ist auch eine 1568 geschnitzte Erasmusstatue, die Gallionsfigur der holländischen *Liefde* ausgestellt, mit der *Will Adams,* berühmt durch den Roman und den Film „Shôgun", nach Japan kam. In weiteren Sälen des Erdgeschosses sind Samurai-Rüstungen, Gewänder und Keramik von der Kofun- bis zur Edo-Zeit zu sehen.

Der **1. Stock** zeigt Malereien, Schriftrollen (z.B. die Heiji-Monogatari aus der Kamakura-Zeit), einfarbige Tuschebilder *(suiboku)* mit starken chinesischen Einflüssen, prächtige Wandschirme aus der Momoyama-Zeit, Holzschnitte *(ukiyo-e)* und Lackarbeiten.

Im **rechten Flügel** (Tôyô-kan) werden asiatische Kunst und Kunsthandwerk präsentiert. Im **Hôryuji-Schatzhaus,** das nur Do bei geeignetem Wetter geöffnet wird, sind Geschenke an die kaiserliche Familie zu bewundern, zumeist aus dem 7. und 8. Jh. (Wer sicher gehen will, frage vorher an.)

Links vor dem Komplex des Nationalmuseums steht das Eingangstor der Daimyô-Residenz des Fürsten *Ikeda,* das von *Marunouchi* hierher gebracht wurde.

●**Öffnungszeiten:** Di–So 9.30–17 Uhr, 420 ¥, Kinder frei, Tel. 3822-1111, www.tnm.jp.

Tokyo Metropolitan Art Museum (24, Tokyo-to Bijutsukan)

Zur Linken des Nationalmuseums steht das 1975 eröffnete, von *Kunio Maekawa* entworfene Ziegelgebäude des Tokyo Metropolitan Art Museum. Es enthält 2600 Werke **japanischer Künstler** aus den letzten fünfzig Jahren. Zweimal im Jahr werden diese für jeweils 100 Tage dem Publikum in der Museumsgalerie kostenlos gezeigt. In der übrigen Zeit finden wechselnde Ausstellungen statt.

●**Öffnungszeiten:** bis 17 Uhr, jeden 3. Mo geschl., Eintritt frei, Sonderausstellungen 900 ¥.

National Science Museum (21) (Kokuritsu Kagaku Hakubutsukan)

So vielfältig die Naturwissenschaften sind, so vielseitig ist das Angebot im Museum (rechts vor dem Nationalmuseum): **Naturgeschichte, Fossilien** (darunter Dinosaurierknochen), Herkunft und Entwicklung des japanischen Volkes, traditionelle und moderne **Handwerkstechniken** bzw. Herstellungsverfahren, z.B. Keramik *(jiki)*, Porzellan *(toki)*, Glas, Japanpapier *(washi)*, Textilien und Lack *(urushi)*. Des weiteren werden **Flugzeuge** gezeigt, darunter ein aus dem Meer geborgener Zero-Jäger. Zudem gibt es eine Rakete und Mondgestein. Im Gebäude für Ingenieurswissenschaften gibt es interessante **alte Maschinen** zu bestaunen. Wie alle guten technischen Museen bietet auch dieses Gelegenheit zum Experimentieren.

●**Öffnungszeiten:** 9–16.30 Uhr, Mo geschl., Erw. 420 ¥, Studenten 70 ¥, Tel. 3822-0111.

National Museum of Western Art (22, Seiyu Bijutsukan)

Dieses neben dem National Science Museum gelegene Museum enthält mehr als 80 **Skulpturen,** davon 56 von **Rodin** (gesammelt von *Kojiro Matsuka)*, und 850 **Gemälde französischer Impressionisten,** vor allem *Monet, Gauguin* und *Courbet*.

Im Anbau, der von *Kunio Maekawa* entworfen wurde, sind Gemälde u.a. von *El Greco, Goya, Murillo, Rubens* und *Tintoretto* sowie Zeichnungen bzw. Drucke von *Dürer, Rembrandt, Picasso, Delacroix* und weiteren, modernen Malern vetreten. Vor dem Eingang steht, quasi als Erkennungszeichen, eine Kopie des „Denkers" von *Rodin*.

●**Öffnungszeiten:** Di–So 9.30–17 Uhr (Fr bis 20 Uhr), Erw. 420 ¥, Kinder frei, JR Ueno, Parkausg, Tel. 3828-5131, www.nmwa.go.jp.

Tokyo Bunka Kaikan (23)

Jenseits des Aufganges vom Bahnhof zum Park, dem Kôen-guchi, steht die große Halle Tokyo Bunka Kaikan. Diese von *Kunio Maekawa* entworfene **Festhalle** wurde zum 500-jährigen Jubiläum von Tokyo als Regierungssitz erbaut; der große Saal hat über 2300 und der kleine über 660 Sitzplätze.

Shinobazu-Teich

Dieser Teich, der an den größten Binnensee Japans, den Biwa-See, erinnert, ist zu jeder Jahreszeit attraktiv. Nach der Kirschblüte nebenan im Park knospen die Weiden, im Sommer

Stadtteile

blühen die **Lotosblüten** zur Zeit des Bon-Festes, im Herbst kommen Zugvögel kurzzeitig zu Besuch. Im Winterschnee ist der Teich besonders reizvoll. Berühmt ist er auch für die Kolonie von Kawau, **wilden Kormoranen,** die quasi zum Zoo gehören.

In der Früh begegnet man vielleicht dem einen oder anderen „Lumpen" (jap. *rumpen,* Obdachloser), der auf einer Bank am Teich die Nacht verbringt. Seit Ende der Bubble-Wirtschaft (also seit dem Platzen der Spekulationsblase) und der Rezession hat sich ihre Zahl sichtbar erhöht.

Benten-dô-Schrein (35)

Der Benten-dô liegt auf einer kleinen begehbaren **Insel** in der Mitte des Teiches, die über Dämme zu erreichen ist. Das achteckige Schreingebäude ist noch nicht alt, wirkt aber als Hintergrund vor den Lotosblüten auf dem Wasser sehr reizvoll. Der gemalte Drache im Innern stammt von *Kibo Kodama.*

Der Benten geweihte Schrein ist der Ausgangspunkt der alten **Pilgerroute zu den sieben Glücksgöttern.** Im Innern gibt es einen Holzschnitt mit den Glücksgöttern, in den die Pilger die Stempel der besuchten Schreine einsetzen können. Der Zusammenhang des Schreins mit dem Teich ist kein Zufall: der Biwa-See hat die Form der *biwa* (Laute), die von *Benten* gespielt wird.

Das **Fest Nôryô Taikai** (Fest der kühlen Sommerabende) findet im Benten-dô zur Zeit des O-Bon statt. Auch im Frühjahr, zur Zeit des Kirschblütenfestes Hanami, gibt es ein Tempelfest.

Ein Spaziergang führt rechts am Shinobazu-Teich und Benten-Schrein vorbei zur Shinobazu-dôri, hinter der das Gelände der **Tokyo-Universität** beginnt (s. Hongô). Gegenüber auf der anderen Straßenseite steht das **Yokoyama-Taikan-Gedenkhaus (28),** in dem der in Japan berühmte Vertreter moderner japanischer Malerei die letzten 15 Jahre seines Lebens verbracht hat (Do–So geöffnet, August und Mitte Dezember bis Januar geschl.).

Shitamachi-Kulturmuseum (40)

Geht man am südlichen Ufer des Teiches entlang in Richtung Ueno zurück, kommt man am Shitamachi-Kulturmuseum (Shitamachi Fûzoku Shiryô-kan) vorbei. Dieses der Vorstadtkultur gewidmete Museum versucht, die Geschichte, Mentalität und Sitten der **Vorstadtbewohner Edos** festzuhalten und anschaulich zu machen. Über 50.000 Gegenstände des täglichen Lebens von „Downtown"-Tokyo wurden gesammelt, großteils von den Bewohnern gespendet.

Die einfachen Menschen Edos waren sehr bodenständig und lebenslustig. Einige **Häuser** wurden im Museum **wiederaufgebaut** und detailgetreu eingerichtet. Das Museum liegt wenige Minuten vom Ausgang Shinobazu des Ueno-Bahnhofs entfernt (geöffnet 9–16.30 Uhr, Mo geschl., 300 ¥, 2-1 Ueno-kôen, Tel. 3823-7451). Eine Zweigstelle des Museums liegt in der Nähe des Tempels Jômyô-in an der Kototoi-dôri (s.u.). Es befindet sich in einem ehemaligen Sake-Geschäft (Mo geschl., Eintritt frei, Tel. 3823-4408).

Kyu-Iwasaki-tei (37)

Ein reizvoller west-östlicher Garten mit interessanter Architektur von Josiah Condor aus dem Jahr 1896, erbaut für den 3. Präsidenten des Mitsubishi-Konzerns, darunter eine Billard-Hütte im Schweizer Stil, ein Wohnhaus im Shoinzukuri-Stil und dem grandiosen Haupthaus im englischen Jakobiner-Stil, seit 1997 der Öffentlichkeit zugänglich (9–17 Uhr, 400 ¥, U: Yushima, 5 Min., Ueno-Okachimachi, 10 Min., Tel. 3823-8340, www.tokyo-park. or.jp/english).

Yanaka

Die **Tempelstadt** Yanaka gehört zu den Juwelen Tokyos und ist z.B. mit der Yamanote-Linie schnell erreichbar. Das Viertel beginnt unmittelbar oberhalb der Bahnhöfe Nishi-Nippori und Nippori und ist auch von Uguisudani und sogar von Ueno zu Fuß zu erreichen.

Nach dem Großbrand von 1657, als dieses Viertel ungeschoren davonkam, wurden auf Anordnung des Shôgunats zahlreiche Tempel, die durch die Flammen zerstört worden waren, hierher verlegt. Daher findet man heute noch rund 70 Tempel in Yanaka.

Wer den Besuch des Ueno-Parks mit einem Bummel durch Yanaka verbinden will, kann hinter dem Kanei'ji-Tempel jenseits der Kototoi-dôri als Erstes den **Jômyô-in-Tempel (16)** aufsuchen, der für seine rund 15.000 Jizô, die seit 1850 dort aufgestellt wurden, berühmt ist. Geplant sind 84.000. Der Weg führt dann über den **Friedhof** (Yanaka Reien) in Richtung Bahnhof Nippori.

Tennôji-Tempel (5)

Geht man vom hügelseitigen Ausgang des Bahnhofs Nippori gleich nach links, kommt man zum Tennôji. Dieser Tempel aus dem 13. Jh. wurde 1868 gemeinsam mit dem benachbarten Kan'eiji, dem er seit 1699 auf Befehl des Shôguns unterstellt worden war, bei den Revolutionskämpfen zerstört und seither nicht wiederaufgebaut. Davor gehörte er zu den bedeutendsten Tempeln Edos, nicht zuletzt wegen des Rechtes, Lotterien veranstalten zu dürfen.

Im Hof steht eine fünf Meter hohe **Buddhastatue** aus dem Jahre **1690,** der Yanaka-no-Daibutsu. Eine zum Tempelbezirk gehörige, jedoch etwas abseits stehende fünfstöckige Pagode existierte bis 1957, als sie gemeinsam mit einem unglücklichen Liebespaar abbrannte. Es gibt Bestrebungen, sie wiederaufzubauen. Nahe dem überdachten Eingang steht der **Bishamon-Schrein,** der zur Pilgerroute zu den Sieben Glücksgöttern in Yanaka gehört.

Früher gab es am Weg zum Tennôji, der während der Kirschblütenzeit einem **Blütentunnel** gleicht, zahlreiche Teehäuser. Eine Besitzerin Osen, wurde sehr bekannt und begehrt durch Holzschnitte von Harunobu. Aber sie heiratete schließlich einen braven Samurai und lebte solide bis ins hohe Alter. Ein zu ihrem Gedenken errichteter Schrein steht im Daienji (siehe unten).

Statt vom Tennôji zurück zur Gotenzaka-Straße, können Sie auch durch den Yanaka-Friedhof zum Museum gehen, indem Sie bis zu einer Kreuzung mit Police Box und Toilette kommen

Stadtteile

und dort rechts abbiegen, weiter bis zur *Hatsune*-Straße gehen und dort wieder rechts abbiegen und an einer Schule und dem Lokal *Sabo Hanahen-ro* vorbei zum Museum gelangen.

● **Öffnungszeiten:** Sa, So 9.30–16.30 Uhr, Eintritt: 400 ¥; 7-18-10 Yanaka.

Asakura-Chôso-Museum (4)

Geht man zurück zur vom Bahnhof Nippori aus heraufführenden, von Läden und Lokalen bestandenen Straße Goten-zaka zur nächsten Kreuzung und biegt links ab, kommt man zu einem dreigeschossigen Betongebäude mit einigen **Skulpturen.** Dies ist das sehenswerte Asakura-Chôso-Museum.

Im Privathaus des 1964 im Alter von 79 Jahren verstorbenen **Bildhauers Fumio Asakura** werden viele seiner Skulpturen ausgestellt. *Asakura* lebte hier von 1908 bis zu seinem Tode und verband japanische und westliche Einflüsse. Er war sehr stark von *Rodin* beeinflusst und fertigte 400 Statuen und andere Figuren, z.B. Katzen, an.

Neben dem exquisiten **Wohnhaus,** in dem jedes Detail seine Bedeutung hat und aus erlesensten Hölzern besteht, sind das **Teehaus** und vor allem der **Garten** zu erwähnen. Im viereckigen Teich des Gartens sind fünf Steine als Symbol für die fünf wichtigen konfuzianischen Tugenden aufgestellt: Wohlwollen *(jin)*, Aufrichtigkeit bzw. Gerechtigkeit *(gi)*, Korrektheit *(rei)*, Weisheit *(chi)* und Treue *(shin)*.

Abstecher Richtung Nishi-Nippori

Schön ist auch ein Abstecher auf dem Weg in **Richtung Bahnhof Nishi-**

Foto: ml

Nippori. An der erwähnten Kreuzung der Goten-zaka steht rechts der Tempel **Kyôôji,** in dessen Tor fünf Löcher der Gewehrkugeln zu sehen sind, die während der eintägigen Schlacht von Ueno 1868 von der Armee verschossen wurden. Links befindet sich der **Enmeiji (2)** mit dem großen Pasania-Baum, einer Art Eiche, die seit 600 Jahren dort steht. Geht man zwischen beiden Tempeln geradeaus, kommt man vorbei am **Yôfukuji,** einem Tempel der Shingon-Sekte mit dem eindrucksvollen Tor Nio-mon aus den Jahren 1704 und 1711, dessen Figuren vom berühmten Holzschnitzer *Unkei* stammen sollen.

Jizô-Statue

Danach führt der Weg vorbei an alten **Wohnhäusern aus der Edo-Zeit** und der Fuji-Blick-Straße sowie am **Jôkôji,** der auch Yukimi-dera (Schneebetrachtungstempel) heißt und für eine große Jizô-Statue berühmt ist. Schließlich gelangt man zum **Suwajinja.** Hier haben Eisenbahnfans das Vergnügen, einen Blick auf elf Bahnlinien werfen zu können. Der Weg endet am Bahnhof Nishi-Nippori.

Daienji-Tempel (6)

Geht man an der Kreuzung der Goten-zaka, an der der Enmeiji-Tempel steht, geradeaus weiter, kommt man zu einer Treppe und unterhalb zu einem kleinen **Einkaufszentrum,** genannt **Yanaka-Ginza.** Vorher steht rechts in einer Seitengasse der bekannte Buseki Flower Basket Shop, in dem es Korbwaren aus rauchgeschwärztem Bambus gibt.

Hält man sich an der nächsten Kreuzung links, kommt man am kleinen **Tenshin-Okakura-Park** vorbei zum **Daienji.** Bemerkenswert an diesem Tempel ist zunächst, dass der linke Teil der Haupthalle zur buddhistischen Nichiren-Sekte gehört und der rechte dem Reisgott Inari geweiht und damit ein Schrein ist. Die meisten Besucher kommen vielleicht jedoch wegen der beiden **Gedenksteine** zu beiden Seiten einer Kannonstatue. Der größere erinnert an *Harunobu* und der kleinere, schöne, an die legendäre Teehausbesitzerin *Osen Kasamori.* Der berühmte Holzschnitt-Meister *Harunobu* hat sie mit seinen *ukiyo-e* unsterblich gemacht, der Stein ist nun ihrem *kami*

geweiht. Am 14./15. Oktober jeden Jahres findet hier das **Chrysanthemenfest** statt.

Auch hier gibt es eine Variante: Wenn Sie lieber mehr Lokale und Geschäfte sehen wollen, gehen Sie die Yanaka-Ginza bis zum Ende, biegen links in die Yomise-dôri ein und folgen ihr bis zur Sansaki-zaka-Straße, der sie dann nach links in Richtung Friedhof folgen.

Zenshô-an-Tempel (8)

Geht man links in die Sansaki-zaka in Richtung Yanaka-Friedhof, kommt man zum **Zen-Tempel** Zenshô-an, der zur Rinzai-Sekte gehört und sonntags ab 18 Uhr Möglichkeiten zum **Meditieren** bietet. Auch der frühere, einst sehr einflussreiche Premierminister *Nakasone* pflegte dort zu meditieren. Während des Bon-Festes im August werden Rollbilder von Geistern gezeigt (Eintritt 200 ¥). Auffällig ist eine neue, vergoldete Kannonstatue, die erst seit 1991 hier steht (10–18 Uhr, Tel. 3821-4715).

Geschäfte und Lokale

Erwähnenswert in der Sansaki-zaka Straße sind u.a. Isetatsu-za, in dem es Papiermaché-Figuren *(chiyo-gami),* bedrucktes Papier *(washi)* und viele andere **Souvenirs** gibt, und der Kunsthandwerkladen Kana Kana. An Lokalen sind das Sushi-Lokal Noikezushi, das für *anago-zushi* (Aal) bekannt ist, zu empfehlen sowie Oshimaya, ein Nudelladen, in dem es u.a. Paradies- und Höllen-Nudeln in mit Sesam gewürzter Soße gibt.

Stadtteile

Daimyô-Uhrenmuseum (10)

Sie können in der Sansaki-zaka an der Kreuzung (links zum/vom) Daienji rechts direkt zum Uhrenmuseum gehen oder weiter geradeaus vorbei an Zenshô-an (s.o.), rechts abbiegen zu einem fotogenen Ensemble von alten Reihenhäusern, vorbei am Saikoin-Tempel und rechts haltend zum Museum bummeln. Das Daimyô-Uhrenmuseum ist benannt nach den rund 50 aufwendigen **Uhren der Edozeit,** die zweimal am Tag nachgestellt werden mussten und sich nach Sonnenauf- und -untergang richteten (10– 16 Uhr, Mo und Juli bis September geschl., 400 ¥, 2-1-27 Yanaka).

In der Nähe stehen die beiden der Heilung dienenden **Tempel Enjuji** (Beinbeschwerden) mit einer Statue von Nikka, einem Heiligen der Nichiren-Sekte, der allein Riesenstatuen über 200 km auf den Berg Minobu geschleppt haben soll, und **Rengeji** (Schlaflosigkeit und Wutanfälle bei Kindern).

Nezu-Schrein (9)

Biegt man von der Sansaki-zaka kommend kurz vor dem Uhren-Museum rechts ab, kommt man am bescheidenen, aber sehr gastfreundlichen **Ryokan Sawano-ya,** das vor allem Westler beherbergt, vorbei zur Shinobazu-dôri. Überquert man sie, gelangt man zum berühmten **Nezu-Schrein.** Die an den Tôshôgû-Schrein in Ueno erinnernden Schreingebäude wurden 1706 für den Daimyô von Kôfu, *Ienobu,* erbaut. Dieser hatte seine Residenz in Sendagi, in der nördlichen Nachbarschaft. Er wurde 1709 zum 6. Shôgun ernannt. Nach der Zerstörung im Zweiten Weltkrieg wurde der Schrein originalgetreu wiederaufgebaut. Als Schrein soll er schon seit 1900 Jahren bestehen.

Sehenswert ist das reich verzierte **Kara-mon-Tor** (chinesisches Tor). Jedes Jahr findet vom 14.4. bis 5.5. das **Azaleenfest** statt (am Hang gibt es rund 3000 Azaleen in allen möglichen Farben), anlässlich dessen das Hauptgebäude alle zwei Stunden für Besucher eine halbe Stunde lang zugänglich ist, nachdem diese sich einer Reinigungszeremonie unterzogen haben. **Gemälde** von 36 klassischen Dichtern an den Friesen sind die Hauptattraktion dieses Schreins. Neben dem Hauptschrein gibt es noch einen für den Reisgott Inari.

Vom Schrein besteht die Möglichkeit, nach rechts entlang der Shinobazu-dôri zum U-Bahnhof Nezu (Chiyoda-Linie) und geradeaus weiter zum Shinobazu-Teich zu gehen. Ein Stück links hinter der Kreuzung mit der Kototoi-dôri findet man das alte, vornehme Restaurant Kushiage Hantei und nebenan das einfachere Sabo Hantei.

Einkaufen

Der **Ameyoko-Markt (41)** nahe der Keisei-Station Ueno ist lohnend, auch das Kaufhaus Matsuzakaya mit seinen traditionellen japanischen Produkten.

●**Beishu Hara,** Puppen des gleichnamigen berühmten Meisters. Mo–Sa 10–18 Uhr, 2-3-12 Taitô, Tel. 3834-3501.

Am Südrand des Shinobazu-Teiches

(U- bzw. JR-Bahnhof Ueno, wenn nicht anders angegeben)

●**Dômyô,** Kimono-Zubehör, Geschäft für *obi-jime* und andere Schmuckkordeln. 10–19 Uhr, So/F bis 17 Uhr, 2-11-1 Ueno, Tel. 3831-3773.
●**Hasegawa-Hashimoto-ten,** *geta, zôri* (traditionelle Sandalen), auch Schirme. 8.30–20 Uhr, 2-4-4 Ueno, Tel. 3831-3933.
●**Hashimoto,** handbemalte Papierdrachen von 1000 bis über 50.000 ¥. Mo–Sa 8–19 Uhr, 2-2-5 Higashi-Ueno (JR Ueno/Okachimachi), Tel. 3841-2661.
●**Jûsanya-Kushi-ten,** Holzkämme zwischen 3000 und 10.000 ¥ pro Stück, seit 1736 im Geschäft. 10–18 Uhr, 1. u. 3.So geschl., 2-12-21 Ueno, Tel. 3831-3238.
●**Kyôya,** traditionelle Möbel, Schachteln, Schalen. Mo–Sa 10–18 Uhr, 2-12-10 Ueno, Tel. 3831-1905.

Yanaka

●**Buseki Flower Basket Shop (1),** Korbwaren aus rauchgeschwärztem Bambus. 9–19 Uhr, 3-15-5 Nishi-Nippori, Tel. 3828-1746.
●**Isetatsu-ya (7),** Papiermachéfiguren *(chiyogami)*, bedrucktes Papier *(washi)*, Souvenirs. 10–18 Uhr, 2-18-9 Yanaka, Tel. 3823-1453.
●**Kana Kana,** Kunsthandwerk, nahe *Isetatsu-ya.*
●**Tokuo-ken,** Pinsel und Farben, Kototoi-dôri, nahe Tanabe Bunkaidô.
●**Tanabe Bunkaidô,** hier haben *Mirò* und *Picasso* einige Pinsel gekauft. Kototoi-dôri, Ikenohata 4-chome.

Essen

Regionale Küche

●**Hokuhan,** ¥¥, authentische nordjapanische Küche, in Bahnhofsnähe, lebhaft, ca. 3000–5000 ¥. 17–22 Uhr, So u. F geschl., 6-7-10 Ueno, Tel. 3831-8759.
●**Uemura,** ¥¥/¥¥¥, Kappô-Lokal, gegenüber Shitamachi-Museum. Plaza-U-Bldg. F5, an der Chûô-dôri, Ueno 4-chome.
●**Izuei,** ¥¥, altbekanntes Restaurant für Aalgerichte, Tempura, Sushi u.a. 11–22 Uhr, 2-12-22 Ueno (JR Ueno), Tel. 3831-0954.

Sushi

●**Kei,** ¥/¥¥, preiswertes Sushi-Lokal, in dem alle Happen gleich viel kosten (um die 200 ¥). Nordöstlich U-Bahnhof Nezu, Nezu 2-chome.
●**Noike,** *anago-zushi* (Aal). Mo/Mi–Sa 11.30–14 und 17–22 Uhr, So/F 11.30–20 Uhr, 120 m unterhalb Daienji-Tempel, Tel. 3821-3922.

Sukiyaki, Shabu-shabu

●**Take-ya,** ¥/¥¥, Sukiyaki oder Shabu-shabu bis man satt ist, Männer 2000 ¥, Frauen 1800 ¥. Belitas Bldg. 6F, 6-14-7 Ueno (Ueno, Ausgang Hirokoji), Tel. 3836-3679.
●**Jinenjiyo** Curry-Lokal, schräg links gegenüber dem Asakura-Chôso-Museum in Yanaka. Die Ladenbesitzer ziehen ihre Kräuter selbst, guter Ort für Lunch.

Tonkatsu,Kushiage

●**Hantei,** ¥/¥¥, berühmtes altes Lokal mit dem Charakter eines Ryôtei, in einem 3-geschossigen Gebäude aus der Meiji-Zeit. Spezialität: Menü mit 6 Kushiage-Spießen für 2500 ¥, weitere 6 kosten nur 1200 ¥, am Schluss gibt es Reis oder Nudeln. 17–22 Uhr, F 16–21 Uhr, So geschl., 2-12-15 Nezu (U: Nezu, Chiyoda-Linie), Tel. 3828-1440.
●**Sabô Hantei,** ¥, traditionelles Teehaus, Snacks und Bentô, ab 800 ¥. Di–Sa 11–14 und 18–21 Uhr, F geschl., neben Hantei, Tel. 3827-5317.

O-den

●**Otafuku,** ¥¥, Dutzende von O-den-Leckerbissen im über 70 Jahre alten Lokal, 3000–4000 ¥. 17–22.30 Uhr, So u. F 15–20.30 Uhr, Mo u. 2. u. 3. So geschl., 1-6-2 Senzoku (U: Iriya, Hibiya-Linie), Tel. 3871-2521.

Soba und Udon

●**Oshimaya,** ¥, ein Nudelladen, in dem es Paradies- und Höllen-Nudeln in Sesamsoße gibt. Yanaka 3-chôme (U: Sendagi, Chiyoda-Linie).

Vegetarisch

●**Sasa-no-Yuki,** ¥¥, berühmtestes Tofu-Lokal, Tempelküche, ab 1300 ¥. 2-15-10 Negishi (JR Uguisudani), Tel. 3873-1145.

Chinesisch

●**Little Hong Kong,** ¥/¥¥, authentisch, preiswerte Lunch-Sets. 11.30–23 Uhr, So u. F bis 22.30, 3-38-Yushima (U: Yushima, Chiyoda-Linie; Ueno-Hirokôji, Ginza-Linie), Tel. 3831-2638.

Cafés

●**Imojin,** gutes altmodisches Eiscafé. 11.30–20 Uhr, 2-30-4 Nezu (U: Nezu), Tel. 3821-5530.
●**Café Kayaba,** bei Studenten sehr beliebt. An der Kreuzung Kototoi-dôri/Sansaki-zaka (JR Nippori/Uguisudani).

Bars und Clubs

●**Cannabis Sativa,** saubere, harmlose Reggae-Bar mit Videos und guter Aussicht; Cocktails, so viel man will: Männer 3500 ¥, Frauen 2500 ¥. Mo–Sa 19–5 Uhr, So geschl., Ueno Bldg. F10, 3-41-12 Yushima (U: Ueno Hirokôji, Ginza-Linie), Tel. 3831-7777.
●**G.H Nine,** preiswerter, lohnender Jazz-Club, ab 2000 ¥. 18–24 Uhr, Musik ab 19 Uhr, Ueno Bldg. F9, 4-4-6 Ueno (U: Ueno-Hirokôji, Ginza-Linie), Tel. 3837-2525.

Rakugo-Theater

●**Suzumoto Engeijô,** das älteste Rakugo-Theater Tokyos, untergebracht in einem modernen Gebäude, nahe Shitamachi-Museum. 12–16.30 und 17–21 Uhr, Chûô-dôri, Ueno 2-chôme (U: Ueno), Tel. 3834-5906.

Unterkunft

Nähe Ueno

●**Business Inn Sunny (44),** ¥, 9 Zimmer, ab 7000 ¥. 3-15-9 Ueno, Tel. 3831-3211, 3835-0919.
●**Hotel Sun Targas,** ¥/¥¥, 72 Zimmer, ab 8500 ¥, 2-19-3 Ueno, Tel. 3833-8686, Fax -7775.
●**Nasuda,** ¥/¥¥, preisgünstiges Businesshotel, z.B. kl. Doppelzimmer 8500 ¥. 6-1-2 Ueno, Tel. 3841-2315, Fax -2643.
●**Ueno First City Hotel (38),** ¥/¥¥, 52 Zimmer, ab 9000 ¥. 1-14-8 Ueno, Tel. 3837-8469, Fax 3831-8215.
●**Ueno Terminal Hotel (43),** ¥¥, 69 Zimmer, ab 10.000 ¥. 2-21-11 Ueno, Tel. 3831-1110, Fax -5635.

●**Kinuya (36)**, ¥, für die Fahrt zum Flughafen perfekt und auch sonst günstig gelegen, Infomaterial, Internet, großes *O-furo*, Getränkeautomaten auf den Stockwerken.

●**New Izu Hotel (45)**, ¥, Zimmer ab 5400 ¥ (JR Ueno 5 Min.). Buchung: www.hostelworld.com.

●**Hotel Parkside (39)**, ¥¥, 101 Zimmer, ab 10.000 ¥. 2-11-18 Ueno (U: Yushima; Ueno-Hirokôji), Tel. 3836-5711, Fax -3459, www.parkside.co.jp.

●**Hotel Towa Ueno (46)**, ¥¥, EZ 10.000 ¥, DZ 16.000 ¥, 5-5-6 Higashi-Ueno, Tel. 5828-0108, www.hoteltowa.com.

Nähe U-Bahnstation Nezu

●**Katsutarô Ryokan (12)**, ¥, nahe Ueno-Zoo, älteres Ryokan, ab 5000 ¥. 4-16-8 Ikenohata (Keisei Ueno 10 Min.; U: Nezu, Ausg. Ikenohata, 5 Min.), Tel. 3821-9808, Fax -4789.

●**Sawanoya Ryokan (11)**, ¥, beliebt, nahe Ueno-Park in Yanaka. 2-3-11 Yanaka (U: Nezu, Ausg. 1), Tel. 3822-2251, Fax -2252.

●**Suigetsu-Ôgai Ryokan (26)**, ¥¥, eines der besseren Ryokans in Tokyo am westlichen Rand des Ueno-Parks; hier hatte zu Beginn der 1890er-Jahre der Schriftsteller *Mori Ôgai*, der auch eine Weile in Berlin gelebt hat, zwei Jahre gewohnt, es war die Residenz der Familie seiner Frau. Hier entstand der Roman „Das tanzende Mädchen". Lunch und Dinner am Schauplatz des Romans beginnen ab 4200 ¥ (U: Nezu), Tel. 3822-4611, www.ohgai.co.jp/ohgai.html.

●**Yayoi Kaikan**, ¥, 135 Zimmer, ab 5500 ¥, 2-1-14 Nezu, Tel. 3823-0841, Fax 3828-8188.

Nähe Uguisudani

●**Watanabe Business Hotel**, ¥, 28 Zimmer, ab 6000 ¥. 1-10-10 Negishi, Tel. 3875-8607, Fax 3874-8865.

●**Sakura Ryokan**, ¥, modern, ab 5000 ¥. 2-6-2 Iriya (Uguisudani 6 Min. Taxi, U: Iriya 5 Min.), Tel. 3876-8118, Fax 3873-9456.

Nähe Nippori

●**Sakiwa Hotel**, ¥, 26 Zimmer, 7000 ¥. 2-21-11 Nippori, Tel. 3891-7111, Fax -3102.

Links- und rechtsseitig des Sumida-Flusses: Asakusa, Asakusabashi und Ryôgoku (Taito-ku, Sumida-ku)

Asakusa

Asakusa hat seinen „Downtown-Charakter" (*shita-machi* = Unterstadt) besser bewahren können als andere Stadtviertel. Das macht den besonderen Reiz aus. Hier gibt es noch **traditionelle Handwerkerviertel** und manche Gasthäuser, die sich seit der **Edo-Zeit** fast nicht verändert haben. Zwar ist der Stadtteil im Zweiten Weltkrieg nicht besser weggekommen als andere, aber in den ehemaligen Downtown-Bezirken wie Ginza und Nihombashi wurde der Wiederaufbau bevorzugt und in Vierteln wie Asakusa eher vernachlässigt – was jedoch nicht für den Komplex des berühmten **Kannon-dô-Tempels (13)** gilt, der bereits im 7. Jh. gegründet worden sein soll.

Dieser Tempel, genau genommen heißt er Sensôji, ist der Hauptgrund für die Existenz dieses Stadtviertels und seines besonderen Charakters. Hier gab es wegen der Besuchermengen stets Vergnügungsangebote, und hierher wurde auch das berühmte Yoshiwara-Viertel verlegt, nachdem es das Shôgunat aus Ningyôchô verbannt hatte. Dieses Amüsierviertel mit seinen Theatern, Lokalen und Freudenhäusern war wohl der wahre Grund für die Popularität von Asakusa, hat

Stadtteile

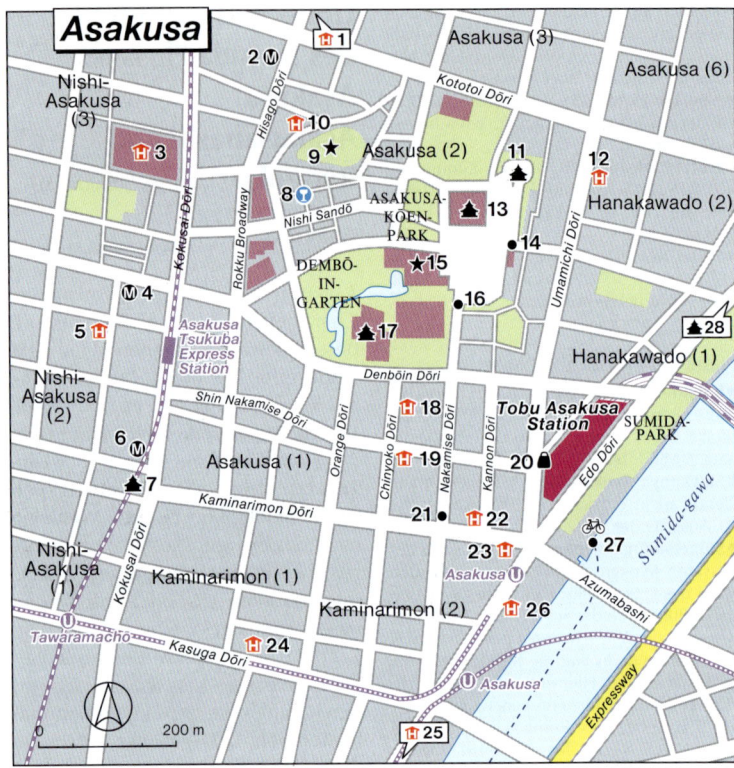

🏠	**1**	Toyoko Inn Asakusa Senzoku	★	**15**	Pagode
Ⓜ	**2**	Shitamachi Traditional Crafts Museum	●	**16**	Hōzō-mon-Tor
🏠	**3**	Asakusa View Hotel	♣	**17**	Denbō-in
Ⓜ	**4**	Asakusa-Kunsthandwerk-Museum	🏠	**18**	Ryokan Mikawaya Bekkan
🏠	**5**	Asakusa Hostel Toukaisou	🏠	**19**	Ryokan Kamogawa Asakusa
Ⓜ	**6**	Trommelmuseum	🔒	**20**	Matsuya-Kaufhaus
♣	**7**	Higashi-Honganji-Tempel	●	**21**	Kaminari-mon-Tor
🔵	**8**	Trinklokale	🏠	**22**	Asakusa Plaza
★	**9**	Hanayashiki-Vergnügungspark	🏠	**23**	Hotel Kawase Tokyo and capsule
🏠	**10**	Sakura Hostel Asakusa	🏠	**24**	Hotel Asakusa and capsule
♣	**11**	Asakusa-jinja-Schrein	🏠	**25**	Toyoko Inn Komagata
🏠	**12**	Hotel Asakusa Mikawaya	🏠	**26**	Capsule Hotel Asakusa River Side
♣	**13**	Kannon-dō	●	**27**	Wasserbus-Station,
●	**14**	Niten-mon-Tor	🚲		Fahrradverleih
			♣	**28**	Matsuchiyama-Shōten-Tempel

mit der Modernisierung des Landes jedoch viel an Reiz eingebüßt. Es gehörte zur Edo- aber nicht mehr in die Tokyo-Zeit. Bei einem der **großen Brände** im Jahre **1911** brannte es ab und gelangte nie wieder zur Blüte.

Anstelle der Kabukitheater, die gegen Ende des Tokugawa-Shogunats hierher verbannt worden waren und dem Viertel noch zusätzlichen Aufschwung brachten, wurden **Kinos** eröffnet; so wurde hier 1930 der erste Film Japans gezeigt. Wegen der Musikshows, Lokale und Läden hatte das Viertel vor dem Krieg in etwa den Charakter von Shinjuku. Auch das erste Hochhaus der Stadt (Jûnikai, 12 Stockwerke) wurde hier 1890 errichtet. Außer dem Tempel sind die einstigen Attraktionen Asakusas vergangen.

Die jährlichen **Schrein- und Tempelfeste** sind sehr sehenswert; hier geht es ungezwungener zu als in den meisten anderen Stadtteilen. Der Stolz der *Edokko* ist noch zu spüren.

Westlich des Viertels, auf dem Weg nach Ueno, kreuzt die Asakusa-dôri das Viertel **Kappa-bashi,** wo es Gastronomiebedarf en gros gibt, darunter auch die berühmten Wachsnachbildungen der in Lokalen angebotenen Speisen (*sampuru,* von engl. *sample,* Muster). Sie sind nicht gerade billig, geben aber gute Souvenirs ab.

Wie in Ueno können Sie sich auch in Asakusa, und zwar nahe der Anlegestelle für die Sumida-Boote, gegen Vorlage eines Ausweises ein **Fahrrad** für nur 200 ¥ pro Tag (6–20 Uhr) ausleihen, günstig vor allem für die Viertel außerhalb des Tempelbezirks.

Vor allem für die Besichtigung von **San'ya** (Nord-Asakusa) ist der Community Bus *Meg-Ring* (nördliche Route, Fahrzeit für eine Runde 45 Min.) eine Alternative. Eine Fahrt kostet 100 ¥. Die TICs haben meist eine Karte mit Routenführungen und Sehenswürdigkeiten am Wege, z.B. *North Asakusa Downtown Guide Map.*

Tempelbezirk

Wer als Tourist zum ersten Mal nach Asakusa kommt, wird dies üblicherweise mit der U-Bahn (Ginza- oder Toei-Asakusa-Linie) tun, es gibt aber auch die Möglichkeit, mit dem **Wasserbus (27)** auf dem Sumida-Fluss (siehe Exkurs) vorzufahren. In beiden Fällen sind es nur wenige Minuten zur Hauptattraktion des Stadtviertels, dem **Tempel Kannon-dô,** der auch Sensôji genannt wird.

Kaminari-mon-Tor (21)

Der naheliegendste und zugleich attraktivste Zugang erfolgt durch das Kaminari-mon (Donner-Tor) mit dem 3,30 Meter hohen und 100 kg schweren roten Lampion, einem Symbol des Tempelbezirks. Das Tor wurde nach dem Krieg wiederaufgebaut, doch die Köpfe der beiden Götterstatuen – links Donnergott Fûjin, rechts Windgott Raijin – sind alt. Auf der Rückseite sind die Drachengötter untergebracht.

Nakamise-Gasse

Das Tor bildet den Zugang zur engen, tagsüber fast immer von Menschen gefüllten Gasse Nakamise (Mit-

Stadtteile

tel-Läden), die in der Mitte von der Shin-Nakamise (Neu-Nakamise) gekreuzt wird. Was in den **Läden** verkauft wird, ist zu einem nicht geringen Teil dasselbe Angebot wie zur Edo-Zeit, darunter auch **Kitsch und Krimskrams.** An Feiertagen und Wochenenden herrscht großes Gedränge. In der Edo-Zeit standen hier Souvenirverkäufer mit beweglichen Ständen, die man heute noch auf Tempelfesten sieht. Die Geschäfte wurden erst in der Meiji-Zeit errichtet. Einige Läden gehören immer noch den Familien der ursprünglichen Besitzer. Auch die Parallelstraßen wie die direkt östlich gelegene Kannon-dôri bieten Attraktionen, z.B. *Furisode-san* (Mädchen führen traditionelle Tänze auf).

Typischerweise gibt es in der Nakamise-Gasse **Spezialitäten zum Essen** wie z.B. Reisgebäck (*o-sembei*), See-

tang (*o-nori*) und süßes Gebäck sowie **kunsthandwerkliche Dinge** wie Fächer (z.B. bei Arai Bunsendô, etwas links hinter dem ersten Block), Accessoires und Haarschmuck, japanisches Papier, Kimonos, Happi-Coats (Matsuri-Festkleidung), traditionelle Messer und Scheren (z.B. bei Kanesô), Schuhe und Sandalen, Holzkämme (z.B. bei Yonoya in der Denbô-dôri), moderne Souvenirs, Puppen, traditionelles Spielzeug und – eine Rarität – einen Laden für Miniaturspielzeug (Sukeroku, am Ende der Straße rechts).

Denbô-in-Tempel (17)

Diesem Geschäft gegenüber liegt der Denbô-in, die Residenz des Abts. Als Kontrast zum geschäftigen Treiben im Einkaufsviertel bietet sich ein Spaziergang im sehenswerten stillen **Garten des Denbô-in** an. Zugang besteht

557ho Foto: ml

von der Denbô-dôri durch ein großes schwarzes Tor. Der Eintritt selbst ist kostenlos, jedoch muss man sich die Karten im Sockel der großen fünfstöckigen Pagode *(go-jû-no-tô)* des Kannon-Tempels holen.

Der Garten wurde zu Beginn des 17. Jh., vielleicht sogar schon früher, angelegt. In der Mitte befindet sich ein Teich und an dessen Ufer die älteste Glocke Tokyos (aus dem Jahre 1387). In dem abwechslungsreich gestalteten Garten steht noch ein Teehaus, das ursprünglich aus Nagoya stammt, wo es Ende des 18. Jh. als Kopie eines abgebrannten Teehauses des berühmtesten aller Teemeister, *Sen-no-Rikyû* (1522–1591), errichtet wurde. Außerdem gibt es noch zwei schlichte Holzhäuser.

Hôzô-mon-Tor (16)

Neben dem Denbô-in, am Ende der Nakamise, steht das Tor zum eigentlichen Tempelbezirk, das Hôzô-mon (Schatzhaustor), wegen der beiden Schutzgötter *(nio)* auch gern **Nio-mon** genannt. An seiner Rückseite hängen riesige Strohsandalen, die von Reisbauern in Nordjapan gespendet wurden. Die zwei außen hängenden Laternen wurden von den Marktleuten des Tsukiji-Fischmarktes gestiftet, die in der Mitte hängende von den Kaufleuten von Kobunachô.

Geschäfte und Lokale

Wer vor Betreten des Tempels noch in dem Viertel mit seinen Hunderten von Läden herumbummeln will, kann z.B. in der östlich (rechts) gelegenen Parallelstraße das Geschäft Fujiya aufsuchen, bekannt ist für die 3 x 1 Fuß großen, bunt **bedruckten Baumwolltücher** *(tenugui)*, die einst zum Reinigen der Hände dienten, heute aber vor allem bei Festen als Stirnbänder verwendet werden. Sie sind preiswerte und originelle Souvenirs (ab 800 ¥).

In derselben Gasse und in den Querstraßen gibt es wie überall im Viertel **kleine Lokale**, z.B. das rustikale, aber etwas teure Kurumutsu mit seiner offenen Feuerstelle in der Mitte, oder Kintarô und Towada, die vor allem Mittags preisgünstige Lunch-Sets anbieten.

Kannon-dô-Tempel (13)

Der **Tempelbezirk** wird volkstümlich auch „Asakusa no Kannon-sama" genannt. Der Legende nach haben im Jahre 628 zwei Fischer, die Brüder *Hamanari*, eines Tages beim Fischen im Sumida-Fluss nahe seiner Mündung eine kleine goldene Statue der Kannon, dem weiblichen Aspekt des Bodhisattva der Barmherzigkeit, in ihrem Netz gefunden. Sie nahmen die Statue zunächst nach Hause und übergaben sie dem Dorfchef *Haji-no-Nakamoto*. Ihr zu Ehren wurde von diesem bald darauf ein Tempel errichtet. Grabungen anlässlich der Restaurierungsarbeiten im Jahre 1945 nach den Luftangriffen, die den Tempel zum fünften Mal in seiner Geschichte zerstört hatten, brachten in der Tat **Funde aus dem 7. und 8. Jh.** zu Tage. Die Statue wird niemals gezeigt, sie wird in einem

Stadtteile

Eine Gasse zum Stöbern: die Nakamise

goldenen Schrein hinter dem Altar verschlossen aufbewahrt. Die Luftangriffe des Zweiten Weltkrieges überstand sie tief in der Erde vergraben.

Die große **Halle Kannon-dô** wurde 1958 in Stahlbeton als Kopie des zerstörten Originals wiederaufgebaut, das gewaltige Dach kam erst 1973 hinzu. Die drei großen Lampions in der Vorhalle wurden von den Geishas aus Asakusa, Akasaka und Yanagibashi gestiftet. Auch viele große Votivbilder *(ema)* aus der Edozeit hängen hoch oben an den Wänden. Der Drache an der Decke ist von *Kawabata Ryûshi.*

Die 48 Meter hohe fünfstöckige rotgoldene **Pagode (15),** ein Nationalschatz wie die Kannon-dô, enthält eine Reliquie Buddhas, einen Knochensplitter aus einem Tempel in Sri Lanka. Die Pagode ist unter dem Shôgun *Iemitsu* errichtet und nach der Zerstörung im Zweiten Weltkrieg 1973 wiedererrichtet worden.

Der **Weihrauchbrunnen** rechts vor der Haupthalle ist gut geeignet, um die Gläubigen zu beobachten. Sie reiben sich den Rauch an die Stelle, an der sie Beschwerden haben oder eine Verschönerung ersehnen. Selbst mitmachen schadet nicht ...

Hôzô-mon-Tor

Links neben der Haupthalle stehen die beiden **kleinen Tempel Yakushi-dô** (1649) und **Awashima-dô**, Frauenleiden und -fertigkeiten gewidmet. Es gibt auch eine sechseckige Kapelle für *Jizô*, eines der ältesten Gebäude der Stadt aus dem 15./16. Jh.

Rechts hinter Kannon-dô steht der **Asakusa-jinja-Schrein (11)**; er wird auch „Sanja" (drei Schreine) genannt, da er 1649 im Auftrag von *Iemitsu* den Findern der Kannon-Statue und ihrem Herrn zu Ehren errichtet wurde. Angesichts der Beliebtheit des *Sensôji* ist es kein Wunder, dass auch *Ieyasu* im Schrein verehrt wurde. Die Gebäude (*Hon-den* = Haupthalle, *Hei-den* = Tributhalle, *Hai-den* = Gebetshalle) befinden sich noch weitgehend im Originalzustand des 17. Jh., wurden jedoch in der Meiji-Zeit gründlich renoviert. Erwähnenswert sind die beiden **Bronze-Buddhas**, die 1687 vom Reishändler *Takase* gestiftet wurden, und der **Benten-Schrein** dahinter, mit der Bronzeglocke, die jeden Morgen um 6 Uhr beim Öffnen des Tores und in der Neujahrsnacht geschlagen wird.

Das große **Schreinfest Sanja-Matsuri** ist eines der drei großen Tokyoter Schreinfeste und findet alljährlich an dem Wochenende, das Mitte Mai am nächsten ist, statt. Am ersten Tag wird der selten aufgeführte Tanz Binzasara-mai getanzt. Am zweiten Tag werden 100 **tragbare Stadtschreine** (*o-mikoshi*) hergebracht und am dritten und letzten Tag durch das Stadtviertel getragen, woran sich alle Bürger beteiligen können. Entsprechendes Gedränge ist an der Tagesord-

nung. Das Sanja-Matsuri ist das volkstümlichste und turbulenteste Schreinfest der Stadt.

Am östlichen Eingang steht das **Niten-mon-Tor (14)** von 1618, durch das das teilweise noch altertümliche Viertel Hanakawado erreicht wird. Manche meinen, dass sich hier der Charakter Asakusas am besten erhalten hat.

Hanakawado

Sumida-Park

Geht man vom Niten-mon-Tor in Richtung Osten, gelangt man zum langen, schmalen, direkt am **Sumida-Fluss** liegenden Sumida-Park im Hanakawado-Viertel, der zur Zeit der Kirschblüte besonders beliebt ist. Dort findet auch das traditionelle **Bogenschießen** vom Pferderücken aus (*Yabusame*) statt, und zwar an dem Sonntag, der im Höhepunkt der Kirschblüte liegt, normalerweise am ersten oder zweiten Sonntag im April. Die Reiter müssen in vollem Galopp entlang einem 300 m langen Parcours drei Pfeile auf drei hölzerne Scheiben abschießen, was nicht immer ganz gelingt. Es ist ein eindrucksvolles Bild, die Reiter in ihren altertümlichen Kostümen dahingaloppieren zu sehen, allerdings herrscht sehr großes Gedränge.

Matsuchiyama-Shôten-Tempel (28)

Geht man parallel zum Park ein Stück nach Norden, gelangt man zum links auf einem Hügel gelegenen Matsuchiyama-Shôten. Der Haupttempel, der bereits im Jahre 595 gegründet worden sein soll, ist Shôten geweiht,

Stadtteile

Bootsfahrten auf dem Sumida-Fluss

Der Sumida-Fluss, die Lebensader Edos, hat viel an Reiz verloren. Allerdings werden die Ufer zunehmend durch Grünanlagen verschönert. Eine Fahrt mit einem der Sumida-Wasserbusse lohnt sich also durchaus.

Die Fahrt beginnt an der Anlegestelle bei der **Azuma-bashi-Brücke** im Stadtteil Asakusa (Suijo-basu-noriba, Westufer) und führt unter **elf Brücken** hindurch zum **Hamarikyû-Onshi-Garten** und zum Takeshiba-Sambashi-Pier, von wo aus man natürlich ebenfalls die Fahrt antreten kann und in der Regel weniger Andrang vorfindet (Fahrzeit 30 Min., Preis 750 ¥ inkl. Eintritt in den Park, Sa u. So fahren die Wasserbusse alle 20, werktags alle 45 Minuten ab).

Hinter der **zweiten Brücke, Umaya-bashi,** liegen rechts die **Lagerhäuser** (*kura*), in denen während des Shôgunats Reis, der als Steuer bezahlt und mit dem die Samurai entgolten wurden, aufbewahrt wurde. Heute haben sich dort Spielzeug- und Puppengroßhändler niedergelassen. Die nächste Brücke ist die **Kuramae-Brücke,** hinter der links die **Sumohalle,** Kokugikan, auftaucht. Anschließend folgt die **Ryôgoku-Brücke,** in deren Umgebung sich die Edokko an milden Sommerabenden spazierenrudern ließen. Früher kam man nach Überqueren dieser Brücke in eine andere Provinz, daher der Name Ryô-goku (zwei Länder).

Die **Shin-ôhashi** hat zwei große Stahlpfeiler, die **Kiyosu-Brücke** wird Kölnern sehr bekannt vorkommen. In der Gegend zwischen diesen beiden Brücken lebte

einst der größte Haiku-Dichter, *Matsuo Bashô,* und von dort aus brach er 1689 zu seiner berühmten Reise in den Norden Japans auf, die er in seinem Buch „Ôku no Hosomichi" (Schmale Straße in den hohen Norden) beschrieben hat.

Die nächsten Brücken sind die **Sumidagawa-ôhashi** des Shuto-Expressway und die **Eitai-bashi.** Letztere wurde 1696 zusammen mit der Ryôgoku- (1659) und der Shin-ôhashi (1693) als Folge des katastrophalen **Großbrandes von 1657** gebaut. Damals gab es nur eine Brücke im Norden, und viele Menschen kamen um, weil sie nicht über den Fluss gelangen konnten.

Die **Tsukuda-ôhashi** und die **Kachidokibashi** liegen schon nah an der Tokyo-Bucht, letztere ist 246 Meter lang und eigentlich eine Zugbrücke, die jedoch wegen des vielen Verkehrs nicht mehr bewegt wird. Kurz vor dem Hama-Rikyû-Park liegt der **Fischmarkt** und das Fischereilabor des Tôkai-Distrikts. Die neue **„Regenbogenbrücke"** (Rainbow Bridge) wird auf dieser Tour schon nicht mehr unterquert.

Es gibt natürlich auch eine Luxus-Variante dieser Tour. Die Firmen Abisei (Tel. 3622-9495) und Komatsuya (Tel. 3851-2780) organisieren **abendliche Ausflüge in Vergnügungsbooten** (*yakata-bune*) mit Essen und Musik, heute allerdings nicht nur mit klassischer Shamisen-Begleitung, sondern auch mit Karaoke. In den größeren Abisei-Booten haben 15 Personen Platz, der Zwei-Stunden-Trip kostet ca. 10.000 ¥ pro Person.

Weitere Bootsfahrten führen zu Zielen an der Tokyo-Bucht.
● **Info:** www.suijobus.co.jp

---

der Schutzgottheit für harmonische Vereinigung und leichte Geburt. Das Götterbild wird jedoch nie gezeigt. Die zweite verehrte Gottheit ist Bishamonten, Gott der Reichtümer und einer der **sieben Glücksgötter** (*shichifukujin*).

Nahe dem Eingang stehen einige **Jizô-Statuen,** die um 1600 angeblich im Tempelgelände ausgegraben wur-

Promenade am Sumida-Fluss in Asakusa

den, ihnen gegenüber steht eine zwei Meter hohe **Kannon-Statue.** Wer zu den Jizô betet, soll im Leben Erfolg haben. Das Viertel westlich des Tempels diente dem vielleicht berühmtesten aller Holzschnitt-Meister, *Katsushika Hokusai,* während seiner letzten Lebensjahre als Heimat. Hier befand sich einst auch ein lebhaftes Kabuki-Theaterviertel. An beides erinnern Denkmäler.

Wer **Taiko-Trommlern** beim Üben zusehen möchte, kann dies in der Nähe im **Miyamoto Studio** tun: 6-21-5 Asakusa, Tel. 5603-1661 (Besuch telefonisch reservieren). Vom Schrein können Sie auch einen Abstecher ins ehemalige **Yoshiwaraviertel** machen, indem Sie westlich bis zur Senzoku-dôri (s.u.) gehen.

Nordwestlich des Kannon-dô-Tempels

In der Meiji-Zeit enstand westlich des Tempelbezirks das **Unterhaltungsviertel Rokku** mit Theatern für volkstümliche Komödien, wie die Asakusa-Engei-Halle. Hier ist noch manches vom Geist der Edo-Zeit erkennenbar Heute überwiegen jedoch die zahlreichen Kinos und eine große Zahl winziger Lokale *(nomiya)*.

Der nahe gelegene **Hanayashiki-Vergnügungspark (9)** entstand im Jahre 1853 und bietet altmodisches Kirmesvergnügen (Mi–Mo 10–18 Uhr, Eintritt: 900 ¥, Kinder 400 ¥, Fahrten extra, 2-28-1 Asakusa). Wer die Verlängerung des Rokku-Broadway, weitergeht, kommt in die überdachte Hi-

321to Foto: ml

Stadtteile

Yoshiwara – Prostitution in klassischem Stil

Yoshiwara, genaugenommen Shin- (Neu-) Yoshiwara, war das berühmteste der zahlreichen Vergnügungsviertel von Edo, in denen **Prostitution legal** war. Während seiner Blütezeit gab es dort bis zu **3000 Prostituierte** in rund 200 Etablissements. Erst mit dem 1957 verabschiedeten Prostitutionsgesetz wurde das Viertel offiziell geschlossen.

Aber die glanzvollen Tage endeten bereits Jahrzehnte vorher. Das erste Viertel dieses Namens (wörtlich: Schilfebene) entstand auf sumpfigem Land im heutigen Ningyô-chô. Nach dem großen Meireiki-Feuer von 1657 (s. „Geschichte Tokyos") wurde es nördlich von Asakusa auf 8 ha Fläche neu errichtet. Weiden, ein chinesisches Symbol für Prostitution, säumten den Eingang und die gitterförmig angelegten Straßen.

Yoshiwara war wie alle Vergnügungsviertel **von einem Graben und einer Mauer umgeben.** Es gab nur einen Eingang (*ômon*), um die Kunden und Prostituierten unter Kontrolle zu halten. So konnte sich kein Kunde, ohne zu bezahlen, aus dem Staub machen und keine Prostituierte fliehen. **Teehäuser** dienten der „Geschäftsanbahnung". Frauen niedrigeren Ranges saßen hinter **hölzernen, vergitterten Fenstern,** später gab es Fotokataloge, nach denen die Kunden ihre Wahl trafen. Die hochrangigen Kurtisanen dagegen spazierten mit ihren *getas* frei durch das Viertel. Sie waren so berühmt wie Schauspielerinnen heute. Sehenswert waren die Paraden der Kurtisanen (*oiran dôchû*).

Wie z.B. in Thailand heute noch üblich, wurden Mädchen häufig von armen Familien mittels **langjähriger Verträge** von zehn und mehr Jahren quasi abgekauft (was an sich illegal war).

Neben den Bordellen gab es auch vielfältige, teilweise **anspruchsvolle Unterhaltung,** die großen Einfluss auf die Entwicklung der bürgerlichen Kultur der Edo-Zeit hatte: *kabuki,* Musik, Literatur und *ukiyo-e* (die Holzschnitte der „fließenden Welt").

Heute gibt es hier immer noch, allerdings ausschließlich auf Japaner ausgerichtete, Sex-Etablissements.

sago-dôri, an deren Ende links das **Edo Shitamachi Traditional Crafts Museum** (2, Tel. 3847-2587) liegt. An zwei Wochenenden pro Monat demonstrieren Handwerker dort ihre Fertigkeiten. Gegenüber gibt es **Papierlaternen,** die man beschriften lassen kann. Ein Stück davor liegt der Laden *Adachi-ya,* in dem es Zubehör für die japanischen Feste gibt. In beiden lassen sich originelle Souvenirs finden.

Das ehemalige Vergnügungsviertel Yoshiwara

Jenseits der Kototoi-dôri setzt sich die Hisago-dôri als Einkaufsstraße **Sen-** zoku-dôri fort und führt zum ehemals größten Vergnügungsviertel Edos, Yoshiwara. **Seit 1958** ist es **geschlossen,** und kaum noch etwas erinnert an die einstige Größe.

Gegenüber dem früheren Eingang ins Viertel stehen noch zwei alte Lokale, Iseya, bekannt für gutes Tempura, und Nakae, wo Pferdefleisch serviert wird. Die Yoshiwara-Besucher glaubten, dass dieses magere Fleisch gut gegen Geschlechtskrankheiten sei.

Entlang der Yoshiwara-Hauptstraße gelangt man zum **Benten-Schrein** mit einem 2,5 m hohen Standbild der Benten, den Frauen geweiht, die hier im

Yoshiwara-Viertel beim großen Kantô-Erdbeben 1923 getötet wurden. Ein Stück weiter liegt der **Ôtori-Schrein,** in dem es im November die dekorierten Glücksrechen (*kumade,* „Bärentatze") zu kaufen gibt, ein beliebter Neujahrsschmuck. In dem Viertel gibt es einen Tempel, den **Jôkanji,** in dem mehr als 10.000 Yoshiwara-Mädchen in namenlosen Gräbern liegen. Die meisten wurden kaum älter als 20.

Im nordöstlich von Yoshiwara gelegenen Viertel leben nahe der Namidabashi (Tränenbrücke) im Bauwesen tätige **Tagelöhner** (*hiyatoi*) – ein von der Yakuza kontrolliertes Geschäft. Die Bewohner der Gegend sind überwiegend alleinstehende Männer. Der nächstgelegene U-Bahnhof ist Minami-Senjû (Hibiya Line).

Entlang der Kokusai-dôri

Die größere Straße westlich des Ôtori-Schreins heißt Kokusai-dôri. Sie führt aus dem Nordwesten wieder zurück ins Zentrum von Asakusa, zur Asakusa-dôri und zum U-Bahnhof Tawara-machi (Ginza-Linie). **Interessante Lokale** liegen links oder rechts der Straße, z.B. Funakin, wo es *suzume-yaki* (gegrillte Fischspießchen) gibt, oder in der Querstraße dahinter (eine Querstraße vor der Kreuzung mit der Kototoi-dôri) das beliebte Lokal Ichi-mon, wo mit hölzernen Nachbildungen alter Münzen bezahlt wird. In einer Seitenstraße liegt das Lokal Bon, in dem es gute vegetarische Zen-Küche gibt.

In einer der nächsten Querstraßen hinter dem Asakusa View Hotel liegen zwei lohnende Lokale, Imahan, das

sukiyaki anbietet, und ein Stück weiter das Dojô-Restaurant Iidaya (*dojô* sind Schmerlen, winzige graue Fische).

Kurz dahinter liegt in einer Seitenstraße das **Asakusa-Kunsthandwerk-Museum** (**4,** Asakusa Kôgei-kan).

Etwas weiter an der Kokusai-dôri liegt das Geschäft Miyamoto Unosuke Shôten, das Matsuri-Zubehör (Festkleidung) führt. Im 4. Stock des Hauses befindet sich das **Trommelmuseum** (**6**) Taiko-no-Shiryôkan (10–17 Uhr, Di geschl., Eintritt frei, 2-1-1 Nishi-Asakusa, U: Tawaramachi).

Gegenüber liegt der große Bezirk des **Higashi-Honganji-Tempels (7).** In einer Seitenstraße steht das bekannte Okonomiyaki-Lokal Sometaro, das sich seit über 100 Jahren nicht verändert zu haben scheint.

Kappabashi-dôri – die Straße für Gastronomiebedarf

Geht man die Asakusa-dôri vom U-Bahnhof Tawara-machi einen Block weiter nach Westen in Richtung Ueno, kommt man nach einigen Minuten zur Kappabashi-dôri. Zuvor fallen auf der Südseite der Asakusa-dôri die vielen Geschäfte mit **schintoistischem und buddhistischem Bedarf** auf. Hier gibt es die Hausaltäre und -schreine zu kaufen, die der Verehrung der verstorbenen Familienmitglieder dienen. Es gibt in diesem Viertel, Inarichô, rund 50 dieser zur Straße hin offenen Läden.

An der nächsten größeren Kreuzung (bei der 2. Ampel hinter dem U-Bahnhof) geht es rechts in die Kappabashi-dôri, in der es rund **200 Geschäfte**

Stadtteile

mit **Gastronomiebedarf** gibt. Der Name der Straße leitet sich ab von den Fabelwesen *kappa*.

Die beliebtesten Souvenirs aus Kappabashi dürften die **Wachsnachbildungen** (*sanpuru*) von japanischen Gerichten sein, die in Lokalen ausliegen, aber billig sind sie nicht.

Einkaufen

Asakusa ist bodenständig und traditionell, entsprechend gibt es hier viel altes **Kunsthandwerk.** Die berühmte Tempelgasse Nakamise kann fast alle Souvenirwünsche erfüllen, japanischer geht's kaum. Aber Asakusa hat auch preiswerte **Schuhe** und andere **Lederwaren** zu bieten.

Kappabashi ist das Zentrum für (souvenirtauglichen) **Küchen- und Gastronomiebedarf.** An der Asakusa-dôri zwischen Asakusa und Kappabashi gibt es nahe der U-Bahnstation Inarichô ein riesiges Angebot an **Hausaltären und -schreinen.**

●**Yamamoto Soroban-ten,** große Abakus-Auswahl, 2-35 Asakusa.
●**Isogai Tetsuzo Shoten,** der Marktführer für traditionelle Arbeiterkleidung. 8–20 Uhr, 1-10-2 Narihira (Narihirabashi, Tôbu-Isesaki-Linie; U: Honjo-Azumabashi, Toei-Asakusa-Linie), Sumida-ku. Tel. 3622-2665.
●**Kondo Shoten,** Bambusbehälter. Mo–Sa 9.30–17.30 Uhr, 3-1-13 Matsugaya (U: Tawara-machi, Ginza-Linie), Tel. 3841-3372.
●**Hosendô-Kyuami,** spezialisiert auf Tanzausrüstung. 10.30–20 Uhr, 1-19-6 Asakusa (U: Asakusa), Tel. 3845-5021.
●**Hase-toku,** spezialisiert auf Stroh-Zôri (Sandalen). 7–20 Uhr, 1-18-10 Asakusa (U: Asakusa), Tel. 3841-2153.
●**Adachiya,** Matsuri-Kleidung (für Schreinfeste), z.B. *hanten* ab 3000 ¥. 10–20.30 Uhr,

Di geschl., 2-22-12 Asakusa (U: Asakusa), Tel. 3841-4915.
●**Hyakusuke,** trad. Kosmetikartikel. 11–17 Uhr, 2-2-14 Asakusa (U: Asakusa), Tel. 3841-7058.
●**Miyamoto Unosuke Shoten,** Matsuri-Kleidung (für Schreinfeste), im Haus der Trommelmuseums. 8–17 Uhr, So u. F geschl., 6-1-15 Asakusa (U: Asakusa), Tel. 3874-4131.
●**Kuroda-ya,** traditionelles Papier. 11–20 Uhr, Mo geschl., 1-2-11 Asakusa (U: Asakusa), Tel. 3845-3830.

Nakamise-dôri und Nebengassen
●**Bairindo,** Reisgebäck (*sembei*), seit 200 Jahren am Platz. 9–21 Uhr, Tel. 3841-2464.
●**Arai Bunsendô,** Fächer. 10.30–18 Uhr, Nakamise-dôri, Tel. 3844-9711.
●**Idaya,** traditionelle Schirme aus Ölpapier und Bambus, Fächer. 8.30–20 Uhr, So geschl., 1-31-1 Asakusa, Nakamise-dôri, Tel. 3841-3644.
●**Kanesô,** Scheren und Messer. Nakamise-dôri.
●**Sukeroku,** Miniaturspielzeug nach Edo-Art. 10.30–18 Uhr, Do geschl., 2-3-1 Asakusa, Nakamise-dôri, Tel. 3844-0542.
●**Sakai Naozo Shoten,** preiswerte Schuhe. Denbô-in-dôri.
●**Yonoya,** das beste Geschäft für Holzkämme, besteht seit 1673, ab 2000 ¥. 10–19 Uhr, Mi geschl., 1-37-10 Asakusa, Denbô-in-dôri, Tel. 3844-1755.

Essen

Sukiyaki/Shabu shabu
●**Asakusa-Imahan,** ¥¥, Lunch 1500/3000 ¥, Gyudon 1000 ¥, Menü ab 6000 ¥. 11.30–22 Uhr, 1. und 3 Di geschl., 3-1-12 Nishi-Asakusa (U: Tawaramachi), Tel. 3841-1114.
●**Yonekyu,** ¥¥, preiswert, z. B. *gyu-nabe* 2400–3600 ¥. 12–21 Uhr, 1. Di geschl., 2-17-10 Asakusa (U: Asakusa), Tel. 3841-6416.

Sushi
●**Kibun-Zushi,** ¥¥, linke Parallelstraße der Nakamise bis zur 2. Kreuzung links.
●**Kintarô,** ¥/¥¥, günstige Lunchsets. Kannon-dôri, Asakusa 1-chôme.

Fisch

● **Hatsuogawa,** traditionelles, beliebtes Unagi-Lokal, Mo–Sa 12–14 Uhr, 17–20 Uhr, So nur abends, 2-8-4 Kaminarimon, Tel. 3844-2723.

● **Funakin,** ¥¥, gegrillte Fischspieße *(suzume-yaki)*. Nahe Kokusai-dôri, Asakusa 3-chôme.

● **Iidaya,** ¥¥, Lokal für *dojô* (Schmerlen), empfehlenswert: *yanagawa* (Fischfilet mit Gemüse und Ei). 11–22 Uhr, Mi geschl., Nishi-Asakusa 3-chôme, neben *Asakusa-Imahan*.

● **Komagata Dojô,** ¥/¥¥, fast 200 Jahre altes Lokal, seither fast unverändert, *Dojô*-Eintopf oder -Omelette, je 1300 ¥. 11–21 Uhr, 1-7-12 Komagata (U: Asakusa/ Ginza-linie), Tel. 3842-4001.

● **Komagata Maekawa,** ¥¥¥, 200 Jahre altes Lokal am Sumida-Fluss, bekannt für Süßwasseraalgerichte und Wildaal der Saison; 11.30–21 Uhr, 2-1-29 Komagata, Tel. 3841-6314.

● **Miuraya,** ¥¥, bekanntes Fugu-Lokal, wo ein Dutzend Chefs Fugu-Spezialitäten wie *fugu Chiri* (Fugu im Tontopf), *zosui* (Reis- und Gemüseporridge) u.a. zubereitet. 12–22 Uhr, 2-19-9 Asakusa, Tel. 3841-3151.

Tempura

● **Nakase,** ¥¥¥, Tempura, serviert in Lackkästchen, in einem 130 Jahre alten, im Krieg zerstörten und wieder aufgebauten Gebäude mit Blick auf einen gepflegten Garten. Mi–Mo 11–15 u. 17–20 Uhr, 1-39-13 Asakusa, Tel. 3841-4015.

● **Dote no Iseya,** ¥, alteingesessenes Tempuralokal, im Stil von Edomae, große Portionen, Asakusa-Vorstadtatmosphäre. Do–Di 11.30–14 u. 17–20 Uhr, 1-9-2 Nihon-Tzutsumi (U: Minowa), Tel. 3872-4886.

● **Daikokuya,** ¥¥, berühmtes *ten-don* (Tempura auf Reis), ca. 1500 ¥. 11.30–20.30 Uhr, Mi geschl., Dembô-on-dôri, 1-38-10 Asakusa, Tel. 3844-1111.

Tonkatsu, Kushiage

● **Hantei,** ¥/¥¥, berühmtes altes Kushiage-Lokal, Spezialität: Menü mit 6 Kushiage-Spießen für 2500 ¥, weitere 6 kosten nur 1200 ¥; am Schluss gibt es Reis oder Nudeln. 17–22 Uhr, F 16–21 Uhr, So geschl., 2-12-15 Nezu, Tel. 3828-1440.

Soba

● **Towada,** ¥, Soba-Lokal. Kannon-dôri, Asakusa 1-chôme.

Okonomi-yaki

● **Sometarô,** ¥/¥¥, noch ein Relikt aus der Edo-Zeit, Okonomi-yaki zum Selbermachen, gut für große Gruppen, ca. 2000 ¥. 12–22 Uhr, Mo geschl., 2-2-2 Nishi-Asakusa (U: Tawaramachi/Ginza-Linie), Tel. 3844-9502.

● **Ichi-mon,** ¥/¥¥, nettes Lokal für Sake und kleine Gerichte, man zahlt mit hölzernen Nachbildungen alter Münzen (die man vorher an der Kasse kauft). Ecke Kokusai-/Kototoi-dôri, Asakusa 3-chôme.

● **Kurumutsu,** Sake-Lokal mit offener Feuerstelle. Mi geschl., Kannon-dôri, Asakusa 1-chôme.

Vegetarisch

● **Bon,** ¥¥/¥¥¥ exquisite, leichte Zen-Küche, 7000–10.000 ¥. 12–15 und 17–19 Uhr, Di geschl., 1-2-11 Ryusen (Iriya), Tel. 3872-0375.

Französisch

● **Super Dry Hall,** ¥/¥¥, im Gebäude mit der Goldenen Flamme (La Flamme d'Or), beliebt: Jumbo Shrimps 1300 ¥, beliebtestes Getränk: Beer half & half (hell und dunkel gemischt). 11.30–22 Uhr, 1-23-1 Azuma-bashi (U: Asakusa, Ginza-Linie), Tel. 5608-5381.

Italienisch

● **La Ranarita,** ¥¥/¥¥¥, norditalienische Küche, gute Aussicht auf den Sumida-Fluss. Asahi Beer Tower F23, 1-23-1 Azumabashi (U: Asakusa), Tel. 5608-5277.

Bar/Pub

● **Kamiya,** erstes japanisch-westliches Pub im Herzen des Amüsierviertels, berühmt der „Electric brandy" *(denki buran);* 1-1-1 Asakusa, Tel. 3841-5400, Mi–Mo 11.30–22 Uhr.

● **Asahi Beer Tower,** die berühmte, von *Philippe Starck* entworfene Bierhalle auf der anderen Seite des Flusses, mit Snacks, italienischer und französischer Küche; 1-23-1 Azumabashi, Tel. 5608-5144; 11.30–15 u. 17–22 Uhr.

Stadtteile

Unterkunft

●**Asakusa Plaza (22)**, ¥/¥¥, 70 Zi., ab 8000 ¥, 1-2-1 Asakusa (U: Asakusa), Tel. 3845-2621, Fax 3841-8862.
●**Mikawaya Bekkan/Asakusa Shigetsu (18)**, ¥/¥¥, Ryokan, EZ 6000, Abendessen 2500 ¥, traditionelle Atmosphäre, nahe Kannon-Tempel, beliebt bei *gaijin*. 1-31-11 Asakusa (U: Asakusa), Tel. 3843-2345, Fax -2348.
●**Asakusa View Hotel (3)**, ¥¥, 342 Zimmer, ab 17.000 ¥. 3-17-1 Nishi-Asakusa (U: Tawaramachi, Ginza-Linie), Tel. 3847-1111, Fax 3842-2117.
●**Kikuya Ryokan**, ¥, ab 5000 ¥. 2-18-9 Nishi-Asakusa (U: Tawaramachi, 8 Min. Richtung Nordwesten), Tel. 3841-4051, Fax -6404.
●**Toyoko Inn Asakusa Senzoku (1)**, ¥, 191 Zi., EZ 5800 ¥, DZ 7400 ¥, Twin 8400 ¥. 1-15-1 Senzoku (U: Tawara-machi, Iirya Ausg. 1, 10 Min., JR Ueno, Hotel Shuttle), Tel. 3873-1045, Fax 3871-2045.
●**Toyoko Inn Komagata (25)**, ¥, 191 Zimmer, EZ 6000 ¥, DZ 7400–8400 ¥. 1-3-13 Komagata (U: Kuramae Ausg. A3, A4, 4 Min.), Tel. 3841-1045, Fax -1046.
●**Khaosan-Tokyo**, Guesthouse nach Muster der Bangkoker Khaosan Road, Bett 2000 ¥, EZ 3500 ¥, DZ 4500 ¥. 2-1-5 Kaminarimon, Tel. 3842-8286, youkoso@khaosan-tokyo.com.
●**Khaosan Tokyo Asakusa Annex**, ¥, ab 1700 ¥, Zimmer ab 2500 ¥, Tel. 5856-6560.

Weitere Hostels bzw. Unterkünfte in Asakusa (Buchungen unter www.hostelworld.com):
●**Aizuya Inn**, ¥, Zimmer ab 3150 ¥, ruhig gelegen (U: Hibiya Line, Joban Line), 2-17-2 Kiyokawa, Taito-ku, Tel. 6276-6308.
●**Asakusa Fukudaya**, ¥, Zimmer ab 2300 ¥.
●**Asakusa Hostel Toukaisou (5)**, ¥, Zimmer ab 2700 ¥.
●**Asakusa Smile**, ¥, ab 1700 ¥, Zimmer ab 2300 ¥.
●**bAKpAK Tokyo Hostel**, ¥, ab 2100 ¥, Zimmer ab 4000 ¥, Tel. 3875 3264.
●**Capsule Hotel Asakusa River Side (26)**, ¥, ab 3000 ¥, 1 Min. vom Bahnhof, Tel. 3844-5117.
●**Hotel Asakusa Mikawaya (12)**, ¥, Zimmer ab 4800 ¥, Tel. 3844-7757.

●**Hotel Asakusa and capsule (24)**, ¥, ab 2400 ¥, Zimmer ab 3675 ¥, Tel. 3847-4477.
●**Hotel Kawase Tokyo and capsule (23)**, ¥, Dorm. 2000 ¥, Zimmer ab 3400 ¥.
●**Khaosan Tokyo Samurai**, ¥, ab 2000 ¥, Zimmer ab 2500 ¥, Tel. 6658-8106.
●**Oak Hotel**, ¥, Zimmer ab 3920 ¥, zwischen Ueno und Asakusa, Tel. 5828-0551.
●**Sakura Hostel Asakusa (10)**, ¥, ab 2940 ¥, Dorm. und Zimmer, Tel. 3847-8111.
●**Sakura Ryokan**, ¥, Zimmer ab 4400 ¥, nahe Asakusa, Kappabashi, Tel. 3876-8118.
●**Sukeroku-no-Yado Sadachiyo**, ¥, ab 2200 ¥, Dorm. und Zimmer, Tel. 3842-6431.
●**Ryokan Kamogawa Asakusa (19)**, ¥, ab 5900 ¥, Tel. 3843-2681.

Südlich von Asakusa erstrecken sich entlang beider Ufer des **Sumida-Flusses** lebhafte Stadtviertel, die – mit Ausnahme von Sumo-Fans – unter Touristen wenig bekannt sind, aber mit ihrem Charme der Edo-Zeit durchaus einen Besuch wert sind.

Kuramae bedeutet „vor den Reisspeichern". Der als Steuer während der Tokugawa-Zeit aus den Provinzen angelieferte **Reis** wurde hier gelagert und dann an die 20.000 niedrigeren Samurai als Sold verteilt. Diejenigen, denen das Anstellen zu mühsam war, beauftragten – gegen Bezahlung natürlich – die Besitzer von Essständen in der Gegend, für sie den Reis abzuholen. Später entwickelten sich diese zu Reiszwischenhändlern (*fudasashi*) und gewannen ab 1729 eine Monopolstellung. Den Samurai kauften sie einen Teil ihres Reis-Soldes ab und gaben auch Geld gegen Wucherzinsen.

Koku war die alte Maßeinheit für Reis; ein *koku* umfasste 180 Liter und war unterteilt in 10 *to*, diese wiederum in 10 *sho*. Die großen 1,8-l-Sakeflaschen werden heute noch *sho-bin* genannt. Ein *sho* sind wiederum 10 *go*. Ein *koku* Reis reichte normalerweise für eine Person ein Jahr lang.

Um den Bahnhof Kuramae

Heute ist die Gegend um den Bahnhof bekannt als **Kuramae Toy Town** (Kuramae Omocha Machi), vor allem westlich der Edo-dôri und der Kokusai-dôri, die nach Norden in Richtung Asakusa führen.

Südlich des Bahnhofs, an der Kreuzung mit der Kuramae-bashi-dôri (an der östlichen Ecke) steht der Feuerwerksladen Yamagata-shoten. Von hier kann man einen kurzen Abstecher nach Westen zum **Torigoe-jinja-Schrein (2)** machen, der zu den ältesten Schreinen Tokyos gehört.

Er ist bekannt und beliebt wegen zweier **Feste:** Zum 8. bzw. 9. Januar wird der traditionelle Neujahrsschmuck aus Kieferzweigen und Stroh dort verbrannt und im Feuer *mochi* (Reiskuchen) gebraten und dann zum Schutz gegen Krankheit im kommenden Jahr verzehrt. Das bekanntere Fest Yo-matsuri findet jedoch am Wochenende um den 7. Juni statt, wenn der schwere *o-mikoshi* (tragbare Schrein) den ganzen Tag lang durch die Stadtviertel getragen wird.

Asakusabashi

Südlich der Straße Kuramaebashi-dôri erstreckt sich das Viertel Asakusabashi. Es wird wegen seiner vielen Puppenläden **Asakusabashi Doll Town** (Asakusabashi Ningyô Machi) ge-

nannt. In der zweiten Querstraße, die links von der Edo-dôri abzweigt, verlockt das stimmungsvolle **Yakitori-Lokal** Toriyasu zum Imbiss.

An der Edo-dôri, kurz vor dem Bahnhof Asakusabashi, sind links die alteingesessenen **Spielzeugläden** Kyûgetsu und Shûgetsu zu finden. In der linken Querstraße vor dem Bahnhof steht linker Hand das preiswerte **Geschäft für washi** (Japanpapier) Sakura Horikiri, in dem man auch lernen kann, wie man Papierpuppen u.Ä. herstellt (s.u.).

Südlich des Bahnhofs Asakusabashi, der nur eine Station östlich von Akihabara liegt, findet man, kurz vor der **Asakusa-Brücke** über den Kanda-Fluss, rechts das alte **Puppengeschäft** Yoshitoku. Die Brücke war in der Edo-Zeit ein Kontrollposten, an dem Boote überprüft wurden, die den Kanda-Fluss stadteinwärts befuhren, und die Fußgänger, die in Richtung Asakusa oder nach Norden unterwegs waren.

Geht man am **Kanda-Fluss** entlang in Richtung seiner Mündung in den Sumida-Fluss, gelangt man zur grünen **Yanagi-bashi** (**12,** Weidenbrücke). Eines der besten Restaurants in dieser Gegend ist Kameseirô.

● **Sakura Horikiri,** Mo–Sa 9.30–17.30, 1-26-2 Yanagibashi, Tel. 3864-1773 (JR Sobu Line, Asakusabashi, O-Ausgang, 3 Min.)

Ryôgoku

Asakusabashi gegenüber auf der anderen Flussseite liegt das ganz im Zeichen des **Sumo-Ringens** stehende Viertel Ryôgoku. Von der Yasukuni-dôri über die **Ryôgoku-bashi** (Zwei-

Stadtteile

Länder-Brücke) gehend, erreicht man ihre Verlängerung, die Keiyô-dôri. Früher verließ man hier Edo und betrat ein anderes Land *(koku),* heute ist es nur ein anderer Stadtteil: Sumida-ku.

Sumo-Stadion Kokugikan (5)

Neues Mekka der Sumo-Fans ist das staatliche, 1984 erbaute moderne Sumo Stadion Kokugikan, direkt nördlich des Bahnhofs Ryôgoku, das für 11.500 Besucher Platz bietet. Der Sumo-Ring kann versenkt werden und Platz für andere Veranstaltungen machen.

Es gibt ein kleines, dem Sumo gewidmetes **Museum,** das wochentags kostenlos besichtigt werden kann, während der Turniere haben jedoch nur Zuschauer Zutritt. Die Atmosphäre live mitzuerleben ist faszinierend, es geht sehr lebhaft zu (Stehplätze ab 500 ¥, Sitzplätze bis über 10.000 ¥; 1-3-28 Yokoami, Tel. 3622-0366).

Edo-Tokyo-Museum (4)

Neben dem Stadion steht unübersehbar das sehr interessante moderne Edo-Tokyo-Museum, das mit allen Mitteln eines Hightech-Museums gestaltet ist. Es ist der **Geschichte von Edo und Tokyo** und der Kultur seiner Bewohner gewidmet. So gibt es die Nachbildung eines Edo-Stadtviertels, das Modell des Edo-Schlosses sowie Kleidung, Filme, Dokumente und Gegenstände aus der Zeit zwischen Edo und heute zu sehen.

● **Öffnungszeiten:** Di–So 10–18 Uhr, Eintritt: 600 ¥, Kinder 300 ¥; 1-4-1 Yokoami (JR Ryôgoku), Tel. 3626-8000, www.edo-tokyo-museum.or.jp.

🏠	1	Backpackers Hostel KS House Tokyo
⛩	2	Torigoe-jinja-Schrein
🏯	3	Sakura Morikiri
Ⓜ	4	Edo-Tokyo-Museum
Ⓜ	5	Sumo-Stadion Kokugikan und Sumo-Museum
🏠	6	Ryōgoku Pearl Hotel
🏠	7	Ryōgoku River Hotel
●	8	Sumo-„Ställe"
★	9	Kira-Gedenktafeln
●	10	Sumo-„Ställe"
●	11	Sumo-„Ställe"
●	12	Yanagi-bashi-Brücke
🏠	13	Belmonte
🏯	14	Yoshitoku
🏠	15	Asakusabashi Business Hotel
🏠	16	Khaosan Tokyo Ninja (Hotel)
🏠	17	Business Hotel Nihombashi Villa

Gärten

Nördlich der Sumohalle und des Museums liegen zwei Parks: Der ehemalige Daimyô-Garten **Kyû Yasuda** mit Gezeitenteich gehörte dem superreichen Yasuda-Clan (*Yoko Ono* entstammt ihm), wurde dann aber der Stadt als Geschenk vermacht.

Der **Yokoamichô-Park** nebenan beherbergt eine Gedenkstätte (Tôkyôto Irei-dô, 9–16 Uhr) für Erdbebenopfer und die Opfer der Bombenangriffe auf Tokyo in den Jahren 1944 und 1945, die um die 100.000 Menschenleben gefordert haben. 1923 hatten sich bei einem Erdbeben Tausende von Menschen hierhin geflüchtet, wurden aber dennoch an diesem damals baumlosen Platz ein Opfer der Flammen und der infernalischen Hitze. Eine **Pagode** enthält die Knochen von 58.000

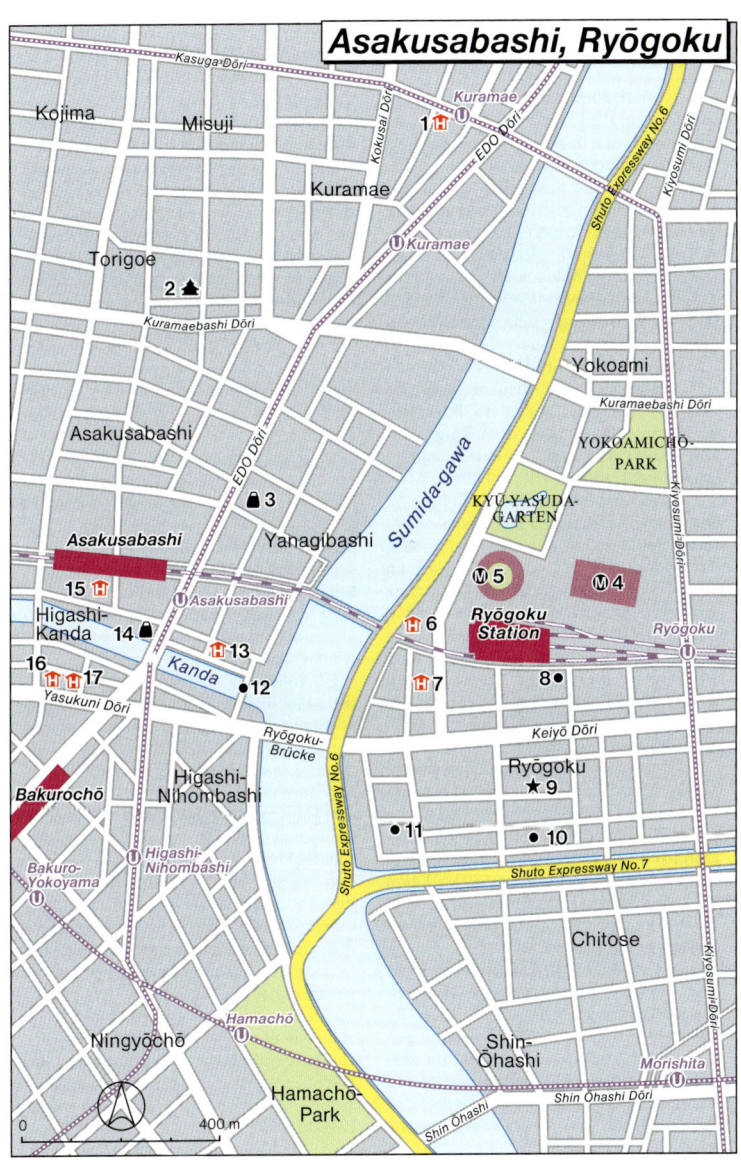

Asakusabashi, Ryōgoku

Kasuga-Dōri

Kojima

Misuji

Kuramae

Kokusai Dōri

EDO Dōri

Shuto Expressway No. 6

Kiyosumi Dōri

Kuramae

1

Torigoe

2

Kuramaebashi Dōri

Yokoami

Kuramaebashi Dōri

Asakusabashi

EDO Dōri

Sumida-gawa

YOKOAMICHŌ-PARK

KYŪ-YASUDA-GARTEN

Kiyosumi-Dōri

Asakusabashi

3

Yanagibashi

15

Asakusabashi

M 5

M 4

Higashi-Kanda

14

Asakusabashi

Ryōgoku Station

6

Ryōgoku

16

13

Kanda

7

8

17

Yasukuni Dōri

12

Keiyō Dōri

Ryōgoku-Brücke

Shuto Expressway No. 6

Ryōgoku

★ 9

Bakurochō

Higashi-Nihombashi

11

10

Bakuro-Yokoyama

Higashi-Nihombashi

Shuto Expressway No. 7

Kiyosumi-Dōri

Chitose

Hamachō

Ningyōchō

Shin-Ōhashi

Morishita

Hamachō-Park

Shin Ōhashi

Shin Ōhashi Dōri

0   400 m

Stadtteile

Die Welt des Sumo

Japans rund **2000 Jahre alter National-sport** (*kokugi*) zu Ehren der Götter findet im Ausland – nicht zuletzt wegen der exotisch anmutenden Rituale und der aufregenden, oft nur Sekunden dauernden Kämpfe zwischen zumeist sehr massigen, schnellen Hünen – immer mehr, auch aktive Anhänger. Ursprünglich diente Sumo als Opferhandlung, Anklänge daran gibt es heute noch in manchen Schreinen. Professioneller Sport wurde Sumo erst während der Edozeit.

Elemente des Schintoismus finden sich im Gewand des Schiedsrichters (*gyôji*), das dem von Adeligen aus dem 14. Jh. ähnelt, im Shimmei-Dach über dem Ring, dem Ring (*dôyô*) selbst, der aus einer quadratischen Plattform von 4,55 m Durchmesser aus festgestampfter Erde mit Stroh besteht, des weiteren in den für Shintô charakteristischen Reingungszeremonien mittels Salz, das über den Ring geschleudert wird, im dicken Zeremoniengürtel des Yokozuna aus geflochtenem Seil und gezackten Papierstreifen, beides Shintô-Symbole. Selbst das für Frauen geltende Verbot, den Ring zu betreten, rührt daher. Wie wird man wohl heute, da neuerdings auch Frauen Sumo betreiben, damit verfahren: Benötigt man für sie eigene *dôyôs*?

Es gibt im Sumo **keine Gewichtsklassen**, sondern nur eine sehr stark abgestufte Hierarchie, die in der Banzuke-Liste vor jedem Turnier veröffentlicht wird. Das **Durchschnittsgewicht** der um die 1,85 m großen Ringer liegt bei etwa 150 kg. Kaum ein erfolgreicher Kämpfer wiegt weniger als 100 kg, die dicksten bringen bis zu 250 kg auf die Waage.

Wenn die Kämpfe auch schnell vorüber sind, ist doch das minutenlange **Vorbereitungsritual** vor jedem Kampf wichtiger Bestandteil der Aktion: das Stampfen mit den Beinen (damit die *kami* aufmerksam werden), die erhobenen geöffneten Handflächen (keine Waffen), die wiederholte Reinigung mit Salz, die scheinbaren Fehlstarts von den weißen Linien in der Ringmitte aus, die 1,20 m voneinander entfernt sind – alles gehört zur psychologischen Vorbereitung.

Man versucht, den Gegner **aus dem Ring zu schieben**, ihn mittels Griff an den Gürtel (*mawashi*) aus dem Ring zu hebeln oder ihn mit Judo-ähnlichen Würfen zu Fall zu bringen. 70 Techniken sind von der Japan Sumo Association zugelassen, 48 davon gelten als klassisch. Wer als erster mit einem Körperteil außer den Fußsohlen den **Ringboden berührt** oder mit einem Körperteil den **Ring verlässt**, hat verloren. Typisch japanisch haben die Ringrichter (*shimpan*) schon seit Jahrzehnten im Zweifelsfall Zeitlupenaufnahmen des Fernsehens zur Entscheidungsfindung herangezogen.

Die Kämpfer stehen sich in den willkürlich zusammengestellten Gruppen Ost und West gegenüber. Jeder Ringer (*sumôtori*) muss an den 15 Turniertagen einen Kampf pro Tag bestreiten (in den unteren vier Divisionen sind es nur 7 Tage); wer mindestens 8 Kämpfe – also die Mehrheit – gewinnt, wird befördert (*kachikoshi*), ansonsten herabgestuft (*makekoshi*). Gelegentlich gewinnt ein Sieger mit 15:0 (*zenshô*).

Ein **Yokozuna**, der **ranghöchste Kämpfer**, sollte mehrere Turniere hintereinander gewinnen. Er kann dieser Rang nie wieder verlieren; spürt er, dass seine besten Tage vorüber sind, tritt er freiwillig zurück. In einer Zeremonie, der *dampatsushiki*, wird sein Haar im Ring abgeschnitten – in einer emotional stets sehr aufgeladenen Atmosphäre. Diese von allen ranghohen Kämpfern (*sekitori*) bei ihrem **Rücktritt** durchgeführte Zeremonie verlangt, dass Freunde, frühere Rivalen, Verwandte und Prominente einer nach dem anderen ein wenig vom Haar seiner Ginkgoblatt-Frisur (*ôi-chômage*) abschneiden. Mit Anfang 30 hören die meisten Kämpfer auf und eröffnen eigene Ställe als uneingeschränkte Bosse (*oyakata*), falls verheiratet, unterstützt von der Ehefrau (*okami-san*), oder betreiben Lokale für *chanko-nabe*, das klassische Sumo-Gericht.

Es gibt im Jahr **6 Turniere** *(bashô)*, die am Sonntag nahe dem 10. des jeweiligen Monats beginnen: 3 davon in Tokyo (Januar, Mai, September), die anderen in Osaka (März), Nagoya (Juli) und Fukuoka (November).

Die Kämpfer stammen zumeist aus ländlichen Gebieten im Norden (Tôhoku, Hokkaidô) und Südwesten (Kyûshû). Ihre **Ausbildung** beginnen die jungen Burschen nach der Pflichtschulzeit mit etwa 15 Jahren, indem sie in einen der über 40 Sumo-„Ställe" (jap. *heya* = Zimmer) ziehen. Anfangs müssen sie neben dem harten Training alle Arten von Arbeiten verrichten, wie z.B. Putzen und Kochen. Je jünger und weiter unten in der Hierarchie, desto früher müssen sie aufstehen. Die jüngsten stehen um 5 Uhr im Ring, die *Sekitori* kurz nach 8 Uhr.

Die drei **Grundarten des Trainings** *(keiko)* umfassen neben dem Ringen unter Gleichrangigen und mit Älteren das Hin- und Herschieben von Älteren durch den Ring *(butsukari-geiko)* sowie die Routinen von *shiko*, das charakteristische Stampfen nach links und rechts, ca. 500 Mal pro Tag. Dazu gehören weiterhin *matawari* (spagatähnlich gegen den Ring sitzen, Oberkörper nach unten drücken) und *teppô* (gegen Holzpfeiler in der Ringmitte drücken, mit offenen Händen schlagen).

Das **tägliche Training** endet gegen 11 Uhr, es folgen das Bad und das Essen: typischerweise *chanko-nabe,* ein Eintopf aus Huhn, Schweinefleisch, Fisch, Tofu, Kohl, Bohnensprossen, Karotten und Zwiebeln. Er wird mit Reis gegessen und ist sehr gehaltvoll. Dazu wird Bier getrunken. Der Nachmittag ist frei. Wer ausgeht, muss korrekt mit Kimono bekleidet sein.

Trotz des harten Trainings und der Aussicht auf Einkünfte erst ab der zweithöchsten Division *(jûryô)* schließen sich immer wieder auch **Ausländer** – zumeist Polynesier wegen ihrer Neigung zur Körperfülle – den Ställen an, nicht selten mit großem Erfolg. Der Hawaiianer *Akebono* (bürgerlich: *Chad Rowan*) war eine Zeitlang der einzige *Yokozuna*, bis Japan von *Taka-no-Hana* „erlöst" wurde. Seit Jahren dominieren aber Mongolen mit einigen guten Kämpfern aus dem früheren Ostblock.

Wer die Turniere verfolgen möchte und kein Japanisch versteht, kann im Radio **auf Englisch** simultan dabei sein (FEN 810 kHz). Auch an Universitäten und anderswo finden zuweilen Turnierere statt.

Stadtteile

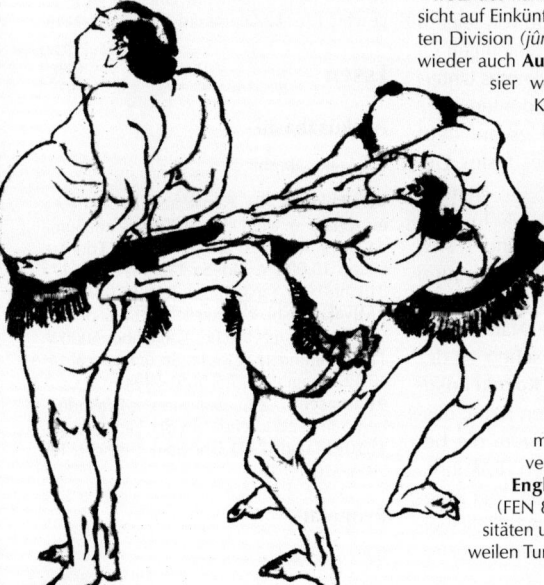

Opfern. Auch der etwa 2000 ermordeten Koreaner wurde gedacht – nach dem Erdbeben war das Gerücht aufgekommen, Koreaner hätten die Situation ausgenutzt und Brunnen vergiftet.

Südlich des Bahnhofs Ryôgoku

Naheliegend ist zunächst ein Besuch des **Ekô-in-Schreins,** in dem die Tradition der großen Sumo-Turniere 1780 begann. In diesem Schrein wurde für den Frieden unbekannter Toter und sogar für Haustiere gebetet. Hier gibt es Gedenksteine für Opfer von Erdbeben und Schiffbrüchen. Auch ein Dieb liegt hier begraben, der wie *Robin Hood* die Reichen bestahl, um den Armen zu geben. Sein Name war *Nezumi-Kozo* (Rattenjunge), und von seinem Grabstein schlagen sich diejenigen einen Splitter ab, die ein riskantes Unterfangen vorhaben, u.a. Studenten.

In der Meiji-Zeit gab es auf dem Schreingelände ein erstes festes Gebäude für Sumo-Turniere, das aber leider abgerissen worden ist. In dem Viertel um den Schrein befinden sich mehrere der *heya* (Stall) genannten **Trainingsquartiere (8, 10, 11):** Kasugano, Izutsu und Oshima. Nahe letzterem kann man die Stelle sehen, an der einst das **Haus von Kira Kozukenosuke** *(Kira-tei Ato)* gestanden hatte; dessen Besitzer war es, an dem die berühmten 47 Samurai den Tod ihres Herrn 1702 gerächt hatten. Viel ist jedoch nicht mehr zu sehen: lediglich einige **Gedenktafeln (9)** und Bilder erinnern an die Begebenheit.

In der Umgebung von Ryôgoku gibt es viele **Geschäfte für Sumobedarf.**

Südöstlich vom Bahnhof gibt es im Stadtteil Midori 1-chôme ein kleines privates Museum mit einem Laden für **traditionelle Socken** (Tabi). Die werden auch von Sumokämpfern getragen:

●**Tabi Museum,** 9–18 Uhr, So geschl., 1-9-3 Midori, Tel. 3631-0092.

Einkaufen

●**Musashiya Shoten,** Spielzeug. 9–18 Uhr, So u. F geschl., 1-7-1 Kuramae (U: Kuramae, Asakusabashi), Tel. 3851-5817.
●**Kyûgetsu,** eines der größten Puppengeschäfte in Japan. 9–18 Uhr, 1-20-4 Yanagibashi (JR, U: Asakusabashi), Tel. 3861-5511.
●**Ningyô no Nomura,** hat wohl die elegantesten Puppen. Asakusabashi, Tel. 3863-4711.
●**Yoshitoku,** traditionelle Puppen, seit 1711 im Geschäft. 9.30–17.30 Uhr, 6.5.–4.1. So geschl., 1-9-14 Asakusabashi, Tel. 3863-4419.

Essen

Asakusabashi

(U: Asakusabashi)

●**Daikoku-ya,** ¥¥¥, Familienbetrieb, nette Atmosphäre im alten Herzen Tokyos am Sumida-Fluss, leckeres Tempura nach Edo-Art, knapp 10.000 ¥. Mo–Sa 11.30–14 und 17–21 Uhr, 1-2-1 Yanagibashi, Tel. 3851-4560.
●**Miyako-zushi,** ¥¥, exzellentes traditionelles Sushi-Lokal, stets frischer Fisch, über 6000 ¥. 11.30–14 und 17–21 Uhr, So u. F geschl., 1-10-12 Yanagibashi, Tel. 3851-7494.
●**Kameseirô,** ¥¥, exquisites Miyakodôribentô in Lackkästchen, an der Yanagi-bashi. 11.30–14 und 17–21 Uhr, So u. F geschl., Tel. 3851-3101.

Ryôgoku

(JR/U: Ryôgoku)

●**Hyôtan,** ¥¥¥, guter *fugu* in gemütlicher Atmosphäre, *fugu-sashi* und *chiri-nabe* sind besonders zu empfehlen, ca. 10.000 ¥. 17–

22 Uhr, geschl.: Sept. bis April So, Mai bis Aug. Sa, So u. F, 1-15-7 Midori, Tel. 3631-0408.

● **Tomoegata,** ¥¥, einer der besten Orte zum Kennenlernen der Sumo-Leibspeise: *chanko-nabe,* am besten *miso-* oder *shoyu-*Geschmack bestellen, am Schluss *yosui,* ca. 3000 ¥. 11.30–22 Uhr, So u. F 12–22 Uhr, 2-17-6 Ryôgoku, Tel. 3631-6729.

● **Kikoya,** gleich östlich der Ryôgoku-Brücke, bekannt für Aal und *dôjô* (Schmerle). Mo–Sa 11–14 u. 16.30–21 Uhr, Ryôgoku 1-chôme.

● **Momonja,** Wildschwein, aber auch anderes Wild, gegenüber Kikoya. 12–14 und 17–21 Uhr, April bis Juni am 1. und 3. So im Monat geschl., Ryôgoku 1-chôme.

● **Kawasaki,** Sumo-Eintopf *chanko-nabe* ohne Fleisch von Vierbeinern, nahe der Westseite des Ryôgoku-Bahnhofs.

● **Yoshiba,** Lokal für Sumo-Liebhaber. Hier gibt es die Sumo-Mastnahrung *Chank-nabe* mit ihren traditionellen 17 Zutaten rund um einen Sumoring, in dem bisweilen *Yobidashi* geübt wird. Sushi wird auch geboten, Tel. 3623-4480.

Unterkunft

Asakusabashi

● **Asakusabashi Business Hotel (15),** ¥, 81 Zimmer, ab 7500 ¥. 1-11-9 Asakusabashi (Asakusabashi), Tel. 3865-4747, Fax -4848.

● **Business Hotel Nihombashi Villa (17),** ¥/¥¥, 179 Zimmer, ab 8500 ¥. 2-2-1 Nihombashi Bakurochô (U; Bakurochô), Tel. 3668-0840, Fax -0909.

● **Belmonte Hotel (13),** ¥¥, 84 Zimmer, ab 10.000 ¥. 1-2-8 Yanagibashi (Asakusabashi), Tel. 3864-7733, Fax -7732.

● **Anne Hostel Asakusabashi,** ¥, ab 2400 ¥, Zimmer 3600 ¥.

● **Backpackers Hostel Ks House Tokyo (1),** ¥, ab 2800 ¥, 1 Min. von Kuramae.

● **Khaosan Tokyo Ninja (16),** ¥, ab 2200 ¥, Zimmer 3000 ¥ (Buchung über www.hostelworld.com).

Ryôgoku

● **Ryôgoku River Hotel (7),** ¥, inmitten des Sumo-Viertels, 100 Zimmer, ab 7500 ¥. 2-

13-8 Ryôgoku (Ryôgoku), Tel. 3634-1711, Fax 3635-2874.

● **Ryôgoku Pearl Hotel (6),** ¥/¥¥, günstig für Sumo-Fans, 302 Zimmer, ab 8000 ¥. 1-2-24 Yokozuna (Ryôgoku), Tel. 3626-3211, Fax 3626-2080.

Das Viertel der Glücksgötterschreine: Fukagawa (Sumida-ku)

Fukagawa erstreckt sich auf der Ostseite des Sumida-Flusses südlich von Ryôgoku etwa bis zum Rand des Hafengebietes. In diesem Viertel liegen zahlreiche Tempel und Schreine der **7 Glücksgötter,** die es aber auch in anderen Stadtvierteln gibt.

Bashô Memorial Hall (3)

Zwischen der **Shin-Ôhashi-Brücke** und dem **U-Bahnhof Morishita** (Toei-Shinjuku-Linie), wo man den Bummel durch Fukagawa am besten beginnt, geht man nach Süden auf das Bashô-Museum (Bashô Kinen-Kan) zu, das am Sumida-Fluss etwa 300 m südlich der Brücke steht.

Das ehemalige Wohnhaus des berühmtesten aller Haiku-Dichter, **Matsuo Bashô** (1644–94), liegt ein paar hundert Meter weiter südlich, dort, wo der kleine **Inari-Schrein Bashô-an (4)** steht. Der Dichter hatte seinen Namen nach dieser Einsiedelei am Fluss gewählt. Sie befindet sich ein Stück nordwestlich der Mannenbashi (10.000-Jahre-Brücke) in einer schmalen Seitenstraße. Dort an einem Teich hatte er wohl einst sein vielleicht berühm-

Stadtteile

Fukagawa

🏠	1	Hotels Sun Morishita, Business Hotel New Fukuya, Family Hotel Fukugawa
Ⓜ	2	Museum of Contemporary Art
Ⓜ	3	Bashō Memorial Hall
♣	4	Bashō-an-Schrein
●	5	Sumo-„Ställe"
♣	6	Fukagawa-Inari-Schrein
♣	7	Reigan-ji-Tempel
Ⓜ	8	Fukagawa-Edo-Museum
♣	9	Fukagawa-Fudō-Tempel
♣	10	Tomioka-Hachimangū-Schrein

testes *haiku* vom Frosch geschrieben. Das Museum zeigt u.a. *haikus* (auch seiner Schüler) und Handschriften sowie Reisekleidung aus der Zeit des großen Dichters.

Fukagawa-Shimmei-gû-Schrein

Wer die 7 Glücksgötter von Fukagawa besuchen möchte, geht vom Museum die kleine Querstraße nach Osten in Richtung Kiyosumi-dôri und kommt dann links zum Schrein Fukugawa Shimmei-gû, wo sich der Glücksgott Jurojin aufhält. Er wurde einst von *Fukagawa Hachiroemon* vor rund 450 Jahren erbaut. Ihm zu Ehren hatte *Ieyasu* diesem Viertel seinen Namen gegeben. Das Fest dieses Schreins findet jährlich vom 15. bis 17. August statt.

Fukagawa-Inari-Schrein (6)

Der nächste Glücksgötterschrein liegt etwas südlich des **Onagi-gawa-**

Kanals. Man geht zunächst zur Kiyosumi-dôri und biegt dort rechts ab. Kurz vor der Brücke über den Kanal steht links ein schönes altes Haus mit dem bekannten **Dôjô-Restaurant** Iseki. Hinter der Brücke hält man sich an der ersten Querstraße rechts und kommt zum Fukagawa-Inari-Schrein, in dem der Glücksgott Hotei residiert.

Sumo-Ställe (5)

Wenn man vom Schrein die Straße weiter nach Süden geht, kommt man kurz vor der Kiyosubashi-dôri an zwei Sumo-Ställen berühmter ehemaliger Meister vorbei, dem von **Kitanoumi** und gegenüber dem von **Taihô.**

Kiyosumi-Park

Überquert man die Kiyosubashi-dôri, kommt man kurz darauf zum Eingang des Kiyosumi-Parks, der 1688 angelegt wurde und ursprünglich zum Anwesen des reichen Holzhändlers *Kinokuniya Bunzaemon* gehörte. Im Jahre 1878 kaufte *Yataro Iwasaki,* der Gründer des Mitsubishi-Konzerns, das Grundstück. Die Familie schenkte es jedoch ein Jahr nach dem Großen Erdbeben von 1923, als der Garten vielen Menschen das Leben hatte retten können, der Stadt.

Im Mittelpunkt des Parks liegt ein **Teich mit einem Teehaus** und einer Steinlaterne. Die meiste Zeit blüht irgendetwas, und im Winter grünt es dank der Kiefern immer noch überall. Eine Besonderheit des Gartens sind die 55, aus allen Teilen Japans stammenden und seltsam geformten **Fels-blöcke** (Öffnungszeiten: 9–16.30 Uhr).

Stadtteile

Reigan-ji-Tempel (7)

Wenn man zur Kiyosumi-dôri zurück und ein Stück nach rechts geht und in die nächste Querstraße links einbiegt, kommt man bald zum Reigan-ji, der u.a. für einen großen *jizô* (erkenntlich an Ball und Stab) bekannt ist.

Fukagawa-Edo-Museum (8)

Gleich danach kommt man zum Fukagawa-Edo-Museum (Fukagawa Edo Shiryokan). Hier ist es gelungen, einen kleinen **Straßenzug des Stadtviertels Sagachô** im Untergeschoss so wirklichkeitsgetreu aufzubauen, dass man sich um 150–200 Jahre zurückversetzt fühlt, was durch die raffinierten Licht- und Geräuscheffekte noch verstärkt wird. Daneben gibt es Videos über noch lebende **traditionelle Handwerker.** Im April gibt es Demonstrationen des klassischen Kamigata-mai-Tanzes (geöffnet: 9.30–17 Uhr; Eintritt: 350 ¥, www.kcf.or.jp/fukagawa/index.html).

525to Foto.ml

Weitere Glücksgötterschreine

Geht man an der nächsten (östlichen) Ecke nach rechts und biegt in die nächste Querstraße links ein, kommt man zum rechts gelegenen Schrein **Ryûko-in,** in dem der Glücksgott Bishamon verehrt wird. Ein Stück südlich liegt ein weiterer Glücksgötter-Schrein, **Enku-in,** Daikoku gewidmet.

Die nächsten beiden Glücksgötterschreine liegen jenseits des Sendaiborikawa-Kanals links und rechts. Ein kurzes Stück nach links befindet sich der der Göttin Benten geweihte **Fuyuki Benten,** der früher der Familienschrein der *Fuyuki* war. Geht man zur Kreuzung zurück und weiter bis zur Kreuzung mit der Kiyosumi-dôri und biegt dort rechts ein, sieht man bald rechts den Schrein **Shingyôji,** der u.a. dem Glücksgott Fukurokuju geweiht ist und in einem sechseckigen Gebäude neben dem Hauptschrein residiert.

Museum of Contemporary Art (2)

An diesem etwas umständlich zu erreichenden Ort finden häufig große Kunstausstellungen statt (4-1-1 Miyoshi, Di–So 10–18 Uhr, Erw. 900 ¥, Kinder 450 ¥, JR/U: Kiba St. (Tozai Line); Kikukawa St. (Toei Shinjuku Line), Tel. 5245-4111), www.mot-art-museum.jp.

Fukagawa-Fudô-Tempel (9)

Südlich, hinter der Stadtautobahn liegt die **U-Bahnstation Monzen Nakachô** (Tôzai-Linie). Nicht weit von hier finden sich der Tempel der Shingon-Sekte, Fukagawa Fudô, und der benachbarte **Eitaiji.** Am 1., 15. und 28. jeden Monats gibt es ein Tempelfest, anlässlich dessen die *goma-gi* genannten Wunsch-Hölzchen verbrannt werden. (Der dämonisch wirkende Gott Fudô braucht Feuer als Nahrung.)

Tomioka Hachimangû-Schrein (10)

Etwas weiter östlich lag das frühere Vergnügungsviertel von Fukagawa, in dem es auch Geishas gab. Heute finden sich hier mehrere **gute Lokale.**

Mittendrin – und das ist kein Zufall – liegt der bedeutende Schrein Tomioka Hachimangû, dessen **Schreinfest** Mitte August zu den drei größten Tokyos gehört. Dabei werden wie üblich **Mikoshi** durch die Straßen getragen. Der große neue goldene *mikoshi* ist mit Diamanten und Rubinen besetzt und so schwer, dass er nur für kurze Zeit von den **300 Trägern** getragen werden kann. Bei der Parade werden über 50 solcher Schreine durch das Stadtviertel geschleppt. Das Fest findet jedoch nur alle drei Jahre mit ganzem Pomp statt, dazwischen begnügt man sich mit kleineren Ausgaben.

In dem 1624 gegründeten Schrein fanden früher oft Sumo-Kämpfe statt.

Essen

● **Zu mieten: Haus im Kiyosumi-Garten,** kann morgens, nachmittags oder abends für Parties o.Ä. für insgesamt 3½ Std. gemietet

Stadtteile

Orchideen im Tokyo-to
Yumenoshima Tropical Plant Dome

werden – für unter 5000 ¥; allerdings muss man sich wenigstens einen Monat vorher anmelden. Wer möchte, kann sich dazu auch O-Bentô bestellen. 9–16.30 Uhr, 3-3-9 Kiyosumi (U: Morishita, Toei Shinjuku-Linie; Monzen-nakachô, Tôzai-Linie), Tel. 3641-5892.

● **Patio**, Café, Pub, Restaurant mit Guinness und Kilkenny vom Fass, Gerichte wie Fish and Chips, Pizza, Tako-Reis nach Okinawa-Art. Café und Restaurant 9–17 Uhr, Pub ab 17 Uhr, So, Mo geschl., 1F Iwaki Bldg., 1-2-1 Shirakawa (U: Kiyosumi-Shirakawa, Hanzomon, Oedo Line), Tel. 3642-4330.

Unterkunft

● **Hotel Sun Morishita (1)**, ¥, 24 Zimmer, ab 6500 ¥. 3-6-2 Morishita (U: Morishita), Tel. 3631-4311, Fax -4454.
● **Business Hotel New Fukuya (1)**, ¥, 48 Zimmer, ab 5000 ¥. 3-7-6 Morishita (U: Morisahita), Tel. 3632-7411.
● **Family Hotel Fukagawa (1)**, ¥, 23 Zimmer, ab 5000 ¥. 3-18-6 Morishita (U: Kikukawa; Ryôgoku), Tel. 3631-7290.
● **Hotel B&G**, ¥/¥¥, 168 Zimmer, ab 8000 ¥. 1-6-3 Fukagawa (U: Monzen-nakachô), Tel. 3630-2711, Fax -2725.
● **Hotel BMC**, ¥/¥¥, 40 Zimmer, ab 8000 ¥. 1-2-20 Hirano (U: Monzen-nakachô), Tel. 3643-2131, Fax -2135.
● **East 21 Tokyo**, ¥¥, im Süden Fukagawas, ab 16.000 ¥. 6-3-3 Tôyochô (U: Tôzai: Tôyôchô, Ausg. 1), Tel. 5683-5683, Fax -5775.

Attraktionen an der Tokyo-Bucht

Auf dem **aufgeschütteten Land** am Rand der Tokyo-Bucht wird in Zukunft noch manches geschehen: moderne, neue Stadtviertel, Austellungsgelände und Super-Wolkenkratzer befinden sich in Planung. Entstanden sind bereits eine Reihe von Attraktionen für die **Freizeit.** Die größten Attraktionen liegen südöstlich von Fukagawa.

Tokyo-to Yumeno-shima Tropical Greenhouse Dome

Das künstliche Tropenparadies mit **4500 Gewächsen** unter einer 28 m hohen **Riesenkuppel:** 1500 m^2 Fläche, 90 % Luftfeuchtigkeit bei 25 °C. Die Wärme ist ein Abfallprodukt einer nahe gelegenen Industrieanlage. Der Besucherandrang ist groß, werktags ist es erträglich.

● **Öffnungszeiten:** 9.30–17 Uhr, Einlass bis 16 Uhr, Mo geschl., Eintritt: 250 ¥. 3-2 Yumenoshima (U: Shin-Kiba, Yûrakuchô-Linie), Tel. 3522-0281, www.tokyo-park.or.jp/english/park/detail_03.html#yumenoshima.

Tokyo Sealife Park

Ein Stück weiter, in Richtung Disneyland, befindet sich im Kasai-Rinkai-Park das sehenswerte große **Meeresaquarium** *(suizoku-en)* mit schönem Blick auf die Tokyo-Bucht. Der Park ist auch beliebt bei Spaziergängern, Liebespaaren, Vogelfreunden. Am besten gleich morgens kommen, da tagsüber großer Andrang herrscht.

● **Öffnungszeiten:** 9.30–17 Uhr, letzter Einlass 16 Uhr, Mi geschl., 700 ¥, Kinder bis 15: 250 ¥, 6 Rinkai-chô (Station Kasai-Rinkai Kôen, Keiyô-Linie), Tel. 3869-5151, www.tokyo-zoo.net.

Tokyo Disneyresort

Das dritte **Disneyland** besteht aus einem knapp 83 ha großen Park, der in fünf Themengebiete unterteilt ist: World Bazar, Adventureland, Westernland, Fantasyland und Tomorrowland. Neben wechselnden Attraktionen gibt es tägliche **Paraden** und bergeweise Souvenirs zu kaufen. Disneyland wurde zuerst erweitert um **Ikspiari,** ein

Disney-Einkaufszentrum im Basarstil, danach öffnete der **Tokyo Disney Sea Park** seine Toren, er ist den Geschichten und Legenden der Meere und der Seefahrt gewidmet und gruppiert sich um 7 thematisch unterschiedliche Häfen (Infos auf Englisch 047-354-0001).

●**Anfahrt:** Das Disneyresort liegt etwas außerhalb an der Tokyo-Bucht in der Präfektur Chiba und ist zu erreichen mit der JR-Keiyô-Linie bis Maihama bzw. mit der U-Bahn bis Urayasu und von dort mit Shuttle-Bus. Ab Tokyo Station fährt auch ein direkter Shuttle-Bus (ab Ausgang Yaesu, hinter dem Tekka Bldg., 35 Min., 600 ¥, Kinder 300 ¥). Busse verkehren auch ab Ueno, Yokohama und Narita-Flughafen. 1-1 Maihama, Urayasu-shi, Chiba-ken, Tel. 3366-5600, außerhalb Tokyos: 0473-54-000, www.mouseplanet.com/tokyo.

●**Öffnungszeiten:** Mo–Fr 9–22, Sa, So 8–22 Uhr, jahreszeitliche Schwankungen. Eintrittspreise gleich für Disneyland und DisneySea, gelten aber nur für einen der Parks: 1-Tages-Passport Erw. 5800 ¥, Kinder 3900 ¥, 2-Tages-Passport 10.000 ¥, 3-Tage-Passport 12.900 ¥, 4-Tage-Passport 15.000 ¥, daneben gibt es noch den Starlight Passport (Sa/So/F nach 15 Uhr, Resort-Kalender beachten!) und den After 6 Passport (wochentags, Resort-Kalender beachten!); bei hohem Besucheraufkommen müssen Besucher ohne datiertes Ticket am Eingang warten.

Unterkunft

Einige Luxushotels flankieren den Park von Disneyresort zur Bucht hin. An Tagen wie Heiligabend sind sie monatelang vorher ausgebucht, weil dann viele Männer die Frau ihrer Wahl eine Nacht lang verwöhnen, was alles in allem schnell über 500 Euro kostet.

Nahe Disneyresort

(JR Maihama, Keiyô-Linie; U: Urayasu, Tôzai-Linie, Tel. Vorwahl: 0473)

●**Sun Route Plaza,** ¥¥¥, 506 Zimmer, ab 20.000 ¥. 1-6 Maihama, Tel. 55-1111, Fax 54-7871.

●**Tokyo Bay Hotel Tôkyû,** ¥¥¥, 704 Zimmer, ab 26.000 ¥. 1-7 Maihama, Tel. 55-2411, Fax 50-0109.

●**Sheraton Grande Tokyo Bay Hotel & Towers,** ¥¥¥, 782 Zimmer, ab 26.000 ¥. 1-9 Maihama, Tel. 55-5555, Fax -5556.

●**Tokyo Bay Hilton,** ¥¥¥¥, 740 Zimmer, ab 30.000 ¥. 1-8 Maihama, Tel. 55-5000, Fax 55-5019.

●**Dai-Ichi Hotel Tokyo Bay,** ¥¥¥¥, 427 Zimmer, ab 37.000 ¥. 1-8 Maihama, Tel. 55-3333, Fax -3366.

Nahe dem Kongresszentrum

●**Makuhari Prince,** ¥¥, im 50-stöckigen Makuhari New Metropolitan City, direkt neben dem Messegelände des Nippon Convention Center, günstig auch nach Narita, Disneyland; ab 15.000 ¥. 2-3 Hibino (Keiyô-Linie: Kaihin-Makuhari), Mihama-ku, Chiba, Tel. 043-296-1111, -0977.

Kasai Rinkai Kôen

●**Hotel Seaside Edogawa,** ¥¥, 32 Zimmer, ab 15.000 ¥. 6-2-2 Rinkaichô (Kasai-Rinkai-Kôen, Keiyô-Linie, 3 Min.), Tel. 3804-1180, Fax -1175.

Stadtteile

Yokohama und Kawasaki

Yokohama

Yokohama ist mit einer Bevölkerung von rund 3,2 Millionen und einer Fläche von 430 km² die **zweitgrößte Stadt Japans.** Eine internationale Atmosphäre hat sich die Nachbarstadt Tokyos bis heute aus der Zeit, als sie das japanische Tor zum Westen war, erhalten können. Heute betritt jedoch kaum noch ein Reisender im Hafen Yokohamas erstmals japanischen Boden – mit Ausnahme ein paar weniger, die, wie einst der Autor, mit dem Schiff von Sibirien herüberkommen.

Der großzügige, **weltoffene Geist,** der modische Stil und eine spürbare Kultiviertheit der Bewohner gehören heute wie damals zum Wesen Yokohamas. Für Japaner gilt die Stadt als modern – und immer noch ein wenig exotisch, wobei es die europäischen Stilelemente der Wende vom 19. zum 20. Jahrhundert sind, die das Exotische ausmachen, und nicht etwa die wegen ihrer über 100 guten Restaurants bekannte Chinatown.

Die **Attraktionen** Yokohamas liegen für die einen in der **Nähe zum Wasser** (auch Tokyo ist eine Stadt am Meer, aber wer geht dort schon in den Hafen?) und in den **Parks,** für die anderen in den hervorragenden **Einkaufsvierteln** um den Hauptbahnhof und in Motomachi, Isezaki-chô und Chinatown. Manche werden von den **historischen Relikten,** den **Museen** oder den modernen, spektakulären Sehenswürdigkeiten wie dem futuristischen städtebaulichen Projekt **Minato Mirai 21** angezogen. Aber selbst für Liebha-

ber alter und bedeutender **Tempel, Schreine** und **Landschaftsgärten** hält Yokohama einiges bereit, u.a. einen der bedeutendsten Zen-Tempel Japans, in dem auch Besucher an Meditationssitzungen teilnehmen können.

Der Wohlstand der Stadt gründet sich in der **Industrie** und dem **Hafen,** über den u.a. Autos, Fernseher und Kameras exportiert und Öl, Maschinen sowie Sojabohnen importiert werden. Yokohama gehört mit dem Süden Tokyos und dem dazwischen liegenden Kawasaki zu der an der Tokyo-Bucht gelegenen **Keihin Industrial Zone.** Hier stehen neben Ölraffinerien Stahl- und Autowerke sowie Fabriken für chemische Erzeugnisse, Elektrogeräte, Nahrungsmittel und vieles mehr.

Einen Besuch Yokohamas beginnt man am besten von einem der zentralen **Bahnhöfe** aus. Im Norden der Innenstadt und Tokyo am nächsten liegt der Bahnhof Yokohama, weiter nach Süden folgen **Sakuragi-chô** und **Kannai,** der als zentralster Ausgangspunkt empfohlen sei.

Geschichte

Yokohama begann seine Karriere Mitte des 19. Jh. als **Fischerdorf** mit kaum 100 Häusern. Als 1853 der amerikanische Commodore *Perry* mit seinen „schwarzen Schiffen" unweit Yokohamas aufkreuzte und damit Japans Öffnung für den internationalen Handel nach über 200 Jahren selbstgewählter Isolation erzwang, begann der Aufstieg Yokohamas zur bedeutendsten **Hafenstadt** des Landes. Bereits sechs Jahre später gehörte der Ort zu den ersten fünf Häfen, die sich für den Handel mit der Außenwelt öffneten (die Regierung wählte diesen damals unbedeutenden Ort, um die ausländischen Händler von

Edo fernzuhalten). Doch die Bedeutung Yokohamas wuchs durch die **Nähe zu Tokyo,** das 1868 offizielle Hauptstadt wurde, rapide. Das 30 Kilometer entfernte Yokohama wurde **Tokyos Tor zum Westen.**

Kein Wunder, dass in dieser Stadt manche im Westen selbstverständlichen oder eben erst entwickelten **Einrichtungen** ihre **japanische Premiere** erlebten, und zwar in folgender Reihenfolge: Bäckerei (1860), Fotoladen, Sukiyaki-Restaurant (da erst mit den Westlern Rindfleisch ins Land kam, 1862), Bierbrauerei (1869), Tageszeitung (1870), öffentliche Toiletten (1871), Eisenbahnlinie (1872, zwischen Shimbashi und Sakuragi-chô), moderne Wasserversorgung (1887). Seit 1889 hat die Stadt eine Gemeindeverwaltung.

Seit jenen ersten Jahrzehnten hat der Name der Stadt einen besonderen Klang: Hierher kamen die **Weltreisenden** mit ihren Segelschiffen und später den Ozeanriesen, und alle trafen vor Tokyo in Yokohama ein. Viele der ersten Westler in Japan ließen sich hier nieder und gaben etlichen Gebäuden aus dieser Zeit ein europäisches Gepräge; und so ist denn auch heute der alte **Ausländerfriedhof** mit den Grabsteinen und Kreuzen auf den Gräbern von Amerikanern, Briten, Deutschen, Franzosen, Holländern, Schweizern und Russen eine der bekanntesten Sehenswürdigkeiten der Stadt.

Allerdings wurde Yokohama wie Tokyo während des **Großen Kantoerdbebens 1923** und während der **Luftangriffe** am Ende des Zweiten Weltkriegs fast völlig zerstört – und anschließend großzügig wiedcraufgebaut.

Umgebung des Bahnhofs Yokohama

An diesem Bahnhof findet sich das größte und beliebteste **Einkaufszentrum** Yokohamas. Wer zum Shopping kommt, braucht die Umgebung des Bahnhofs nicht zu verlassen und muss keinen Schritt auf die Straße setzen: Alle wichtigen Kaufhäuser und Läden sind **unterirdisch** zu erreichen.

Verlässt man den Bahnhof nach Osten, geht man durch die unterirdische Einkaufspassage **Porta** (Porta Underground) am Lumine vorbei zum modernen und riesigen **Sôgô Department Store (8)**. Bis zur Erweiterung des Tobu in Ikebukuro war dieses Kaufhaus das größte der Welt. Hier befindet sich das **Hiraki Ukiyo-e Museum (8)** mit der Holzschnittsammlung von *Hiraki* (Mi–Mo 10–19 Uhr, 500 ¥, F6, 2-18-1 Takashima, Tel. 465-2233).

Nebenan steht das **Sky Building,** ebenfalls mit zahlreichen Geschäften.

Vom Westausgang erreicht man das noch größere unterirdische Einkaufszentrum **Diamond,** das mit Joinas, Okadaya More's und Cial verbunden ist und an das die Kaufhäuser **Takashimaya (7)** und **Mitsukoshi (5)** sowie andere Geschäfte angeschlossen sind.

Katastrophenschutz-Zentrum (4)

Verlässt man die Passage nach Nordwesten zwischen Mitsukoshi (rechts) und Tenri Building (links) und geht unter der Autobahn hindurch, überquert eine Kreuzung, kommt man bei einem kleinen Park zum **Yokohama Citizens' Disaster Prevention Center** (Yokohama Shi-min Bosai Center). Hier wird den Bürgern demonstriert, wie man sich bei Naturkatastrophen, vor allem bei Erdbeben und Feuer, richtig verhält. Interessant ist der **Erdbebensimulationsraum.** Darin kann man das Große Kanto-Erdbeben in Bezug auf Stärke und Dauer nacherleben. Natürlich passiert nichts, dennoch ist es eindrucksvoll, was da für Kräfte am Werk sind und wie lange eine Minute Erdbe-

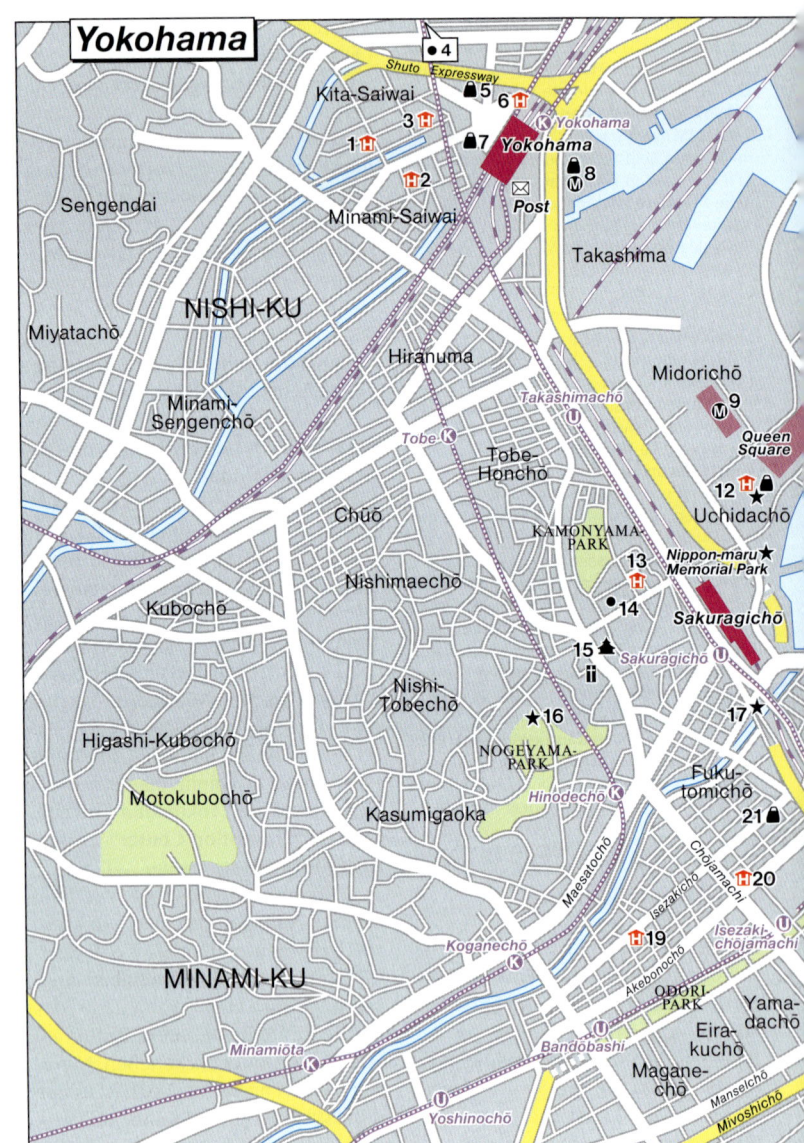

RINKŌ-PARK

Conference Center

🏨 **10**

💼 **11**

Shinko-Pier

Akarenga Park

Osanbashi-Pier

Yamashita-Pier

Motohamachi

Kitanaka-Dori

Honchō

Minaminaka-Dōri

Bashamichi

18
Ⓜ
🏨

Kannai

Kannai

Nihon-Ōdōri

🏨Ⓜ **25**

YAMASHITA-PARK

Ⓜ **27**

🏨 **26**

YOKOHAMA-PARK

Yamashitachō

28 ★

Ⓜ **30**

●**23**

24 🏨

🏨 **29**

Stadion

YOKOHAMA CHINA TOWN

22 🏨

Motomachi

MINATANO-MIERU-OKA-PARK

Shin-Yamashita

Ishikawacho

MOTOMACHI-PARK

Internat. Friedhof

●**31**

Ishikawachō

Yamatechō

Ⓜ **32**

Ⓜ **33**

NAKA-KU

Bahnhof Negishi

YAMATE-PARK

0   500 m

Yokohama

Erdbeben – die stete Gefahr

Seit dem großen **Kanto-Erdbeben 1923** hat es kein wirklich schweres Erdbeben mehr in Tokyo und Umgebung gegeben. Kleine Erschütterungen, die nur Seismografen registrieren, gibt es täglich, mittlere Beben kennt jeder, der längere Zeit in Japan lebt. Meist verursachen sie keine oder nur geringe Schäden. Seit Jahren rechnen die Menschen allerdings mit einem ganz großen Erdbeben: Da die großen Beben in einem Rhythmus von etwa 60 Jahren auftreten und **seit über 75 Jahren nichts passiert** ist, ist das Super-Beben überfällig.

Im Alltagsleben der Menschen deutet zwar scheinbar nichts auf eine Apokalypse hin, unterschwellig sind die Bewohner jedoch darauf eingerichtet, ebenso wie auf einen erneuten Ausbruch des Fuji-san. Das schwere Erdbeben von **Kobe 1995** hat die latente Bedrohung mehr als deutlich gemacht. Doch Tokyo und Yokohama sind besser darauf vorbereitet als Kobe.

Was tun bei Erdbeben?

Das Wichtigste ist: **Ruhe bewahren!** Die meisten Erdbeben sind innerhalb von einer Minute vorüber, so lang diese Minute auch erscheinen wird.

1. Nicht hinausgehen, weil die Gefahr herabfallender Gegenstände größer ist; wer draußen ist, sollte ein **Gebäude** oder einen freien Platz aufsuchen. Jedes Wohnviertel hat solche Plätze: Schulhöfe, Parks oder Sportplätze.

2. Gas abdrehen, kleine **Feuer** sofort löschen (Gasöfen sind heute zum Glück selten geworden).

3. Schutz vor fallenden Gegenständen unter **Tischen oder Türrahmen** suchen.

4. Eine Tür nach außen als **Notausgang** öffnen, da Türen während eines Erdbebens leicht klemmen können.

5. Draußen **enge Gassen,** Wände aus Betonblöcken und Stützmauern meiden.

6. Ruhe bewahren beim Verlassen von Orten mit großen **Menschenansammlungen,** z.B. Kaufhäuser, Theater, Kinos, Stadien; auf Lautsprecherdurchsagen achten.

7. Wenn man sich im **Auto** befindet, möglichst sofort links an den **Straßenrand** fahren und den Motor abstellen.

8. So bald wie möglich nach dem Erdbeben die vorherbestimmten **Evakuierungsplätze** aufsuchen.

9. **Nicht laufen,** sondern gehen, um Panik und unnötige Verletzungen zu vermeiden. Nur ein Minimum an persönlichen Habseligkeiten mitnehmen.

10. Nicht aufgrund von Gerüchten in Panik geraten; auf **Rundfunk- und Fernsehansagen** achten (Rundfunk: NHK AM 639, FEN AM 810, Fernsehen: NHK, Kanal 1 oder 2).

●**Buchtipp:** *Faermann, Matthias:* **Survival-Handbuch Naturkatastrophen,** REISE KNOW-HOW Verlag Bielefeld.

ben „dauert" (Zutritt kostenlos, täglich 9–17 Uhr). S. a. Ikebukuro (Bosai-kan).

Umgebung des Bahnhofs Sakuragichô

„Minato Mirai 21"

Blickt man vom Bahnhof nach Nordosten, sieht man sofort mehrere moderne Hochhäuser. Am auffälligsten und höchsten ist der 70-stöckige **Landmark Tower (12),** der mit 296 Metern der höchste Wolkenkratzer Japans ist. Er wurde von dem amerikanischen Architekten *Hugh Stubbins* entworfen und hat umgerechnet mehr als 2 Mrd. Euro gekostet. Dieses ist nur eines von vielen Gebäuden, die in Planung sind. Das Projekt heißt Minato Mirai 21 („Hafen der Zukunft 21"). Auf 186 ha künstlich aufgeschüttetem Land sollen einmal um die 190.000 Menschen arbeiten und 10.000 Menschen leben. Gebaut werden deshalb neben dem Büro- und Hotelhochhaus des Landmark Tower und dem eleganten halbmondförmigen **Pacifico Yokohama** mit dem Yokohama Grand Inter-Continental Hotel und einem Konferenzzentrum diverse Hochhäuser mit Apartments, Einkaufszentren und Parks, die teilweise schon fertig sind, so der dreigeteilte **Queens-Tower** (eine der Hallen überrascht mit einem turmhohen deutsch-japanischen Schiller-Zitat). Gegenüber steht auch ein Riesenrad à la Prater, natürlich etwas höher. Der Lagewechsel war notwendig geworden, weil die Fahrgäste sonst den Hotelbewohnern im Landmark-Tower in ihre Suiten hätten schauen können. Apropos Sicht: wer die Super-Aussicht vom 70. Stock des höchsten Gebäudes in Japan genießen will, kann dies am besten von einem der Restaurants in F68/F70 tun.

Besichtigt werden können das **Yokohama Museum of Art (9)** mit Gemälden, Skulpturen und Fotografien (Tel. 221-0300, 300 ¥, Kinder 100 ¥) und der **Nippon-maru Memorial Park** mit dem Marinemuseum, wo das ausgediente Segelschulschiff „Nippon Maru" im Trockendock liegt (Mo geschl., 600 ¥, Tel. 221-0277, 15 Min. vom Bahnhof). Mehrmals im Monat werden seine Segel gesetzt, ein großartiger Anblick. Gegenüber dem Hafenbecken liegt das Einkaufszentrum World Porters und ein Stück östlich das NYK Maritime Museum (300 ¥).

Ⓤ		Yokohama Subway
Ⓚ		Keikyu Line (privat)
🏨	1	Cosmo Hotel
🏨	2	Yokohama Kokusai Hotel
🏨	3	Rich Yokohama
●	4	Yokohama Citizens' Disaster Prevention Center
▲	5	Einkaufsstraße
🏨	6	Tōkyū
▲	7	Takashimaya-Kaufhaus und Joinus
▲	8	Sōgō/Marui,
Ⓜ		Hiraki Ukiyo-e Museum
Ⓜ	9	Yokohama Museum of Art
🏨	10	Pan Pacific Hotel, Grand Hotel Intercontinental
▲	11	World Porters Shopping Center
★	12	Landmark Tower mit Shopping
▲		Komplex, Büro Shopping und
🏨		Royal Park Hotel
🏨	13	Kanagawa Youth Hostel
●	14	Prefectural Youth Center
▲	15	Iseyama-Schrein,
⛪		Nogeyama Christ Church
★	16	Zoo Nogeyama Dōbutsu-en
★	17	Eisenbahn-Denkmal
🏨	18	Heiwa Plaza Hotel Bashamichi
Ⓜ		und Kanagawa Prefectural Museum
🏨	19	Central Inn Yokohama
🏨	20	Isezakichō Washington
▲	21	Isezakichō Einkaufsstraße
🏨	22	Chatelet Inn
●	23	Yokohama City Office
🏨	24	Sansei
Ⓜ	25	Seidenmuseum und
❶		Touristen-Information
🏨	26	Hotel Yokohama
Ⓜ	27	Museumsschiff Hikawa maru
★	28	Marine Tower
🏨	29	Miel Parque Hotel
Ⓜ	30	Puppenmuseum
●	31	Internationaler Friedhof
Ⓜ	32	Yamate-Museum
Ⓜ	33	Osaragi Jirō Memorial Museum

Yokohama

Am Seidenmuseum

Minato Mirai 21

auf den Hafen. Vom Terminal ist es nicht weit zum Yamashita-Park (s.u.).

Iseyama-Schrein (15)

Wenige Minuten westlich des Bahnhofs steht auf dem Hügel Iseyama der gleichnamige **Schrein,** der zum Ise-Schrein gehört und der bedeutendste Schrein Yokohamas ist (10 Min. zu Fuß von Sakuragichô).

Nogeyama-Park

Der **Zoo Nogeyama Dôbutsu-en (16)** ist Teil des Parks und zu Fuß in 15 Min. vom Bahnhof Sakuragichô (westliche Richtung) erreichbar.

Einkaufsstraßen

Geht man vom Bahnhof in südöstlicher Richtung über die Benten-Brücke über den Ôka-Fluss und parallel zur Bahn bis zur Kaufhausfiliale Marui, erreicht man die links abzweigende Einkaufsstraße **Basha-michi** (Pferdewagenweg), die rot gepflastert ist und mit ihren altmodischen Telefonzellen und Straßenleuchten den Eindruck einer **Straße des 19. Jahrhunderts** erweckt. Die beliebte Einkaufsstraße ist gewissermaßen eine Fortsetzung der 1,3 km langen Fußgängerzone **Isezakichô** mit 500 Geschäften, die von Marui unter der Bahn hindurch (Nordausgang) nach Südwesten führt.

An der Basha-michi steht links das 1904 in deutschem Renaissance-Stil erbaute **Kanagawa Prefectural Museum (18),** ein Museum für Natur und Geschichte der Präfektur Kanagawa (9–16.30 Uhr, Mo sowie letzter Fr im Monat und um Neujahr geschlossen).

Ein attraktiver Promenadenweg (Kishamichi) führt hinüber zu einem überaus beliebten Viertel mit dem Riesenrad **Cosmo World,** dem **Museum für ausgewanderte Japaner** im Gebäude von JICA Yokohama (Japan International Cooperation Agency), dem **Yokohama World Porters Einkaufszentrum (11)** und den immer vollen Läden in den ehemaligen Warenhäusern (*Akarenge Sôko*). Der Promenadenweg führt östlich zum Yokohama International Passenger Terminal mit Park am **Ôsanbashi Pier** (schöner Blick auf die Stadt und Fuji-san und natürlich

Umgebung des Bahnhofs Kannai

Yokohama-Park

Ein kurzer Fußweg führt zum Yokohama-kôen, dem ersten Park in westlichem Stil in Japan. Ein **Stadion** nimmt den größten Teil der Fläche in Anspruch. Es ist die Heimat des Baseball-Teams *Taiyo Whales,* auch Fußballspiele und Konzerte werden hier veranstaltet. Ein Teil des Parks wurde in japanischem Stil umgestaltet.

Seidenmuseum (25)

Von der Parkmitte führt die breite, von Ginkgobäumen bestandene Allee Nihon-dori direkt zum Hafen. Rechts vor dem Hafen stehen die **Yokohama Archives of History** mit Dokumenten aus der Zeit der Öffnung des Hafens (Mo geschl., 200 ¥, Tel. 201-2100) und das neunstöckige **Silk Center Building** mit dem Silk Museum (Silk Hakubutsukan, 9–16.30 Uhr, Mo geschl., 300 ¥). Im Erdgeschoss befindet sich eine **Touristeninformation.** Dieses Museum ist das einzige Seidenmuseum in Japan und erklärt den gesamten Prozess der Herstellung. Die attraktiven Seidenprodukte sind natürlich für den Verkauf bestimmt.

Yamashita-Park

Vom Silk Center ist es nur noch ein kurzes Stück zu dem am Ufer der Bucht gelegenen Yamashita-kôen und zum **Osanbashi-Pier,** wo die Kreuzfahrtschiffe anlegen. In den Park gehen die Bewohner der Stadt gern in der Mittagspause – wenn es warm genug ist. Mehrere Hotels haben sich die Top-Lage vor dem Park gesichert, darunter Hotel Yokohama, Continental

Yokohama

Szető Foto: ml

Yokohama, New Grand und Star Hotel. Am Rand des Parks liegt, für immer verankert, das **Museums- und Biergartenschiff „Hikawa maru" (27)**, das von 1930 an 30 Jahre lang über den Pazifik schipperte (Eintritt 700 ¥, Tel. 641-4361).

Hafenrundfahrten

Von der Anlegestelle rechts der Hikawa-maru starten Bootstouren:

- **Marine Shuttle,** alle 90 Min. von 10.30–18.30 Uhr, 90 Min. Rundfahrt, 2000 ¥.
- **Akaikutsu,** 6 Fahrten pro Tag von 11–17 Uhr, 60 Min. Rundfahrt, 1200 ¥, 40 Min. Rundfahrt 750 ¥.
- Hier legt auch die **Sea Bass** an, die zwischen Yokohama Station und Yamashita Park hin- und herfährt.
- Hafenrundfahrt durch **Yokohama Ferryport,** 45 Min., Erw. 900 ¥, Tel. 201-0821, -9121.

Marine Tower (28)

Nahe dem südöstlichen Ende des schmalen Parks steht der 106 Meter hohe Marine Tower, ein Wahrzeichen der Stadt und der **höchste Leuchtturm der Welt.** Von der Beobachtungsplattform bietet sich ein überwältigender Blick auf die Innenstadt mit Chinatown und dem Hafen mit der 860 m langen Bay-Brücke zwischen Honmoku- und Daikoku-Pier. Unten sind Geschäfte und der **Vogelzoo Birdpia** (täglich 10–17 Uhr, Auffahrt zur Plattform 700 ¥).

Puppenmuseum (30)

Etwas östlich des Turms steht das bekannte Puppenmuseum Yokohama Ningyô-no-Ie (Mo geschl., 300 ¥, Tel. 671-9361), untergebracht in einem modernen Haus, das an ein Schloss erinnern soll. Die Sammlung umfasst mehr als 4500 Puppen aus aller Welt, vor allem natürlich aus Japan. Es gibt auch ein Puppentheater.

Nebenan steht das **Yokohama Immigration Office.**

Harbor View Park

Der Harbor View Park (Minatonomieruoka-kôen) liegt auf einem Hügel, auf dem früher einmal britische Garnisonstruppen untergebracht waren. Er bietet, wie der Name sagt, einen guten Blick über den Hafen, aber auch auf die Stadt.

Auf dem Parkgelände befindet sich das **Osaragi Jirô Memorial Museum (33,** Mo geschl.). Das Arbeitszimmer des in Japan bekannten Schriftstellers *Osaragi Jirô* (1897–1973) wurde von seinem Haus in Kamakura hierhergebracht. Er liebte seine Geburtsstadt Yokohama. Zumindest eines seiner Werke, „Kikyo", wurde unter dem Titel „Homecoming" ins Englische übersetzt.

Internationaler Friedhof (31)

Westlich schließt sich an den Park der Ausländerfriedhof **Gaijin-bochi** mit schöner Hanglage an. Dementsprechend ist er ein beliebter Hintergrund für Souvenirfotos. Zwei Museen finden sich am Weg: das **Iwasaki Mu-**

Chinatown

seum mit europäischen Antiquitäten, Möbeln und Kleidung (Mo geschl.) und das in einem Holzhaus im Stil der Meiji-Zeit untergebrachte **Yamate-Museum (32),** das zeigt, wie Ausländer in Yokohama nach der Öffnung des Hafens lebten. Die hügelige Gegend des Yamate-Viertels heißt auch „Bluff" und war nach der Öffnung Japans eine beliebte Wohngegend für Ausländer, die in Yokohama lebten. Hier gibt es noch Kirchen, z.B. die **Christ Church on the Bluff** (Yamate Church), Missionsschulen und Wohnhäuser aus dieser Zeit.

An den Ausländerfriedhof mit seinen über 4000 Gräbern, in denen viele westliche Pioniere des neuen Japan ruhen und von wo aus man einen schönen Blick auf das Stadtzentrum hat, schließt sich der **Motomachi-Park** an.

Motomachi

Unten im Tal zu Füßen des Bluff erstreckt sich das **Einkaufszentrum** Motomachi entlang des Nakamura-Flusses zwischen dem **Bahnhof Ishikawacho** und dem Hafen. Wegen der Mischung aus Boutiquen und anderen Läden, Cafés und Lokalen ist es besonders beliebt bei jungen Leuten.

Chinatown

Besucher Yokohamas zieht es meist vor allem in die Chinatown – es sei denn, sie waren zuvor vielleicht schon in Tapei, Hongkong, Singapur oder in China selbst. Hier befindet sich die größte Chinesensiedlung Japans, bekannt vor allem wegen Hunderten von guten **chinesischen Restaurants,** Geschäften für **Kunsthandwerk** und Läden, in denen exotische Ingredienzen für **Medizin** verkauft werden. An allen

562to Foto: ml

Yokohama

vier Seiten des viereckigen Viertels stehen Eingangstore.

Südliche Vororte

Honmoku Fishing Park

Für Angelfreunde gibt es hier die Möglichkeit, von einer eigens zu Angelzwecken eingerichteten, L-förmigen Anlegestelle aus gegen eine Gebühr zu **angeln.** Gerät und Köder gibt es an Ort und Stelle.

●**Anfahrt:** 35 Min. mit Bus von der Ostseite der Yokohama Station; Di geschl.

Sankei-en-Garten

Dieser 170.000 m² große Garten gehörte einst *Hara Tomitaro,* einem der reichsten Männer Yokohamas. Es gibt einen inneren und einen äußeren Garten, für die separat Eintritt je 300 ¥ gezahlt werden. In beiden Gärten stehen zusammengetragene historische und andere alte Häuser, auch einige Bauernhäuser. Der Garten ist um zwei Teiche herum angelegt. Berühmt ist der Blick über einen der Teiche hinweg auf die **dreistöckige Pagode.** Zu jeder Jahreszeit lohnt der Besuch, weil fast das ganze Jahr über etwas blüht: Mitte bis Ende Februar Pflaumen *(ume),* Anfang April Kirschen *(sakura),* Anfang Mai Glyzinien *(fuji),* Anfang bis Mitte Juni Iris *(ayame) sowie* im November Chrysanthemen *(kiku).*

●**Anfahrt:** Der Park, der südlich des Hafens an der nächsten Bucht liegt, ist täglich geöffnet und in 20 Min. mit dem Bus Nr. 8 vom Bahnhof Sakuragichô zu erreichen (Bushaltestelle: Hommoku-sankei-en-mae). Auch von anderen Bahnhöfen fahren Busse: 10 Min. von der Negishi Station (JR Keihin-Tohoku-Linie), 35 Min. von der Ostseite der Yokohama Station.

Hassei-den-Museum

Das Hassei-den ist eine Art Heimatmuseum mit Schwerpunkt auf **Fischerei und Landwirtschaft.** Zu sehen sind auch die Statuen der Acht Weisen.

●**Anfahrt:** Die Halle befindet sich auf dem Gelände des öffentlichen Parks (Hommoku Shi-min kôen) neben dem Sankei-en-Garten in einem südöstlichen Vorort von Yokohama. Zufahrt: s. Sankei-en, von dort 10 Min. zu Fuß. Mi geschl., Eintritt frei.

Prähistorische Stätten Santono-dai

Für Freunde der japanischen Frühgeschichte gibt es hier ein **archäologisches Museum** und **Rekonstruktionen der Nurdach-Hütten,** in denen die Japaner in vorgeschichtlicher Zeit lebten.

●**Anfahrt:** 20 Min. mit Bus von Negishi Station bis zur Haltestelle Tenjin-mae oder 20 Min. zu Fuß ab U-Bahnhof Maita. Mi, F und am letzten Tag im Monat geschl., Eintritt frei.

Negishi Forest Park

Das im Waldpark liegende **Negishi Equine Museum** ist mit Sicherheit für **Pferdeliebhaber** interessant: Es ist ihrer recht bedeutenden Rolle in der japanischen Geschichte gewidmet. Im Park besteht die Möglichkeit zu **Ausritten mit Ponys** und anderen Pferden. Hier befand sich früher die erste westliche Pferderennbahn Japans. Mo geschl.

●**Anfahrt:** 10 Min. zu Fuß von Negishi Station, 15 Min. per Bus von Sakuragichô Station.

379/o Foto: ml

Gumyôji-Tempel

Der Tempel ist bekannt für seine **Holzstatue der elfköpfigen Kannon.**

● **Anfahrt:** Eine belebte schmale Einkaufs-straße führt vom Bahnhof Gumyôji (Keihin-Kyûkô-Linie) zur gleichnamigen U-Bahnsta-tion, an der der Tempel liegt.

Umgebung des Bahnhofs Kanazawa-bunkô

Kanazawa Bunkô Museum

Große Bibliothek japanischer und chinesischer Klassiker, Gemälde, Kalli-grafie, Skulpturen, historische Doku-mente.

● **Anfahrt:** 10 Min. vom Bahnhof Kanazawa-bunkô (Keihin-Kyûkô-Linie), 9–16.30 Uhr, Mo und die letzten 2 Tage im Monat geschl., 200 ¥, 142 Kanazawachô, Tel. 701-9069.

Marine Park

Der einzige (künstlich angelegte) **Sandstrand** Yokohamas ist in 15 Mi-nuten zu Fuß vom Bahnhof Kanazawa-bunko zu erreichen.

Shomyôji-Tempel

In der großen Anlage des 1267 er-bauten Tempels befinden sich die 1275 von Tempelgründer *Hojo Sanetoki* an-gelegte **Kanazawa-bunko-Bibliothek** mit alten Dokumenten und ein Garten (15 Min. zu Fuß vom Bahnhof).

Kanazawa Natural Park

Dieser naturbelassene, waldreiche Park eignet sich zum Spazierengehen und **Wandern.** Es gibt auch einen **Zoo.**

Blick auf Marine Tower und Hafen

Yokohama

●**Anfahrt:** mit Keikyu-Bus ab Bahnhof Kanazawa-bunkô bis Haltestelle Natsuyama-sakaue.

Weitere Attraktionen

Children's Science Museum

Dieses moderne Museum bietet jede Menge Gelegenheit zum Herumspielen und ein großes **Planetarium.**

●**Anfahrt:** 3 Min. zu Fuß vom Bahnhof Yôkôdai der Keihin-Tohoku-Linie, Mo geschl.

Kinderland (Kodomo-no-kuni)

Ein Ausflugspark mit Kinderspielplätzen, Schwimmbad, Eisbahn (nur im Winter), Fahrradweg, Bauernhof und Milchfabrik.

●**Anfahrt:** Mit der Konomo-no-kuni-Bahn ab Nagatsuta Station der Shin-Tamagano-Linie. Di–So 9.30–16.30 Uhr, Mo geschl., Eintritt Kinder 100 ¥, Schulkinder 200 ¥, Erw. 600 ¥.

Yokohama Dream Land

Klassischer **Vergnügungspark,** in 20 Min. erreichbar mit dem Bus ab Bahnhof Ofuna (Endstation Keihin-Tohoku-Linie) oder Totsuka, Eintritt 1200 ¥.

Sôjiji-Tempel

Dieser 1321 gegründete Zen-Tempel der Soto-Sekte bietet der Öffentlichkeit die Möglichkeit zum Meditieren (Za-zen).

●**Anfahrt:** 5 Min. zu Fuß vom Bahnhof Tsurumi (Keihin Tohoku-Linie).

Yokohama Bay Bridge Skywalk

Beliebter Spazierweg auf die 860 m lange Brücke mit super Blick auf Minato Mirai 21, Fuji-san und die Bôsô-Halbinsel auf der anderen Seite. 600 ¥, Kinder 300 ¥, 10–20/21 Uhr, Bhf. Tsurumi.

Yokohama Hakkejima Sea Paradise

Meeresthemenpark mit Meerestieren und Vergnügungspark südlich des Zentrums, 4900 ¥, Tel. 045-788-9632, Bhf. Hakkejima.

Zoorasia

Zoo mit artgerechter Haltung und Gestaltung westlich des Stadtzentrums, 9.30–16.30 Uhr, 600 ¥, Tel. 045-959-1000, Bhf. Tsurugamine, Mitsukyo, Nakayama.

Anfahrt von Tokyo

Von **Tokyo Station** fährt alle 15 Min. ein Zug der Tôkaidô- oder Yokosuka-

Feste in und um Yokohama

Anfang Januar: *Dezomeshiki,* traditionelle akrobatische Vorführungen der Feuerwehrleute, u.a. in Minato Mirai 21.

14.1.: *Sagichô,* Feuer und Reisballrösten am Oiso-Strand.

15.1.: Chakirako, Volkstanz junger Mädchen in Misaki.

4. So im Februar: *International Women Ekiden,* Staffellauf.

3.5.: *Kokusai-kaso-gyoretsu,* internationaler Maskenzug.

14./15.5.: Iseyama-Schreinfest, traditionelle Tänze und Zeremonien.

Ende Mai/Anfang Juni: Basar zur Erinnerung an die Öffnung des Hafens im Yokohama Park.

1. Wochenende im Juni: *Yokohama Dontaku,* Parade durch den Yamashita-Park in Meiji-Kostümen.

1. So im Juni: *Jamokamo-matsuri,* Schreinfest am Shinmeisha und Donen-inari, Namamugi Station (Keihin Kyûkô-Linie).

20.7.: Feuerwerk im Yamashita-Park.

27.7.: *Takigi-Nô,* Nô-Theateraufführung bei Fackellicht im Yamashita-Park.

1.8.: Feuerwerk im Yamashita-Park.

1. oder 2. So im August: *O-uma-nagashi,* Strohpferde werden zu Wasser gelassen, am Pier Honmoku D.

3. So im August: Kanazawa-Festfeuerwerk im Marine Park, Kanazawa-bunko.

1.9.: *Shio-matsuri,* Grasbötchen werden aufs Wasser gesetzt, in der Hoffnung auf guten Fischfang; Nojiri-Brücke, Kanazawa-Hakkei Station (Keihin-Kyûko-Linie).

Mitte September: Osannomiya-Herbstfest am Hie-Schrein, an der U-Bahnstation Yoshinochô.

Anfang Oktober: *Dokan-matsuri,* Parade in Isehara.

1. u. 10.10.: Chinatown-Fest, zu sehen sind Löwen-, Drachen- und Volkstänze.

Mitte Oktober: Herbstfest, im Yamashita-Park.

Ende Oktober: *Kyokudaimoku,* Fest im Myorenji-Tempel mit 150-jähriger Tradition; Kibogaoka Station (Sotetsu-Linie).

2. So im November: Marathonlauf in Yokohama (10/20 km).

Linie bis **Yokohama Station,** Fahrtdauer 30 Minuten, 460 ¥. Alle 10 Min. gibt es einen Zug der Keihin-Tôhoku-Linie nach **Kannai Station,** Fahrtdauer 45 Min., 540 ¥. (Kannai Station ist der günstigste Bahnhof für einen Bummel durch das Stadtzentrum.)

Von **Shinagawa Station** alle 10 Min. mit der Keihin-Kyûkô-Linie zur **Yokohama Station,** der Expresszug Tok-kyû braucht nur 22 Min., 230 ¥.

Von **Shibuya Station** alle 40 Min. mit der Tokyo-Linie zur **Yokohama Station,** Fahrtdauer 40 Min., 160 ¥.

Auch per **Schnellboot** kann man aus Tokyo anreisen: und zwar ab Hinode Pier bzw. ab Lalaport in Funabashi nach Minato Mirai Sanbashi, 2600 ¥ bzw. 2400 ¥.

Information

- **Vorwahl Yokohama:** 045
- **Yokohama International Tourist Association:** im Silk Center, 15 Min. zu Fuß von Kannai Station (Mo–Fr 8.45–17 Uhr, Sa 8.45–12 Uhr, So u. F geschl., 1 Yamashita-chô, Nakaku, Tel. 641-5824, -0841, -4759).

Hier gibt es beispielsweise Infos über Konzertveranstaltungen. Wer sich für einen Besuch in einem japanischen Haus(halt) interessiert, erkundige sich nach dem *Home Visit System.*

- **Yokohama Station:** Tel. 441-7300
- **Deutsche Schule Tokyo-Yokohama:** 1923 Higashikata-chô, Kohoku-ku, 222 Yokohamashi, Tel. 941-4841/2.

Yokohama

Stadtverkehr

Bus

Der **Doppeldeckerbus der Blue Line** fährt von Sakuragichô Station zum Harbour View Park, tagsüber alle 30 Min., am Wochenende alle 20 Min. Er verkehrt auf folgender Route:

Sakuragichô – Osanbashi Pier – Chinatown – Motomachi (Einkaufsstraße) – Harbour View Park – Yamashita Pier – Yamashita Park – Osanbashi Pier – Bashamichi (Einkaufsstraße) – Yoshidabashi – Sakuragichô.

Taxi

Wer es bequem haben will, kann sich für 2½ Std. ein Taxi mieten (Tel. 623-8884); es kostet zwischen 8800 ¥ für kleine und 9500 ¥ für große Taxis. 1 Std. kostet 3600/3800 ¥. Man fragt aber am besten bei der Touristenvereinigung (s.u.), welcher Fahrer Englisch spricht.

Boot

Von Yokohama Station zum Yamashita-Park kann man alle 30 Min. per Boot fahren: von der Anlegestelle gegenüber dem *Sôgô Department Store* mit der *Sea Bass* in 15 Min. zum Yamashita-Park. Dies ist vielleicht der interessanteste Weg von Yokohama Station in die Stadtmitte (10–18.30 Uhr, 450 ¥).

Einkaufen

Kaufhäuser

● **Sôgô,** das größte Kaufhaus Yokohamas, direkt am Bahnhof Yokohama (Ostseite).

● **Takashimaya (7),** 1-5-1 Minami-Saiwai, Nishi-ku, Tel. 319-2438.
● **Mitsukoshi (5),** 2-7 Kita-Saiwai, Tel. 312-1111.
● **Yurindô,** ausländische Druckerzeugnisse. 2-2-1-2 Minato-Mirai (JR Kannai), Tel. 222-5500.
● **Red Brick Warehouse,** im Stil einer Fabrik aus dem 19. Jh. mit Geschäften, Lokalen (s.u.), Entertainment;. 11–20 Uhr, 1-1-2 Shinko (JR Sakuragichô), Tel. 045-227-2002.
● **Mitsui Outlet Park Yokohama Bayside,** Einkaufs- und Lokalzentrum nach Art einer amerikanischen Ostküstensiedlung mit Leuchtturm, Uhrenturm u.a., neben der größten Marina Japans, südlich des Zentrums; 10–20 Uhr, Tel. 045-775-4446, 5-2 Shiraho, Bhf. Torihama.

Antiquitätengeschäfte

● **Haikara,** 2-367-1 Honmokuchô, Naka-ku, Tel. 623-9954.
● **Mikado,** im Silk Center, 1 Yamashitachô, Naka-ku, Tel. 662-7057.
● **Mingora,** 5-216-5 Yamamotochô, Naka-ku, Tel. 641-5258.
● **Isetatsu-ya,** Buntpapier aus Reispapier. Yamatechô 184, Tel. 623-2199.
● **Yamazaki,** Isezakichô 2, Naka-ku, Tel. 261-2352.

Essen

Es gibt eine Vielzahl von Lokalen in der Umgebung des Bahnhofes Yokohama.

Buffet-Lunch

● Im **Yokohama Bay Sheraton** für 2000 ¥.

Kaiseki Ryôri

● **Chifuku,** buddhistisch-vegetarische Kaiseki-Küche. Social Port B1, 2-6-7 Hagoromochô (JR Kannai), Tel. 251-0176.

Isezakichô

●**Negishi-en,** buddhistisch-vegetarische Kaiseki-Küche. 1-1 Negishi-chô, Tel. 621-3741.

●**Shikitei,** elegantes japanisches Restaurant mit fantastischer Aussicht, Kaiseki-Set zum Lunch ca. 8000 ¥, Mo–Fr 11–14.30, Sa/So/F 11.30–15.30 Uhr, im Royal Park Hotel Nikkô/Landmark Tower F68, Tel. 221-1111.

Shabu shabu/Teppanyaki

●**Araiya,** 2-17 Akebonochô, Naka-ku (JR Kannai), Tel. 251-5001.

●**Take-uchi,** 5-75 Onoechô, Naka-ku (JR Kannai), Tel. 681-3725.

Sushi

●**Azuma-zushi,** 1-11-1 Minami-Saiwai, Nishi-ku (JR Yokohama), Tel. 311-5240.

●**Inaka-zushi,** 1-41 Noge-chô, Naka-ku (JR Sakuragichô), Tel. 231-2967.

●**Izuhei,** 5-68 Onoechô, Naka-ku (JR Kannai), Tel. 681-1514.

●**Daidaiya,** ¥¥, innovative japanische Gerichte rund um Sushi, Tempura, Gegrilltes, hausgemachte Udon, modernes Design. 11–15 und 17–23 Uhr, F4 Queen's Square At 2nd Bldg., 2-3-8 Minato Mirai (JR Minato Mirai), Tel. 045-228-5035.

Fugu

●**Hamashin,** Aal- und Kugelfisch-Spezialitäten. 3-1 Yoshidachô, Naka-ku (JR Kannai), Tel. 251-0039.

Yakitori

●**Katotei,** Watanabe Bldg. F6, 1-1-5 Kita-Saiwai, Nishi-ku (JR Yokohama), Tel. 314-7001.

●**Toriyoshi,** ¥, Filiale der großen und beliebten Yakitori-Kette, B1 Arai Bldg., 1-8 Ogami-chô, Tel. 045-224-8642, tägl. 17–23 Uhr, JR Kannai.

Unagi

●**Kitahama,** Sôtetsu Joinus B1, 1-5 Minami-Saiwai, Nishi-ku (JR Yokohama), Tel. 311-5408.

Kama-meshi

●**O-kame,** 1-1 Akebonochô, Naka-ku (JR Kannai), Tel. 261-3133.

Tempura

●**Hageten,** Porta B2, 2-16 Takashima (JR Yokohama), Tel. 453-6366.

383to Foto: ml

Yokohama

●**Tenkichi,** ¥¥, preiswerte traditionelle Tempura-, aber auch Kaisekigerichte. Di–Fr 11.30–14.30 u. 17–21.30 Uhr, So 11.30–20.30 Uhr; 2-9 Minatochô (JR Kannai), Tel. 045-681-2220.

Tonkatsu

●**Katsu-han,** 6-94 Chôjamachi, Naka-ku (JR Kannai), Tel. 261-4588.
●**Wakô,** 2-16-1 Takashima, Nishi-ku, (JR Yokohama), Porta B1, Tel. 453-6408.
●**Yokohama Curry Museum,** ¥, hier gibt es elf Lokale rund um den allseits geliebten Curryreis. 11–22.30 Uhr, 1-2-3 Isezakicho (JR Kannai), Tel. 045-250-0833.

Okonomiyaki

●**Karikoma,** 1-14-4 Minami-Saiwai, Nishi-ku, Tel. 311-4297.

Soba/Udon

●**Kineya,** Porta B2, 2-16 Takashima (JR Yokohama), Tel. 453-6330.
●**Rikkuyuan,** 2-17 Masagochô, Naka-ku, Tel. 641-3035.

Ramen

●**Shin-Yokohama Ramen Museum,** ¥, hier dreht sich alles um Ramen, zum Kosten gibt es Filialen der bekanntesten Ramen-Lokale im Land. Eintritt 300 ¥ (Kinder 100 ¥), Mo–Fr 11–22, Sa, So, F 10.30–23 Uhr, 2-14-21 Shin-Yokohama (Yokohama City Subway bis Shin Yokohama Ausg. 8), Tel. 045-471-0503, www.raumen.co.jp/ramen/ramen.html.
●**Toshomenso,** ¥, Filiale der bekannten Ramen-Kette, in der Küche hinter Glas bereiten die Chefs die beliebten Nudeln zu, z.B. *tan tan men,* aber auch *gyôza* nach Hausmacherart. 11–23 Uhr, B2F Yodobashi Camera, 1-2-7 Kita-Saiwai, Yokohama (JR Yokohama), Tel. 045-290-5480, www.daixin.com.

Izakaya

●**Kai,** ¥/¥¥, Rettich-Muschel-Salat 400 ¥, Thunfisch-Sparerib 1200 ¥, Krebs-Tortilla 500 ¥. 17–24 Uhr, Dex-Bldg. B1, 3-36 Sumiyoshichô, Naka-ku, Tel. 045-663-1080.

Chinesisch

Eine kleine Auswahl der Restaurants in Chinatown:
●**Toutourin,** ¥, ab 700 ¥. 11–21 Uhr, 90 Yamashitachô, Naka-ku (JR Kannai, 8 Min.), Tel. 641-1122.
●**Youshuhanten,** ¥, ab 500–700 ¥. 149 Yamashitachô, Naka-ku (JR Ishikawa-chô, 7 Min.), Tel. 651-0448.
●**Youshushuka,** ¥, ab 700 ¥. 147 Yamashitachô, Naka-ku (JR Ishikawa-chô, 7 Min.), Tel. 641-6232.
●**Ali Baba,** Bhf. Yokohama, Kiyôken Bldg. B1, Lunch Buffet ¥ 1450.
●**Yokohama Dai Sekai,** ¥¥, achtgeschossiges Chinamuseum, in dem die Atmosphäre im Shanghai der 1920er und 30er Jahre nachgebildet wurde. 10–22 Uhr bis Ende September, 10–21 Uhr ab Oktober, 97 Banchi, Yamashita-chô (JR Motomachi-Chukagai, Ausg. 2), Tel. 045-681-5588.

Internationale Küche

●**Garlic Jo's,** ¥/¥¥, wie der Name vermuten lässt, leckere Gerichte mit „Spätfolgen": Knoblauchspinat 1000 ¥, Knoblauch-Steak 1990 ¥, Knoblauch-Pizza 900 ¥. 17–23 Uhr, Sa/So ab 12 Uhr, Mo geschl., 1-36 Motomachi, Tel. 045-662-4660.
●**Honmoku Street Amusement King,** ¥, im Honmoku Amusement Park, Essen, Karaoke, Snooker, Basketball, Pizza 600 ¥, Pilav 600 ¥, Würstchen 500 ¥, Cocktails 500 ¥. Glovner House B1, nahe YMCA, 15-6 Hara Honmoku, Naka-ku, Tel. 045-624-2475.
●**Sirius,** ¥¥, hoch über der Stadt im F 70 des Landmark Tower gibt es seines der besten Lunchbuffets Yokohamas. 7–10 Uhr (Frühstück), 11.30–14.30 Uhr (Lunch), 17–21 Uhr (Abendessen), 17-1 (Cocktails), F 70 Landmark Tower, 2-2-1-3 Minato Mirai (JR Yokohama), Tel. 045-221-1155.

Deutsch

●**Alte Liebe,** ¥¥, Mischung aus Wiener Kaffeehaus und Musikbar, Jugendstildekor. 11.30–15 u. 17.30–23 Uhr, F1, 11 Nihon Odori (JR Nihon Odori), Tel. 045-222-3346.
●**Ginza Tsubame Grill,** Lumine F6, 2-16-1 Takashima, Tel. 453-6752.

Vegetarisch

●**Harvest,** ¥, vegetarische Naturkostbuffet mit mehr als 40 Gerichten inkl. Ökokaffee, naturreinem Fruchtsaft u.a. 11–15 u. 17.30–22 Uhr, 1-3-6 Aobadai (JR Aobadai), Tel. 045-988-5477.

Bars, Clubs und Discos

●**491 House,** guter Jazz Club, gegenüber dem Circus, Cover Charge 500 ¥, ab 1500 ¥. So–Fr 18–2 Uhr, Sa bis 4 Uhr, Tokunaga Bldg. F1, 82 Yamashitachô (Kannai), Tel. 662-2104.

●**American House,** Ami-Bar, ab 1000 ¥, nur Sitzplätze. Mo–Fr 17–2 Uhr, Sa u. So 13–1 oder 2 Uhr, 106 Yamashitachô (Kannai), Tel. 681-6780.

●**Bar Replay Jr.,** freundlicher, preiswerter, anspruchsvoller Jazz-Club, Cover Charge 500 ¥, ab 1500 ¥. Mo–Sa 17–3 Uhr, So u. F 15–1 Uhr, Labi Motomachi Bldg. F5, 1-13 Motomachi (Ishikawachô), Tel. 663-2828.

●**Brain Club PSY,** modern, angenehme Atmosphäre, Soul, ab 1000 ¥. Mo–Sa 19–5, So/F bis 3 Uhr, Vistalia Moto-machi Bldg. B1, 4-179 Moto-machi (Ishikawachô), Tel. 641-5865.

●**Glam Slam,** gute Musik, sehr beliebt, ab 3000 ¥. 18–24 Uhr, 3-4 Shin-Yamashita (Ishikawachô), Tel. 624-3900.

●**Desperado,** nette Bar mit Oldies der 70er, ab 1000 ¥. Di–So 20–4 Uhr, Mo geschl., 1-17 Ishikawachô (JR Ishikawachô), Tel. 681-4712.

●**Kirin,** Bierhalle. Nakamura Bldg. F?, 1-10-1 Minami-Saiwai, Nishi-ku, Tel. 311-2904.

●**Bar Underground,** afrikanische Snacks, Live-Musik aus Ghana, 300 ¥ Eintritt, Getränke: Männer 4000 ¥, Frauen 3000 ¥, Gerichte um die 1000 ¥. 18.30–5 Uhr, Shankoze-Tokiwacho Bldg. B1, 3-22 Tokiwa-chô, Naka-ku.

●**Fire,** Japans beliebteste Disco für unter der Woche. Ab 21 Uhr, 2000/3000 ¥, 1-14-24 Yamashita (JR Ishikawachô), Tel. 621-0818.

●**Beer Next,** riesige Bierhalle mit 30 Fass-Bieren, dazu deftige Kost. 11–23 Uhr, F3 Bldg. 2 Yokohama Red Brick Warehouse, 1-1-2 Shinko (JR Sakuragichô), Tel. 045-226-1961.

●**Motion Blue,** hier treten die Größen der Jazzmusik live auf, dazu gibt es innovative Küche, feine Weine und Cocktails, Auftritte werktags 19 u. 21.30 Uhr, am Wochenende und an Feiertagen 18.30 u. 21 Uhr. Mo–Sa 17–23.30 Uhr, So/F 16–22.30 Uhr, F3 Bldg. 2 Yokohama Red Brick Warehouse, 1-1-2 Shinko (JR Sakuragichô), Tel. 045-226-1919, www.motionblue.co.jp.

●**Rai's Bar,** intime Bar, dezente Musik, nette Gäste, gutes Essen, ausgezeichneter Barmann. Mo–Sa 18–2 Uhr, 1-7-5 Tsuruyachô (JR Yokohama, Westausg.), Tel. 045-316-4520.

●**Club Dynamite,** Hip-Hop, R&B, Happy Hour bis 23 Uhr, alle Getränke 400 ¥. Mi–So ab 17 Uhr, B1, 211-8 Yamashitachô (JR Ishikawachô), Tel. 045-662-2776.

●**Pure,** beliebt bei Gaijin und Japanerinnen, die auf sie stehen, Fr, Sa Getränkebuffet M 3500 ¥, W 2500 ¥. Do–Sa 21–5 Uhr, B1 Daini Tohshoh Bldg., 1-15 Aioicho (JR Kannai), Tel. 045-663-8485.

Unterkunft

(Vorwahl 045)

Nahe Bahnhof Yokohama

●**Yokohama Plaza,** ¥, 118 Zimmer, ab 9000 ¥. 2-12-12 Takashimachô, Tel. 461-1771, Fax -0644.

●**Hotel Cosmo Yokohama (1),** ¥/¥¥, 160 Zimmer, ab 9000 ¥. 2-9-1 Kita-Saiwai (JR Yokohama, 7 Min.), Tel. 314-1711, Fax 316-1600.

●**Yokohama Kokusai Hotel (2),** ¥¥, 121 Zimmer, ab 10.000 ¥, 2-16 Minami-Saiwai, Tel. 311 1311, Fax 313-3486.

●**Tôkyû (6),** ¥¥, 212 Zimmer, ab 15.000 ¥. 1-1-12 Minami-Saiwai, Nishi-ku (Ausg. West), Tel. 311-1682, Fax -1084.

●**Rich Yokohama (3),** ¥¥, 204 Zimmer, ab 12.000 ¥. 1-11-3 Kita-Saiwai, Tel. 312-2111, Fax -2143.

●**Toyoko Inn Nishi-guchi,** ¥, 90 Zimmer, Zimmer ab 6800 ¥. 1-6-15 Sengenchô (JR Yokohama West-Ausg., 8 Min.), Tel. 313-1045, Fax -2045.

Nahe Bahnhof Sakuragichô

●**Yokohama Royal Park (12),** ¥¥¥, ab 30.000 ¥. Landmark Tower, die Zimmer lie-

Yokohama

gen im 52. bis 67. Stock, 22-1-3 Minato Mirai, Tel. 221-1111, Fax 224-5153.

- **Grand Intercontinental (10)**, ¥¥¥¥, 604 Zimmer, ab 34.000 ¥. 1-1-1 Minato Mirai, Tel. 223-2222, Fax 221-0650.
- **Heiwa Plaza Hotel Bashamichi (18)**, ¥/¥¥, 170 Zimmer, ab 7000 ¥. 5-65 Ôtachô, Tel. 212-2333, Fax -3294.
- **San-ai**, ¥, Businesshotel, ab 7500 ¥. 3-95 Hanasakichô, Tel. 242-4411, Fax -7485.
- **Toyoko Inn Sakuragicho**, ¥, 219 Zimmer, ab 6800 ¥. 6-55 Honchô (JR Sakuragichô, 5 Min.), Tel. 671-1045, Fax -1046.

Nahe Bahnhof Kannai und Isezakichô Mall

- **Sansei (24)**, ¥, 90 Zimmer, ab 7000 ¥. 222 Yamashita-chô, Tel. 662-0222.
- **Toyoko Inn Yokohama Kannai**, ¥, 77 Zimmer ab 6200 ¥. 1-10-5 Maganechô (U: Bandôbashi, Ausg. 1, 5 Min.), Tel. 242-1045. Fax 243-1767.
- **Chatelet Inn**, ¥, 114 Zimmer, ab 6000 ¥, 3-10-16 Matsukagechô, Tel. 664-5881, Fax 681-4360.
- **Central Inn (19)**, ¥, 87 Zimmer, ab 7000 ¥. 4-117 Isezakichô, Tel. 251-1010, Fax -0921.
- **Chatelet Inn (22)**, ¥/¥¥, 132 Zimmer, ab 8000 ¥. Gegenüber Yokohama-Stadion, jenseits der Bahnlinie, Tel. 681-4800, Fax -4360.
- **Grand Sun**, ¥/¥¥, 118 Zimmer, ab 9000 ¥. 8-122 Chôja-machi (Hinode/Keihin-Kûkô-Linie, 5 Min.), Tel. 241-7551.
- **New Otani Inn**, ¥/¥¥, ab 8000 ¥, 4-81 Sueyoshi (Koganechô/Keihin Kûkô-Linie), Tel. 252-1311.
- **Isezakichô Washington (20)**, ¥¥, großes modernes, recht preisgünstiges Cityhotel mit 399 Zimmern, ab 10.000 ¥. 5-53 Chôjamachi, Tel. 243-7111, Fax 253-7731.
- **Hostel Porto**, ¥, ab 2200 ¥, 3-10-3 Matsukagechô, Naka-ku (Buchung: www.hostelworld.com).
- **Shin-ei-kan (Yokohama Hostel Village)**, ¥, ab 2300 ¥, nur männliche Gäste, Sanwa Bldg. F1, 3-11-2, Matsukagechô (Buchung: www.hostelworld.com).
- **Hotel Mystays Yokohama**, ¥, ab 5500 ¥, 190 Zimmer, sauber. 4-81, Sueyoshichô, Naka-ku, 1 Min. vom Bhf. Koganechô.

Nahe Yamashita-Park und Chinatown

- **Aster**, ¥, 66 Zimmer, ab 6000 ¥. 87 Yamashitachô (Ishikawachô, 10 Min.), Tel. 651-0141, -2064.
- **Echigoya Ryokan**, ¥, preiswert. 1-14 Ishikawachô (Ishikawachô, 2 Min.), Tel. 641-4700.
- **Park Hotel Yokohama (26)**, ¥, 40 Zimmer, ab 6500 ¥, 186 Yamashitachô (Ishikawachô, 12 Min.), Tel. 681-0032, Fax 662-0586.
- **Yokohama International Seamens Hall**, ¥, 66 Zimmer, ab 7000 ¥, zwischen Marine Tower und Chinatown, Tel. 681-2141 (Pass muss vorgezeigt werden).
- **Miel Parque (29)**, ¥/¥¥, 43 Zimmer, ab 7000 ¥, direkt neben Marine Tower, bis 24 Uhr geöffnet, Tel. 662-2221, Fax -9919.
- **Star Hotel Yokohama**, ¥/¥¥, 126 Zimmer, ab 9000 ¥. 11 Yamashitachô (Ishikawachô, 10 Min.), Tel. 651-3111, Fax -3119.
- **Bund Hotel**, ¥/¥¥, 50 Zimmer, ab 9000 ¥, Tel. 621-1101, Fax -1105.
- **Hotel New Grand**, ¥¥, 71 Zimmer, ab 10.000 ¥. 10 Yamashitachô, Tel. 681-1841, Fax -1895.
- **The Hotel Yokohama**, ¥¥¥, 165 Zimmer, ab 20.000 ¥. 6-1 Yamashitachô, Tel. 662-1321, Fax -3536.

Nahe Bahnhof Tsurumi

- **Central Plaza Hotel**, ¥/¥¥, 62 Zimmer, ab 8000 ¥. 4-5-13 Tsurumi-Chûô, Tel. 504-1122, Fax -1126.
- **Tsurumi Pearl Hotel**, ¥/¥¥, 144 Zimmer, ab 8000 ¥. 1-21-13 Tsurumi-Chûô, Tel. 501-8080, Fax 502-7159.

Nahe Shinkansen-Bahnhof Shin-Yokohama

- **Fuji View Hotel**, ¥/¥¥, 195 Zimmer, ab 9000 ¥. 2-3-1 Shin-Yokohama, Tel. 473-0021, Fax -0260.
- **Shin-Yokohama Kokusai Hotel**, ¥¥, 200 Zimmer, ab 10.000 ¥. Direkt am Shinkansen-Bhf., 3-18-1 Shin-Yokohama, Tel. 473-1311, Fax 474-0152.
- **Shin-Yokohama Prince Hotel**, ¥¥, ab 13.000 ¥. Neben Shinkansen-Bahnhof, 3-4 Shin-Yokohama, Tel. 471-1111, Fax -1180.

●**Toyoko Inn Ekimae Honkan/Shinkan**, ¥, 107 bzw. 290 Zimmer ab 6800 ¥, Honkan: 2-2-12 Shin-Yokohama, Tel. 474-1045, -1046; Shinkan: 2-2-14 Shin-Yokohama, Tel. 470-1045, Fax -1046 (JR/U: Shin-Yokohama, JR N-Ausg. (4 Min.), U: Ausg. 5).

Jugendherberge
●**Kanagawa Youth Hostel (13)**, 66 Betten (Sakuragichô, 7 Min.), Tel. 241-6503.

Kawasaki

Hinter diesem bei uns als Motorrad-marke bekannten Namen steckt Japans neuntgrößte Stadt mit 1,2 Millionen Einwohnern, die genau zwischen Tokyo und Yokohama liegt. Da sie in erster Linie eine **Industriestadt** ist, kommen selten Touristen auf die Idee, ihr einen Besuch abzustatten. Dennoch hat sie einige Sehenswürdigkeiten zu bieten.

Während der Edo-Zeit entwickelte sich Kawasaki um seine Poststation und vor allem den heute noch bedeutenden **Tempel Kawasaki Daishi** herum.

Ab 1913 wurde auf neu gewonnenem Land an der Tokyo-Bucht eine **Industriezone** angelegt. Heute gibt es neben Petrochemie vor allem Produktionsstätten für Öl- und Kohleprodukte, Elektromaschinen, Stahl, Autos, Zement, Chemikalien und Lebensmittel. Der Hafen gehört zu den größten des Landes, hier werden vor allem Öl, Kohle, Eisenerz und Nahrungsmittel eingeführt.

In Bezug auf **Nachtleben** hat Kawasaki angesichts der großen Zahl von Firmen natürlich einiges zu bieten.

Seit 1998 ist die neue, kühne Verbindung quer durch und über die Tokyo-bucht fertiggestellt: die **Aqualine Expressway** genannte 15 km lange Autobahn von **Kawasaki** nach **Kisarazu** (Chiba). Diese auch **Tokyo Bay Bridge & Tunnel** genannte Verbindung ist auch für Ausflügler beliebt, die bis zur kleinen Insel an der Nahtstelle zwischen Tunnel und Brücke fahren und von dort den Blick auf das schon entfernte Tokyo und Chiba genießen.

Sehenswertes

Kawasaki-daishi-Tempel
Diese gewaltige Tempelanlage schützt nach Auffassung der Gläubigen vor Unglück und wird deshalb täglich von Massen, vor allem aber nach Neujahr besonders gern aufgesucht.

●**Anfahrt:** Mit der Daishi-Linie ab Bahnhof keikyu-Kawasaki zum Bahnhof Kawasaki-daishi (130 ¥) bzw. mit Bus #23 vom Bahnhof Kawasaki bis Endstation (200 ¥).

Ikuta-ryokuchi-Park
Dieser Park wurde zunächst als Grünzone *(ryokuchi)* mit den in Japan beliebten Pflanzen angelegt: Pflaumen, Kirschen, Glyzinien, Azaleen, Iris und Hortensien. Später kam ein **Bauernhofmuseum (Nihon Minka-en)** mit 21 Bauernhäusern und Gebäuden aus ganz Japan hinzu (9.30–16 Uhr, Mo geschl., 500 ¥, Kinder und Senioren frei, Tel. 044-922-2181). Hier werden die Strukturen der Häuser und die

Kawasaki

Lebensweise ihrer einstigen Bewohner gezeigt.

Vorne stehen Häuser, die charakteristisch für eine Poststation waren. Dahinter kommen bemerkenswerte mehrstöckige Häuser (*gassho zukuri*) aus Nagano, Toyama, Gifu und benachbarten Präfekturen (in einem ist ein Soba-Lokal eingerichtet); dann folgen die Häuser der Gegend von Kanto, Kanagawa und Tohoku. Dazwischen stehen außerdem ein buddhistischer Schrein und eine Kabuki-Bühne. Die Landschaft wirkt so vielfältig und natürlich, dass man fast vergessen könnte, dass man sich in einem Museum befindet.

Am Eingang erhält man einen guten englischsprachigen Plan mit ausführlichen Erklärungen zu den einzelnen Häusern.

Südöstlich neben dem Bauernhofmuseum steht das **Kawasaki City Traditional Crafts Center** (Kawasaki-shi

dento kogeikan, kostenloser Eintritt, Tel. 044-900-1101), wo man nach vorheriger Anmeldung das Handwerk des **Indigo-Färbens** erlernen kann. Man bezahlt nur das Material, das gefärbt werden soll.

Westlich neben dem Freiluftmuseum steht das **Youth Science Museum,** das die örtliche Naturgeschichte zum Thema hat. Außerdem gibt es hier ein Planetarium und ein Teleskop (Eintritt kostenlos, Planetarium 50/100 ¥, Tel. 044-922-4731).

Nördlich davon, auf dem Rückweg zum Bahnhof, bietet sich ein interessanter Abstecher an: vom Ausgang beim Handwerkszentrum auf den kleinen Berg **Iimuro-yama,** auf dem früher eine Burg stand. Auf der anderen Seite des Hügels stehen alte Gräber. Dort befindet sich der Nordausgang des Parks.

●**Anfahrt von Tokyo:** ab Shinjuku mit dem Express *(kyuko)* der Odakyû-Linie in 20 Min. zum Bahnhof Mukogaoka-yuen, 170 ¥. Wer vom Craft Center nicht zu Fuß zum Bahnhof zurückgehen will, kann ab Haltestelle Senshu-Daigaku-mae in 6 Min. für 180 ¥ dorthin fahren.

Vergnügungspark Mukôgaoka-yûen

In diesem gartenartig gestalteten Park gibt es verschiedene Attraktionen, z.B. Riesenrad, Eislaufbahn und Schwimmbad.

●**Anfahrt:** In drei Minuten kann man vom Bahnhof Mukôgaoka-yûen (Odakyû-Linie) mit der Monorail-Bahn zum Park fahren (Eintritt 1200 ¥). Zwei Stationen weiter gibt es vom Bahnhof Yumiuri-Land-mae ebenfalls einen Zugang.

Toshiba Science Museum

Im Toshiba-kagaku-kan kann man Hand an die neuesten elektrischen und **elektronischen Produkte** der Firma Toshiba legen, daneben gibt es noch verschiedene wissenschaftliche Demonstrationen.

●**Anfahrt:** vom Bahnhof Kawasaki mit Bus in 10 Min. bis Komukai-koban; werktags geöffnet, Eintritt kostenlos, Tel. 044-511-2300.

Unterkunft

(Vorwahl: 044)

●**Toyoko Inn Kawasaki Ekimae Honcho,** ¥, 85 Zimmer ab 6000 ¥. 24-3 Ekimaehonchô (JR Kawasaki O-Ausg, 5 Min.), Tel. 246-1045, Fax 245-2581.
●**Toyoko Inn Kawasaki Ogawa-cho,** ¥, 100 Zimmer ab 6000 ¥. 11 2 Ogawachô, Tel. 221-1045, Fax -1046.
●**Sun Royal,** ¥, ab 2000 ¥. 1-5-11 Honchô (JR Kawasaki 5 Min., Keihin Kûko 3 Min.), Tel. 244-3711.
●**Sky Court,** ¥, 120 Zimmer, ab 7000 ¥. 12-9 Minamichô, Tel. 233-4400.
●**Heiwa Plaza,** ¥/¥¥, 100 Zimmer, ab 9000 ¥. 5-1 Ogawamachi (JR Kawasaki, 5 Min.), Tel. 222-3131, Fax -3171.
●**Business Hotel Park Kawasaki,** ¥/¥¥, 63 Zimmer, ab 9000 ¥. 8-21 Miyamotochô (JR Kawasaki), 211-5885, Fax -5888.
●**Kawasaki Nikkô,** ¥¥, 184 Zimmer. Am JR-Bahnhof Kawasaki, Tel. 244-5941, Fax -4445.

Kawasaki

Die Statuen werden von den Gläubigen täglich frisch geschmückt

Ausflüge in die Umgebung

Überblick

Großstädter zieht es an freien Tagen hinaus ins Grüne. Die naturliebenden Japaner machen da keine Ausnahme. Das Häusermeer mag endlos erscheinen, aber dort, wo die Berge beginnen, ist es auf einen Schlag vorbei. Und auch das Meer ist nahe.

Das **dichte Netz der Privatbahnen** führt, in Verbindung mit gelegentlich notwendigen Busfahrten, bis an die Ausgangspunkte für **Wanderungen und Bergbesteigungen.** Wer mit dem Auto unterwegs ist, hat es bequemer, ist aber nicht immer schneller. Wer nur sonntags Zeit hat, muss in der Früh und bei der Rückkehr mit Staus rechnen. Auch die Züge sind dann fast so voll wie bei der alltäglichen Rush Hour. Wer unter der Woche oder wenigstens samstagmorgens losfährt, hat mehr vom Tag. Aber das fröhliche Treiben japanischer Familienausflüge mit den Picknicks unterwegs mitzuerleben, hat auch seinen Reiz.

Das Gebiet um Tokyo herum ist touristisch wohl so **gut erschlossen** wie kein anderes in Japan. Zum Kennenlernen der Landschaften gibt es dementsprechend ein großes Angebot an organisierten Fahrten von Tokyo aus. Die beschriebenen Ausflugsziele lassen sich jedoch auch sehr gut als Ein- bis Zwei-Tagestouren individuell erschließen.

Der Berg Fuji und die fünf Seen

Fuji-san

Die Hauptattraktion des Fuji-Hakone-Izu-Nationalparks ist der berühmte Berg Fuji-san, mit 3776 m Höhe **höchster, schönster und heiligster Berg** Japans. Er ist in gewisser Weise ein Symbol des Landes, Ausdruck fast vollkommener Harmonie, ein Berg, der sich mit den Jahres- und Tageszeiten verändert. Einmal im Leben sollte man ihn besteigen, heißt es. Aber das Sprichwort geht noch weiter: „... wer es ein zweites Mal tut, ist töricht". Ich war schon drei Mal oben.

Der Name soll sich von einem Ainuwort für „Feuer" *(fuji)* ableiten – der Vulkan ist in historischer Zeit 18 Mal ausgebrochen, zuletzt im Jahre 1707. Ein neuer **Ausbruch** wird sicher kommen, denn trotz des Fehlens von Schwefeldämpfen und Erdbeben gilt der Vulkan geologisch noch als aktiv.

Klimabedingungen

Die Besteigung des Berges sollte nur in der Sommersaison erfolgen. Im **Juli und August** ist der Berg „offiziell geöffnet". Auch von Mitte Juni bis Anfang Oktober können jedoch sommerliche Verhältnisse angetroffen werden, d.h. der Berg ist dann schneefrei. Nur die **Hütten** sind außerhalb der Saison fest verrammelt, nicht einmal Winterräume gibt es.

Der erste **Schnee** fällt meist Mitte Oktober und bleibt im oberen Teil des

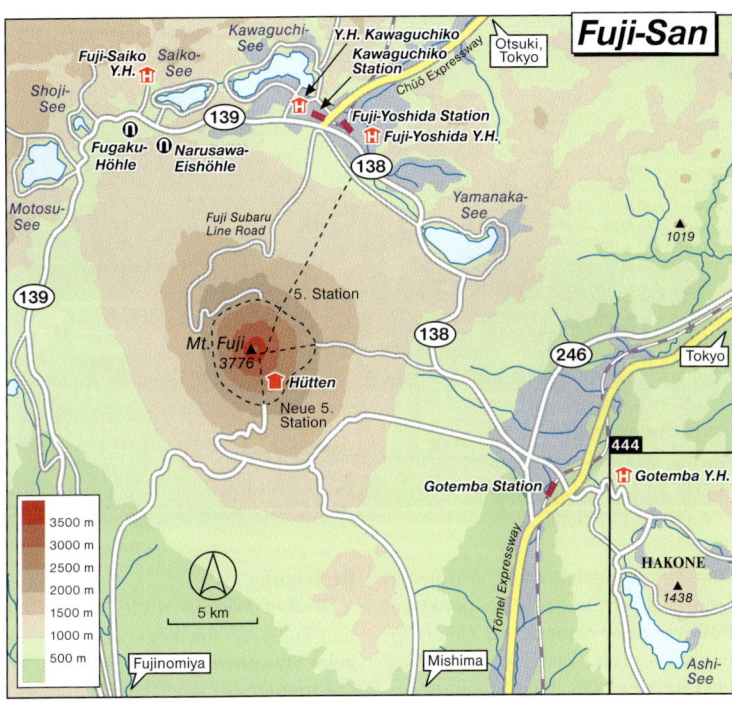

Fuji-San

Berges ab etwa November liegen. Die Wege sind dann nicht mehr zu begehen. Von Bergsteigern, die z. B. für den Himalaya trainieren wollen, wird der Fuji gerade deshalb auch im Winter bestiegen, aber nur mit entsprechender Ausrüstung. Im Frühjahr, etwa im Mai, kann man auf den oberen Hängen auch **Skifahren,** aber dann taut auch schon bald der letzte Schnee, und der Berg präsentiert sich im sommerlichen braunen Kleid.

Achtung: Nur im Sommer!

Im Winter besteht auf dem Fuji-san die Gefahr von **Neuschneelawinen,** auch sind die **Wege meist vereist** und ohne Steigeisen nicht begehbar. Zu dieser Zeit gibt es auch keinerlei offene Hütten oder Schutzräume. Es starben schon Ausländer, weil sie das nicht wussten und von falschen Voraussetzungen ausgingen!

Ausrüstung

Obwohl der Berg hoch ist, lässt er sich im Sommer problemlos ohne besondere Ausrüstung besteigen. Einfache **Joggingschuhe** genügen. Wer für die Knöchel festeres Schuhwerk braucht, wird mit Wander- oder Trek-

392bo Foto: ml

kingstiefeln auskommen. Ansonsten empfiehlt sich je nach Zeitpunkt ein **Pullover oder Anorak,** für Kälteempfindliche zusätzlich eine Mütze und Handschuhe. Die Durchschnittstemperatur im Sommer liegt bei **5–6 °C.** Für den Nachtaufstieg ist eine Taschenlampe notwendig.

Am besten bringt man sich die eigene **Verpflegung** und Getränke mit. Einfache Gerichte wie Curryreis und Nudelsuppen gibt es zwar in den Hütten unterwegs und auf dem Gipfel, sie sind aber der Höhenlage preislich angepasst. An der 5. Station gibt es mehrere **Geschäfte,** die außer Souvenirs auch Kekse und andere Verpflegung (auf japanischen Geschmack ausgerichtet) anbieten.

Die 5. Station auf dem Weg zum Gipfel

Besteigung

Die fünf üblichen Anstiegsrouten auf den Fuji sind alte Pilgerwege, die in **zehn Stationen** *(gome)* unterteilt sind. Die meisten der jährlich rund 500.000 Gipfelbesteiger fahren aber mit dem **Bus bzw. Pkw** auf den guten Straßen von Norden (auf der Fuji-Subaru-Linie ab Fuji-Yoshida bzw. Kawaguchi-ko) oder von Süden (ab Fujinomiya oder Mishima) zur **5. Station** *(go-gome/ shin-go-gome)* in ca. **2400 m Höhe.**

Der Höhenunterschied von den sich um den Berg herum gruppierenden **Seen** bis zum Gipfel beträgt fast 3000 m. Zu Fuß sind es von dort etwa **18 Kilometer,** ab der 5. Station verbleiben die 6–8 steilsten. Wer aus Tokyo kommt, wird den Aufstieg von Norden wählen. Die Gotemba- und Subashiri-Route im Süden sind gute

393to Fotc: ml

Gipfelrundweg auf dem Fuji

Sandrutschen für den Abstieg. Deren neue 5. Station *(shin-go-gome)* liegt auf 1650 m bzw. 2000 m. Für den Aufstieg sind sie entsprechend mühsam und nicht zu empfehlen.

Manche Besteiger rasten unterwegs ein paar Stunden in einer der zahlreichen **Hütten** am Weg. Oberhalb der 7. Station gibt es mehr als nur eine Hütte pro Station, am Kawaguchi-Weg etwa 25, am Mishima-Weg 11.

Der Aufstieg erfordert je nach Kondition 4 bis 8 Std. reine Gehzeit für die gut 1400 Meter Höhenunterschied ab der 5. Station. Wer langsam und gleichmäßig aufsteigt, wird keine Probleme mit der Höhe bekommen.

Im Sommer sind die **Nachtaufstiege** beliebt, geht es doch darum, rechtzeitig zum Sonnenaufgang am Gipfel zu stehen und der roten Scheibe – wenn oder falls sie über dem Wolkenmeer auftaucht – ein „Banzai" entgegenzurufen. So oder so ist das Farbspiel des Sonnenaufgangs sehr eindrucksvoll. Manchmal spielt just in diesem Augenblick eine Jazzband.

Bis zur 7. Station kann man auch **reiten** (was aber nicht billig ist). Enthusiasten schieben sogar ihr Fahrrad zum Gipfel und zurück. Der Aufstiegsweg ist recht fest, nicht wie der auf Vulkanen sonst sehr mühsame Aufstieg auf loser Asche.

Oben am **Kraterrand,** am Ende des Kawaguchi-Weges, gibt es ein kleines Dorf mit Steinhütten, in denen sich Lager, Esslokale, ein Shintô-Schrein und sogar ein Postamt befinden. Wer mit dem Pilgerstab geht, kann sich an je-

Ausflüge

der Station das entsprechende Zeichen einbrennen lassen.

Der Weg **um den Krater herum** lohnt bei guter Sicht. Dann überschreitet man auch den höchsten Punkt Japans: den Buckel, auf dem die **Wetterbeobachtungsstation,** die u.a. der Taifunwarnung dient, steht. Die Kraterumrundung (Durchmesser 800 m, Tiefe 200 m, Rundweg 3,5 km) dauert etwa eine Stunde.

Insgesamt lassen sich leicht 2–3 Stunden auf dem Gipfel zubringen. Der **Abstieg** ist in 1–3 Stunden zu bewältigen. Wer in großen Schritten über die **Aschenhänge** herunterrutscht, ist in gut einer Stunde am Parkplatz, wer brav im Zickzack dem Weg folgt, braucht 2–3 Stunden.

Die Fünf Fuji-Seen (Fuji Go-ko)

Der Besuch der berühmten fünf Seen, die im Bogen vom Nordosten bis Nordwesten **zu Füßen des Fuji** liegen, ist am bequemsten mit dem Auto durchzuführen, zumal dann auch die Sehenswürdigkeiten abseits der Panoramastraße (Nr. 138) besucht werden können. Es gibt jedoch auch organisierte Bustouren bzw. normale Busverbindungen von Ort zu Ort.

Yamanaka-See

Von **Gotemba** (s.o.) kommend, erreicht man zunächst den Yamanaka-See, den mit 6,5 km² **größten der fünf Seen.** Dort kann man segeln, windsurfen, Wasserski laufen, rudern, wandern, Golf spielen und im Winter Schlittschuh laufen. Im Fuji Kôgen Lei-

sure Land kann man Tennis oder Golf spielen und im Winter skilaufen.

Von Hirano, am östlichen Ufer, lässt sich das 1413 m hohe **Ishiwari-yama,** ein hervorragender Aussichtsberg, in gut einer Stunde auf dem bezeichneten Ishiwari Hiking Course besteigen (ab dem Schrein **Ishiwari-Jinja).** In Verbindung mit dem Ohira Hiking Course, der am nordwestlichen Ufer an der Odeyama-Bushaltestelle beginnt und über den 1295 m hohen **Ohira-yama** führt, lässt sich eine etwas längere Wanderung durchführen.

Im Süden des Sees kann man den Mikuni Panoramic Trail zwischen der Kagosaka-Bushaltestelle und der Straße südlich von Hirano erwandern. Außerdem gibt es noch den rd. 50 km langen Tokai Natural Trail, der nördlich am Yamanaka-See vorbeiführt.

Kawaguchi-See

Der 6,1 km² große Kawaguchi-See bietet vom Nordufer aus den **schönsten Blick** auf den Fuji. Im Sommer kann man sich in seinem Wasser nach der Bergbesteigung wunderbar den Vulkanstaub abwaschen und schwimmen. Bootfahren und Segeln sind im Sommer sehr beliebt, im Winter Schlittschuhlaufen und Skifahren an den nahen Hängen. Eine **Seilbahn** führt auf den Tenjo-Berg (1080 m). Von dort bietet sich ein grandioser Blick über den See auf den Fuji. Im See liegt die kleine **Insel Unoshima** mit einem Schrein, der der Göttin Benten (Liebe und Schönheit) geweiht ist.

Saiko-See

Der 2,1 km² kleine Saiko-See gilt als der fischreichste. Im Frühjahr und Herbst kann man **Forellen** angeln. Hier gibt es die grünen Algenbällchen *(marimo),* die sonst nur in einigen Seen Hokkaidos zu finden sind. Am Südufer liegt die **Narusawa-Höhle,** in der eine bestimmte, am Kopf stark behaarte Fledermausart lebt; auch gibt es sehenswerte Lavaformationen.

Shoji-See

Weiter geht es zum kleinsten der fünf Seen, dem 0,87 km² großen Shoji-See, der als der romantischste gilt. An seinem Südufer führt der Shoji-Pfad durch den **Urwald Aoki-ga-hara,** der auf der verwitterten Lava des Fuji-Ausbruchs von 864 gewachsen ist. Hier sind schon manche umgekommen, die sich im Wald verirrt hatten. Eine beliebte Wanderung führt auf den **Eboshi** (1257 m).

Motosu-See

Der letzte See, der tiefblaue Motosu-See, ist mit 133 m der tiefste. Hier kann man ebenfalls im Frühjahr und Herbst Forellen angeln.

Nach Fujinomiya

Fährt man auf der Panoramastraße weiter nach Süden in Richtung Fujinomiya, kommt man nach 14 km an den berühmten **Shira-ito-Wasserfällen** vorbei, danach folgt der Taisekiji, ein 1289 von einem Schüler *Nichirens* gegründeter **Tempel,** neben dem sich das moderne Hauptquartier der Nichiren-Shôshû und der Sôka Gakkai befindet, einer buddhistischen Sekte mit

Ausflüge

Millionen Anhängern, die in gewisser Weise mit den Zeugen Jehovas verglichen werden kann.

In Fujinomiya steht der berühmte **Sengen-Schrein,** der bedeutendste Schrein, der der Fuji-Gottheit Kono-hana-sakuya-hime gewidmet ist. Wie in Fuji-Yoshida findet vom 26.–31. August jeden Jahres das **Feuerfest Himatsuri** statt, bei dem von Shinto-Priestern große Brandfackeln angezündet werden. Auch an den Hängen des Fuji werden entlang der Hauptwege Feuer wie bei unserem Sonnwendfest in den Alpen entfacht. Damit wird das Ende der Fuji-Besteigungssaison gefeiert.

Information

●**Fuji Visitor's Center:** Tel. 0555-72-0211, www.city.fujiyoshida.yamanashi.jp/div/english/html/index.html

Anreise

●**Direktbus von Tokyo:** ab Shinjuku Bus Terminal (Yasuda Seimei 2nd Building, 1. Stock) oder Hammamatsuchô Bus-Terminal (neben World Trade Center) in 2½–3 Std. bis zur 5. Station. Karten (ca. 5000 ¥ hin und zurück, ca. 2100/2300 ¥ einfach) gibt es vor Ort, Reservierungen sind aber auch in Reisebüros möglich. Abfahrt gegen 19 Uhr, Rückfahrt von der 5. Station gegen Mittag am nächsten Tag. Information: Fuji-Kyûkô Railway, Tel. (03) 3352-5487, Keiô-Teito-Railway, Tel. (03) 3376-2222.
●**Bus von Kawaguchi-ko:** zur 5. Station (Fuji-Kyûko) von Mitte April bis November; 55 Min.; 1500 ¥. Zwischen Tokyo (v.a. Shinjuku) und Kawaguchi-ko verkehren täglich 10–16 Busse (1450/1650 ¥).
●**Zug:** Normalerweise gibt es mit East-Japan-Railway-Zügen der Chûô-Linie alle 30–60 Min. einen Zug von Shinjuku nach **Otsuki**

(normal: 1220 ¥, Express: 1 Std., 2820 ¥). Von dort fährt alle 20–40 Min. ein Zug der Fuji-Kyûko-Linie nach **Kawaguchi-ko** (50 Min., 980 ¥). Die Direktzüge an Sonn- und Feiertagen (z.B. hin 8.15, zurück 15.45 Uhr, 2200 ¥) benötigen insgesamt 2½ Std.

Wer mit dem Shinkansen (Super-Express) in Shin-Fuji oder Mishima bzw. mit JR in Fujinomiya, Fuji oder Mishima eintrifft, kann im Juli/August mit Bussen in rund 2 Std. (je nach Ausgangspunkt 1900–2350 ¥) direkt zur 5. Station fahren.

●**Auto:** Mit dem Auto auf dem **Tômei-Expressway** bis Gotemba, dann rechts auf der Straße Nr. 138 bis zum Yamanaka-See (20 km) und weiter nach Fuji-Yoshida und Kawaguchi Station. Eine andere Möglichkeit ist die Route über den **Chuo-Expressway** direkt nach Fuji-Yoshida und andere Ziele rund um den Fuji-san.

●**Rückfahrt von Gotemba:** Wer auf dem Gotemba-guchi- oder Subashiri-guchi-Weg im Süden absteigt, kann vom Beginn der Straße in 35 bzw. 65 Min. mit dem Bus nach Gotemba fahren (nur Juli/August; 900 bzw. 2250 ¥) und von dort auf verschiedene Weise nach Tokyo zurückkehren.

a) **JR- oder Odakyû-Linie:** Express Asagiri (Reservierung notwendig; 4mal tägl., 1½ Std., 1890 ¥); JR-Direktzug (1mal tägl., 2½ Std., 1700 ¥).

b) **Tômei-Bus** zwischen Tômei Gotemba Station (15 Min. zu Fuß vom Gotemba-Bahnhof) und Tokyo Station (knapp 2 Std.; 1300 ¥).

Unterkunft

(Tel.-Vorwahl: 0555, H = Hotel, R = Ryokan, M = Minshuku, P = Pension)

Ausgangspunkt Kawaguchi-ko Station:
●**Fuji-View Hotel** (H): ab 17.000 ¥, 10 Min. mit Auto ab Bahnhof Kawaguchi-ko, 511, Katsuyama-mura, Minami-tsuru-gun, Tel. 83-2211, Tokyo-Office: Tel. 3573-3911.
●**Fuji Lake Hotel** (R): Tel. 72-2209.
●**Kawaguchi-ko Hotel** (R): Tel. 72-1313.
●**Kogetsu-kan** (R): Tel. 72-1180.
●**Yamagishi Ryokan** (R): Tel. 72-2218.
●**Mifuji-en** (R): Tel. 72-1044.
●**Ashiwada** (M): Tel. 82-2321.

●**Pension People** (P): ab 5000 ¥, 2 Min. von Bushaltestelle Petite Pension Village, 2123-14 Oishi, Kawaguchiko-chô, Minami-Tsuru-gun, Tel. 76-6069.
●**Pension Blue Poppy** (P): Tel. 76-6510.

Ausgangspunkt Fuji-Yoshida Station:
●**Hotel Mt. Fuji** (H): ab 13.000 ¥, 20 Min. mit Auto von Fuji-Yoshida, 401-05 Minami-tsuru-gun, Tel. 62-2111.
●**Yamanaka-ko Hotel** (H): ab 16.000 ¥, 20 Min. mit Auto ab Fuji-Yoshida, 401-05 Minami-tsuru-gun, Tel. 62-2511.
●**New Yamanaka-ko Hotel** (H, R): ab 15.000 ¥, 90 Min. mit Auto von Mishima, 506-296 Yamanaka-ko-mura, Tel. 62-2311.
●**Highland Resort** (H): 5 Min. mit Auto ab Fuji-Yoshida, 5-6-1 Shin-Nishihara, Tel. 22-1000.
●**Pension Boo-Foo-Uoo,** ab 5000 ¥, 15 Min. von Bushaltestelle Hirano, 2299-4 Hirano, Yamanaka-ko, Minami-Tsuru-gun, Tel. 65-7990.

Jugendherbergen

Kosten für die Übernachtungen in Jugendherbergen: 1900–2450 ¥ ohne Mahlzeiten, 2950–3750 ¥ mit Halbpension (Internationalen Mitgliedsausweis mitbringen oder bei der ersten Übernachtung beantragen).

Entgegen Uhrzeigersinn von Gotemba aus:
●**Gotemba Y.H.:** von Gotemba Station in 20 Min. mit Bus zum Higashiyama Camp-jo, von dort 10 Min. zu Fuß; Higashiyama, Tel. 82-3045.
●**Yamanakako Marimo Y.H:** von Fuji-Yoshida Station in 25 Min. mit Bus. Richtung Hirano zur Haltestelle Bugakuso-mae, von dort 7 Min. zu Fuß; Minami-Tsuru, Tel. 62-4210.
●**Fuji-Yoshida Y.H.:** 10 Min. zu Fuß von der Shimo-Yoshida-Station, Tel. 22-0533.
●**Kawaguchiko Y.H.:** 5 Min. zu Fuß von Kawaguchi-Station, Tel. 72-1431 (geschlossen: November bis Ende März).
●**Fuji-Saiko Y.H.:** von Kawaguchi-Station in 35 Min. mit Bus nach Saiko-Minshuku, aussteigen bei Youth Hostel Mae; geschlossen: 15. November bis 12. März; Ashiwada, Minami-Tsuru. Tel. 82-2616.

Hütten am Fuji-san

Die Übernachtungsmöglichkeiten in den Hütten **oberhalb der 5. Station** sind sehr einfach, aber nicht billig: 3800 ¥ ohne Verpflegung, 4800 ¥ Halbpension. Die Hütte Unjokaku („über den Wolken") an der 5. Station (Tel. 72-1355) kostet mit Halbpension 6000 ¥, offen von Mitte April bis Mitte November.

Hakone

Dieses touristisch voll erschlossene Gebiet, das 90 km westlich von Tokyo liegt, lässt sich bequem von dort aus in organisierten Tagesausflügen kennen lernen. Wer mehr Zeit hat und die Gegend ein wenig zu Fuß durchstreifen möchte, hat dazu mehr als genug Möglichkeiten. Als Unterkunft bietet sich dazu eines der vielen Ryokans an, daneben aber auch Hotels und eine Jugendherberge.

Die Hauptsehenswürdigkeiten liegen in der **vulkanisch geprägten Landschaft,** beherrscht von dem im Inneren eines ehemaligen Kraters gelegenen berühmten **Ashi-See** mit dem majestätischen Fuji-san im Hintergrund (wenn er denn zu sehen ist).

Die rund 20 Millionen Besucher jährlich kommen auch wegen der historischen Relikte und der kulturellen und dem Vergnügen dienenden Angebote. Dazu gehören auch die **Thermalbäder.** Hakone ist eines der ganz großen und typischen Touristenzentren Japans. Es ist dort also einiges los, aber zumindest unter der Woche kann man auf den Wanderungen immer noch zu Ruhe und Stille finden.

Ausflüge

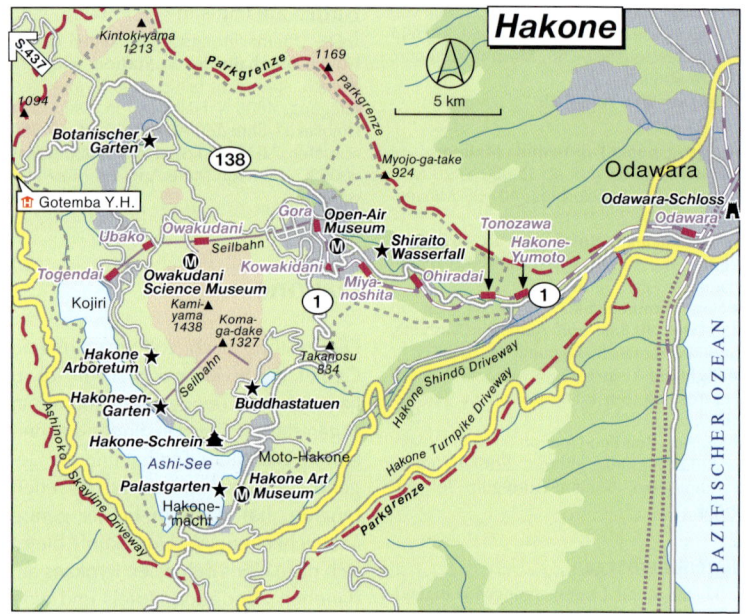

Vulkane und Krater

Der Vulkan **Hakone-yama** entstand vor rund 400.000 Jahren und war einst fast so hoch wie der Fuji, von ihm blieben nur der Kratersee und die niedrigeren Berge **Kami-yama** (1438 m) und **Koma-ga-dake** (1327 m) übrig. Über ihnen schweben heute Seilbahnen zu Tälern mit sichtbarer vulkanischer Aktivität (z.B. Schwefel-Fumarolen): O-wa-ku-dani und Ko-waku-dani.

Wanderwege führen auf die Gipfel am nordöstlichen Rand des Kraters, z.B. auf den **Kintoki-yama** (1213 m), von dessen Gipfel man einen guten Blick zum direkt gegenüberliegenden Fuji-san hat. Eine lohnende Kammwanderung führt von der Bahnstation Gora oder, besser, der Busstation Myagino-bashi (ab Odawara per Bus zu erreichen) zum 1169 m hohen **Myôjin-ga-take** und von dort in südöstlicher Richtung weiter über den Myôjô-ga-take (924 m), Matsuo-yama und To-no-mine (566 m) hinunter zum **Amida-Tempel** und zur Bahnstation Tonozawa bzw. Hakone-Yumoto.

Jedes Jahr am 16. August, zur Zeit des Bon-Festes, wird am Myôjô-ga-take das Zeichen für „groß" *(dai),* 162 m lang und 81 m breit, abgebrannt, weshalb der Berg auch „Dai-mon-ji-dake" (Groß-Zeichen-Berg) heißt.

Wanderrouten

Auf der Alten Tôkaidô-Straße

Von Hakone Yumoto in 20 Min. mit dem Bus nach Hakone-machi bis Sukomogawa, von dort in einer halben Stunde zum Beginn der alten Tôkaidô-Straße (Kyukaidô-iriguchi) über Hatajuku, das **Teehaus Amasake-chaya** und Moto-Hakone in insgesamt zwei gemütlichen Stunden (6–7 km) zum ehemaligen **Hakone-Kontrollpunkt** (Hakone Sekisho). Mit dem Bus geht es zurück nach Hakone-Yumoto.

Auf alten Wegen der Kamakura-Zeit

Von der Haltestelle Rokudô Jizô in Hakone-machi zu den steinernen **Buddhastatuen** von Hakone (Sekibutsu) zu Fuß über das **Thermalbad Ashi-no-yu,** die Haltestelle Yusakamichi Iriguchi, den **Wasserfall Hiryu-no-Taki** zur Haltestelle Hatajuku, von dort mit dem Bus in 20 Min. nach Hakone Yumoto (ca. 5 km).

Eine Variante führt von der Haltestelle Yusakamichi Iriguchi über die Berge Takanosu-yama (834 m) und Asamayama, vorbei am ehemaligen **Schloss von Yusaka,** zur Haltestelle Kankô-kaikan-mae und nach Hakone-Yumoto.

Kintoki-yama

Ab Shinjuku mit dem Odakyû-Hakone-Highway-Bus in etwas unter 2 Std. zur Haltestelle **Otome-guchi** oder von Hakone-Yumoto per Bus nach Kojiri bis zur Haltestelle Sengoku, dann mit dem Bus nach **Gotemba** und bis Haltestelle Otome-guchi; ab hier zu Fuß zum **Otome-Toge-Pass** (1005 m) über Nagao-san zum Gipfel des **Kintoki-yama** (1213 m), bergab zu einer Abzweigung und dort entweder über den **Kintoki-Schrein** zur Straße (Haltestelle Kintoki Jinja Iriguchi) oder vorbei am **Teehaus Uguisu Chaya** und über den Yagurasawa-Toge-Pass zur Haltestelle Kintoki-Tozan-guchi; mit dem Bus zurück nach Hakone-Yumoto.

Museen

●**Hakone Art Museum,** Sammlung von Keramik und Porzellan aus Japan; Bambus- und Moosgarten auf dem Gelände. Gora, Hakone-Tozan Eisenbahn, dann Zahnradbahn bis Kôen-kami; April bis Nov. 9.30–16.30 Uhr, Dez. bis März 9–16 Uhr, Do geschl., 800 ¥; 1300 Gora, Hakone-machi, Tel. 0460-2-2623.
●**The Hakone Open Air Museum,** Sammlung japanischer und westlicher Skulpturen des späten 19. und des 20. Jh. Chokoku-no-mori, Hakone-Tozan-Eisenbahn; März bis Okt. 9–17 Uhr, Nov. bis Feb. 9–16 Uhr, 1600 ¥, Kinder 800 ¥, inkl. Picasso-Museum; Ni-no-Taira, Hakone-machi, Tel. 0460-2-1161, www.hakone-oam.or.jp.

Feste

27. März: *Yudate-no-shishi-mai,* Löwentanz in Hakone.
Ende März: *Tsubakimatsuri,* Kamelienfest in Yugawara.
Anfang April: Kirschblütenfest, v.a. in Atsugi, Odawara.
Ende April: *Tsutsuji-matsuri,* Azaleenfest in Hakone.
3.–5. Mai: *Odawara Hôjô-godai-matsuri,* Festzug im Odawara-Schlosspark.
Anfang Juli: *Tanabata-matsuri* in Hiratsuka.
15. Juli: *Hamaori-sai,* Omikoshi-Parade zum Chigasaki-Strand.
27./28. Juli: *Kosui-matsuri,* Feuerwerk und Wasserfest am Ashi-See.
1./2. August: *Yassa Matsuri,* Yassa-Tanzparade in Yugawara.

Ausflüge

5. August: *Torii-yaki-matsuri,* Torii-Verbrennen und Feuerwerk am Ashi-See.
16. August: *Daimonji-yaki,*
Feuer auf dem Myôjô-ga-take, Hakone.
3. November: *Daimyô gyoretsu,*
Daimyô-Parade in Hakone.
17./18. Dezember: *Daruma-ichi,*
Daruma-Markt in Odawara.

Anreise

Per Bahn

Nach **Odawara** gelangt man entweder ab Bahnhof Tokyo mit der Tôkaidô-Linie (auch mit Shinkansen Kodama möglich) oder mit der Odakyû-Linie ab Shinjuku. Diese Gesellschaft bietet den **Hakone Free Pass** an, mit dem Züge auf der Strecke Shinjuku – Hakone – Yumoto sowie die Hakone-Tozan-Eisenbahn und -Busse, die Hakone-Seilbahn, Hakone-Ausflugsdampfer und die Sounzan-Seilbahn ohne Zusatzkosten benutzt werden können (erhältlich am Schalter der Odakyu-Linie im Bahnhof Shinjuku für 5500 ¥).

Mit dem Auto

Auf dem Tômei Expressway nach Atsugi und auf der Atsugi-Odawara-Road nach **Odawara** oder weiter bis Gotemba und von Osten ins Hakone-Gebiet hineinfahren. Es stehen eine Reihe von Panoramastraßen zur Verfügung, z.B. Hakone Turnpike Driveway und Ashi-no-ko Skyline Driveway.

Verkehrsmittel im Hakone-Gebiet

Bahn

●**Tozan Railway:** Odawara – Hakone-Yumoto – Tonosawa – Miyanoshita – Kowaki-dani – Gora, alle 15–20 Min. 45 Min. Fahrzeit, 390 ¥.

Bus

●**Tôzai Railway Bus:** Odawara – Hakone-Yumoto – Miyanoshita – Sengoku – Sengoku-Kôgen – Tôgendai, alle 10–15 Min., ca. 70 Min. Fahrzeit.

●**Izu Hakone Railway Bus:** Odawara – Hakone-Yumoto – Tonosawa – Miyanoshita – Kowakien – Ashinoyu – Moto-Hakone – Hakone-Machi, alle 10–20 Min., ca. 70 Min. Fahrzeit. Ab Miyanoshita: Kowaki-dani – Kowaki-en – Sounzan – Ubako – Kojiri – Hakone-en.

Seilbahn

●**Hakone Tozan Ropeway Cable Car** bzw. **Hakone Ropeway:** Gora – Sounzan – Owaku-dani – Ubako – Tôgen-dai; Gora – Sounzan – Tôgen-dai.
●**Izu Hakone Railway Ropeway:** Hakone-en – Koma-ga-take.

Schiff auf dem Ashi-See

●**Izu Hakone Railway Sightseeing Boat Service:** Hakone-machi – Kojiri; Hakone-machi – Tôgen-dai.

400to Foto: ml

Vorschlag für eine Tagesfahrt ab Tokyo

Mit dem Romance Car der Odakyû-Line von Shinjuku bis **Hakone-Yumoto** (90 Min.) – Hakone Tozan Railway bis Gôra (30 Min.), zwischen Kowakudani und Gôra bietet sich ein Besuch des lohnenden **Skulpturenwaldes** (*chôkoku-no-mori*) an – **Seilbahn** nach Sounzan (9 Min.) – Seilbahn über das vulkanisch aktive Tal von Owakudani nach Tôgen-dai (33 Min.) – Schiff bis Moto-Hakone (30 Min.) – zu Fuß nach Hakone-machi (20 Min.) auf einem Teilstück des alten, von großen Zedern gesäumten **Tôkaidô-Weges**, mit einem kleinen Museum und Kontrollpunkt (Hakone Barrier Site/Hakone Sekisho) – Bus bis **Atami** (80 Min.) – Zug nach **Tokyo** (z.B. Shinkansen Kodama).

Unterkunft

(Tel.-Vorwahl: 0460)

- **Hakone Lake Hotel,** mit Bus 50 Min. vom Bhf. Odawara, Tel. 4-7611.
- **Yumoto Fujiya Hotel,** gegenüber Bhf. Hakone Yumoto, Tel. 5-6111.
- **Unyu Tenzan,** Yumoto Chaya 208, Hakone, Tel. 6-4126.
- **Sugiyoshi Ryokan,** mit Bus 40 Min. vom Bhf. Hakone-Yumoto, Odakyû-Linie, 56 Moto-Hakone, Tel. 3-6329.
- **Fuji Hakone Guest House,** ab 6000 ¥, mit Hakone-Tozan-Bus 50 Min. vom Bhf. Odawara, 912 Sengokuhara, Tel. 4-6577, Fax 4-6578.
- **Kagetsuen,** ab 8000 ¥, 60 Min. per Bus ab Odawara, 1244 Itari, Sengokuhara, 4-8621.
- **Moto-Hakone Guest House,** ab 5000 ¥, mit Bus Nr. 1 bis Ashi-no-ko-en-mae 55 Min. ab Bhf. Odawara, 103 Moto-Hakone, Tel. 3-7880, Fax 4-6578.
- **Gora Sounzan,** Jugendherberge auf dem Berg Sounzan, Tel. -2-3827.

Die alte Tôkaidô-Straße

Izu-Halbinsel

Die gesamte Halbinsel gehört zum **Fuji-Hakone-Izu-Nationalpark** und ist touristisch ebenso gut erschlossen wie das Hakone- und Fuji-Gebiet. Der erste Ort an der Küste von Tokyo aus ist **Atami,** der berühmte, aber in die Jahre gekommene Badeort mit seinen Hunderten von Hotels, die alle Anschluss an Thermalquellen haben. Von dort lassen sich gut Ausflüge in das Gebiet der Halbinsel unternehmen.

Ein anderer Ausgangspunkt ist der nahe der Südspitze gelegene Badeort und Fischereihafen **Shimoda,** der dadurch in die Geschichte einging, dass 1854 *Commodore Perry* dort mit seinen „Schwarzen Schiffen" landete und damit die Öffnung Japans für den Handel mit den USA erzwang. Daraufhin wurde ein „Freundschaftsvertrag" zwischen den Nationen abgeschlossen. Ort der Handlung war der tantrische Tempel Ryôsenji, der heute allerdings eher wegen seiner erotischen Skulpturen und Phalli besucht wird. In Shimoda wurde dann auch das erste ausländische Konsulat in Japan eröffnet. Der Amerikaner *Townsend Harris* richtete es 1856 im Gyokusenji ein.

Der Hafen ist Ausgangspunkt für eine Fahrt zu den sieben Izu-Inseln.

Sehenswertes

Lohnend ist ein Ausflug zur Südspitze mit dem felsigen **Kap Irôzaki,** nicht zuletzt wegen der guten Aussicht und dem Blick auf die Izu-Inseln. Die **Klippen** der Izu-Halbinsel, insbesondere

Ausflüge

die von **Jogasaki** (zwischen Ito und Shimoda), sind heute beliebt bei Kletterern. Die Haltestellen, von denen aus sie gut erreichbar sind, heißen Tomido, Jogasaki-kaigan und Izu-Kôgen.

Es gibt einen sehr lohnenden und beliebten Wanderweg entlang dieses Küstenabschnittes. Im Hinterland locken kleinere und längere Bergwanderungen mit tollen Blicken auf den majestätischen Fuji-san und die Küsten zu beiden Seiten der Halbinsel, z.B. auf den grasigen Vulkankegel des **Omuro-yama** (500 m) oberhalb von Izu-kôgen oder den höchsten Berg der Halbinsel, **Amagi-san** (1406 m) bzw. die recht lange Wanderung (5–7 Std.) vom Amagi-Kôgen Golf Course (per Bus ab Ito zu erreichen) über die Gipfel des Amagi-san zum Amagi-toge mit Busverbindung in Richtung Kawazu und Shimoda oder Shuzenji-Tempel und Mishima. Die Wanderung wird auch gern umgekehrt gemacht.

Die Westküste weist einige landschaftliche Attraktionen auf, etwa die **stark erodierte Küste** mit zahlreichen Höhlen (z.B. die Tensodo-Höhle bei Dogashima). **Mito** an der Suruga-Bucht bietet bei klarer Sicht einen schönen Blick auf den Fuji-san.

Von **Mishima** im Norden führt eine Bahnlinie nach **Shuzenji** am Katsura-Fluss, ein bereits seit dem 9. Jh. gern besuchter Badeort. Im gleichnamigen **Tempel** aus dem Jahre 806 wurde 1193 *Minamoto Noriyori* von seinem Bruder, dem Shôgun *Minamoto Yoritomo* ermordet. Sein Sohn *Yorie* starb hier 1204 ebenfalls gewaltsam, getötet von *Hôjô Tokimasa*.

Museen

Atami

- **Museum of Art (MOA)**, gute Sammlung japanischer und chinesischer Kunst, gegründet von *Mokichi Okada*. 9.30–17 Uhr, Do geschl., 1500 ¥, 26-2 Momoyamachô, Tel. 0557-84-2511.
- **Seiko Sawada Memorial Museum**, Skulpturen von *Seiko Sawada*, basierend auf japanischer Mythologie. 9–16.30 Uhr, Mo/F geschl., 300 ¥, 9-46 Baienchô, Atami-shi, Tel. 0557-81-9211.

Ito

- **Ikeda Museum of 20th Century Art**, rund 1000 Gemälde des 20. Jh., darunter viele große Namen. 10–17 Uhr, 720 ¥, 614 Tohtari Sekiba, Ito-shi, Tel. 0557-45-2211. Zu erreichen mit Bus zum Izu Cactus Park.

Mishima

- **Musée Bernard Buffet**, größte und beste Buffet-Sammlung der Welt, Sammlung *Kiichiro Okano*. 9–16.30 Uhr, Mo geschl., 500 ¥, Bahnhof-Südausg., Bus Nr. 3 bis Surugadaira, Tel. 0559-86-1300.
- **Sano Art Museum**, vor allem japanische Schwerter, u.a. von *Tokugawa Ieyasu*, sowie ostasiatische Antiquitäten; draußen schöner Garten. 10–17 Uhr, Do/F geschl., 500 ¥, 1-43 Nakatamachi, Mishima-shi (Bahnhof-Südausg., 15 Min.), Tel. 0559-75-7278.

Shimoda

- **Izu-no-Chôhachi Museum**, Wandgemälde des Malers *Chôhachi Irie* aus dem 19. Jh. 9–17 Uhr, 310 ¥, 23 Matsuzaki, Matsuzakichô, Kamo-gun.
- **Uehara Museum of Buddhist Art**, buddhistische Kunst, vor allem über 100 Jahre alte Statuen. 9–16 Uhr, 300 ¥, 351 Udogane, Shimoda-shi, Tel. 05582-8-1216.

Information

- **Atami City Tourist Association:** Tel. 0557-82-1241.
- **Shimoda City Tourist Association:** Tel. 05582-2-1531.

Anreise

Nach **Atami** kommt man von Tokyo am einfachsten und schnellsten per **Bahn** (55 Min. ab Tokyo). **Shimoda** kann direkt von Tokyo aus erreicht werden oder mit dem Izukyû Express Railway ab Atami.

Unterkunft

- **New Fujiya Hotel,** ab 8000 ¥, 5 Min. mit Auto von Atami. 1-16 Ginzachô, Atami, Tel. 0557-81-0111, Fax 81-8052.
- **Shimoda Tôkyû Hotel,** ab 13.000 ¥, 6 Min. mit Auto von Shimoda. 5-12-1 Shimoda, Tel. 0558-22-2411, Fax 23-2419.
- **Izu Kôgen Aoi Kaze Youth Hostel,** kleine sympathische, sehr saubere Jugendherberge, zu erreichen mit Bus ab Bhf. Izu-kôgen: Richtung Shaboten Kôen (Cactus Park), Haltestelle Omuro-kôen 7-chôme, Tel. 0557-51-3785, von dort etwas zurück und links abbiegen.

Tanzawa-Ôyama-Nationalpark

Dicht bewaldete, steile Berge mit tief eingeschnittenen Tälern, **Schluchten und Wasserfällen** gehören zum Nationalpark in der Präfektur Kanagawa und bilden eines der Tokyo am nächsten gelegenen Gebirge.

Die östlich des Fuji liegende Bergregion Tanzawa bietet für Kletterer im Sommer Gelegenheiten zum **„Bach-Klettern"** *(sawa-noboru)*, wobei man steilen Bachläufen aufwärts folgt und dabei Wasserfälle um- bzw. durchklettert. Im Winter laden die Bäche zum Eisklettern ein. Aber wie alle Gebirge Japans ist auch dieses mit schönen Fuji-Blicken und vielfältiger Vegetation zum **Wandern** wie geschaffen.

Wanderungen

Ôyama-san

Der 1246 m hohe **heilige Berg** des Shintô mit drei Schreinen – im Tal, auf halber Höhe und am Gipfel – liegt im Südwesten des Nationalparks. Von der Talstation der **Ôyama-Seilbahn** kann man auf einem alten **Shintô-Pilgerweg** den Gipfel erklimmen. Man kommt an den Seilbahnhaltestellen Oiwake und Shimosha vorbei zum **Schrein Afuri-jinja** und zum Hauptschrein auf dem Gipfel.

Zurück gibt es mehrere Varianten, die schnellste führt östlich über den **Aussichtspunkt Miharashi-dai,** vorbei am **Wasserfall Niju-no-taki** zurück zum Ausgangspunkt.

- **Anreise:** Per Bahn mit der Odakyû-Linie ab Shinjuku nach Isehara, von dort per Bus zur Talstation der Ôyama-Seilbahn. Mit dem Pkw auf dem Tômei Expressway nach Atsugi, von dort ebenfalls nach Isehara.

Mitsumine-san

Von Susugaya aus kann man in ca. 2 Std. den 935 m hohen Mitsumine-san besteigen. Als Abstieg bietet sich der Weg zum **Thermalbad Kotakuji-Onsen** an (Handtuch mitbringen, 1 Std. im Einzelbad kostet 1000 ¥), das ebenfalls in 2 Std. zu erreichen ist. Zurück benutzt man entweder einen Transfer-Bus, oder man steigt zur Haltestelle des Busses ab (15 Min.), der zum Bahnhof Hon-Atsugi fährt.

Die Berglandschaft mit reicher Vegetation gehört zu den Reizen dieser Wanderung, ergänzt durch das entspannende Bad am Schluss.

Ausflüge

●**Anreise:** Per Bahn von Shinjuku mit dem Romance Car oder dem normalen Zug der Odakyû-Linie Richtung Odawara bis Hon-Atsugi (40–60 Min.). Dort am Bus-Stand 4 die Nr. 20 der Kanagawa Chûô Kôtsu (Richtung Miyagase) nehmen, in Susugaya aussteigen.

Feste

Anfang August: *Ayu-matsuri,* Feuerwerk in Atsugi.
Anfang Mai: *O-dako-age,* Riesendrachenfliegen in Sagamihara und Zama.
1. August: *Kojo-sai,* Feuerwerk am Sagami-See.
Anfang November: *Momiji-matsuri,* Ahornfärbung in Yamakita.

Information

●**Kanagawa Prefectural Tourist Association:** Tel. 045-681-0007.

Takao-san

Der Takao-san liegt im **Meiji-no-mori-Takao-Quasi-Nationalpark,** einem kleinen Gebirge zwischen den Tanzawa-Bergen im Süden und dem großen Chichibu-Tama-Nationalpark (Oku-tama) im Norden, das von Tokyo aus schnell erreichbar ist. Der Meiji-no-mori (Meiji-Wald) ist ein in der Meiji-Zeit angelegter, inzwischen stattlicher Zedernwald.

Der **600 m hohe Berg** dürfte der meistbestiegene der Umgebung Tokyos sein, nicht nur, weil er dem Stadtkern am nächsten liegt, sondern auch aus erzieherischen Gründen: Fast alle Schulkinder besteigen ihn im Laufe ihrer Schulzeit wegen der zahlreichen **Lehrpfade,** die zum Gipfel bzw. um ihn herum führen. Hier wird also an-

schaulicher Naturkundeunterricht betrieben, weswegen es an manchen Tagen (besonders freitags) auch turbulent zugeht. Auf dem Gipfel gibt es ein extra für Lehrzwecke eingerichtetes Forest-Information Centre – neben Lokalen, den unvermeidlichen Getränkeautomaten und Souvenirläden.

Besteigung

Von Takao-san-guchi geht es bergan zu einem der **sechs Anstiegswege** – es sei aber nicht verschwiegen, dass auch ein **Sessellift** und eine **Kabinenbahn** vorhanden sind. Der übliche Weg ist Nr. 1 (rechts von den Liften), landschaftlich reizvoller ist jedoch Nr. 6 (im Tal) und der Inari-Course (links von Nr. 6 entlang des Kammes).

527b Foto: ml

Wer genug Zeit hat und Tatendrang verspürt, kann vom Takao-san den Kamm entlang nach Norden wandern, vorbei am Kobotoke-Pass, an den Gipfeln Kagenobu- und Toko-yama sowie dem Myoo-Pass bis zum Berg **Jimba-san** (857 m) mit der modernen Statue eines Schlachtrosses auf dem Gipfel.

Wer nicht denselben Weg zurücklaufen möchte, kann über den **Wada-Pass** zur Bushaltestelle Jimba-kogen-shita absteigen und mit Bus Nr. 15 nach Keiô-Hachiôji und von dort zurück nach Tokyo (Shinjuku) fahren.

Yakuo-Tempel

Der Berg ist auch interessant wegen des Yakuo-Tempels und seiner Ableger, die zur esoterischen **Shingon-Sekte** gehören und bereits 744 gegründet wurden. Im Jahresverlauf gibt es rund 20, teilweise sehr interessante, selbst für die meisten Japaner als sehr „exotisch" empfundene **Rituale,** die von den „Yama-Bushi" (Bergpriester) genannten Angehörigen dieser uralten Sekte begangen werden: z.B. barfuß über Holzkohlenglut gehen (am 2. Sonntag im März) oder im eiskalten Schwall eines Wasserfalles sitzen und lautstark rezitieren (1. April, 17. Oktober). Im Tempel gibt man gern Auskunft über Einzelheiten (z.B. mittels Informationsschrift auf Englisch).

Essen im Stil der Edo-Zeit

●**Ukai Toriyama,** ein Restaurantkomplex mit 38 privaten Tatami-Zimmern, umgeben von Teehäusern, Gärten, Bächen, bedient von Damen in Kimonos der Edo-Zeit. Per Bus vom Bhf. Takaosanguchi in wenigen Minuten zu erreichen, Tel. 0426-61-0739.

Anreise

Von Shinjuku mit der Keiô-Linie nach **Takao-san-guchi** (*Fahrtdauer ca. 50 Min.) bzw. JR Chuo Line bis Takao, von dort eine Station*).

Chichibu-Tama-Nationalpark

Der westlich von Tokyo gelegene Nationalpark ist ein beliebtes Wandergebiet. Er umfasst eine ausgedehnte Bergregion, deren höchster Gipfel der **Kimpu-San** (2595 m) ist. In dem Gebirge liegt auch der mit 2018 m höchste Punkt der Provinz Tokyo, der **Kumotori-yama,** dessen Besteigung zu lohnenden Rundtour zum Mitsumine-Schrein erweitert werden kann. Viel besucht werden auch der uralte Pilgerweg auf den **Mitake** (auch mit Bus und Zahnradbahn zu erreichen) und die **Kalkhöhlen von Nippara.**

Die Ausgangspunkte zwischen **Ome** und **Okutama** sind am bequemsten per Zug von Shinjuku aus erreichbar. Mit dem Auto über den Chuo-Expressway oder per Bahn mit der Chuo-Linie ab Shinjuku sind auch interessante Ziele im Süden dieses Gebirges in weniger als zwei Stunden zu erreichen: die im Herbst besonders schöne **Shosenkyo-Schlucht** bei Kofu oder der Aussichtsberg **Daibosatsu-rei.**

Überquerung des Kumotori-yama

Eine recht lange, an einem Tage von Tokyo aus jedoch zu schaffende **Kammwanderung** führt über den 2018 m hohen Kumotori-yama zum altehrwürdigen Mitsumine-Schrein.

Ausflüge

In **Kamozawa** am **Okutama-See** auf der Südseite des Berges beginnt der markierte Weg an der Haltestelle To-zan-guchi. Die Stationen bis zum Gipfel heißen Dodokoro und Nanatsu-ishi-yama, hinter dem Gipfel geht es über Shira-iwa-yama und Kirimoga-mine zum **Mitsu-mine-Schrein** (6–7 Std.). Der **Abstieg** kann per Seilbahn oder zu Fuß zum Bahnhof **Mitsumine-guchi** auf der Nordseite erfolgen, von wo man mit der Chichibu-Railway (Chichibu-Tetsudô) bis Ohana-batake fährt und vom Bahnhof Seibu-Chichi-bu mit der Seibu-Railway zurück nach Tokyo (Ikebukuro).

● **Anreise:** von Tokyo (Shinjuku) per Bahn über Tachikawa nach Okutama, von dort per Bus nach Kamozawa, Haltestelle: Tozan-guchi.

Ôku-Musashi-Berge

Dieses kleine Gebirge, das am bequemsten und schnellsten per Bahn von Ikebukuro aus erreicht wird, bietet eine Vielzahl netter Bergwanderungen auf bewaldete, oft steile **Gipfel zwischen 300 und 1300 m Höhe.** Unterwegs trifft man immer wieder auf alte **Tempel und Schreine,** teilweise mitten im Wald. Ab dem Städtchen **Chichibu** gibt es gar einen 90 km langen Pilgerrundweg zu 34 Tempeln.

Zwischen Hannô und Chichibu dient jede Station an der Seibu-Ikebukuro-Linie als Ausgangspunkt für Wanderungen auf die Gipfel des Ôku-Musashi-Gebirges, das zur Präfektur Saitama gehört. Mancher Tempel und

Schrein steht am Wege und erhöht die Attraktion der Wanderungen.

Im Flachland liegt östlich dieser Berge die Stadt **Kawagoe** mit einer seit der Tokugawa-Zeit erhaltenen Altstadt (von Ikebukuro mit der Tobu-Tojo Line in 30 Min. für 450 ¥ bzw. mit der Saikyo Line im Rapid in 46 Min. für 650 ¥ erreichbar). Berühmt ist das große Fest am 3. Oktoberwochenende (Info: Tel. 0492-22-5556). Nordwestlich davon, nahe Higashi-Matsuyama, liegt der waldreiche **Erholungspark Musashi Shinrin Kôen.**

Wanderungen

Das dichte Wegenetz erlaubt je nach Kondition, Zeit und Lust die Verbindung von unterschiedlichen Zielen.

Es gibt in Ikebukuro am Startpunkt der Seibu-Linie eine kostenlose **Wanderkarte** mit Routen und Zeitangaben (nach der **„Okumusashi/Chichibu Leisure Map"** fragen). Sie ist zwar nur auf Japanisch erhältlich, aber mit Fragen und dem Vergleichen der Schriftzeichen auf den Wegweisern auch für uns „Analphabeten" lesbar.

Naturpfad ab Hannô

Eine Station hinter Hannô liegt **Koma,** der erste Bahnhof im Gebiet Ôku-Musashi. Eine kurze Wanderung führt auf dem bereits in Hannô beginnenden **Naturpfad** zum Hiwada-yama (305 m). Der nächste Gipfel, Monomi-yama ist schon etwas höher: 375 m.

Die Wanderung kann jederzeit beendet werden, indem man einfach nach Süden zum nächstgelegenen

Bahnhof absteigt, z.B. Musashi-Yokote oder ein Stück westlich Higashi-Agano.

Ab Bahnhof Shomaru

Eine lohnende Halbtageswanderung führt auf den 851 m hohen **Izu-ga-dake,** die über mehrere Gipfel fortgesetzt werden kann mit Abstieg zum Bahnhof Agano. Vom Bahnhof ein kurzes Stück zurück, unter der Bahn hindurch in ein Bachtal, wo nach einigen hundert Metern der kürzere Weg zum Kotaka-yama (720 m) und dem Hauptgipfel abzweigt und der längere (geradeaus) über den Shomaru-toge (Joch) und links ebenfalls zum Izu-ga-dake führt. Unter dem Hauptgipfel hat man die Wahl direkt über geneigte Felsen mit Kettenhilfe aufzusteigen (bei Nässe nicht zu empfehlen!) oder den leichteren Weg rechts herum zu wählen. Hier muss man sich entscheiden:

Entweder begibt man sich zurück zum Ausgangspunkt oder man wandert nach dem Hauptgipfel im häufigen Auf und Ab über drei weitere Gipfel hinweg zum tempelgeschmückten **Wallfahrtsziel Ne-no-gongen** und hinunter zur Bahnlinie und nach rechts vor der Bahn zum Bahnhof Agano, 12 km, 4–5 Std. Einigermaßen gute Trittsicherheit und Kondition sind gefragt.

Anreise

Von **Ikebukuro** mit der Seibu-Linie nach **Hannô.** An Sonn- und Feiertagen fahren die Ausflugszüge z.T. non-stop bis Hannô durch.

Ausflüge

Jôshin'etsu-Highland-Nationalpark

Ein gutes Stück nördlich der Ôku-Mu-sashi-Berge liegt der Jôshin'etsu-Highland-Nationalpark, der einen Teil des „Rückgrates" der Insel Honshu bildet. In seinem Süden liegt **Karuizawa,** die beliebte, prestigereiche Sommerfrische derjenigen Tokyoter, die sich dort ein Häuschen leisten können – um den Preis potenzieller Bedrohung durch den aktiven **Vulkan Asama-yama** (2568 m), der leicht bestiegen werden kann, aber in historischer Zeit bereits 50 Mal ausgebrochen und deshalb oft gesperrt ist.

Nördlich und nordöstlich liegen eine Reihe von Orten, größtenteils **Thermalbäder,** die vor allem als Wintersportorte gute Namen haben: Manza Onsen, Shiga Kôgen, Kusatsu, Naeba, Yuzawa. Im Nordosten des Nationalparks liegt der berüchtigte **Kletterberg Tanigawa-dake,** 1960 m hoch, an dem schon rund 700 Bergsteiger starben: brüchiger Fels, häufige Wetterstürze, Lawinen im Winter.

Eine leichte und lohnende Tagestour führt auf den 1827 m hohen Vulkan **Akagi-yama.** Anfahrt mit JR von Ueno nach Maebashi (2 Std., 1890 ¥), vom Bahnhofsvorplatz mit Bus nach Akagi-yama tozan-guchi (1360 m, Beginn des Aufstiegsweges, 90 Min., 1500 ¥). Der Weg führt über den **Koma-ga-da-ke** (gut 200 Höhenmeter, 1685 m), von dort hinunter in einen breiten Sattel und zum Hauptgipfel (nochmals gut 200 Höhenmeter). Vom Gipfel gibt es einen hervorragenden Blick auf den Ono-See, die Vulkanlandschaft der Umgebung und Fernblicke in die Gebirgswelt. Abstieg direkt hinunter zum See, vorbei am Akagi-Schrein und zurück zur Bushaltestelle bei mehreren Lokalen (5,4 km, 3–4 Std.).

Nikkô

Ein japanisches Sprichwort behauptet: „Sage nicht kekkô (prachtvoll), bevor du nicht Nikkô gesehen hast." Natürlich ist es ein Wortspiel, aber ein Ausflug nach Nikkô lohnt schon wegen seiner atemberaubend schönen Umgebung: die Lage in einem Gebirgstal zu Füßen des **Vulkans Nantai-San** (2484 m), umgeben von heißen Quellen, der herrlich gelegene **Chûzenji-See,** von dessen Ausgang in 1300 m Höhe der berühmte **Kegon-Wasserfall** 100 Meter in die Tiefe stürzt (Fahrt mit Aufzug an seinen Fuß 480 ¥).

Das Hinterland von Nikkô, Oku-Nikkô, hält weitere landschaftliche Attraktionen bereit: die **sumpfige Hochebene** zwischen dem Chûzenji- und Yu-See (Yu-no-ko), Senjô-ga-hara, der etwas luxuriöse **Thermalort Yumoto,** Ausgangspunkt für die Besteigung des höchsten Berges der Umgebung, des 2578 m hohen **Shirane-San.** Ein Stück dahinter liegt ein berühmtes Wandergebiet, die Sumpflandschaft auf der Hochebene Oze-ga-hara.

Die berühmteste Sehenswürdigkeit von Nikkô ist jedoch von Menschenhand errichtet: das **Mausoleum für**

Oberhalb des Chûzenji-Sees

Tokugawa Ieyasu, den ersten der großen Shôgune und Begründer der Dynastie der *Tokugawa*-Familie, die Japan vor seiner Öffnung nach außen fast 260 Jahre lang regiert hatte. Der **Tôshôgû-Schrein** ist die **prachtvollste Anlage in Japan,** viele seiner Bauwerke sind durch ihre Barockfülle gekennzeichnet, die im starken Kontrast zur Selbstbescheidung des Zen stehen. Die Anlage ist Ausdruck der Macht der *Tokugawa* und als solche zu verstehen: Alle Daimyô mussten sich an den Kosten beteiligen (und wurden so daran gehindert, selbst allzu reich zu werden). Einer von ihnen, *Matsudaira Masatsuna,* ließ die einst 200.000 **Japan-Zedern** (Kryptomerien) zwischen 1625 und 1651 pflanzen, das war sein „bescheidener" Beitrag zu den Gesamtkosten. Heute kann man noch rund 13.000 dieser inzwischen über 300 Jahre alten Bäume, die eindrucksvolle **Alleen** bilden, bewundern.

Der Besuch der Stadt, die rund 30.000 Einwohner hat, wird oft als **Tagestour** durchgeführt, aber es empfiehlt sich wenigstens eine Übernachtung, möglichst in einem **Ryokan.** Wenn möglich, sollte man wegen der Besucherscharen Wochenenden und Feiertage meiden. Wer nur einen Tag Zeit für Nikkô hat, wird sich mit dem Besuch des Tôshôgû-Schreins und ei-

Ausflüge

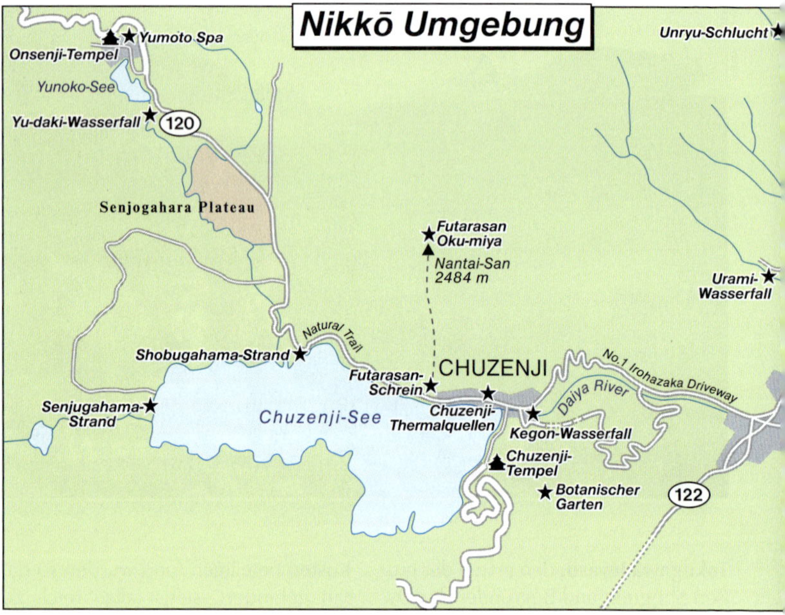

Nikkō Umgebung

Yumoto Spa
Onsenji-Tempel
Yunoko-See
Yu-daki-Wasserfall ⬤ 120
Unryu-Schlucht

Senjogahara Plateau

Futarasan
Oku-miya
Nantai-San
2484 m

Urami-
Wasserfall

Shobugahama-Strand
Natural Trail
Futarasan-
Schrein
CHUZENJI
No.1 Irohazaka Driveway

Senjugahama-
Strand
Chuzenji-See
Chuzenji-
Thermalquellen
Daiya River
Kegon-Wasserfall

Chuzenji-
Tempel
Botanischer
Garten
122

Nikkō

Futarasan-Schrein
Inari
Gebetshalle
Tōshōgū-Schrein
Bronze-
Torii
0 — 200 m

Daiyuinbyo-
Mausoleum
Yōmei-mon-Tor
Sanjinko
Omote-mon-Tor

Pagode
Shinkyusha
Ichino-torii

Rinnoji-
Tempel

Bushaltestelle
Nishisando
Rinnoji Temple
Office
Sambutsu-dō

Chūzenji-See
Ⓑ

Futarasan-
Hongū-Schrein

120

Ⓑ Bushaltestelle
Sogokaikanmae

Shinkyo-Brücke
Bahnhof

Pagode im Tôshôgû-Schrein

ner schnellen Fahrt hinauf zum Chûzenji-See mit Besichtigung des Kegon-
Wasserfalls begnügen müssen.

Im Hinterland gibt es eine große
Zahl reizvoller Wandermöglichkeiten,
für die man mehrere Tage ansetzen
sollte (mit Übernachtung in einem der
vielen kleinen Thermalbädern).

Sehenswertes

Shinkyo-Brücke

Wenn man vom Bahnhof in etwa
15 Minuten talaufwärts durch den mit
Ryokans, Lokalen und Souvenirläden
vollgestopften Ort geht, gelangt man
zur rot lackierten, heiligen Shinkyo-

Brücke über den Fluss Daiya. Der Legende nach soll der Priester *Shôdô*
(735–817) auf dem Rücken zweier
Schlangen den Fluss überquert haben.
Nun führt die Straße rechts am Fluss
vorbei. Geradeaus geht es (per Bus) in
Richtung Chûzenji-See.

Tempel und Schreine

Hinter der Brücke beginnt der breite
Weg (Omotesandô) durch den Zedernwald zu den Tempeln und Schreinen. Als erstes taucht der **Rinnôji** auf,
ein buddhistischer Tempel der Tendai-
Sekte, der Überlieferung nach bereits
848 nach dem Modell eines Tempels
auf dem Hiei-San bei Kyôto errichtet.

Ausflüge

Die Halle der drei Buddhas, **Sambu-tsu-dô,** stammt von 1648.

Auf die Tempelanlage, zu der der üppige Garten Shoyo-en gehört, folgt der 13 m hohe **Bronzepfeiler Sorintô,** mit 10.000 eingeschlossenen buddhistischen Schriften Symbol des Weltfriedens. Den fast neun Meter hohen *torii* aus Granit durften in der Feudalzeit nur Samurai, Daimyôs und die Shôgune selbst durchschreiten.

Dahinter beginnt der Bereich des **Tôshôgû-Schreins** (so benannt nach dem Totennamen von *Ieyasu,* Tôshô-daigongen, östlicher Sonnengott). Links steht eine **Pagode,** ein buddhistisches Symbol – hier verschmelzen bewusst schintoistische und buddhistische Elemente. Das **Omote- bzw. Niô-mon-Tor** fällt durch die beiden wilden Deva-Könige *(Niô)* auf. Der heilige Pferdestall dahinter weist die vielleicht berühmteste **Schnitzerei** der Welt auf: die drei Affen, die andeuten, dass sie nichts (Böses) sehen, sagen.

Weiter geht es in den mittleren Hof mit **Glocken- und Trommelturm.** Die Bronzelaterne (1636) wurde von Holland gestiftet und zeigt das Tokugawa-Wappen verkehrt herum. Dann steht man auch schon vor dem Schaustück der Anlage, dem **Yômei-mon** (Sonnenlicht-Tor), das im chinesisch beeinflussten Stil der Azuchi-Momoyama-Periode erbaut wurde und vor dem man den ganzen Tag stehen und die Einzelheiten des völlig überladenen Tores betrachten möchte. Beeindruckend ist auf jeden Fall die handwerkliche Leistung und Pracht.

412to Foto: ml

Nach links geht es in den buddhistischen Tempel **Yakushidô,** der berühmt ist für den „weinenden Drachen" *(naki-ryu)* in der Honjidô-Halle: Klatscht man in die Hände, rasselt die Decke mit dem gemalten Drachen. Den inneren Hof hinter dem Yômei-mon-Tor durften nur noch Daimyô und hohe Samurai betreten.

Heilige Brücke

Kara-mon-Tor

Das an den Hof anschließende weiß-goldene **Kara-mon-Tor** (Chinesisches Tor) ist ebenfalls im chinesischen Stil erbaut. Dahinter steht das Allerheiligste, das ist der **Misoradono-Schrein,** in dem die Seelen von *Ieyasu, Toyotomi Hideyoshi* sowie *Minamoto Yoritomo* als Gottheiten *(kami)* verehrt werden. Die Seelen der beiden Letzteren wurden auf Befehl von Kaiser *Meiji* hierher „verlegt", um der einseitigen Verehrung der *Tokugawa* an diesem Ort entgegenzuwirken.

Am Ende des rot lackierten Korridors ist die berühmte Schnitzerei der „schlafenden Katze" (von *Hidari Jingoro*) zu sehen. Hinter dem Tor **Saka-shita-mon** geht man über 207 Stufen zum schlichten Grabmal des *Ieyasu.*

Zwischen 1634 und 1636 arbeiteten 15.000 Handwerker und Künstler an

Ausflüge

dem gesamten Komplex. Man nimmt an, dass insgesamt 100.000 Arbeiter am Bau des Schreins mitgewirkt haben.

Aber diese Anlage ist nicht alles. Es gibt noch den **Futara-san-Schrein** aus dem Jahre 1617, der dem Gott des Vulkans namens Nantai-San geweiht ist. An seinem Fuß und auf dem Gipfel stehen zwei weitere Schreine dieses Namens.

Weiter links im Wald steht das Mausoleum für den Enkel *Ieyasus* (der den Bau des Tôshôgû initiiert hatte): der ebenfalls sehr sehenswerte **Daiyu-in,** ähnlich im Stil, aber schlichter als der Tôshôgû.

● Der **Eintritt** in die Anlage des Tôshôgû kostet 1030 ¥, nicht gerade billig, aber das Geld wert.

Kinugawa

Lohnend dürfte auch ein Besuch des **Museumsdorfs Edo-mura** (Tel. 0288-77-1777) nahe dem Bahnhof Imaichi sein, auch ein Western-Dorf (Tel. 0288-21-8731) sowie den **Tobu World Square** (Tel. 0288-77-1055, www.to-bu.co.jp/world) gibt es in der Nähe in Kinugawa (Thermalbad nördlich von Nikkô).

Wanderungen

Eine lohnende Halbtagestour führt von Nikkô-Bahnhof zum 1003 m hohen **Nakamushi-yama,** von dessen Gipfel man zum Daiya-Fluss und zur Shinkyo-Brücke und damit zum Tôshôgû-Schrein absteigen kann. Eine Karte (jap.) gibt es im Tourist Information Center. Vom Bahnhof 500 m die

Hauptstraße bergan, dann nochmals 500 m links, anschließend rechts und wieder links zum *Nakamushi-tozanguchi.* In 30–40 Min. zum ersten Gipfel (**Kônosu-yama,** 842 m, schöner Blick auf die Stadt und Umgebung), dann in etwa 1 Std. zum Hauptgipfel. Von dort in teils steilem Auf und Ab über mehrere Gipfel hinweg zum Fluss und diesen entlang an einer Jizo-Parade und einem Park auf die andere Seite und zur Heiligen Brücke (3–4 Std., gesamte Wegstrecke: ca. 9 km).

Wer über Nacht bleibt, kann – bei schönem Wetter – lohnende Wanderungen unternehmen, z.B. eine bequeme Tour **vom Yunoko-See zum Chûzenji-See** entlang des Hochmoors von Senjô-ga-hara oder die Bergwanderung **auf den Nantai-San,** die vom Futara-san-Schrein am Chûzenji-See ausgeht und drei bis vier Stunden (nur Aufstieg) dauert. Der Weg ist gut, aber teilweise steil. Oben gibt es einen kleinen Schrein am Gipfel, einen Krater und als Belohnung hoffentlich eine herrliche Rundumsicht. Empfehlenswert für Wanderungen ist der „Nikko Yumoto-Chuzenji Area Hiking Guide" für 150 ¥.

Anreise

● Die Anreise nach Nikkô erfolgt üblicherweise mit der **Tôbu-Linie von Asakusa** nach Tôbu-Nikkô in einem der direkten Züge mit weniger als stündlichem Abstand. Die Fahrzeit beträgt je nach Zugtyp ca. 2 Stunden. Der Limited Express hat nur reservierte Sitze und kostet 2280 ¥ einfach, der Rapid hat nur freie Sitze und kostet erheblich weniger: 1140 ¥.
● Man kann auch mit **JR-Zügen** fahren, z.B. von **Ueno** nach Utsunomiya und dort umstei-

gen nach Nikkô. Nach Utsunomiya fahren unterschiedliche Züge, auch der Tohoku-Shinkansen (Superexpress) hält dort, ist aber wegen des hohen Zuschlages sehr teuer. Ab Utsunomiya gibt es häufige Zugverbindungen nach Nikkô (einfach 720 ¥).

Information

- **Nikkô Tourism Association:** Tel. 54-2496.
- **Nikkô City Tourism:** Commerce & Industry Division, Tel. 54-1111.
- **Tôbu Bus:** Nikkô Office, Tel. 54-1138.

Unterkunft
(Vorwahl: 0288)

- **Nikkô Kanaya Hotel,** ab 8000 ¥, 5 Min. mit Auto von Tôbu-Nikkô, 1300 Kami-hatsuishi-machi, Tel. 54-0001.
- **Turtle Inn,** ruhig und günstig gelegen, ab 5000 ¥, mit Bus 7 Min. vom Bhf. 2-16 Takumi-chô, Tel. 53-3168.
- **Aizuya,** 12 Min. vom Bhf., 928 Nakahatsuishi-machi, Tel. 54-0039.
- **Logette St.Bois,** 15 Min. vom Bhf., 1560 Tokorono, Tel. 53-0082.

Jugendherbergen
- **Jugendherberge Nikkô,** 25 Min. vom Bhf., Tokorono, Tel. 54-1013.
- **Nikkô Daiyagawa Youth Hostel,** 20 Min. vom Bhf., Nakahatsuishi-machi, Tel. 54-1974.
- **Johsyu-ya Inn** (Ryokan), ¥, Hauptstraße kurz oberhalb der Post, 3900 ¥ (nur Übernachtung), 4600 ¥ (1 Mahlzeit), 6000 ¥ (Halbpension), Tel.0288-54-0155, www.johsyu-ya.co.jp.

Tsukuba-san

Der steil aus der Kanto-Ebene mit ihren Reisfeldern aufragende Vulkan mit seinem Doppelgipfel ist das Wahrzeichen der Wissenschaftsstadt **Tsukuba,** die heute bequem ab Bahnhof **Akihabara** mit dem **Tsukuba-Express** in 45 Min. erreicht wird. Mit dem Tsu-

kuba kippu (Ticket) kann man ganz bequem per Zug und Bus zum Berg und sogar per Seilbahn bzw. Zahnradbahn auf den Gipfel. Dabei lohnt der Aufstieg zum Frauengipfel *(Nyotai-san)*, dem höheren der beiden wegen seines wildromantischen, felsenbesetzten Weges in Gipfelnähe. Auch der Abstieg vom Männergipfel *(Nantai-san)* durch den Wald ist zwar steil, aber ebenfalls lohnend. Das Ticketpaket verlockt natürlich dazu, wenigstens eine Strecke zu fahren. Im Sattel zwischen beiden Gipfeln gibt es ein Lokal, die Aussicht von beiden Gipfeln (jeweils mit Schrein bestückt) ist hervorragend. Am Fuß des Berges steht der bedeutende **Tsukuba-Schrein.** Hier befindet sich auch die Talstation der Zahnradbahn, die in den Sattel zwischen den Gipfeln hinauf führt. Die Seilbahn beginnt weiter östlich am Tsutsujiga-oka und führt auf den Frauengipfel.

Bôsô-Halbinsel

Die Bôsô-Halbinsel, die zur Präfektur Chiba gehört und die Ostseite der Tokyo-Bucht bildet, bietet nicht nur lange, oft leere **Strände am Pazifik** und ungezählte kleine Berge, die zum **Wandern** einladen, sondern auch – kein Wunder angesichts der Nähe zu Tokyo – eine ganze Reihe touristischer und kultureller Attraktionen.

Ein eigenes Fahrzeug wäre bei den Entdeckungs- oder Ausflugsfahrten von Vorteil, aber – wie immer in Japan

Ausflüge

– kommt man auch mit Zug und Bus ans Ziel. Trotz der Nähe zu Tokyo ist die Bôsô-Hantô noch recht ruhig geblieben.

Mit dem **Minami Bôsô Furii Kippu-Ticket** (7500 ¥) kann man ab Tokyo 3 Tage lang die Halbinsel erkunden.

Nokogiri-yama

Bekannt ist der auch von Kurihama (südlich von Yokohama) aus mit der Fähre erreichbare **Aussichtsberg** Nokogiri-yama, auf den eine Seilbahn führt. Standesgemäßer ist der Aufstieg jedoch zu Fuß, denn oben steht der **Nihonji-Tempel,** dessen weitläufige Anlage mit interessanten Skulpturen und Standbildern nur gegen Eintritt (700 ¥) besichtigt werden kann. Auch mit dem Auto ist der Park über eine Mautstraße erreichbar. Bei guter Sicht lohnt der Blick auf die Bucht von Tokyo zur einen und die Berge des Hinterlandes zur anderen Seite. Ein Thermalbad (Hota-Onsen) ist in der Nähe.

Iyo-ga-take und Tomi-san

Zwei kleine, aber feine Berge lassen sich vom **Bahnhof Iwai** an der Uchibo Line besteigen. Leider gibt es nicht viele Busse, die zum Schrein **Heguriten-Jinja,** dem Ausgangspunkt für eine Besteigung des felsigen Iyo-ga-take (337 m), fahren. Ein Bus fährt zum nahegelegenen „Community Center" (komiuniti senta-mae, 200 ¥, 25 Min.); von dort kann man zum Schrein gelangen. Sie können es, wie der Autor auch, per Anhalter versuchen. Vom Schrein an einer Schule vorbei in den Wald, zu einem Aussichtspunkt und von dort

ggf. mit Fixseilhilfe zum Südgipfel mit schönem Blick ins Tal und die Umgebung. Bei klarer Sicht ist sogar der Fuji-san und in der Nähe das nächste Ziel, der Tomi-san, auszumachen. Der Nordgipfel ist etwa 10 Min. weiter entfernt. Am besten geht man auf demselben Weg zurück. Es gibt auch einen direkten Abstieg zur Straße nach Iwai, kurz unterhalb des ersten Aussichtspunktes (2–3 Std., 3–4 km).

Wer nicht auf einen der selten fahrenden Busse warten will, kann vom Bahnhof etwas nach Süden, unter der Bahn hindurch, dann nach links, etwa 15 Min. bis unter eine Schnellstraße und von dort noch ein Stück geradeaus gehen, bei einer Schule links in ein Bachtal abbiegen und dort einer Forststraße folgend bis zum Beginn des Tomi-san tozan-michi (Weg auf den Tomi-san) gelangen. Diesem muss man dann teils steil in den Sattel zwischen Tomi-san Nord- und Südgipfel folgen. Der Nordgipfel ist mit 350 m um acht Meter höher, mit Aussichtsturm und Schrein. Auch auf dem Südgipfel steht ein Schrein. Von dort geht es auf demselben Weg zurück oder über den etwas längeren Weg in Richtung Fuku-man-ji-Tempel und hinunter ins Dorf. Von dort gelangt man in ca. 30 Min. zurück zum Bahnhof Iwai (rund 3 Std., 8,6 km).

Südspitze

Südlich von Tateyama, im Süden der Halbinsel, gibt es einen **Vogelpark,** den **Shirahama-Blumenpark** (Botanischer Garten) sowie weiter östlich die **Stalaktitenhöhle Shirahama.**

Ostküste

Ein Stück die Ostküste hinauf folgt Kamogawa mit der Sea World (Delfinschau) und einem **Aquarium.** Nördlich von Katsuura schließt sich bei Ichinomiya-shi der lange Strand an, dessen Name bezeichnend ist: **Kujuku-rihama** („99-Ri-Strand") – er ist immerhin über 60 km lang und reicht bis Iioka-shi, das in der Nähe des Flughafens **Narita** liegt.

Miura-Halbinsel

Südlich von Yokohama an der Westseite der Tokyo-Bucht liegt diese kleine Halbinsel. Sie bietet die Möglichkeit zu einer sehr reizvollen **Küstenwanderung** im Süden und kleinen Bergwanderungen, u.a. zum beliebten **Klettergarten Takatori-yama,** der als Picknickort an Sonntagen stark frequentiert wird. Geklettert wird dort an Sandsteinbrüchen.

Zu der Region gehört auch ein anderes „Muss"-Ziel: **Kamakura,** der Sitz der ersten Shôgune im 13. Jh., mit dem Großen Buddha (Daibutsu) und den ältesten **Zen-Tempeln** Japans. In der Nähe liegt die kleine, mit dem Festland verbundene **Insel Enoshima.**

Wanderung um das Kap Tsurugi

Eine lohnende Wanderung führt um das Südkap Tsurugi herum. Man geht von Togari immer an den Klippen (bezeichneter Weg mit Entfernungsangaben) oder landeinwärts entlang der Straße nach Westen und erreicht nach 2–3 Std. den Hafenort Mishima. Wer

Zeit und Lust hat, kann noch zur kleinen **Insel Jogashima** weitergehen, die durch eine Brücke mit dem Festland verbunden ist, und von dort oder von Mishima den Bus zum Bahnhof Misaki-guchi nehmen.

● **Anreise:** Mit der Keihin-Kyûko-Line geht es z.B. ab Shinagawa in Richtung Endstation der Halbinsel, Misaki-guchi. An der vorletzten Station Miura-kaigan aussteigen und von Haltestelle 2 an der Bucht maximal bis Tôgari weiterfahren (ca. 12 Min. Fahrt). Wer nicht bis Mishima will, kann an jedem Ort den Bus zurück nach Miura-kaigan nehmen.

Wanderung zum Jimmu-Tempel und Takatori-yama-Steinbruch

Von der Station Jimmuji geht man an der Hauptstraße ein Stück zurück und biegt bei einem Schulsportplatz rechts ab. Der Weg zum Jimmu-Tempel, den *Kaiser Hirohito* wegen seiner botanischen Interessen gerne besuchte, führt durch ein kleines Tal. Unterwegs kann man preiswert **Bonsai** erstehen. Der Tempel bot im 16. Jh. einmal fliehenden Samurai Schutz vor *Hideyoshis* Truppen. Er soll aus dem 8. Jh. stammen und von *Gyogi* (668–749) gegründet worden sein.

Der Weg führt weiter über einen felsigen, aber bewaldeten Grat zum ehemaligen **Steinbruch des Takatori-yama** (139 m), der heute ein beliebter Klettergarten ist. Das **Klettern** an dem meist senkrecht behauenen Sandstein mit Bohrlöchern darin ist ohne Seilsicherung nicht anzuraten. An Sonn- und Feiertagen wird die Gegend von Picknickern und Wanderern aufgesucht.

Ein Stück weiter südlich gibt es einen großen, aus dem Fels gehauenen **Bud-**

Ausflüge

dha. Der Weg entlang des Kammes ist landschaftlich reizvoll: ein Stück fast intakter Natur, umgeben von nah herandrängenden Siedlungen und untergraben von Autobahnen. Der Abstieg kann nach **Keihin-Taura** oder **Oppama** erfolgen (wo sich übrigens ein Nissan-Werk, das besucht werden kann, befindet). Der Weg zum Bahnhof Oppama zieht sich ziemlich hin. Schließlich nach Querung der Bahngleise nach rechts. Gelegentlich fährt auch ein Bus von der ersten Siedlung mit einer Schule hinunter. Mit der Keihin-Kyûko-Linie geht es dann wieder zurück nach Yokohama oder Tokyo.

● **Anreise:** Keihin-Kyûko-Linie Richtung Shin-Zushi. An der vorletzten Station, Jimmuji, aussteigen.

Nissan-Werk

Das Werk des Autoherstellers in Oppama kann besichtigt werden. Nach telefonischer Anmeldung ist es möglich, an einer englischsprachigen Führung teilzunehmen (Fotografieren, Rauchen und das Tragen hochhackiger Schuhe sind nicht gestattet).

Oppama liegt an der Keihin-Kyûko-Linie an der Ostküste der Halbinsel.

● **Nissan, Oppama Plant:** Mo–Fr 10–12 und 13.30–15.30 Uhr (Japanische Führungen), am 2. und 3. Di mit Ausnahme Mitte August und Jahresende/-beginn 10–12 Uhr Führung auf Englisch, zusätzlich nach Anmeldung. Kontakt: International Corporate Communications Dept. Nissan Motor Co., 6-17-1 Ginza, Tel. 5565-2149.

Feste auf der Miura-Halbinsel

Tabakfest mit Festzug in Hadano (Ende Sept.), Kannonzaki-todai-matsuri, **Leuchtturmfest** in Yokosuka.

Kamakura

Wer das Herz der japanischen Kultur sehen will, muss bekanntlich nach Kyôto fahren, einschließlich eines Abstechers nach Nara. Aber von Tokyo sind es immerhin über 500 km bis dorthin. Vor den Toren Tokyos gibt es jedoch ein Ziel, das denen, die aus Zeitgründen keine Gelegenheit haben, Kyôto und Nara zu besuchen, einen kleinen Ersatz bieten kann. Tatsächlich sollte kein Tokyo-Besucher Kamakura von seiner Liste streichen, wenn wenigstens ein halber Tag für Tempel-Kultur „abgezweigt" werden kann.

Kamakura, am nordwestlichen Rand der Miura-Halbinsel gelegen, war unter dem ersten Shôgun *Minamoto Yoritomo* **1192** an Stelle von Kyôto zum **Sitz der Militärregierung** *(bakufu)* bestimmt worden und blieb bis 1333 faktische Hauptstadt. Der Zen-Buddhismus erlebte dank seiner asketischen Strenge und Schlichtheit folgerichtig eine erste große Blüte während der Kamakura-Zeit. So kann man heute noch einige der wichtigsten **Zen-Tempel** aus jener Zeit, aber auch eine Reihe anderer Tempel und Schreine besichtigen, nicht zu vergessen natürlich das berühmteste Standbild Japans, den **Großen Buddha Daibutsu.** Die Zen-Tempel Kamakuras gehören zur Rinzai-Sekte.

Eine Besonderheit der Stadt sind die **kiridôshi**, kleine Sträßchen, die zum Teil schon 800 Jahre alt sind. In und um Kamakura gibt es reizvolle **Wanderwege.**

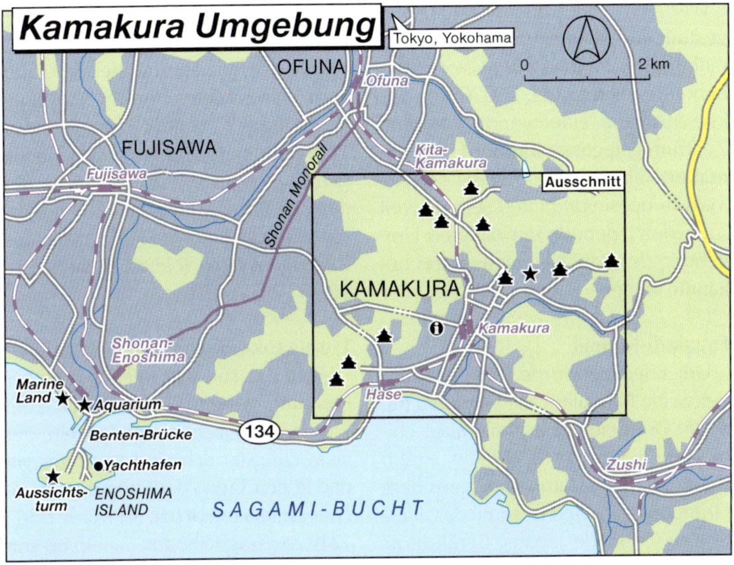

Kamakura Umgebung

Tokyo, Yokohama

OFUNA

Ofuna

0   2 km

FUJISAWA

Fujisawa

Kita-Kamakura

Shonan Monorail

Ausschnitt

KAMAKURA

Shonan-Enoshima

Kamakura

Marine Land ★ ★ Aquarium

Benten-Brücke

Hase

(134)

● *Yachthafen*

Zushi

★ Aussichts-turm

ENOSHIMA ISLAND

S A G A M I - B U C H T

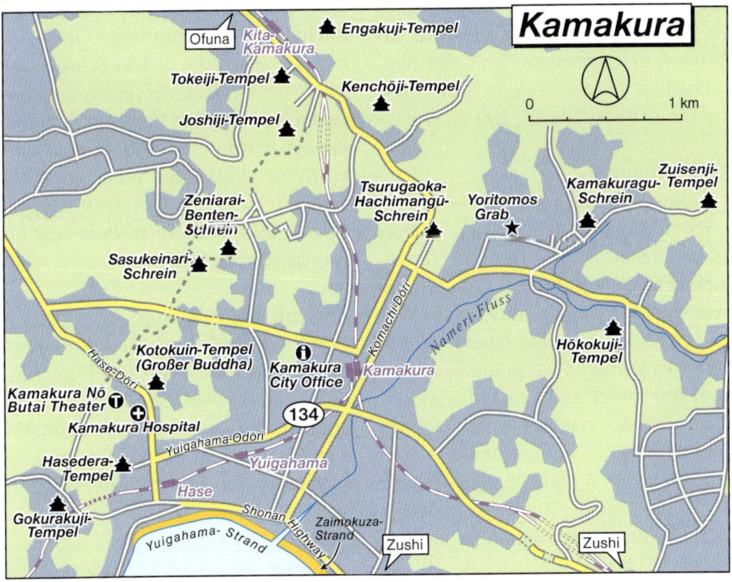

Kamakura

Ofuna

Kita-Kamakura

▲ Engakuji-Tempel

Tokeiji-Tempel ▲

Kenchōji-Tempel

0   1 km

Joshiji-Tempel ▲

Zuisenji-Tempel

Tsurugaoka-Hachimangū-Schrein

Kamakuragu-Schrein ▲

Zeniarai-Benten-Schrein

Yoritomos Grab ★

Sasukeinari-Schrein ▲

Nameri-Fluss

Kamachi-Dōri

Hōkokuji-Tempel

Kotokuin-Tempel (Großer Buddha) ▲

Kamakura City Office

Kamakura

Kamakura Nō Butai Theater Ⓣ

Hase-Dōri

✚ Kamakura Hospital

(134)

Yuigahama-Odori

Hasedera-Tempel ▲

Hase

Gokurakuji-Tempel ▲

Yuigahama

Shonan Highway

Zaimokuza-Strand

Zushi

Zushi

Yuigahama- Strand

Ausflüge

Wer nicht eine organisierte Halbtagestour bucht und etwas mehr Zeit mitbringt, kann beispielsweise mit der Bahn (Yokosuka-Line, 780 ¥) von Tokyo aus zum eine Station vor dem Zentrum gelegenen **Bahnhof Kita-Kamakura** fahren. Von dort lässt sich Kamakura quasi von hinten sehr reizvoll „aufrollen", denn in der näheren Umgebung des Bahnhofs stehen drei bekannte Tempel.

Engakuji-Tempel

Der Engakuji wurde 1282 gegründet. Seine Reliquienhalle Shari-den mit ihrem Doppeldach (enthält einen chinesischen **Quarzschrein** mit einem Zahn Buddhas) stammt noch aus dem Gründungsjahr und ist somit das älteste Zen-Gebäude Japans. Berühmt ist auch die **Tempelglocke** aus dem Jahre 1301. *Daisetsu Suzuki,* einer der im Westen bekanntesten Zen-Gelehrten, lebte hier bis zu seinem Tode 1966 (geöffnet 8–16.30 Uhr, 200 ¥).

Tôkeiji-Tempel

Gegenüber liegt der bekannte „Scheidungstempel" Tôkeiji. Damals gab es keine Möglichkeit für Frauen, sich scheiden zu lassen. Der Tempel war so etwas wie ein Frauenhaus: Wer es schaffte, sich in ihn hineinzuflüchten – es genügte, wenn die Flüchtenden ihre Sandalen über das Tor warfen – konnte sich nach zwei, drei Jahren Nonnendasein als geschieden betrachten. Der Tempel liegt landschaftlich schön. Auf der Rückseite befinden sich Gräber einiger berühmter Japaner (8.30–17 Uhr, 50 ¥, Schatzhaus 300 ¥).

Kenchôji-Tempel

Etwa 20 Min. südöstlich liegt der größte der fünf Zen-Tempel, der 1253 vom chinesischen Priester *Tao Lung* gegründete Kenchôji, der allerdings 1415 abbrannte und im 17. Jh. orginalgetreu wiederaufgebaut wurde. Zu den Schätzen gehört die 1225 gegossene **Glocke** und eine **Holzstatue** des 5. Shôguns *Hôjô Tokiyori* (geöffnet 9–16.30 Uhr, 200 ¥).

Tsurugaoka-Hachimangû-Schrein

Weiter in südöstlicher bis östlicher Richtung gehend, kommt man zum Tsurugaoka-Hachimangû-Schrein, der als wichtigster Schrein Kamakuras gilt und in den Tagen des Shôgunats manches Drama erlebt hat. So wurde dort i 1219 der junge Shôgun *Sanetomo* von seinem Neffen *Kugyô* ermordet – als Rache für den ermordeten Onkel *Yori-ie* (s. „Geschichte"). Der Schrein war 1191 von *Yoritomo* für seinen ungeborenen Sohn an den heutigen Standort verlegt worden. Im **Schatzhaus** gibt es Kunstschätze aus mehr als 1000 Tempeln zu sehen (geöffnet 9–16 Uhr, 150 ¥). Das **Grab Yoritomos** liegt etwas östlich des Schreins.

Zuisenji und Hôkokuji

Am nordöstlichen Stadtrand liegt der Zuisenji, 1327 von *Soseki* gegründet. Sein aus Fels, Sand und Wasser angelegter Garten gilt als **schönster Zen-Garten** Kamakuras. Ein anderer lohnender Zen-Tempel in der Nähe ist

Großer Buddha

der stille Hôkokuji, der in einem reizvollen Bambushain am östlichen Stadtrand steht.

●**Eintritt** in den Bambushain **Take-dera:** 100 ¥, im Teepavillon gibt es Matcha-Tee mit zwei Stück traditionellen Süßigkeiten, *o-kashi*, für 300 ¥.

Zeniarai-Benten-Schrein

Macht man vom Tôkeiji aus eine kleine Wanderung entlang des Kuzuhara-ga-oka Hiking Course über einen niedrigen Hügel im **Kuzuhara-ga-oka-Park** nach Süden, kommt man zum bemerkenswerten Zeniarai-Benten-Schrein. Dort soll man – besonders im Jahr der Schlange – im Quellwasser einer Grotte sein **Geld waschen** und es somit auf wundersame Weise **vermehren.** Dieser originelle Schrein ist zweifellos einen Besuch wert.

Großer Buddha

Vom Zeniarai-benten geht man rund 20 Minuten nach Südwesten, entlang des Daibutsu Hiking Course bis zum

Hasedera

Daibutsu, dem weltberühmten **13 m hohen Bronzestandbild** des meditierenden Großen Buddha. Seit 1252 sitzt der von *Ono Goroe* oder *Tanji Hisamoto* gegossene Amida-Buddha an dieser Stelle. Bis 1495 befand er sich in einer Tempelhalle, wie sein größerer Bruder in Nara (im Tôdaiji), seit einer Springflut in jenem Jahr jedoch sitzt er im Freien, wodurch die starke Wirkung von vollkommener Harmonie, Ruhe, gesammelter Kraft, Abkehr von weltlichen Leidenschaften wie Gier, Neid und Eifersucht noch stärker zur Geltung kommt. Der 93 Tonnen schwere Große Buddha steht im Tempelbezirk des *Kôtoku-in,* der sehr sehenswert ist.

Hasedera-Tempel

Wenige Minuten südlich liegt der Hasedera-Tempel, von dem aus sich ein schöner Blick über die Hügel und die **Bucht von Kamakura** bietet. Er besitzt eine hölzerne Statue der elfköpfigen Kannon aus dem Jahre 721. Aus dem gleichen Baum wurde vom Mönch *Tokudo* eine zweite Statue geschnitzt, die im Hase-Tempel in Nara steht. Der Legende nach übergab der Mönch eine der beiden Statuen dem Meer, auf dass sie sich ihren Standort selbst aussuche. Und so sei sie nach Kamakura gekommen.

Fast noch berühmter ist der Tempel wegen der ungezählten **steinernen Jizô-Figuren** mit ihren roten Lätzchen und dem mitgegebenen **Spielzeug,** am häufigsten sind es Windrädchen. Es handelt sich um Andenken an verstorbene, vor allem ungeborene, also abgetriebene Babys (in Japan sind Anti-Baby-Pillen unüblich, Abtreibungen dagegen an der Tagesordnung). Immerhin wird der Seelen gedacht. Jizô ist u.a. der **Schutzpatron der Kinder.**

Nach traditioneller Auffassung werden die Kinder nach dem Tod zum Fluss Sai-no-Kawara gebracht, wo sie die Hexe *Shozuka-no-Baba* daran hindern will, ins Paradies zu gelangen. Sie zwingt die armen Kinder, Steintürme zu bauen, die sie aber immer wieder zerstört, auch stiehlt sie ihnen die Kleidung. Die Jizô nun verstecken die Kleinen in ihrem weiten Gewand und bringen sie ans Ziel. Die Lätzchen stehen für die Kinder-Kleidung und die Steine im Schoß für die Steintürme.

Strände der Shonan-Küste

Vom Hasedera-Tempel sind es nur wenige Minuten zum Strand, der freilich – so nah an Tokyo – an Wochenenden überfüllt ist, unter der Woche jedoch reichlich Platz bietet. Aber weder der Strand noch das Wasser ist besonders einladend. Einige **Wellenreiter** vergnügen sich stets in den meist niedrigen Wellen, die hier gut zum Einsteigen in diesen Sport geeignet sind. Beliebt ist die Bucht auch bei **Windsurfern.**

Die Strände **Zaimokuza** und **Yuigahama** gehören zu den beliebtesten,

hier gibt es alle nötigen öffentlichen Einrichtungen ebenso wie Fastfood-Läden. Am Zaimokuza wird gern gegrillt.

Insel Enoshima

Wer genug Zeit hat, sollte zur kleinen, mit dem Festland verbundenen Insel Enoshima fahren, beispielsweise mit der Enoden-Linie von den Bahnhöfen Kamakura, Hase oder Fujisawa. Die Fahrt dauert keine 20 Minuten. Eine **600 m lange Brücke** führt zur bewaldeten Insel hinüber. Neben Ryokans, Minshuku, Lokalen und Andenkenläden gibt es dort auch Sehenswertes, z.B. den **Schrein der „nackten Benten",** der Göttin der Liebe, des Glücks und der Schönheit. Eine vom Meer ausgewaschene **Grotte** (Eintritt 500 ¥) ist ebenfalls dieser Göttin gewidmet.

Der botanische Garten und ein Rundgang mit Blick auf Klippen und Meer sind weitere Attraktionen. Auf dem Festland vor der Insel liegt das Marineland mit einer Delfinschau. Enoshima war vor wenigen Jahrzehnten, als die Bewohner von Tokyo noch nicht so viel Geld hatten, das Ziel für ein paar Tage Urlaub oder Ferien. Jeden 3. Sonntag im Monat findet im Ryûkôji-Tempel ein **Antiquitätenmarkt** statt.

● **Anfahrt von Tokyo:** Zur Insel kann man auch direkt von Shinjuku mit der Odakyû-Linie in etwas über einer Stunde fahren.

Information und Fahrradverleih

Lohnend ist ein Erkunden der Stadt mit dem Fahrrad, das es z.B. für 1500 ¥ pro Tag

Ausflüge

gleich neben dem **Tourist Information Center** (T.I.C., Tel. 23-3050, -3350) nahe dem Bahnhof Kamakura zu leihen gibt. Die für die Ausflüge nötige **Karte** mit Begleitheft gibt es für 200 ¥ im T.I.C.

Windsurfen

Für etwa 8500 ¥/Tag kann man bei **Far East Windsurfing Shop and School** Bretter leihen. Wer es lernen möchte, wende sich an *Tomimoto Kazuhiro.* (An der Wakamiya-Hauptstraße in Strandnähe, Tel. 0467-22-5050.)

Museen

● **Kamakura Museum,** Kunst des 12.–16. Jh. 9–16 Uhr, Mo geschl., 150 ¥, 2-1-1 Yukinoshita (Kamakura Station 12 Min.), Tel. 0467-22-0753.
● **Museum of Modern Art,** Annex, japan. und ausländ. Kunst vom 19. Jh. bis zur Gegenwart. 10–17 Uhr, Mo geschl., 200 ¥, Tsurugaoka-Hachimangû, 2-1-53 Yukinoshita (Kamakura Station 10 Min.), Tel. 0467-22-5000.

Feste in Kamakura

12. Februar: *Aragyo:* asketisches buddhistisches Ritual im Choshoji.
Mitte April: *Kamakura-matsuri,* im Tsurugaoka-Hachiman-Schrein.
7./9. August: *Bon-bori-matsuri,* Papierlaternen am Tsurugaoka-Hachiman-Schrein.
10. August: *Kamakura hanabi taikai,* Strandfeuerwerk.
16. September: *Yabusame,* Tsurugaoka Hachimangu.
18. September: *Menkake-gyôretsu,* Maskenzug am Goryo-jinja.
21./22. September: *Takigi Nô,* Kamakura-gu-Schrein.
28. November: Benten-Festival, am Engakuji.

Unterkunft

● **Kai Jô Tei,** empfehlenswertes Minshuku mit schöner Aussicht über die Klippen, ca. 7000 ¥ pro Person mit zwei Mahlzeiten (auf der Insel Enoshima).

Izu-Inseln

Die sieben Izu-Inseln südlich der Tokyo- und Sagami-Bucht, die auf einer Nord-Süd-Achse etwa in einer Reihe liegen, eignen sich wegen der recht langen Überfahrt für Ausflüge von mindestens zwei Tagen. Am preiswertesten sind die Schiffe der Tokai Kisen Line, die nachts hin- und tagsüber wieder zurück pendeln. Die Schiffe fahren entweder die Route **Oshima – Toshima** (falls es der Wellengang erlaubt), **Nii-jima – Shikinejima – Kôzushima** und zurück, oder sie fahren die längere Strecke über **Miyakejima – Mikurajima** nach **Hachijo-jima** und zurück. Oshima, Nii-jima und Kôzushima sind auch mit dem Schiff von der Izu-Halbinsel aus erreichbar. Von diesen Inseln gibt es auch schnellere und teurere Jetfoil-Boote nach Tokyo. Alle Inseln sind auch per Flugzeug bzw. mit einem Hubschrauber erreichbar.

Ôshima

Die „Große Insel" ist die größte der sieben Izu-Inseln und liegt Tokyo und dem Festland am nächsten: 120 km südlich der Hauptstadt, aber nur 41 km östlich von Shimoda auf der Izu-Halbinsel. Ihre Fläche beträgt 68 km², ihr Umfang 50 km. Ôshima hat etwa 10.000 Einwohner und wird beherrscht vom 764 m hohen aktiven Vulkan Mihara. Die Hauptreisesaison dauert von Januar (Zeit der Kamelienblüte) bis August.

Vulkan Mihara-yama

Wenn der Mihara-yama, der **1986** **zuletzt ausgebrochen** ist, nicht gerade grollt, lässt er sich auf verschiedenen Wegen zu Fuß besteigen. Früher war es bisweilen „Mode", dass sich Romeo-und-Julia-Paare in den Krater stürzten, um wenigstens im Tod vereint zu sein. Ansonsten war die Insel seit jeher ein Ziel für Flitterwöchner, die nicht allzu weit verreisen wollten oder konnten. In der Edo-Zeit diente sie als Sträflingsinsel.

Von der Hauptstadt **Motomachi** mit Bus, (7–9 pro Tag bis *Sancho-guchi,* 25 Min., 860 ¥), Mietwagen oder Fahrrad zum Anfang der Wanderung zum Krater *(Sancho-guchi).* Durch die flache Caldera zum niedrigen Kraterrand und bei Lust und Zeit um den Krater herum *(ohachi-meguri,* 45 Min., 2,5 km, eindruckvolle Blicke in den Krater vorbei an Schwefelfumarolen). Sie können vom Krater zum Ausgangspunkt zurückkehren oder nach Osten zum *Oshima Kôen*-Park an der Küste absteigen oder per Bus von Sancho-guchi dorthin fahren (3 Busse pro Tag, auch an Wochenenden und Feiertagen, 1.9.–30.11., Fahrtdauer 25 Min., pro Person 840 ¥). Es besteht auch die Möglichkeit, nach Norden zum Oshima Onsen Hotel abzusteigen.

Weitere Sehenswürdigkeiten

Sehenswert sind neben den **Kamelien,** die im Januar mit ihren Blüten die Insel überdecken, z.B. im oben erwähnten Park **Oshima Kôen,** oder entlang der **Camelia Avenue** im Süden oder dem **Camelia Tunnel** im Nordosten, unter anderem die bizarre kleine Felsinsel **Fudeshima,** auf der man vom Strand aus surfen kann. **Habu** ist ein sehenswerter kleiner Hafen (entstanden durch einen Tsunami im Jahre 1703). Im Süden von **Motomachi** befindet sich das Muschelmuseum **Pare La'mere** (Palais La Mer, Meerespalast, 5000 Muscheln, 9–17 Uhr, 400 ¥, Tel. 04992-23111). Lohnend ist auch der markierte Rundweg zu Lavaresten, die vom letzten Ausbruch stammen. Dabei kommt man am **Omiya-Schrein** vorbei. Auf jeden Fall sollten Sie sich nicht ein Bad im öffentlichen Thermalbad **Hama-no-yu** entgehen lassen (gemischt, Badezeug obligatorisch, 13–19 Uhr, 400 ¥ (Unterkünfte haben Ermäßigungskarten für 300 ¥). Das Bad ist gleich nördlich des Hafens und liegt direkt am Meer.

Unterwegs auf Ôshima

Am bequemsten, wenn auch nicht gerade preiswert, sind Rundfahrten mit **Mietwagen** (pro Tag ab 10.000 ¥), **Leichtmotorrad** (pro Tag ab 5000 ¥) oder mit dem **Taxi.** Wer es sportlicher mag, kann sich ein **Fahrrad** mieten (2000–3000 ¥), aber man muss kräftige Steigungen überwinden. Es gibt **öffentliche Busse.** Der Tagespass kostet 2000 ¥ (Kinder 1000 ¥, Tel. 04992-21822). Man kann damit zum Vulkan *Mihara-yama* (s.o.) fahren, nach *Habu* sowie zum *Oshima Kôen.* Darüber hinaus werden auch **organisierte Rundfahrten** angeboten (A course 3400 ¥, B course 4100 ¥). Bei günstiger Witterung kann man an einer **Nachtfahrt** teilnehmen, um auf dem Vulkan den überwältigenden Sternenhimmel zu genießen (1200 ¥, ab19.50 Uhr, Ankunft zurück in Motomachi ca. 21.30 Uhr, Tel. 22311 oder 22177).

Information

●**Vorwahl:** 04992
●**Oshima Tourist Association,** Tel. 2-2177. In Tokyo: **Tokyo Islands,** im Takeshiba-Fährterminal, Tel. 5472-6559.

Anreise per Schiff

●**Fähre:** Tôkai Kisen, F11 Takeshiba North Tower, 1-11-1 Kaigan, Tel. 5472-9999 (www.tokaikisen.co.jp) oder persönlich im Terminal, 10 Min. zu Fuß vom JR Hamamatsucho, 1 Min. von Takeshiba (Yurikamom Line).
●Ab **Tokyo:** tgl. ab 22 Uhr, an 6 Uhr, 3810 ¥ (Teppichboden), 11.430 ¥ (1. Klasse spezial). Zurück: ab 14.50 Uhr, an 19.10 Uhr (Sa/So 20 Uhr). Tagsüber mit Jetfoil ab 9 Uhr, an 11.30 Uhr, 5500 ¥, zurück ab 15.30 Uhr, an 17.50 Uhr.
●Ab **Yokohama:** Fr/Sa ab 22.30 Uhr, an 18.20 Uhr, ab 3700 ¥.
●Ab **Atami:** Jetfoil ab 10 Uhr, an 11 Uhr, zurück ab 11.50/16 Uhr, 4500 ¥.
●Ab **Ito:** Jetfoil ab 9.10/10.30 Uhr, an 30 Min. später, zurück 11.50/15.50 Uhr. (Je nach Jahreszeit unterschiedliche Zeiten.)

Anreise per Flugzeug

●Ab **Haneda:** Air Nippon (Tel. 5435-0707) ANA (Tel. 3490-8800), 3 Flüge/Tag, 40 Min., rund 10.000 ¥.

Unterkunft

●Es gibt über 60 **Minshuku** (EZ ab 4000 ¥ ohne Mahlzeiten, ab 7000 ¥ Halbpension, ab 6000 ¥ Halbpension für 2 oder mehr Personen.
●**Mihara Sanso** (ehem. Jugendherberge), Halbpension 5880 ¥, Tel. 04992-22735.
●Hotels meist ab 12.000 ¥, z.B. das **Ôshima Onsen Hotel,** Umi-no-Furusato-mura, 2-1 Aza-Genya, Senzu (Tel. 41137), 6er-Zimmer 2000 ¥, eigene Zelte erlaubt, auch Mietzelte vorhanden.

●**Zeltplätze** (eigenes Zelt mitbringen): *Tsubaki-en Camp-jo,* 500 ¥ pro Person/Tag; *Toushiki Camp-jo* (Reservierung notwendig Tel. 21441, kostenlos).

Restliche Izu-Inseln

Toshima

Die kleinste der sieben Inseln liegt 27 km südwestlich von Ôshima und misst 4,2 km² und 8 km Umfang. Sie hat ganze 300 Einwohner und wird vom 508 m hohen **Miyazuka-yama** beherrscht. Steilküsten umgeben fast die gesamte Insel. Die Zeit der Kamelienblüte ist von Dezember bis Februar. Auf den Miyazuka-yama gibt es mehrere Anstiege (siehe jap. Inselfaltblatt), am besten vom Schrein am oberen Rand der Siedlung beginnen. Eine Kamelienraffinerie verarbeitet die Blüten der Kamelien, die die ganze Insel bedecken. Toshima ist auch beliebt bei Tauchern.

●**Fährverbindung** mit Tokai Kisen (siehe Ôshima), an 7.30, zurück ab 13.30 Uhr, Jetfoil halten nur bei ruhigem Wellengang, Hubschrauberservice mit *Tohu Koku* einmal pro Tag (Tel. 04996-25222, 10 Min., 7000 ¥).

Nii-jima

Nii-jima ist von Norden gesehen die nächste Insel und liegt 150 km südlich von Tokyo. Sie misst 27 km Umfang und hat 3000 Einwohner; der Hauptort ist **Honson.** Die höchste Erhebung ist der 432 m hohe **Miyatsuka-yama.** Die Insel ist mit ihrem großen Badestrand Habushiura ein guter Ausgangspunkt für Wassersport, z.B. Baden, Surfen am Habushiura-Strand, Tauchen, Segeln und Sportfischen, aber auch Gleitschirmfliegen und Mountainbiking – sehr beliebt bei jungen Leuten.

Ab Honson führt eine recht lange Straße mit super Ausblicken auf den 432 m hohen **Miyazuka-yama** (am besten auf dem Fahrrad zu genießen). Im Süden von Honson liegen die **Thermalbäder Mamashita** (Sauna und Außenbecken 300 ¥, Sandbad 700 ¥ (Mi. geschl.) und das kostenlose **Yu-no-hama.** Eine Spezialität ist der Lavastein *Kôga,* der reichlich verarbeitet wird (solch ein Gestein gibt es sonst nur noch auf Lipari in Italien); kulinarische Spezialität ist die fermentierte, getrocknete Makrelenart *kusaya.*

Im nahegelegenen Hafen können Interessenten im **Nii-jima Glass Art Center** lernen, Glas herzustellen, Tel. 51540, www.niijimaglass.com.

- ●**Vorwahl:** 04992
- ●**Nii-jima Tourist Association:** Tel. 50001
- ●**Fährverbindung:** ab *Tokyo* mit Tokai Kisen (siehe *Ôshima*), an 8.40, zurück ab 12.25 Uhr, Jetfoil (mehere Zeiten) 140 Min., 9200 ¥ (8000 ¥ in der Nebensaison); ab *Shimoda* Mo, Fr, Sa via Kozushima, Shikine-jima nach Nii-jima, 4 Std., 3600 ¥, Di, Fr, Sa direkt nach Nii-jima in 110 Min., (und weiter nach Shikine-jima und Kozushima, 3600 ¥, Tel. 0558-22-2626.
- ●**Flugverbindung:** ab Chofu, 30–40 Min., 14.900 ¥, Tel. 0422-31-4191.
- ●**Unterkunft:** Es gibt rund 40 **Minshuku,** Halbpension ab 6000 ¥, **Ryokans** ab 7500 ¥, **Nii-jima Grand Hotel** ab 9000 ¥. Reservierung s. Information, **Zeltplatz Habushiura Camp-jo** (kostenlos, Zelt mitbringen, 45 Min. zu Fuß vom Hafen).

Shikine-jima

Die kleine Insel Shikine-jima (800 Einwohner) liegt 6 km südwestlich von Nii-jima. Sie ist relativ flach und hat die am stärksten zerrissene Küstenlinie unter den Izu-Inseln. Mehrere schön gelegene **Thermalbäder** gibt es auf der Insel. Das sind die nahe beieinander liegenden *Matsugashita-Miyabi-yu, Ashitsuki Onsen* und *Jinata Onsen,* 3, 5 bzw. 10 Min. zu Fuß vom Shikinejima Hafen (kostenlos, Badezeug mitbringen). Auch diese Insel bietet viele Wassersportmöglichkeiten inkl. Schnorcheln und Windsurfen. Radfahren (Miete ab 2000 ¥ pro Tag, es gibt auch elektrische Räder) ist eine geeignete Möglichkeit, sich fortzubewegen. Der höchste Punkt, **Kanbiki-yama** an der Westseite ist nur 99 m hoch und bietet, ebenso wie der **Gunji-yama** auf der anderen Seite der Insel, hervorragende Aussicht.

- ●**Vorwahl:** 04992
- ●**Shikine-jina Tourist Association:** Tel. 70170
- ●**Fährverbindung:** ab *Tokyo* mit Tokai Kisen (s. Ôshima), an 9.05, zurück ab 11.50 Uhr, ab 5120 ¥. Ab *Shimoda:* s. Nii-jima.
- ●**Bootsverbindung:** nach *Nii-jima* 7.40, 11, 16, zurück 8, 11.20, 16.20 Uhr, 10 Min., 420 ¥, Rückfahrkarte 820 ¥, Tel. 70825.
- ●**Unterkunft:** Es gibt rund 37 Minshuku, Halbpension ab 6000 ¥, Ryokans ab 8000 ¥, Reservierung s. „Information". **Zeltplatz:** *Oura Camp-jo* Mai, Juli, August; *Kamanoshita camp-jo* ganzjährig (außer Mai, Juli, August), kostenlos, 25 Min. von Nobushi.

Kozushima

Kozushima (etwa 2000 Einwohner) ist ebenfalls sehr klein und hat viele faszinierende **Strände** zu bieten: Takôhama mit schönem weißen Sand sowie Kaesu, Nagahama, Sawajiri und Maehama. Die Landschaft mit dem 574 m hohen Tenjo-yama ist insgesamt

Ausflüge

sehr reizvoll. Die Besteigung des zerklüfteten Vulkans lohnt sich und ist beliebt (jap. Karten an den Tourismusbüros am Takeshiba Pier oder der Insel erhältlich). Vom Hafen das Sträßchen bergan gehen, am Ortsrand über die Brücke nach rechts und wieder bergan, nochmals über eine Brücke nach rechts und weiter bergan zum **Kuroshima Tozanguchi**. Von dort zum ersten Gipfel **Kuroshima-sansho**. Innerhalb des Kraters gibt es eine interessante Landschaft aus Sandwüste, Vegetation, einem kleinen Teich mit Schrein, kleinen Gipfeln, und super Ausblicken, vor allem bei klarer Sicht.

- ●**Vorwahl:** 04992
- ●**Kôzushima Tourist Association:** Tel. 80321
- ●**Fährverbindung:** ab *Tokyo* mit Tokai Kisen (s. Ôshima), an 9.55, zurück ab 11 Uhr, ab 5430 ¥.
- ●**Unterkunft:** Es gibt rund 40 Minshuku, Halbpension ab 6500 ¥, Ryokans ebenfalls ab 6500 ¥, Reservierung s. Information. Zeltplätze: *Sawajiriwan camp-jo*, 15 Min. mit dem Bus, *Nagahama camp-jo* 20 Min. mit Bus, kostenlos. *Toritsu Takouwan Family Camp-jo* 400 ¥, Zeltmiete 1300 ¥.

Miyake-jima

Die drittgrößte der sieben Inseln (4600 Einwohner) liegt 186 km südlich von Tokyo und misst 35 km Umfang. Früher war sie eine Gefangeneninsel. Nach dem Ausbruchs des Vulkans **Oyama** (814 m) im August 2000 wurden alle Bewohner evakuiert. Inzwischen ist wieder weitgehend Normalität hergestellt. Der noch rauchende Vulkan ist jedoch noch immer gesperrt. Nur die unteren Hänge dürfen erwandert werden.

- ●**Vorwahl:** 04994
- ●**Miyake-jima Tourist Association:** Tel. 51144, www.miyakejima.gr.jp
- ●**Fährverbindung:** ab *Tokyo* mit Tokai Kisen (s. Ôshima).

Mikura-jima

Mit nur 20 km² eine der kleinsten Izu-Inseln, 1 Std. südlich von Miyakejima, umgeben von Steilküsten, überragt von dem 851 m hohen **Oyama** (*Oyama* = großer Berg, namensgleich mit dem Vulkan auf Miyake-jima), der bestiegen werden kann. Offiziell wird ein Führer wegen Schutz der Vegetation verlangt, was nicht ganz logisch ist, zumal der Weg gut markiert ist. Das Inselinnere ist stark zerklüftet. Naturschutz wird groß geschrieben. Die meisten Besucher kommen zur Delfin-Beobachtung und zum Schwimmen. Der Ort hat nur 300 Einwohner. Es gibt 8 Minshuku und ein Camp mit leeren Hütten. Reservierung wird 2 Monate im Voraus erwünscht.

- ●**Vorwahl:** 04994
- ●**Mikurajima Tourist Information Office:** Tel. 82022
- ●**Fährverbindung:** ab *Tokyo* mit Tokai Kisen (s. Ôshima).

Hachiô-jima

Die zweitgrößte Izu-Insel liegt 290 km südlich von Tokyo (68 km², 59 km Umfang). Um den 854 m hohen **Hachijô-Fuji** herum wächst teilweise tropische Vegetation. Seine Besteigung ist sehr beliebt. Es gibt mehrere Anstiegswege (jap. Wanderkarten erhältlich im Tourismusbüro). Am einfachsten ist es, der Autostraße mit Mietwagen oder Fahrrad bis in etwa

500 m Höhe zu folgen und von dort die letzten 300 m zu Fuß anzusteigen. Der riesige Krater ist sehr eindrucksvoll, man kann hineinsteigen und ihn umrunden, eine hervorragende Aussicht ist garantiert. Auf den zweiten Vulkan, **Mihara-yama,** 700 m, kann man bei entsprechender Fitness mit dem Fahrrad bis ganz nach oben fahren.

●**Fährgesellschaft:** *Tôkai Kisen,* F11 Takeshiba North Tower, 1-11-1 Kaigan, Tel. 3432-4555.

Aogashima

Diese nur 5 km² kleine Insel liegt 71 km südlich von Hachijo-jima und ist per Boot von dort aus erreichbar, Tôkai Kisen fährt sie nicht an. Es gibt nur 200 Einwohner – die Insel ist damit die kleinste Gemeinde Japans.

Ogasawara-Inseln

Diese aus etwa 30 Inseln bestehende Gruppe liegt zwischen 900 und 1200 km südöstlich von Tokyo, gehört aber verwaltungsmäßig noch zur Präfektur Tokyo. Die Inselgruppe war bis 1968 unter **amerikanischer Besatzung** und wurde 1972 zum **Ogasawara-Nationalpark** erklärt. Die beiden einzigen von Tokyo aus erreichbaren Inseln sind **Chichi-jima** und **Haha-jima.** Das Klima und die Vegetation sind tropisch, die Durchschnittstemperatur beträgt 23 °C.

Die Ogasawara-Inseln (auch „Bonin-Inseln" genannt) bieten gute **Wassersportmöglichkeiten.** Es gibt Verleihstationen für Motorboote und Kajaks sowie für Ausrüstung zum Tauchen und Surfen.

Information

●**Ogasawara Kankô Kyôkai,** Tel. (03) 3451-5171.

Mietfahrzeuge

●**Fahrrad:** pro Tag 1800 ¥
●**Motorrad:** pro Tag 2500–5000 ¥
●**PKW:** 5000–9000 ¥ für 3 Std.

Fährverbindung

●**Von Tokyo:** 10 Uhr ab Takeshiba-Pier, 14.30 am nächsten Tag an Futami (Chichi-jima); 12 Uhr ab Futami, 17 Uhr am nächsten Tag an Takeshiba-Pier; 2. Kl. 22.140/24.620 ¥ (Juli/August), 1. Kl. 44.290/49.230 ¥. Reservierung (bis zu 3 Monaten im Voraus): Ogasawara Kaiun, F9, Asahi Bldg., 5-29-19 Shiba, Tel. 3451-5171.
●**Chichijima–Hahajima:** 6 Uhr, 7.30 Uhr, 15.15 Uhr, **Hahajima–Chichijima:** 9 Uhr und 14 Uhr (Fahrzeit 2 Std., 2. Kl. 3300 ¥, 1. Kl. 6600 ¥), Reservierung: Izu Shotô Kaihatsu, Tel. 3455-3090.

Unterkunft

●**Camping** ist auf den Inseln nicht erlaubt.
●Auf Chichi-jima gibt es über 20 **Minshuku** (ab 5500 ¥), z.B. Ogasawara Marina, Tel. 044-977-5740; Green Villa Lodge, Tel. (03) 3454-4431; Villa Seaside, Tel. (03) 3686-7779. Auch auf Haha-jima gibt es mehrere Minshuku.
●**Hotel:** Ogasawara Kankô Hotel, ab 8000 ¥, Chichi-jima, Tel. (03) 3337-7541.

Ausflüge

528bo Foto: ml

Anhang

Glossar

●**Amaterasu-ômikami:** Sonnengöttin im Schintoismus, höchste Gottheit des japanischen mythologischen Pantheons; Urahnin der japanischen Kaiser.

●**Amida** (sanskrit *Amitabha*): Name des Buddhas im buddhistischen westlichen Paradies, in das Gläubige nach ihrem Tod einzuziehen glauben.

●**Bashô, Matsuo:** bedeutendster Haiku-Dichter (1644–94), hinterließ zahllose Kurzgedichte, die charakteristisch für ihre Ruhe (*wabi*) und elegante Schlichtheit (*sabi*) sind. Am bekanntesten ist der Reisebericht über seine Reise nach Nord-Honshû von März bis September 1689, „Ôku no Hosomichi".

●**Benten** (sanskrit *Sarasvati*): einzige weibliche Gottheit unter den sieben Glücksgöttern (*shichi-fukujin*), üblicherweise mit Laute dargestellt, Göttin der Musik und Künste.

●**Bodhisattva** (jap. *Bosatsu*): buddhistische Gottheiten, die auf das Eingehen ins Nirwana verzichten, um andere zu erretten. Sie stehen im Rang unmittelbar unter Buddha. Berühmteste Bodhisattvas: Maitreya (jap. *Miroku-bosatsu* = der Buddha der Zukunft), Manjusri (jap. *Monju-bosatsu* = Verkörperung der Weisheit), Ksitigarbha (jap. *Jizô-bosatsu* = Beschützer der Kinder und Reisenden).

●**Bunraku:** kunstvolles, aus Osaka stammendes Puppentheater, besonders beliebt in der Edo-Zeit. Jede Puppe wird von drei Spielern bedient, Musikbegleitung durch *Shamisen.*

●**Daimyo:** Lehnsfürsten bis zum Ende der Edo-Zeit.

●**Dainichi-nyôrai** (sanskrit *Mahâvairocana*): höchste Manifestation des Buddha unter den Anhängern des esoterischen Buddhismus, der Name bedeutet „Großes Licht".

●**Fudô-myô'ô:** grimmige Manifestation des Dainichi-nyôrai, soll alles Übel vertreiben, dargestellt mit Flammenkranz und Schwert in der rechten Hand.

●**Gagaku:** alte Hofmusik, die die altertümliche Kagura-Musik mit neuerer Stimmbegleitung verbindet, beeinflusst von der chinesischen Musik der Tangdynastie und von Korea. Gagaku wird in Schreinen u.a. bei Festen und Hochzeiten aufgeführt.

●**Genji:** Clan der Familie *Minamoto,* die in der Heian-Zeit zu Bedeutung gelangte und sich einen erbitterten Machtkampf gegen den Clan der *Heike* bis zu dessen Zerstörung lieferte. Daraufhin gründete *Minamoto-no-Yoritomo* (1147–99) im Jahre 1185 das Kamakura-Shogunat, das drei Generationen später von den Regenten der *Hôjô* fortgesetzt wurde.

●**Genji Monogatari:** epischer Roman von *Murasaki Shikibu* (973–1014) über das luxuriöse höfische Leben des Prinzen *Hikaru Genji* und der ihn umgebenden Frauen in der Heian-Zeit; erster psychologischer Roman der Weltliteratur.

●**Hagoita:** japanisches Federballspiel mit hölzernem Schläger in Form eines langgezogenen Trapezes; wurde v.a. von Mädchen zu Neujahr gespielt; gehört heute mit reicher Verzierung zum Neujahrsschmuck.

●**Hanamichi** (dt. „Blumenpfad"): Rampe für Kabuki-Schauspieler durch den Zuschauerraum zur Bühne.

●**Heike:** Clan der Familie *Taira;* Blütezeit am Ende der Heian-Zeit. Der Clan wurde in der Seeschlacht von Dan-no-ura von den *Genji* vernichtend geschlagen und ins japanische Hinterland verstreut.

●**Hiroshige Andô:** einer der bedeutendsten Meister des jap. Holzschnitts (*ukiyo-e*) der ausgehenden Edo-Zeit (1797–1858), berühmt für seine Landschaftsserien der „53 Stationen des Tôkaidô" und der „100 Ansichten von Edo".

●**Hoke-kyô** (sanskrit *Saddharmapundarika Sutra*): Lotus-Sutra, eine der Grundlagen des Mahayana-Buddhismus.

●**Hokusai Katsushika:** der vielleicht bedeutendste Meister (1760–1849) des japanischen Holzschnitts (*ukiyo-e*), berühmt für seinen expressionistischen und kreativen Stil. Am bekanntesten sind seine „36 Ansichten des Fuji".

●**Ikebana:** Traditionelle Kunst des Blumensteckens.

●**Inari:** Gott der Ernte, vor allem der Reisernte; meist durch seinen Boten, den Fuchs, dargestellt. Inari-Schreine sind häufig gekennzeichnet durch lange Tunnel von gestifteten roten *torii.*

●**Jizô** (sanskrit *Ksitigarbha*): Schutzgottheit der Kinder und Reisenden, einer der beliebtesten Bodhisattvas. Dargestellt meist mit rotem Lätzchen (als symbolischem Kälteschutz) sowie Juwel in der einen und Stab in der anderen Hand. Da in Japan bereitwillig abgetrieben wird, werden viele Jizô-Statuen für die Seelen der Ungeborenen errichtet.

●**Jôdo-Sekte:** buddhistische Sekte, gegründet von *Hônen* (1133–1212) in Kyôto. Der Kern seiner Lehre war, dass Gläubige sich durch Gebete und Mantren der Gnade Buddhas anvertrauen und nach dem Tod einen Platz im Paradies des Amida Buddha einnehmen können.

●**Jôdo-shinshû-Sekte:** buddhistische Sekte, gegründet von *Shinran* (1173–1262) in der frühen Kamakura-Zeit als Ableger der Jôdo-Sekte. Die Lehre wurde durch Shinran weiter vereinfacht, indem lediglich aus ganzem Herzen das Gebet „Namu Amidabutsu" (*Nembutsu*) rezitiert zu werden braucht.

●**Happi-Coat:** kimonoartige kurze Jacke für traditionelle Feste *(matsuri)*.

●**Kabuki:** klassisches japanisches Theater der Edo-Zeit, ursprünglich von Frauen, die zugleich Prostituierte waren, gespielt, dann von jungen Männern; von den prüden Shogunen der Tokugawa-Zeit verboten. Schließlich übernamen erwachsene Männer alle Rollen. Wegen dem theatralischen Auftreten der Schauspieler bis heute beliebt; es gibt Stücke mit historischem Hintergrund, Geschichten der einfachen Leute und Tanzdramen.

●**Kannon** (sanskrit *Avalokiteshvara*): Göttin der Barmherzigkeit, erfüllt auf Anrufen sofort die Wünsche der Gläubigen, wandelt ihr Äußeres nach deren Bedarf.

●**Kanô Tan'yû:** bedeutendster Maler der Edo-Zeit (1602–74), Begründer der *Kanô*-Malschule. Berühmt sind die Malereien auf den Schiebetüren des Nijô-Schlosses in Kyôto.

●**Kokinwakashu:** mehr als 1000 Gedichte vom Waka-Typ, die auf Veranlassung des Kaisers *Daigo* (885–930) von berühmten Dichtern der Heian-Zeit gesammelt wurden.

●**Kûkai** (auch *Kôbô Daishi* genannt): Gründer der esoterischen Shingon-Sekte (774–835), und des Tempels Kongôbuji auf dem Bergplateau von Koya sowie des Tôji-Tempels in Kyôto. Im Alter von 62 Jahren trat der populäre und einflussreiche Priester ins Nirvana ein.

●**Maiko:** Bezeichnung für die Geisha-Lehrlinge in Kyoto.

●**Manyôshû:** älteste Gedichtsammlung Japans, etwa 4500 Gedichte vom Waka-Typ, die von Freud und Leid des Lebens in der Nara-Zeit (8. Jh.) berichten.

●**Matsuri:** Schrein- oder Tempelfeste.

●**Nakamise:** von Geschäften gesäumte Gasse, die auf einen Tempel zuführt, am bekanntesten ist die am Asakusa-Kannon-Tempel.

●**Natsume, Sôseki:** einer der bekanntesten japanischen Schriftsteller der Neuzeit (1867–1916), Dozent an der Tokyo University, sein erstes Werk, „Ich bin eine Katze", ist sein beliebtestes.

●**Netsuke:** kleine verzierte Verschlüsse in Form von Menschen oder Tieren aus Elfenbein, Bambus, Holz oder Korallen.

●**Nichiren-Sekte:** durch den fanatischen *Nichiren* (1222–82) gegründete buddhistische Sekte. Grundlage seiner Lehre ist die Lotos-Sutra *(hoke-kyô)*; Ziel war ein buddhistisches Paradies auf Erden. Er wurde verfolgt, weil er Buddha über die weltlichen Herrscher stellte.

●**Nô:** altertümliches Schauspiel, bei dem die Schauspieler Masken tragen und in eigentümlicher Weise ihre Texte rezitieren. Entstanden in der Kamakura-Zeit; durch *Zeami* in der Muromachi-Zeit zur endgültigen Fassung vervollkommnet.

●**O-bon:** buddhistisches Allerseelenfest zwischen Mitte Juli und Mitte August, je nach Region; beliebt sind die *Bon-odori* (Tänze) an lauen Sommerabenden.

●**Rakugo:** komische Geschichten, durch einen Mann-Darsteller vorgetragen. In Tokyo lebt die Tradition noch in Ueno fort.

●**Rinzai-Sekte:** die größte Zen-Sekte in Japan; im China der Tang-Dynastie gegründet. Charakteristisch ist die Meditation über Kôan-Paradoxe, logisch nicht lösbare Rätsel.

●**Rokujizô** (wörtl. „sechs Jizô"): helfen den Seelen in jeder der sechs Welten auf dem Weg ins Nirwana.

●**Shichi-fukujin:** die seit der Muromachi-Zeit verehrten „sieben Glücksgötter": Benten (Göttin der Musik und Künste), Bishamonten (Gott der Reichtümer), Ebisu (Gott des Handels), Daikokuten (Gott des Getreides), Fukurokujin (Gott des Wohlstandes und der Langlebigkeit), Hotei (lustiger Gott mit dickem

Anhang

Bauch, Beschützer der Kinder), Jurôjin (Gott der Weisheit und Langlebigkeit).

● **Shingon-Sekte:** von *Kûkai* nach seiner Rückkehr aus China gegründete Sekte des esoterischen Buddhismus *(mikkyô)*. Im Mittelpunkt der Verehrung steht *Dainichi-nyôrai.* Die *Yamabushi* sind Angehörige dieser Sekte.

● **Shoin-zukuri:** traditioneller Baustil der Samurai-Häuser und der charakteristischen Elemente japanischer Wohnhäuser insgesamt

● **Sôtô-Sekte:** zweitgrößte Zen-Sekte.

● **Sugawara-no-Michizane:** Gelehrter und Politiker der frühen Heian-Zeit (845–903). *Fujiwara-no-Tokihira,* der bei Hof einen Rang höher stand, war neidisch und verbannte ihn in die Gegend des heutigen Fukuoka (Kyûshû); später als Gott des Lernens *(tenjin)* besonders zur Examenszeit verehrt *(Yushima Tenjin).*

● **Sumi-e:** Tuschemalerei bzw. Kalligrafie. Tusche wird durch Verreiben eines Tintenstiftes auf einem mit Wasser gefüllten Tintenstein erzeugt.

● **Takeda Shingen:** eine der führenden Persönlichkeiten auf dem Weg zur Einigung Japans im Mittelalter (1521–73), starb vor Erreichen seines Zieles.

● **Tendai-Sekte:** im Jahre 805 gegründete esoterische Sekte mit Sitz auf dem Berg Hiei in Kyôto, sehr einflussreich.

● **Tokugawa:** beherrschende Familie im Japan der Edo-Zeit (1600–1868), stellte alle Shogune.

● **Torii:** Doppelbalkentor am Eingang zu Schreinen, zugleich Symbol für Shintô-Schreine. Die größten in Tokyo führen zum Yasukuni- bzw. Meijischrein.

● **Ukiyo-e** (wörtl. „Bilder der fließenden Welt"): Holzschnitte; dargestellt wurden anfangs Kurtisanen, Schauspieler, Sumo-Ringer, später auch Landschaften und Szenen des täglichen Lebens. Am bekanntesten sind *Utamaro* und *Suzuki Harunobi,* die sich auf schöne Frauen spezialisierten, *Sharaku* (Kabuki-Schauspieler), *Hokusai* und *Hiroshige.*

● **Waka:** im 6. Jh. entstandene Gedichtform, auch *tanka* genannt: fünf Zeilen mit 31 Silben, Muster: 5-7-5-7-7 Silben.

● **Yamabushi** (wörtl: „der in den Bergen liegt"): Angehörige der esoterischen Shugendô-Sekte, die im Gebirge asketische Übungen zur Erlangung von heiligen oder magischen Kräften absolvieren; Hauptaufgaben sind Heilen und Exorzismus.

Literaturtipps

Karten

- **Japan:** 1:1.200.000, aus reiß- und wasserfestem Material, GPS-tauglich, mit ausführlichem Ortsregister und klassifiziertem Straßennetz, world mapping project, REISE-KNOW-HOW Verlag.
- **Tokyo: A Bilingual Atlas,** 154 Seiten, Kodansha International, 1850 ¥. Sehr guter Stadtatlas mit zahlreichen Themenkarten, jährlich aktualisiert.
- **Japan: A Bilingual Atlas,** 128 Seiten, Kodansha International, 2150 ¥. Japan-Atlas im selben Format wie Tokyo, mit Karten der wichtigsten Sehenswürdigkeiten und zahlreichen Themenkarten, wird ebenfalls jährlich aktualisiert.
- **Tokyo Metropolitan Area Rail & Road Atlas,** Kodansha International, 1850 ¥.

Umgebung Tokyos

- **Trip Out: Explore Tokyo's Surroundings,** Merit 5 Co. 1991. Äußerlich nicht sehr attraktiv, aber handlich, mit vielen Trips außerhalb von Tokyo, nach Jahreszeiten geordnet.
- **Day Walks Near Tokyo,** Gary D. A. Walters, Kodansha International, Tokyo, 1. Aufl. 1988. 25 Tageswanderungen rund um Tokyo.
- **Weekend Adventures Outsides Tokyo,** Tae Moriyama, Shufunotomo, Tokyo, 2. Aufl. 1991, 359 Seiten. Ausflüge zu historisch bedeutenden Orten in der Umgebung Tokyos.

Ratgeber für Langzeitaufenthalt

- Robert Baum: **Japan: Reisen, Jobben, Sprache lernen.** Wichtige Informationen für all jene, die einen längeren Aufenthalt in Japan planen. Praxis-Reihe, REISE-KNOW-HOW Verlag.
- Janet Ashby: **Gaijin's Guide, Practical Help for Everyday Life in Japan,** The Japan Times, Tokyo 1991, 1240 ¥. Praktische Hilfe für „Analphabeten" im Großstadtdschungel mit Fotos, vielen Begriffserklärungen und Sprechhilfen (inkl. kana und kanji).
- Terra Brockman, **The Job Hunters Guide to Japan,** Kodansha International 1990, 1900 ¥. Gute Informationsquelle für Gaijin, die in Japan arbeiten wollen.

- **Tokyo For Free,** Susan Pompian, Kodansha 1998, 2400 ¥, 300 kostenlose Attraktionen in Tokyo: Info-Material, Museen/Galerien, Parks/Gärten, Aussichtspunkte, Reiten und andere Aktivitäten für und mit Kindern, Sport, Massage u.a.m.

Sprache

- **Japanisch – Wort für Wort,** Martin Lutterjohann, REISE-KNOW-HOW Verlag, Kauderwelsch-Reihe. Praktisch orientierter Sprechführer im handlichen Format, der den ersten Einstieg in die Sprache ermöglicht. Auch mit AusspracheTrainer auf Audio-CD und Kauderwelsch digital als PDF auf CD-ROM erhältlich.
- **Japanese for Today,** Gakken, Tokyo. Sehr guter Sprachkurs, am besten mit den zugehörigen Kassetten.
- **Japanese Life Today,** AOTS, Tokyo 1987, 1900 ¥. Texte zu aktuellen Themen für diejenigen, die die Grundlagen der Sprache schon beherrschen (in versch. Sprachebenen: romaji, kana, kanji), mit grammatischen Hinweisen.

Essen und Trinken

- **Eating Cheap in Japan,** Kimiko Nagasawa & Camy Condon, Shufunotomo, Tokyo. Preiswerte Gerichte in verschiedenen Lokaltypen.
- **Good Tokyo Restaurants,** Kennedy, Kodansha International 1992, 1200 ¥. Restaurantkritiken von 116 guten Restaurants (japanische und andere Küchen).
- **The Guide to Japanese Food and Restaurants,** Russel Marcus, Jack Plimpton, Shufunotomo, Tokyo 1986. Sehr detaillierte Einführung in die japanischen Lokaltypen mit Begriffen und Lokalempfehlungen.
- **Tokyo Night City, Where to Drink and Party After Work and After Hours,** Jude Brand, Charles E. Tuttle, Tokyo 1993. Mehr als 120 Bars, Diskotheken, Jazzlokale u.a. werden vorgestellt.

Business

- **Japanese Business Etiquette, A practical guide to success with the Japanese,** Sphere Reference, England 1985, 2,95 £. Praktische Einführung in die Grundlagen erfolgreicher Geschäftsbeziehungen mit Japanern.

Anhang

● **Japanische Geschäftsmentalität,** Reihe Japanwirtschaft, Meckel, Deutsch-Japanisches Wirtschaftsförderungsbüro, Düsseldorf 1991, kompakte. Kompetente Einführung für Geschäftsleute.

● **Japan Directory of Professional Associations,** Intercontinental Marketing Corp., Tokyo 1995, 400 Seiten, 300 US-$ (auch auf CD erhältlich). Verzeichnis von über 8600 Organisationen aus Wirtschaft und Handel, Industrie, Technik, Universitäten u.a.

Geschichte und Geschichten über Tokyo

Alle aufgeführten Bücher bieten Entdeckungsspaziergänge durch das alte Tokyo mit vielen Anekdoten und Erläuterungen.

● **Tokyo Sights & Insights, Exploring the citys back streets,** *Ryosuke Kami,* Charles E. Tuttle Company, Tokyo 1992. Kurioses und Interessantes, festgehalten in Worten und mit Zeichenstift.

● **Deutsche Spaziergänge in Tokyo,** *Josef Kreiner,* iudicium, München 1996. Auf den Spuren des Wirkens von Deutschen, Niederländern, Österreichern und Schweizern – eine etwas andere Methode, die Stadt zu entdecken.

● **Facetten der städtischen Bürgerkultur Japans vom 17.–19. Jahrhundert,** *Franziska Ehmcke & Masako Shôno-Sládek* (Hrsg.), iudicium, München 1994. Verschiedene Autoren schreiben über unterschiedliche Aspekte der Bürgerkultur in der Edo-Zeit.

● **Little Adventures in Tokyo,** *Rick Kennedy,* Stone Bridge Press, neu bearbeitete Auflage 1998, 1850 ¥; 39 Entdeckungstouren in und um Tokyo abseits der üblichen Touristenpfade, allesamt dennoch charakteristisch für Tokyo bzw. Japan.

Gesellschaft, Kultur, Mentalität

● **Kulturschock Japan,** *Martin Lutterjohann,* REISE KNOW HOW Verlag Bielefeld.

● **Communicating with the Japanese,** *J.V. Neustuupny,* The Japan Times 1993, 1340 ¥. Informatives Taschenbuch zur japanischen Kultur, der Kommunikation mit Japanern und verschiedenen Aspekten der Sprache.

● **Japanese Society,** *Chie Nakane,* Penguin Books, England. Klassisches Büchlein zum Verständnis des japanischen Gruppenbewusstseins.

● **Japanese Etiquette. An Introduction,** *Tokyo YWCA,* Charles E. Tuttle, Tokyo. Einführung in die traditionelle Etikette, die in formellen Situationen immer noch gilt.

● **Amae. Freiheit in Geborgenheit,** *Takeo Doi,* edition Suhrkamp 1128, Frankfurt 1992. Einblick in die „japanische Seele".

● **Im Reich der Zeichen,** *Roland Barthes,* edition Suhrkamp 1981. Ein interessanter Versuch, auf Japan zuzugehen.

● **Die elektrische Geisha. Entdeckungsreisen in Japans Alltagskultur,** *Atsushi Ueda* (Hrsg.), Edition Peperkorn, Göttingen 1995. Einblicke in den japanischen Alltag.

● **Wohnkultur und Lebensstil in Japan,** *Slesin/Rosenstrauch,* Du Mont, Köln 1987. Sehr gutes Buch über Architektur und Wohnkultur im heutigen Japan.

● **Pictures from the Water Trade,** *John David Morley,* 1985, Restexemplare über Abe Books online zu bestellen. Das Buch ist zugleich Autobiografie/Reisebeschreibung/Roman/Kulturgeschichte, eine Begegnung mit dem von den Yakuza kontrollierten *mizu shobai* (Sex und Bäder) und der japanischen Gesellschaft. Morley lebte 3 Jahre in Japan.

● **Tokyo: The Complete Residents' Guide,** von *Andy Sharp, Beau Miller, Frank Spignese, Jennifer Geaconne-Cruz, Julian Satterthwaite, Karryn Cartelle, Tamsin Bradshaw.* Dubai: Explorer Group, Ltd., 2008, 444 Seiten, reich illustriert. Ein Handbuch für Yuppies mit Fokussierung auf Roppongi. Behördengänge, Wohnungssuche, Sport und Spiel, Essen, Trinken, Nachtleben u.a. werden behandelt.

Religion

● **Shintô,** *Dr. Sokyo Ono,* Charles E. Tuttle. Einführung in die ureigene jap. Religion.

● **Zen Geist – Anfänger Geist,** *Shunryu Suzuki.* Praktische Einführung in Zen: rechte Übung, Einstellung und Verstehen.

● **Eine kurze Geschichte des Buddhismus,** *Edward Conze,* Suhrkamp Taschenbuch. Überblick über die Entwicklung des Buddhismus in verschiedenen Ländern und Kulturen.

Mini-Sprachführer Japanisch

Wer sich intensiver mit der japanischen Sprache beschäftigen möchte, kann das mit dem Sprechführer **Japanisch – Wort für Wort**, REISE KNOW-HOW Verlag Bielefeld.

Aussprache

Die Aussprache des Japanischen ist für uns sehr einfach. Die **Vokale** werden etwa wie im Deutschen oder Italienischen ausgesprochen. Es gibt eine kurze und eine lange Form. Die **lang gesprochenen** Vokale werden üblicherweise in der Transkription so geschrieben: **â, ei, ii, ô, û.** Das lange e wird also ei geschrieben und *e-i* ausgesprochen; ô wird manchmal auch als *ou* geschrieben, entsprechend der Schreibart in den beiden Silbensystemen. Zwischen stimmlosen Mitlauten werden i und u fast verschluckt.

kurz gesprochene Vokale:
a: wie Katze
e: essen, nicht gedehnt wie in beten
i: wie Kitz
o: teils wie Motto, teils wie Foto
u: Zug, aber nicht mit gespitztem Mund

Die **Konsonanten ch, sh, j, w, z** werden wie im Englischen ausgesprochen.
fu: zwischen h und f, z. B. *fuku* (= wehen)
g: in der Wortmitte leicht nasaliert, etwa wie *ng*, z. B. *nagai* (= lang)
hi: fast wie ch in ich
n: am Wortende leicht nasaliert, z. B. *hon* (= Buch)
r: zwischen leicht gerolltem *r* und *l*

Fragewörter

dare, donata = wer
nan, nani = was
dô = wie
naze, dôshite = warum, weshalb
itsu = wann
dore, donna = welcher, was für ein
doko = wo
dochira = wohin
ikura = wie viel, wie teuer
ikutsu = wieviel, wie alt

kore wa nan desu ka = was ist das?
doko de kae-masu ka = wo kann ich kaufen?

Zahlen

Das chinesische System wird zum Zählen und für Mengenangaben verwendet, das japanische für allein stehende Zahlen und wenn das Kategoriewort unbekannt ist.

	Chinesisches System	Japanisches System
0	rei,	zero
1	ichi	hito(tsu)
2	ni	futa(tsu)
3	san	mi(tsu)
4	shi, yon	yo(tsu)
5	go	itsu(tsu)
6	roku	mu(tsu)
7	shichi, nana	nana(tsu)
8	hachi	ya(tsu)
9	kyu, ku	kokono(tsu)
10	jû	tô
11	jû-ichi	
15	jû-go	
20	ni-jû	
80	hachi-jû	
100	hyaku	
300	sambyaku (assimiliert)	
1000	sen, zen	
10.000	man	
100 Mio	oku	

en = Yen
ikura desu ka = Wie teuer ist es?
san-zen en (desu) = (Es kostet) 3000 Yen

Wochentage

nichi-yôbi = Sonnen-Tag (So)
getsu-yôbi = Mond Tag (Mo)
kai-yôbi = Feuer-Tag (Di)
sui-yôbi = Wasser-Tag (Mi)
moku-yôbi = Holz-Tag (Do)
kin-yôbi = Gold-Tag (Fr)
do-yôbi = Erd-Tag (Sa)
heijitsu = wochentags
kyû = feiertags

Monatsnamen

Mond heißt *tsuki* bzw. *getsu,* Monat *gatsu*. Die Monate werden von 1 bis 12 gezählt:
ichi-gatsu = Januar
ni-gatsu = Februar, etc.
jû-ni-gatsu = Dezember

Anhang

Allgemeine Gesprächsformeln

hai = ja
iie/chigai-masu = nein
o-hayô gozai-masu = Guten Morgen
konnichi wa = Guten Tag
komban wa = Guten Abend
oyasumi-nasai = Gute Nacht
sayonara = Auf Wiedersehen
arigatô-gozai-masu/mashita = vielen Dank
do-ita-shi-mashite = keine Ursache
watashi no namae wa = ich heiße ...
wakari-masen = ich verstehe nicht
takai/takaku-nai (desu) = teuer/ nicht teuer
hajime-mashite = Grußformel bei der ersten
    Begegnung, anschließend:
dôzô yoroshiku = Bitte seien Sie mir
    wohlgesonnen
o-genki desu ka = wie geht's?
okagesama de = danke der Nachfrage
dômo = danke, bitte, Entschuldigung, etc.
dôzô = bitte (Gefallen)
sumi-masen = Entschuldigung
    (beim Ansprechen fremder Personen)
gomen-nasai/-kudasai = Entschuldigung
kamai-masen = das macht nichts
itadaki-masu = ich esse
    (entspricht: Guten Appetit)
mô kekkô desu = danke, ich habe genug

Nützliche Vokabeln

migi = rechts
hidari = links
mae = vor
ushiro = hinter
soba = nahe, neben
tonari = nebenan
mukô = gegenüber
kôsaten = Kreuzung
biru = building, Gebäude
eki = Bahnhof
iri-/de-guchi = Ein-/Ausgang
densha = Zug
chikatetsu = U-Bahn
shinkansen = Superexpress
tokkyû = Express
kyûko = Eilzug
kippu = (Fahr)karte
jikoku-hyô = Fahrplan
nan-ji = wie viel Uhr?
jikan = Stunde/n

Unterwegs

(o-te-arai wa) doko desu ka?
(Toilette 1) wo ist ?
Wo ist (eine Toilette)?

(kôshû denwa) doko ga ari-masu ka?
(öffentl. Telefon) wo 1 gibt es ?
Wo gibt es (ein öffentliches Telefon)?

ichiban chikai eki wa doko desu ka?
der-erste nahe Bahnhof 1 wo ist ?
Wo ist der nächste Bahnhof?

kippu, doko de kai-masu ka?
Fahrkarte, wo in kaufe
Wo kann ich die Fahrkarte kaufen?

... made ikura desu ka?
... bis wie viel ist ?
Was kostet es bis ...?

kono densha wa ... e iki-masu ka?
dieser Zug 1 ... nach fährt?
Fährt dieser Zug nach ...?

norikae doko?
Umsteigen wo
Wo muss ich umsteigen?

nan-ban sen?
welcher Bahnsteig?

basu noriba wa doko desu ka?
Bus Zustieg 1 wo ist?
Wo ist eine Bushaltestelle?

tomete kudasai
Halten Sie bitte!

sumimasen S.O.S. desu.
Entschuldigung SOS bin
Ich habe die Orientierung verloren.

tasukete kudasai.
helfend-geben bitte
Helfen Sie mir bitte.

soko made isshô ni onegai-shi-masu.
dort bis gemeinsam in bitte-um
Bitte zeigen Sie mir den Weg.

Japanische Ortsnamen

Ein großer Teil der in Tokyo und anderswo gebräuchlichen Ortsnamen setzt sich, zumindest in Teilen, aus den folgenden Begriffen zusammen. Eine Schwierigkeit ist, daß die Namen mal in japanischer, mal in sino-japanischer Lesart verwendet werden; durch die Vermischung verändern sich auch häufig die Anfangsbuchstaben. Zu Beginn steht hier meist die Form, die häufiger als Namensbestandteil auftritt.

ba = Platz
chô, machi = Stadt(viertel)
chûô = Zentral
dai, ô = groß
dai, tai = Plateau
dai-gaku = Universität
dake, gaku = Bergspitze
dô, michi = Weg
dôri = große Straße, Boulevard
eki = Bahnhof
en = Garten
furu(i) = alt
futa(tsu) = zwei
gai, soto = außen
gawa, kawa = Fluss
hama, kô = Hafen
hara, bara = Feld
hashi, bashi = Brücke
hori, bori = Graben
ike = Teich
ishi, goku, shaku = Stein
iwa = Fels
-ji, -in = Tempel
-jingu, jinja = Schrein
juku = Quartier
kami, gami = oben, Ober
kan = Gebäude
kawa = Fluss
kı, gi = Baum
ko-, o- = klein
ko, go = alt
kôen = Park
koku, kuni = Land
kokuritsu = staatlich
kôkyô = Kaiserpalast
kyô, miyako = Hauptstadt
machi = Stadt
mae = vor
maru = Kreis, rund
matsu, sho = Kiefer
mi = Blick
mi, umi, kai = Meer
minato, ko = Hafen
miya, gû = Schrein

mizu = Wasser (kalt)
mon = Tor
mori, rin = Wald
moto = Ursprung
mura = Dorf
naga(i) = lang
naka, chû = Mitte, Mittel-
no = Feld
oka = Hügel
onsen = Thermalbad
saka, zaka = Hangweg
saki, zaki = Vorsprung
san, yama = Berg
sato, zato = Dorf
sawa, zawa = Bachtal
seki = ehem. Kontrollpunkt
sen, izumi = Quelle
shin, shim = neu
shima, jima = Insel
shio, kô = See
shita, shimo = unten, Unter-
sô = Villa
suna = Sand
sui = Wasser
taka, ko = hoch
take, chiku = Bambus
taki = Wasserfall
tsuka = Grabhügel
tsuki = Mond, Monat
uchi = innen
ue, jô = oben, auf
ume = Pflaume
waka(i) = jung
ya, tani = Tal
ya, mise = Laden
yu = heißes Wasser, Thermalbad
yuki = Schnee
-za = -Theater

Himmelsrichtungen:
higashi, tô = Ost
minami, nan, nam = Süd
nishi, zai = West
kita, hoku = Nord

Anhang

REISE KNOW-HOW
das komplette Programm
fürs Reisen und Entdecken

Weit über 1000 Reiseführer, Landkarten, Sprachführer und Audio-CDs
liefern unverzichtbare Reiseinformationen und faszinierende Urlaubsideen
für die ganze Welt – *professionell, aktuell und unabhängig*

Reiseführer: komplette praktische Reisehandbücher für fast alle touristisch interessanten Länder und Gebiete **CityGuides:** umfassende, informative Führer durch die schönsten Metropolen **CityTrip:** kompakte Stadtführer für den individuellen Kurztrip **world mapping project:** moderne, aktuelle Landkarten für die ganze Welt **Edition REISE KNOW-HOW:** außergewöhnliche Geschichten, Reportagen und Abenteuerberichte **Kauderwelsch:** die umfangreichste Sprachführerreihe der Welt zum stressfreien Lernen selbst exotischster Sprachen **Kauderwelsch digital:** die Sprachführer als eBook mit Sprachausgabe **KulturSchock:** fundierte Kulturführer geben Orientierungshilfen im fremden Alltag **PANORAMA:** erstklassige Bildbände über spannende Regionen und fremde Kulturen **PRAXIS:** kompakte Ratgeber zu Sachfragen rund ums Thema Reisen **Rad & Bike:** praktische Infos für Radurlauber und packende Berichte außergewöhnlicher Touren **sound)))trip:** Musik-CDs mit aktueller Musik eines Landes oder einer Region **Wanderführer:** umfassende Begleiter durch die schönsten europäischen Wanderregionen **Wohnmobil-TourGuides:** die speziellen Bordbücher für Wohnmobilisten mit allen wichtigen Infos für unterwegs

www.reise-know-how.de

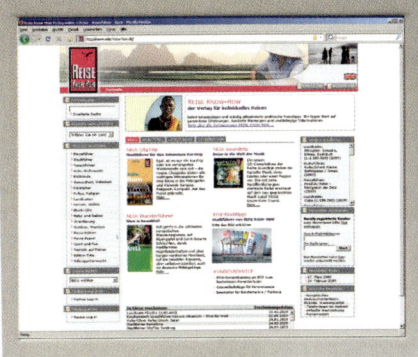

Anhang

HILFE!

Dieser Reiseführer ist gespickt mit unzähligen Adressen, Preisen, Tipps und Infos. Nur vor Ort kann überprüft werden, was noch stimmt, was sich verändert hat, ob Preise gestiegen oder gefallen sind, ob ein Hotel, ein Restaurant immer noch empfehlenswert ist oder nicht mehr, ob ein Ziel noch oder jetzt erreichbar ist, ob es eine lohnende Alternative gibt usw.

Unsere Autoren sind zwar stetig unterwegs und versuchen, alle zwei Jahre eine komplette Aktualisierung zu erstellen, aber auf die Mithilfe von Reisenden können sie nicht verzichten.

Darum: Schreiben Sie uns, was sich geändert hat, was besser sein könnte, was gestrichen bzw. ergänzt werden soll. Nur so bleibt dieses Buch immer aktuell und zuverlässig. Wenn sich die Infos direkt auf das Buch beziehen, würde die Seitenangabe uns die Arbeit sehr erleichtern. Gut verwertbare Informationen belohnt der Verlag mit einem Sprechführer Ihrer Wahl aus der über 220 Bände umfassenden Reihe „Kauderwelsch" (siehe unten).

Bitte schreiben Sie an:

REISE KNOW-HOW Verlag Peter Rump GmbH, Postfach 140666, D-33626 Bielefeld, oder per E-Mail an: info@reise-know-how.de

Danke!

Kauderwelsch-Sprechführer –
sprechen und verstehen rund um den Globus

Afrikaans ● Albanisch ● Amerikanisch – *American Slang, More American Slang,* Amerikanisch oder Britisch? ● Amharisch ● Arabisch – Hocharabisch, für Ägypten, Algerien, Golfstaaten, Irak, Jemen, Marokko, ● Palästina & Syrien, Sudan, Tunesien ● Armenisch ● *Bairisch* ● Balinesisch ● Baskisch ● Bengali ● *Berlinerisch* ● Brasilianisch ● Bulgarisch ● Burmesisch ● Cebuano ● Chinesisch – Hochchinesisch, kulinarisch ● Dänisch ● Deutsch – *Allemand, Almanca, Duits, German, Nemjetzkii, Tedesco* ● Elsässisch ● Englisch – *British Slang, Australian Slang, Canadian Slang, Neuseeland Slang,* für Australien, für Indien ● Färöisch ● Esperanto ● Estnisch ● Finnisch ● Französisch – kulinarisch, für den Senegal, für Tunesien, *Französisch Slang, Franko-Kanadisch* ● Galicisch ● Georgisch ● Griechisch ● Guarani ● Gujarati ● Hausa ● Hebräisch ● Hieroglyphisch ● Hindi ● Indonesisch ● Irisch-Gälisch ● Isländisch ● Italienisch – *Italienisch Slang,* für Opernfans, kulinarisch ● Japanisch ● Javanisch ● Jiddisch ● Kantonesisch ● Kasachisch ● Katalanisch ● Khmer ● Kirgisisch ● Kisuaheli ● Kinyarwanda ● *Kölsch* ● Koreanisch ● Kreol für Trinidad & Tobago ● Kroatisch ● Kurdisch ● Laotisch ● Lettisch ● Lëtzebuergesch ● Lingala ● Litauisch ● Madagassisch ● Mazedonisch ● Malaiisch ● Mallorquinisch ● Maltesisch ● Mandinka ● Marathi ● Modernes Latein ● Mongolisch ● Nepali ● Niederländisch – *Niederländisch Slang,* Flämisch ● Norwegisch ● Paschto ● Patois ● Persisch ● Pidgin-English ● *Plattdüütsch* ● Polnisch ● Portugiesisch ● Punjabi ● Quechua ● *Ruhrdeutsch* ● Rumänisch ● Russisch ● *Sächsisch* ● *Schwäbisch* ● Schwedisch ● *Schwiizertüütsch* ● *Scots* ● Serbisch ● Singhalesisch ● Sizilianisch ● Slowakisch ● Slowenisch ● Spanisch – *Spanisch Slang,* für Lateinamerika, für Argentinien, Chile, Costa Rica, Cuba, Dominikanische Republik, Ecuador, Guatemala, Honduras, Mexiko, Nicaragua, Panama, Peru, Venezuela, kulinarisch ● Tadschikisch ● Tagalog ● Tamil ● Tatarisch ● Thai ● Tibetisch ● Tschechisch ● Türkisch ● Twi ● Ukrainisch ● Ungarisch ● Urdu ● Usbekisch ● Vietnamesisch ● Walisisch ● Weißrussisch ● *Wienerisch* ● Wolof ● Xhosa

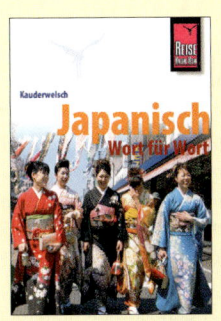

Anhang

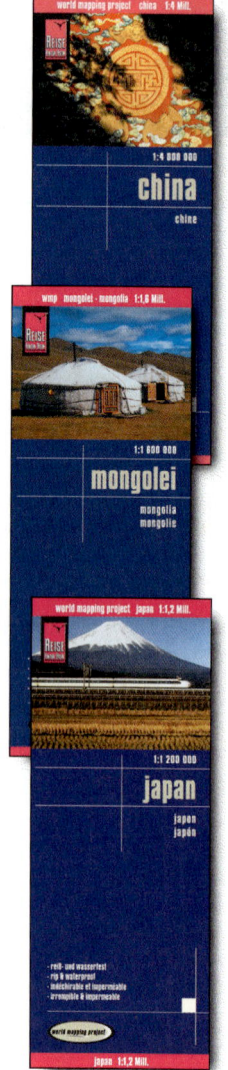

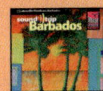

Anhang

Register

Anhang

Anhang

Anhang

Anhang

Anhang

Autor Foto: ml

Der Autor

Martin Lutterjohann, Jahrgang 1943, geboren in Göttingen, lebt heute, nach sechs Berufsjahren in Südostasien, fünf in Berlin und drei in Rosenheim/Oberbayern, in Phnom Penh/Kambodscha als Berater der Regierung in der Drogenabwehr, Suchtprävention und Rehabilitation von Drogenabhängigen. Er geht leidenschaftlich gern in die Berge und auf Reisen, war bisher in rund 100 Ländern, allein, zu zweit oder als Reiseleiter unterwegs. Mit Ausnahme von Thailand, wo er vier Jahre lebte, verbrachte er die längsten Auslandsaufenthalte in Japan, das er zwischen 1970 und 2006 ein Dutzend Mal be-

sucht und wo er dank eines Forschungsstipendiums des Japanischen Erziehungsministeriums insgesamt zwei Jahre gelebt hat.

Vorher schon heiratete er Sakae, die er im gemeinsamen Studentenheim in München kennen gelernt hatte. Das waren auch die Gründe für die langen Japanaufenthalte und den intensiven Einstieg in die japanische Sprache.

Im REISE KNOW-HOW Verlag erschienen von Martin Lutterjohann außerdem die Sprachführer „Japanisch – Wort für Wort", „Thai – Wort für Wort", „Malaiisch – Wort für Wort", der Führer „Malaysia" und „Kultur-Schock Japan".